FERRARI

CB025477

BROCK YATES

FERRARI

O HOMEM POR TRÁS DAS MÁQUINAS

TRADUÇÃO
CARLOS SZLAK

1ª edição

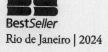
Rio de Janeiro | 2024

CIP-BRASIL. CATALOGAÇÃO NA PUBLICAÇÃO
SINDICATO NACIONAL DOS EDITORES DE LIVROS, RJ

Y36f   Yates, Brock, 1933-2016
        Ferrari : o homem por trás das máquinas / Brock Yates ; tradução Carlos Szlak. -
1. ed. - Rio de Janeiro : BestSeller, 2024.

        Tradução de: Enzo Ferrari : the man, the cars, the races, the machine
        ISBN 978-65-5712-395-9

        1. Ferrari, Enzo, 1898-1988. 2. Ferrari (Automóveis) - História. 3. Ferrari
(Firma) - História. 4. Indústria automobilística - Itália - História. I. Szlak,
Carlos. II. Título.

                    CDD: 338.76292092
24-87667   CDU: 929:629.3(450)

Meri Gleice Rodrigues de Souza - Bibliotecária - CRB-7/6439

Título original:
Enzo Ferrari the Man, the Cars, the Races, the Machine

Copyright © Brock Yates, 1991

Copyright do epílogo © Stacy Bradley, 2019

Copyright da tradução © 2019 Editora Best Seller Ltda.

Design de capa: Leonardo Iaccarino

Todos os direitos reservados. Proibida a reprodução,
no todo ou em parte, sem autorização prévia por escrito da editora,
sejam quais forem os meios empregados.

Direitos exclusivos de publicação em língua portuguesa para o Brasil
adquiridos pela
Editora Best Seller Ltda.
Rua Argentina, 171, parte, São Cristóvão
Rio de Janeiro, RJ – 20921-380
que se reserva a propriedade literária desta tradução.

Impresso no Brasil

ISBN 978-65-5712-395-9

AGRADECIMENTOS

Sem a ajuda generosa das pessoas citadas a seguir este livro não existiria. O autor deseja prestar seus sinceros agradecimentos a todas elas. Em particular, a cinco homens, por seus esforços extraordinários: Bernard Cahier, Luigi Chinetti Jr., Mauro Foghieri, Ray Hutton e Franco Lini.

E também a esses amigos e colegas: Jesse Alexander, Richard Anderson, Frank Arciero, Daniel Audetto, Roger Bailey, Bill Baker, Derek Bell, Giberto Bertoni, Bob Bondurant, Tony Brooks, dr. Stephen Brown, Aleardo Buzzi, Leopoldo Canetoli, Luigi Chinetti, sr., Gabriella Coltrin, David E. Davis Jr., René Dreyfus, dr. Giorgio Fini, John Fitch, Gaetano Florini, Lewis Franck, John Frankenheimer, professor Donald Frey, Olivier Gendebien, o falecido Richie Ginther, Franco Gozzi, Larry Griffin, Augusto Guardaldi, Dan Gurney, Phil Hill, William Jeanes, Denis Jenkinson, James Kimberly, Louise Collins King, Michael Kranefuss, Frank Lubke, Karl Ludvigsen, conde Gianni Lurani, Peter Lyons, John Mecom Jr., Leo Mehl, Kimberly Meredith, dr. Michael Miller, Eduardo Moglia, dom Sergio Montavani, Craig Morningstar, Stirling Moss, Stan Nowak, Alfredo Pedretti, Earl Perry Jr., Fillipo Pola, Chris Pook, Harvey Postlethwaite, Chuck Queener, Brian Redman, Franco Rocchi, Gianni Rogliatti, Peter Sachs, Jody Scheckter, Steve Shelton, dr. Nick Stowe, John Surtees, Romolo Tavoni, Nello Ugolini, Chick Vandagriff, Cris Vandargriff, Jacques Vaucher, Brenda Vernor, dr. Corneli Verweij, Luigi Villoresi, Jean Pierre Weber, John Weitz, H. A. "Humpy" Wheeler, Kirk F. White e Eoin Young.

PREFÁCIO 2017

Quando foi publicado, em 1991, *Ferrari: O homem por trás das máquinas* era uma biografia honesta e, às vezes, áspera, que analisava a vida de Ferrari considerando sua família, seu temperamento, sua educação e sua posição socioeconômica em um país financeiramente devastado por duas guerras mundiais, pela depressão e por uma vendeta pessoal com a Fiat, que levaria quase cinquenta anos para ser apaziguada. Brock investigou o nascimento, a vida e a morte de Enzo Ferrari, examinando os boatos e a mitologia a ele ligados, a fim de apresentar uma imagem clara do personagem, isenta do romantismo e da reverência de diversos biógrafos da época.

Por ocasião do lançamento do livro, Brock foi celebrado e menosprezado em igual medida. Os historiadores enalteceram a exatidão e a solidez da pesquisa, enquanto os acólitos de Ferrari condenaram a biografia por mostrar o lado humano de Enzo, revelando todos os seus defeitos, sem as lentes cor-de-rosa da adoração cega. Não era uma reinvenção entusiástica da vida de Ferrari, mas sim um olhar realista, surpreendentemente erudito e sem restrições, sobre o que o motivou desde o seu nascimento até a morte.

Brock sempre se impressionou com as queixas daqueles que discordaram de sua retratação de Ferrari. Se Enzo tivesse sido um homem fraco, sua empresa teria fracassado quase imediatamente, não ganhando nem uma simples nota de rodapé nos anais da história. Dito isso, Enzo não era um diletante. Ele era duro, implacável, às vezes cruel e muitas vezes despótico, criando uma empresa que sobreviveu a duas guerras e enfrentou a ruína financeira contínua, enquanto tentava encontrar seu lugar no clima político incrivelmente fluido da época. Sua determinação, sua astúcia empresarial e até sua grosseria se somaram para proporcionar longevidade à sua empresa, criando uma base sobre a qual a Scuderia Ferrari e a Ferrari S.p.A. puderam prosperar.

A crença de Brock na integridade jornalística era sacrossanta, e embora ele nunca se dobrasse à crítica, era aberto à autorreflexão e bastante honesto consigo mesmo para recuar de um tópico a fim de ver o que poderia ou deveria ser mudado. Essa autorreflexão começou quase imediatamente depois da publicação de *Ferrari: O homem por trás das máquinas*.

Assim como todos os escritores, Brock se afligia com relação à sua escolha de palavras, fraseamento e pesquisa. Ele tinha feito o suficiente? Dito o suficiente? Dito demais? Essas perguntas perdurariam e por fim se tornariam o assunto de conversas ao longo de nossos anos juntos, quando costumávamos discutir as mudanças que ele faria, que frases refinaria e quais informações cortaria se tivesse a oportunidade.

Como sua filha, passei a maior parte de minha vida cercada por carros, escritores e corridas, discutindo os méritos de seu trabalho, sendo amplificadora de suas ideias, confidente e, muitas vezes, um escudo para suas inseguranças. Torci quando necessário, e na maioria das vezes elogiei e admirei o brilho de sua arte e seu estilo incrível. Ao ficar mais velha e adquirir confiança, virei editora e assistente de seu trabalho, e depois que ele foi diagnosticado com Alzheimer, eu me tornei sua memória, sua arquivista e seu critério de avaliação.

Ao surgir a oportunidade de reeditar a biografia de Enzo, já sabia, com base em nossas conversas prévias, que mudanças precisavam ser feitas para satisfazer o legado de meu pai. Sua doença evoluiu a um estágio em que ele foi incapaz de ajudar na realização dessas mudanças, mas, dada a proximidade de nosso relacionamento e a minha firme compreensão de seus desejos, eu me sinto confiante de que o livro agora esteja completo.

PREFÁCIO DE 2017 • 9

Aos leitores familiarizados com a primeira edição, as mudanças do texto original são mínimas, mas importantes para o tom geral dessa biografia, sem alterar a realidade do próprio Enzo. Alguns erros simples foram corrigidos, a linguagem antiquada, que pode ser ofensiva para os padrões atuais, foi refinada e novas e incríveis fotos foram adicionadas. O maior remorso de Brock em relação à sua primeira edição foi a inclusão de certas informações que não puderam ser checadas e ficaram mais perto da especulação e do boato do que do fato. Esses poucos detalhes foram eliminados completamente, mas de maneira nenhuma afetam ou apequenam a biografia no todo. A mudança final no livro é minha contribuição real. Enquanto a primeira edição de Brock terminava com a morte de Ferrari, incluí um anexo que acrescenta uma visão da empresa desde a morte de Enzo.

No momento da primeira publicação, a descrição de Brock foi concisa, mas ninguém estava preparado para como a empresa cresceria no mercado mundial nos anos seguintes à morte de Ferrari. Em vista desse crescimento, nenhuma biografia dele pode ser verdadeiramente completa sem levar em consideração como se desenvolveram as três décadas desde a sua morte.

Ao incluir um anexo a este livro, não estou tentando reinventar a roda. A morte de Ferrari em 1988 encerra a natureza biográfica dessa narrativa no contexto de Enzo, mas o progresso da empresa e sua ascensão meteórica contínua depois desse acontecimento, e oferecem *insights* da vontade implacável e da determinação do homem por trás da empresa, quer na vida ou na morte.

Nos anos posteriores à morte de Enzo Ferrari, a empresa nomeada de forma homônima enfrentou a ruína financeira, foi reestruturada, com 90% das ações indo para a Fiat, sua Scuderia passou por mudanças notáveis, com altos e baixos incríveis nas corridas de Fórmula 1, e o ano de 2014 passou por uma das maiores mudanças na história moderna da Ferrari quando Luca di Montezemolo inesperadamente deixou o cargo de presidente e a Fiat-Chrysler anunciou que estava transformando a Ferrari em uma empresa independente.

A riqueza de informações e a complexidade de inúmeros *players* associados à Ferrari nas últimas três décadas podem sobrecarregar a maioria das biografias, mas o *insight* e a direção de Brock prepararam o terreno para uma análise progressiva da empresa em relação à visão e estrutura que Enzo projetou durante sua longa e célebre carreira.

Em vista disso, faz bastante sentido examinar a história recente da Ferrari concentrando-se na participação majoritária da Fiat na empresa, no relacionamento díspar e muitas vezes litigioso entre Di Montezemolo e Sergio Marchionne, nos altos e baixos contínuos da Ferrari na Fórmula 1, e na mística explosiva da Ferrari não apenas como um automóvel, mas também como uma marca mundial.

O novo material vai identificar os momentos mais importantes e determinantes das últimas três décadas sem se prender às minúcias de informações que se descobrem anualmente desde a morte de Enzo. A intenção é não subtrair da biografia em si, mas sim adicionar os destaques mais importantes que sintetizam e definem a empresa que a Ferrari se tornou na atualidade.

Ao considerar a reverência mundial e o valor comercial associados à Ferrari, esta biografia é mais adequada aos leitores de hoje do que em qualquer época anterior, e esses acréscimos revigorarão uma biografia já relevante e respeitada, oferecendo uma visão da empresa para uma nova geração de acólitos que abraçam avidamente todas e quaisquer coisas da marca.

O processo de reedição deste livro não foi um esforço solitário de minha parte. Gostaria de agradecer a um grupo de pessoas que me permitiram atualizar a obra de Brock e fazer as pequenas alterações que exasperaram meu pai ao longo dos anos.

Em primeiro lugar, minha mãe Pamela, musa de Brock, que trabalhou incansavelmente para reintroduzir sua obra aos novos leitores, reconhecendo que o momento era perfeito para a reedição deste livro.

A Michael Mann, por escolher este livro para a produção de um filme, trabalhando duro para criar um roteiro maravilhoso, que respeita os méritos desta biografia e, ao mesmo tempo, homenageia o legado de Enzo. Brock se emocionou com sua dedicação e determinação de adaptar esta obra para o cinema.

A Eileen George e Steve Rossini, pela imensa ajuda na formatação do texto e das fotos.

A Carol Mann, a agente literária mais incrível e uma mulher verdadeiramente espetacular, que permaneceu leal a Brock durante anos, e sem a qual este projeto nunca teria progredido.

PREFÁCIO DE 2017 • 11

Em um nível puramente pessoal, gostaria de agradecer a Darren Brooks, Kurt Vater e Jim Van Schaffel. A amizade, a força e o humor deles foram fundamentais para me manter focada e cumprir as promessas que fiz ao meu pai.

A Todd, cujo amor constante e crença em minha capacidade, e o cuidado inacreditável dedicado a Brock significaram muitíssimo. Você tem sido meu amplificador e meu estímulo.

E, finalmente, a Brock, que engendrou uma paixão pela palavra escrita e confiou em minha capacidade de ser sua voz depois que foi silenciado pelo mal de Alzheimer.

Em 5 de outubro de 2016, Brock morreu, depois de uma longa e corajosa luta contra o Alzheimer. Seu impacto sobre o jornalismo automobilístico é inigualável. Ele valorizou sua arte e amou cada aspecto de sua carreira. Os pilotos, as corridas, as histórias e as pessoas associadas ao automobilismo eram seu sopro de vida. Todos os dias, ele se sentia abençoado por sua carreira e suas amizades. Jamais aceitou acriticamente nada disso e o dia mais difícil de sua vida foi o dia em que desligou seu computador pela última vez, sabendo que nunca mais confrontaria os detentores do poder, discutiria os méritos de uma corrida ou se estenderia através de quilômetros de páginas de uma revista ou livro para um entusiasta do esporte. Não só como sua filha, mas também como admiradora, sinto muito orgulho de ter desempenhado um pequeno papel na tarefa de trazer sua biografia de Enzo Ferrari de volta à vida.

— Stacy Bradley

PREFÁCIO
1990

Em grande parte de sua vida as aparições públicas de Enzo Ferrari foram eventos minuciosamente planejados, criados para realçar a imagem de grande homem. Sua presença era poderosa, absolutamente confiante em sua capacidade de dominar as multidões de clientes reverentes, fornecedores ansiosos, jornalistas ocasionalmente belicosos e admiradores curiosos. Ao ficar mais velho, o "papa do Norte", como era chamado, tornou-se cada vez mais recluso, o que só aumentou sua reputação régia. Não foi por acaso que esse homem simples de Módena alcançou uma estatura quase sobre-humana entre seus afeiçoados seguidores ao redor do mundo, o que, por sua vez, trouxe enormes benefícios para os negócios na região conduzidos por ele por quase sessenta anos.

Encontrei Enzo Ferrari em particular apenas uma vez, no final do verão de 1975. Estava em Maranello com Phil Hill, o grande piloto de corridas norte-americano, que venceu o Campeonato Mundial de Fórmula 1 em 1961 pela Ferrari, depois de uma corrida trágica em Monza, em que seu principal rival e companheiro de equipe, o conde Wolfgang von Trips, morreu em um sangrento acidente. Homem sensível e ponderado, Hill deixou a equipe Ferrari um ano depois em meio a ruidosas recriminações.

Após treze anos de sua partida, Hill e eu chegamos à cidade para trabalhar em um documentário. Sem aviso prévio, ele foi chamado ao escritório de paredes pintadas de azul-escuro da Ferrari. Por um motivo que desconheço até hoje também fui convidado — e, como jornalista norte-americano sem ligações formais com Hill ou com a fábrica de Ferrari, minha presença parecia totalmente supérflua.

Enzo Ferrari era um homem mais imponente do que eu esperava. Com mais de 1,80m, era meia cabeça mais alto do que Hill, que, como muitos exímios pilotos, era franzino e quase frágil. Seu anfitrião, então com 77 anos, moveu-se com a tranquilidade brusca de um italiano bem-sucedido, o queixo proeminente projetado para a frente, o peito estufado, os braços estendidos, as mãos grandes espalmadas para o alto, pedindo uma aproximação. A cabeleira branca de Ferrari, o nariz romano altivo e o terno sem graça eram marcas registradas conhecidas, e não me surpreenderam. Os óculos escuros, que tinham se tornando cada vez mais comuns em suas aparições públicas e lhe conferiam o aspecto sinistro de um *capo* envelhecido, estavam ausentes, revelando um olhar vivo e instigante. Porém, o que me chocou foi sua voz macia e melodiosa. Eu havia esperado uma voz muito forte, altiva e dominante, ou talvez até mesmo resmungos ao estilo Marlon Brando, muito popularizados em *O poderoso chefão*, filme que fora lançado pouco tempo antes. Havia esperado tudo, menos os tons aveludados que surgiram no recinto silencioso. Os acessos de mau humor de Ferrari eram lendários, mas naquele dia — um dia de reconciliação — ele pareceu moderado e ligeiramente desanimado.

Ferrari contornou sua grande e vazia mesa e pegou Hill nos braços, quase sufocando o californiano. Fiquei ao lado, uma testemunha completamente constrangida daquele reencontro tenso, difícil e bastante atrasado. Naquela época, não entendia muito italiano, mas consegui decifrar o suficiente da conversa para perceber que o diálogo foi rígido e formal. As velhas feridas ainda não estavam cicatrizadas (quando Ferrari e Hill ficaram mais velhos, o rompimento foi reparado e Hill visitou Maranello muitas vezes). O breve encontro terminou com outro abraço e a entrega como presente de dois exemplares autografados da memória não oficial da Ferrari conhecida como "The Red Book". Evidentemente, não fazia ideia de que algum dia

PREFÁCIO DE 1990 • 15

assumiria a enorme tarefa de escrever a biografia daquele homem poderoso e contraditório.

Ironicamente, Ferrari deixou bem pouca coisa no que diz respeito a evidências escritas, exceto uma série de autobiografias não oficiais, em causa própria e cuidadosamente editadas, publicadas esporadicamente — de modo tanto público quanto privado — de 1962 até o início da década de 1980. Na maior parte, sua correspondência privada limitou-se a questões de negócios.

Descobri rapidamente que existiam dois Enzo Ferrari: o sujeito privado e a versão pública engenhosamente fabricada. Minha intenção é registrar do modo mais exato e criterioso possível o verdadeiro Ferrari, que, na realidade, era uma combinação dos dois.

A imagem resultante pode ofender muitos de seus seguidores, que chegaram a acreditar que ele era um semideus, um gênio que pessoalmente criou carros incríveis a partir de chapas de aço e alumínio. Infelizmente, este não era o caso, e ao dissecar esse mito serei, sem dúvida, acusado de ser o pior tipo de denunciador de escândalos e revisionista. Nada poderia estar mais longe da verdade. Eu me envolvi neste projeto sem noções preconcebidas. Contudo, o leitor deve prestar atenção ao fato de que, após sua morte, Enzo Ferrari se tornou mais uma mini-indústria do que um simples mortal. Uma grande estrutura financeira foi construída em torno da mística da Ferrari. Empresas como a Fiat S.p.A., que agora é dona da Ferrari — assim como da indústria italiana como um todo —, recorre a esta mística para realçar sua reputação de tecnologia avançada. Além disso, após a morte de seu fundador, gerou-se uma euforia do mercado referente a modelos colecionáveis de Ferraris. Centenas de milhões de dólares foram investidos para promover até os modelos mais comuns em supostas obras de arte. A aura do homem que criou essas máquinas se tornou *commodity*, e sustentá-la se tornou uma questão de especulação financeira (em diversas ocasiões, donos de Ferrari preocupados me perguntaram se meu livro afetaria negativamente o valor de seus carros). Além daqueles que têm interesse financeiro na mística da Ferrari, existem legiões de simples entusiastas ao redor do mundo que torcem por seus carros de corrida, colecionam lembranças da equipe, alegram-se com as façanhas da marca e disseminam, em geral, a fé na Ferrari. Os admiradores dedicam uma devoção irracional a Enzo Ferrari, tão intensa quanto a que foi desfrutada por Elvis, morto há tanto tempo, e por ídolos do cinema como James Dean e Marilyn Monroe. Portanto, qualquer crítica a ele tende a gerar uma erupção de indignação. Mas que assim seja. O objetivo aqui é pintar o retrato mais fiel, imparcial e justo possível desse homem complexo. Se alguns investidores ou acólitos ficarem ofendidos, não se pode fazer nada a respeito.

Muitos anos foram dedicados à elaboração deste livro. Já reconheci a dívida com homens e mulheres que ajudaram na pesquisa e que ofereceram abertamente materiais informativos e lembranças pessoais. A todos eles, sou extremamente grato. Contudo, diversas outras pessoas merecem ainda mais crédito. Em primeiro lugar, devo agradecer a David Gernert, meu editor, cuja imaginação fértil gerou a ideia de uma biografia de Ferrari; em segundo lugar, a Gayle Young, minha secretária, que digitou várias vezes esse original com bom humor permanente; e, por fim e mais importante, minha mulher, Pamela. Ela viajou comigo pela Europa e pelos Estados Unidos, ajudando na tradução e na descoberta de fontes, mas também agindo o tempo todo como minha melhor amiga e conselheira.

A todos que ajudaram neste projeto, e também as centenas de homens e mulheres que contribuíram ao longo dos anos para consolidar o Império Ferrari e sua mística, estendo meus sinceros agradecimentos.

— Brock Yates
Wyoming, estado de Nova York, 1990

CAPÍTULO 1

A *autoroute* para Beaune se estendia à frente como uma mancha de asfalto. Atrás dele, as luzes remanescentes de Lyon tremeluziram no espelho retrovisor quando o grande sedã Renault alcançou uma velocidade constante de 200 quilômetros por hora. Ele chegaria a Paris antes do amanhecer.

Ele era um piloto de corridas. Aos 82 anos, ainda conduzia um carro com a mesma autoridade e determinação que o levaram a três vitórias no circuito de Le Mans. Vinte e quatro horas. Dia e noite. Aquelas corridas eram sua especialidade. Ele nunca foi um velocista, nunca foi especialmente veloz em Grand Prix nervosos e impiedosos de um único assento. No entanto, em um carro esportivo da Alfa Romeo ou da Ferrari, conseguia correr como um maratonista, hora após hora, quilômetro após quilômetro, esmagando os rivais com sua coragem e os músculos do seu corpo compacto de pedreiro.

Ele conferiu o relógio. Os ponteiros marcavam quase 3h da manhã de 14 de agosto de 1988. Era uma viagem que ele fizera centenas de vezes — de Módena a Paris —, agora uma corrida impetuosa ao longo de *autostradas* italianas e *autoroutes* francesas com asfalto impecável. Durante quarenta anos, a missão fora a mesma. O tema central eram os carros, aquelas feras rebaixadas que lhe causavam tanta alegria e dor. Para cima e para baixo nas rodovias, cruzando a crista dos Alpes como um turista enlouquecido, de um lado para o outro, sobre a vastidão lúgubre do Atlântico, sempre com um único propósito: a glorificação e o aprimoramento dos automóveis mais chocantes, potentes e sensuais da era moderna, os bólidos vermelhos de Módena e Maranello: as máquinas mágicas de Enzo Ferrari.

Ferrari. Houve ocasiões, muitas vezes por meses ou até anos, em que ele desejou nunca ter ouvido aquele nome. Mas muito tempo tinha se passado desde então. Setenta anos, ele pensou. Ele conhecia aquele homem incrível desde 1918, quando ambos eram jovens veteranos de guerra pesquisando o mercado de automóveis do pós-guerra em Milão e Turim. Ferrari fez de Luigi Chinetti um homem rico e, ao mesmo tempo, ficou ainda mais rico. Ferrari o transformou em um homem importante e respeitado e, ao mesmo tempo, elevou-se à fama mundial e virou um semideus para *poseurs* e novos-ricos que se dispunham a vender seus primogênitos como escravizados para adquirir um de seus automóveis.

Foi uma insana exibição acrobática de emoções e guerra de egos e ele estava cansado daquilo tudo. Eles duelaram durante muito tempo, e se um vencedor tinha de ser declarado, teria de ser Ferrari. Ele não vencia sempre? Ele não levava sempre a melhor, às vezes deixando a lona do ringue após golpes repetidos e sangrentos, mas conseguindo um nocaute? Eles boxearam muitas vezes, abraçando-se entre os *rounds*, e ele costumava pontuar bem. Mas isso acabara, os velhos guerreiros haviam travado sua última luta. Não haveria mais confrontos, nem mais palavras coléricas, discussões ruidosas, ações judiciais, ameaças, greves ou insultos infames, geralmente perdoados ou esquecidos. Ainda assim, Ferrari dominou sua vida, dando-lhe propósito e significado, e por isso ele sabia que toda a loucura compensara. Sim, Ferrari estava no centro de tudo.

Os dois homens eram italianos típicos, durões e inflexíveis, facilmente tentados a deixar uma relação irromper em bazófias extravagantes, insultos cruéis e mentiras deslavadas. Ao longo de todos os anos em que se relacionaram, as negociações comerciais com Ferrari sempre foram um longo e elaborado drama de apostas astuciosas, acordos rompidos, pirraças, declarações teatrais de falência iminente, ruína social, vergonha familiar, doença incurável e morte violenta. Nessa atmosfera intrincada, Ferrari prosperou e homens como Chinetti aprenderam a sobreviver ou foram sumariamente derrotados. No centro de qualquer transação com ele estava o dinheiro, de preferência francos suíços ou dólares americanos. Vencer corridas automobilísticas era a obsessão de Ferrari, mas *só* se o dinheiro fosse certo.

À medida que a imagem cuidadosamente adornada de Enzo Ferrari alcançava notoriedade mundial, Chinetti e os outros antigos companheiros que o acompanhavam desde antes da guerra desapareceram nas sombras. Ferrari não dividia os holofotes com ninguém, nem mesmo com o homem que ajudou a criar um mercado maior e mais lucrativo do que qualquer pessoa poderia imaginar para seus automóveis. Chinetti entendia a enlouquecida política de ópera-bufa da fábrica como ninguém. Em suas inúmeras viagens a Maranello, aprendeu quando bajular, quando ameaçar, quando sorrir com afetação, quando fazer cara feia e quanto mimar o ego altivo do homem que rivalizava com o papa como o personagem mais famoso e popular de toda a Itália.

Muitas vezes, a litigiosa relação dos velhos guerreiros se estendia até o ponto de rompimento, mas isso nunca acontecia. Quanto a Chinetti, ele conheceu Ferrari muito bem, entendeu sua figura pública camaleônica, sua habilidade de orquestrar a imprensa e o público, de articular de forma engenhosa posições perfeitamente adaptadas à sua plateia, de representar o patriarca adorável, assediado e afetado pela pobreza, num minuto, e o déspota implacável e egocêntrico no seguinte. Ele via o Ferrari público, o velho *don* régio, que exalava respeitabilidade, e também o Ferrari privado, o "*paesano* modenense" grosseiro, que arrotava, peidava, xingava, gabava-se e intimidava, que ostentava seu passado de pobreza como uma marca de casta em sua testa. Chinetti o conhecia como manipulador de homens, sobretudo dos pilotos de corrida que pilotavam os carros vermelhos da Scuderia, sentado em seu esplêndido isolamento em Maranello, controlando os sucessos e os fracassos de suas equipes por telefone, telex e televisão, mas não comparecendo a uma única corrida de automóvel nos últimos trinta anos de sua vida.

Não há dúvida que Ferrari se sentia desconfortável no meio de grandes multidões, e com o passar dos anos suas aparições públicas se restringiram a entrevistas coletivas minuciosamente planejadas, nas quais trocava agressões verbais com a volúvel, e muitas vezes briguenta, imprensa esportiva italiana. Seus verdadeiros amigos podiam ser contados nos dedos de uma das mãos e incluía alguns parceiros de negócios de longa data de sua total confiança. Além desse círculo, ele lidava com um bando de suplicantes, bajuladores, clientes, admiradores apaixonados e pilotos de corrida com uma indiferença baronial, distribuindo favores, dando tapinhas nas mãos desobedientes, administrando punições e solucionando discussões a partir de seu trono invisível.

Certa vez, quando pediram para que comentasse a declaração de um colaborador próximo de que Ferrari pouco se importava com seus pilotos, apesar de seus comentários públicos negarem isso, e de que ele sentia maior afinidade com seus mecânicos, Chinetti refletiu por um instante e em seguida respondeu: "Acho que ele não gosta de ninguém."

Agora Chinetti estava se afastando da região da Emília, o lugar ocupado por aquele Golias que ele, de algum modo, sabia que nunca mais veria. Ele acelerava, convocando parte daquela resistência que o serviu tão bem desde que começara a pilotar automóveis em velocidades alucinantes.

Estava em um trecho longo e plano quando uma forte explosão sacudiu o Renault, fazendo o volante trepidar e obrigando-o a se endireitar no assento. Ele reduziu bastante a velocidade, checando o painel de instrumentos, levemente iluminado, em busca da possível origem da explosão. Foi como um trovão, que passou rapidamente pelo carro, sem aviso. Ele procurou o motivo. O carro parecia perfeito. Nenhum ruído estranho, nenhuma vibração, nenhum cheiro de fios em chamas, de óleo fervente ou pintura pipocando. Chinetti encostou o carro no acostamento e saiu. Tudo estava silencioso. Sem luar. Apenas o distante zumbido do tráfego interferiu na cena tranquila. Ele caminhou ao redor do carro, sentindo a rigidez das pernas depois de longas horas ao volante. Apalpou debaixo do automóvel e em seguida ergueu o capô. Não conseguiu encontrar nada que sugerisse um possível murmúrio, muito menos a explosão ensurdecedora que misteriosamente sacudiu a noite.

Desconcertado, mas aliviado, voltou a embarcar e reiniciou sua viagem. Chegou aos subúrbios no sul de Paris ao amanhecer. Por causa do tráfico, seu ritmo desacelerou pela anarquia notória que era o trânsito diário parisiense na hora do rush. Ele então ligou o rádio. O noticiário estava começando.

Aquela era a notícia principal. Em tons prosaicos, uma voz anunciou que no começo daquela manhã Enzo Ferrari tinha morrido em sua casa, em Módena, na Itália.

Ferrari. Morto. Não era exatamente inesperado, mas mesmo assim ele ficou abalado. Aquele velho guerreiro, aquele rabugento, aquele manipulador magistral, aquele competidor incansável, aquela presença avassaladora, aquele homem imperfeito, mas eternamente fascinante, tinha partido. Uma torrente de pensamentos incompletos passou por sua cabeça: e a fábrica? O programa de corridas? Seu filho Piero? Sua amante Lina? A aura do automóvel sobreviveria agora que sua fonte de vida havia desaparecido? Os tecnocratas da Fiat destruiriam a personalidade da empresa? O que aconteceria com o minucioso trabalho do velho homem? Qual parte seria preservada e qual seria retalhada? Chinetti ponderou sobre essas coisas, sem chegar a conclusão alguma.

Então, algo o atingiu. Chinetti consultou o relógio com espanto. Não, não era possível. Ele era um homem racional. No entanto, aquilo o atormentou. A explosão na autoestrada. Aquele grande barulho no Renault. Se a notícia no rádio estava correta... Sim, se tinha noticiado o horário certo da morte de Enzo Ferrari... Aquela explosão agourenta havia acontecido quase no mesmo instante do último suspiro de Enzo Ferrari. Não, não podia ser...

CAPÍTULO 2

E m fevereiro de 1898 o inverno fustigava o norte da Itália. No dia 18, uma nevasca varreu os Alpes e tomou de assalto o Vale do Pó, cobrindo a pequena cidade mercantil de Módena com uma camada de 30 centímetros de neve. Por causa do mau tempo, Alfredo Ferrari precisou de dois dias para conseguir abrir uma passagem e se dirigir à prefeitura a fim de registrar o nascimento de Enzo Anselmo, seu segundo filho. Portanto, sua idade oficial seria registrada como dois dias mais jovem do que realmente era, o que é compreensível em um país cujo compromisso com o registro de informações pode, na melhor das hipóteses, ser descrito como casual. Os italianos não demonstram o desejo de imitar a meticulosa necessidade alemã e inglesa por uma documentação civil detalhada fora da onipresente Igreja Católica. Portanto, durante o século XIX, os registros oficiais da maioria dos italianos abaixo da classe nobre são superficiais, na melhor das hipóteses, e, no caso de Enzo Ferrari, também imprecisos.

Seu pai, Alfredo Ferrari, nasceu em 1859, em Carpi, uma cidade rural a 18 quilômetros ao norte de Módena, onde a família se dedicava ao pequeno comércio de alimentos. A mãe de Enzo, Adalgisa Bisbini, veio de Forli, na região da Romanha, a 60 quilômetros a sudeste, junto à antiga via Emília, aquela incrível estrada romana, reta como uma régua, vital desde a sua construção no século III a.C. Ambos eram membros da pequena-burguesia mercantil e proprietária de terras que se desenvolveu na região ao longo dos séculos, desde que legionários romanos exonerados se estabeleceram na terra concedida a eles como recompensa depois de vinte e cinco anos de serviço. Aqueles primeiros veteranos de guerra drenaram os pântanos e, na planície Padana, criaram as fazendas e os vinhedos da região. Por influência deles, desenvolveu-se a tradicional desconfiança emiliana em relação ao poder e aos forasteiros.

Módena, que os romanos chamavam de Mutina, talvez tenha desfrutado sua maior notoriedade em 43 a.C., quando Marco Antônio perseguiu Décimo Bruto até a cidade após o assassinato de Júlio Cesar. Brutus foi um dos principais conspiradores, mas não o Marcus Junius Brutus que dizem ter desferido o golpe fatal. Depois dessa breve ação, a cidade caiu em uma letargia de mil anos, antes de se tornar membro da Liga Lombarda. A poderosa família Este desenvolveu Módena como um centro de manufatura e comércio de primeira classe no século XVII, mas isso começou a se deteriorar durante as repetidas invasões de franceses e austríacos.

Quando Enzo Ferrari nasceu, era uma cidade sem graça de 50 mil habitantes, mais conhecida por seus verões fumegantes, umidade sufocante, mosquitos vorazes e invernos rigorosos e enevoados do que por seu vinho local, o Lambrusco, ou por sua especialidade gastronômica, o *zampone*, um preparado condimentado de pé de porco recheado. Seus moradores eram conhecidos por serem sisudos e trabalhadores (pelos padrões italianos), com habilidades lendárias em todos os tipos de trabalhos manuais, especialmente aqueles que lidam com fundição, moldagem, corte, modelagem e preparação de metal. Essa era a tradição da cidade na qual Enzo Ferrari iria desenvolver um orgulho enorme, quase arrogante.

A família de seu pai era apenas uma linhagem de, literalmente, dezenas de Ferrari que ainda estão espalhados pela região. Ainda hoje, o nome é tão comum na lista telefônica de Módena como Smith ou Jones em qualquer cidade média norte-americana. Mais de 900 Ferrari estão listados. Se havia sangue nobre correndo nas veias de Enzo Ferrari, ou ele não sabia disso ou decidiu manifestar uma modéstia misteriosa e bastante atípica em ocultar tal fato.

Antes de montar seu próprio negócio, Alfredo Ferrari se capacitou na área de trabalhos em metal, e durante alguns anos trabalhou como supervisor técnico sênior na Fundição Rizzi, em Módena. Sua formação acadêmica não é clara, mas ele era bastante esclarecido para desfrutar da companhia de educadores, professores universitários locais, clérigos e engenheiros enquanto Enzo e seu irmão cresciam.

Tempos depois, Ferrari fomentou a impressão que seu pai era um trabalhador pobre, que ganhava a vida construindo prédios simples e fabricando componentes para o sistema ferroviário italiano. Ele escreveu como ele e Alfredo, seu irmão, que era dois anos mais velho, "dividiam um quarto sobre a oficina e eram acordados de manhã pelo barulho das marteladas. Meu pai, que empregava de 15 a 30 operários, de acordo com a quantidade de trabalho, produzia passarelas e galpões para as ferrovias do Estado e atuava como gerente, projetista, vendedor e datilógrafo de sua firma, tudo ao mesmo tempo".

A casa da família Ferrari ficava na via Camurri, 264 (agora renomeada como via Paolo Ferrari), na periferia ao norte da cidade e adjacente às linhas ferroviárias, a fonte de renda da Promiata Officina Meccanica Alfredo Ferrari, como a empresa se chamava. Era um prédio comprido e estreito, de tijolos, com as oficinas de máquinas dominando a maior parte do espaço e os aposentos bastante espaçosos e confortáveis da família escondidos no andar superior, no extremo oeste. O prédio ainda está de pé, basicamente inalterado (no número 85), sem vista e recuado em relação à rua, sem identificação e não distinguido como a casa do cidadão local mais famoso. Alfredo Ferrari não era um industrial rico, mas Enzo Ferrari revela que o negócio de seu pai criou suficiente riqueza para propiciar mais do que um modesto inventário de comodidades. Em 1903, eles tinham um automóvel, um dispendioso De Dion Bouton francês monocilíndrico, que era apenas um dos 27 carros particulares em Módena. Depois, dois outros carros foram adicionados à garagem da família, e os Ferrari desfrutaram dos serviços de uma combinação de faz-tudo e chofer. Quando meninos, Enzo e seu irmão Alfredo (que era conhecido como Dino) ganharam bicicletas FN de três marchas de última geração e um pombal, participando de competições com os pombos. Depois que o jovem Enzo descobriu que não era atlético o suficiente para ganhar na pista de corrida de 100 metros que ele e seus amigos traçaram no amplo jardim da casa da família, passou a se dedicar à prática de tiro ao alvo. Ele afirma que se tornou um grande especialista em matar a tiros os ratos que espreitavam ao longo da margem do canal que havia atrás da casa. Também recebeu aulas de esgrima no ginásio local. Nada disso — os automóveis, as bicicletas, as horas sem pressa em brincadeiras da infância — sugere um jovem mergulhado na pobreza.

De fato, a impressão geral dada por Ferrari em suas memórias estranhamente aleatórias é de uma infância bastante confortável. Ele suportou a aflição de perder um dogue alemão, que morreu engasgado com um fragmento de osso, mas há pouco que sugira algo em sua infância que possa ser descrito como traumático, seja em termos de problemas familiares ou de saúde. Contudo, ele admite que odiava a escola. Enquanto seu irmão Dino era um aluno exemplar, Enzo levava para casa notas bem baixas, habilitando-se às chicotadas de seu pai, que insistia que ele entrasse na escola técnica para obter um diploma de engenharia. Ferrari escreve que ele só queria ser um "trabalhador", nada mais.

É razoável supor que Enzo foi criado em um lar italiano relativamente normal, com *papa* Ferrari agindo como incontestável déspota, exigindo respeito dos filhos e subserviência muda e servil de *mama* Adalgisa. A unidade familiar era sagrada para o varão italiano da geração de Ferrari, dentro, é claro, da margem de manobra bastante ampla definida exclusivamente pelo próprio homem — que permanecia livre para flertar, gastar à vontade e ignorar os princípios da Igreja, enquanto, por sua vez, exigia obediência cega dos filhos e fidelidade virtuosa da esposa. Alfredo adorava os filhos e tratava Adalgisa como uma mulher basicamente assexuada, cujo modelo era a mulher mais perfeita de todos os tempos: sua mãe. As mães eram veneradas; as esposas, toleradas; e as outras mulheres, tratadas como objetos de desprezo ou desejo, ou ambos. Para homens como Ferrari e seus antepassados, as mulheres recaíam em duas categorias simplistas: as mulheres castas que os geravam e as prostitutas lascivas e imorais, que eles selecionavam como amantes e concubinas.

Esse estúpido padrão duplo talvez tenha gerado nos homens da geração de Ferrari (e de seus filhos) uma fixação maior por sexo do que nos homens de qualquer outro povo civilizado. Por exemplo, na Itália, o adultério cometido por um homem não é passível de punição, a menos que acompanhado por um comportamento escandaloso. No entanto, se cometido por uma mulher, ela pode ser presa. Para um homem, ter mais do que uma mulher é um indicador de masculinidade, literalmente. Claro que isso expõe contradições, confusões e, em última análise, substantivas inseguranças. Em *Gli Italiani*, obra seminal sobre seus compatriotas, o respeitado jornalista e historiador italiano Luigi Barzini explica: "A maioria dos homens oculta dúvidas e medos secretos. Chega um momento em que cada um deles se impressiona com o fato de que a maioria das mulheres com quem teve um caso são esposas de alguém e que, portanto, não é materialmente possível que todos os maridos na Itália se desgarrem da fidelidade conjugal, enquanto nenhuma de suas esposas faça isso. Não há como escapar do fato de que, todos os dias, um volume enorme de orgulhosos homens italianos, ciumentos, desconfiados e arrogantes, estejam virando *cornuti* (cornudos), se tornando objeto de desprezo e zombaria."

Certamente, essa era a mentalidade que floresceu na psique de Enzo Ferrari. Ele se tornaria um típico homem italiano: o *padrone* orgulhoso, tirânico, exibicionista e obcecado por sexo, que esperava pouco de si e dos seus filhos do sexo masculino, mas tudo de suas mulheres, seja em termos de Madona beatífica como perfeição ou de desempenho fraco na cama.

Até o fim de sua vida, Ferrari permaneceu preso às suas origens do final do século XIX e início do século XX. Ele aprendeu a se comunicar no estilo floreado da velha Itália, sempre em termos amplos de bajulação e desprezo, nunca lidando diretamente com um assunto que podia ser tratado de modo indireto e sem a revelação de seus sentimentos verdadeiros.

Seu primeiro contato com corridas de automóveis ocorreu em 6 de setembro de 1908, quando seu pai o levou, junto com seu irmão, a uma corrida nas proximidades de Bolonha. Ele tinha 10 anos quando percorreram a via Emília até Bolonha para ver dois dos melhores pilotos do mundo, Felice Nazarro e Vincenzo Lancia, acelerarem seus potentes Fiat em um circuito de 53 quilômetros de extensão, composto por vias públicas fora da cidade, incluindo a própria via Emília. Lancia já havia criado a empresa que levaria seu nome, mas permanecia na equipe Fiat. Ele estabeleceu um recorde de velocidade média de 135 quilômetros por hora, conduzindo sua monstruosa máquina pelas planícies do Pó em velocidades superiores a 160 quilômetros por hora, mas foi Nazarro quem venceu a prova, alcançando a extraordinária velocidade média de quase 120 quilômetros por hora.

No ano seguinte, o jovem Ferrari percorreu mais de 3 quilômetros a pé por terra cultivada para assistir sua segunda corrida. Era um evento de menor importância, no trecho de Navicello da antiga estrada provincial entre Módena e Ferrara. Ferrari recordou ter visto voluntários locais, da Associação Automobilística de Módena, borrifarem baldes de água sobre a superfície de terra para manter a pista livre de poeira entre as disputas. Um piloto chamado Da Zara venceu, com uma velocidade média de 140 quilômetros por hora. Ferrari disse: "Achei aqueles eventos muito excitantes."

Ainda assim, não há evidências de que sua paixão por automóveis e corridas tenha sobrepujado outros interesses em sua juventude. Ferrari manteve um entusiasmo juvenil pelo time de futebol modenense e, em certo momento, pareceu estar se encaminhando para uma carreira ligada à redação esportiva. Aos 17 anos, prestou diversos serviços como colaborador para o *La Gazzetta dello Sport*, importante jornal esportivo italiano, revelando forte senso de drama e a mão dotada de objetivo com sua prosa.

Anos depois, Ferrari confessou que, quando menino, sonhou com três carreiras: redação esportiva, canto operístico e pilotagem automobilística. Ironicamente, não deixaria sua marca em nenhuma delas, embora seja provável que sua habilidade com as palavras e suas opiniões estridentes fossem capazes de obter sucesso na imprensa italiana. Quanto ao canto, ele admitiu, francamente, que não tinha ouvido musical, e nunca se soube de uma tentativa sua de cantar uma ária, mesmo depois de beber alguns copos de vinho a mais. Ferrari se lembrava calorosamente de jantares na pequena sala de jantar da família com um tenor chamado Bussetti, ex-mecânico que tinha cantado no coro da Companhia Metropolitana de Ópera. Em um concerto improvisado após um jantar, quando Bussetti fez tremer o pequeno recinto com um dó maior ascendente, Ferrari recordou que as luzes se apagaram.

Apesar de criado como quase todo mundo, nos braços da Igreja Católica Apostólica Romana, Ferrari nunca foi religioso, e depois se lamentou: "Embora católico por batismo, não tenho o dom da fé e invejo aqueles que encontram na Igreja um refúgio para os seus tormentos." Ele escreveu sobre achar o catecismo "repugnante" e lembrou que o velho pároco da igreja de Santa Caterina ficou francamente irritado com ele por sua evidente falta de entusiasmo. Também admitiu que a primeira e última vez que confessou seus pecados foi no sábado antes de sua primeira comunhão, isso apesar dos anos em que foi arrastado para a igreja com Dino, ambos vestidos com seus terninhos de marinheiro.

As recordações de Ferrari e outras investigações sobre sua juventude não fornecem nada que indique quaisquer talentos extraordinários, nenhum gênio brilhante e desconhecido, nem mesmo o talento singular para liderança e organização que floresceria mais tarde na vida. Enzo Ferrari, durante seus primeiros 20 anos, era somente um jovem italiano, que gostava de bicicletas, corridas de carro e futebol, mas que estava sendo sugado lentamente para o turbilhão sangrento que engolfaria a Europa após Gavrilo Princip disparar dois tiros com sua pistola em Sarajevo na manhã de 28 de junho de 1914.

A partir daquele momento, o mundo mergulhou no massacre em massa mais frustrante, horripilante e estúpido da história da humanidade. Praticamente todos os homens europeus da geração de Enzo Ferrari seriam afetados, embora quase um ano inteiro se passasse antes que a Itália entrasse na guerra, ao lado dos Aliados, em maio de 1915. A missão era clara. *Italia irredenta* era uma obsessão nacional centrada nas terras controladas pela Monarquia de Habsburgo na região de Trentino e ao longo da costa do Adriático. A Itália, embora quase tão populosa quanto a França, era a mais pobre das chamadas grandes potências, com o sul preso em uma sociedade agrária medieval e o norte quase não conseguindo sustentar uma nascente economia industrial. Pior ainda: o país era politicamente fraco, tendo unido suas regiões e províncias beligerantes menos de cinquenta anos antes.

Os jovens italianos, sobretudo os nortistas que cresceram sentindo ódio endêmico dos austríacos, correram para se alistar no Exército, duplicando a ingenuidade fatal que estava avançando através dos jovens da França, Grã-Bretanha e das Potências Centrais. Inicialmente, Dino converteu o carro Diatto da família em uma ambulância, transportando os feridos das frentes de batalha dos Alpes para os hospitais situados ao redor do Vale do Pó. Quando fez 19 anos, ingressou na Força Aérea italiana, uma decisão que, por coincidência, teria um impacto sobre seu irmão muito depois da guerra. Dino se tornou membro da tripulação de terra da Squadriglia 91ª, cujo emblema era composto de asas de aviador e um *cavallino rampante* (cavalo rampante). Esse emblema foi pintado na fuselagem do avião de Francesco Baracca, o mais ilustre da esquadrilha e herói supremo da aviação militar italiana, responsável pela derrubada de 34 aviões inimigos, antes que seu biplano Spad Si3 fosse atingido em uma batalha aérea.

Em fevereiro de 1916, Enzo Ferrari teve seu primeiro encontro com a morte — um conhecimento que permaneceria com ele pelo restante de sua vida: seu pai morreu de pneumonia. A pequena empresa em Módena entrou em colapso e Enzo, leigo e aparentemente desinteressado em manter a atividade de trabalhos em metal, passou por diversos empregos não qualificados.

Por algum tempo, trabalhou como aprendiz do Corpo de Bombeiros de Módena; depois, frequentou um curso para se tornar operador de torno mecânico, tendo sido aceito como estagiário em uma pequena indústria de fabricação de obuses de artilharia. Foi uma época confusa para Ferrari. Seu pai havia morrido, e por causa das convulsões da guerra, além de sua falta de objetivos profissionais sérios, ele vagou sem direção no final da adolescência, aguardando a convocação para o serviço militar.

Então, de repente, de forma horrível, Dino também morreu. Ferrari descreve Dino como vítima de "uma doença contraída durante o serviço militar". Pode ter sido *influenza*, febre tifoide ou qualquer uma das dezenas de doenças que devastaram as trincheiras e os campos dos combatentes da Primeira Guerra Mundial. Dino ficou doente por algum tempo antes de morrer no sanatório de Sortenna di Sondrio, no mesmo ano. Enzo ficou arrasado com as perdas de seu pai e de seu irmão.

Dino se ofereceu como voluntário para o serviço militar, mas Enzo esperou ser convocado, dois anos depois, aos 19 anos. Naquela altura, a infantaria italiana estava presa em um impasse brutal, enfrentando os austríacos ao longo de uma frente de batalha que se estendia desde o rio Isonzo, a nordeste de Veneza, até os escarpados picos alpinos das Dolomitas e do Trentino Alto, a oeste. Enzo foi alocado no 3º Regimento de Artilharia de Montanha, naquele momento preso nas montanhas de Val Seriana, ao norte de Bergamo. Ao alegar formação em mecânica, Ferrari esperava ser alocado em uma das equipes que cuidavam dos grandes morteiros Breda, que guarneciam as regiões montanhosas controladas pelos italianos. No entanto, um segundo-tenente piemontês decidiu alocá-lo no destacamento de colocação de ferraduras em mulas, os animais de carga empregados para transportar artilharia pelo terreno montanhoso. Naquela época, as melhores funções, incluindo todo o oficialato, eram reservadas para a classe alta, e Ferrari, oriundo de uma cidade remota da Emília e não possuindo qualquer linhagem para negociar uma função melhor, foi rapidamente alocado no trabalho subalterno destinado às suas origens. Isso durou apenas três meses, pois ele foi acometido de uma doença quase fatal. Em retrospecto, consideraram ser uma pleurisia. Ferrari foi removido da frente de batalha e internado em um hospital militar em Bréscia, onde duas cirurgias foram realizadas. Se o diagnóstico estiver correto, é possível que os procedimentos tenham sido realizados para a retirada de líquido de seus pulmões. Independentemente da doença e da sugestão de cura, ele foi então removido para uma casa de repouso para doentes terminais perto de Bolonha. Ferrari ficou em um quarto frio e escuro no segundo andar de um prédio modesto, de onde ele podia ouvir o contínuo barulho dos martelos dos trabalhadores quando as tampas dos caixões eram marteladas. Depois de tratamentos mais apressados no local, muita dor e um longo repouso, Ferrari finalmente recebeu alta, arruinado física e mentalmente, mas com uma sorte muito maior do que centenas de milhares de jovens compatriotas, cujos corpos se espalhavam pelas montanhas ao norte.

Em 1918, Ferrari foi dispensado do serviço militar. Enquanto isso, a Europa respirava com dificuldade e os homens procuravam justificar o sacrifício de 30 milhões de vidas. Embora ele não faça menção a isso em suas memórias, e nenhum estudioso de sua vida tenha sido capaz de determinar o motivo, Ferrari parece ter sido tomado por uma espécie de epifania durante esse período. Existe uma lacuna na história que quase não é incomum em suas anotações, mas leva a intrigantes especulações. Quem foi a pessoa misteriosa, ou qual foi o acontecimento crucial, que fez Enzo decidir, entre o momento que ele ingressou no Exército, em 1917, e sua dispensa, um ano depois, que ele queria seguir uma carreira ligada aos automóveis?

Em sua autobiografia, Ferrari se recorda de estar sentado, antes da guerra, do lado de fora da casa da família, em uma noite quente de verão com um amigo chamado Pepino. Sob a luz de uma lâmpada a gás, eles observaram uma foto de Ralph De Palma, o italiano admiravelmente talentoso que se mudou para os Estados Unidos em 1893 e que, em 1912 e 1914, venceu a Copa Vanderbilt, e em 1915 as 500 Milhas de Indianápolis. Ele era considerado por muitos como o melhor piloto do mundo. Segundo Ferrari, ele disse para Pepino, filho de um importador modenense de gêneros alimentícios, que se tornaria piloto de corridas. Além disso, ele repetiu muitas vezes, provavelmente de modo suspeito, que a inspiração para sua escolha de motores V12 quando começou a construir seus próprios carros residia em sua fascinação pelos grandes jipes militares Packard V12 que ele viu o exército norte-americano usar no fim da guerra. Essas histórias podem ou não estar corretas — Ferrari usava as histórias de acordo com sua conveniência —, mas existe um quê de verdade, indicando um certo interesse por carros, que se tornou um tema central em sua vida no fim da guerra e que o levou para longe de casa quando o conflito terminou.

Depois do Armistício, Ferrari apareceu em Turim, procurando trabalho na Fiat. Ao contrário de sua cidade natal, Turim era o centro da produção industrial italiana, uma cidade agitada e congestionada junto ao rio Pó, que havia prosperado com o esforço de guerra. Quando Ferrari chegou à cidade, no inverno de 1918-1919, todo o norte da Itália estava tumultuado. Aparentemente, a Primeira Guerra Mundial não resolvera nada, e as poderosas vozes do socialismo, do marxismo e do nacionalismo étnico ecoavam pelas cidades. A Itália, com suas finanças devastadas e seu frágil contrato político de unidade rachado pela divisão entre o norte industrial e o sul rural atrasado, estava em chamas, por causa da agitação social. Gabriele D'Annunzio, lendário herói de guerra, poeta e nacionalista fervoroso, estava reunindo uma turba ruidosa de veteranos desiludidos na esperança de capturar a costa da Dalmácia, uma recompensa negada à Italia pelo Tratado de Versalhes. Em Milão, um combativo jornalista de esquerda chamado Benito Mussolini estava realizando uma mudança astuciosa, passando do socialismo idealista para o oportunismo político. Como editor de um jornal aguerrido chamado *Popolo d'Italia*, Mussolini criou uma organização antiestablishment bastante virulenta denominada Fasci Italiani di Combatimento, que milagrosamente começou a atrair os insatisfeitos, os frustrados e os descontentes tanto da esquerda como da direita. Por algum tempo, o destino sorriu para esse *poseur* inchado e ridículo da Romanha, depois que seus fascistas de camisas pretas se apoderaram da Itália e a levaram de um período de pompa e prosperidade artificiais para uma fase de vergonha e derrota.

Aparentemente, Ferrari não foi afetado por esse turbilhão de mudanças sociais e políticas que dilaceraram a Itália. Ele foi para Turim com um único propósito em mente: conseguir um emprego na fábrica da Fiat, que estava em expansão acelerada. Fundada em 1899 por Giovanni Agnelli, de Bricherasio, e pelo conde Carlo Biscaretti, de Ruffia, a FIAT (Fabbrica Italiana Automobili Torino) foi reorganizada em 1907 e renomeada simplesmente como Fiat S.p.A., com a família Agnelli firmemente no controle. A mudança sinalizou a expansão da empresa de uma pequena firma regional de fabricação de automóveis para um gigante industrial, que produzia não só carros, mas também caminhões, rolamentos, aeronaves, motores marítimos, aeronaves militares, locomotivas, material rodante e até navios de carga completos. Quando Enzo Ferrari apareceu na sede da empresa, na Corso Dante, em Turim, estavam em vigor os planos finais para a produção em série do modelo 501, com motor de 1,5 litro, um carro de passeio tecnologicamente avançado e de preço baixo, que se tornaria um marco da empresa por anos. Porém, mais para o gosto de Enzo era o interesse contínuo da Fiat por corridas de automóveis, onde uma pequena equipe de elite de projetistas, mecânicos e pilotos estava pronta para disputar as grandes corridas continentais enfrentando carros como Mercedes, Peugeot, Ballot e Duesenberg (fabricado por uma pretensiosa empresa norte-americana). A equipe de projetos da Fiat, liderada pelo engenheiro-chefe Guido Fornaca, contava com os serviços de Vittorio Jano, jovem e brilhante projetista piemontês, além de um quadro de engenheiros experientes e com formação universitária. Naquela época loucamente criativa, quando se conhecia pouco de metalurgia, ciência da câmara de combustão, geometria da suspensão, aerodinâmica etc., que, em última análise, possibilitavam solucionar os problemas de velocidade e durabilidade dos automóveis, a Fiat era líder reconhecida em novas tecnologias. Isso inspirou uma autoridade italiana sobre o assunto a refletir com orgulho: "A Fiat não copiou; ensinou depois de ter criado."

Nesse ambiente exclusivo, o ex-ferrador de mulas do Exército, ainda pouco saudável e não qualificado, enfiou seu nariz proeminente em um dia do inverno de 1918. Ele portava uma carta de recomendação do coronel de seu regimento, cujo conteúdo é desconhecido. Se era ou não apenas uma carta-modelo descrevendo as vagas habilidades de Ferrari — presumivelmente reveladas enquanto ele martelava pregos nos cascos das mulas —, nunca saberemos. Independentemente da mensagem, era inútil. O mercado de trabalho do pós-guerra estava abarrotado de veteranos e Ferrari estava condenado, desde o momento em que entrou no escritório forrado de lambris de mogno do engenheiro Diego Soria. Soria, a quem Ferrari descreveu como "robusto, com cabelo avermelhado cortado bem rente que estava ficando grisalho", de modo educado, mas firme, descreveu a Fiat como uma empresa pequena demais para absorver os serviços de milhares de veteranos que procuravam trabalho em Turim. Pior ainda para Ferrari: os moradores da cidade estavam recebendo os empregos disponíveis.

Ferrari escreveu a respeito desse momento com pungência, descrevendo como saiu cambaleante dos escritórios da Fiat para a penumbra invernal e perambulou pelas ruas movimentadas até um banco no parque Valentino às margens do rio Pó. Ali, sob a sombra do imenso Castello del Valentino, ele disse que removeu uma camada de neve e se sentou. "Eu estava sozinho. Meu pai e meu irmão não existiam mais. Dominado pela solidão e pelo desespero, eu chorei."

A Fiat contraiu uma dívida de honra com ele, que teria de ser quitada. Se, como Nietzsche escreveu, a capacidade de vingança prolongada é sinal de uma mente nobre, Enzo Ferrari era um aristocrata do mais alto nível. Tal desprezo envenenou seu cérebro, gerando uma raiva que floresceu com o passar do tempo. A vingança era uma prioridade para ele, que não seria calada, e a retribuição na mesma moeda aos Agnelli e aos seus lacaios da Fiat era uma dívida que ele jurou cobrar, independentemente de quantos anos pudesse levar.

CAPÍTULO 3

Poucos dias depois da chegada de Enzo Ferrari a Turim ele começou a exibir a engenhosidade decidida e os poderes de persuasão que se tornariam suas marcas registradas. Trabalhando a partir do que ele descreveu como uma pequena herança de seu pai, começou a fazer contato com a próspera comunidade de fabricantes de automóveis, pilotos, mecânicos e empreendedores que surgiram como satélites da Fiat. Ao frequentar uma rede de bares e restaurantes na Corse Vittorio Emanuele II, onde o campeão de corridas Felice Nazarro e o igualmente proeminente piloto Pietro Bordino comiam e bebiam, aquele rapaz surgido do nada, de 21 anos, fez amizades com alguns dos mesmos homens audaciosos que ele viu em corridas quando ainda era garoto no interior da região da Emília.

O Bar del Nord, perto da imensa estação ferroviária de Porto Nuova, era um centro de fofocas e negociações ligado a corridas de automóveis. Ali, ele conheceu um negociante de carros bolonhês chamado Giovanni, que contratou o ávido Ferrari imediatamente. Giovanni estava comprando caminhões do Exército italiano excedentes de guerra — principalmente pequenos caminhões Lancia Zeta — e os desmontava até deixá-los apenas com os chassis. Em seguida, transportava os chassis para um fabricante de ônibus em Milão, onde carrocerias de carros de passeio eram instaladas e os veículos eram vendidos para consumidores do pós-guerra com fome de carros.

Ferrari foi contratado como ajudante geral, primeiro ajudando a retirar os compartimentos de carga e as cabines dos caminhões e, depois, levando o esqueleto dos veículos por 150 e poucos quilômetros até Milão. Quando ele aprendeu a dirigir é uma incógnita, e é pouco provável que tenha dirigido enquanto colocava ferraduras em mulas no Exército. No entanto, no momento em que chegou a Turim, desenvolveu pelo menos habilidades mínimas conduzindo os carros e os caminhões rudimentares, esquisitos e inclementes da época. Pelo restante da vida, Ferrari portou a carteira de motorista italiana número 1363, o que significa que ele foi um dos primeiros motoristas do país que dirigia bem antes de sua dispensa do serviço militar.

Independentemente de suas credenciais como motorista, Ferrari se viu trafegando pelas estradas sacolejantes do Vale do Pó, transportando esqueletos de caminhões do excedente do Exército para a minúscula oficina Carrozzeria Italio-Argentina no centro do gigantesco e encardido viveiro industrial e político de Milão. No entanto, aquilo estava longe de satisfazer um homem que aspirou um emprego na Fiat, uma empresa de elite, e rapidamente ele deixou o emprego para se aprimorar. Mais uma vez, dirigiu-se para as *trattorias,* onde pilotos e pessoas ligadas ao automobilismo de Milão se reuniam, e lugares como o bar Vittorio Emanuele, no qual ele tomou a primeira decisão importante de sua jovem carreira.

Ugo Sivocci era um ex-ciclista de provas de estrada, impetuoso e bigodudo, que tinha se mudado para o mundo dos carros, primeiro junto à pequena empresa milanesa De Vecchi e, depois, como principal piloto de testes da CMN (Costruzioni Meccaniche Nazionalia), nova fabricante de automóveis, que tinha ingressado no setor durante a guerra, fabricando tratores de artilharia com tração nas quatro rodas e equipados com motores Isotta Fraschini. Naquele momento, a empresa, situada na via Vallazze, empreendeu um esforço em grande escala para fabricar veículos esportivos de alto desempenho. E como era o costume universal da época, a fábrica participou de diversas corridas de pista e de montanha para demonstrar as proezas de seus produtos. Aproveitando suas modestas credenciais como motorista, sem dúvida com floreios hiperbólicos consideráveis, Ferrari foi contratado por Sivocci como seu assistente. Ferrari dava início à sua ascensão.

A primeira missão conjunta deles envolveu atuar como apoio para Marco Garelli, ás do motociclismo, enquanto ele comandava uma equipe na corrida de resistência Raid Nord-Sud de Milão a Nápoles. Sivocci e seu novo auxiliar transportaram combustível extra, pneus e peças sobressalentes para a motocicleta com motor de dois tempos e cilindros gêmeos de Garelli. Estava longe de ser uma missão glamorosa, mas ainda assim foi o primeiro gosto de competição para Enzo Ferrari.

Sua primeira experiência de verdade como piloto em uma competição organizada ocorreu em 5 de outubro de 1919. Ele e a pequena equipe da CMN participaram de uma corrida de montanha regional chamada Parma-Poggio di Berceto. Era uma prova de estrada, que levava aos Apeninos, cobrindo uma distância de 53 quilômetros. Ferrari recebeu um dos carros CMN 15/20 equipado com motor de 2,3 litros. Com a carroceria sendo apenas simples invólucro para o motor, tinha dois assentos e dois pneus sobressalentes pairando sobre as rodas traseiras de raios de madeira. Acompanhado por um mecânico escolhido pela equipe em Parma, que ia sentado no assento do passageiro, Ferrari pegou seu caminho ao longo da estrada serpenteante, subindo a encosta do monte Piantonia. Ele terminou a prova em quinto lugar em sua categoria, mas bem abaixo na classificação geral. Estava longe de ser uma estreia deslumbrante, mas, considerando a potência limitada de seu carro, bastante rudimentar, e sua condição de novato, o fato de que ele figurou na classificação final é digno de menção. Em contraste, Sivocci terminou em segundo lugar na classificação geral.

Em novembro de 1919, Ferrari voltou a correr, quando ele e Sivocci entraram em seus CMN para a corrida de Targa Florio, uma prova de estrada ao redor da Sicília, organizada por Vincenzo Florio, descendente de um poderoso clã siciliano que controlava imensas extensões de terra e uma frota de navios e que exercia grande influência política na ilha.

Naquela época, muitos carros de corrida eram meramente carros comuns modificados, despojados da carroceria e com motores mais potentes. O CMN não passava de um carro de passeio envenenado, ao contrário dos carros da elite do esporte: os Fiat, Peugeot, Ballot, Duesenberg e Sunbeam que competiam nas provas continentais de Grand Prix e em lugares tão improváveis como o Indianapolis Motor Speedway, em Indiana. Aqueles carros eram máquinas de corrida puro-sangue e especialmente projetados,

FERRARI • 37

representando a melhor tecnologia disponível — boa parte dela muito nova, proveniente do cadinho brutal, mas muito criativo, da guerra. Eles tiraram proveito da metalurgia, do projeto de motores e das fórmulas de combustível aprendidas durante o esforço febril de construir aviões mais rápidos e caminhões e tanques mais resistentes para as linhas de frente.

A pequena empresa CMN não podia se dar o luxo de transportar seus carros de corrida para a Sicília por trem ou caminhão, como era o costume das equipes maiores. Então, Ferrari e Sivocci receberam a tarefa de conduzir os carros para a corrida. Não foi um passeio de lazer pela paisagem rural. Ferrari recorda que eles enfrentaram uma nevasca desagradável nas colinas de Abruzzi. Nelas, foram atacados por um bando de lobos, que tiveram de ser dispersados com tiros da pistola que Ferrari sempre carregava sob seu assento. A dupla fez grande esforço para se dirigir ao sul, para Nápoles, quase não chegando a tempo de embarcar em um *ferryboat* de propriedade de Florio, o *Citta di Siracusa*, para a viagem noturna a Palermo. "Um mar agitado e os ataques de todo tipo de insetos", foi como Ferrari se lembrou da travessia.

Aquela seria uma corrida automobilística importante. A Targa, como era conhecida, foi realizada pela primeira vez em 1906. Era uma prova composta de uma série de longas voltas ao redor da zona rural siciliana escarpada, cheia de pedras e infestada de bandidos (no entanto, devido ao poder e à proeminência do clã Florio, todas as armas foram embainhadas durante a prova e ninguém ameaçou os participantes). O pequeno e rudimentar CMN de Ferrari parecia uma carroça em comparação com algumas das máquinas mais incomuns da Fiat e da Peugeot, incluindo o Peugeot L25, impressionante carro de Grand Prix de antes da guerra, conduzido pelo ás André Boillot. Ferrari e seu mecânico, Michele Conti, partiram para encarar quatro voltas de 108 quilômetros cada uma e tinham pouca chance de sucesso contra os carros mais velozes.

Ferrari conduziu o carro com o máximo de firmeza permitido por sua coragem e limitada experiência, irritando-se com os solavancos e as vibrações do pequeno CMN provocados pelas estradas de terra e cascalho. Logo no início, as superfícies sulcadas por carroças fizeram o tanque de combustível se soltar dos seus suportes e Ferrari e Conti perderam 40 minutos recolocando o tanque no lugar. Depois, percorrendo a toda velocidade a estrada costeira a leste de Palermo, foi impedido de prosseguir por um *carabiniere* nos arredores do vilarejo de Campofelice. Furioso, Ferrari exigiu que o policial o deixasse passar. Foi informado que era impossível, pois Vittorio Emanuele Orlando, primeiro-ministro da Itália, estava fazendo um discurso. A estrada estava bloqueada até o término da cerimônia (pelo jeito, só os italianos programam uma corrida automobilística e um discurso político no mesmo dia, no mesmo local). Impotentes, mas enfurecidos, Ferrari e Conti ficaram sentados no carro até o primeiro-ministro se despedir. Só então receberam permissão para seguir em frente, ainda sendo forçados a se arrastar atrás do gigantesco sedã De Dion Bouton preto do primeiro-ministro até ele sair da estrada principal.

A estrada ficou desimpedida e Ferrari disparou em direção à linha de chegada, conduzindo a máquina vacilante pelas curvas cobertas de cascalho e passando em velocidade máxima pelos pequenos vilarejos castigados pelo sol que se estendiam pelo circuito. Com molas não mais flexíveis do que as de um carro de boi e um escapamento aberto que retumbava no rosto do piloto e do mecânico, o CMN era um carro tosco que, como um cavalo chucro, parecia aproveitar a oportunidade para derrubar seus ocupantes no chão. Ainda assim, Ferrari avançou com determinação e ousadia, descendo em derrapagem controlada as colinas escarpadas, em direção à bandeirada, na periferia de Palermo.

Naquela altura, Boillot havia vencido a corrida, apesar de ter atropelado e matado um espectador que vagava na estrada junto à linha de chegada. Já estava quase escuro quando Ferrari finalmente chegou. A área estava deserta, exceto pela presença de um policial local, que fazia o que restava da cronometragem oficial com um relógio despertador. Ferrari desembarcou do carro e perseguiu Florio para reclamar que fora prejudicado pelo discurso e, portanto, fora tratado de modo injusto. Um bate-boca começou. "Do que você está reclamando?", perguntou Florio. "Você se atrasou, não arriscou nada e estamos até dando de lambuja para você sua inclusão na classificação!" Assim, em sua segunda tentativa como piloto de corridas, Ferrari foi "classificado" em nono lugar na classificação geral e em terceiro em sua categoria, que, ele disse, "devia representar um sucesso, embora pequeno".

Ferrari logo deixou a CMN para tentar a sorte em outras áreas do mercado automobilístico italiano e para fomentar sua carreira como piloto de corridas. Seus movimentos exatos são desconhecidos, apesar de estar documentado que ele participou novamente, em maio de 1920, de outra disputa da corrida de montanha Parma-Poggio di Berceto com um carro do qual ele era um dos donos. Era um Isotta Fraschini Tipo IM de antes da guerra, equipado com motor de 7,2 litros, do mesmo modelo que ele disputara as 500 Milhas de Indianápolis em 1914 (onde um pneu furou e o carro capotou, provocando um acidente envolvendo diversos automóveis). O grande carro de dois lugares era notável por causa de seus freios nas quatro rodas. Na ocasião, a maioria dos carros de corrida utilizava freios apenas nas rodas dianteiras, devido à complexidade dos sistemas acionados por cabos e à incapacidade dos projetistas de equilibrar a capacidade de frenagem entre os pares dianteiro e traseiro. Nesse sentido, o Isotta, com potência de 130 cavalos, era uma máquina avançada, e não sabemos como e com que recursos Ferrari a adquiriu.

No entanto, sabemos os resultados de sua participação em três corridas com o Isotta Fraschini e o mecânico Guglielmo Carraroli: um terceiro lugar na classificação geral e um segundo na categoria de mais de 6 litros na prova de Parma-Poggio di Berceto, e dois abandonos por problemas mecânicos em duas provas de menor importância disputadas em junho do mesmo ano. Logo depois, o Isotta desapareceu, e Enzo Ferrari começou uma ligação com a Alfa Romeo que duraria quase duas décadas.

Ferrari estava longe de se aliar à Fiat ou à General Motors ou a um dos gigantes fabricantes de carros franceses ou ingleses. A Alfa Romeo foi fundada em 1909 pelo *cavaliere* Ugo Stella, que tinha sido gerente da divisão italiana da Darracq, montadora francesa. O plano era assumir o controle das instalações da financeiramente decrépita Darracq, em Portello, nos arredores de Milão, e começar a fabricação de uma linha de carros de passageiros totalmente italianos com o nome ALFA, um acrônimo de Anomma Lombardo Fabbrica Automobili. Em 1910, Giuseppe Merosi, natural de Piacenza, com experiência em engenharia na fábrica de bicicletas Bianchi e topógrafo por formação, projetou uma séria de carros da linha ALFA, e a produção começou. Quatro anos depois, a fábrica era suficientemente bem-sucedida para por na pista uma máquina de Grand Prix com motor de 4,5 litros.

Quando a Itália entrou na guerra, a ALFA começou a produzir obuses da artilharia e caminhões militares com lagartas. Naquele momento, a empresa caiu nas mãos de um brilhante industrial e político chamado Nicola Romeo, natural de Nápoles e professor de matemática em Milão antes de ingressar no mundo dos negócios. Romeo era um orador tão persuasivo que mais tarde ganhou o nome de "a sereia" no Senado italiano. Ele também mudou o nome de sua nova empresa de automóveis para Alfa Romeo.

Os detalhes do contato inicial entre Enzo Ferrari e Alfa Romeo são obscuros, exceto por dois elementos: a compra de um carro por Ferrari e a presença de um jovem, esperto e brilhante engenheiro chamado Giorgio Rimini, natural da Catânia. Ferrari se recorda dele como alguém com um cigarro aparentemente colado nos lábios. Quando o conheceu, Rimini era um faz-tudo na Alfa, atuando como chefe da equipe de corridas e do departamento de testes e também como gerente-geral de vendas. Se Ferrari se viciou como piloto de testes da Alfa com base em sua limitada experiência na CMN antes ou depois de ter comprado um carro de Rimini não está claro, mas de alguma forma um carro de turismo Alfa G1 com motor de 6 litros desempenhou um papel na ligação.

Em uma das poucas lembranças em que Ferrari se fez alvo de uma piada, ele escreveu que comprou o G1 de Merosi com a ressalva louca no contrato de que o carro seria entregue "o mais cedo possível e ainda mais cedo". Quando a data de entrega sofreu um atraso, Ferrari protestou com Rimini, e essa cláusula foi introduzida no contrato. Ferrari aprendeu, como ele disse, a ler, dali em diante, todos os contratos, palavra por palavra. Mas o fato de que Ferrari comprou o Alfa Romeo G1 em 1920, aos 22 anos, é intrigante. O Alfa era um modelo de luxo caro (baseado parcialmente no Pierce-Arrow norte-americano, pelo menos em termos de técnicas de produção) e aparentemente estava fora do alcance da maioria dos jovens que se consideravam originários de famílias pobres. Sendo esta sua segunda máquina bastante incomum, é evidente que ele era alguém que dispunha de recursos financeiros desde cedo, fosse por herança, por suas atividades junto à CMN ou por sua participação limitada em corridas de automóveis, ou, mais provavelmente, por uma combinação das três.

Não resta dúvida de que, naquela altura, Enzo Ferrari tinha se tornado um vendedor e manipulador convincente no eixo automobilístico de Milão e Turim. Ele já tinha pouco mais de 1,80m e superava em altura a maioria de seus contemporâneos. Seu rosto era dominado por um grande nariz aquilino e por olhos inchados e semiencobertos por espessas pálpebras, que eram quase reptilianos quando em repouso. A cabeleira era preta e penteada para trás, em estilo *pompadour*, em ondas revoltas. Já era claro que sua fisiologia o condenava a ganhar peso com facilidade e a ficar grisalho prematuramente, como seu pai.

Apesar de seus óbvios poderes de persuasão e de sua personalidade suficientemente forte para abrir caminho nos santuários internos do departamento de testes da Alfa Romeo, Ferrari permanecia agarrado à imagem de si como alguém rude e de classe inferior. Em certo momento, lamentou: "Sinto-me tão provinciano, tão emiliano." Contudo, esse sentimento de inadequação era mais do que compensado por sua sagacidade despachada e sua impetuosa capacidade de lidar com superiores sociais e profissionais como se fosse um homem com o dobro de sua idade. Com certeza, essa habilidade foi identificada por Rimini, que o integrou à equipe Alfa Romeo, embora sobre uma base incontestavelmente subalterna. Pode não estar claro se o Alfa G1 foi comprado antes ou depois de sua contratação, mas não resta dúvida de que ele estava em Targa Florio, em 20 de outubro de 1920, ao volante de um Alfa 40/60 HP de antes da guerra. Ele era membro de uma equipe de três carros, liderada por Giuseppe Campari, de 28 anos, corpulento, de alto padrão de vida e, de vez em quando, cantor de ópera, que se tornaria amigo íntimo e assistente de Ferrari.

Ao longo dos anos, o termo "Grand Prix" tem sido usado de modo inadequado e entendido de forma equivocada. Durante décadas, "Grandes Prêmios", por assim dizer, foram concedidos para todos os tipos de competições, produtos, obras de arte etc., antes de o termo francês ser aplicado ao automobilismo, em 1906. O automobilismo organizado começou em meados da década de 1890, com o Automobile Club de France (ACF), fundado em 1895. Essa organização assumiria um papel preponderante no automobilismo internacional e regeria a criação de regras nos sessenta anos seguintes. No início, as corridas automobilísticas eram disputadas como uma espécie de "Formula Libre"; em outras palavras, nenhuma especificação de motor ou chassis peculiar era exigida para inscrição em uma competição. Todavia, com o desenvolvimento da indústria, reconheceu-se que regras complexas (cuja criação os franceses eram mestres) seriam necessárias tanto para manter a competição justa e equilibrada, como para gerar avanços técnicos. Diversos eventos internacionais importantes foram realizados na Europa e nos Estados Unidos nos primeiros cinco anos de século XX. Grandes patronos de corridas, como W. K. Vanderbilt, o magnata da imprensa Gordon Bennett e o anteriormente mencionado

Vincenzo Florio ofereciam troféus, prêmios e prestígio internacional pela vitória, mas suas regras eram diversificadas e costumavam ser contraditórias. Em 1906, o primeiro Grand Prix da França foi organizado pelo ACF e criou a base para o automobilismo internacional dos anos seguintes. Dali em diante, um "Grand Prix" puro era uma corrida disputada de acordo com especificações detalhadas para carros, distâncias de corrida e regulamentos de competição. No início da década de 1920, a maioria dos países europeus possuía uma corrida de "Grand Prix" disputada de acordo com as regras do ACF. Muitas vezes, esse termo seria corrompido e mal-aplicado, mas em seu sentido clássico refere-se a uma série de corridas internacionais realizadas de acordo com um conjunto de especificações automotivas rigorosas e bastante sofisticadas. No início, os carros de Grand Prix tinham leve semelhança com os carros de passeio, mas no final da Primeira Guerra Mundial tornaram-se máquinas leves, potentes e de rodas descobertas, com carrocerias aerodinâmicas, que estavam anos-luz à frente de seus congêneres de produção em série em termos de velocidade e engenharia.

Dito isso, a corrida de Targa Florio não foi disputada de acordo com as regras de Grand Prix, e sim como uma competição de Formula Libre. Por isso, a inscrição de um carro de Grand Prix puro para Campari e de um carro mais comum para Ferrari. No entanto, daquela vez, ele foi mais bem-sucedido. Pilotando aquela máquina pesada com desajeitados para-lamas dianteiros, ao estilo orelhas de Dumbo, para proteção dele e do mecânico, Michele Conti, da lama que cobria o circuito de 108 quilômetros, ele conseguiu um segundo lugar na classificação geral naquela corrida bastante difícil. Embora muitos dos carros mais velozes tivessem abandonado a corrida, incluindo o pilotado por Campari, companheiro da equipe Alfa, foi um resultado empolgante para o jovem e, sem dúvida, convenceu-o, por curto tempo, que seu futuro como piloto de corridas estava assegurado.

No entanto, uma empresa modesta como a Alfa Romeo ainda estava participando das ligas de menor importância do negócio automobilístico. As chances de vitória nos grandes eventos pareciam um sonho distante, e mesmo com um piloto brilhante como Campari ao volante, o poder da Fiat, Mercedes, Sunbeam, Ballot e outras marcas era grande demais para considerar uma boa colocação nos principais eventos continentais de Grand

Prix. Mas Ferrari mergulhou em seu trabalho com vigor típico e no início de 1921 convenceu Ugo Sivocci a abandonar a CMN e ingressar na Alfa no departamento de testes. Sivocci mostrou-se tão competente no trabalho — tanto em pista de corrida como em estrada — que Rimini rapidamente o nomeou como chefe de departamento.

No início da década de 1920, Ferrari viajava ininterruptamente entre Milão e Turim, envolvendo-se em todos os tipos de negócios — venda e troca de carros, compra de peças, espionagem industrial na Fiat, coleta de fofocas, entrega de carros para clientes — e também em corridas. Ao envelhecer, passou a se fixar em Módena e Maranello, mas, durante aquele período, ele beirou o vendedor ambulante, viajando ao menos uma vez para a Inglaterra e para a França e se deslocando quase constantemente pelo norte da Itália e pela Suíça. Durante uma viagem a Turim, ele conheceu uma garota de cabelo claro de 21 anos perto da estação ferroviária de Porto Nuova, no centro de Turim. Seu nome era Laura Domenica Garello, e ela era natural do vilarejo de Racconigi, pouco mais de 30 quilômetros ao sul de Turim. Ela era filha de Andrea Garello e da falecida Delfina Parchetti. Ambos eram de famílias camponesas simples e não havia nada em suas origens para propiciar a base para afirmações posteriores de que Laura Garello procedia da riqueza fundiária ou que ela era bem-nascida, em qualquer sentido da palavra. Laura era uma mulher bastante robusta, seus olhos castanhos se moviam rapidamente e possuía um sorriso ligeiro e charmoso. Seu pesado dialeto rural era incontestavelmente da classe trabalhadora. O motivo e como eles se conheceram em Turim é obscuro, embora persistissem rumores entre aqueles que os conheciam melhor que Laura era uma dançarina de café e que atuava entre os bares e os pontos de encontro frequentados pela turma de corridas. Independentemente das circunstâncias, Ferrari aceitou o relacionamento e a arrastou para sua órbita. Eles começaram a viajar juntos e ela aparecia regularmente nas corridas em que Ferrari competia. Em 1922, era chamada de *signora* Ferrari, embora os dois não fossem casados. Algumas cartas existem do início da década de 1920 em que Ferrari se corresponde com Laura, de Gênova e Turim. Eram endereçadas à "sra." Enzo Ferrari, mas eles só se casaram em 1923.

Essa farsa pode ter sido encenada por diversas razões. É possível que Ferrari quisesse poupar a sensibilidade de sua mãe, com quem ele mantinha um relacionamento próximo e dócil. Além disso, enquanto amantes, eram aceitas em circunstâncias apropriadamente indefinidas na classe alta, era mais difícil para um homem da classe baixa como Ferrari exibir tal relacionamento. Mesmo naquela tenra idade, ele estava bastante sintonizado com a atmosfera política da Alfa Romeo e talvez tenha decidido que seu destino seria mais seguro de braços dados com uma esposa do que com uma namorada com um passado questionável.

Apesar da inclusão de Sivocci na equipe de pilotos que já incluía Campari e o magnífico jovem Antonio Ascari, a Alfa Romeo estava longe de estar pronta para o apogeu. O projetista-chefe Giuseppe Merosi, como mencionado, era um topógrafo por formação e foi chamado pelo título de "Geometra" (topógrafo, em italiano) durante a maior parte de sua vida. Antonio Santoni, seu assistente mais próximo, era farmacêutico. Nenhum dos dois tinha os conhecimentos necessários para competir com a Fiat e a Mercedes, com suas legiões de engenheiros mecânicos e técnicos altamente qualificados. Os automóveis projetados por Merosi eram carros de turismo bem feitos, mas sem imaginação, que podiam ser convertidos em máquinas de corrida aproveitáveis. Enzo Ferrari percebia a limitada capacidade de competição naquele tipo de equipamento. Em 1921, ele competiu cinco vezes pela equipe, sempre em papel de apoio para Campari e Company, e obtendo dois quintos lugares em Targa Florio e Mugello. É bem verdade que os primeiros pilotos não estavam se saindo muito melhor (Campari foi o terceiro em Targa Florio), mas não resta dúvida que Ferrari nunca foi do mesmo nível de Ascari, Campari ou Sivocci como piloto de corridas. Contudo, suas habilidades na organização fora das pistas acabariam por transcender em muito o valor dos outros para a Alfa Romeo e para a indústria automobilística italiana.

Mas, enquanto Ferrari mergulhava na política interna da Alfa Romeo, a Itália estava envolvida em uma luta infinitamente mais complexa e perigosa de intrigas e confusões. Em 1919, Benito Mussolini se tornou uma força política importante, criando, por meio de sua oratória poderosa e escrita provocante, o Partido Fascista, que parecia oferecer um bocado de satisfação — embalado em bravatas e promessas extravagantes — para todos. Outrora um socialista, Mussolini virou casaca e se tornou um anti-bolchevista radical, em parte para seduzir as classes industriais abastadas. Sempre bajulador, prometeu aos fleumáticos *borghesi* um retorno à lei e à ordem, enquanto os trabalhadores eram cortejados por um canto de sereia que incluía melhores salários e um contrato liberal de cooperação entre eles e a gerência para a glória da Itália. Com o apoio de suas milícias de camisas-pretas, Mussolini organizou uma marcha sobre Roma, em outubro de 1922 (ele deixou que seus asseclas fizessem uma caminhada sob chuva desde Milão enquanto ele chegava um dia depois, de trem). Ele assumiu o controle do governo cambaleante do primeiro-ministro Luigi Facta e o diminuto e sem vontade própria rei Victor Emanuel II concedeu-lhe poderes ditatoriais.

Ferrari não parecia tocado por esses acontecimentos. Ele estava mergulhando no mundo do automobilismo e da política interna da batalhadora Alfa Romeo. Em 1922, retornou a Módena para fundar a Carrozzeria Emilia, Enzo Ferrari & Company em uma pequena garagem alugada na Via Emília, a 1 quilômetro a leste dos portões murados da cidade velha. O uso do termo *carrozeria* no título é misterioso, já que está relacionado com a fabricação de carrocerias. Não há evidências de que a pequena empresa de Ferrari funcionasse como algo além de um modesto ponto de vendas de carros Alfa Romeo e carros esportivos usados. Nunca se envolveu na fabricação de carrocerias de automóveis personalizadas implícita no nome da empresa. Porém, a Carrozzeria Emilia criou para Ferrari uma base de operações em seu amado habitat familiar, embora suas viagens para Milão e Turim continuassem em ritmo frenético.

Suas agressivas táticas de venda permitiram que ele se tornasse agente de vendas exclusivo dos automóveis Alfa Romeo em toda a região da Emília. Ao utilizar sua crescente reputação como piloto de corridas, ele realçou engenhosamente a imagem da marca entre a rica clientela da região.

Enquanto sua fortuna no negócio de automóveis crescia, sua carreira como piloto de corridas entrava em declínio severo. Em 1922, Rimini lhe deu apenas três corridas, embora duas fossem ao volante de um Alfa Romeo 20-30ES mais antigo. Em julho, ele renunciou à sua lealdade corporativa e pilotou um carro esportivo Steyr-Puch de 6 cilindros, de fabricação austríaca, em uma corrida de montanha de menor importância, que percorria o passo alpino do Grande São Bernardo a partir da cidade de Aosta. O vencedor foi um diminuto membro de uma importante família de construtores de carrocerias de Turim chamado Giovan "Pinin" Farina.

Em 1922, um empreendimento que certamente chamou a atenção de Ferrari foi a construção do gigantesco autódromo de Monza, no parque de Villa Reale, nos arredores de Milão. Durante anos os chefes do automobilismo italiano buscavam um local de grande porte onde uma corrida de Grand Prix de nível internacional pudesse ser disputada, para rivalizar com a realizada anualmente na França. Diversas superpistas permanentes e especialmente projetadas já tinham sido construídas para corridas e testes, tais como Brooklands, na Inglaterra, e o circuito de Indianapolis Motor Speedway, nos Estados Unidos. Além disso, discutia-se publicamente que pistas imensas seriam construídas em Linas-Montlhéry, nas proximidades de Paris, e nos arredores de Colônia, na Alemanha (o lendário circuito de Nürburgring seria construído finalmente no distrito de Eifel, mas só em 1927; a pista de Linas-Montlhéry seria inaugurada em 1924).

Essa pista gigantesca e às vezes sinistra em Monza entraria na vida de Enzo Ferrari repetidas vezes nos anos vindouros. Todo tipo de triunfo e tragédia se desenvolveria ali para ele, mas ironicamente Ferrari nunca moveu um volante com raiva naquela superfície lisa e sombreada por árvores. Nas décadas de 1920 e 1930, ele testou inúmeros Alfa Romeo no local e deu diversas voltas em suas próprias máquinas depois da guerra, mas nunca disputou uma corrida naquele famoso circuito. Apesar de todas as suas tentativas de alcançar o ápice — e Monza se tornaria a materialização da principal corrida na Itália —, Enzo Ferrari estaria fadado ao papel de espectador.

Contudo, independentemente das frustrações que sua carreira de piloto estivesse gerando, o grande salto para a frente de Ferrari no mundo do automobilismo aconteceu em 1923. Ferrari estabeleceu um breve relacionamento com o dr. Albert Schmidt, engenheiro e construtor de carros de Genebra, atuando como seu agente na Itália. Ele viajou com um grupo de altos executivos da Alfa Romeo, incluindo Rimini, para o salão de automóveis de Paris, em 1923, e também viajou para a Inglaterra, onde visitou a nova e imensa superpista de Brooklands, perto de Weybridge, e conheceu Mario Lombardi, representante britânico dos pneus Pirelli. De acordo com Ferrari, Lombardi era "um homem que chegou a contar muito em minha vida e em meus pensamentos". Ferrari competiria quatro vezes durante o ano. No entanto, seu prestígio como organizador e líder de homens se elevaria a alturas inesperadas, principalmente porque ele era capaz de fortalecer a equipe Alfa Romeo e ajudar a impulsioná-la ao ponto mais alto do esporte. Seria em junho que sua sorte mudaria. Seu novo Alfa Romeo RL TF quebrou tanto em Targa Florio como em Mugello, e ele se inscreveu na prova do Circuito del Savio, nas proximidades de Ravena, com contido entusiasmo. Seu mecânico era Giulio Ramponi, sobrinho do grande Campari e, via de regra, o mecânico que acompanhava Antonio Ascari no assento de passageiro. Ramponi era um membro combativo e capaz da equipe Alfa, que também desempenharia papel permanente no drama de Ferrari.

Então, a sorte de Ferrari mudou. Correndo contra concorrentes amadores e semiprofissionais, Ferrari e Ramponi ganharam a corrida no Circuito del Savio, em Ravena, uma prova de 25 voltas, num total de 359 quilômetros, levando a um encontro que teria enorme impacto sobre Ferrari. É um incidente que foi relatado dezenas de vezes, sendo distorcido um pouco mais a cada relato, até que a verdade ficou quase obscurecida. Deixemos Ferrari relatar isso com suas próprias palavras, com algumas observações a seguir:

"Em 1923, ao disputar uma corrida no Circuito del Savio, em Ravena, conheci o conde Enrico Baracca" (pai de Francesco Baracca, ás da aviação militar número 1 da Itália, que foi derrubado após registrar a derrubada de 34 aviões alemães). "Como resultado desse encontro, fui posteriormente apresentado à mãe de Francesco, a condessa Paolina Baracca, que certo dia me disse: 'Ferrari, por que você não coloca o cavalo empinado de meu filho em seu carro? Vai lhe trazer sorte.' Ainda tenho a foto de Baracca, com a dedicatória de seus pais, em que eles confiam o cavalo a mim. O cavalo era e permaneceu preto, mas acrescentei o campo dourado, que é a cor de Módena."

Essa é a versão de Ferrari da lenda do *Cavallino*, o Cavalo Rampante da Ferrari, que se tornou um dos logotipos mais famosos do século XX. No entanto, a história relatada por ele está repleta de alterações e omissões. Para começar, o emblema não era pessoal de Baracca, pertencendo à Squadriglia 91ª da qual ele fazia parte (foi ainda utilizado mesmo após a Segunda Guerra Mundial pela 4ª Aerobrigata e, portanto, dificilmente a mãe de Francesco teria podido ofertá-lo). Como já mencionado, Alfredo, irmão de Enzo, aparentemente integrava a tripulação de terra do esquadrão, sendo possível que, na memória dele, a condessa tivesse sugerido que o emblema fosse adotado. Há uma história confiável de que Baracca adotou o cavalo rampante depois que ele abateu o avião de um piloto alemão sobre Tolmezzo, em novembro de 1916. O alemão, que estava pilotando um Albatross B.II, era de Stuttgart, e seu avião tinha o emblema de sua cidade — também um cavalo rampante — pintado na fuselagem. Portanto, é lógico supor que o *Cavallino Rampante*, tão reverenciado pelos admiradores da Ferrari, seja, na verdade, de origem alemã e relacionado tematicamente de modo direto com aquele posteriormente usado pelo arquirrival da Ferrari de Stuttgart: a Porsche. O exame dos dois logotipos revela uma semelhança surpreendente. Quanto à condessa dando para Ferrari o emblema da "sorte", devemos tratar de decifrar que tipo de boa sorte trouxe para seu filho.

A ironia final da história do cavalo rampante: embora Ferrari tratasse de modo sentimental o momento e o significado do presente, ele o guardou em uma gaveta por *nove anos*, e só apareceu no capô de um de seus carros de corrida nas 24 Horas de Spa, na Bélgica, em 9 e 10 de julho de 1932.

Luigi Orsini, historiador automobilístico italiano, sugere, em sua excelente história da Scuderia Ferrari, que o cavalo rampante foi realmente apresentado a Ferrari na década de 1930, pouco antes de ser utilizado na prova em Spa, mas o próprio Ferrari deixa repetidamente a impressão em suas autobiografias que o presente foi dado pouco depois de sua vitória em Ravena.

A questão se o *Cavallino Rampante* foi oferecido em 1923 ou 1932 permanece um mistério, assim como as origens exatas do emblema, embora se saiba que, anos depois, a Ferrari foi incapaz de registrar como marca o cavalo rampante devido a complicações decorrentes do direito de propriedade de Stuttgart sobre o animal.

Em 28 de abril de 1923, Enzo Ferrari e Laura Garello oficializaram a união depois de viverem juntos por pelo menos dois anos. O casamento aconteceu em uma pequena igreja católica próxima da imensa fábrica Fiat Lingotto, em um bairro operário de Turim. Os pais de Laura se opuseram à união por muito tempo. Ferrari os descreveu como "um casal trabalhador de situação econômica modesta". Um pequeno grupo de convidados, todos pertencentes à família de Laura, compareceu à cerimônia. Podemos quase visualizar o pequeno grupo de homens e mulheres de pele escura, vestidos com grosseiros trajes pretos, contrastando com o cintilante vestido branco da noiva, sorrindo de forma desajeitada e aparecendo sob a luz do sol nebulosa vinda da parte mais escura da igreja. Com certeza, o padre Alberto Clerici, que oficiou a cerimônia, tinha visto uma centena de tais casais arregalarem os olhos com espanto para o mundo exterior, encarando o que ele sabia ser a vida dura e a artificialidade do estilo de vida da classe baixa italiana. Mal sabia ele que o noivo alto e de tórax amplo, com olhar distante, já abrigava aspirações que o levariam longe, em termos tanto de geografia como de sucesso financeiro. O presente de Ferrari para Laura foi uma pequena bolsa dourada. Todo o episódio foi tratado com insensibilidade chocante por Ferrari. Tempos depois, ele escreveu: "Casei jovem, em algum momento por volta de 1920 [*sic*]. Não consigo me lembrar do ano exato, pois perdi a certidão de casamento." Ele acrescentou, na terceira pessoa: "Esse jovem declarou que nada mais importava onde houvesse amor. Posteriormente, percebi que o resto importava, e importava muito."

Afirmar que o casamento de Ferrari se transformou rapidamente em um acordo legal é meia-verdade. Embora existam muitas fotografias dele e de sua nova esposa em diversas corridas no início da década de 1920, ele logo se tornou o tradicional marido italiano, procurando conquistas sexuais não tanto por prazer, mas pela simples satisfação do ego. Enzo Ferrari permaneceria obcecado por sexo a maior parte de sua vida, e provavelmente seus votos nupciais em relação a Laura foram rompidos poucos meses depois do casamento. Anos depois, ele comentaria com Romolo Tavoni, veterano diretor de corrida e assistente pessoal próximo, que "um homem deve sempre ter duas mulheres".

Ironicamente, a sorte de Ferrari nos negócios melhorou devido a um evento que ele não presenciou. Em junho de 1923, o Grand Prix da França foi disputado em Tours, e ocorreu uma briga na poderosa equipe Fiat. Luigi Bazzi, técnico especializado e preparador de motores de 30 anos, bateu boca com Guido Fornaca, engenheiro-chefe da fábrica, e ao retornar para a Itália, foi abordado por seu amigo Ferrari com uma proposta. Por causa do ressentimento em relação à Fiat, Ferrari sugeriu que Bazzi se mudasse para Turim e lhe ofereceu um emprego no departamento de corridas da Alfa Romeo. Afinal de contas, Merosi e seu pessoal estavam nos estágios finais do desenvolvimento de um novo carro de Grand Prix com motor turbocomprimido de 2 litros: o GPR ou P1, que faria sua estreia no Grand Prix da Europa, em Monza, em 9 de setembro. Usando seus poderes de sedução que se tornariam lendários, Ferrari atraiu Bazzi, natural de Novara, calado, sóbrio, frio e calculista, para a Alfa Romeo. Começaria um relacionamento que manteria os dois juntos nas trincheiras do automobilismo por sessenta anos.

O novo carro de corridas de Merosi tinha potencial. O GPR ou P1, como se tornaria conhecido nos anos seguintes, era um bem-concebido dois lugares (um mecânico no assento de passageiro ainda era permitido pelas regras). Com a saúde recuperada, Ascari se juntou a Campari e Sivocci, e a Alfa Romeo parecia pronta para se juntar à linha de frente dos fabricantes de carros de Grand Prix. Contudo, as esperanças foram interrompidas por uma tragédia.

No dia anterior ao Grand Prix da Europa, em Monza, os Fiat, Sunbeam, Bugatti, Alfa etc., acompanhados por um Miller com motor de 8 cilindros em linha, bastante veloz e tecnicamente avançado, pilotado por Jimmy Murphy, grande campeão norte-americano de Indianápolis, deram algumas voltas de treino em alta velocidade. Todos retornaram aos boxes com segurança, exceto um carro. Ugo Sivocci, a bordo de seu novo Alfa P1, perdeu o controle em uma das curvas super-rápidas de Monza e morreu. O homem que levou Ferrari para o esporte e lhe deu a primeira chance de pilotar estava morto. Ele seria o primeiro de, literalmente, dezenas de homens que morreriam em torno de Ferrari, vítimas do mais cruel dos esportes. A morte de Sivocci, além do fato de que o P1 não pareceu rápido o suficiente para competir com os carros mais velozes, levou a equipe Alfa a se retirar. A corrida seria dominada por dois Fiat 805, com Murphy chegando em terceiro lugar ao volante do Miller.

Em frangalhos, a equipe percorreu os poucos quilômetros que separavam o circuito de Monza da fábrica em Portello. Não só perderam um de seus melhores pilotos e amigo íntimo, mas o P1 também precisava de depuração e reengenharia importantes. Bazzi apresentou uma sugestão. Havia um engenheiro brilhante no quadro de pessoal da Fiat que podia ser atraído. Seu nome era Vittorio Jano. Claro que o pessoal da Alfa Romeo conhecia o rapaz de Turim, de 33 anos, e sabia por meio dos contatos com a Fiat (alguns feitos por Ferrari) que Jano tinha um talento legítimo em relação aos novos motores turbocomprimidos, que estavam começando a dominar o esporte.

Vittorio Jano era membro de uma família com longa e orgulhosa tradição nas áreas do conhecimento técnico. Seu pai tinha dirigido um dos principais arsenais militares italianos situados em Turim. Jano era formado em um instituto técnico da cidade, o Istituto Professionale Operaio di Torino, e dois anos depois de obter seu diploma (não um diploma de engenharia, mas sim um mais semelhante ao de um técnico), aos 18 anos, ingressou no prestigioso departamento de engenharia da Fiat.

Falou-se muito a respeito do papel de Enzo Ferrari em convencer Jano a mudar da Fiat para a Alfa Romeo, mas Griffith Borgeson, eminente historiador automobilístico, depois de longas entrevistas com Jano antes de sua morte, em 1964, registrou a versão mais acurada. Segundo Borgeson, Jano afirmou que Rimini fomentou o contato que Ferrari foi designado a fazer no fim do verão de 1923.

Como Ferrari estava familiarizado com a política automobilística em Turim e como ele tinha um Alfa, faz sentido que Rimini o escolhesse para realizar a missão com Jano em Turim. Era uma viagem que Ferrari fizera centenas de vezes, e não resta dúvida que ele não teve muita dificuldade de encontrar o apartamento de terceiro andar de Jano na via San Massimo. Jano recordou que Ferrari foi recebido pela sua esposa, Rosina, que disse estar fora de cogitação seu marido deixar sua cidade natal. Então, Jano chegou em casa. Ferrari relatou: "Nós tivemos uma conversa. Falei para ele a respeito das vantagens de ingressar na Alfa e no dia seguinte Jano concordou em ser contratado." Mais uma vez, Ferrari embelezou a história.

Jano disse a Borgeson que recebeu friamente a oferta de Ferrari, afirmando que, se a Alfa desejava seus serviços, outros altos funcionários teriam de entrar nas negociações. Só após Ferrari transmitir essa recusa para Milão, Rimini — e talvez o próprio Nicola Romeo — viabilizou a transferência de Jano para a Alfa Romeo. Jano revelou a Borgeson que seu salário foi aumentado de 1.800 liras por mês para 3.500 liras por mês e que recebeu um apartamento como incentivo adicional para fazer a mudança para Milão.

Vittorio Jano era um trabalhador rápido. Em poucos meses ele transformou o P1 de Merosi em um dos melhores carros de corrida de todos os tempos. Seu P2 era uma obra-prima, mesmo que bastante derivado do trabalho feito na Fiat em suas máquinas de corrida mais recentes. Jano conhecia os pontos fracos da Fiat: molas das válvulas frágeis e blocos de motor que deformavam quando esquentavam. Ele também sabia como corrigir esses pontos fracos. Seu P2 era equipado com motores de 2 litros, de 8 cilindros e 16 válvulas, desenvolvendo 135 cavalos graças aos turbocompressores do tipo Roots. Os freios eram hidráulicos, semelhantes aos introduzidos pela Duesenberg dois anos antes. Os pneus eram do tipo "balão", utilizados pela primeira vez e que tinham sido introduzidos em Indianápolis.

O carro foi sucesso imediato. Com Antonio Ascari de volta à plena forma e, segundo a opinião geral, à beira de rivalizar com os grandes nomes do esporte de todos os tempos, ele e Bazzi se associaram para vencer em Cremona. O P2 deles atingiu uma velocidade máxima de 195 quilômetros por hora no trecho reto de quase 10 quilômetros do circuito e estabeleceu um recorde de velocidade média para a volta em percurso de estrada de 162 quilômetros por hora. De repente, uma nova equipe ingressava no campo de batalha abarrotado dos Grand Prix e a direção da Alfa Romeo reagiu contratando uma equipe poderosa de pilotos. Unindo-se a Ascari e Campari, veio Louis Wagner, astuto veterano francês, que aos 42 anos ostentava uma carreira que remontava a 1906, quando venceu a Copa Vanderbilt, em Long Island. Também na equipe, como uma espécie de membro júnior do time principal, estava Enzo Ferrari.

Ferrari comprou da fábrica um carro esportivo Alfa Romeo RLSS e se saiu muito bem, vencendo o Chilometro Lanciato em Genebra e conquistando uma segunda vitória consecutiva em Ravena. Ele também venceu no Circuito del Polesine, em Rovigo, e terminou em segundo na Corse delle Torricelle. Talvez seu melhor momento ao volante veio em julho de 1924, em Pescara, na costa do Adriático. Ele foi inscrito com Campari como piloto da equipe Alfa, só que Campari recebeu uma das máquinas P2 de Grand Prix enquanto Ferrari ficou com um dos carros esportivos RL TF de 3,6 litros — um carro mais pesado e menos ágil da escola de projetos de Merosi, que deveria servir como apoio para o novo e mais rápido modelo saído da prancheta de Jano.

No entanto, a caixa de câmbio do carro de Campari quebrou logo no início da corrida, e Ferrari se viu na liderança, bem na frente de uma dupla de potentes Mercedes conduzidos pelos pilotos amadores conde Masetti e conde Bonmartini. Espertamente, Campari havia colocado seu Alfa com problema mecânico dentro de um matagal, ao lado da estrada, fazendo com que os outros competidores achassem que ele ainda estava disputando a corrida em algum lugar do imenso circuito triangular de 25 quilômetros de extensão, com duas retas de 6 quilômetros cada uma e uma série de curvas traiçoeiras que serpenteavam através de diversos pequenos vilarejos. A corrida recebeu o nome de Coppa Acerbo, em homenagem ao capitão Tito Acerbo, irmão do professor Giacomo Acerbo, membro do gabinete de Mussolini e poderoso

FERRARI • 53

aliado do Duce. De fato, naquele mesmo ano, por meio de uma manobra astuciosa, ele conseguiu que a Câmara de Deputados aprovasse um projeto de lei que deu ao Partido Fascista dois terços dos assentos e algemou o país a Mussolini e a seu partido. A Coppa Acerbo foi realizada em memória do falecido capitão, que tinha perdido a vida na Primeira Guerra Mundial, e oferecia como prêmio o título de Cavaliere della Corona d'Italia (Cavaleiro da Coroa da Itália). Alguns seguidores de Ferrari falaram muito a respeito desse prêmio, mas era basicamente inexpressivo. O prêmio de Cavaliere era tão comum que, no século XIX, o rei Humberto foi ouvido zombando: "Não se nega a ninguém um charuto e uma cruz de Cavaliere." Em *Gli Italiani*, Luigi Barzini notou o fascínio de seus compatriotas por títulos: "As pessoas afixam títulos acadêmicos ou outros aos seus nomes, como se para provar que merecem de modo tão evidente tais honras, que é impossível que não tenham sido premiadas." Um homem de classe média é chamado de *Dottore* na juventude e se torna *Commendatore* quando tem mais de 40 anos. As cartas comuns são dirigidas para o "ilustre", o "notório", o *"Signore"* ou simplesmente o "N.H.", a abreviatura para *Nobil Uomo*. O prêmio de *Cavaliere* para o jovem Ferrari foi uma simples formalidade automaticamente oferecida ao vencedor da corrida e significava pouco em um país obcecado por bajulações hiperbólicas e títulos inexpressivos.

Todavia, a vitória em Pescara gerou dividendos mais tangíveis. Ferrari pilotara muito bem, e seu desempenho impressionou a direção da Alfa Romeo. Então, ele foi promovido para a equipe de Grand Prix para o seguinte prêmio da Europa, a ser realizado em uma malha acidentada de estradas públicas perto de Lyon, na França. Ferrari se juntaria a Ascari, Campari e Wagner em um evento que, com certeza, era o mais prestigioso e mais disputado de todas as principais corridas europeias. Mais uma vez, os biógrafos que idolatram Ferrari falaram muito dessa promoção, mas na realidade Enzo foi levado a Lyon como substituto do conde Giulio Masetti, o qual, ele mesmo, era um piloto de status inferior e incontestavelmente membro júnior da equipe. Não obstante, essa seleção foi o auge para Ferrari como piloto de corridas e lhe deu a chance de revelar seu talento contra seus brilhantes companheiros de equipe, sem falar no grande Pietro Bordino, da Fiat; sir Henry Segrave e Dario Resta com seus Sunbeam, Robert Benoist e René Thomas ao volante de seus Delage franceses etc.

Aquilo nunca aconteceu e a discussão a respeito dos motivos se espalhou. Ferrari apareceu em Lyon com a equipe Alfa Romeo e treinou brevemente no difícil circuito de estrada de 22,5 quilômetros, mas sem aviso embarcou em um trem e voltou para a Itália. Em suas memórias, ele explicou debilmente: "Não me senti bem durante todo aquele ano e estava muito esgotado. De fato, minha indisposição era bastante grave, obrigando-me a não pilotar com tanta frequência e a praticamente desistir de pilotar. Foi o início do problema com a minha saúde, que me afligiria ao longo dos anos vindouros." Qual era a natureza daquela doença grave? Alguns sugeriram que era um colapso nervoso; outros, que pode ter sido um problema cardíaco decorrente de sua doença no tempo da guerra. Ainda outros, insinuam sombriamente que talvez fosse o começo de sua ligação com a doença temida — a realidade, ou os rumores de realidade, em relação à qual o arrastaria ao túmulo.

Giovanni Canestrini, decano dos jornalistas italianos de automobilismo nas décadas de 1920 e 1930, afirmou categoricamente que Ferrari sentiu medo. Acreditava que o jovem piloto de Módena — que tinha então apenas 26 anos e um histórico de 27 corridas — ficou simplesmente assustado com o nível da competição e com o desagradável e acidentado circuito de Lyon e voltou para casa. O comentário de Canestrini circulou largamente e deixou Ferrari tão furioso que ele se recusou a perdoar o jornalista, até uma trégua ser alcançada 35 anos depois. Gino Rancati, amigo de longa data de Ferrari, fez a seguinte observação enigmática sobre sua capacidade na biografia francamente afetuosa publicada em 1977: "Ele possuía certas limitações como piloto de corridas: um respeito excessivo pelas máquinas confiadas a ele [e] talvez não a mais elevada [...] coragem."

Independentemente do motivo real, suas chances de novos trabalhos com a equipe de Grand Prix foram condenadas, e Ferrari retornou a Módena para se concentrar no negócio de automóveis. Ele simplesmente parou de tentar promover sua esporádica carreira de piloto de corridas.

No entanto, em Lyon, a equipe Alfa Romeo quase não sofreu com sua ausência. Campari venceu depois que o carro de seu companheiro de equipe Ascari sofreu um problema de motor no fim da corrida. Sir Henry Segrave terminou em segundo, com seu Sunbeam, enquanto Ascari tinha vantagem suficiente quando seu carro quebrou para terminar em terceiro. Os carros

Fiat outrora dominantes sofreram tamanha derrota que a empresa de Turim nunca mais disputou corridas seriamente. Alguns anos depois, um esforço foi feito para colocar na pista um carro de Grand Prix, mas a tocha de honra do automobilismo italiano foi passada efetivamente para a equipe Alfa Romeo, que havia surgido do nada, naquele dia quente de agosto de 1924. Embora Ferrari não pudesse aceitar nenhum crédito por derrotar a Fiat na pista, sua contribuição para a derrota geral da grande empresa de Turim ao ajudar na ausência de Bazzi e Jano foi fundamental. Depois da fuga da dupla para Milão, o outrora imbatível departamento de corridas da Fiat estava em frangalhos. Pior ainda, outro excelente engenheiro, Vincent Bertarione, já havia se transferido para a Sunbeam em 1923, deixando pouca reserva técnica quando Jano partiu. Essas perdas, além de outras mudanças na política interna, levaram a Fiat a abandonar as corridas após a temporada de 1924. Um retorno efêmero seria realizado alguns anos depois, mas, para todos os efeitos, a Fiat abandonou o esporte para sempre. Considerando seu profundo senso de honra e sua necessidade de vingança, podemos ter certeza que essa capitulação da empresa que rejeitara Enzo Ferrari seis anos antes foi celebrada vigorosamente por ele.

Ferrari dizia que não estava interessado em política, e em vista de sua antipatia em relação a Roma e de seu desprezo geral pela Igreja Católica — que estavam profundamente enredadas no cenário político italiano da época —, há pouca razão para se duvidar dele. No entanto, ele fez amizade com diversos membros do Partido Fascista, porque a maioria dos detentores de poder e influência na indústria automobilística doméstica mantinha estreitas ligações com o partido. Enzo Ferrari estava aprendendo a ser um homem político, mas apenas no sentido de que isso promoveria seu próprio destino, e não o de qualquer ideologia específica. Ele se encontrou com Benito Mussolini apenas uma vez, no início de 1924. O Duce estava no auge de sua popularidade e parou em Módena durante uma tortuosa viagem de automóvel de Roma para Milão. Mussolini fez paradas ao longo do caminho para se encontrar com fascistas proeminentes e com simpatizantes do partido e também para reparar desavenças políticas em lugares atrasados como Módena. Ali, ele se encontrou com um importante senador fascista para uma longa conversa durante uma típica refeição italiana. Como Mussolini permaneceu fiel à Alfa Romeo durante todo o seu governo — talvez porque a marca fosse fabricada na cidade na qual ele chegou ao poder —, ele estava dirigindo um novo carro esportivo de três lugares quando chegou a Módena. Sendo dono da concessionária local da Alfa e a personalidade mais importante do automobilismo da cidade, Ferrari foi escolhido para acompanhar o Duce pela cidade. Ele tentou dirigir com cuidado sobre os paralelepípedos escorregadios por causa da chuva, mas ainda assim desenvolveu uma velocidade maior do que o menos habilidoso Mussolini foi capaz de manter. Após diversas derrapagens provocadas pelo líder orgulhoso, mas inepto, Ferrari assumiu o volante e terminou o passeio alguns quilômetros depois.

Ironicamente, a Alfa Romeo seguiria o caminho da Fiat para o ostracismo no automobilismo. Em 26 de julho de 1925, Antonio Ascari, seu principal piloto, morreu quando liderava o Grand Prix da França, em Linas-Montlhéry.

A morte do consagrado Ascari abalou profundamente os membros da equipe, enfraquecendo, de algum modo, o ardor competitivo de todos, desde os pilotos sobreviventes até o mecânico mais humilde. O jovem Luigi Chinetti tinha viajado para Lyon como mecânico da equipe, mas decidiu não fazer a viagem de volta para sua casa em Milão. Ele estava incomodado com a postura cada vez mais belicosa dos fascistas e se sentiu atraído pela tranquilidade dos franceses, que estavam desfrutando da exuberância do pós-guerra que animou o país deles durante a década de 1920. Chinetti, cuja experiência com automóveis variava desde o campo misterioso da fabricação de rolamentos até a ocasional pilotagem automobilística, mudou-se para Paris, onde planejou abrir uma pequena oficina de carros exóticos.

Logo após a corrida, a Alfa Romeo anunciou que estava se afastando permanentemente de suas atividades esportivas em respeito à morte do campeão. No entanto, havia algo a mais no afastamento do que apenas dor pela morte de Ascari. Para Griffith Borgeson, a decisão se baseou na economia em recessão e na intervenção do governo italiano. Mais cedo naquele ano, os fascistas começaram a conduzir a Alfa Romeo para debaixo das asas do recém-criado IRI, o Istituto di Ricostruzione Industrial, imensa burocracia governamental destinada a financiar empresas em dificuldades e mantê-las comercialmente viáveis. É provável que os funcionários do IRI tenham influenciado no cancelamento do dispendioso e arriscado programa de corridas.

Com a paralisação da atividade de automobilismo da Alfa Romeo, Enzo Ferrari concentrou-se no desenvolvimento de seu negócio varejista de automóveis. Naquele momento, ele tinha a representação de vendas da Alfa Romeo para as regiões de Emília, Romanha e Marcas. Então, em abril de 1925, começou a conversão de uma grande casa de dois andares na via Emília em concessionária e centro de serviços. Ele e Laura moravam em um minúsculo apartamento de segundo andar, acima de um restaurante, e naquele momento planejavam transferir seu local de moradia para a nova construção. A vida naquele espaço pequeno e cheio de fumaça do restaurante estava longe de ser tranquila. Ele e Laura brigavam constantemente. Pior ainda, Laura e sua mãe, Adalgisa, passaram a se desprezar mutuamente, obrigando Ferrari a agir como árbitro em uma batalha intrafamiliar amarga e inútil. Ele era dominado pelo trabalho, viajando para Milão — onde mantinha contatos com os executivos da Alfa Romeo — ou para Bolonha, onde tinha aberto uma concessionária da Alfa Romeo na via Montegrappa. Quando estava em Módena, sua vida se concentrava nos barulhentos bares e restaurantes locais, onde os entusiastas do automobilismo passavam horas intermináveis discutindo seu amado esporte. Isso também acontecia em Bolonha, onde, em lugares com o Cafe San Pietro e o Folia Bar, na via Indipendenza, nobres e plebeus bebiam grandes quantidades de vinho, consumiam pratos de massa e papeavam sem parar sobre sua paixão universal. Ferrari era uma espécie de celebridade para esse público. Afinal de contas, era ganhador da Coppa Acerbo e fizera parte da equipe Alfa Romeo de Grand Prix, embora por curto tempo e sem maior projeção. Ainda assim, eram credenciais suficientes para impressionar os locais, e ele as usava para promover as vendas da Alfa Romeo. Ferrari começou a passar cada vez mais tempo em Bolonha e discutia abertamente o desejo de se livrar de sua mulher. Na Itália, o divórcio era impraticável, se não impensável, mas, naquele período, ele não fez nenhum esforço para desempenhar o papel de marido fiel. Seu lado mulherengo, tanto em Módena como em Bolonha, atingiu um nível frenético. Ferrari não era um homem bonito, mas fazia grande sucesso com as mulheres, graças, em grande parte, à sua elevada autoconfiança e aos seus crescentes poderes de persuasão. Naquela época, conquistava principalmente prostitutas e mulheres sozinhas que circulavam em corridas, mas, conforme sua proeminência crescia, seu gosto em relação às mulheres se refinava.

Sempre um jornalista frustrado, Ferrari começou a escrever artigos para diversos jornais de automobilismo. Ao mesmo tempo, mantinha contato próximo com a equipe de elite de técnicos e mecânicos de corridas da Alfa Romeo em Milão. Jano estava concluindo o projeto de um novo e ágil conversível com um pequeno motor de seis cilindros de alta rotação, que Ferrari assegurou aos seus amigos que seria imbatível tanto nas estradas como na interminável rodada de eventos de menor importância que estavam sendo realizados no norte da Itália e no sul da França.

A perspectiva dessa nova linha de carros esportivos infundiu entusiasmo nos pilotos antigos e impediu que homens como Ferrari se bandeassem para outras marcas. O mesmo se deu com Jano e Bazzi, lentamente se afastando das máquinas puras de Grand Prix e se interessando por carros esportivos de dois lugares, mais lucrativos e produzidos em série para o mercado tomado de furor.

A Alfa Romeo não deixou o ambiente das competições, mas redirecionou seus esforços para as grandes corridas de carros esportivos, onde competiam automóveis do mundo real, mais adequados para ser conduzidos em ruas e estradas, em contraste com as puras máquinas de Grand Prix, de uso específico e rodas descobertas. O novo carro esportivo 6C 1500SS, com sua ousada carroceria Zagato, foi exposto no Salão do Automóvel de Milão, em abril de 1925, mas só entrou em produção dois anos depois. O negócio de automóveis continuava tão antiquado em lugares como Módena que, até 1925, não existia nenhum tipo de salão do automóvel na cidade e revendedores como Ferrari eram forçados a expor suas mercadorias em um estábulo durante uma exibição local de cavalos.

Não obstante o episódio misterioso de sua doença, meados da década de 1920 foram um período de consolidação para Enzo Ferrari. Sua intermitente carreira de piloto de corridas estava em compasso de espera, e embora mantivesse contato próximo com o esporte, em 1926 decidiu não participar de nenhuma corrida. Expandiu seu negócio de automóveis em Bolonha e Módena, graças à sua personalidade cativante e uma arrojada linha de novos carros saídos da prancheta de Jano.

No início de 1927, seu entusiasmo pelas competições se encontrava suficientemente reavivado, e ele retornou às corridas. No Circuito di Alessandria, em uma corrida de 160 quilômetros de menor importância para carros esportivos, ele pilotou um Alfa Romeo RLSS e venceu na categoria *gran turismo*. Um mês depois, ele venceu em seu habitat familiar em Módena ao volante de um potente 6C 1550SS de dois lugares, com o antigo mecânico da Alfa Romeo e compatriota Giulio Ramponi ao seu lado. Ferrari tinha o carro mais rápido da corrida e venceu a competição de 360 quilômetros com facilidade, estabelecendo a volta mais rápida no circuito de 12 quilômetros com uma velocidade média de 113 quilômetros por hora.

A corrida era uma entre centenas de provas locais semelhantes promovidas em toda a Europa pelos clubes de automóveis das cidades médias. Não chamou a atenção de ninguém entre os membros da liga principal do esporte. Contudo, representava um impulso promocional para as concessionárias de Ferrari e acentuou ainda mais sua reputação na região como empreendedor ascendente no negócio de automóveis.

Em fevereiro de 1928, com a aproximação de seu 30º aniversário, o governo italiano, sob o patrocínio do rei fantoche Victor Emanuel III, concedeu a Ferrari o título de *Commendatore* (comendador) em reconhecimento — presumivelmente — pelo seu sucesso empresarial e pelas suas iniciativas esporádicas como piloto de corridas. O título, bastante comum, era totalmente honorário e vagamente semelhante ao Kentucky Colonel (coronel de Kentucky) nos Estados Unidos. Ainda assim, 1928 marcou um aumento de suas atividades no automobilismo esportivo. Ferrari voltou para Alexandria e conquistou uma vitória em sua categoria. Em Módena, obteve uma segunda vitória consecutiva na classificação geral, e, na sequência, em Mugello, um terceiro lugar, pilotando em ambas as provas o mesmo Alfa Romeo que usara em 1927. Sua segunda vitória em Módena foi marcada pelo aparecimento do pequenino Pepino Verdelli no assento destinado ao mecânico — uma posição de copiloto que ele desfrutaria ao lado de Ferrari de vez em quando por mais cinquenta anos.

CAPÍTULO 4

À medida que a década de 1920 chegava ao fim, Enzo se viu em uma situação surpreendentemente agradável. Ele estava estabelecido em Módena e também em Bolonha, no comando de concessionárias da Alfa Romeo que desfrutavam de exclusividade nas regiões de Emília, Romanha e Marcas e que prosperavam sob o regime fascista de Mussolini. Sua carreira como piloto de corridas estava longe de ser florescente, mas, como ex-membro da equipe Alfa Romeo — embora como piloto de status inferior —, foi capaz de embelezar sua associação com grandes nomes como Campari e o falecido Antonio Ascari até o ponto em que se tornou uma celebridade nos bares e *trattorias* frequentados por entusiastas de corridas na via Indipendenza. Naquela altura, Ferrari tinha ganho confiança em sua capacidade de impressionar e influenciar os esportistas bem-nascidos que compunham sua clientela. Seus clientes eram viciados em automóveis velozes e qualquer associação com um homem como Ferrari, que havia subido consideravelmente mais alto na montanha do que eles e que tinha acesso aos últimos lançamentos da Alfa, era para ser estimada e cultivada. Ferrari entendeu aquela fraqueza e foi capaz de explorá-la ao máximo, não só em termos do aumento de vendas dos carros Alfa Romeo, mas também na melhora de suas relações sociais.

Se havia frustrações, concentravam-se em seus recorrentes problemas de saúde, que remontavam à guerra e em sua carreira vacilante e irregular como piloto de corridas, que havia se reduzido a algumas participações intermitentes em corridas de pista e de montanha de menor importância. Uma irritação adicional era seu relacionamento em constante declínio com Laura, que havia se transformado em um típico casamento italiano de classe baixa, com Ferrari agindo como o tirano da casa em suas visitas esporádicas ao pequeno apartamento do casal e limitando suas conquistas sexuais a um grande grupo de mulheres espalhafatosas e muitas vezes desprezíveis, que eram atraídas pelo *glamour* e perigo das corridas. Cada vez mais ele procurava consolo e companhia em lugares como o Cafe San Pietro, onde conversas sobre carros velozes — e mulheres mais rápidas — eram mantidas até as horas indistintas e paradas da madrugada.

Ferrari também era frequentador habitual das orgias de fim de noite no apartamento de um simpático veterinário e produtor de água mineral de meio expediente chamado Ferruccio Testi. Ele era membro fixo da cena esportiva de Módena, dotado de um entusiasmo anormal por corridas e de um olhar clínico para fotografia. De fato, as fotos magistrais de Testi compõem um instigante portfólio do automobilismo italiano da época.

As tensões domésticas de Ferrari eram exacerbadas pela aspereza que fervilhava entre Laura e sua mãe. Elas se desprezaram quase desde o primeiro encontro e Ferrari ficou preso no meio do fogo cruzado. Ele era afeiçoado à mãe, como a maioria dos homens italianos, e fez o máximo para atendê-la em Módena (como faria pelo restante da vida dela), mas procurava tanto quanto possível mantê-la distante de Laura. Ele nunca falava publicamente sobre esses conflitos, mas a tensão entre as duas mulheres pesou muito sobre ele durante anos e, sem dúvida, foi um fator importante em sua busca por outra companhia feminina.

No entanto, apesar de sua vida doméstica litigiosa e de suas conquistas modestas nas pistas de corrida, a vida parecia repleta de oportunidades para o emiliano corpulento de 31 anos quando a década chegou ao fim.

Ao contrário do legado de ópera-bufa deixado por Benito Mussolini, a Itália estava indo muito bem, pelo menos antes do tsunami que arrasou a economia mundial após o colapso de Wall Street em outubro de 1929. Tornou-se lenda que as realizações do Duce se limitaram à drenagem dos pântanos de Pontine e Campagna e ao controle dos horários dos trens, mas isso está longe de ser justo. Entre 1922 e 1930, mais de 5 mil obras públicas importantes foram realizadas, incluindo a construção da primeira estrada com quatro pistas do mundo. De fato, no fim da década, a Itália tinha mais de 500 quilômetros dessas autoestradas e detinha a liderança nas técnicas de construção de túneis e rodovias avançadas. Além disso, grandes esforços foram feitos para reduzir a taxa de analfabetismo anterior à guerra de mais de 40 por cento, e esse número vergonhoso foi quase reduzido à metade em 1930. Outros esforços, incluindo a campanha para eliminar a Máfia na Sicília, tiveram menos sucesso, embora, em 1931, o prefeito Cesare Mori, de Palermo, anunciasse prematuramente que sua repressão de quatro anos havia limpado totalmente a Sicília dos bandidos.

Mussolini solucionou antigas disputas territoriais na região do Tirol e firmou o Tratato de Latrão com o Vaticano, que, por sua vez, resolveu a "Questão Romana", que o Duce havia descrito como "uma espinha atravessada na garganta da nação". Na mesma época, aproximadamente, os fascistas decidiram que a população italiana de cerca de 41 milhões de habitantes era muito pequena para habilitar o país ao status de grande potência. Estabeleceu-se uma meta de 60 milhões de habitantes e diversas medidas radicais de engenharia social foram instituídas, incluindo a proibição de contraceptivos, emigração restrita e um imposto adicional sobre os solteiros. A maioridade legal para o casamento caiu para 16 anos para os rapazes e 14 anos para as garotas, e em 1932 as ferrovias reduziram o preço da passagem para Roma para os recém-casados em 80%. Em 1933, o primeiro "Dia das Mães" italiano foi criado, para ser celebrado na véspera do Natal como incentivo adicional à procriação. Se alguma dessas políticas encorajou o nascimento do primeiro e único filho dos Ferrari, em 1932, é uma incógnita, mas os programas, aparentemente, tiveram algum impacto no país, pois, em 1934, a população apresentou um crescimento de quase 1,5 milhão de habitantes, embora a depressão econômica tivesse naquela altura feito a taxa de natalidade recuar abaixo do nível da década anterior.

No início da década de 1930, a Itália estava promovendo ruídos belicosos acerca da tomada à força da Etiópia, antigo território de comércio de escravizados, e havia a questão de vingar a vergonhosa derrota das tropas italianas por um bando de membros descalços do povo abissínio em Adowa, em 1896. Falou-se muito do fato de que esse expansionismo na África, a pompa e circunstância dos *poseurs* fascistas e a crescente produção militar eram atos simplistas de pão e circo a fim de distrair a população das terríveis condições econômicas, mas isso está longe de ser correto. O *World Economic Survey* da Liga das Nações de 1934-35 classificou a Itália mais ou menos no mesmo nível de prosperidade (ou falta dela) dos outros países industrializados devastados pela Grande Depressão. No fim das contas, Mussolini iludiu a si mesmo e a seus compatriotas com uma espécie de militarismo inflado e bombástico, mas nos primeiros dez anos após a célebre Marcha sobre Roma sua bizarra aliança de socialismo e grandes negócios desregrados funcionou surpreendentemente bem.

Em 1930, os impostos de importação sobre automóveis dobraram, o que basicamente fechou as portas do mercado italiano para os fabricantes franceses, alemães e norte-americanos, embora Henry Ford, cuja simpatia por Mussolini e depois por Adolf Hitler esteja bem-documentada, rapidamente estabelecesse uma subsidiária italiana em Milão. Contudo, o efeito geral da taxa alfandegária era dar à Fiat o monopólio do mercado italiano de carros de passeio produzidos em série, algo que basicamente a empresa desfruta até hoje. A Alfa Romeo e alguns outros pequenos fabricantes permaneceram no mercado apenas como fornecedores de carros esportivos e de luxo para as classes altas. No entanto, à medida que a Itália aumentava constantemente seu arsenal militar, os esforços da Alfa lentamente se deslocaram para a produção de caminhões, veículos de reconhecimento e motores de avião.

Enzo Ferrari atravessou aquela turbulência nacional com a visão concentrada no pequeno mundo dos automóveis e na mania nacional por corridas. Nenhum país do mundo abraçou o esporte com mais paixão e até mesmo as cidades menores possuíam clubes de automóveis em expansão, que organizavam todos os tipos de corridas — de pista, de montanha e ralis de estrada — para trazer fama e prestígio à sua região. Em contraste, o espírito empreendedor norte-americano havia transferido as corridas para pistas de terra para cavalos de meia milha e uma milha de extensão, em parques de diversão, onde a entrada podia ser cobrada de modo mais eficiente. Ali, na maioria das vezes, os participantes eram mecânicos e funileiros da classe trabalhadora. Na Inglaterra, os enfadonhos eduardianos baniram as corridas

das estradas públicas, e a competição ficou restrita a algumas pistas especiais, onde apenas os muito ricos se reuniam ("o público certo sem aglomeração").

No entanto, na Itália, o automobilismo atravessou todas as divisões sociais, rivalizando com o futebol e o ciclismo em popularidade. Embora seu centro se situasse no norte industrializado, as corridas como a já mencionada Targa Florio, na muito pobre Sicília, ou a Coppa Sila, disputada no pé agrícola da bota italiana, eram objeto de atenção nacional. Os notáveis e os quase notáveis permaneciam próximos ao esporte, com o próprio Duce oferecendo incentivos financeiros para manter a Alfa Romeo poderosa nas competições internacionais de Grand Prix, em nome do prestígio italiano. Seu vistoso genro, o conde Galeazzo Ciano, ministro das Relações Exteriores italiano e ex-amante da duquesa de Windsor, doou uma taça em seu nome para a corrida em Livorno. Embora fosse motivo de orgulho para os nobres disputarem corridas de automóveis, muitos plebeus se alinhavam ao lado deles no *grid* de largada — Ferrari sendo apenas um deles —, e o amor imenso e abrangente pelos carros velozes injetava um espírito de igualitarismo no automobilismo desconhecido em outros aspectos da vida italiana.

Ironicamente, foi a boa sorte de outro fabricante que desencadeou a criação da equipe de corrida que levaria o nome de Ferrari e que iniciaria sua ascensão à proeminência internacional. Bolonha era a terra natal dos irmãos Maserati, uma família de cinco entusiastas do automobilismo liderada pelos irmãos mais velhos, Alfieri e Ernesto, cuja experiência em corridas remontava a 1907. Eles começaram construindo seus próprios carros de corrida, em 1926, e em 1929 desenvolveram uma máquina de Formula Libre com motor de *sedici cilindri* (16 cilindros), montando dois motores de 8 cilindros lado a lado (um arranjo testado inicialmente pelos irmãos Duesenberg nove anos antes).

O carro era difícil de pilotar, mas de enorme potência e capaz de alcançar velocidades espantosas em retas. Em 28 de setembro de 1929, Baconin Borzacchini, piloto com feições de criança, subiu a bordo do Maserati e o conduziu ao longo de um trecho reto de 10 quilômetros nas proximidades de Cremona a uma velocidade média de quase 250 quilômetros por hora. Borzacchini era um dos melhores pilotos da Itália e um herói popular, embora posteriormente acedesse às objeções fascistas em relação ao seu nome, como o do revolucionário russo Mikhail Bakunin, e o mudou para Mario

Umberto. Em 1929, uma velocidade final de quase 250 quilômetros por hora era assombrosa, embora dois anos antes o californiano Frank Lockhart, a bordo de um Miller com um motor com a metade do tamanho do motor do Maserati, equipado com turbocompressor e *intercooler*, tenha alcançado 275 quilômetros por hora em uma pista com 1 milha de extensão em Muroc Dry Lake e dado uma volta no circuito oval de tábuas de madeira de Culver City a uma velocidade média de 232 quilômetros por hora. Isso é mencionado simplesmente para revelar que nos primeiros anos antes de se tornarem escravos de circuitos confortáveis, ostentação e parafernálias, os engenheiros automobilísticos norte-americanos estavam na vanguarda da tecnologia.

Evidentemente, a façanha de Lockhart foi ignorada no resplendor do feito de Borzacchini. A conquista foi recebida com tal impacto que o Automóvel Clube de Bolonha ofereceu um grande banquete para homenagear o piloto e os rapazes da cidade que construíram o carro. Enzo Ferrari, figura de destaque na cena do automobilismo local, era uma presença evidente. Talvez tenha sido coincidência, talvez tenha sido planejado, mas os arranjos relativos à localização dos assentos foram fundamentais para seu futuro.

Ladeando Ferrari na mesa de jantar estavam dois dos entusiastas do automobilismo mais fervorosos da região. Alfredo Caniato pertencia a uma importante família de comerciantes de têxteis e de cânhamo de Ferrara. Com regularidade, ele viajava para Bolonha em dias de feira com Augusto, seu irmão mais velho. Algumas semanas antes, Alfredo tinha ido até a concessionária de Ferrari na via Montegrappa e comprado, em dinheiro vivo, um carro esportivo Alfa Romeo novo com motor de 1,5 litro e 6 cilindros. Embora tivesse apenas uma experiência limitada com motocicletas de corrida, decidiu se inscrever com seu novo Alfa na corrida do Circuito delle Tre Province, onde terminou em um surpreendente sexto lugar na classificação geral. Em terceiro lugar na mesma corrida, chegou Mario Tadini, natural de Bergamo, de família abastada e morador de longa data de Bolonha. Os dois ficaram bastante entusiasmados com os bons resultados alcançados na longa e difícil prova de estrada, e quando chegaram à mesa e se sentaram ao lado de Ferrari, estavam abertos a sugestões sobre como fomentar suas nascentes carreiras no automobilismo.

Ferrari era uma força a ser considerada em situações como aquela. Ele tinha credenciais importantes, não só no mundo das corridas, mas também nos departamentos de engenharia e de vendas da Alfa Romeo. Sem dúvida, ele planejou minuciosamente a conversa deles, cujo tema central era o dinheiro de Caniato e Tadini e as ligações e a experiência em corridas de Ferrari, decidindo juntar seus talentos e criar uma parceria para promover conjuntamente seus objetivos no automobilismo. O acordo seria simples: uma sociedade seria criada — uma *società anonima* —, em que os acionistas constituiriam uma empresa para comprar, competir e talvez algum dia construir carros de alto desempenho. Abastecidos com vinho, seus sonhos de uma equipe de corrida vencedora ganhavam forma à medida que a celebração girava ao redor deles. Ferrari assegurou a Caniato e Tadini que, com suas ligações na sede da Alfa em Portello, negócios favoráveis a respeito dos melhores carros novos estariam disponíveis. Além disso, seus vínculos com as empresas de acessórios poderiam proporcionar recursos financeiros adicionais por parte da Pirelli e seus pneus, da Shell Oil e seu combustível e lubrificantes e da Bosch e seus sistemas de ignição, entre outras empresas. Melhor ainda, a *scuderie*1 poderia, graças à reputação de Ferrari nos altos escalões do esporte, atrair os melhores pilotos profissionais, que competiriam em corridas em toda a Europa, proporcionando mais glória — e ganhos financeiros importantes — para a empresa nascente.

O acordo para criar a equipe foi redigido em 15 de novembro de 1929, e os documentos da sociedade anônima foram registrados junto ao governo no dia 29. O capital total era de 200 mil liras (cerca de 100 mil dólares em valores anteriores à Grande Depressão). Os irmãos Caniato e Tadini investiram 130 mil liras, enquanto Ferrari aplicou a substancial quantia de 50 mil liras, Ferruccio Testi fez o aporte de 5 mil liras, a Alfa Romeo, de 10 mil liras, e a Pirelli, de 5 mil liras. O contrato final foi firmado em 1º de dezembro no escritório de Enzo Levi, advogado modenense de Ferrari, constituindo oficialmente a Societa Anonima Scuderia Ferrari. Levi atuaria como advogado de Ferrari durante anos. Em suas memórias, Ferrari registrou que a máxima de Levi era: "Qualquer acordo é melhor do que um processo judicial bem-sucedido." Ferrari prosseguiu: "Inicialmente, achei essa ideia não muito característica da raça judaica, a quem julgava dotada

---

1 Originalmente, estábulos para criação e adestramento de cavalos de corrida. Mas Ferrari criou uma metáfora, que no automobilismo passou a significar uma organização que reúne os carros de corrida e os corredores que competem por uma determinada marca. [N. do T.]

de inteligência bastante considerável, mas de um tipo instintivamente destrutiva. Posteriormente, comecei a perceber a sabedoria da filosofia de Levi."

Ironicamente, mais ou menos na mesma época em que a Scuderia foi criada, diversas antigas empresas automobilísticas italianas estavam mergulhando em uma crise financeira que as eliminaria do setor antes do final do ano. Entre as marcas vítimas da Grande Depressão, incluíam-se a Ceirano, Itala, Chiribiri e Diatto, a marca em cujo carro Enzo Ferrari presumivelmente aprendeu a dirigir.

Dezenas de outros homens ricos estabeleceram arranjos semelhantes para fomentar suas iniciativas no automobilismo, mas a Scuderia Ferrari era única. A equipe teria o nome de Ferrari, mas não os dos outros sócios. Enzo Ferrari, embora um investidor menor em termos de recursos financeiros, era, de longe, o membro mais importante. O fato de que os irmãos Caniato, ricos e orgulhosos cavalheiros, estivessem dispostos a se subordinar a um plebeu como Enzo Ferrari em um aspecto tão prestigioso do empreendimento é uma indicação de sua influência decisiva no sucesso da organização. Um agrado foi concedido a Alfredo Caniato mediante sua nomeação como presidente da Scuderia, mas ele ficou estritamente subordinado a Ferrari. Além disso, tendo seu nome na porta, por assim dizer, Ferrari asseguraria que ele seria o *primus inter pares* (primeiro entre iguais), independentemente dos desacordos que pudessem romper a parceria.

O financiamento adicional viria de três fontes externas distintas. A primeira fonte envolvia o patrocínio rapidamente arranjado pela Alfa Romeo (o dela viria sob a forma de automóveis de corrida e peças de baixo custo, além de assistência técnica) com seus fornecedores: Bosch (fabricante alemã de sistemas de ignição); Memini (fabricante italiana de carburadores); Champion (fabricante de velas de ignição); Pirelli (gigantesca fabricante italiana de pneus); e Shell. Foram os contatos pessoais do próprio Ferrari que geraram esse apoio — uma quantia que alguns estimavam que se aproximaria de 1 milhão de dólares por ano quando a Scuderia atingisse o auge de seu poder, dali alguns anos. Como segunda fonte, a Scuderia obteria capital prestando serviços relativos a carros de corrida para membros adicionais da equipe. Esportistas ricos seriam convidados para se associar à equipe acordando que seus carros de corrida, na maioria da marca Alfa Romeo, seriam preparados para competição e transportados para os diversos locais de corrida. Então, o cliente só teria de chegar, pegar seus óculos de proteção e dar a partida. A terceira fonte consistia no plano de que um pequeno grupo de pilotos profissionais de alto nível seria contratado para disputar as principais corridas de estrada e de montanha pela Itália e, talvez, pela França e Alemanha.

Naquela época, as corridas europeias ofereciam pouco no que diz respeito a prêmios, a não ser taças e troféus. Geralmente, os prêmios em dinheiro para os competidores vinham por meio de "dinheiro por largada", às vezes chamado de "dinheiro por apresentação" — isto é, uma equipe ou um piloto importante era contratado para a corrida, atraindo com isso mais espectadores, que pagavam aos organizadores mediante a compra de ingressos, concessões etc. Nos Estados Unidos, o sistema era bastante diferente. O dinheiro por largada era algo desconhecido, e os pilotos eram pagos exclusivamente de acordo com suas posições finais na corrida. Para uma equipe como a Scuderia Ferrari, o potencial relativo ao dinheiro por largada era excelente, desde que a nova equipe pudesse atrair diversos grandes nomes para pilotar, e a Alfa Romeo cooperaria oferecendo uma seleção de seus melhores carros.

A Alfa Romeo se interessou. A empresa enfrentava dificuldades na venda de carros esportivos dispendiosos por causa da Grande Depressão e estava sofrendo maior pressão dos fascistas para redirecionar seus esforços para o projeto de equipamentos militares. Assim, se a nova Scuderia pudesse atuar como representante quase oficial da empresa em corridas selecionadas, enquanto a equipe oficial da fábrica se concentrasse nos principais eventos internacionais de Grand Prix, a imagem empresarial no automobilismo poderia ser mantida com menor custo e esforço. Enzo Ferrari era um representante confiável. Com quase uma década de lealdade na prestação de serviços, ele poderia ser invocado para colocar na pista carros bem-preparados, conduzidos por pilotos competentes. No entanto, a nova Scuderia carecia de um ingrediente final e decisivo.

Uma estrela era necessária. Amadores como os irmãos Caniato e Tadini dificilmente conseguiriam atrair muito dinheiro por largada, e o próprio Ferrari — embora um veterano das guerras automobilísticas — carecia de credenciais para aumentar as receitas muito além do nível de subsistência. Então, surgiu o nome de Giuseppe Campari. O homem de pele escura (seu apelido era "Il Negher"), rotundo e loquaz tenor amante de ópera, que tinha ascendido ao topo do automobilismo italiano, estava abertamente frustrado com o programa de competição da Alfa Romeo, que parecia estar funcionando aos trancos e barrancos e sem direção. Ferrari tinha conhecimento do desagrado do grande piloto e o abordou com uma proposta para pilotar para a Scuderia (em um Alfa Romeo, é claro).

No atual ambiente do automobilismo, onde os pilotos de Grand Prix tendem a ser autômatos mimados e sem graça, Giuseppe Campari teria se destacado como um palhaço de circo na igreja. Era um homem corpulento, talvez 25 quilos acima do peso durante uma de suas compulsões alimentares, e bastante popular entre seus colegas pilotos e o público. Seu amor pela ópera era suficiente para ele ser convidado na década de 1920 a interpretar Alfredo em *La Traviata*, em um teatro de Bergamo. Apesar de todo o seu zelo, as cordas vocais de Campari não estavam à altura do ofício — os registros mais agudos eram claros e vigorosos, mas os tons mais graves eram débeis e inquietantes. Enquanto Campari seguia em frente, um espectador irado da plateia se levantou e sugeriu, gritando, que ele voltasse imediatamente para a pista de corrida. Campari ouviu a queixa, parou no meio da canção e se virou para a plateia. "Quando corro, dizem para eu cantar. Quando canto, dizem para eu correr. O que devo fazer?"

Ferrari sentia prazer em contar as histórias de Campari e lembrou que, enquanto treinava para a segunda Mille Miglia, em 1928, os dois estavam passando pelo Passo della Raticosa, nos Apeninos, quando ele começou a sentir líquido quente espirrando em seu rosto. Ferrari virou-se para Campari, disse que uma mangueira de refrigeração havia se rompido e recomendou uma parada imediata. Campari o ignorou e seguiu em frente a toda velocidade. Então, Ferrari notou que o líquido misterioso estava escapando da perna da calça do macacão de Campari. Ele apontou para o problema quando eles derraparam em uma curva empoeirada.

Campari reconheceu a situação e gritou uma explicação acima do ronco do escapamento e do gemido do vento. "Ei, você não espera que eu pare em um treino, não é? Em um treino, você tem de fazer xixi nas calças. Isso é tudo!"

O acordo para contratação dos serviços de Campari para a Scuderia foi fechado em um jantar ruidoso oferecido pelo grande homem em sua casa, em San Siro, bairro nobre de Milão. Ferrari se lembrou da noite com prazer, assinalando que Campari, excelente cozinheiro, preparou um prato de massa local chamado *riccioline al sugo*, usando um pijama listrado semelhante ao traje dos prisioneiros italianos. A noite chegou ao fim com Campari e sua mulher cantando um dueto do primeiro ato de — novamente — *La Traviata*. Mas o mais importante era que a nova Scuderia Ferrari tinha um piloto de renome, que poderia ser usado para conseguir volumes impressionantes de dinheiro por largada de diversos organizadores de corrida quando a temporada de 1930 começasse.

Desde o início, ficou claro que Ferrari usaria sua cidade natal como base de operações. Dali em diante, suas viagens e sua divisão de interesses entre Módena e Bolonha dariam lugar a um assentamento firme em sua pequena cidade fumacenta e cheia de mosquitos. Embora nunca tivesse deixado totalmente Módena, exceto nos primeiros anos depois da guerra, quando ele tentou a sorte em Turim e Milão, Ferrari viu simbolicamente a criação da nova Scuderia como um retorno triunfante a um lugar que — a não ser pelos poucos entusiastas de corridas — tinha ignorado sua presença. "Meu retorno [*sic*] a Módena foi uma espécie de revolta mental", escreveu ele posteriormente. "Quando fui embora, tinha apenas a reputação de ser um jovem estranho, que gostava de carros e corridas, mas que não parecia ter qualquer aptidão específica. Meu retorno a Módena, depois de vinte anos, a fim de me converter de um piloto de corridas e organizador de equipes em um pequeno industrial, marcou não só a despedida do que eu poderia chamar de ciclo quase biológico, mas também representou uma tentativa de provar para mim mesmo e para os outros que, durante os vinte anos [*sic*] em que estive na Alfa Romeo, nem toda a minha reputação era de segunda mão, nem tinha sido conquistada por esforços e habilidades de outras pessoas. Tinha chegado a hora para mim de ver até onde eu poderia chegar por meio de meus próprios esforços."

Enzo Ferrari montou sua sede temporária na fábrica de máquinas Gatti, na via Emília, sem dúvida com um rancoroso ar de satisfação. Embora tivesse vencido diversas corridas em Módena, a vingança era um tema que permeou sua vida, a noção de que nenhuma ofensa seria esquecida, que nenhum insulto não seria pago e que a honra em tais situações transcendia toda a necessidade prática. Até seus últimos dias, Ferrari manteve uma relação de amor e ódio com sua cidade natal, sempre nutrindo a suspeita infantil de que, apesar de todos os elogios dispensados a ele pelos seus concidadãos e de sua elevação final ao status de quase divindade, não era totalmente apreciado e que a falta de atenção em sua

FERRARI • 71

juventude não tinha sido expiada. Essa mesma recusa a esquecer faria com que ele esperasse pacientemente cinquenta anos — *meio século* — até acreditar que a dívida da Fiat para com ele, contraída na recusa de empresa em contratá-lo em 1918, estava totalmente quitada.

Com certeza, esse desejo de exibir seu novo sucesso diante dos modenenses foi o principal motivo para o retorno em tempo integral ao seu lugar de origem. Mas havia outras motivações mais práticas, incluindo a disponibilidade de metalúrgicos, fabricantes e mecânicos experientes na cidade e o conhecimento pessoal de Ferrari a respeito dos melhores fornecedores locais. A posição de Módena na extremidade do Vale do Pó e ao longo da via Emília proporcionava uma localização central estratégica em termos de locais de corrida em todo o norte da Itália, estando a algumas horas de viagem de carro ou trem de Turim e Milão.

Os recursos financeiros abundantes de Tadini e dos irmãos Caniato permitiram a compra de três carros esportivos Alfa Romeo 6C 1750S muito graciosos e bastante leves, com motores turbocomprimidos de 6 cilindros para competição. Desenvolvidos por Vittorio Jano, o 6C 1750S continua sendo um dos automóveis de alto desempenho mais venerados de todos os tempos. No novo estoque, também havia um conjunto de peças sobressalentes do Alfa Romeo, alguns tornos mecânicos e pequenas máquinas operatrizes, um robusto furgão Citroën para transporte de combustível, pneus, peças extra etc. para diversas corridas (os carros de corrida seriam levados para as pistas por motoristas até que a Scuderia tivesse condições de comprar caminhões adequados para o transporte de automóveis).

Ferrari contratou um séquito de mecânicos locais, incluindo Pepino Verdelli, o pequenino modenense que exercera a função de seu mecânico de corrida desde 1928 e continuaria na Scuderia pelo restante da vida, atuando nos anos finais como motorista pessoal de Ferrari e um homem a par da maioria dos detalhes íntimos de seus assuntos privados cada vez mais complexos. Com as contratações concluídas, Ferrari e sua pequena equipe começaram a preparar os três novos e reluzentes Alfa Romeo para a corrida de estrada mais importante da Itália: a Mille Miglia. Essa competição épica, organizada pelo Automóvel Clube de Bréscia, foi realizada pela primeira vez na primavera de 1927 e era uma corrida de mil milhas (os romanos mediam a distância em milhas, e não em quilômetros, daí o nome), começando em

Bréscia, dirigindo-se ao sul ao longo da costa do Adriático, depois sobre os Apeninos para Roma, norte novamente, sobre os Apeninos, uma segunda vez através de Florença e Bolonha, e de volta à linha de chegada em Bréscia. No início da primavera, com chuva ou com sol, a Mille Miglia representava a ameaça de neve ou granizo nos desfiladeiros mais altos dos Apeninos e oferecia a possibilidade de velocidades de 225 quilômetros por hora nos trechos costeiros ao norte de Pescara e através das planícies do rio Pó. A qualidade exagerada do evento, com carros de alta potência que passavam zunindo através de vilarejos e grandes cidades, capturava a imaginação dos italianos e se tornou um sucesso instantâneo.

As duas corridas anteriores, em 1928 e 1929, foram vencidas por Campari pilotando carros da Alfa Romeo, e por meio de acordo ele permaneceria na equipe oficial da fábrica. Em contraste, o pessoal da Scuderia consistia de três amadores: Tadini e Alfredo Caniato e Luigi Scarfiotti, proeminente político fascista. Dificilmente esse trio tinha condições de disputar a vitória na classificação geral contra os melhores profissionais das outras equipes.

A quarta Mille Miglia foi disputada em 12 e 13 de abril de 1930, com Ferrari postado em uma parada de abastecimento ao sul de Bolonha. Ali estava ele para dirigir a equipe — como faria nos anos seguintes — recebendo informes a respeito do progresso dos carros por meio de chamadas telefônicas de observadores e fiscais de corrida distribuídos ao longo do percurso. No entanto, ele teve pouca necessidade de empregar suas habilidades cada vez maiores como organizador de equipe de corridas e estrategista na Mille Miglia. Os três carros da Scuderia abandonaram a prova logo no início, sem causar nenhum impacto sobre os líderes. A corrida foi vencida por Tazio Nuvolari após um duelo com Achille Varzi, que se tornaria parte do folclore da prova. Reza a lenda que Nuvolari perseguiu o líder, Varzi, antes do nascer do sol com os faróis apagados, para enganar seu rival e fazê-lo desacelerar. No último momento, ao que se conta, ele arremeteu contra Varzi, acendeu os faróis e acelerou para a vitória. Os historiadores há muito tempo desconsideraram essa história, mas ela continua integrando o portfólio de façanhas de Nuvolari — na realidade, todas bastante impressionantes para qualificá-lo aos olhos de muitos como o maior piloto de corridas de todos os tempos.

FERRARI • 73

Duas semanas depois, a castigada Scuderia foi a Alexandria para uma corrida em circuito de rua que recebeu o nome de Circuito Bordino. O nome era em memória de Pietro Bordino, piloto da equipe Fiat que mergulhou com seu Bugatti nas águas do rio Tanaro durante a prova de 1929 e morreu. Antes do início da corrida, os pilotos inscritos, incluindo o próprio Ferrari e Alfredo Caniato, depositaram flores na base de um monumento erguido no local do acidente. Embora Caniato voltasse a fraquejar em face da competição de alto nível, Ferrari pilotou com determinação e terminou em terceiro com seu Alfa Romeo 1750SS TF.

Com suas obrigações cumpridas em relação à equipe oficial Alfa Romeo, Campari estava livre para se juntar à Scuderia, onde se associou com Tadini no 1750 para participar de duas corridas de menor importância, mas sem grande sucesso. A segunda, o Reale Premio (corrida realizada no circuito de Tre Fontane, em Roma), envolveu uma disputa com alguns dos melhores carros de pilotos da época, Nuvolari e Varzi, entre outros, no novo e totalmente revisado Alfa Romeo P2S — o antigo carro de Grand Prix de 1924 que foi modernizado e atualizado por Vittorio Jano. A Scuderia foi facilmente dominada, com carros esportivos sem para-lama contra carros de corrida especialmente projetados. Campari conseguiu um quinto lugar, enquanto Tadini, bastante rápido para um amador, ficou em sétimo.

Se havia um protótipo que Enzo Ferrari considerou para a Scuderia, tinha de ser aquele do lendário Ettore Bugatti, em Molsheim, na Alsácia-Lorena. Desde 1910, esse artista, engenheiro, empreendedor e escultor havia criado um feudo automotivo no vilarejo situado a poucos quilômetros a oeste de Estrasburgo, onde vivia em esplendor baronial. A propriedade de Bugatti incluía uma pequena e elegante hospedaria para o lazer de hóspedes e clientes, um haras de cavalos puro-sangue e a própria fábrica, consistindo de uma série de edifícios baixos situados entre jardins paisagísticos com um riacho com trutas serpenteando pelo estridente maquinário da fábrica.

Ettore Bugatti era um milanês da família de artistas. *Le Patron*, como era conhecido, costumava ser encontrado conduzindo negócios vestido com calças de equitação, botas, colete vermelho e sobretudo amarelo. Seus automóveis eram (e continuam sendo) uma impressionante combinação de estética industrial e arte de joalheiro, como se, de alguma forma, Fabergé tivesse conseguido motorizar um ovo. Os Bugatti Tipo 35S e Tipo 51S, que a Scuderia enfrentou, estavam longe de ser os mais avançados tecnicamente, mas eram simples, impecáveis e confiáveis (Bugatti evitou freios hidráulicos até muito tarde em sua carreira, preferindo freios mecânicos acionados por cabos. "Construo meus carros para correr e não para parar", ele explicou certa vez).

Ettore Bugatti era apenas um entre os inúmeros excêntricos ostentosos, nobres dissolutos, *playboys*, plebeus sonhadores e egocêntricos impassíveis que povoavam o mundo do automobilismo europeu na década de 1930. Com certeza, ele estava acima dos demais em termos de estilo de vida: um baronato feudal, fora criado em torno de carros compridos e finos que ele fabricava em quantidades limitadas e vendia apenas para aqueles que ele considerava merecedores. Em contraste, Enzo Ferrari ainda era um artífice simples e sem graça, trabalhando em uma pequena oficina, em um fétido fim de mundo italiano.

No entanto, o exemplo que Bugatti estava dando certamente não escapou a Ferrari. O italiano transplantado, vivendo naquele pedaço de território atolado em disputas intermináveis entre a França e a Alemanha, era um protótipo para o sucesso. Ele estava fabricando carros para os muito ricos e levando às pistas de corrida sua própria equipe de profissionais e amadores ricos. Além disso, uma multidão de pretendentes, sonhadores, trabalhadores de meio expediente, artistas fora de moda e diletantes afluíam a Molsheim para que seus Bugatti fossem ungidos pelo mestre antes de competir, com sucesso inevitavelmente modesto, no sem-número de corridas e ralis de menor importância disputados em toda a Europa. Com certeza, se Bugatti conseguia ter sucesso nisso, um conceito similar podia ser desenvolvido em uma base mais modesta para a Scuderia.

Apesar da noite alegre, repleta de massas e cheia de música que uniu Campari à Scuderia, o casamento durou pouco. O acordo entre a Alfa Romeo e a Scuderia implicava um sistema informal em que carros e pilotos eram transferidos de um lado para outro conforme a necessidade. Para corridas importantes, os melhores carros e pilotos competiriam pela equipe oficial de fábrica, mas nas ocasiões em que a fábrica não competia alguns dos mesmos carros e pilotos seriam enviados para Módena.

No início do verão de 1930, uma negociação foi feita. Campari deixou a Scuderia e voltou para Milão. No entanto, em troca, Ferrari recebeu da fábrica um potente Alfa Romeo P2 de Grand Prix. Basicamente, era o mesmo carro tão bem-sucedido na temporada de 1924, mas que tinha sido radicalmente atualizado e aprimorado por Vittorio Jano para enfrentar os mais modernos Bugatti, Maserati e Mercedes-Benz, que dominavam as principais corridas. O novo P2 da Scuderia foi enviado da América do Sul de volta para a fábrica, onde passou por importantes modificações para torná-lo igual a qualquer carro da escuderia oficial.

Mas quem iria pilotá-lo? Com certeza, nenhum dos pilotos habituais da Scuderia — incluindo o próprio Ferrari — possuía habilidade para conduzir a potente máquina com motor de 8 cilindros e potência de 175 cavalos (quase o dobro da potência do 1750). Felizmente, uma estrela estava aguardando uma oportunidade. E, na verdade, seria um avanço em relação a Campari. Tazio Nuvolari estava prestes a se tornar um herói nacional italiano, um homem que seria comparado a Niccolò Paganini em termos de virtuosismo extravagante, inspirado e maníaco ao volante de um automóvel. Nuvolari estava entre os personagens mais vívidos da época: pouco mais de 1,60m de altura, com projeção acentuada do maxilar inferior e olhos ardentes no rosto de pele escura e bochechas elevadas. Ele dirigia como um louco, batendo com frequência e fustigando seus carros como se fossem animais de carga revoltados. Nuvolari era, na gíria da época, o clássico *garahaldino*: um piloto completo, que arriscava tudo; um cavalo de batalha, que pilotava com tanta impulsividade que rumores se espalharam de que ele era perseguido por um desejo de morte ou, como Paganini, de que ele tinha um pacto com o diabo.

Desde o início da década de 1920, Nuvolari corria com motocicletas, mas mudou para carros em meados da década. Em 1925, foi convidado pela Alfa Romeo para testar um dos estimados P2 antes do Grand Prix da Itália. Antes de completar meia volta, dizem que a caixa de câmbio apresentou defeito, fazendo o carro sair da pista. Nuvolari quebrou uma perna e recebeu ordens de ficar um mês de cama, engessado. Porém, dez dias depois, foi ajudado a montar em sua Bianchi e partiu em alta velocidade para vencer o Grand Prix de Monza para motocicletas.

Ele e Ferrari, ambos donos de egos imensos, não se davam bem. Eles se conheciam desde que se toparam em uma corrida em junho de 1924. Ferrari achou que o homenzinho tinha um humor cáustico e sofria de arrogância quase terminal. Em certo momento, Nuvolari insultou Ferrari, questionando sua decisão como chefe de equipe. Em 1932, após contratá-lo para correr a prova de Targa Florio para a Scuderia, Ferrari deu-lhe uma passagem de ida e volta para a corrida siciliana. Nuvolari olhou para a passagem e zombou: "Muita gente diz que você é um bom chefe de equipe, mas vejo que não é verdade. Você devia ter comprado uma passagem só de ida, porque, quando alguém parte para uma corrida, é bom levar em consideração que a pessoa talvez volte dentro de um caixote de madeira."

Aliás, essa foi a corrida em que Nuvolari levou um jovem mecânico ao seu lado e o avisou que gritaria se fizesse uma curva muito rápido, caso em que o jovem deveria se esconder atrás do capô do motor para se preparar para a colisão próxima. No término da corrida (durante a qual Nuvolari estabeleceu um recorde que durou 20 anos), o rapaz, chamado Paride Mambelli, foi indagado a respeito da corrida ao lado do mestre. Dando de ombros, respondeu: "Nuvolari começou a gritar na primeira curva e não parou até o final. Passei toda a corrida enfiado sob o capô, e não vi nada!"

Jano considerava Nuvolari alguém com um parafuso a menos, um louco que pretendia apenas destruir a si mesmo e aos carros que pilotava. Em meados da década de 1920, o engenheiro sênior tinha usado sua consi-derável influência na Alfa Romeo para impedir a contratação de Nuvolari pela equipe de fábrica, embora reconhecesse que ele era dotado de enorme talento. Nuvolari já tinha trinta e poucos anos, mas Jano ainda insistia em se referir ao piloto como "o garoto" — uma alfinetada em sua suposta imaturidade e um apelido que o engenheiro usava mesmo depois de Nu-volari ter alcançado o ápice do esporte. A rejeição pela Alfa Romeo forçou Nuvolari a se unir em uma aliança desconfortável com Achille Varzi, filho insensível, arredio e bem-nascido de um magnata têxtil de perto de Milão, que também tinha começado sua carreira de piloto em motocicletas. Varzi era a antítese do volátil Nuvolari dentro e fora das pistas, onde cultivava uma persona perfeitamente disciplinada.

Nuvolari corria com roupas extravagantes, muitas vezes usando calça bombacha e meias até o joelho em padrão de losangos multicoloridos, mas sempre com uma camisa amarela de mangas curtas com suas iniciais bor-dadas no peito e um pequeno broche em forma de casco de tartaruga na altura da garganta; uma pequena réplica de um amuleto de boa sorte dado a ele por Gabriele D'Annunzio. Por outro lado, Varzi pilotava sempre usando macacões de linho perfeitamente passados e quase sempre era visto com um cigarro laconicamente pendurado em seus lábios e uma expressão taciturna.

Seus estilos de pilotagem não podiam ser mais diferentes. Nuvolari fustigava seus carros ao longo do circuito em uma série de escapadas pisando fundo no acelerador, sendo creditado a ele o desenvolvimento da técnica de andar de lado com o carro, ou seja, um deslizamento perfeitamente equilibrado que acabou sendo adotado por todos os pilotos mais rápidos do mundo. Por outro lado, Varzi nunca dava a impressão de colocar a roda de forma errada. Seus carros pareciam correr sobre trilhos, imperturbáveis, sempre em um movimento disciplinado, em sintonia com seu piloto.

Esse contraste entre os dois homens que estavam se tornando rapidamente os dois melhores pilotos de corridas da Itália, se não do mundo, fascinou o público esportivo e criou um status de celebridade especial para cada um. Nuvolari, pelo fato de ser italiano, era, de longe, o mais popular, mas Varzi era muito amado e apoiado em Milão, devido à sua proximidade com a grande cidade. O esforço conjunto da dupla em 1928 durou menos de dois anos, pois a rivalidade se tornou intolerável para ambos. Em 1930, eles se juntaram novamente, na equipe oficial da Alfa Romeo, que preparou o terreno para mais "explosões" entre eles.

É provável que essa tensão tenha sido o motivo da "troca" de Campari por Nuvolari. Sem dúvida, a Scuderia ganhou com isso. Embora os dois tivessem a mesma idade, 38 anos, Giuseppe Campari era, de longe, o mais desgastado dos dois. Ele corria desde 1914, e com seu problema de excesso de peso e seu envolvimento com a ópera, carecia da intensidade de Nuvolari, que corria em tempo integral desde 1927.

Ao mesmo tempo, Enzo Ferrari foi com Enzo Levi até o banco Modenese de San Geminiano e conseguiu um empréstimo de 1 milhão de liras (cerca de 100 mil dólares em valores de hoje), que tinha se desvalorizado por causa da Grande Depressão, a fim de ampliar a Scuderia. Esse dinheiro permitiu a compra de uma nova e maior garagem e oficina de dois andares, na esquina da praça Garibaldi, na Viale Trento e Trieste 11. Esse local se tornaria a sede da Scuderia e o lar de Enzo e Laura Ferrari, que ocuparam um pequeno apartamento no segundo andar onde permaneceriam por quase trinta anos.

De repente, a sorte passou a reluzir para a Scuderia. A nova oficina abrigava o Alfa Romeo P2 e pronto para brilhar ao volante havia a maior estrela do automobilismo italiano. Nuvolari respondeu de maneira brilhante. A corrida de montanha em Trieste-Opicina foi a primeira na qual ele participou, vencendo e estabelecendo um novo recorde, obtendo assim a primeira vitória cabal para a Scuderia. Na sequência, ele venceu a corrida de montanha Cuneo-Colle della Maddalena, e algumas semanas depois, conseguiu a terceira vitória consecutiva na corrida de montanha Vittorio Veneto-Cansiglio. Três corridas, três vitórias. De repente, a Scuderia Ferrari era invencível!

Poder atrai poder e, rapidamente, "Gigione" Arcangeli e Baconin Borzacchini ingressaram na equipe para a pomposa Coppa Ciano, a ser disputada no circuito rápido e montanhoso de Montenero, com 22,5 quilômetros de extensão, perto de Livorno. Eles pilotariam dois Alfa 1750, enquanto Nuvolari permaneceria ao volante do P2. A equipe de fábrica, sem dúvida com o total conhecimento de Ferrari, contra-atacaria com Campari em outro 1750 e Varzi em um segundo P2.

Como esperado, Nuvolari e Varzi se envolveram em um duelo desvairado pela liderança. Finalmente, os dois P2 quebraram, devido ao castigo ao qual foram submetidos, mas não antes de Nivola, como Nuvolari era chamado algumas vezes, acrescentar mais uma página à sua crescente lista de façanhas. Em certo momento, ele desceu velozmente uma encosta em direção a uma curva fechada com um posto de gasolina situado no vértice. Evidentemente, ele chegou com velocidade excessiva para fazer a curva de maneira convencional, mas ainda assim se recusou a frear e apontou o grande Alfa para o pequeno espaço entre as bombas de gasolina e o prédio do posto. Ele espremeu o carro em velocidade máxima, com não mais do que alguns centímetros de sobra. Destemido, repetiu a manobra na volta seguinte!

Os pilotos de corridas nunca se satisfazem com sua sorte e persistem na busca nômade pelo carro perfeito. Esse foi o caso de Varzi e Arcangeli, que saíram da equipe Alfa Romeo após a Coppa Ciano e ingressaram na equipe rival Maserati. Com a importante Coppa Acerbo prestes a ser disputada em Pescara, o próprio Ferrari se dispôs a substituir Arcangeli, que acabou voltando para a Scuderia após o evento. Varzi confirmou o acerto de sua mudança para a Maserati, vencendo com seu 26M de 8 cilindros depois que as velas de ignição do P2 de Nuvolari ficaram sujas, fazendo-o abandonar a prova. Ao volante de um Alfa Romeo C6 1750, Ferrari não teve papel ativo e também abandonou. Algumas semanas antes, ele também disputou uma corrida de menor importância no Circuito delle Tre Province, disputada em percurso extenso entre Bolonha, Pistoia e Módena, e também abandonou. Esses eventos, além da corrida anterior de Alexandria, foram as únicas competições que Ferrari participaria em 1930.

A última grande corrida da temporada da Scuderia aconteceu em Monza, em 2 de setembro, quando Varzi derrotou os P2 de Nuvolari, Borzacchini e Campari (naquele momento de volta sob a proteção de Ferrari, que, para todos os efeitos, estava atuando como "testa de ferro" da Alfa Romeo).

Em 8 de novembro a Scuderia encerrou a temporada com um banquete no hotel San Carlo, em Módena, onde todos os luminares da equipe, e também ex-funcionários da Alfa Romeo, como Bazzi (que logo ingressaria na Scuderia) e Ramponi, se juntaram a Ferrari, Tadini e os Caniato para celebrar o que havia sido um começo auspicioso. A equipe tinha participado de 22 corridas de pista e de montanha e havia vencido oito vezes. É bem verdade que algumas vitórias e boas classificações ocorreram diante de rivais de ligas de menor importância, mas não obstante a equipe se qualificou para voos maiores. Com certeza, a direção da Alfa Romeo estava satisfeita, e o próprio Ferrari poderia contar com o apoio regular da fábrica e também com aquele de seus principais patrocinadores. As vendas do modelo 1750 para clientes particulares estavam em crescimento e continuariam à medida que o sucesso da Scuderia nas pistas aumentasse em número e grandeza. E isso certamente aconteceria, porque, mesmo enquanto a comemoração adentrava pela noite, Vittorio Jano, o gênio solitário e melancólico, estava debruçado sobre uma prancheta em Milão, elaborando os detalhes finais de um novo e magnífico carro de corrida com o codinome 8C 2300.

E o mais importante: Ferrari tinha no bolso um contrato firmado duas semanas antes que vinculava Nuvolari formalmente à equipe. Foi formalizado e firmado em 20 de outubro e permaneceria em vigor durante toda a temporada de 1931. O arranjo era simples: Nuvolari receberia 30% de todos os prêmios em dinheiro, dos recursos financeiros de patrocínios de fabricantes de pneus, combustíveis, lubrificantes, velas de ignição etc. e de qualquer dinheiro por largada pago a ele pelos organizadores da prova. Também seria pago por todas as despesas de viagem associadas a corridas e testes e receberia uma apólice de seguro contra acidentes de 50 mil liras.

Para a época, era um acordo generoso, mas Ferrari nunca criaria uma reputação de generosidade em tais questões. De fato, com o aumento da proeminência de sua organização, ele se tornaria um verdadeiro pão-duro, contando com as necessidades profissionais do piloto e o desejo deste em integrar uma equipe tão venerável. Porém, naquele momento, no crepúsculo de 1930, ele ficou grato de ter a oportunidade de contratar uma personalidade tão poderosa quanto Tazio Nuvolari e seguramente não pechinchou muito o preço. Mas notemos que, com astúcia, Ferrari não garantiu um salário a Nuvolari. A não ser uma garantia de recursos financeiros para viagens, toda a remuneração se baseava em uma porcentagem de prováveis vitórias. Teoricamente, se Nuvolari não conseguisse ganhar nenhum dinheiro de premiação e seus patrocínios e dinheiro para largada secassem, ele não ganharia nada. Ferrari usaria o mesmo sistema com seus outros profissionais. Por outro lado, os amadores entendiam que a condição de membro da Scuderia era objeto de despesa e não de receita. Eles pagavam pelo privilégio de se ligar à equipe, recebendo em troca assistência técnica e a preparação e o transporte de seus carros para corridas selecionadas. Nesse caso, Ferrari auferia um belo lucro, e isso lhe ensinaria que os amadores ricos sempre estariam dispostos a pagar grandes somas de dinheiro para conviver com os profissionais.

Com Nuvolari e Borzacchini sob contrato e Campari e Arcangeli disponíveis para corridas importantes, seu rol de profissionais era tão bom quanto os melhores da Itália. Apoiando esses profissionais, incluíam-se Tadini, Scarfiotti e os irmãos Caniato, entre outros, aos quais era possível se recorrer para que pagassem de bom grado simplesmente para se deleitarem na luz refletida das superestrelas.

E Enzo Ferrari ficava ao fundo, aprendendo mais a cada dia sobre a delicada arte de manter todas aquelas marionetes voluntariosas e birrentas penduradas nos cordéis.

CAPÍTULO 5

Quando o gélido e enevoado inverno de 1931 deu lugar a uma precoce primavera emiliana, havia razões de sobra para Enzo Ferrari acreditar que sua Scuderia sobrevivera à sua puberdade e estava a caminho de uma adolescência bem-sucedida, embora muita coisa dependesse de Jano e do restante do departamento de corridas da Alfa Romeo. Se o novo 8C se saísse tão bem quanto os testes iniciais indicavam eles teriam um carro vencedor em casa. No entanto, a cada dia que passava, o governo de Mussolini exigia que mais recursos financeiros e mão de obra fossem desviados para o projeto e o desenvolvimento de veículos militares, prejudicando ainda mais o lado automobilístico do negócio, que naquele momento estava começando a sofrer muito com o caos econômico mundial.

Ainda assim, as atividades da Scuderia continuaram, com o habitual isolamento em relação aos aspectos mais sérios da vida. Tudo se concentrava na atividade relativa às corridas. Ferrari começava o dia na oficina de usinagem do primeiro andar; um espaço sujo e enfumaçado, abarrotado de tornos, retificadoras e fresadoras acionadas por correias de uma série de eixos sustentadas abaixo do teto como vigas de aço. E ele ainda viajava muito, indo para Milão e visitando os santuários internos da Alfa

Romeo para promover a causa da Scuderia e ganhar peças sobressalentes e assistência técnica, e também fazer *lobby* para conseguir um dos novos 8C alardeados.

A boa notícia veio quando a fábrica decidiu que dois carros esportivos 8C 2300 seriam cedidos para a Scuderia para a próxima Mille Miglia. Foi um feito importante para Ferrari. Ele se sentiu bastante honrado de poder estrear uma máquina tão formidável, mas a direção da Alfa Romeo tinha razões que transcendiam a pura generosidade. Os carros foram preparados às pressas, e Jano não estava convencido de que estavam prontos para correr. Assim, se a Scuderia Ferrari os inscrevesse, quaisquer falhas embaraçosas poderiam ser atribuídas à equipe situada na Viale Trento e Trieste e não ao departamento de corridas oficial em Portello.

Claro que Ferrari estava pronto para aceitar o risco, embora os 8C a serem pilotados por Nuvolari e Arcangeli fossem apoiados por nada menos que oito outros carros mais antigos, incluindo os 1750 já bem testados de Campari, Borzacchini e Tadini. Para enfrentá-los havia o imenso Mercedes-Benz SSKL com motor de 7 litros turbocomprimido pilotado pelo alemão Rudi Caracciola e o brutal Bugatti de 5 litros de Varzi. Como esperado, os Alfa Romeo não testados tiveram problemas com os pneus e ficaram para trás. Mas Varzi logo abandonou a prova e apenas Campari conseguiu ficar a pouco distância da Caracciola, que venceu com um recorde de velocidade, tornando-se um dos três não italianos a vencer aquela difícil corrida. Campari terminou em segundo lugar, 11 minutos atrás do alemão.

Uma série de resultados ruins e pequenos acidentes continuaram a afligir a equipe até 24 de maio, quando uma versão mais leve, de carroceria estreita, em forma de monoposto e com rodas descobertas do 8C, fez sua estreia no Grand Prix de Monza. A corrida teria dez horas de duração, exigindo que Nuvolari se revezasse com Campari em uma das novas máquinas, enquanto Borzacchini e "Nando" Minoia conduziriam o segundo 8C. Também estava disponível um Alfa Tipo A, um monstro equipado com dois motores do modelo 1750 montados lado a lado e com a reputação de desenvolver 230 cavalos. Essas três máquinas formidáveis foram inscritas pela fábrica, com o pessoal da Scuderia Ferrari relegado ao papel de espectadores. Durante o treino, Ferrari ajudou o jovial Arcangeli a embarcar no Tipo A para uma volta de treino. Arcangeli era conhecido por seu comportamento hilário e marcadamente irreligioso fora da pista, mas naquele dia não existiram brincadeiras. "Gigione" Arcangeli rodou na curva de Monza coberta de árvores chamada Lesmo, foi arremessado para fora do Tipo A e morreu. Embora ele não estivesse correndo sob a bandeira da Scuderia, aquele piloto muito querido era considerado parte da família e o lamento foi prolongado e bastante emotivo. Claro que Enzo Ferrari não desconhecia a morte em corridas. A perda de Sivocci, seu primeiro mentor no automobilismo, dificilmente foi esquecida, assim como a morte traumática de Antonio Ascari na França. Em 1928, ele estava presente no Monza quando Emilio Materassi, rico esportista italiano, perdeu o controle de seu Talbot de 1,5 litro na reta principal e foi ao encontro da multidão, morrendo e matando 23 espectadores. No entanto a morte de Arcangeli, que foi membro da Scuderia e figurava com destaque nos planos para a temporada seguinte, foi a primeira a afetá-lo pessoalmente.

Apesar da comovente perda, a Alfa Romeo conseguiu alcançar um triunfo importante no fim de semana. Os 8C foram rápidos e confiáveis e fizeram uma dobradinha na longa corrida. Assim, o carro recebeu o apelido de "Monza" e inspirou diversas variações.

Com o avanço da temporada e o aumento das obrigações militares da fábrica, a Scuderia teve de se envolver mais com o programa de corridas. De fato, o próprio chefe voltou a competir. Em junho de 1931, na corrida de montanha Bobbio-Monte Penice, Enzo Ferrari foi o mais rápido no circuito de 13 quilômetros conduzindo um 8C 2300 Mille Miglia com carroceria Zagato, conquistando assim sua última vitória em uma carreira truncada e inconclusiva como piloto de corridas.

Mas havia uma notícia ainda mais significativa para ele no *front* doméstico. Laura estava grávida. É difícil supor que foi um acréscimo planejado para a família, pois ele e Laura estavam casados há dez anos sem qualquer indicação prévia de que filhos estavam em seus planos. No entanto, com as pressões em favor de famílias maiores vindas dos fascistas e a dificuldade ou a impossibilidade de se realizar abortos, havia pouca escolha a não ser aceitar a presença de um novo Ferrari no pequeno apartamento de dois quartos sobre a oficina.

Ainda assim, havia corridas a serem disputadas, carros a serem preparados e clientes a serem satisfeitos. Lentamente, a atividade ganhou sofisticação e uma certa personalidade que separava suas políticas e seus automóveis dos da fábrica. Os mecânicos da equipe estavam começando a fazer modificações especiais nos carros Alfa Romeo, embora ainda fossem contidos na ação de fabricar novas peças para substituir as produzidas em Milão. No entanto, as iniciais SF (Scuderia Ferrari), juntamente com os números de série, começaram a ser gravados em todos os principais componentes do motor, do chassis e do sistema de transmissão, a fim de simplificar a montagem e dar um certo selo de aprovação oficial para os automóveis preparados em Módena. A Scuderia também conseguiu adquirir dois caminhões apropriados para o transporte dos principais carros da equipe para as corridas. Um Lancia modelo 254 e um Ceirano modelo 45 foram equipados com carrocerias fechadas especiais fabricadas pela Carrozzeria Emilia nas quais dois carros de corrida, além de peças sobressalentes, podiam ser transportados por longas distâncias em cada caminhão. As laterais vermelhas brilhantes dos grandes veículos de carga foram pintadas com os nomes dos patrocinadores, com a Pirelli desfrutando de uma posição de destaque.

Enzo Ferrari faria uma última tentativa como piloto de corridas e o resultado lhe enviou uma mensagem eloquente a respeito do motivo pelo qual seu futuro estava atrás de uma escrivaninha e não de um trepidante volante. A prova foi no Circuito delle Tre Province, um evento regional em que ele participara duas vezes antes, sem sucesso. O percurso abrangia uma única volta de 127 quilômetros ao redor dos Apeninos, a sudoeste de Bolonha, cruzando o Passo dell'Abetone, a quase 1,4 mil metros de altitude, e começando e terminando na pequena cidade de Porretta. A Scuderia não tinha nenhum adversário sério. Borzacchini e Ferrari ficaram com dois grandes carros esportivos 8C 2300, enquanto Nuvolari recebeu um pequeno 1750.

Essa corrida é um exemplo clássico de como era difícil derrotar Nuvolari, independentemente das desvantagens enfrentadas por ele. Até o último minuto, ficou indeciso se iria correr naquele evento de menor importância, dizendo a Decimo Compagnoni, seu mecânico de longa data e Sancho Pança de vez em quando, que ignorava totalmente o percurso e, assim, tinha uma desvantagem substancial em relação ao chefe, que já havia corrido duas vezes no local. Ainda assim, instruiu Decimo para preparar seu carro para a largada na manhã seguinte.

Na hora em que Nuvolari e Decimo empurraram o Alfa para o grid de largada, tanto Ferrari como Borzacchini já tinham partido (como na Mille Miglia, a corrida seria decidida com base no tempo corrigido). Incitado pelos gritos da multidão, Nuvolari partiu a toda velocidade. A estrada esburacada corria em paralelo a uma via férrea por uma curta distância e, depois, atravessava-a através de uma passagem de nível. O Alfa 1750 atingiu os trilhos a uma velocidade absurda, fazendo o carro decolar em órbita baixa. Decimo tinha percebido a colisão se aproximar e agarrou duas alças dentro do *cockpit* como apoio (ninguém usava cintos de segurança naquele tempo). No entanto, o impacto foi forte demais. As alças cederam e o desafortunado mecânico foi arremessado na traseira do carro, e por pouco não foi lançado para fora no rastro da máquina incontrolável. Nuvolari derrapou até conseguir parar o carro para avaliar os danos. A colisão quebrou o cabo do acelerador e entortou a suspensão.

Rapidamente, Decimo improvisou uma conexão do acelerador com seu cinto de couro e os dois partiram novamente, dirigindo o Alfa em conjunto. Nuvolari cuidava dos freios e da caixa de câmbio, enquanto Decimo puxava o cabo do acelerador improvisado com uma das mãos e segurava com a outra. No entanto, as alças de apoio não existiam mais. Ou seja, para ele se agarrar, tinha de alcançar o lado de fora do carro, o que, por sua vez, esfolava sua mão com cascalho e pedras voadoras. Com dores, ele retirou a mão do lado de fora tempo suficiente para envolver a carne ensanguentada com seu lenço.

Quase cinco quilômetros depois, Nuvolari e Decimo viram o carro de Borzacchini parado no acostamento. Naquele momento, só restava Ferrari a ser derrotado. Decimo achava que seria impossível alcançá-lo, o que fez Nuvolari acelerar ainda mais. Eles serpentearam pelo Passo dell'Abetone quase no limite do controle, enquanto o Alfa passava muito perto de abismos sem qualquer proteção. No posto de controle de Sestola, foram informados de que Ferrari tinha uma vantagem de 40 segundos. Faltavam apenas 35 quilômetros até a bandeirada em Porretta e compensar essa diferença de tempo em relação a um carro maior em uma distância tão curta beirava o impossível. Mas com Decimo esticando seu cinto até o limite e Nuvolari superando as curvas a toda velocidade, eles diminuíram rapidamente a distância. Cruzaram velozmente a linha de chegada, enquanto o aturdido e sem dúvida decepcionado Ferrari viu sua vitória escapar por alguns segundos de margem. Seria a última corrida da carreira de Ferrari, embora ele mantivesse ativa sua habilitação de corrida (número 16) do Automóvel Clube da Itália por muitos anos. Ferrari explicou que o nascimento de seu filho foi o motivo da aposentadoria, mas isso deve ser visto com ceticismo. Anos depois, ele escreveu: "Em janeiro de 1932, depois que meu filho Dino nasceu, tomei a decisão de não mais competir. Minha última prova da temporada anterior foi a corrida de montanha Bobbio-Monte Penice em 14 de julho. Nas montanhas acima de Piacenza, estreei um novo Alfa Romeo 2300 projetado por Jano e levei o carro à vitória. Mas naquele dia prometi a mim mesmo que, se tivesse um filho, deixaria de pilotar carros de corrida e me dedicaria a organizar uma equipe e competir por meio dela. Mantive minha palavra..."

Ele prosseguiu: "Além disso, não posso afirmar que teria sido um piloto excepcional. Naquela época, já afastava a dúvida porque sabia que carregava dentro de mim um grande obstáculo. Eu pilotava o carro e o respeitava. Quando alguém quer conseguir resultados espetaculares, é necessário saber como maltratar [o carro]... Em resumo, eu não era capaz de fazer o carro sofrer. E esse tipo de amor, que posso descrever de uma maneira quase sensual ou sexual em meu subconsciente, é provavelmente a principal razão pela qual, por tantos anos, não fui mais ver meus carros correrem. Pensar neles, vê-los nascer e vê-los morrer; porque em uma corrida eles estão sempre morrendo, mesmo que ganhem. É insuportável."

Essa é a prosa de Ferrari tipicamente floreada, sem muita relação com a verdade. Há pouca evidência de que ele se importava com algum automóvel, muito menos com o seu. Desde o começo, eles eram instrumentos para ele obter gratificação para seu próprio ego. Em contraste com Ettore Bugatti, que foi dominado pela estética da Bauhaus em relação à máquina, Ferrari jamais expressou qualquer outra sensibilidade além da descrita, que pretendia, mais provavelmente, justificar sua humilhação nas mãos de pilotos mais rápidos como Nuvolari. Os automóveis eram instrumentos, nada mais e nada menos, para glorificar o nome de Ferrari nas pistas europeias. Ele não tinha carros próprios além de carros de passeio triviais, nem hesitava em mandar suas máquinas de corrida de maior sucesso para a sucata após elas se tornarem obsoletas.

É provável que a decisão de Ferrari de se aposentar tenha se relacionado mais com as demandas em transformação de sua carreira e com a percepção de seus talentos limitados como piloto do que com qualquer permanente dedicação ao seu jovem filho. Com certeza, ser atropelado por Nuvolari com um carro de potência inferior e danificado deve ter enviado uma mensagem de que seu tempo e suas energias seriam mais satisfeitos na direção da Scuderia do que ao volante de um carro de corrida.

Portanto, quando os membros da Scuderia, o pessoal da Alfa Romeo e uma crescente multidão de estranhos se reuniram no Ristorante Boninsegna, em Módena, em 21 de novembro, para o jantar anual, ficou entendido que Ferrari tinha disputado sua última corrida. Mas aquilo importava pouco. Uma longa sessão de testes de pneus para a Pirelli acabara de ser concluída em Monza, com Nuvolari conduzindo a maior parte dos testes. A sessão consolidou ainda mais a posição da Scuderia como uma organização de corridas de alto nível e garantiu o acesso aos melhores pneus fabricados por essa prestigiosa empresa italiana.

O banquete anual estava se tornando uma tradição firmemente integrada à atividade da Ferrari. O dono do restaurante preparava um cardápio especial para os convidados e a refeição era regada com muitos litros de vinho Lambrusco. Ferrari presidia com seu talento habitual para as introduções dramáticas, emotivas, entoadas e demoradas para os pilotos. Cada um deles recebia um colar de ouro com seu nome gravado em um pequeno painel. Um panegírico curto, mas eloquente, foi feito ao companheiro caído, "Gigione" Arcangeli, antes que os mecânicos da equipe recebessem abotoaduras de prata e cheques de premiação. Ferrari também distribuiu para os presentes a primeira do que seria uma longa série de memórias pessoais sobre o progresso da equipe: um resumo sazonal escrito em seu estilo conciso, disciplinado e alguma vezes enigmático, que ele refinaria ao longo dos anos em uma arte secundária. Intitulado *Duo Anni di Corse* [Dois anos de corridas], o livreto continha ilustrações do dr. Testi, que continuava sendo um acionista minoritário da Scuderia e estava se tornando um fotógrafo amador entusiasmado e talentoso. Seus registros dos primeiros anos das campanhas da equipe forneceram aos historiadores um relato extraordinário daquele tempo estonteante.

De acordo com a descrição de Ferrari, a segunda temporada foi um sucesso modesto. A equipe consolidou ainda mais sua posição com a Alfa Romeo como um subalterno de confiança nas guerras automobilísticas e, assim, obteve acesso às suas melhores máquinas e tecnologias. Melhor ainda, o piloto mais popular da Itália estava na equipe e recursos financeiros suficientes estavam sendo gerados, permitindo que Ferrari olhasse para 1932 com as esperanças em alta.

Um novo nome seria adicionado à equipe no ano seguinte, e também haveria uma expansão da iniciativa relativa às competições. Com 26 anos, Piero Taruffi era um campeão de motociclismo com um currículo impressionante. Ele tinha doutorado em engenharia industrial (que, mesmo em uma Itália louca por títulos, era uma conquista acadêmica legítima) e era hábil tenista, esquiador, remador e piloto de trenó de corrida. Em 1931, Taruffi tinha disputado duas provas de menor importância para a Scuderia, vencendo ambas. Para o ano seguinte, ele planejou mudar a direção de sua carreira, passando do motociclismo para o automobilismo. Isso levou Ferrari a expandir a atividade de corridas, incluindo uma pequena escuderia de motocicletas de competição. Ironicamente, nesse caso, o nacionalismo cada vez mais extremo de Ferrari foi forçado a ceder, e ele adquiriu uma pequena frota de motocicletas inglesas Norton e Rudge de 500 cc. Naquela época, os construtores de motocicletas italianos não estavam fabricando máquinas capazes de competir com as melhores da Inglaterra, e se tomou a decisão de ir ao exterior. Essa iniciativa, ligada ao motociclismo, durou três temporadas — 1932, 1933 e 1934 —, sendo apenas uma nota de rodapé na história da equipe. Em 14 de abril de 1932, Taruffi venceu o Grand Prix da Europa com uma Norton 500, e outros motociclistas, liderados por Giorando Aldrighetti e Guglielmo Sandri, venceram diversas provas regionais no norte da Itália, mas, em geral, o motociclismo é lembrado como pouco mais do que um breve desvio do lado automobilístico, cada vez mais sério e profissional, da Scuderia Ferrari.

Para manter a evolução longe do amadorismo, os fundadores originais da Scuderia, Mario Tadini e os irmãos Caniato, viram-se afastados da empresa no inverno de 1932. Tadini já havia vendido sua parte do negócio para Alfredo Caniato, que por sua vez vendeu tudo para o conde Carlo Felice Trossi, rico nobre piemontês. Com o nariz proeminente, o cachimbo onipresente, os olhos tristes e a cabeleira preta penteada para trás, Trossi era um homem singular. Imensamente rico, dono de banco e proprietário de terras, ele era um amante sério de automóveis e do esporte. Seu castelo ancestral em Gaglianico, perto de Biella, tinha uma loja dedicada ao mundo das corridas, acessada por uma

FERRARI • 89

ponte levadiça. Ali, o conde costumava se juntar ao seu pequeno séquito de mecânicos para trabalhar em seus carros, sempre usando luvas brancas de linho. "Didi" Trossi, como era conhecido, substituiu Caniato como presidente formal da Scuderia, mas o título era, basicamente, honorário. Enzo Ferrari dirigia a empresa e Trossi atuava apenas como fonte de recursos financeiros e como piloto, confiável para correr em provas de menor importância e para servir como apoio em corridas mais importantes.

Em 19 de janeiro de 1932, Laura deu à luz o primeiro filho de Ferrari. Era um menino, de olhos com pálpebras espessas como as do pai e o nariz proeminente e levemente curvado para baixo, como o da mãe. Ele recebeu o nome de Alfredo, em homenagem ao falecido irmão de Enzo, e foi imediatamente apelidado de Dino. Desde o nascimento, foi uma criança frágil e doente. Sem dúvida, o pai rompeu com a rotina de comandar a Scuderia por tempo suficiente para celebrar a chegada do filho. No entanto, é difícil de acreditar que durante aquele período frenético e intenso de crescimento da equipe, Enzo Ferrari, que, segundo sua própria confissão, era um marido infeliz e, em consequência, um pai negligente, passou muito tempo mimando seu recém-nascido.

A atividade urgente da época envolveu a preparação dos atualizados Alfa Romeo 8CM para a próxima Mille Miglia. A antiga ligação com a fábrica de carburadores Memini foi abandonada e um novo vínculo foi estabelecido com a empresa bolonhesa de Edoardo Weber. Essa associação gerou o projeto exclusivo do carburador Weber de duas gargantas e proporcionaria enormes recompensas para as duas empresas. Os carros Ferrari utilizariam carburadores Weber até a injeção de combustível substituí-los na década de 1980 e grande parte da alta potência produzida pela marca era atribuída à excelência do projeto de Weber. No início de 1932, Ferrari providenciou um projeto de pesquisa conjunto entre a Weber e a Shell Oil para um melhor aprendizado sobre o relacionamento entre combustíveis, indução e projeto de câmara de combustão, que pagaria elevados dividendos de longo prazo para as três empresas.

Naquele momento, a Mille Miglia tinha sido elevada da condição de uma simples corrida automobilística ao redor da Itália para uma de mania nacional. Milhões de espectadores, mantidos em ordem por legiões de camisas-negras, milícias e *carabinieri*, estendiam-se pelo percurso, mesmo nos trechos montanhosos mais remotos. A fama e a fortuna aguardavam o vencedor e também o construtor do carro vencedor. A Alfa Romeo havia dominado a prova até a derrota vergonhosa para os alemães no ano anterior, e grande parte da responsabilidade pelo retorno à vitória estava depositada sobre os ombros de Enzo Ferrari.

Mais uma vez, a direção da Alfa Romeo chamou Nuvolari, Borzacchini e Campari de volta para a equipe oficial, enquanto Ferrari propiciaria um apoio maciço com cinco outros carros 8C, encabeçados por Trossi, e mais três 1750 e um 1500, encabeçados pelos irmãos Caniato. A corrida começou nas primeiras horas da manhã em Bréscia e terminou na mesma cidade quase 15 horas depois. Nesse período, toda a Itália ficou presa aos seus rádios ou amontoada ao longo dos acostamentos do percurso, com os olhos semicerrados por causa da poeira e das pedras lançadas pelos carros, com os ouvidos golpeados pelo ronco dos motores. Borzacchini venceu, quebrando o recorde de Caracciola do ano anterior e, assim, apagando a vergonha da vitória da equipe Mercedes-Benz. Trossi chegou em segundo, com Antonio Brivio Sforza, seu amigo e vizinho aristocrático, como copiloto e navegador.

Quando o calor do fim da primavera começou a se espalhar pelo Vale do Pó, a Scuderia abriu sua habitual campanha multifacetada pela Itália, com os membros da equipe competindo em todos os tipos de corridas, de maior ou menor importância, longas e curtas. Porém, nenhuma era suficientemente importante para trazer de volta da Alfa Romeo os melhores pilotos, onde Nuvolari e Borzacchini esperavam os toques finais da última criação de Jano: um carro monoposto de Grand Prix oficialmente chamado de Tipo B, mas imediatamente apelidado de P3. Essa máquina de corrida, esbelta e ágil, com motor de 215 cavalos equipado com dois turbocompressores, se tornaria um dos projetos mais importantes de todos os tempos. Em 5 de junho, em Monza, nas mãos de Tazio Nuvolari, venceria sua primeira corrida. Essa vitória emocionante no Grand Prix da Itália foi um triunfo para a Alfa Romeo, com a Scuderia não desempenhando qualquer papel. O novo P3S era propriedade exclusiva da fábrica, que naquele momento estava muito endividada com o governo Mussolini, financeira e filosoficamente, e o mais próximo que Enzo Ferrari e Didi Trossi chegaram da frota de novas máquinas foi como espectadores de olhos arregalados na área dos boxes de Monza.

Enquanto a Alfa Romeo partia para competir com a Maserati e a Bugatti nos circuitos de Grand Prix da liga principal europeia, a Ferrari ficou com a

FERRARI • 91

missão de se manter como uma espécie de equipe B para a empresa. Naquele momento, entre seus carros, incluíam-se antigos modelos 8C e 1750. Quanto aos pilotos, continuavam sendo amadores ansiosos e antigos mecânicos com pretensões a pilotos. Aquele seria um momento frustrante para a Ferrari, que no ano anterior estivera à beira de tornar a equipe de corrida oficial da fábrica. Mas, naquele instante, com o modelo P3S mostrando tanto potencial, e a inconstante política de idas e vindas da Alfa Romeo em relação às corridas a todo o vapor, Enzo tinha pouca escolha a não ser relaxar e arregimentar pacientemente seu grupo de pilotos de status inferior, fazendo-os conquistar o máximo possível de vitórias em provas de menor importância.

Em 1932, a corrida de resistência mais famosa do mundo continuava sendo as 24 Horas de Le Mans. Os organizadores do rápido e difícil circuito de Spa-Francorchamps, na floresta belga das Ardenas, há muito tempo vinham tentando criar uma prova de resistência igual à de Les Mans e, em julho, convidou a Scuderia para participar de sua corrida de 24 horas. A Alfa Romeo, após o grande sucesso com o modelo P3, apertou seu cerco em relação aos serviços dos três grandes pilotos italianos (naquele momento, acompanhados pelo brilhante piloto alemão Rudi Caracciola) e deixou que sua "divisão" modenense colocasse na pista dois 8C 2300S equipados com carrocerias leves Zagato. Um dos carros seria conduzido por Taruffi e o recém-chegado Guido D'Ippolito e o outro, por Brivio e Eugenio Siena (que tinha se tornado o principal piloto de testes da equipe). A corrida é digna de nota não porque essas duplas fizeram uma dobradinha no que foi um evento de menor importância e condenado a permanecer assim, mas também pelo aparecimento inicial do emblema do cavalo rampante sobre os capôs dos carros da Scuderia. Como já mencionado, as origens exatas do emblema permanecem obscuras, mas é consenso que a corrida de Spa marcou seu primeiro aparecimento público. O motivo pelo qual Ferrari decidiu apresentá-lo em uma corrida tão sem importância, em um pequeno país, longe de casa, é novamente fonte de confusão, mas permaneceria nos carros da Scuderia a partir daquele dia, em contraste direto com o logotipo do trevo de quatro folhas, que era a visão comum no capô dos carros oficiais de fábrica. É possível que Enzo Ferrari, ao sentir que o sucesso do novo P3S revitalizaria o interesse oficial da Alfa Romeo pelo automobilismo a um ponto em que a Scuderia seria excluída de seus futuros planos em relação às corridas, decidiu estabelecer uma imagem mais forte e independente para sua equipe, criando um estilo inconfundível próprio. Os carros da Scuderia foram pintados com um tom diferente do vermelho de corrida italiano — um tom mais escuro, da cor de vinho tinto, em contraste com o vermelhão dos carros de Portello — e o Alfa 8C da Scuderia também possuía montagem de faróis um pouco diferentes em relação aos automóveis da fábrica, em um diferencial visual adicional.

Contudo, esse jogo ridículo, em que carros e pilotos passavam de um lado para o outro entre as duas equipes, como bens móveis, iria continuar. O pessoal da Scuderia mal tinha voltado da Bélgica para se encontrar com Ferrari — que não fez a viagem — quando foi informado que um Alfa Romeo Tipo B P3 fora enviado de Portello, com Nuvolari designado como piloto. Novamente, é possível que a intensa politicagem por parte do chefe tenha sido o fator decisivo, mas, aparentemente como recompensa por sua vitória em Spa, a Scuderia recebeu uma das novas máquinas, que seria inscrita na próxima Coppa Acerbo. Nuvolari venceu essa prova sem grande esforço, embora Taruffi tivesse batido forte depois de tentar ultrapassar Brivio nas primeiras voltas da corrida. É evidente que uma intensa rivalidade havia se desenvolvido entre os dois pilotos, e resultou no acidente de Taruffi, que entrou muito rápido em uma curva com seu carro e saiu da pista diante de um pequeno vilarejo ao longo do percurso. Isso gerou alguns momentos tensos com Ferrari, que tolerava indisciplina só da parte de Nuvolari. Mas Taruffi foi mantido na equipe. Ironicamente, Brivio fora considerado o principal candidato a acidentar um carro em tal situação, mas ele conseguiu manter a calma e terminou a corrida, embora bem atrás.

Apesar da imensa quantidade de corridas nas quais a equipe participava, uma lenta rotina regia as coisas na Viale Trento e Trieste. Relatos da época indicam que o pessoal trabalhava no que pode ser descrito como o ritmo sem pressa italiano, com muito tempo para brincadeiras, almoços prolongados em *trattorias* próximas, olhares provocativos para as mulheres que passavam na rua, encontros para *test drives* em alta velocidade nos trechos retos da via Emília e regulares jogos de dados sempre que o *Commendatore* — como Ferrari era então chamado — estava fora do escritório ou ocupado. Bazzi, que permanecia na Scuderia, e Ramponi faziam viagens regulares entre Módena e Milão, transportando peças e as últimas inovações técnicas. As oficinas zumbiam com a barulheira das máquinas operatrizes, o silvo do ar comprimido e o clangor dos martelos, enquanto os cheiros acres de óleo, graxa, gasolina para limpeza de peças, verniz e solvente de tinta eram onipresentes. As mãos dos mecânicos estavam sempre sujas, em parte devido ao uso de fuligem para testar a qualidade de vedação das juntas.

Geralmente, o pequeno escritório de Ferrari ficava cheio de visitantes ou representantes da Alfa Romeo, deixando-lhe pouco tempo para escrever cartas em sua máquina de escrever, que sempre eram assinadas com tinta roxa. Ele explicou que usava esse tom específico em memória de seu pai, que sempre assinava seu nome em documentos legais com um lápis indelével, que deixava uma impressão de violeta sobre o papel carbono. Ferrari usaria essa cor até o fim da vida. O andar superior era o outro componente de sua vida: Laura e o bebê Dino, ambos nunca se afastando do turbilhão de barulho e confusão que girava abaixo deles.

A personalidade do homem que dirigia a empresa estava começando a assumir uma forma que permaneceria homogênea durante sua vida. Embora ainda com apenas trinta e poucos anos, Ferrari estava firmemente no controle da empresa, mas era dado a ataques de mau humor que assolavam o lugar como tempestades de verão. Um cigarro fora do lugar, uma peça mal-fabricada ou o atraso de um funcionário faziam seu mau humor decolar e homens fortes correrem em busca de proteção. Ao mesmo tempo, ele podia ser um modelo de decoro, transformando-se em um *maître* encantador se o momento exigisse, como quando um nobre bem-nascido ou um dirigente fascista chegava à Scuderia ou um cliente muito rico revelava interesse em gastar um dinheiro extra para a compra de um Alfa com carroceria especial. Ferrari também estava aprendendo a arte da manipulação com seus pilotos: uma sugestão sutil, um comentário de improviso ou uma esnobada no momento certo podiam fazer um homem pilotar melhor. Enzo Ferrari estava a caminho de se tornar um administrador consumado de homens — não homens dóceis e sem vontade própria, mas sim homens orgulhosos, competitivos e egocêntricos, cujo sustento, se não a própria razão de viver, dependia do mais exigente e implacável dos esportes. Se havia um homem que entendia as dimensões daquela fraqueza humana única que os gregos chamavam de húbris, esse homem era Ferrari.

A temporada chegou ao fim com os pilotos de status inferior vencendo ou obtendo boas colocações em uma série de corridas de pista e de montanha de menor importância. Novamente, houve o banquete no Ristorante Boninsegna, em 19 de novembro, com o *Commendatore* falando sem parar durante uma longa noite de discursos e entrega de prêmios. Ferrari distribuiu um livreto intitulado *Três anos de corridas*, em que resumia a temporada. As equipes de carros e motocicletas se inscreveram em 50 corridas e nada menos que 26 vitórias foram conquistadas. Mas a dedução foi clara a partir da lista de eventos: nenhuma corrida de Grand Prix, nenhuma competição internacional de carros esportivos, nenhuma corrida de montanha europeia de prestígio, nenhuma corrida além de provas de menor importância concentradas em grande parte a uma distância de um dia de viagem de Módena. Estava longe de ser o nível de competição imaginado por Ferrari quando a Scuderia foi criada. Ele esperava que o ano de 1933 tiraria a equipe das profundezas da obscuridade regional, elevando-a à proeminência da cena automobilística continental. Ou não?

O novo ano mal tinha sido comemorado quando notícias devastadoras chegaram de Milão. Durante meses Ferrari ouviu rumores de que a Alfa Romeo estava prestes a abandonar as corridas de Grand Prix. Mussolini estava se aproximando de uma expansão colonial agressiva na África, com a Etiópia como alvo principal, e a Alfa Romeo estava transferindo constantemente seu pessoal de engenharia e produção para a área de equipamentos militares. Pior ainda, a Grande Depressão estava exterminando a demanda por carros esportivos de alto desempenho. Assim, os esforços de construção de imagem como uma equipe internacional de Grand Prix pareciam irrelevantes. Nos dias gélidos e sombrios do inverno emiliano, anunciou-se que não apenas a equipe oficial da Alfa Romeo seria dispensada, mas também o potente monoposto P3S seria guardado em um galpão em Portello e aposentado para sempre. Ferrari fez repetidas viagens à fábrica, quase se pondo de joelhos para conseguir as seis máquinas magníficas que naquele momento estavam cobertas com lonas, desprezadas e abandonadas. Apesar de todas as suas habilidades persuasivas e inquestionável lealdade à empresa, a direção da Alfa Romeo foi implacável. Os carros de corrida não seriam liberados e a Scuderia Ferrari teria de se contentar com seu estoque de onze modelos 8C e dois modelos 1750 turbocomprimidos.

Furiosos com a desfeita, Ferrari e Trossi pensaram em comprar dois potentes Maserati 8CM Grand Prix e até mesmo três MG K3 Magnette — pequenos conversíveis que estavam dominando as corridas de carros esportivos de pequena cilindrada. Ao mesmo tempo, Didi Trossi conseguiu, por meio de contatos com representantes europeus das velas de ignição Champion, receber um carro de dois lugares que foi chamado por engano de Duesenberg. De fato, o monstro foi construído por um ex-engenheiro da Miller chamado Skinny Clemons, juntamente com August Duesenberg, que não estava mais ligado à empresa da família. Ele era o irmão caçula do brilhante Fred Duesenberg, que tinha morrido ao volante de um de seus magníficos conversíveis durante a descida da montanha Ligonier, perto de Johnstown, na Pensilvânia, no mês de agosto anterior. O carro de Trossi, equipado com uma carroceria de monoposto, possuía um motor com um único eixo de comando de válvulas na parte superior do cabeçote baseado no antigo e muito potente carro de passeio Duesenberg Model A (1920-27). Esse carro disputaria algumas corridas com pouco sucesso, mas desempenharia um papel em uma tragédia que abalaria a Itália mais tarde na temporada.

Embora Mario Tadini, que estava se tornando um mestre nessas competições de menor importância, vencesse uma corrida de montanha no início da temporada em La Turbie, na Riviera Francesa, o primeiro resultado sério veio, como sempre, na Mille Miglia. Nuvolari e seu fiel escudeiro Decimo Compagnoni venceram facilmente depois que o motor do carro irmão 8C 2300 de Borzacchini quebrou. A equipe também venceu nas categorias 2 litros e 1,5 litro.

Contudo, os limites dos envelhecidos Alfa 8C eram evidentes. Duas semanas depois, Ferrari inscreveu quatro carros no prestigioso Grand Prix de Mônaco, um evento incrível, disputado até hoje através das ruas sinuosas do fotogênico principado. Varzi se apresentou com um Bugatti Tipo 51, impecavelmente preparado, enquanto seu atormentador, Nuvolari, encabeçava a Scuderia com um Alfa Romeo 8C Monza de 2,6 litros bastante desgastado. O duelo entre os dois mestres se deu em 99 voltas e durante mais de três horas, sob o sol quente mediterrâneo. A liderança trocou de mãos diversas vezes, com Nuvolari conseguindo uma vantagem de um carro na última volta. Mas o velho Alfa Romeo quebrou a menos de 2 quilômetros da bandeira

96 • BROCK YATES

quadriculada e Varzi cruzou a linha de chegada em primeiro. Borzacchini salvou um pouco da honra da Scuderia ao terminar em segundo, mas a mensagem era clara. Com os modelos P3S parados naquele momento em Portello, nem mesmo o grande Nuvolari seria capaz de conter os mais novos e potentes carros Bugatti e Maserati nas próximas corridas de Grand Prix.

Após um final inconteste da Scuderia em Alexandria, em primeiro, segundo e terceiro lugares, com Nuvolari superando Trossi e Brivio, a equipe atravessou o mar Mediterrâneo, que naquela época era pretensiosamente chamado de *Mare Nostrum* pelos italianos. Uma importante corrida seria realizada no espetacular autódromo de Mellaha, reconstruído nas proximidades de Trípoli, no protetorado da Líbia. Essa pista fantástica com 13 quilômetros de extensão, que rodeava o oásis de Tajura, a alguns quilômetros da costa do Mediterrâneo, ganharia a reputação de circuito natural mais rápido do mundo, alcançando-se velocidades nas retas perto dos 320 quilômetros por hora.

Porém, em 1933, velocidade estava longe de ser a grande notícia de Trípoli. O que ocorreria envolveria um dos entreatos mais loucos do automobilismo internacional e um momento de comédia pura, que ainda costuma ser varrido para debaixo do tapete nas histórias oficiais. Na época, Giovanni Canestrini era editor do jornal *Gazzetta dello Sport* e o jornalista de automobilismo mais importante do país. Ele elaborou a ideia de uma loteria nacional — "Loteria dos Milhões", como era chamada —, desenvolvida ao redor do próximo Gran Prix de Trípoli, na nova pista. A ideia foi calorosamente recebida por Italo Balbo, novo governador da colônia e responsável pela criação do autódromo de Mellaha, com sua gigantesca arquibancada coberta, seus jardins perfeitamente simétricos e hectares de paisagismo de pedras talhadas. Italo Balbo era talvez o mais carismático de todos os companheiros de Mussolini. Aviador da Primeira Guerra Mundial, foi um dos organizadores da Marcha sobre Roma e recompensado com a nomeação como marechal do ar da florescente Força Aérea italiana. No início da década de 1930, Balbo recebia anualmente mais de 1.250 aviões de caça e aviões de bombardeio. Em julho de 1933, ele liderou um voo de 24 hidroaviões através do Atlântico, até a Feira Mundial de Chicago, e foi aclamado como herói na Itália. Mas Mussolini, sentindo-se irracionalmente ameaçado por homens que poderiam rivalizar com sua liderança, afastou Balbo da Força Aérea e o nomeou como governador da colônia líbia, o que levou o ex-marechal do ar a se queixar: "Assim que Mussolini percebe muita luz brilhando sobre nós, ele desliga o interruptor." Balbo era um entusiasta de primeira ordem do automobilismo, o que o levou a construir o autódromo. Sempre um realista a respeito do lugar da Itália ao sol, ele entendeu bastante bem que seu país — desprovido de recursos naturais e de uma sólida base industrial — não poderia travar uma grande guerra. Enzo Ferrari lembrou-se que perguntou para Balbo se a Itália entraria em guerra com as Grandes Potências. "Com o que nós lutaríamos? Com mixarias?", respondeu ele.

Canestrini e sua loteria também tiveram o apoio de Augusto Turati, secretário do Partido Fascista e outro aficionado por automobilismo. O plano de Canestrini era simples: bilhetes de 12 liras seriam vendidos em toda a Itália, com trinta finalistas sendo levados para assistir à corrida em Trípoli. Ali, cada um receberia um bilhete com o nome de um dos pilotos participantes, com o portador do bilhete referente ao piloto vencedor assegurando um prêmio de cerca de 500 mil dólares. Mas Canestrini era um homem que não gostava de probabilidades remotas. Dizem que ele entrou em contato com o dono do bilhete com o nome de Achille Varzi — um comerciante de madeiras chamado Enrico Rivio — e propôs um plano (outros dizem que Rivio entrou em contato com Canestrini, mas não importa, o resultado foi o mesmo). Se a vitória de Varzi fosse assegurada, ele e Rivio ficariam com metade do dinheiro do prêmio e dividiriam o resto com certos participantes interessados: a saber, Varzi e todos os candidatos à vitória, entre eles Nuvolari, Borzacchini, Giuseppe Campari (que estava pilotando para a Maserati) e Louis Chiron, o ás de Monte Carlo.

O acordo foi feito. A trapaça funcionaria perfeitamente. Uma corrida de mentira seria encenada e Varzi levaria seu Bugatti à liderança em busca do grande prêmio da loteria. Aparentemente, ele foi escolhido por dois motivos. Primeiro: seu Tipo 51 era um carro potente com chance legítima de vitória, com trapaça ou sem ela. Segundo: a vitória de um carro francês eliminaria a suspeita da parte de Balbo, que não sabia nada a respeito do acordo. Deve-se presumir que Enzo Ferrari fazia parte do conluio, ou pelo menos compartilhava o segredo, considerando que todos os seus pilotos eram participantes, mas não há prova concreta. O que se sabe é que um piloto, o inglês Tim Birkin, não estava envolvido devido à total falta de conhecimento da trama ou a um desencargo de consciência. Sendo cavaleiro do reino e esportista rico e importante, provavelmente sir Henry "Tim" Birkin não foi considerado um piloto com chance de vitória, ou um candidato receptivo pelos participantes da trama, e não foi posto a par do assunto.

Isso acabou se revelando um desastre para todos os envolvidos. No início da prova, Campari liderou por poucas voltas, antes de ser ultrapassado por um empolgado Birkin, que decidiu correr em um ritmo muito mais rápido do que aqueles que não queriam prejudicar o campeão eleito. Nuvolari e depois Borzacchini foram forçados a acelerar para refrear o ânimo do inglês, enquanto Varzi penava entre terceiro e quarto. Como Birkin havia sido rápido durante os treinos, uma regra de última hora fora imposta para prejudicá-lo. Era uma regra absurda, permitindo que apenas um mecânico cuidasse de cada carro. Como a Maserati havia enviado apenas um homem para cuidar dos 8CM de Birkin e Campari, o primeiro se viu sem um mecânico no boxe antes da largada. Então, ele recrutou a ajuda de um mecânico de uma oficina local, que acabou se revelando um bêbado incorrigível e passou toda a corrida cochilando sob a sombra de uma palmeira.

Então, a farsa começou. Campari entrou nos boxes para uma parada de reabastecimento, que consumiu o tempo necessário para encher os tanques de um avião de bombardeio trimotor Savoia-Marchetti SM.81. Borzacchini chegou aos boxes a pé. Ele tinha saído da pista, batido em um tambor de óleo e declarado o Alfa sem condições para dirigir, deixando os espectadores confusos ao olhar para o carro imaculado e se afastar, com um sorriso largo em seu rosto de querubim.

Nuvolari detinha a liderança, mas Birkin pressionava com a clássica determinação eduardiana. No entanto, o desafortunado inglês foi forçado a parar para reabastecimento e troca de pneus, que estavam ficando carecas por causa da areia levada para a pista pelo vento. Ele começou a trocar os pneus e reabastecer o tanque sozinho, mas desgraçadamente queimou o braço no cano de escapamento quente antes de voltar ao volante e continuar, naquele momento muito distante da liderança e fora da disputa. Nuvolari passou em primeiro lugar, com Varzi em segundo. Mas quando o Bugatti passou pela imensa ar-

FERRARI • 99

quibancada, milhares de ouvidos ficaram atentos. Aquele barulho! O estrondo fatídico lançado pelo escapamento do Bugatti! O motor estava falhando. Se Varzi não conseguisse terminar a corrida, todo o plano iria por água abaixo.

Imediatamente, Nuvolari se dirigiu aos boxes para reabastecimento. Decimo parecia atolado na areia enquanto enchia o tanque. Campari também entrou nos boxes. Seu mecânico começou a examinar a suspensão dianteira, que parecia estar em perfeitas condições. Uma vaia ecoou das arquibancadas. Novas vaias se seguiram. A multidão parecia ter uma ideia do esquema. Nuvolari saiu a toda velocidade dos boxes, tentando parecer sério. Na volta seguinte, um membro de sua equipe sinalizou que ele já havia tirado 20 segundos do cambaleante Varzi. Engenhoso até o fim, Nuvolari começou a fazer as curvas em derrapagens loucas e demoradas. No entanto, por mais que tentasse andar mais devagar, Nuvolari diminuiu rapidamente a distância entre ele e Varzi, cujo Bugatti se arrastava pelo circuito. Finalmente, Nuvolari desistiu da farsa e simplesmente ficou atrás de Varzi, seguindo-o pela pista em meio a uma torrente de vaias.

Balbo ficou furioso. Uma comissão foi criada para investigar o escândalo. Varzi, Nuvolari, Campari, Borzacchini e o monegasco Chiron foram banidos das corridas em Trípoli "por toda a vida". Aparentemente, Canestrini escapou da fúria de Balbo, assim como Turati. Por ironia, o homem que pagou o maior preço era o único inocente. Tim Birkin contraiu envenenamento sanguíneo de sua queimadura e morreu três semanas depois.

O mesmo esquema de loteria seria tentado um ano depois, com uma trama mais sutil (e bem-sucedida). Varzi voltou a vencer, apesar das salvaguardas instituídas por Balbo, mas a corrida, basicamente, acabou com as loterias e as únicas tentativas conhecidas de manipular o resultado de um Grand Prix importante. Também pode ser dito que só os italianos, com seu senso inato para o absurdo, poderiam ter executado a tentativa com a mesma combinação de comédia pura e rapinagem amável. Desnecessário dizer que as sentenças "por toda a vida" impostas aos culpados foram rapidamente perdoadas e todos voltaram a correr em Trípoli no ano seguinte.

Se a trama em Trípoli teve algum efeito sobre as atividades em andamento da Scuderia é uma incógnita, mas marcou o início de um período em que todo o negócio pareceu começar a sair dos trilhos. Nuvolari e Borzacchini levaram seus carros 8C claramente mais lentos para Berlim, para uma corrida no circuito de Avus, uma superpista muito rápida de quase 20 quilômetros, formada pela ligação de dois trechos de quase 10 quilômetros de autoestradas de quatro faixas com curvas de 180 graus em cada extremidade. As velocidades médias por volta de mais de 270 quilômetros por hora se tornariam comuns até o fim da década, e, nesse ambiente, os velhos Alfa eram irremediavelmente superados pelos mais modernos e potentes Bugatti e Maserati. Os dois pilotos voltaram para Módena furiosos e frustrados. Por outro lado, Ferrari envolveu-se em uma série de ameaças, persuasões amigáveis, ataques de raiva, visitas, deferências, tentativas de deserção e mendicância pura a fim de conseguir pelo menos dois dos P3S de fábrica que estavam mofando. A realidade de que a Scuderia estava condenada sem o P3S afetou o moral a um ponto em que até a outrora tranquila oficina estava sendo tomada por ressentimentos e discórdias.

Nuvolari conseguiu vencer algumas corridas, por pura força de vontade, e por seu talento incomum, mas no meio da temporada decidiu romper com Ferrari, sob contrato ou não. Uma semana antes do Grand Prix da Bélgica, em Spa, Nuvolari firmou um pacto secreto com Ernesto Maserati. Ele conduziria um dos potentes 8CM na corrida, apesar de Ferrari ter enviado um Alfa para ele. Houve uma discussão enorme. Ferrari ficou furioso com a saída de sua estrela, enquanto Nuvolari, o competidor obcecado, justificava ruidosamente sua partida, afirmando que seu envelhecido Alfa Romeo era incapaz de vencer os adversários. No final das contas, elaborou-se um compromisso para salvar as aparências, pelo qual Nuvolari, teoricamente, conduziu o Maserati (a uma vitória esmagadora) sob a égide da Scuderia, mas o arranjo era puro jogo de cena. Nuvolari não exibiu nenhum emblema do cavalo rampante no Maserati. Ele se foi, junto com seu companheiro, Borzacchini. Em seguida, Taruffi saiu. De repente, Ferrari ficou sem pilotos de alto nível. Enquanto rumores circulavam pela imprensa esportiva, ele rapidamente respondeu contratando Campari — naquele momento, reconhecido em todos os quadrantes como um talento em declínio — e um homem natural de Abruzzi, musculoso e mal-humorado, chamado Luigi Fagioli. Aos 35 anos, Fagioli, contador para alguns, comerciante de massas para outros, ou simplesmente um esportista rico, era um piloto veterano que tivera um sucesso considerável. Mas ele era conhecido por ter uma personalidade difícil e voluntariosa, e se previu que ele rapidamente entraria em choque com o chefe da escuderia.

Finalmente, a insubordinação de Nuvolari e Borzacchini resultou em ação por parte de Milão. A Alfa Romeo respondeu aos pedidos de ajuda de Ferrari e certo dia, no fim de junho, um comboio de caminhões parou na Viale Trento e Trieste. A bordo deles estavam seis mágicos Tipo B P3 monopostos e montanhas de peças sobressalentes. Melhor ainda: Luigi Bazzi chegou para assumir o desenvolvimento do motor, tendo deixado seu cargo de chefe do departamento experimental sob o comando de Jano. Attilio Marinoni, simpático mecânico que fora o principal piloto de testes da Alfa, também se transferiu para Módena, para assumir a função de piloto de testes da Scuderia. Vittorio Jano ficaria em Milão, onde foi designado para desenvolver uma nova série de motores de avião para a Força Aérea italiana, para que Mussolini pudesse alardear que era a mais numerosa, se não a mais poderosa do mundo.

Em um instante a Scuderia se transformou de uma equipe perdedora em uma possível potência. Esse gesto providencial pode ter salvo a empresa do esquecimento. Não seria a última vez que um presente dessa grandeza reverteria a sorte de Enzo Ferrari e de sua Scuderia.

Com os novos carros à mão, Fagioli venceu a Coppa Acerbo em Pescara e um Grand Prix de menor importância em Comminges, na França, enquanto o recém-contratado Louis Chiron conseguiu a vitória em Miramas, perto de Marselha. A equipe estava vencendo novamente. Já não era sem tempo. Isso preparou o terreno para duas corridas cruciais em Monza no segundo fim de semana de setembro. Na manhã do dia 10, o Grand Prix da Itália foi disputado no circuito combinado de estrada e pista de 10 quilômetros. Foi uma batalha implacável entre os Alfa e os Maserati, com Fagioli tirando a vitória de Nuvolari quando este foi forçado a uma parada nos boxes no fim da corrida para uma troca de pneu. Claro que o resultado foi uma grande decepção para Nuvolari, que considerou o segundo lugar como algo a não ser lembrado.

Ao contrário do Grand Prix da Itália, o Grand Prix de Monza seria disputado na chamada Pista di Velocita, uma pista oval de alta velocidade, que ficava no perímetro do circuito. Era uma pista imensa, ao estilo de

Indianápolis, incluindo duas curvas inclinadas muito velozes. O dia estava frio, com ameaça de chuva pairando sobre a pista agourenta. Diversos pilotos da corrida anterior, incluindo Nuvolari e Fagioli, decidiram não competir no Grand Prix de Monza, que seria disputado em três baterias curtas. Um amador rico, o conde polonês Czaykowski, venceu a primeira bateria com seu imenso Bugatti Tipo 53 de 4,9 litros. O único incidente memorável envolveu o Duesenberg Special de Trossi, que abandonou cedo devido à avaria do motor. Alguns disseram que o carro deixou uma poça de óleo no meio da perigosa curva sul.

A segunda bateria se iniciou com Campari ao volante de um Scuderia P3, e Borzacchini, a bordo de um Maserati, saindo a toda velocidade do grid de largada (a corrida começou com os carros parados) e rugindo na penumbra lado a lado. Mas eles nunca voltaram. Apenas três dos sete pilotos que largaram conseguiram voltar para os boxes alguns minutos depois. Campari e Borzacchini, além de outros dois pilotos, Nando Barbieri e o conde Castelbarco, estavam desaparecidos. Rapidamente, o boato de que um grave acidente tinha acontecido na curva sul se espalhou pelos boxes. O boato foi confirmado. Campari e Borzacchini tinham tocado as rodas a toda velocidade e saíram da pista. Os dois foram arremessados no asfalto, enquanto seus carros atravessaram loucamente a cerca de arame do campo interno. O Maserati de Borzacchini parou sobre as rodas, parecendo praticamente sem danos. No entanto, seu piloto ficou gravemente ferido e morreria algumas horas depois. Campari, o amado "Pepino", morreu instantaneamente. Os outros dois pilotos, embora seus carros tivessem capotado, escaparam com ferimentos leves.

Postado na penumbra úmida dos boxes, Enzo Ferrari ficou abalado com a notícia. De repente, a brutalidade nua do esporte que ele amava o golpeou e dilacerou suas entranhas. Ali estavam dois homens, seus velhos *compagnos*, estendidos com os corpos dilacerados e inanimados como bonecos de pano em uma vala lamacenta. Ele tinha se preparado mentalmente para tais momentos. Conhecia os carros frágeis e sua propensão para derrubar homens e arremessá-los longe, como cavalos chucros do Oeste Selvagem. Ele entendia os riscos, os aceitava. Mas Campari e Borzacchini morrerem ao mesmo tempo era quase mais do que Ferrari podia suportar. Isso o forçaria a separar o lado cruel e desalmado das corridas de automóveis do lado

FERRARI • 103

agradável do automobilismo — o bate-papo informal em bares, a barganha sobre a venda de um Alfa para um cliente rico, a rotina diária na oficina —, pois, até aquele dia, ele não tinha lidado com a morte de um dos seus. Sim, Arcangeli havia morrido, assim como Sivocci e Ascari, entre outros, mas eles não estavam ao volante de carros da Scuderia. Nenhum sangue tinha sido derramado de um carro com o símbolo do cavalo rampante até aquela maldita tarde e seria um ponto de inflexão para ele. Daquele dia em diante, Enzo Ferrari traçaria um anteparo psíquico invisível entre ele e seus pilotos. Em raras ocasiões ele deixaria a barreira ser penetrada, mas na maioria das vezes os homens que dali em diante pilotariam para Enzo Ferrari atuariam fora de seus limites emocionais mais íntimos.

Aquele dia sombrio terminou com outra tragédia. Na terceira e última bateria, o conde Czaykowski perdeu o controle de seu Bugatti e bateu no mesmo lugar, incendiando-se. Preso às ferragens, ele morreu carbonizado. Depois da carnificina, todo o mundo do automobilismo italiano ficou de luto e mergulhou em uma onda de rumores. O Duesenberg de Trossi foi (e ainda é) considerado culpado, depois de supostamente perder óleo de seu cárter e espalhá-lo na pista. No entanto, Giovanni Canestrini, que apesar de sua investida em corridas encenadas era geralmente um jornalista confiável, relatou que fez uma inspeção depois da corrida no carro de Trossi e descobriu que o sistema de circulação de óleo estava intacto. O abandono deveu-se apenas a um pistão fundido. Mas não importa, o carro excêntrico permaneceu como bode expiatório daquela terrível tragédia, embora seja mais provável que as três mortes tenham sido causadas por condução imprudente e superfície úmida, combinada com pneus de composto duro utilizados para a pista de alta velocidade.

Nuvolari ficou bastante comovido com a perda e ficou no hospital de Monza durante toda a noite com as mulheres dos pilotos mortos. Quando indagado sobre como a morte afetou sua pilotagem, ele respondeu filosoficamente: "Acontece quando você menos espera. Se fôssemos pilotar eternamente preocupados com os perigos que nos rondam, jamais completaríamos uma única volta."

Respeitosamente, Enzo Ferrari compareceu aos funerais de Campari e Borzacchini, mas as corridas continuaram sem cancelamentos. Louis Chiron, conhecido como "raposa astuta" por causa de seu estilo de pilotagem insinuante, quase imperceptível, foi contratado para substituir Campari e, uma semana depois, em Brno, na Checoslováquia, venceu Fagioli, e a Scuderia fez uma dobradinha. Contudo, naquele ano de reviravoltas, haveria mais uma surpresa trágica. A última corrida da equipe Ferrari foi realizada nas proximidades de Nápoles, uma prova ao estilo da Mille Miglia, com 770 quilômetros de extensão, em volta da península italiana em forma de bota, chamada Copa da Princesa de Piemonte. O evento estava longe de ter a grandeza das corridas internacionais de Grand Prix, em que a Scuderia se tornou uma presença comum, mas sua equipe amadora se apresentou muito bem. Barbieri e Comotti venceram com facilidade, mas a vitória dificilmente contrabalançou a morte de Guido D'Ippolito, membro da equipe muito querido e estimado. Seu 8C 2600 MM, que ele dividia com Francesco Severi, colidiu com uma carroça de fazenda (o tráfego público nunca era completamente interrompido em corridas como essa) e ele morreu instantaneamente.

Quando a Scuderia se reuniu para seu jantar anual de fim de temporada, foi um encontro mais desanimado do que nos anos anteriores. Três de seus companheiros estavam mortos e o maior piloto da Itália, que tinha começado o ano como um deles, havia se transferido para a Maserati. Pior ainda: existia o rumor de que, na Alemanha, o regime de Hitler estava financiando um grande avanço em relação às corridas internacionais de Grand Prix, podendo tornar obsoletos todos os carros existentes, incluindo o P3S. Como ponto positivo, a Scuderia poderia levar em conta o fato de ser a representante totalmente autorizada da Alfa Romeo no automobilismo de escalão superior, com os talentosos Bazzi e Marioni no quadro de pessoal. Pela primeira vez desde a sua formação a Scuderia poderia se considerar situada no nível mais alto do setor, capaz de competir de igual para igual com equipes como Bugatti e Maserati, e também com o esperado avanço alemão. Apesar de todas as mortes e asperezas, Enzo Ferrari podia relembrar a temporada de 1933 com certa satisfação, condizente apenas com um homem com uma vontade inabalável de vencer a todo custo.

CAPÍTULO 6

Enzo Ferrari sabia que grandes mudanças e incertezas estavam à frente da Scuderia em 1934. No início de 1933, a desastrosa situação econômica da Alfa Romeo fez o governo italiano absorver completamente a empresa junto ao IRI (Istituto di Ricostruzione Industriale), onde permanece até hoje, colocando o obstinado Ugo Gobbato na direção. Parecia que as políticas do novo presidente se concatenavam com o desejo de Ferrari de comandar todo o programa de corridas da fábrica. Gobbato era um engenheiro jovem e enérgico, que tinha chegado ao topo graças às suas habilidades administrativas extraordinárias. Sob vários aspectos, ele era a antítese de Ferrari — um sendo meticuloso e metódico; o outro, propenso a improvisação constante. Gobbato era um homem típico de organização, o que incluía seu envolvimento entusiástico com o Partido Fascista. Ferrari tendia a ser um lobo solitário, confiando em sua própria sagacidade e não na sabedoria coletiva dos comitês. Gobbato passou o ano de 1931 na Rússia, ajudando os comunistas a montar a maior fábrica de rolamentos do mundo. Naquela época, o regime de Stalin solicitou de maneira ativa a ajuda de inúmeros engenheiros ocidentais para ajudar na industrialização do país. Alguns, como Gobbato, aceitaram a pródiga sedução. Outros, como Ferdinand Porsche, não.

Naquele momento, de volta à Itália e dirigindo uma fábrica totalmente nacionalizada, que se dedicava quase inteiramente à produção de armamentos, Gobbato, em novembro de 1933, decidiu que a Alfa Romeo abandonaria as competições e entregaria o departamento de corridas para a Scuderia Ferrari. Sem dúvida, ele deixou claro que a fidelidade ao Partido Fascista era fundamental se alguém tinha esperança de fazer negócios com a Alfa Romeo. Embora Enzo Ferrari nunca revelasse qualquer orientação política firme, ele era um pragmático de primeira ordem e se deu conta que os sentimentos de Gobbato teriam de ser reconhecidos ou até francamente apoiados. Como tantos italianos, a dieta de Ferrari em relação ao fascismo se baseava em uma sopa rala e não na sopa densa e fumegante dos nacional-socialistas de Hitler ou do frio e insensível marxismo de Lenin. Mussolini parecia ser um líder poderoso e engenhoso, e as massas o adoravam, pelo menos a distância, onde suas exibições bombásticas podiam ser desfrutadas como puro teatro chauvinista. Apesar da grande pobreza no sul do país e dos resmungos dos comunistas no norte, a Itália navegava no rastro de Mussolini, despreocupada acerca de onde a viagem a levaria. Grande parte do aparente sucesso dos fascistas — os projetos de obras públicas, a engenharia social coercitiva e a escalada militar — parecia evidenciar o ressurgimento de uma Itália forte e unida, que fazia lembrar o Império Romano. Mas era uma farsa ilusória. Por baixo dos desfiles, da oratória, da ostentação dos uniformes novos e vistosos, a mesma velha Itália, regionalmente fragmentada, cínica, isolada, oportunista e ligeiramente confusa avançava inalterada e intacta. Sim, o povo vibrou com o Duce, cutucou os céus com a saudação fascista, ousou sonhar com poder e glória, mas, no fim, quando a noite acabou, do lado de fora de suas janelas fechadas o povo entendeu que era mais um jogo e que, se quisesse sobreviver, seria graças à sua sagacidade e à sua capacidade de praticar o antigo jogo da vida ao estilo italiano.

Poucos homens entenderam melhor esse jogo do que Ferrari, e incitado por seu realismo ele ingressou no Partido Fascista, em 1934. Seu relacionamento comercial com Gobbato e com a Alfa Romeo exigiu isso. Não há nenhuma evidência de que ele foi um membro do partido especialmente devotado, embora o boletim informativo da Scuderia assumisse, nos quatro anos seguintes, um tom belicoso, em sintonia com a doutrina do partido.

Os slogans fascistas se entrelaçavam no texto e as tradicionais cutucadas de Ferrari contra seus rivais — os irmãos Maserati, as equipes alemãs e certos pilotos e patrocinadores que caíram em desgraça — tornaram-se mais incisivas e estridentes. Ferrari — sempre o homem de negócios fleumático — não iria tratar de perturbar um arranjo confortável com a Alfa Romeo por causa de alguma doutrina política tola e basicamente irrelevante. Se o fascismo estava na moda e significava mais êxitos em corridas para a Scuderia, tudo bem, Enzo Ferrari seria um bom fascista.

Com a equipe oficial de corridas da fábrica da Alfa Romeo de novo em um de seus estados intermitentes de dormência, Jano e seu pessoal de engenharia seria designado para outras funções, incluindo a criação de novos motores de alta potência para aviões de caça, enquanto Ferrari teria que se virar com os seis monopostos P3 na oficina naquele momento. Havia uma ressalva: dois ricos argelinos, Guy Moll e Marcel Lehoux, já tinham encomendado novos P3S, e a Scuderia seria obrigada a admiti-los como membros da equipe para cumprir a obrigação da fábrica.

Isso criaria uma complicação, mas que foi mais do que compensada pela contratação de ninguém menos do que o eminente Achille Varzi. Com a saída de Nuvolari da equipe, o severo e sisudo Varzi se abriu para os avanços de Ferrari. Era do conhecimento geral que aquele profissional régio e calculista tinha se recusado a integrar a mesma equipe que o temperamental e exuberante Nuvolari. Mas com a Maserati e a Bugatti aparentemente ficando para trás em termos de tecnologia e com a próspera Scuderia no controle do elogiado monoposto P3, Varzi decidiu ingressar na equipe. Ferrari sabia que Varzi era um homem difícil, mas que poderia ser motivado pelo orgulho. E certamente, com um jovem tigre como Moll para estimulá-lo, Varzi poderia atingir alturas inimagináveis durante a temporada.

Embora Moll fosse um relativo novato, suas habilidades eram certamente conhecidas por Ferrari. Jovem de 23 anos, dois anos antes, Moll recebera seu primeiro impulso importante por parte do mais velho e mais experiente Lehoux no Grand Prix de Marselha. Ele terminou a corrida em terceiro, atrás de Raymond Sommer e Nuvolari, embora chamando a atenção de diversas pessoas dos boxes por seu estilo de pilotagem alerta e elétrico. Filho de pai francês e mãe espanhola, Guy Moll era o tipo convencido, obstinado e bastante corajoso que Ferrari acreditava ser o protótipo do piloto de corridas. Não seria fácil lidar com ele, principalmente quando associado com o orgulhoso Varzi, mas Ferrari estava ganhando mais confiança em sua habilidade de manipular e controlar os egos inflados de seus pilotos. Além disso, ele identificava em Moll as qualidades de um futuro campeão. Quanto a Lehoux, ele seria relegado a um status secundário com Marinoni. Portanto, a equipe da linha de frente seria constituída por Varzi, Chiron e Trossi, nessa ordem, com Moll atuando como uma espécie de agitador de segundo plano — um substituto ansioso, que seria jogado na briga no momento em que um dos primeiros pilotos vacilasse.

Essa situação com respeito a carros e pilotos colocou a Scuderia como uma das principais favoritas para a temporada de 1934 entre as equipes de Grand Prix. Em quatro anos frenéticos, a Ferrari passou de um pequeno empreendimento de corrida regional a representante exclusivo de uma fábrica renomada, cujos carros eram os mais rápidos e poderosos da cena automobilística mundial. Praticamente todos na imprensa especializada previam que a Scuderia dominaria a temporada seguinte. Na verdade, a equipe Bugatti tinha Tazio Nuvolari e seu novo Tipo 59 de 240 cavalos, mas o carro era um típico "velha-guarda", com suspensão de eixo rígido e freios mecânicos (os carros da Alfa Romeo tinham componentes antiquados similares, mas sistemas avançados de freios e suspensão independente já estavam a caminho, enquanto Ettore Bugatti se recusava a atualizar seus carros). Os irmãos Maserati desenvolveram requintados 8CM de 2,9 litros, com freios hidráulicos nas quatro rodas (a primeira vez que um projeto europeu empregou tal sistema depois que o Duesenberg, de construção norte-americana, apresentou-o no Grand Prix da França, onze anos antes), mas a empresa era pequena e dependia de vendas para equipes particulares para financiar sua temporada de corridas, carente de recursos financeiros. Certamente, pelo senso comum, os potentes, confiáveis e de fácil manejo Alfa P3, nas mãos de virtuosos com Varzi e Chiron, teriam poucos problemas para vencer os rivais.

Contudo, havia um novo e desconhecido elemento avultando ao norte. A temporada de corridas de 1934 introduziria uma nova fórmula que os decanos do esporte estabeleceram para reduzir a velocidade dos carros a um ritmo mais racional. Já em outubro de 1932 a AIACR (Association Internationale des Automobile Clubs Reconnus), com sede na França, comunicou que, de 1934 a 1937, as corridas de Grand Prix seriam disputadas de acordo com a chamada fórmula de 750 quilos.

Essa suposta melhoria nos regulamentos era o congênere do automobilismo à lei tarifária Smoot-Hawley ou às fantasias do desarmamento do Pacto Kellogg-Briand de 1928: acelerou exatamente aquilo que pretendeu desencorajar. No entanto, enquanto a lei tarifária e o pacto estavam preocupados com paz e prosperidade, a intenção da fórmula de 750 quilos era a redução da velocidade cada vez maior. Acabou que o resultado foi exatamente o contrário. A lógica da nova fórmula, que determinava que um carro de corridas de Grand Prix pesasse 750 quilos, no máximo, menos pneus e todos os líquidos (fluidos resfriadores, lubrificantes, fluido de freio etc.), era original na teoria, mas ruim na prática. Acreditava-se que os motores da época, as unidades de 3 litros equipadas com turbocompressores do Alfa, do Bugatti e do Maserati, eram quase o máximo que poderia ser usado nos automóveis com o novo peso. Portanto, para construir motores maiores e mais potentes seria necessário chassis e engrenagens de caixa de câmbio mais pesadas e resistentes. Ao limitar o peso, o raciocínio e a potência seriam automaticamente limitados.

Parecia ser uma proposta perfeitamente razoável, considerando a tecnologia de metalurgia e de chassis de 20 anos de idade sendo utilizada pelos competidores da época. Os construtores estavam obcecados com a potência dos motores, acreditando que as corridas eram vencidas só por meio de velocidade. Eles prestavam pouca atenção em detalhes como tração nas curvas, redução de peso, freios, direção, projeto de suspensão e outros assuntos esotéricos de engenharia. Seus carros, mesmo os avançados P3, eram simplesmente plataformas rudimentares com quatro rodas sobre as quais se instalavam os motores. Nesse atoleiro de tecnologia estagnada a fórmula de 750 quilos parecia fazer todo o sentido.

Contudo, se alguém decidisse instalar um motor grande e bastante potente sobre um chassi leve e avançado com qualidades superiores de aderência, a nova ideia de controle de velocidade poderia ser transgredida. Foi exatamente isso que aconteceu com dois engenheiros de mentes inquietas.

Por coincidência, os dois moravam na cidade industrial suábia de Stuttgart. Ali, o dr. Hans Nibel era o diretor do escritório central de projetos da Daimler-Benz AG. A alguns quilômetros, no escritório de sua empresa de consultoria, estava o dr. Ferdinand Porsche, renomado engenheiro austríaco. Basicamente, os dois tiveram a mesma ideia, embora suas abordagens fossem invertidas — pelo menos em termos de onde eles colocaram os motores em seus novos e surpreendentes automóveis.

Em 1932, a depressão tinha golpeado severamente a indústria alemã. Na Daimler-Benz, a mão de obra foi cortada pela metade em relação ao nível de 1928 e milhares de trabalhadores qualificados alemães estavam desempregados. O colapso econômico foi apenas parte do motivo pelo qual o país afundou em uma psicose em massa e conduziu ao poder Adolf Hitler, pintor louco, arquiteto e, às vezes, colador de cartazes. Em janeiro de 1933, ele assumiu a chancelaria alemã e estava prestes a iniciar uma marcha de doze anos do país rumo à desonra e a algo quase para não ser lembrado. No entanto, assim como todos os déspotas, havia lampejos de racionalidade em sua megalomania. Por exemplo, Hitler era um entusiasta do transporte de pessoas por automóveis, o que acabaria por levar à comercialização em massa do Volkswagen muito depois de sua morte. Ele foi rápido em reconhecer a necessidade de um sistema rodoviário avançado e em 1934 nomeou o dr. Fritz Todt, de Munique, para supervisionar a construção de 4 mil quilômetros das rodovias mais modernas do mundo (ele conseguiu completar 2,1 mil quilômetros antes da interrupção das obras em 1942). A ideia era utilizar o grande sistema rodoviário para o transporte civil e também para a circulação de equipamentos militares durante a guerra. Esse, é claro, foi o mesmo fundamento lógico para a criação da rede interestadual norte-americana de 65 mil quilômetros nas décadas de 1950 e 1960.

Hitler era um entusiasta moderado do automobilismo e, em março de 1933, concordou com um plano proposto pela direção da Daimler-Benz de produzir um carro de Grand Prix imbatível. A justificativa era simples: a máquina exibiria a tecnologia alemã para as massas europeias e, assim, serviria como poderosa ferramenta de propaganda para a Nova Ordem. O programa funcionaria sob os auspícios da recém-criada NSKK (Nationalsozialistische Kraftfahrkorps ou Corporação Automotiva Nacional Socialista), organização paramilitar semicômica para atividades automobilísticas comandada pelo arrogante Adolf Hühnlein, um dos primeiros apoiadores de Hitler, que foi preso ao tentar capturar uma central telefônica durante o malfadado Putsch da Cervejaria de Munique em 1923. A NSKK, que acabou atraindo 500 mil membros, era uma organização basicamente inútil, ridicularizada amplamente como *nur Saufer, keine Kampfer* — só bêbados, nenhum combatente.

Em 1933, no Salão do Automóvel de Berlim, anunciou-se que Hitler apoiaria um grande esforço referente ao Grand Prix da Alemanha e que uma subvenção de 500 mil reichsmarks seria concedida à empresa que montasse uma equipe de corrida para a prova. Sabia-se que a Daimler-Benz já possuía um projeto preparado e que um acordo de fato existia entre a empresa e o governo. Jacob Werlin, diretor da Daimler-Benz em Munique e nazista fanático, era um colaborador próximo de Hitler e havia tomado providências para fornecer recursos financeiros diretamente para a sede de Stuttgart. A Daimler-Benz, apesar de todos os seus juramentos posteriores de inocência, foi uma das principais contribuintes do esforço de guerra nazista e uma das beneficiárias mais importantes do programa de corridas graças aos lucrativos contratos para construir caminhões e os impressionantes motores de avião DB601.

Mas, para surpresa de todos, uma segunda empresa se apresentou e reivindicou parte da subvenção. A Auto Union tinha sido formada em 1932 a partir das ruínas de quatro empresas assoladas pela depressão — Audi, Horch, DKW e Wanderer — e, naquele momento, também estava preparada para pôr na pista um carro de corrida. A máquina havia sido criada de forma independente por Ferdinand Porsche e adotada pela nova empresa. Após um encontro entre Hitler, Porsche e dois representantes da Auto Union depois do Salão do Automóvel de Berlim, decidiu-se dividir a subvenção entre a Daimler-Benz e a Auto Union, criando assim uma rivalidade e um incentivo adicional para o sucesso.

Muito se escreveu sobre o apoio nazista para a *blitzkrieg* planejada por essas duas empresas. Repete-se com frequência que elas foram generosamente subsidiadas pelo governo, mas historiadores confiáveis afirmam que o financiamento — concedido por meio do Ministério dos Transportes alemão — foi muito menor do que o necessário para executar um programa de corridas vencedor. As duas empresas gastaram talvez dez vezes mais do que as subvenções do governo. Mas, com certeza, foram compensadas adicionalmente por meio de contratos de guerra, repressão a sindicatos de trabalhadores e generosas condições de empréstimo.

Mesmo um observador tão perspicaz da cena automobilística como Enzo Ferrari seria incapaz de ter a mais vaga noção do golpe esmagador que estava prestes a sofrer, assim como o seu agora obsoleto P3S. Os departamentos de engenharia sob o comando de Porsche e Nibel já haviam concluído os protótipos que tornariam os Alfa Romeo ultrapassados, uma vez que os erros de desenvolvimento estavam resolvidos. Seus projetos eram desconcertantes em termos de criatividade em engenharia e potencial de desempenho. O Daimler-Benz W25 (que participaria das corridas com a marca de fábrica, ou seja, Mercedes-Benz) possuía suspensão independente nas quatro rodas, imensos freios hidráulicos, transmissão de quatro marchas montada junto ao diferencial traseiro e um motor de 3,3 litros, 8 cilindros em linha, turbocomprimido e 314 cavalos, ou 100 cavalos a mais do que o P3S, prestes a ser colocado na pista pela Scuderia. O carro da Auto Union era ainda mais impressionante. O Type A, projeto ultrarradical de Porsche, tinha um motor maior (4,4 litros) com 16 cilindros montados *atrás* do piloto. Era equipado com dois turbocompressores e desenvolvia cerca de 300 cavalos. O chamado P-wagen utilizava uma caixa de câmbio de cinco marchas e suspensão independente nas quatro rodas, como o Mercedes-Benz.

Embora os carros fossem radicalmente diferentes em termos de posicionamento do motor, as filosofias de engenharia que os criaram eram quase idênticas. Tanto o Mercedes-Benz W25 como o Auto Union Type A empregavam grande quantidade de ligas metálicas leves para acomodar motores potentes dentro do limite de peso de 750 quilos. Os dois projetos também utilizavam suspensões de molas flexíveis e independentes, que eram a antítese das antigas versões italianas e francesas — mais apropriadas para carros de boi do século XIX do que para os automóveis modernos. Esses componentes avançados, juntamente com sistemas de freios hidráulicos, carrocerias aerodinâmicas e orçamentos praticamente ilimitados para pesquisa e desenvolvimento condenaram as antigas equipes do *establishment* — incluindo a Scuderia Ferrari — desde o início.

Por mais de um ano a comunidade automobilística internacional vinha comentando os rumores relativos às iniciativas da Auto Union e Mercedes-Benz, e não resta dúvida de que Ferrari estava familiarizado com os projetos. Porém, com certeza, ele não ficou muito alarmado. A imprensa italiana, desenfreadamente chauvinista — que ele lia com avidez —, estava confiante demais em relação aos alardeados Alfa Romeo e muito desdenhosa a respeito dos rumores sobre os carros revolucionários que estavam sendo fabricados na Alemanha. Com os calejados P3S perfeitamente preparados por Bazzi e Marinoni, havia todas as razões do mundo para se esperar uma temporada vitoriosa. No entanto, a equipe sofreu duas perdas sérias na área técnica. O jovem Eugenio Siena saiu, com a bênção de Ferrari, para se unir em parceria ao esportista suíço Walter Grosch como mecânico e piloto em uma nova equipe de corrida. Ferrari via o amável e ambicioso profissional com uma espécie de benevolência paternal e, ao contrário de muitos que abandonaram a Scuderia, Siena ganhou uma luxuosa festa de despedida. Não foi assim com Ramponi, que partiu para a Inglaterra para trabalhar como chefe dos mecânicos de uma equipe independente de carros Maserati, que estava sendo montada pelo expatriado norte-americano Whitney Straight (que, depois de dar vazão à sua exuberância juvenil no automobilismo, tornou-se presidente da Rolls-Royce). Ramponi não deixaria saudade. Ele ganhou muito dinheiro durante o esquema de apostas em Trípoli e, de acordo com seus colegas, tornou-se insuportavelmente arrogante. Se ele ofendeu ou não os fascistas, que, por sua vez, provocaram sua saída, não se sabe, mas ele permaneceria na Inglaterra até se mudar para a África do Sul anos mais tarde.

Luigi Fagioli também tinha saído. Em fevereiro, Alfred Neubauer, chefe de equipe da Mercedes-Benz, levou o protótipo W25S para Monza para os primeiros testes. O piloto era o impetuoso e arrogante Manfred von Brauchitsch, membro de uma prestigiosa família de militares de Hamburgo e sobrinho de Walther von Brauchitsch, que seria promovido à patente de marechal de campo em 1940, mas dispensado de seus deveres um ano depois, quando a Wehrmacht não conseguiu capturar Moscou. Manfred, cujo zelo costumava transcender sua habilidade, sofreu um acidente com um dos carros, e Fagioli foi chamado para substituí-lo. Na ocasião, o velho "salteador de Abruzzi", como era chamado, tinha 36 anos, e em seu currículo como piloto da Ferrari ostentava três vitórias em sete corridas e três segundos lugares em 1933. Com cerca de 70 quilos, era frio e calculista, combativo, obstinado e perpetuamente convencido de que suas habilidades eram subestimadas por chefes de equipe imbecis. E Fagioli sabia pilotar. Em Monza, ele demonstrou suas habilidades para Neubauer e foi contratado pela Mercedes-Benz como piloto para a futura temporada. Ferrari ficou furioso com o que considerou um ato de traição, mas sua histrionice certamente encobria o fato de que Fagioli era um profissional como ele e correria pela equipe — ou país — disposto a lhe pagar mais. Enzo Ferrari entendia que estava envolvido em um negócio duro e exigente, que a cada dia que passava tinha menos a ver com as imagens românticas do esporte que o atraíram para os automóveis quando jovem.

Antonio Brivio, amigo e vizinho de Trossi, tinha se transferido para a Bugatti, mas a perda não era comparável à de Fagioli. Com a mão firme, Tonino Brivio era confiável em corridas de carros esportivos, mas com a Scuderia naquele momento priorizando as grandes competições internacionais de Grand Prix, sua abordagem cavalheiresca em relação ao esporte era inadequada. A temporada seria decidida por profissionais destemidos e semiprofissionais inflamados, como o jovem Moll, enquanto os amadores teriam de encontrar outras saídas para seus impulsos competitivos. Ao mesmo tempo, Ferrari estava ficando cada vez mais desapontado com seu *direttore sportivo*, Mario Lolli, um rico cavalheiro amador, que devia cuidar de detalhes rotineiros como inscrições em competições, planos de viagem, contratos etc. Lolli só sabia falar italiano, o que o impedia de trabalhar fora do país. Por outro lado, Ferrari alcançara um bom domínio do francês, a língua universal da Europa na época, e antes do início da futura temporada substituiu Lolli pelo mais viajado Nello Ugolini — outro exemplo da crescente intensidade e seriedade do esforço da Scuderia em relação às corridas.

O primeiro Grand Prix da temporada foi marcado para Mônaco, e o próprio Ferrari levou a comitiva para o pequeno principado. O circuito era muito semelhante com o atual, embora a arquitetura românica cintilante que ladeava o percurso sinuoso de quase 3,2 mil metros tenha sido substituído há muito tempo por prédios altos, condomínios e hotéis de luxo. A pista, traçada em 1929, era uma simples rede de avenidas ao lado do porto, com uma curva em frente ao mundialmente famoso cassino e um trecho rápido e aberto ao longo do Boulevard Albert Premier.

Pela primeira vez na história o grid de largada seria definido pelos tempos do treino classificatório, em vez da antiga prática de definir as posições por sorteio. Louis Chiron, que era de Mônaco, era o favorito sentimental. Filho de um ex-maître de hotel, Chiron ganhou a reputação de ser um *don juan* ao trabalhar como *danseur moderne* — uma espécie de acompanhante para dançar —, no Hotel de Paris. Ele se tornou motorista pessoal do marechal Foch durante a guerra. Na época da corrida, ele estava envolvido em um sensacional triângulo amoroso que abalaria a cena esportiva continental. Por anos ele teve um caso com a adorável Alice "Baby" Hoffman-Trobeck, beldade poliglota nascida em Hartford, Connecticut, de pai alemão e mãe sueca. No fim da década de 1920, Chiron havia corrido para uma equipe pertencente ao marido de Baby na época, Freddy Hoffman, herdeiro do império farmacêutico Hoffman-La Roche. Em 1932, a adorável dama deixou seu marido playboy por causa de Chiron, mas casamento para o obsessivamente vaidoso Chiron com uma mulher muitos anos mais velha estava fora de cogitação. O "colchão de Chiron", como ela era chamada em particular, continuou como sua fiel companheira até o inverno de 1933. Naquela ocasião, o amigo e companheiro de equipe de Chiron, o ás alemão Rudi Caracciola, perdeu sua dedicada mulher, Charly, em uma avalanche enquanto esquiava na Suíça. Baby ficou ao lado de Caracciola tentando consolá-lo, e foi tão bem-sucedida que os dois se apaixonaram. O triângulo amoroso não era segredo para ninguém, exceto Chiron, que só descobriu a situação dois anos depois. Caracciola e Baby Hoffman se casaram em 1937.

Apesar de sua ânsia em se apresentar bem diante de seus conterrâneos, Chiron não foi tão rápido quanto seus companheiros de equipe Varzi e Trossi, que marcaram os melhores tempos no treino classificatório. Vários outros pilotos, incluindo Nuvolari e René Dreyfus, piloto francês em ascensão, foram mais rápidos, embora o jovem impetuoso Moll igualasse o tempo de Chiron, de exatamente dois minutos. No entanto, na corrida em si, os seus outros companheiros de equipe vacilaram e Louis Chiron se viu com uma ampla vantagem sobre Guy Moll. Faltando duas voltas, Chiron, talvez pensando em seu discurso de vitória ou acenando para uma mulher bonita na multidão, entrou muito rápido em uma curva com seu Alfa e rodou. Quando ele conseguiu voltar para a pista, Moll passou, e conquistou a vitória. Chiron ficou furioso, mas Enzo Ferrari ficou mais do que satisfeito. Sua Scuderia vencera a corrida, sua primeira preocupação, e Moll provou ser um *garahaldino* de primeira ordem. Embora Louis Chiron soluçasse de frustração, a Scuderia voltaria para Módena como vencedora e pouco importava qual dos pilotos levava a coroa de louros ao redor do pescoço.

Uma semana depois, a equipe estava pronta para preparar um grande ataque na Mille Miglia, naquele momento a prova mais importante em uma agenda limitada de corridas de carros esportivos nos quais a Scuderia se inscreveria. O foco principal eram as competições de Grand Prix, com carros monopostos e de rodas descobertas, mas, devido ao prestígio da corrida de estrada mais famosa da Itália, Ferrari inscreveu cinco carros esportivos Alfa, incluindo quatro Monza de 2,6 litros para Varzi, Chiron, Tadini e Caracciola. Nuvolari e Siena eram os adversários, ao volante de potentes 8C 2300 preparados pela equipe Siena-Grosch. Com carrocerias especiais de alumínio fabricadas pela Carrozzeria Brianza, os Alfa da Scuderia também dispunham de significativa vantagem naquela prova bastante difícil. A Pirelli forneceu pneus de chuva Stella Bianca para a equipe, unidades projetadas especialmente com bandas de rodagem extras, que incluíam sulcos finos, que proporcionavam maior tração na chuva, que caía abundante em todo o percurso de mil milhas. Varzi, sempre teimoso, se opôs ao uso do novo pneu e, durante uma parada de reabastecimento em Imola, ele e Ferrari travaram um bate-boca a respeito das vantagens dos pneus Pirelli. Varzi cedeu e instalou um conjunto de Stella Biancas. A tração adicional foi considerada fator decisivo para ele vencer Nuvolari e Siena, que terminaram muito atrás, em segundo lugar, usando pneus mais convencionais.

Duas semanas depois, certamente ao procurar vingar sua derrota, Nuvolari perdeu o controle de seu nervoso Maserati 8 CM nos paralelepípedos molhados do circuito Pietro Bordino, em Alexandria, e bateu contra uma árvore ao lado da estrada. Ele estava deitado em uma cama de hospital, com a perna direita engessada, enquanto a Scuderia Ferrari, comandada por Varzi e Chiron, dominou a corrida, conquistando os quatro primeiros lugares.

Guy Moll retornou à equipe para o Grand Prix de Trípoli e esteve longe de ser um reencontro feliz. Mais uma vez, o pendor italiano pela arte do furto não pôde ser evitado em face do volume do dinheiro da loteria. Dessa vez concebeu-se um plano mais sutil no bar do elegante Hotel Uaddan entre um pequeno grupo de pilotos (incluindo todos da Scuderia) que tinham mais chance de vitória. A dinheirama seria dividida em partes iguais — Varzi foi escolhido para ganhar novamente, com Chiron designado para chegar em segundo. Piero Taruffi, guiando para a Maserati, recusou-se a cooperar, e o inglês Hugh Hamilton, guiando o outro Maserati para Whitney Straight, não foi informado a respeito do plano por receio de que seu espírito esportivo adquirido em Eton, escola símbolo do elitismo britânico, o levasse a expor a trama.

Tudo parecia caminhar bem enquanto os carros se alinhavam no grid, na reta principal, debaixo da torre de cronometragem de concreto e mármore. Como de costume, um tórrido vento do deserto espalhou grande quantidade de areia nas largas curvas, deixando a corrida ainda mais perigosa. Mas Italo Balbo, adornado em seu melhor cerimonial, estava com um humor maravilhoso enquanto se deslocava entre os pilotos para desejar-lhes "*In bocca a l lupo!*" ("Boa sorte!"). Em seguida, perfilou-se em rígida atenção para ouvir "Giovinezza", o hino nacional italiano, executado pela banda do Exército. Daquela vez, Balbo pensou, sua colônia varrida de areia não seria manchada por nenhum escândalo lotérico.

Taruffi quase estragou o plano cuidadosamente elaborado. Ele assumiu a ponta quando a bandeira de largada foi baixada e manteve o grande Maserati na liderança por quatro voltas, apesar dos decididos esforços dos pilotos da Ferrari. Então, os freios do pesado Maserati começaram a falhar e Taruffi perdeu o controle quando, a quase 290 quilômetros por hora, tentou reduzir a velocidade para fazer a curva fechada de Taquira. O carro rodou como um cata-vento, derrubou uma grande placa e parou. Taruffi quebrou um braço e uma perna. Seu único consolo foi que a curva recebeu seu nome como homenagem. Também por algum tempo, Hamilton conduziu seu carro com valentia, mas seu motor explodiu, e Moll assumiu a posição designada para ele, atrás de Chiron e Varzi, que naquele momento liderava com folga. Tudo o que restava era uma corrida fácil até o final e outro grande prêmio da loteria.

No entanto, Guy Moll não aceitaria isso. Para começo de conversa, ele era rico, e a ideia de ganhar a maior corrida em seu continente natal era muito mais atraente do que um obediente terceiro lugar e o ganho secreto de um dinheiro maculado de loteria. Moll aumentou seu ritmo, enquanto o pessoal dos boxes da Scuderia, até então aproveitando o sol africano, notava com preocupação seus tempos de volta baixarem. Chiron percebeu o argelino se aproximando nos espelhos retrovisores e também acelerou. Assim, os dois Alfa começaram a se aproximar do tranquilo Varzi. Chiron conseguiu conter o ímpeto de Moll até a última volta, quando a pressão de óleo de seu carro caiu e o forçou a desacelerar, permitindo que seu rebelde companheiro de equipe passasse. Então, Moll encostou em Varzi e quase conseguiu a liderança quando os dois Alfa fizeram a última curva, derrapando. Mas Varzi era muito experiente e muito tenaz para o jovem. Ele cortou na frente de Moll e freou, forçando o argelino a mergulhar no ápice sulcado da curva para evitar a batida. Antes que Moll conseguisse se recuperar, Varzi acelerou para vencer a corrida por uma diferença menor do que um carro.

A disciplina da Scuderia estava em frangalhos. O "incidente com Moll" foi uma causa célebre nos círculos automobilísticos, embora fosse considerado um caso de indisciplina pelos membros da equipe, com quase nenhuma menção ao escândalo das apostas. O envolvimento de Ferrari nesse incidente é desconhecido. Contudo, como em 1933, deve-se presumir que alguém tão intimamente envolvido nos acontecimentos de sua equipe soubesse da trama, se não antes da corrida, então depois dela. Balbo ficou sabendo da tramoia e modificou o sistema de apostas para assegurar que nada semelhante ao ocorrido nas duas primeiras corridas se repetisse (suas medidas seriam supérfluas, porque as equipes alemãs seriam as maiores vencedoras nas corridas de Trípoli restantes e seus pilotos disciplinados e bem pagos, não tinham interesse em se envolver nessas tramoias).

Naquele momento, Guy Moll havia disputado duas corridas pela Scuderia Ferrari e vencido uma e terminado em segundo por uma diferença mínima.

Após o triunfo fácil de Varzi na corrida de Targa Florio e do primeiro lugar de Chiron quase sem oposição no Marrocos, a equipe seguiu para o norte, para seu primeiro confronto com alardeados alemães. A pista seria o circuito de altíssima velocidade de Avus, nas proximidades de Berlim.

Essa autoestrada de quatro faixas de rolamento, que durante os dias sem corrida os berlinenses ricos podiam pagar alguns marcos para dirigir em alta velocidade, foi o local de alguns estonteantes recordes batidos por Hans Stuck em seu carro Auto Union, e ele era o franco favorito. Em desespero, Ferrari conseguiu que alguns engenheiros da fabricante de aviões Breda projetassem uma carroceria aerodinâmica para um dos P3S. Naquela época, a aerodinâmica automobilística era uma espécie de bruxaria, e uma forma inadequada podia fazer um carro se comportar como um avião incontrolável.

O P3 aerodinâmico foi concebido por Ferrari porque a Alfa Romeo estava perdendo rapidamente todo o interesse pelo automobilismo. Finalmente, a situação chegou a um ponto em que o pessoal de Portello se recusou a fornecer peças de reposição para a Scuderia, a não ser peças fundidas de motor e peças forjadas do sistema de transmissão inacabadas que Ferrari teve de pagar. Caberia a ele concluir a usinagem e o acabamento finais, que conseguiu fazer por meio de uma empresa independente em Porretta Terme, uma pequena cidade a quase 60 quilômetros ao sul de Módena.

O estranho Alfa com cauda alta foi testado na autoestrada Milão-Bergamo com Varzi ao volante. Os diversos elementos aerodinâmicos da carroceria de alumínio tremulavam de forma preocupante na corrente de ar em alta velocidade e a constante expressão carrancuda de Varzi ficou ainda mais sombria quando ele saiu do *cockpit*. Ele não iria dirigir aquela monstruosidade. Mas Moll aproveitou a oportunidade, talvez ciente de que a aerodinâmica extra lhe daria importante vantagem nas retas de quase 10 quilômetros do circuito de Avus. Além disso, sem dúvida, o jovem impetuoso aproveitava a vantagem psicológica obtida por se voluntariar para dirigir um carro que o piloto número 1 da equipe havia rejeitado, considerando-o instável e perigoso.

Embora seja certo que Adolf Hitler e Joseph Goebbels, seu programador de propaganda deformado, mas inspirado, reconhecessem o valor dos carros de corrida alemães se sobressaindo nas pistas europeias como vanguardas ruidosas e intimidantes do Terceiro Reich, nenhum dos dois acompanhou corridas de carros depois de chegar ao poder. Hitler foi um espectador ocasional do circuito de Solitude, nas proximidades de Stuttgart, e do de Avus, no final da década de 1920. Na década de 1930, ele inaugurava o Salão do Automóvel de Berlim todos os anos com um olhar cerimonial nas novas máquinas de corrida da Mercedes-Benz e da Auto Union, mas acaba aí seu grau de envolvimento pessoal. Contudo, o enorme financiamento que seu governo propiciava a essas duas empresas aumentou até 1939, quando a última corrida foi disputada na véspera da guerra.

Deve-se entender que na primavera de 1934 as relações entre a Alemanha e a Itália não eram tão boas quanto se tornariam após a criação do eixo Roma-Berlim dois anos depois. Embora Hitler admirasse abertamente Benito Mussolini e, de fato, mantivesse um busto do líder fascista em seu escritório do partido em Munique, a recíproca estava longe de existir. Mussolini considerava o cabo austríaco um charlatão vulgar. Quando os alemães repudiaram o Tratado de Versalhes em março de 1935, Mussolini, indignado, participou da Conferência de Stresa com a França e a Grã-Bretanha. No entanto, as frouxas políticas de apaziguamento das potências ocidentais diante do atrevimento de Hitler acabaram por transformar Mussolini em um aliado do alemão. Enquanto a Scuderia Ferrari se deslocava para o norte do continente, atravessando o passo do Brennero rumo a Berlim e ao circuito de Avus, Mussolini dizia que os nazistas estavam "embriagados de persistente belicosidade".

Enzo Ferrari e seus companheiros de equipe descobririam muito tarde que os nazistas estavam convertendo o automobilismo internacional de uma simples competição de velocidade e ousadia em um instrumento de propaganda apoiado pelo governo. Tempos depois, os fascistas reagiriam a essa ameaça incentivando a Alfa Romeo a construir carros suficientemente potentes para se opor à ameaça alemã, mas o financiamento e os recursos humanos seriam minúsculos em comparação com os fornecidos para a Mercedes-Benz e a Auto Union. Isso já era evidente quando a equipe Ferrari avistou os carros da Auto Union, semelhantes a uma flecha, em Avus. Seu principal piloto, o alto e exuberante Hans Stuck, acabara de estabelecer diversos recordes internacionais com seu novo carro, e não havia como os envelhecidos P3S de Varzi, Chiron e Moll enfrentá-lo. A potência turbocomprimida sibilante da Auto Union era impressionante, mesmo para os calejados veteranos de corridas. Quando o descompasso absurdo começou, Stuck completou a primeira volta de 19,3 quilômetros com uma vantagem de

FERRARI • 121

mais de um minuto sobre Chiron. Stuck estava a quilômetros de distância, dirigindo-se para uma fácil vitória, quando a embreagem quebrou. Então, Moll, no nervoso Breda-Alfa aerodinâmico, que podia atingir quase 290 quilômetros por hora, herdou a liderança e venceu, com Varzi na segunda posição, mas foi uma vitória vazia e todos em Módena, sobretudo Enzo Ferrari, sabiam disso.

Sem surpresa, Nuvolari terminou em quarto, com sua perna quebrada ainda engessada. Decimo Compagnoni, seu sempre leal mecânico, ajeitou os pedais do Bugatti para que pudessem ser usados pelo pé bom de Nuvolari. O pequeno homem, com muita dor, aguentou firme toda a corrida, com os ossos ainda em recuperação sendo abalados o tempo todo pela superfície irregular da pista.

A equipe Mercedes-Benz entrou na pista em Avus, mas abandonou-a devido a problemas mecânicos antes da largada. No entanto, depois, seus potentes W25S apareceram com força total para a corrida Eifelrennen no belíssimo e desafiador circuito de Nürburgring, de 22,5 quilômetros. Dessa vez, as duas marcas alemãs se saíram bem melhor do que os Alfa, e Chiron dirigiu bem, mas terminou em um distante terceiro lugar, atrás do Mercedes-Benz de Brauchitsch e do Auto Union de Stuck.

Porém, essas duas corridas alemãs não foram consideradas eventos de Grand Prix completos, e a imprensa italiana, de um nacionalismo exacerbado, continuou a se iludir de que a força total da Alfa Romeo e da Scuderia Ferrari só se faria valer no prestigioso Grand Prix da França, em Montlhéry, em 1º de julho. Seria o primeiro confronto real, com todas as equipes de ponta usando seus trajes de gala completos. Os titãs se reuniram no esplêndido circuito no topo de uma colina, na exuberante paisagem rural nas proximidades de Saint-Eutrope, na rodovia Paris-Orleans. Ferrari enviou a equipe completa para a França com três monopostos P3 impecavelmente preparados com motores de 2,9 litros projetados por Jano e comprovados em corridas.

Mas o *Commendatore* ficou em Módena. Anos depois, a lenda de Ferrari cresceria pelo fato de que ele se recusava a comparecer às corridas. Isso seria atribuído a muitos fatores, desde a morte de seu filho, em 1956, até o medo de multidões, mas já em 1934 ele estava ficando cada vez mais isolado em sua casa em Módena. Ferrari nunca viajou muito após a criação da Scuderia e, depois de 1934, não compareceu a quase nenhuma corrida fora da Itália, mesmo uma tão importante quanto o Grand Prix da França. Monte Carlo, no início da temporada, marcaria uma de suas últimas travessias da fronteira italiana.

Com certeza, parte desse cativeiro em Módena envolvia uma logística simples. Ferrari se recusava a voar, suspeitava de trens e, aparentemente, só usava automóveis para viajar, algo que, nas estradas europeias da década de 1930, significava intermináveis horas ao volante. Ele também não andava de elevador. Geralmente, esse homem que se designava como "engenheiro" mantinha uma visão pouco analítica das complexidades técnicas da vida.

Treze dos melhores carros e pilotos de Grand Prix se inscreveram para o Gran Prix da França: três Mercedes-Benz, com Luigi Fagioli, Manfred von Brauchitsch e Rudi Caracciola; dois Auto Union, com Hans Stuck e o amador qualificado August Momberger; três Bugatti, com René Dreyfus, Robert Benoist e o ainda engessado Nuvolari; dois Maserati, com Freddy Zehender e Philippe Etancelin; e os três Alfa da Scuderia Ferrari, em vermelho cintilante, com Varzi, Chiron e Trossi, com Guy Moll inscrito como reserva. No caso de alguém duvidar que o esporte estava sendo politizado, os Auto Union (mas não os Mercedes-Benz, por algum motivo), tinham suásticas pintadas nas caudas longas e pontudas.

Os três Mercedes-Benz foram muito rápidos no treino. Por meio do precário sistema telefônico de longa distância da época, Ugolini, deprimido, informou Ferrari em seu escritório em Módena a respeito dos tempos do treino classificatório. Isso seria o início de uma tradição que duraria até os últimos dias da vida de Ferrari: os relatórios telefônicos da pista para Módena, em que o chefe de equipe transmitia os detalhes do treino para o chefe. Em um de seus golpes de mestre psicológicos, Ferrari pediu para Ugolini colocar Moll no carro de Trossi para a última sessão de treino. O jovem tigre andava de um lado para o outro nos boxes e Ferrari considerou que a pilotagem febril de Moll poderia inspirar os outros pilotos da Scuderia a se empenharem ainda mais. Isso pareceu funcionar, e Moll foi recompensado por seu esforço motivacional ao ser designado como copiloto de Trossi.

A corrida começou diante de arquibancadas lotadas, com Chiron fazendo uma manobra arriscada. Ele saiu da terceira fila e assumiu a liderança, permanecendo ali nas duas primeiras voltas. O suave estilista de Monte Carlo, vestido com um macacão de seda azul, fazia uma de suas melhores corridas, mas não conseguiu resistir ao Auto Union mais potente de Stuck, que assumiu a liderança até seu motor quebrar. A disputa foi surpreendente, em parte devido à ânsia de todos os pilotos demonstrarem sua capacidade frente aos principais rivais. Na vigésima das quarenta voltas pelos 12,5 quilômetros de uma combinação de pista de corrida e estrada, todos as forças alemãs já haviam abandonado ou estavam andando em ritmo lento. Com facilidade, Chiron cruzou a linha de chegada na liderança, três minutos à frente de Varzi. Moll tinha substituído o assoberbado Trossi logo no início da prova e, dessa vez, se manteve obedientemente em terceiro. Apenas outro carro, o Bugatti de Benoist, ainda estava na pista, quatro voltas atrás.

Foi uma vitória magnífica. No papel. A imprensa italiana entrou em delírio. Um primeiro, um segundo e um terceiro lugares contra o poderio da Alemanha. Melhor ainda: os relatos dos *tifosi* (torcedores) de volta à casa asseguravam que os P3S se comparavam aos Auto Union e Mercedes-Benz, em termos de velocidade máxima e aceleração. Claro que isso era um absurdo, e Ferrari, Bazzi e Ugolino sabiam disso. Os carros alemães ainda estavam em fase de testes, com motores, pneus, ajustes de suspensão, relação de transmissão etc. em desenvolvimento, e o pessoal da Scuderia, desde o aprendiz de mecânico mais humilde até o próprio *Commendatore*, sabia que as futuras vitórias com os carros antigos poderiam ser contadas nos dedos de uma das mãos.

Ainda assim, havia dezenas de corridas de menor importância onde se poderia ganhar dinheiro por largada. As equipes alemãs estavam selecionando as competições nas quais planejavam se inscrever, restringindo suas atividades a provas de Grand Prix ou a corridas em que os organizadores estavam dispostos a pagar suas caras taxas de dinheiro por largada. Então, diversos organizadores de corridas de menor importância, geralmente ao redor do litoral do Mediterrâneo, estavam ansiosos para receber a Scuderia. Nessas corridas, onde a disputa era escassa e os prêmios, generosos, os Alfa ainda eram capazes de competir contra os igualmente envelhecidos Maserati e Bugatti por posições nas ligas de menor importância, na ausência dos ruidosos leviatãs do norte dos Alpes.

O confronto seguinte com os alemães aconteceu na Coppa Acerbo, em Pescara, em 15 de agosto. Os problemas mecânicos prejudicaram os carros da Scuderia durante a maior parte da corrida e, nas últimas voltas, apenas o jovem Moll tinha chance de alcançar Fagioli, que liderava com seu Mercedes-Benz W25. Moll, sentado bem ereto no cintilante Alfa Romeo vermelho número 46, com uma estranha máscara de plástico protegendo seu rosto, começou a acelerar. Aquele impetuoso novato estava assumindo a tarefa colossal de perseguir e ultrapassar o valente veterano em um carro com talvez 100 cavalos a mais de potência e 30 quilômetros por hora a mais de velocidade máxima ao longo de duas retas de 6,5 quilômetros. Ainda assim, Moll não desistiu, e começou a tirar de dois a quatro segundos de Fagioli por volta.

Moll se aproximou de Ernst Henne, a ex-estrela de motociclismo da BMW, que estava guiando um carro de apoio para a Mercedes-Benz. De acordo com uma entrevista de Henne para o historiador Chris Nixon, em 1985, Moll o alcançou em um trecho estreito da reta rápida de Pescara, onde a estrada não tinha mais de seis metros de largura. Os dois carros estavam correndo a cerca de 270 quilômetros por hora quando Moll emparelhou. Henne conseguiu ver o emblema do cavalo rampante do Alfa com o canto do olho. Então, segundo Henne, Moll ficou um pouco para trás e o Alfa começou a guinar terrivelmente, escapando em ziguezague para fora da pista. Na volta seguinte, Henne passou pelo Alfa Romeo avariado, apoiado inclinado contra uma casa de fazenda. O corpo ferido de Guy Moll estava estendido na beira da estrada. Ele morreu na 17ª volta, que pode ou não ter alguma relação com a superstição de Enzo Ferrari a respeito desse número. Como muitos outros, Ferrari atribuiu a morte de Moll a uma colisão com o Mercedes, embora Henne negasse enfaticamente algum toque entre os dois carros. Não importa, Guy Moll seria homenageado por Ferrari em anos posteriores como um dos maiores pilotos. Em 1962, ele escreveu: "Eu o classifico junto com Stirling Moss como o único piloto digno de comparação com Nuvolari. De fato, Moll se assemelhava a Nuvolari em certas características mentais, em seu espírito agressivo, na confiança serena com a qual ele pilotava e na tranquilidade com a qual estava preparado para encarar a morte." Quando lembramos que Enzo Ferrari foi testemunha dos esforços

FERRARI • 125

de muitos dos melhores pilotos do mundo ao longo de quase 70 anos, isso realmente é um verdadeiro testemunho de admiração.

A morte de Guy Moll pareceu drenar o último combustível competitivo da Scuderia. Varzi ficou mais mal-humorado do que o costume, o que enfraqueceu o entusiasmo de toda a equipe de trinta homens. Chiron, naquele momento apelidado de *Vieux Renard* [Velha Raposa], embora só tivesse 34 anos, entrou em uma depressão da qual nunca se recuperou. Talvez fosse sua vida pessoal cada vez mais caótica ou o fato de que os carros estavam ficando muito rápidos e implacáveis, mas, depois de sua vitória em Montlhéry, ele nunca mais recuperou sua antiga forma. No entanto, continuou correndo intermitentemente até se aposentar definitivamente aos 58 anos.

Os organizadores do Grand Prix da Itália, em Monza, adicionaram uma séria de chicanas no circuito, na esperança de que a velocidade superior dos carros alemães fosse anulada em um circuito mais estreito e mais sinuoso. Isso não serviu para nada, exceto para permitir que os Mercedes-Benz e os Auto Union exibissem sua capacidade superior de frenagem e manejo na corrida de setembro. Uma ofensa final ocorreu nas ruas e avenidas de Módena, cidade de Ferrari, quando Tazio Nuvolari estreou o novo Maserati 6C 34, de 3,7 litros, e derrotou a Scuderia ante os seus próprios apoiadores.

No término da temporada, ficou claro que grandes mudanças estavam reservadas para 1935. Varzi comunicou que estava deixando a Scuderia e ingressando na Auto Union. Hans Stuck e, mais tarde na temporada, o brilhante Bernd Rosemeyer, um talento pirotécnico cuja ascensão seria tão meteórica quanto a de Moll e cuja carreira seria quase tão breve, juntaram-se a Varzi na equipe com sede em Chemnitz. Chiron e Trossi anunciaram que permaneceriam na Scuderia e Tonino Brivio tinha se juntado novamente à equipe no final do ano, mas nenhum deles era capaz de desafiar a cena cada vez mais competitiva dos Grand Prix.

De fato, Jano estava projetando para Ferrari um carro novo e independente, assim como motores de 8 cilindros em linha e V12, mas de que adiantaria um carro mais rápido sem uma superestrela para guiá-lo? René Dreyfus, a educada estrela francesa de Nice, tinha assinado contrato com a equipe Bugatti e chegou a Módena para trocar seu Bugatti por um conversível Alfa Romeo cinza de 2,3 litros e com carroceria Farina, em que ele e sua nova mulher viajariam para as corridas. Claro que o homem que Ferrari precisava havia jurado jamais voltar para a Scuderia. Contudo, ao longo de 1934, Tazio Nuvolari tinha se alternado entre a Maserati e a Bugatti sem sucesso e percebeu que nenhum das duas possuía potencial para dar conta de um carro alemão no ano vindouro. Na Auto Union, a porta estava fechada após a contratação de Varzi (que novamente havia estipulado que Nuvolari não poderia dirigir para nenhuma equipe enquanto ele fosse membro dela) e, a Mercedes-Benz, quando Caracciola estava completamente recuperado do acidente de 1933 e da perda de sua mulher, não precisava nem queria o grande italiano, que, naquele momento, estava quase totalmente grisalho e, perto dos 43 anos, era considerado por muitos como em fim de carreira.

Com poucas opções, Tazio se envolveu em longas negociações por meios indiretos com Ferrari. Jano atuou como mensageiro, entregando por carta, por telefone e pessoalmente diversas exigências e contraexigências para os dois cabeças-duras. Nuvolari permaneceu em sua *villa* próxima a Mântua, e Ferrari, em Módena. Finalmente, após um encontro em terreno neutro em Piacenza, aproximadamente a meio caminho entre Módena e Milão, um acordo foi fechado. René Dreyfus, seu companheiro de equipe naquele ano, lembra que, além de um generoso salário, Nuvolari recebia 50% do prêmio por vitórias. Como era o membro mais novo, Dreyfus receberia 45%, mas seria obrigado a arcar com todas as suas despesas pessoais. Nuvolari comandaria a Scuderia Ferrari — e a Alfa Romeo — na batalha de 1935.

E seria uma batalha. Os amadores elegantes dos primeiros tempos não existiam mais. Naquele momento, a Scuderia era uma equipe profissional de corrida enxuta e musculosa. Isso ficou imediatamente evidente para pessoas de fora como Dreyfus, que tempos depois escreveu: "A diferença entre ser membro da equipe Bugatti e da Scuderia Ferrari era entre noite e dia. Com Ferrari, aprendi o negócio de corridas, pois não restava dúvida de que ele era um homem de negócios. Enzo Ferrari era agradável e amigável, mas não abertamente carinhoso Ele adorava as corridas, disso não havia dúvida. Ainda assim, era mais do que um amor de entusiasta, mas uma mistura com a realização prática, que foi uma boa maneira de construir um império atraente e lucrativo. Eu sabia que ele ia ser um grande homem um dia... Ettore Bugatti era *le Patron*. Enzo Ferrari era o Chefe. Bugatti era arrogante. Ferrari, impenetrável."

O começo foi auspicioso. Com os P3S ligeiramente modificados e atualizados, Nuvolari e Dreyfus abriram a temporada de 1935 fazendo dobradinha no circuito de Pau, no extremo sudoeste da França. Mas os rivais eram medíocres e pouco representativos das futuras competições. Em seguida, ocorreu uma pausa de quase dois meses na agenda, o que deu a Ferrari e Bazzi a chance de prepararem um dos carros de corrida mais audaciosos da história. Na época, diversas corridas de Formula Libre estavam sendo disputadas na Europa e na África, com as principais provas programadas para Trípoli e Avus, em 1935. Em dezembro de 1934, no banquete anual da Scuderia, Luigi Bazzi apresentou a Ferrari a ideia de um carro especial com dois motores — um *bimotore* —, a ser construído pela Scuderia a partir de componente da Alfa. O prêmio em dinheiro era significativo, e, além disso, de que outra forma os alemães poderiam ser derrotados? Ferrari gostou da ideia e, nos meses de inverno do novo ano, Bazzi e Stefano Meazza, chefe de oficina, começaram a trabalhar na máquina radical.

Um chassis regular de um monoposto Alfa foi alongado em 15 centímetros e reforçado para a instalação de um segundo motor, montado atrás do piloto. Então, Bazzi e o engenheiro Arnaldo Roselli projetaram e construíram um sistema de transmissão insanamente complexo, que interligava os motores Alfa Grand Prix dianteiro e traseiro de 8 cilindros às rodas traseiras (em retrospecto, um projeto de tração nas quatro rodas teria protegido o calcanhar de Aquiles do carro: o desgaste dos pneus). Bazzi, sempre o trabalhador espartano, era conhecido por trabalhar dia e noite e viver apenas com ocasionais porções de massa e vinho. Foi ele quem instituiu a regra de proibido fumar nas oficinais, uma regra que continua em vigor na fábrica da Ferrari até hoje.

Dois *bimotores* foram construídos. Um possuía dois dos mais recentes motores Alfa Gran Prix turbocomprimidos de 3,1 litros, enquanto o segundo tinha as unidades de 2,9 litros anteriores. Os dois carros pesavam cerca de 1.270 quilos cada um (ou cerca de 500 quilos a mais que seus rivais alemães de 750 quilos) e desenvolviam entre 520 e 540 cavalos. Esses gigantes deveriam correr a mais de 320 quilômetros por hora nas retas do autódromo de Trípoli, onde sua estreia foi agendada. O carro com motor maior foi entregue a Nuvolari e Chiron ficou com o de 2,9 litros. Os carros eram bastante velozes, mas o enorme peso desgastava os pneus como se fossem feitos de macarrão cabelo de anjo. Nuvolari terminou em quarto depois de trocar treze pneus; Chiron ficou em quinto. Caracciola, em seu carro Mercedes-Benz Grand Prix, venceu com facilidade. Duas semanas depois, a equipe voltou a fazer uma nova tentativa no circuito de Avus. Novamente, os pneus foram o ponto fraco fatal, e Nuvolari não conseguiu correr mais rápido do que 280 quilômetros por hora. Em certo momento, os pneus belgas Englebert se desfizeram, literalmente, nos aros das rodas. Eram tão inadequados para a monstruosa máquina que dizem que o presidente da empresa, Georges Englebert, agradeceu pessoalmente a Nuvolari por ele não ter reclamado do fracasso ao falar com a imprensa depois da corrida. Chiron, guiando como se estivesse no gelo alpino, levou o outro *bimotore* a um distante segundo lugar. A mensagem foi clara: os carros, apesar de exercícios técnicos interessantes, eram muito pesados e desajeitados para quaisquer pneus de corrida da época. Porém, com certeza, devia haver outra aplicação na qual as máquinas poderiam salvar as aparências...

Mais cedo naquele ano, Hans Stuck estabeleceu um recorde internacional Classe C para a milha, alcançando 320 quilômetros por hora. Atingir essa marca em solo italiano seria um maravilhoso golpe publicitário e poderia ajudar a apagar as lembranças dos fiascos em Trípoli e Berlim. A tentativa de alcançar ou superar o recorde de Stuck foi marcada para 15 de junho na autoestrada Florença-Viarregio, em um trecho nivelado entre duas alças de saída para o vilarejo de Altapascio, perto de Lucca. Naquele momento, equipado com pneus fabricados pela Dunlop, empresa britânica que produzia versões de alta velocidade para os carros Bluebird de recorde de velocidade em terra do sir Malcolm Campbell, o maior *bimotore* foi preparado para o pé na tábua Tazio Nuvolari. Antes do fim da manhã, ele percorreu diversas vezes o trecho da autoestrada em tempo recorde, quebrando uma série de marcas internacionais estabelecidas por Stuck e atingindo uma velocidade máxima por meio de ardis de cronometragem de 336,252 quilômetros por hora. Em meio aos aplausos, alguém notou que aquilo tornava a Ferrari-Alfa e Nuvolari o conjunto carro e piloto mais rápido do mundo, perto de Campbell e seu Bluebird (que detinha o recorde absoluto de quase 485 quilômetros por hora).

FERRARI • 129

Esse carro foi reconhecido como sendo o primeiro a portar a placa de identificação Ferrari, embora os historiadores questionem sua linhagem e alguns insistam que era apenas um Alfa Romeo modificado. Ainda assim, causou furor nacional e reforçou a reputação da Scuderia em um momento em que seus carros de Grand Prix eram derrotados com regularidade deplorável pelos carros alemães.

Houve um triunfo final e monumental para a Scuderia Ferrari antes de se renderem completamente ao devastador ataque alemão. Veio no Grand Prix da Alemanha, em Nürburgring, geralmente reconhecido como o circuito mais exigente do mundo. Era justo que o maior piloto de corridas vivo — e talvez o maior de todos os tempos —, Tazio Nuvolari, fosse o personagem principal daquele momento surpreendente do automobilismo.

Em 28 de julho de 1935, os Alfa Romeo foram rebaixados à condição de perdedores por todos os aficionados italianos do automobilismo, exceto os mais insensatos, desinformados e cegamente leais. Mas mesmo eles entenderam que aqueles automóveis ágeis, mas completamente antiquados, eram somente buchas de canhão ambulantes para os alemães triunfantes. No entanto, a Ferrari continuou lutando, ajustando os carros antigos com suspensões dianteiras independentes e outras variações, em busca de um desempenho um pouco melhor. Os motores de Nuvolari e Chiron foram ampliados para 3,8 litros, em uma iniciativa desesperada em busca de mais potência, mas essa modificação tendeu a forçar ainda mais os já frágeis sistemas de transmissão. Tornaram-se tão pouco confiáveis que os mecânicos da Scuderia passaram a chamá-los de "a Ponte de Bassano", em alusão à ponte perto de Veneza que fora continuamente bombardeada e reparada durante a Primeira Guerra Mundial.

A ascensão dos carros alemães gerou uma loucura nacional pelo automobilismo. Em julho, aparentemente toda a população da Alemanha afluiu para Nürburgring, ou simplesmente Ring, como era chamado, para o Grosser Preis von Deutschland, a mais rica e mais prestigiosa corrida europeia, e uma prova cujo triunfo seria, com certeza, da Auto Union ou da Mercedes-Benz.

Como era a tradição, as principais equipes reservaram quartos no Hotel Eifeler Hof, nas proximidades de Adenau, e ali a pequena confraria de homens audazes se reuniu antes da corrida. Nuvolari compareceu com Carolina, sua resignada mulher, e Giorgio, seu primogênito. Chiron e Brivio, que substituiu o enfermo Dreyfus, o acompanhavam. Na pista, alinhados contra os três Alfa Romeo, havia uma verdadeira divisão panzer de carros alemães: cinco Mercedes-Benz e quatro Auto Union, estes com suas carrocerias de alumínio (daí o apelido de "Flechas de Prata") decoradas com números vermelhos e as agourentas suásticas vermelhas e pretas. Cinco Maserati, um único Bugatti e um inglês ERA completavam o *grid*, mas para a multidão reunida (mais de 400 mil pessoas espalhadas entre as florestas que ladeiam a imensa pista) a questão se reduzia a qual das equipes alemãs seria a vencedora. No treino classificatório, com muita inspiração, Nuvolari conseguiu igualar o melhor tempo do impetuoso Bernd Rosemeyer, mas não foi levado a sério como adversário. O registro contábil a respeito dele era simples: um italiano de 43 anos, em processo de envelhecimento, um tanto extenuado, que, quando não estava colidindo em algum objeto inflexível, estava despedaçando a transmissão ou o motor de seu maltratado automóvel.

O dia da corrida amanheceu com uma garoa cobrindo as montanhas Eifel circundantes. Porém, no momento em que as legiões de tropas de assalto nazistas escoltaram os vinte carros no enorme grid de largada, o sol começou a aparecer entre as nuvens, embora a pista permanecesse úmida a maior parte do dia. A primeira fila incluía os Mercedes-Benz de Caracciola e Fagioli, que enquadravam o Alfa de Nuvolari; um sanduíche mecânico, incluindo um recheio vermelho italiano espremido entre um par de indubitáveis vencedores. Mas aquele era o dia de Nuvolari, e ele arrancou com o velho Alfa como se anfetaminas tivessem sido injetadas em seu tanque de combustível. Pilotou com valentia durante as primeiras voltas, mas a falta de velocidade na reta final de quase 5 quilômetros (que possuía duas desagradáveis pontes com saliências que faziam o carro decolar) fez com que ele fosse ultrapassado pelos Mercedes-Benz e Auto Union. Pior ainda, Brivio e depois Chiron abandonaram com problemas na transmissão, deixando Nuvolari sozinho para levar avante a batalha.

Na 11ª volta do enorme circuito, Nuvolari fez uma parada de rotina para reabastecer e perdeu tempo quando a bomba falhou e o tanque teve de ser enchido manualmente, a partir de latas cheias de gasolina.

No momento em que voltou ao volante do Alfa, enfurecido com a perda de tempo, havia caído para o sexto lugar, ficando bem atrás dos líderes.

Naquele ponto, começou o que muitos acreditam ser um dos maiores feitos de pilotagem na história do esporte: um piloto titânico, em uma magnífica pista de corrida, enfrentando adversidades esmagadoras. Naquele momento, Nuvolari pareceu ascender inteiramente à outra esfera de habilidade. Mesmo as multidões, apoiadas nas cercas ou amontoadas ao redor de fogueiras nas florestas, puderam sentir que um mestre estava em ação. Ele quase não freava nas curvas, sofrendo aquelas torções e aqueles vazios que viravam o estômago em *Flugplatz*, em *Bergwerk*, no famoso *Karussell* e ao longo das perigosas sinuosidades em *Pjlanzgarten*. Ele entrava nas curvas o mais rápido possível, fazendo o Alfa dar diversas escapadas fantásticas, agitando-se loucamente para manter o controle do carro.

Manfred von Brauchitsch assumiu a liderança na fase final da prova, quando os outros pilotos alemães já haviam ficado para trás ou abandonado. Neubauer e o restante da equipe da Mercedes entenderam a situação. Podiam sentir a presença mística daquele pequeno terrier em forma de homem enquanto ele serpenteava pela pista do enorme circuito. O piloto deles era bom, ainda que um pouco rude e temperamental. Ele tendia a ter má sorte e ganhou o apelido de *Pechvogel*, "Azarado", mas, naquele dia, diante da torcida de sua terra natal e dono do carro mais rápido, restava pouca dúvida de que ele poderia conter os loucos impulsos de Nuvolari, que naquele momento tinha, surpreendente e absurdamente, subido para o segundo lugar. No entanto, com certeza, seu Alfa, uma relíquia histórica, não conseguiria suportar os maus-tratos.

Restavam três voltas e Nuvolari havia reduzido a diferença para Brauchitsch para 63 segundos. Sinais frenéticos do boxe foram emitidos para o piloto alemão quando ele completou a vigésima das 22 voltas. Na torre da imprensa, Hühnlein, o bajulador de Hitler, observava tudo com crescente preocupação. Em sua mão estava um discurso, típico texto padrão de nacionalismo exacerbado, celebrando mais uma vitória alemã, que seria lido nos dez microfones de rádio e um ajuntamento de adoráveis jornalistas nazistas. Na penúltima volta, Neubauer percebeu que seu piloto estava em apuros. Observadores no circuito informavam que Nuvolari estava reduzindo a distância como uma lebre incontrolável. O ardiloso chefe da equipe se encaminhou para a beira da pista enquanto Brauchitsch passava zunindo. O pneu dianteiro direito exibia uma marca branca — um "disjuntor da banda de rodagem" — que alertava que a borracha estava desgastada. Nuvolari passou 30 segundos depois. Decimo Compagnoni, seu leal mecânico, que suportou o ataque de raiva de Nivola durante a parada no boxe, pegou uma garrafinha de conhaque escondida em uma caixa de ferramentas. A pressão estava ficando insuportável. Poderia Nuvolari vencer? Restava uma louca volta de 22,5 quilômetros.

O pelotão de paramilitares da NSKK com capacetes de motociclistas pretos estava postado para içar uma imensa bandeira com a suástica em um mastro diante da tribuna principal. Na torre de alto-falantes, o disco com a canção "Horst Wessel Lied", hino do Partido Nazista, foi posto no toca-discos antecipando a vitória alemã. Enquanto isso, na pista, passando a toda velocidade entre as arquibancadas de madeira que protegiam o asfalto úmido do sol da tarde, Nuvolari prosseguia em sua pilotagem ao estilo banzai. Os espectadores nas tribunas diante dos boxes e as equipes reunidas ouviram a notícia surpreendente pelo alto-falante. Era a voz de um repórter situado no *Karussell*, a cerca de 10 quilômetros da linha de chegada. "Um pneu do carro de Brauchitsch estourou!", gritou a voz. "Nuvolari o ultrapassou! Brauchitsch está tentando se recuperar com um pneu vazio!"

Desespero. Humilhação. Derrota. Nuvolari cruzou a linha de chegada como vencedor inconteste. Em seguida, surgiram Stuck, Caracciola, Rosemeyer e, finalmente, um lacrimoso Brauchitsch. Hühnlein rasgou seu discurso e caminhou, carrancudo, até o pódio. A tradição sustentava que o hino nacional do país do piloto vencedor fosse tocado, mas a vitória alemã fora considerada tão certa — uma inevitabilidade — que nenhum disco com o hino italiano foi encontrado. Contudo, Nuvolari aparentemente pensara em tal eventualidade e levara o próprio disco, que o ligeiramente embriagado Decimo entregou no prédio da imprensa.

No meio de seu louco jogo de recuperação, Nuvolari também viu uma bandeira italiana esfarrapada pelo vento pairando sobre a principal tribuna da imprensa. Estava em contraste desolador com as impecáveis bandeiras nazistas circundantes vermelhas, pretas e brancas. Nello Ugolini lembra

FERRARI • 133

que as primeiras palavras que o suado e exausto Nuvolari disse ao descer do Alfa foram: "Diga aos alemães para conseguirem uma nova bandeira!"

O final perfeito em relação a esse resultado inesperado implicaria mais humilhação para uma emburrada turma de nazistas. Mas não foi o caso. Nuvolari era tremendamente popular entre os entusiastas alemães do automobilismo, e depois que o primeiro espasmo de decepção nacionalista foi superado, os alemães deram ao diminuto italiano uma recepção enorme. Ele era especialmente querido e respeitado pelo pessoal das equipes alemãs e, não fosse a proibição de Varzi, teria tido um lugar na Auto Union, em vez de ao volante de seu maltratado Alfa Romeo.

Claro que Enzo Ferrari não foi visto em lugar algum. Estava em sua casa em Módena, como sempre, e ficou sabendo da incrível façanha por meio de um telefonema internacional de Ugolini. Seria bastante gratificante para ele que o primeiro piloto da Scuderia tivesse derrotado os melhores pilotos e carros alemães no território deles, mas Ferrari era muito cauteloso para se iludir. Sob vários aspectos, a vitória foi um feliz acaso, atribuível não só a pilotagem extremamente inspirada de Nuvolari, mas também ao problema de pneu de Brauchitsch e aos diversos problemas mecânicos que retardaram pilotos como Caracciola e Stuck. Era um momento para celebração nacional, que os italianos se envolveram com típico vigor, mas Ferrari, melancolicamente, tinha consciência da realidade predominante. A menos que um grande montante de recursos financeiros fosse disponibilizado pelo governo de Mussolini para se opor ao avanço dos alemães, não haveria mais hino italiano executado, nem mais bandeiras fascistas tremulando nos circuitos europeus de Grand Prix. Ferrari sabia muito bem disso.

CAPÍTULO 7

Apesar do desinteresse declarado de Enzo Ferrari pela política, ele entendeu que a invasão da Abissínia por Mussolini, em 3 de outubro de 1935, marcou uma mudança importante na sorte não só da atividade automobilística mas de todo o país. Foi uma expedição tola e quimérica, organizada mais por despeito e orgulho inapropriado do que por ganho nacional. O ataque contra esse reino antigo, árido e pobre, agora chamado de Etiópia, era cogitado pelo Duce desde 1928, e foi planejado meramente como ato de vingança pela derrota e expulsão italiana da Abissínia na sangrenta guerra de 1895-96.

Em seus afazeres diários, o bombardeio de nativos descalços na distante África não significava quase nada para Ferrari. Como a maioria dos italianos, ele pouco se importava com o governo e, como nortista, desprezava Roma, considerando-a um antro corrupto de *poseurs* bem-nascidos e charlatães governamentais. Em seu auge, o Partido Fascista perfazia não mais do que 800 mil membros, e seu apoio era semelhante a uma mancha de óleo na baía de Nápoles: quilômetros de largura, mas só alguns centímetros de profundidade. Os italianos sempre mantiveram (e ainda mantêm) uma economia subterrânea, que transcendia qualquer governo esquerdista, centrista, direitista, comunista ou fascista que estivesse no poder. Portanto, a invasão da Abissínia era um hábito consagrado, exceto por um elemento crítico: a Alfa Romeo estava começando a sentir enorme pressão do governo, principalmente em relação ao aumento da produção de equipamentos militares, mas também concernente à melhoria do desempenho nas provas de Grand Prix.

Para piorar a situação, Vittorio Jano estava em crise. O lendário projetista parecia estar perdendo o rumo, sobretudo porque estava atuando em áreas além de sua especialidade. Gobbato designara Jano para projetar um motor radial e refrigerado a ar para um avião de caça (código do projeto: AR D2) e foi um fracasso abjeto. Para crédito de Jano, ele era especialista em motores de automóveis de alta rotação, pequena cilindrada e refrigerados a água, que estavam, em sentido técnico, a anos-luz dos motores radiais enormes, de rotação lenta e refrigerados a ar demandados pela Força Aérea. Os resultados decepcionantes do projeto AR D2 levaram Gobbato a rebaixar Jano da supervisão técnica geral dos projetos da Alfa Romeo e limitar suas atividades a carros e caminhões.

Com certeza, essa menor responsabilidade diminuiu o entusiasmo de Jano e até enfraqueceu sua lealdade à empresa, e suas novas iniciativas foram intermitentes e sem inspiração.

Jano criara um novo carro de corrida para o Grand Prix da Itália, em Monza, que era um aperfeiçoamento em relação ao antiquado P3S, mas seu potencial era limitado. O novo 8C-35, como o carro foi intitulado, era pouco mais do que uma atualização, com uma versão melhorada do motor de 8 cilindros em linha, que remontava diretamente ao seu P2 de uma década antes. Na verdade ele tinha o projeto quase concluído para um carro com motor V12, de 4 litros, capaz de desenvolver 370 cavalos, mas seus conceitos em relação ao chassis pareciam se achar em um beco sem saída, que não fazia nenhum sentido. Enquanto os carros alemães eram baixos e largos, para reduzir o centro de gravidade, o 8C de Jano era alto e estreito, em uma aparente negação das leis da física. No entanto, de acordo com Luigi Orsini, historiador da Scuderia, Jano não desistiu da alegação de que um carro alto fazia todo sentido. Argumentando a partir de uma posição que, segundo Orsini, era "indigna do grande engenheiro", Jano insistiu que sua carroceria alta reduzia o efeito de arrasto, em vez de aumentá-lo. Isso era absurdo (que

Jano reconheceu discretamente com seus projetos posteriores para a Lancia) e, com certeza, afetou o desempenho do carro. No entanto, Nuvolari utilizou a nova suspensão independente e os freios hidráulicos aprimorados para se beneficiar e estabeleceu a volta mais rápida do Grand Prix da Itália em setembro, antes de abandonar com um pistão fundido (então, ele assumiu o comando do carro-irmão de René Dreyfus e terminou em segundo lugar).

A imprensa italiana entrou em delírio novamente com as expectativas. Entendeu o fato de que os carros ainda disputassem a corrida de Monza com os antigos motores de 3,8 litros do P3, iludindo-se que, quando os novos V12 fossem instalados, os Alfa poderiam se igualar em qualidade aos carros alemães. A fábrica tinha feito um arranjo estranho com a Scuderia, decidindo vender seis modelos 8C para a Ferrari a um preço satisfatório, mas estipulando que todo o dinheiro dos prêmios seria entregue à Alfa Romeo. O dinheiro por largada, os acordos de patrocínio etc. seriam da Ferrari, enquanto os pilotos da equipe teriam descontos nos carros de passeio que talvez escolhessem comprar.

Enzo Ferrari estava absorto na vida de um *capo* do automobilismo de tempo integral, com todas as suas energias concentradas na agenda de competições da equipe. A produção de carros de passeio da Alfa tinha quase parado e, portanto, as vendas de sua concessionária eram insignificantes. Além da venda de alguns novos carros esportivos Alfa 8C 2900 para amadores selecionados e alguns sedãs 6C 2300 Pescara com carroceria personalizada fabricados para cavalheiros ricos, seus lucros seriam provenientes apenas do automobilismo. Naquele momento, a Scuderia estava auferindo talvez uma receita bruta de 1 milhão de dólares por ano, mas com um quadro de pessoal de mais de 30 técnicos e mecânicos e custos enormes relacionados a levar adiante participações em corridas em toda a Europa, Enzo ainda estava vivendo frugalmente em um pequeno apartamento de dois quartos no segundo andar do prédio da Scuderia. O jovem Dino continuava rastejando, com as pernas fracas, e ficava de cama por doenças que o impediam de participar de atividades normais da infância. Enzo era um chefe duro e aqueles ao redor dele lembram que Dino sentia medo do inconstante temperamento do pai. Devido à agenda de viagens cada vez mais limitada de Enzo, naquele momento quase exclusivamente restrita a cidades do Vale do Pó, a pequena família caía no padrão diário da vida da classe média baixa italiana. Enzo nasceu com gostos simples e, mesmo depois de se tornar um modenense rico e importante, manteve os hábitos de um homem simples e despreocupado. Com certeza, na década de 1930, quando cada pingo de sua energia e cada lira em seu bolso estavam sendo investidos no negócio, Enzo levou uma vida modesta e frugal.

A equipe estava realizando um teste dos 8C em Livorno quando a Itália invadiu a Abissínia, e embora o país estivesse tomado pelo fervor nacionalista, com o ataque sendo alvo de intensa discussão, na Scuderia, Ferrari não fez nenhuma menção ao acontecimento. Nem se deu o trabalho de assinalar que, quando a equipe tentou cruzar a fronteira francesa para a abertura da temporada, em fevereiro de 1936, em Pau, teve de voltar para trás na Ponte San Luigi. Era apenas um dos diversos sinais de advertência de que a situação internacional estava se deteriorando, mas Ferrari, aparentemente, achou aquilo indigno de nota (talvez ele estivesse correto em seu julgamento. A rejeição de sua equipe de corridas foi um dos pouquíssimos atos de sanção contra a Itália e, obviamente, tão banal a ponto de não fazer sentido).

Isso não significa que a equipe Ferrari estivesse completamente isolada da maré fascista. Nesse período, a equipe publicava uma revista intitulada *Scuderia Ferrari*, que registrava suas atividades. Estava repleto de bravatas fascistas e de lisonjas dedicadas a Mussolini e seus partidários. Embora não haja razão para acreditar que Enzo Ferrari nutrisse alguma simpatia específica pelo fascismo, a revista de sua empresa, na qual ele escrevia e editava, apoiava entusiasticamente a linha do partido. Afinal de contas, como Enzo devia favores à Alfa Romeo, que, por sua vez, era de propriedade do governo, ele claramente não tinha escolha.

Quando a temporada de 1936 começou, Didi Trossi estava ausente. De acordo com a versão oficial, ele saiu porque a atmosfera de profissionalismo predominante naquele momento ia contra seu espírito aventureiro. Mas ele deve ter recebido um empurrão de Ferrari, que assumiu a presidência e o centro de poder da Scuderia. Isso acabou com a farsa da presença de Trossi, pois Ferrari estava no comando total desde o momento da criação da equipe.

Chiron e Dreyfus também partiram. Caracciola conseguiu um emprego para Chiron na equipe Mercedes-Benz. É uma incógnita se ele fez isso como um gesto de amizade em favor de seu antigo companheiro de equipe ou como uma chance para se aproximar de Baby Hoffman, mas Chiron partiu para Stuttgart e justificou sua saída alegando que Ferrari estava rediscutindo seu salário. Alguns sugeriram que a Mercedes-Benz havia convidado Chiron a ingressar na equipe a fim de aliviar as tensões entre Alemanha e França, mas parece haver pouco fundamento em tal teoria. Com certeza, existiam outros pilotos franceses mais bem-qualificados para a função, incluindo Dreyfus. No entanto, Dreyfus foi desqualificado em um piscar de olhos pelo fato de seu pai ser judeu, e ele voltou para a França para se juntar à iniciativa da Talbot no automobilismo. Se Dreyfus tivesse obtido chance com os alemães, muitos acreditam que ele ascenderia ao topo do ranking no esporte. Porém, como em relação a todos os aspectos da Nova Ordem, o judaísmo era *verboten* (proibido) no automobilismo.

A chave para o sucesso da Scuderia em gerar dinheiro por largada foi, claro: o imensamente popular Nuvolari, que firmou contrato novamente para a temporada de 1936. Talvez isso tenha sido estimulado pelo governo de Mussolini, que simplesmente não podia tolerar uma defecção para os alemães tanto por parte de Varzi como do adorado Nivola. Brivio também permaneceria, além de um acréscimo de peso: Giuseppe "Nino" Farina, de 29 anos. Filho do mais velho dos dois irmãos Farina, da empresa de fabricação de carrocerias de Turim, ele era uma espécie de homem da Renascença, com doutorado em ciências políticas e também dotado de talento em diversos esportes. Depois de flertar com uma carreira militar, ele começou a correr, e por meio da orientação ocasional de Nuvolari, ascendeu rapidamente nas fileiras dos amadores italianos. Reconhecido por seu estilo de direção firme e arrogante — que ostentava uma postura de queixo semelhante à do Duce, com os braços estendidos bem longe do volante —, Farina correu pela Maserati com algum sucesso em 1935, antes de ingressar na Scuderia. Ferrari, que sempre sentia atração por pilotos com uma atitude ligeiramente suicida, decidiu que o jovem tinha um futuro radiante. Carlos Pintacuda também ingressou na equipe. Ele era um artífice, competente em carros esportivos (ele tinha vencido a Mille Miglia de 1935), e mostrava lampejos ocasionais de genialidade em carros de Grand Prix.

No entanto, mesmo com Nuvolari guiando com um entusiasmo incomum para um homem com metade de sua idade, a temporada de 1936 seria um "passeio" para a Auto Union e um desastre para a Alfa Romeo e a

Mercedes-Benz. O sempre engenhoso dr. Porsche aumentou a cilindrada de seu motor V16 Auto Union para seis litros e, assim, elevou a potência para 520 cavalos. Eram quase 150 cavalos a mais do que a potência desenvolvida pelo motor de 12 cilindros de Jano, lançado em Trípoli, em maio. Além disso, a Auto Union apresentou o extraordinário Bernd Rosemeyer, o prodígio alemão, que em sua segunda temporada completa de corridas venceu cinco das onze corridas de Grand Prix em que se inscreveu. Ele também levou à equipe a um domínio total sobre a arquirrival Mercedes-Benz, que teve um raro deslize em seus perspicazes projetos de engenharia e pôs na pista o W25S com curta distância entre os eixos, deixando o carro com características de manejo semelhantes a um cavalo assustado. Também foi um mau ano para Achille Varzi: ele havia se envolvido com Ilse Pietsch, ex-mulher de Paul Pietsch, às vezes piloto da Auto Union, e ela, por motivos que ainda são discutidos, conseguiu que Varzi, basicamente deprimido, adotasse seu vício de morfina. Isso arruinaria sua carreira até o fim da guerra. Contudo, o declínio de Varzi significou pouco para a Scuderia Ferrari, ou para Nuvolari, que guiou com seu habitual estilo maníaco, mas conseguiu vencer apenas quatro corridas, incluindo a Copa Vanderbilt, prova não disputada pelos alemães. Os V12 — chamados de 12C-36S — eram carros decentes, certamente os terceiros carros de Grand Prix mais rápidos do mundo, mas contra os Auto Union eram impotentes (Rosemeyer até se igualou a Nuvolari em seu jogo de macho, ultrapassando o velho mestre em uma névoa muito espessa para vencer a corrida Eifelrennen, em Nürburgring).

A Guerra Civil espanhola começou em junho e Mussolini forneceu grande ajuda aos rebeldes liderados por Franco. Embora os alemães e os russos sejam lembrados como fornecedores da maior parte da ajuda externa para a Espanha, ela foi muito pequena em comparação com os 50 mil soldados, 150 tanques, 600 aviões e 800 peças de artilharia de primeira qualidade fornecidos pela Itália. Esse esforço de guerra adicional (embora os abissínios tivessem sido basicamente subjugados) aumentou a carga de trabalho na Alfa Romeo e levou à chegada de um homem que Enzo Ferrari odiou talvez mais do que qualquer outro em sua vida profissional de 70 anos.

Seu nome era Wifredo Pelayo Ricart y Medina, ou simplesmente Ricart. Ele era engenheiro formado e conhecia Gobbato há muitos anos. Seu histórico político não é claro, mas, considerando a rapidez com a qual ele deixou a Espanha e foi para a Itália, esse catalão bem-nascido, sem dúvida, desfrutava de boas conexões com os fascistas italianos. Era especializado em projetos de motores de avião e sua tarefa inicial para a empresa de Portello foi atualizar e melhorar seus motores aeronáuticos, presumivelmente incluindo a malsucedida criação de Jano. Aos 39 anos, era um homem severo e introvertido, com a mesma abordagem analítica em relação aos problemas de Gobbato. Num piscar de olhos, isso o colocou em desacordo com Enzo Ferrari, Jano e o restante da velha-guarda — um grupo sem formação formal, que dependia de uma mistura de empirismo de pista de corrida e de instinto para criar carros. Além disso, Ricart (imediatamente apelidado de *lo spagnolo* pelo grupo de Ferrari) não nutria paixão pelo automobilismo. Ele era um engenheiro mecânico puro de profissão e tendia a abordar cada projeto com uma espécie de metodologia que o deixava mais semelhante a um cirurgião do que com um mecânico de carros de corrida sujo de graxa.

De todos os indivíduos que rechaçaram a poderosa personalidade de Ferrari ao longo de décadas, nenhum pareceu ter provocado a mesma fúria que Wifredo Ricart. Em suas memórias, de modo mesquinho, Ferrari insistiu em se referir a ele como "Vilfredo Ricard", e relatou histórias verdadeiramente tolas e maldosas a seu respeito.

Com certeza, Ferrari foi ameaçado por Ricart, e por um bom motivo. Não devemos esquecer que, apesar de todo o trabalho árduo, a equipe Ferrari-Nuvolari-Jano estava sendo impiedosamente trucidada pelos alemães. Como exemplo, nas longas retas de Pescara, na Coppa Acerbo de 1936, o alto e estreito 8C-36 de Jano, conduzido por Nuvolari, alcançou 245 quilômetros por hora. Os Auto Union percorreram os mesmos trechos com uma velocidade de 295 quilômetros por hora. Só o talento altivo e a coragem de aço de Nuvolari eram capazes de manter os Alfa na caça e mesmo assim apenas em circuitos mais curtos e sinuosos. Sem dúvida, Gobbato, o bom fascista, estava sentindo a pressão de Ciano e talvez do próprio Mussolini. Em um país construído principalmente sobre orgulho e nacionalismo, o desempenho dos principais carros de corrida italianos era claramente uma fonte de vergonha e aflição.

Griffith Borgeson, o historiador que estudou a carreira de Ricart e que passou algum tempo com os sobreviventes de sua família, duvida totalmente das anotações rancorosas de Ferrari. Resta pouca dúvida que Ricart, às vezes, irritava o *Commendatore* com seu humor seco. Se Ferrari levou Ricart a sério, mostrou uma ingenuidade surpreendente — mais do que provável, ele decidiu distorcer as histórias em uma tentativa de retratar seu rival como um excêntrico indigno de seu novo papel. Ferrari também relatou que, em 1938, quando o Tipo 162 de 3 litros de Ricart foi testado pela primeira vez, as articulações da barra de direção estavam invertidas, fazendo com que as rodas dianteiras virassem na direção oposta ao pretendido. Mais uma vez, a implicação é clara: acusar Ricart como alguém incapaz de solucionar os problemas de projeto mais elementares. Com certeza, a falha era de responsabilidade do desenhista, e foi facilmente corrigida.

A amargura de Ferrari é explicável, embora menos fácil de perdoar. Wifredo Ricart fora incumbido do trabalho de colocar a Alfa Romeo de volta aos trilhos nas guerras automobilísticas e também de dar respaldo ao lado aeronáutico da empresa, onde contratos lucrativos estavam sendo concedidos pelo IRI. Em suma, o esforço da Scuderia era insuficiente, assim como o de Jano. Em defesa deles, as limitações orçamentárias eram severas e as equipes alemãs capazes de gastar mais do que eles com facilidade. No entanto, Jano demorou para reconhecer os benefícios de inovações como freios hidráulicos, suspensões independentes, baixos centros de gravidade e motores do tipo V, todas adotadas de uma forma ou outra pelos alemães, e em diversos casos até pelos irmãos Maserati, que tinham menos recursos financeiros à disposição. Ao longo dos anos, os bajuladores e entusiastas que escreveram as histórias das iniciativas de Jano e Ferrari em favor da Alfa Romeo conseguiram engenhosamente ocultar o fato de que seus carros de 1934 em diante — o finado P3S, o 8C-35S e o 12C-36S — eram fracassos abjetos. Em face desses insucessos constantes, é razoável que Gobbato e a direção da Alfa Romeo buscassem uma mudança radical.

Fizeram isso em março de 1937, quando a Alfa Romeo comprou 80% da Scuderia Ferrari e anunciou ao seu chefe que a administração do automobilismo estava voltando para a sede de Portello. Mais uma vez, a lembrança de Ferrari a respeito desse cataclismo é breve e expressa em fraseado obscuro ("Eles também trataram que eu encerrasse a Scuderia Ferrari e me engajasse como seu diretor de corridas"), mas devemos supor que a briga foi longa e difícil. Afinal de contas, Enzo Ferrari era o *Commendatore* do programa de corridas de Grand Prix da Alfa Romeo. Perder essa posição implicava em fracasso, ou pelo menos desagrado, aos olhos de seus superiores. O período entre 1935 e 1938 foi pleno de frustração para um homem que exibia abertamente seu orgulho e que, durante quinze anos, tinha bajulado de forma assídua e com êxito o alto escalão da empresa. Naquele momento, toda a politicagem parecia estar desmoronando.

Por algum tempo Ferrari lutou desesperadamente para manter a integridade de sua organização diante das mudanças em Portello. Em 1937, ele voltou a contratar Nuvolari, para encabeçar a equipe, embora fosse segredo que o grande piloto estava sendo cortejado pela Auto Union (naquele momento sem Varzi, entorpecido pela morfina) e pela Mercedes-Benz, que com a ajuda do jovem e brilhante projetista Rudolf Uhlenhaut, estreou motores de 8 cilindros em linha aperfeiçoados, que desenvolviam mais de 600 cavalos. Com certeza, Tazio Nuvolari cedeu à pressão do governo de Mussolini para não se bandear até que a reorganização da Alfa Romeo tivesse tido uma chance. Ele se juntou a Farina, Brivio, Pintacuda e Mario Tadini, que estavam se consolidando como especialistas em corridas de montanha, mas pouca coisa mais.

Carros novos e ousados eram necessários, e mão de obra nova foi acrescentada por Gobbato, que aparentemente acreditava que um esforço duplo, centralizado em Portello e Modena, poderia funcionar. Bartolomeo Constantini, engenheiro de longa data de Ettore Bugatti, foi contratado por Ricart, enquanto um protegido de Jano chamado Gioachino Colombo foi contratado por Ferrari. Colaborador próximo de Jano desde 1924, Colombo tinha 34 anos e apresentou credenciais impressionantes para Módena. Ele iniciou sua carreira em Milão, aos 14 anos, como desenhista técnico no respeitado departamento de projetos da Officine Franco Tosi, de Legnano, desenhando motores a diesel e turbinas a vapor. Ganhou um prêmio pelo projeto de desenvolvimento do conceito de um turbocompressor, que o levou a conseguir um emprego na Alfa Romeo. Estava na equipe a tempo de ajudar Jano na criação do P2 e continuou a trabalhar ao lado do mestre até sua contratação pela Ferrari em maio de 1937.

O caos parecia reinar tanto em Portello, como em Módena. Jano estava sob enorme pressão para produzir um carro vencedor sem dinheiro. Colombo, por seu ingresso na equipe, pode ter contribuído para o problema. Em suas memórias, ele recordou: "Para complicar ainda mais a vida do pobre Jano, uma situação extremamente difícil havia surgido na fábrica: uma grande confusão a respeito das funções, muitas pessoas querendo seguir o próprio caminho em matéria de planejamento (e também devo me incluir nisso)... De fato, é incrível que ele tenha conseguido construir um carro nessas condições."

O mundo do automobilismo internacional estava em uma mudança contínua. A fórmula de 750 quilos tinha gerado velocidades alarmantes, superiores a 320 quilômetros por hora, e para 1938 as regras seriam alteradas, para permitir apenas motores de 3 litros com turbocompressor e de 4,5 litros sem turbocompressor, em mais uma tentativa de diminuir a velocidade dos carros (isso também falharia). Além disso, estava sendo amplamente divulgado que a AIACR, em 1940, reduziria ainda mais a regra, permitindo apenas motores de 1,5 litro com turbocompressor. Isso significava que Jano, Ricart, Ferrari, Colombo e os outros envolvidos no destino do departamento de corridas da Alfa Romeo teriam de criar uma nova série de carros de Grand Prix para 1938 e também se prepararem para motores ainda menores para dali a quatro temporadas.

Enquanto Colombo arrumava as malas para se mudar para Módena, Jano estava com a prancheta repleta de conceitos, não só com um projeto paliativo intitulado 12C-37 para a imediata temporada de 1937, mas também com ideias para diversos motores de 8, 12 e até 16 cilindros para a fórmula de 3 litros que entraria em vigor em 1938. Colombo iria encabeçar a equipe de projeto da Ferrari, que incluía Bazzi, Federico Giberti, Alberto Massimino e o jovem Angelo Nasi, que também foi por empréstimo da Alfa. Massimino era um engenheiro e projetista experiente, criador do chassis e da carroceria do malfadado Fiat 806, o último carro de corrida a ser construído pela poderosa empresa. Eles foram incumbidos de criar um monoposto *voiturette* compacto com motor de 1,5 litro para competir em uma categoria que estava começando a ganhar popularidade entre as equipes e estreantes privados, que não conseguiam competir com o poder alemão. Esse tipo de automóvel (chamado *vetturetta*, em italiano) já estava sendo fabricado pela Maserati e pela empresa inglesa ERA. O *vetturetta* ofereceria dois benefícios para a Ferrari e para a Alfa: permitiria que ganhassem algumas corridas em que os alemães não se inscrevessem e daria oportunidade de desenvolver um carro de Grand Prix completo se e quando a fórmula de 1,5 litro proposta entrasse em vigor.

De quem foi a ideia de criar esse carro é tema de discussão. Ferrari fez questão de creditar a si mesmo: "Foi nesse período, em 1937, para ser exato, que tive a ideia de ter um carro de corrida construído em Módena. Foi aquele que mais tarde ficou conhecido como Alfa 158", afirmou categoricamente. No entanto, Colombo relata o surgimento de forma diferente: "A decisão da Alfa Romeo de fazer o *vetturetta* em Módena nos prédios da antiga equipe Ferrari deve ter sido recebida com grande alívio por Jano. Não só não interferiria em seus já precários planos para o Grand Prix, mas ele também se livraria de mim por algum tempo. Sem dúvida, eu era um assistente valioso, mas talvez, no meio de toda a confusão, eu estivesse pressionando demais para poder fazer alguns dos projetos por conta própria."

Assim, Ferrari alegou que tinha um carro em mente muito antes da chegada de Colombo. Por outro lado, o projetista deixou claro que o *vetturetta* foi concebido pela Alfa Romeo e considerado por ele como carro "dela". Há alguma base histórica para essa última alegação, embora não seja conclusiva. Sabe-se que a Alfa Romeo, no meio de toda sua intrincada política, estava considerando, na época, uma série de novas combinações de carros e motores. Nada menos que seis novos projetos estavam em andamento quase ao mesmo tempo, o que parece absurdo para uma empresa ostensivamente envolvida no esforço de guerra e sob severas limitações orçamentárias. Acrescente a isso as facções beligerantes lideradas por Ferrari e Ricart, com Jano e sua equipe de projeto no meio, e temos os elementos do verdadeiro caos.

No meio dessa loucura, Colombo percorreu a via Emília até Módena em um dia luminoso de primavera para discutir o novo *vetturetta* com Ferrari. Quem quer que tenha sido o pai da ideia, não há dúvida que a decisão de financiar o carro foi tomada em Portello, embora aparentemente o próprio Ferrari tenha tido a palavra final sobre a configuração do automóvel. Colombo afirmou que levou consigo planos para um monoposto com motor central, baseado aproximadamente no conceito do carro da Auto Union que havia dominado as competições de Grand Prix da temporada anterior.

Ferrari rejeitou aquele *layout* categoricamente, comentando: "Sempre é o boi que puxa o carro." Dessa maneira, a nova máquina, com o codinome Tipo 158, seria um automóvel convencional com motor dianteiro, baseado simplesmente na vontade do *Commendatore* (ele voltaria a usar o mesmo argumento no final da década de 1950, aferrando sua equipe pelo menos durante dois anos atrás de seus novos rivais britânicos).

Para crédito de Ferrari, ele nunca alegou ser engenheiro. Ele escreveu: "Jamais me considerei um projetista ou um inventor, mas apenas alguém que faz as coisas se moverem e as mantém funcionando... Meu talento inato para provocar os homens", como descreveu ele. Portanto, foi a pequena equipe modenense encabeçada por Colombo que criou o Tipo 158. No entanto, a maioria dos historiadores acredita que o motor do novo carro, um 1,5 litro, com 8 cilindros em linha e duplo comando de válvulas no cabeçote tinha, basicamente, metade do tamanho do bloco de motor de 16 cilindros do Tipo 316, que fora criado quase simultaneamente por Jano. Assim, podemos concluir que houve enorme polinização cruzada de ideias entre Portello e Módena durante esse tumultuado período.

O novo modelo 158 foi apelidado de Alfetta. Começaram a trabalhar dia e noite, com Ferrari liderando freneticamente seu grupo de soldados. Ele passava os dias comprando e trocando itens cruciais, como tubos de aço, chapas de alumínio, cabos de ignição, componentes de freio, bombas de gasolina e óleo, radiadores, resfriadores, brocas, molas, amortecedores e uma infinidade de outras peças fabricadas em todo o Vale do Pó por pequenas oficinas especializadas. Bazzi supervisionava os mecânicos, a fabricação dos carros e a operação dos dinamômetros por meio dos quais os protótipos dos novos motores eram testados. A especialidade de Massimino era a suspensão, enquanto Giberti, que se tornaria um dos apoiadores duradouros de Ferrari, substituía alguém quando necessário. Nasi ajudava Colombo na pequena sala de projetos da Scuderia com os inúmeros e complexos desenhos de engenharia necessários para criar um carro a partir de insumos acumulados pelo chefe.

É onde Enzo Ferrari ficava com a corda toda: absorto na gênese de um projeto novo e ousado, que ele acreditava que alcançaria vitórias nas pistas de corrida. À medida que o calor do verão de Módena pairava sobre eles, transformando as oficinas da Scuderia em um inferno fumegante de movimento fervilhante, ensurdecedor e enlouquecedor, ele parecia ganhar força. Todas as noites a equipe, exausta, se reunia em uma das pequenas *trattorias* do bairro para comer e avaliar seu progresso, e, no final, caía na cama para algumas horas de sono antes de recomeçar no amanhecer.

Enquanto isso, a temporada oficial de corridas tinha começado e mais uma vez os alemães sentiam fome de vitória como predadores furiosos. Os novos Mercedes-Benz W125 eram ainda mais rápidos do que o esperado e estavam se igualando em qualidade aos Auto Union, que por sua vez estavam deixando os Alfa ainda mais distante, comendo poeira. Nuvolari estava transtornado e começou a guiar em um nível de intensidade que pareceu exagerado até para os seus padrões. Ele perdeu o controle do carro e bateu no treino para o Grand Prix de Turim, quebrando as costelas e sofrendo uma concussão. Para piorar a situação, seu pai morreu. Então, ele partiu para participar da Copa Vanderbilt, em Long Island, a bordo do *Normandie,* e na travessia recebeu a notícia de que Giorgio, seu irmão mais velho, havia morrido, em consequência de um problema no coração. Desanimado, ele treinou para a corrida, e com Farina, seu companheiro de equipe, foram superados por Rex Mays, estrela norte-americana de pistas de corrida não pavimentadas, ao volante de um dos envelhecidos 8C-35S do ano anterior.

Era óbvio que a grande estrela estava pronta para escapulir, independentemente dos incessantes lembretes de dever patriótico de Ciano e outros em Roma e Milão. Ele ficou à beira da loucura em Pescara, em meados de agosto, quando Jano e Ferrari apresentaram dois Alfa Romeo 12C-37S revisados — versões mais baixas e atualizadas do alto e estreito 36C — para ele e Farina. Nuvolari guiou por apenas quatro voltas e encostou no boxe. Com repugnância, entregou o carro para Farina, que não tinha largado. Era evidente que o carro era um desastre. Nuvolari se orgulhava de ser capaz de dominar carros que outros pilotos detestavam. Assim, se ele rejeitara o 37, o carro não tinha salvação. "Sua inferioridade é evidente... e perturbadora", relatou um jornalista na cena.

Então, Nuvolari apareceu no Grand Prix da Suíça ao volante de um Auto Union. A imprensa italiana teve um ataque histérico, que só se amenizou quando o mestre pareceu desconfortável no carro desajeitado e derrotado com

FERRARI • 147

o motor na traseira. Mas a tendência era inequívoca. A não ser que alguém, Jano, Ferrari, Ricart ou Colombo, fosse capaz de criar um carro de corrida que defendesse a honra da Itália — que nos campos de batalha da Espanha e na companhia de seu novo aliado, a Alemanha nazista, estava tentando se colocar como uma superpotência —, o pior estava por acontecer, e rapidamente.

O fim veio no Grand Prix da Itália, transferido de Monza para Livorno porque a região era o lar de Ciano e a atmosfera política, cordial e hospitaleira. No ano anterior, Nuvolari teve um bom desempenho contra os alemães, vencendo-os no circuito de 7,2 quilômetros que se estendia ao longo da costa sul de Pisa. Nuvolari escolheu um dos mais antigos 12C-36S, na expectativa de repetir seu triunfo de 1936, mas foi um fracasso total. Os impressionantes Mercedes-Benz W125 de Rudi Caracciola e Hermann Lang eram muito mais rápidos. Novamente, Nuvolari parou e, furioso, entregou seu carro para Farina. Por sua vez, ele perseverou e terminou em um distante sétimo lugar, a melhor colocação de um italiano na corrida.

Duas semanas depois, Vittorio Jano, o mais famoso projetista de carros de corrida da Itália, foi demitido. Havia rumores que Ferrari também sairia a fim de criar uma equipe com Jano sem usar carros Alfa Romeo. Por muitos anos Ferrari preconizou o que ele designou "Scuderia Italia", na qual todos os principais fabricantes contribuiriam para um esforço nacional referente a corridas de Grand Prix, a ser encabeçada por ele mesmo, é claro. Nem a Fiat nem a Lancia manifestaram qualquer entusiasmo pela ideia, embora a empresa de Turim citada por último rapidamente contratasse Jano, em parte para substituir seu fundador, Vincenzo Lancia, que havia morrido no princípio daquele ano.

A Scuderia estava submetida a um cerco. Gobbato, que tinha confiança total em Ricart, falava abertamente do plano de assumir completamente o controle do departamento de corridas e transferi-lo de volta para Portello. Isso só elevou a tensão em Módena, onde Colombo, Giberti, Nasi, Massimino e Bazzi trabalhavam como mineiros de carvão no Alfetta. O trabalho deles era dificultado pela dependência de Portello, onde todas as peças fundidas e forjadas estavam sendo fabricadas antes de serem enviadas para Módena. Parecia uma corrida maluca contra o tempo; uma última chance de manter alguma dignidade antes que o intruso espanhol se apossasse de tudo o que restava da Scuderia. Se ao menos o 158 pudesse ser concluído e depois ganhasse algumas corridas, um simulacro de independência poderia ser preservado.

A fim de aliviar parte da pressão, alguns dias depois da demissão de Jano, Ferrari e Colombo pediram para a imprensa ir até Módena e exibiram um protótipo do 158. Mas a situação era evidente até para o mais ingênuo e empolgado jornalista; muitos meses se passariam até que um 158 realmente participasse de uma competição válida. Foi um gesto corajoso, mas insuficiente para apaziguar a direção da Alfa Romeo.

O gongo final tocou no dia do Ano-novo de 1938. Gobbato comunicou que o departamento de corridas estava sendo transferido de volta para Portello, para ser administrado sob a égide da recém-formada Alfa Corse — uma equipe mantida pela Alfa Romeo, que não só substituiria a Scuderia, mas a absorveria totalmente. Ferrari manteve parte de sua reputação ao ser designado como diretor da nova organização e sem dúvidas se beneficiou financeiramente ao abrir mão do controle da Scuderia. Naquele momento, ele era um tranquilo *borghese* modenense, pelo menos em termos financeiros, se não em termos sociais, mas isso dificilmente compensava a destruição de sua amada Scuderia. Além disso, seu cargo na Alfa Corse significava longas e constantes viagens a trabalho para Milão, onde um novo prédio de dois andares fora construído ao lado da fábrica para abrigar a equipe de corridas.

Uma frota de caminhões Alfa Romeo chegou para levar as máquinas operatrizes, as peças sobressalentes dos carros de corrida, os carros esportivos e quatro dos quase concluídos 158. Foi um dia solene quando o comboio partiu, deixando o prédio na Viale Trento e Trieste vazio, restando apenas alguns carros de passeio Alfa Romeo que constituiriam o núcleo de uma concessionária convencional.

Com Adolf Hitler mais uma vez fazendo discursos cada vez mais belicosos a respeito de uma *Anschluss* para anexar a vizinha Áustria e Mussolini se aproximando de uma aliança com os alemães, era evidente, para a maioria dos italianos, que a Europa estava rumando para a guerra, uma guerra que não poderia ser evitada pelas políticas de apaziguamento de Chamberlain ou pela Liga das Nações, em desintegração.

No entanto, como a última dança antes da meia-noite, as corridas perduraram. Com os dentes à mostra, Ferrari foi para Milão, sabendo que seu odiado rival Ricart estava no auge do poder. Com a saída de Jano, ele era o projetista chefe e seriam seus automóveis que ganhariam ou perderiam nas pistas de corrida, com exceção dos 158, que, como um gesto de defesa, foram puxados para ainda mais perto do seio coletivo do pequeno grupo de refugiados de Módena.

Então, veio um segundo golpe, meio indireto. No início de fevereiro, a brilhante carreira de Bernd Rosemeyer chegou ao fim na *autobahn* (autoestrada) entre Frankfurt e Darmstadt. O alemão irreprimível estava tentando quebrar um recorde de alta velocidade estabelecido mais cedo no dia por seu rival, Rudi Caracciola. Os alertas de ventos transversais e pedaços de gelo foram ignorados ("Não se preocupe, tenho sorte", disse), e bateu o carro, morrendo instantaneamente, a mais de 400 quilômetros por hora. Isso deixou uma vaga na equipe Auto Union, que certamente seria oferecida a Nuvolari, a menos que a Alfa se tornasse competitiva num piscar de olhos.

O carro crucial para o sucesso ou fracasso do relacionamento era o Tipo 308, tão malconcebido e executado que ninguém parecia disposto a assumir o crédito por seu projeto, embora tivesse sido remendado em Módena a partir de um projeto de Jano, enquanto a equipe estava concentrada no Alfetta. Independentemente da fonte verdadeira, ele foi amaldiçoado desde o início.

Nos treinos para a primeira corrida da temporada, em Pau, o chassis entortou de tal forma com a pilotagem de Nuvolari que o tanque de combustível se rompeu. O carro foi engolido pelas chamas quando ele encostou. Nuvolari escapou com leves queimaduras. Foi isso. Imediatamente, ele jurou que nunca mais guiaria um Alfa Romeo (ele permaneceu fiel à sua palavra) e anunciou sua aposentadoria poucos dias depois. Ele pegou sua mulher e partiu em uma longa viagem para os Estados Unidos, mas no meio da temporada, voltou com entusiasmo renovado e assinou contrato com a Auto Union. Ele permaneceu na equipe até a deflagração da guerra, vencendo três corridas importantes.

Finalmente, um teste bem-sucedido do Alfetta foi realizado em Monza, em 5 de maio de 1938. Com Enrico Nardi ao volante, o novo carro deu diversas voltas sem apresentar problemas, com seu pequeno motor turbocomprimido ecoando através das árvores. Era um carro comprido, fino e baixo, uma miniatura em escala de três quartos dos carros maiores de Grand Prix 308 e 312, mas muito mais sofisticado em termos de manejo e rapidez de resposta. O Alfetta contava com imensos freios hidráulicos, suspensão totalmente independente e um transeixo, de modo que a transmissão se encaixasse diretamente no diferencial traseiro para maximizar a distribuição de peso.

Significativamente, o bico inclinado do Alfetta possuía uma grade que se assemelhava a uma caixa de ovos — um desenho que posteriormente se tornaria uma tradição da Ferrari e que é associada exclusivamente à sua marca.

Enquanto as frustrações aumentavam com a campanha de Grand Prix da equipe oficial Alfa Corse, as esperanças cresciam no grupo de Módena. A maratona para concluir os carros acabou em 7 de agosto, na Coppa Ciano, a ser disputada, como sempre, no percurso de estrada de Livorno. Três Alfetta 158 foram transportados para a corrida, onde Francesco Severi e Clemente Biondetti se juntariam ao jovem Emilio ("Mimi") Villoresi, cujo irmão Luigi ("Gigi") estava inscrito para guiar um Maserati especial. Ele já era uma estrela estabelecida da Maserati e foi convocado no último minuto, recebendo um modelo leve 6CM-1500 com bloco de motor de alumínio. Naquela altura, a notícia tinha vazado de Módena para a empresa de Bolonha que os Alfetta eram novos e temíveis rivais, e Gigi Villoresi recebeu a missão de estragar a estreia deles.

A corrida dos "carros leves" ou *voiturette* foi disputada como preliminar do Grand Prix, mas a estreia dos Alfetta provocou grande agitação. Pintados com o vermelho de corrida tradicional italiano, mas notavelmente desprovidos do emblema do cavalo rampante, os 158 tiveram um desempenho impressionante no treino e todos largaram na primeira fila do grid. Quando foi dada a bandeirada de largada, Severi arrancou em primeiro lugar e liderou as voltas iniciais, mas então foi superado pelo Maserati de Gigi Villoresi. Na sexta volta, Gigi deu a impressão que se encaminhava para uma vitória fácil, mas, naquele momento, Mimi começou a perseguição. Ele se aproximou do Maserati, e os dois rivais, irmão contra irmão, a bordo das duas marcas mais prestigiosas de carros de corrida da Itália, disputaram a liderança acirradamente, para delírio da imensa multidão. Foi o Maserati que quebrou pelo esforço, com o motor explodindo e fazendo Gigi rodar, em uma nuvem de fumaça de óleo e vapor. A partir dali, Mimi seguiu até receber a bandeira quadriculada, dando ao Alfetta e à eufórica equipe Ferrari uma grande vitória em sua estreia.

Com certeza, o prestígio de Ferrari cresceu em Portello, e não resta dúvida de que ele fez uso de sua vantagem com Gobbato. Naquele momento, as iniciativas de Ricart em relação aos carros de Grand Prix não tinham sido mais bem-sucedidas do que as do demitido Jano, e, certamente, Enzo Ferrari, o "diretor" da Alfa Corse, trabalhou incansavelmente para erodir a frágil reputação do *spagnolo*. Os dois mal se falavam enquanto os 158 continuavam a participar de corridas e ser desenvolvidos, graças, em grande parte, ao talento singular de Bazzi na preparação de motores. Os carros perderam em Pescara, depois venceram em Monza e em seguida foram humilhados pelos Maserati em seu habitat de Módena.

As tensões recrudesceram entre Ferrari e Ricart. Ferrari, com seu chauvinismo arraigado, tinha todos os motivos para sentir ciúmes. Ali estava aquele intruso, aquele "invasor", aquele espanhol, que surgira do nada para comandar todo o programa de corridas da Alfa Romeo, que fora primorosamente protegido sob o escudo da Scuderia. Naquele momento, Ferrari estava sem sua equipe e atuava como um lacaio em uma gigantesca e litigiosa organização, respondendo diretamente a um homem que ele desprezava abertamente. Ciúmes? Isso era o de menos.

"Minha divergência com Gobbato ficou mais séria", escreveu Ferrari. "Fui obrigado a lhe dizer que, mesmo que eu tivesse aberto mão da Scuderia Ferrari, meus princípios e minha filosofia de engenharia continuavam como antes. Ele respondeu: 'Na Alfa Romeo, sou o diretor, e não vou me livrar de um homem que tem a minha confiança. Nem você, Ferrari, pode esperar que eu aceite suas exigências sem discussão.' Então, disse a Gobbato que lamentava que eu tivesse recebido uma resposta tão dura e acrescentei que não era uma questão de saber se meus pontos de vista seriam aceitos ou não sem discussão, mas que eu me sentia incomodado com a maneira como as ideias basicamente infundadas de Ricart eram automaticamente aceitas."

Independentemente de onde residia a culpa, a aniquilação dos carros de Grand Prix da Alfa prosseguiu até o final da temporada de 1938. Um insulto adicional surgiu pelas mãos do trânsfuga Nuvolari, que venceu as duas últimas corridas, em Monza e em Donnington Park, na Inglaterra, ao volante de um dos odiados Auto Union. Farina conseguiu salvar um pouco da honra ao terminar em segundo no Grand Prix da Itália, embora chegando com seu Alfa a três voltas do vencedor e se beneficiando do atrito entre os alemães.

Mas havia um plano para 1939. As autoridades italianas de corrida vingariam as derrotas infligidas pelos seus amigos alemães. Em setembro, no Grand Prix da Itália, anunciaram que, em 1939, todas as principais corridas italianas seriam disputadas sob a fórmula do *voiturette* com motor de 1,5 litro. Parecia uma ideia genial. Os alemães não tinham tal carro e tanto a Alfa Romeo quanto a Maserati, com seu recém-concluído 4CL, possuíam o melhor que havia na categoria. Com certeza, os italianos poderiam começar a ganhar algumas corridas novamente. O que eles não sabiam era que o empenho competitivo da Mercedes-Benz era tão poderoso na época que a equipe alemã reagiria com um ato de ousadia tecnológica sem precedentes na história do automobilismo.

Enquanto isso, a atmosfera política em Portello estava ficando superaquecida. O trabalho prosseguiu durante o inverno tanto nos 158 como nos carros maiores de Grand Prix, mas os "tiros de tocaia" entre as facções de Ferrari e Ricart estavam ficando mais graves e era apenas uma questão de tempo até que alguém fosse atingido.

Essa rivalidade tola e trivial se desenrolava enquanto a Itália rumava para a guerra. A direção da Alfa Romeo se entretinha com as corridas de automóveis em um período em que o país estava sendo exaurido militarmente pelas aventuras de Mussolini. As campanhas na Espanha e na Etiópia cobraram um alto preço em mão de obra, materiais bélicos e recursos financeiros, mas mesmo assim o Duce decidiu, em abril de 1939, anexar a pequena Albânia, no mar Adriático. Isso lhe deu o balofo título de rei da Itália, Etiópia e Albânia, mas pouca coisa mais. No final de 1937, a saída da Itália da Liga das Nações levara o país para cada vez mais perto de Hitler, e em maio de 1939 era de amplo conhecimento nos círculos oficiais que a Itália e a Alemanha firmariam no dia 22 uma grande aliança que se chamaria "Pacto de Aço".

Enquanto isso, de maneira inacreditável, as equipes de corrida estavam se reunindo para as festividades anuais do marechal Balbo, em Trípoli. O reino do deserto fora elevado à condição de membro pleno do Estado italiano, e Balbo acrescentara ainda mais adornos à sua elegante pista de corrida e aos paramentos de *glamour*, fazendo de seu Grand Prix a prova mais rica e prestigiosa do calendário internacional. A chegada antecipada das

FERRARI • 153

equipes era uma tradição, tanto para se acostumarem com o calor sufocante do deserto, como para comparecerem às elegantes festas organizadas por Balbo. O evento culminaria com um jantar da vitória no palácio de mármore branco, com os convidados cercados por uma guarda de honra constituída por soldados nativos. E, felizmente, pela primeira vez desde 1934, parecia que o vencedor festejado seria um italiano guiando um carro italiano.

Porém, no último momento, chegou uma notícia alarmante. A Mercedes-Benz estava inscrevendo dois novos carros, especialmente construídos para a corrida. Os testes tinham sido tão incompletos que um dos carros estava sendo concluído no navio que fazia a travessia do Mediterrâneo. Aquela notícia permitiu certo alívio ao contingente italiano. Afinal de contas, com os bem-desenvolvidos Alfa Romeo 158 naquele momento gerando mais de 200 cavalos e com os Maserati presentes com uma aerodinâmica especial para Gigi Villoresi, que oposição os alemães poderiam oferecer em tão pouco tempo?

Muita, pelo que se viu. Em cinco meses a equipe de engenharia da Daimler-Benz criou dois carros com motores V8 de 1,5 litro, miniaturas quase perfeitas de suas grandes máquinas de Grand Prix. Em um esforço frenético, dois carros Tipo 165, completos, com novos motores V8, foram convertidos de desenhos em máquinas incrivelmente rápidas. Os testes iniciais do motor indicaram resultados superiores a 240 cavalos — ou 40 cavalos a mais que os melhores motores Alfa —, montados em chassis muito mais avançados tecnologicamente em termos de manejo em curvas e em frenagem.

Nas mãos de Rudi Caracciola e Hermann Lang, os 165 registraram um dos resultados mais inesperados e impressionantes nos anais do automobilismo. Correndo diante de um estupefato Balbo e de chefões da Alfa (excluindo Ferrari), os Mercedes-Benz ficaram em segundo e terceiro lugares no treino classificatório, atrás do Maserati de Villoresi, que tinha uma carroceria ousada em termos aerodinâmicos. Porém, quando a corrida começou no circuito com o asfalto superaquecido e cheio de areia, tudo basicamente acabou para os italianos. Lang largou na frente e desapareceu da vista de todos, completando a primeira volta na longa reta antes que o próximo carro — de Caracciola — aparecesse. O Maserati de Villoresi abandonou, junto com dois outros 4CLS inscritos pela fábrica, na primeira volta. Farina guiou com seu habitual entusiasmo, perseguindo Caracciola durante algumas voltas, mas logo ficou para trás, com sua Alfa incapaz de manter o ritmo. Lang seguiu na dianteira e venceu com quase uma volta de vantagem sobre Caracciola, seu companheiro de equipe (e rival feroz).

Foi a única vez que os Mercedes-Benz 165 apareceram. Representou uma mostra deslumbrante da capacidade automobilística alemã e certamente foi empreendida como um ato de propaganda. Não havia outra razão para gastar milhares de horas de trabalho e centenas de milhares de reichsmarks a não ser demonstrar aos seus aliados italianos e ao restante da Europa que os alemães estavam muito à frente em todas as áreas tecnológicas, incluindo equipamentos militares.

Um mês depois, os 158 foram levados para Monza para novos testes. Presumiu-se que os alemães desfechariam um grande ataque na categoria de 1,5 litro e diversas modificações foram realizadas no Alfetta em busca de potência adicional. Mimi Villoresi foi o piloto de testes e morreu em um acidente em alta velocidade. E mais uma vez outro homem jurou ódio vitalício à marca. Como Nuvolari, Gigi, irmão de Mimi Villoresi, prometeu que nunca mais se sentaria em um Alfa Romeo, e mais uma vez como Nuvolari, permaneceria fiel à sua palavra.

Gigi Villoresi também ficou revoltado com a maneira como Ferrari lidou com a questão do seguro. A família Villoresi pediu uma indenização do seguro a partir do acidente, mas Ferrari recusou, alegando que Mimi "estava doente, fazendo-o se acidentar". Sua acusação enfureceu Gigi, que insistiu que seu irmão estava com a saúde perfeita. Essa discussão afetaria o relacionamento entre os dois pelo restante de suas vidas, mesmo durante o período em que Villoresi se tornou uma estrela da Scuderia.

Com o jovem Villoresi morto, a equipe lutou contra o poder cada vez maior dos alemães e o peso de sua própria política interna. O alívio viria apenas quando uma agonia infinitamente maior começasse — embora lentamente — para os italianos e para o restante do mundo. Em 1º de setembro, os tanques de Hitler atravessaram a fronteira polonesa, dando início ao que seria o conflito mais sangrento da história da humanidade.

Algumas semanas depois, Inglaterra e França estavam lutando, embora a Itália permanecesse afastada do palco dos acontecimentos até o ano seguinte. Ciano há muito se opunha à aliança com Hitler, e conseguiu convencer Mussolini de que seu exército tinha um déficit de pelo menos 17 mil toneladas de materiais bélicos cruciais e carecia de trens e caminhões para transportá-los mesmo se existissem.

Portanto, a Itália perambularia em uma espécie de limbo quase pacífico até junho de 1940. Os alemães disputaram sua última corrida em Belgrado, na Iugoslávia, dois dias *após* a invasão da Polônia, com Tazio Nuvolari vencendo ao volante de um Auto Union. Em seguida, os carros alemães, triunfantes, foram transportados para a Alemanha e guardados em um depósito. Um fato revelador das prioridades equivocadas dos italianos é que a Alfa Romeo continuou a construir e testar carros de corrida pelo menos até 1941, quando o país já estava em guerra há um ano.

Naquela altura, Enzo Ferrari já tinha ido embora há muito tempo. Seu vínculo de quase vinte anos com a Alfa Romeo — de modo mais apropriado, um "cordão umbilical", como ele chamou — foi rompido no final de 1939. Ele foi demitido por Gobbato. Diversos biógrafos evitaram usar a palavra demissão, preferindo insinuar que ele havia partido espontaneamente ou pelo menos por consentimento mútuo. Ferrari, ele próprio, ficou longe de se mostrar envergonhado. Ele escreveu: "O desacordo tornou-se irreconciliável e levou à minha demissão."

Tinha acabado. *Finito*. Enzo Ferrari fez as malas e voltou para Módena. Ricart, o vencedor, ficaria, assim como Colombo e os outros, exceto Massimino, que também saiu. O derramamento de sangue na Alfa Corse foi um grande acontecimento no pequeno mundo do automobilismo, mas não era nada em comparação com a conflagração que já havia começado na Polônia e estava se espalhando pela Europa. No entanto, mesmo quando o cheiro acre de pólvora começou a se deslocar lentamente para o sul, sobre os picos alpinos, Enzo Ferrari pensou num gesto final de desafio antes de a Itália mergulhar na guerra. Ele chamaria de Tipo 815. Outros chamariam de a primeira Ferrari.

CAPÍTULO 8

Certamente a demissão de Enzo Ferrari da Alfa Romeo foi um golpe mais duro para o seu ego do que para sua conta bancária. Segundo Ferrari, a compra da Scuderia e as verbas rescisórias o deixaram em boa situação financeira. Além disso, os empreendimentos automobilísticos tinham sido um sucesso, mesmo quando seus carros Alfa não eram competitivos. O dinheiro por largada e os lucrativos contratos de patrocínio mantiveram o negócio solvente e permitiram que ele fizesse um pé-de-meia que o deixou em boa situação ao retornar a Módena. Ele tinha um estilo de vida simples, e ainda morava no pequeno apartamento no segundo andar do antigo prédio da Scuderia, na Viale Trento e Trieste, com Laura e Dino, que tinha então 7 anos e estava começando a se interessar pelas máquinas que absorveram a vida de seu pai.

Enzo Ferrari podia relembrar os últimos 20 anos com considerável satisfação. Ele tinha começado sem nada, exceto por uma pequena herança de seu pai, e por meio de trabalho duro e audácia tornou-se figura importante do automobilismo internacional. Aos 41 anos, desfrutava daquele ingrediente fundamental no modo de ser de um homem italiano: o respeito de seus pares. Era conhecido em sua cidade natal como um *borghese* de substância e

FERRARI • 157

proeminência. A Scuderia foi uma espécie de marco e os modenenses se acostumaram a ver não só pilotos de corrida famosos como Nuvolari e o falecido e amado Campari no meio deles, mas também nobres e fascistas importantes.

Ainda existia a vergonha da demissão da Alfa Romeo, que se tornou um assunto controvertido na imprensa esportiva italiana. Houve certo consolo no fato de que sua saída provocara uma pequena revolta palaciana na Alfa Corse e que Enrico Nardi, Federico Giberti e Alberto Massimino logo apareceram ao seu lado em Módena. Eles também foram vítimas do derramamento de sangue, apesar de outros colaboradores próximos, como Colombo e Bazzi, permanecerem em Milão durante o período de duração da guerra.

O acordo de rescisão com a Alfa Romeo estipulou que Ferrari não poderia usar o antigo nome de Scuderia Ferrari nem se envolver diretamente com corridas de automóveis por quatro anos. Sem dúvida, Gobbato e o restante da diretoria da Alfa estavam preocupados na ligação dele com outro fabricante e aproveitasse o nome que estivera tão intimamente associado à Alfa Romeo. Assim, Ferrari começou a trabalhar criando uma oficina especializada denominada Auto Avio Costruzione, com o emblema do cavalo rampante proeminente em todos os papéis timbrados, folhetos de venda etc. No final do ano, a oficina de Ferrari já estava usinando peças para uma empresa romana, que produzia pequenos motores aeronáuticos de 4 cilindros para aviões de treinamento leves. Ele investiu capital considerável para equipar o antigo prédio da Scuderia com tornos mecânicos, fresadoras, retificadoras e plainas limadoras. Desprovido de fundição, Ferrari não podia produzir peças forjadas e peças fundidas, mas fez acordos com a respeitada Fonderia Calzoni, em Bolonha, para terceirizar esse trabalho. Com uma força de trabalho planejada de quarenta homens, ele parecia pronto para começar uma nova carreira, bem distante, emocional e financeiramente, do pântano de intrigas em Portello.

Mas a atmosfera intrincada da Alfa Romeo já fora substituída por outra situação preocupante localizada a poucos quarteirões da Scuderia. Teve início em 1937, quando os irmãos Maserati restantes (Alfieri, o líder da família, morreu em 1932) decidiram vender a participação majoritária de sua pequena empresa bolonhesa para a poderosa família Orsi de Módena. Os Orsi, liderados por Adolfo e seu filho Omar, ascenderam da classe média e alcançaram enorme riqueza por meio de usinas siderúrgicas, manufatura de maquinários agrícolas e concessão do sistema de bondes modenense. Os Maserati eram construtores de carros de corrida incríveis, mas homens de negócios sofríveis. A venda para os Orsi destinava-se a aumentar os negócios da empresa, não só por meio da produção regular de carros de corrida (nunca totalizando mais do que dezessete por ano), mas também por intermédio das vendas potencialmente lucrativas das velas de ignição Maserati, fabricadas em pequena escala desde a Primeira Guerra Mundial.

A participação da equipe oficial Maserati em corridas era pequena se comparada à da Alfa Romeo, e sua receita principal dependia de equipes particulares grandes e bem-financiadas, como a Scuderia Ambrosiana, de Milão.

Apesar de a participação em corridas como equipe oficial ser muito reduzida, os Maserati — com a ajuda dos recursos financeiros dos Orsi — eram capazes de produzir alguns excelentes carros de corrida. Em maio de 1939 o campeão norte-americano Wilbur Shaw venceu as 500 Milhas de Indianápolis com um Maserati 8CFT turbocomprimido (ele voltaria a vencer em 1940 e estava a caminho de conseguir um incrível tricampeonato em 1941 quando uma roda raiada traseira, danificada em um incêndio na oficina antes da corrida, quebrou). A corrida de Indianápolis era muito popular na Itália e a única prova que Ferrari declarava abertamente querer ganhar. Com certeza, ele se sentia incomodado ao ler a respeito dos pródigos elogios acumulados pelos irmãos Maserati, sobretudo em uma época em que sua sorte nas corridas estava em baixa.

Mas a humilhação só estava começando. No outono de 1939, divulgou-se que as atividades da Maserati estavam sendo transferidas — carros, ferramentas, peças sobressalentes, mala e cuia — para Módena. Em uma reorganização importante, Adolfo Orsi assumiu a presidência, enquanto Alceste Giacomazzi, seu cunhado, assumiu o cargo de diretor-geral. E o atrevimento deles! Alberto Massimino estava sendo seduzido para deixar Ferrari e se tornar projetista chefe. Por mais de uma década, Ferrari tinha sido o maestro do automobilismo local, o centro das atenções da cidade em termos de automóveis. Mas naquele momento os intrusos da Maserati estavam abrindo uma fábrica na via Ciro Menotti, a poucos quarteirões da Scuderia. A equipe de corridas Maserati continuaria tendo Bindo Maserati como figura-chave, embora todos os irmãos estivessem naquele momento reduzidos a funcionários muito bem pagos, com pouca influência sobre a política geral. Mas os Orsi tinham importantes planos de expansão em mente. Com a guerra aparentemente prestes a acontecer, eles estavam planejando incrementar os negócios, produzindo em massa velas de ignição, baterias, pequenos caminhões de entrega elétricos de três rodas e uma grande variedade de tornos mecânicos, retificadoras e fresadoras. Uma atividade paralela lucrativa de revisão de caminhões militares também era planejada.

Em comparação com aquele enorme esforço de expansão, as perspectivas empresariais de Enzo Ferrari pareciam bem modestas. Então, em dezembro de 1939, ele foi procurado pelo jovem Alberto Ascari, filho do falecido Antonio, e por seu amigo, o marquês Lotario Rangoni Macchiaveli, rico e respeitado nobre modenense. Ascari, jovem de 21 anos, gordinho e descontraído, conhecido por seus amigos como "Ciccio" ("Rechonchudo"), era um motociclista de crescente reputação. Ele corria pela equipe oficial da fábrica Bianchi e também administrava uma empresa de transporte de combustível entre a Itália e o norte da África em sociedade com Luigi Villoresi, seu amigo e mentor, que lhe propiciou um adiamento na prestação do serviço militar. Por sua vez, Rangoni era um entusiasta amador, que competiu em diversas corridas emilianas de menor importância e mantinha uma pequena oficina para seus carros perto da Scuderia.

Os dois procuraram Ferrari com a ideia de construir dois carros esportivos para a próxima Mille Miglia, que no astucioso estilo italiano, fora reorganizada como Gran Premio di Brescia e seria disputada em um percurso encurtado entre Bréscia, Cremona e Mântua. O antigo percurso foi abandonado após um acidente em Bolonha, na prova de 1938, que matou dez espectadores e feriu outros 23. Mas ainda era a Mille Miglia, exceto por ter 102 milhas de estradas, em vez de mil. O circuito seria simplesmente percorrido dez vezes, paradoxalmente expondo os espectadores a dez vezes mais perigo do que no antigo circuito.

Ferrari concordou em construir os carros, tomando a decisão em um jantar na véspera do Natal de 1939. Quando a maioria das famílias se reunia, para festejar ou rezar, em uma das noites mais sagradas do ano, Enzo Ferrari estava negociando. Para a maioria dos italianos, mesmo aqueles que, nas palavras de Ferrari, "não têm o dom da fé", a véspera do Natal era um momento sagrado reservado para reuniões familiares e presença obrigatória nas cerimônias religiosas da igreja. O fato de Enzo Ferrari passar tal período com colegas do automobilismo ressalta não apenas a intensidade singular com a qual ele se engajava nos negócios, mas também a hipocrisia de seus testemunhos de dedicação ao seu filho e à sua mulher. Esse comportamento estava longe de ser incomum para ele, e outros também o consideravam chato à frente de seu trabalho em diversos domingos de Páscoa, Natais ou qualquer um dos diversos feriados e dias festivos que marcam o calendário italiano.

A grande corrida seria disputada em 28 de abril de 1940. Assim, tinham apenas quatro meses para construir os dois carros de corrida. Por causa da limitação de tempo, Massimino, de longe o projetista mais experiente da equipe, decidiu "envenenar" dois Fiat 508 Ballila. O carro original era um sedã de pequena cilindrada, assim batizado em homenagem à organização de jovens fascistas, que vinha sendo fabricado desde 1932. Contava com transmissão de quatro marchas, freios hidráulicos e suspensão dianteira independente bem-projetada. Tornou-se popular como base para carros de corrida pequenos e de construção caseira (e também serviria no exército italiano como caminhão leve). Porém, o motor era minúsculo e não podia ser usado para satisfazer as especificações da categoria de 1,5 litro na qual Ascari e Rangoni planejavam se inscrever.

A solução de Massimino envolvia fabricar o próprio bloco de motor: um 8 cilindros em linha, que utilizaria um par de cabeçotes do Ballila especialmente modificados. Era uma solução brilhante, celebrada por Rangoni, que já tinha um carro esportivo 508 modificado por um preparador de motores local, Vittorio Stanguellini. O novo bloco foi fundido em Bolonha, mas a oficina de Ferrari fez o restante, incluindo a usinagem do novo virabrequim e de diversas pequenas peças necessárias para montar um novo carro — um carro que seria chamado simplesmente de "815" (de 8 cilindros e 1,5 litro. Outros notariam, porém, que era "158" reordenado. Uma ironia de Ferrari?).

A carroceria seria fabricada pela Carrozzeria Touring Superleggera, a fábrica milanesa fundada em 1926 por um grupo que incluía Vittorio, tio de Ascari. Naquela época, o mundo dos carros de alto desempenho na Itália estava restrito a uma minúscula confraria envolvendo, talvez, não mais do que mil construtores, projetistas, mecânicos e pilotos proeminentes. Todos estavam relacionados, por sangue ou por negócios, e viviam, em sua maioria, ao longo de um arco formado entre Turim e Módena. O 815 seria chamado de "Torpedino Brescia" e possuía carroceria protegida por grandes para-lamas, grade ovoide de boca larga e traseira bastante alongada. O segundo carro, o de Rangoni, era um pouco mais detalhado que o de Ascari, e apresentava uma traseira mais elegante e esbelta. Os carros tinham rodas raiadas Borrani e eram conversíveis totalmente abertos, com o piloto protegido apenas por um para-brisa que ocupava toda a largura do carro, feito de acrílico, material que estava começando a entrar em voga.

Os carros foram concluídos antes do programado — um feito prodigioso em si. Um final perfeito para a história teria sido a conquista de uma grande vitória, mas isso não aconteceu. Ascari e Spoldi, seu amigo e copiloto, lideraram a categoria de 1,5 litro na primeira volta, que começou e terminou em Bréscia. Rangoni e Enrico Nardi, seu parceiro, apareceram logo atrás. Mas um problema nas válvulas, provavelmente no braço oscilante, fez Ascari abandonar na volta seguinte. Então, Rangoni assumiu a liderança e ampliou sua vantagem sobre o segundo colocado para mais de meia hora, mas uma falha em um rolamento o tirou da prova.

Os 815 mostraram boa velocidade e potencial, mas a entrada da Itália na guerra, menos de dois meses depois, fez com que os planos de Massimino para atualizar e aprimorar o projeto fossem cancelados.

O Gran Premio di Brescia, foi vencido pela equipe alemã BMW, em um cupê 328, de 2 litros, conduzido pelo conde Huschke von Hanstein e por Walter Baumer, em uma velocidade média de quase 170 quilômetros por hora. A dupla, mais o restante da equipe, levaram a politização do automobilismo a níveis talvez sem precedentes ao usarem macacões brancos engomados adornados com os relâmpagos gêmeos da temida SS — Schutzstaffel. No pós-guerra, depois que Hanstein assumiu seu cargo como amável e respeitado chefe de assessoria de imprensa da Porsche, compreensivelmente as fotografias dele em seu traje de gala na Mille Miglia foram raramente vistas fora da Alemanha.

Em 3 de junho de 1940, a Itália entrou na guerra na hora errada, no lado errado, com o equipamento errado e com o exército errado. Suas melhores tropas estavam exaustas por causa das campanhas na Etiópia e na Espanha, e a moral, excelente na Primeira Guerra Mundial, estava baixa. E para piorar, Benito Mussolini ficara fascinado com armamentos vistosos — tanques, aviões e navios de guerra rápidos e manobráveis —, todos levemente blindados e tecnicamente sofisticados, mas incapazes de resistir aos ataques brutais de poder de fogo que seriam desferidos contra eles. A Itália não só carecia de matérias-primas importantes, mas também seu poder industrial tinha sido solapado por gestão ineficiente e pela força de trabalho intratável, que nunca respondeu às demandas do governo fascista.

Em público, Hitler lisonjeava Mussolini, afirmando que eles eram iguais, mas, na realidade, os alemães nunca revelaram muito de seus planos militares, forçando o Duce e sua equipe a improvisarem por conta própria.

No outono de 1940, animado com as vitórias aparentemente fáceis da *Wehrmacht*, Mussolini tentou mostrar seu poderio. Com 200 mil de seus soldados na Etiópia, onde os britânicos e os sul-africanos estavam atacando, ele confrontou o pequeno reino da Grécia. Parecia um alvo fácil, logo acima da fronteira das possessões albanesas da Itália. Mas os gregos provaram ser mais do que capazes de se defender no terreno acidentado das montanhas de Epiro e a campanha imediatamente degringolou. Então, esquadrões de aeronaves britânicas do porta-aviões HSM *Illustrious* fizeram voar pelos ares a frota de guerra italiana em Taranto, no salto da bota, afundando três encouraçados e neutralizando metade dos navios restantes. A frota zarpou a toda velocidade de volta para Nápoles, para nunca mais ser vista no mar com força total. Pior ainda, os britânicos partiram do Egito e avançaram para o oeste através do deserto do Saara, tomando Tobruk e capturando dez divisões italianas com duas unidades blindadas. O estrago: milhares de soldados italianos mortos e 130 mil capturados, enquanto as perdas britânicas se resumiram a um total de 438 soldados. O Duce estava aprendendo que a guerra era um assunto muito mais complicado do que a pontualidade dos trens.

Ironicamente, o fracasso de Mussolini na Grécia o manteria na guerra por mais algum tempo. Hitler foi obrigado a invadir a Iugoslávia e a Grécia para socorrer seu aliado em apuros. Isso, por sua vez, fez os britânicos desviarem parte de seu exército na África de volta para o Egito, para proteger o que parecia ser um movimento nazista em direção ao Oriente Médio. Hitler

FERRARI • 163

reagiu, enviando Erwin Rommel, a Raposa do Deserto, para a África, para atacar o flanco britânico desprotegido na Líbia. Durante essas manobras das superpotências, os italianos eram meros espectadores, levemente armados, sendo empurrados para um lado e para outro pelos ditames de aliados e inimigos mais fortes e mais resolutos.

Enquanto a Itália tropeçava no primeiro ano da guerra, um de seus cidadãos se viu repentinamente isolado em uma praia distante, em circunstâncias improváveis. Luigi Chinetti estava alegremente abrigado na França quando, no início de 1940, recebeu um telegrama exigindo que ele voltasse para a Itália e ingressasse no Exército. De forma desafiadora, Chinetti enviou uma resposta, afirmando que já havia servido na Primeira Guerra Mundial. De qualquer forma, em 1941, Chinetti foi para os Estados Unidos em uma expedição quimérica para as 500 Milhas de Indianápolis e decidiu permanecer lá. Ele ficaria em Nova York, como um forasteiro inimigo trabalhando em carros incomuns, até o fim da guerra.

Com 42 anos, Enzo Ferrari era velho demais para o serviço militar. Embora alguns dos diretores da Alfa Romeo ainda estivessem brincando com carros de corrida, ele tinha desistido de sua profissão de preferência e desviado suas energias para o esforço de guerra; ou, de forma mais correta, para lucrar com o esforço de guerra (assim como milhões de não combatentes em ambos os lados). Mais uma vez, não há evidência, com exceção de algum slogan estridente no boletim informativo da Scuderia, de que Enzo Ferrari tivesse uma predileção particular pelo fascismo ou, aliás, por qualquer outro movimento político. Ele parecia ver a guerra como pouco mais do que uma interrupção de suas atividades automobilísticas e, assim, começou estoicamente a tirar o melhor da situação em uma base pessoal. Isso esteve longe de ser algo exclusivo entre a população italiana.

Mussolini nunca apreciou o entusiasmo do tipo passo de ganso concedido a Hitler pelos alemães. Ele enfrentou uma sólida coalizão antifascista de antigos monarquistas, socialistas, acadêmicos e um forte Partido Comunista centralizado no norte industrializado do país. Em um gesto meritório, e diretamente em oposição às ações desumanas de Hitler e Stalin, Mussolini não incitou massacres contra sua oposição e poucos de seus adversários foram mortos ou encarcerados. Assim como muito de seu regime, mesmo sua brutalidade era mais espetáculo do que ação. Estima-se que, entre 1927 e 1943, cerca de 5 mil pessoas foram condenadas à morte pelos fascistas, mas apenas 29 foram executadas. Inúmeros dissidentes simplesmente deixaram o país, incluindo o brilhante cientista atômico Enrico Fermi, que se tornou presença poderosa e valiosa no desenvolvimento da bomba atômica norte-americana.

Os esforços de guerra de Ferrari são, como muita coisa em sua vida, repletos de contradições. O que se sabe é que ele começou a produzir máquinas operatrizes alemãs incomuns: retificadoras hidráulicas sofisticadas, que, segundo ele, eram utilizadas para a fabricação de rolamentos de esferas. Outros dizem outra coisa. A versão de Ferrari afirma que ele foi apresentado a Corrado Gatti, homem de negócios de Turim, por seu amigo e sócio Enrico Nardi. Dizem que Gatti sugeriu que a Auto Avio Costruzione entrasse no negócio de copiar retificadoras hidráulicas Jung de fabricação alemã e sob patente. Isso Ferrari diz que tentou, mas a Jung se recusou. A Jung alegou que nunca concedera o direito dessa patente e, além disso, que duvidava que alguém, exceto ela, tivesse capacidade técnica de fabricar aquelas máquinas sofisticadas.

Porém, Ferrari descobriu que as patentes alemãs não valiam sob a lei italiana e decidiu copiar as retificadoras sem permissão. A iniciativa foi um grande sucesso.

Contudo, há outra versão um pouco mais detalhada da história, descrita por Franco Cortese, em 1984, ao historiador italiano Angelo Tito Anselmi. Com 38 anos, Cortese era piloto de corridas de certa importância, que foi útil para colocar Ferrari em contato com a empresa de Bréscia de Ernesto Breda, poderoso fabricante de armamentos e veículos militares para o governo. O presidente era parente do conde Giovanni Lurani, conhecido jornalista de automobilismo, que em algum momento foi piloto e um entusiasta bastante respeitado, muito bem-relacionado dentro do esporte. Foi Cortese, por meio de Lurani, que apresentou Ferrari a Breda como possível fornecedor das retificadoras que a empresa do segundo precisava, não para fabricação de rolamentos de esferas, mas para componentes de suas metralhadoras Tipo 37.

Em suas memórias, Ferrari decide ignorar o fato de que ele prestou serviços para Breda ou que suas retificadoras tenham sido usadas para tudo, menos para a fabricação de rolamentos de esferas. Mas, em 1942, a

FERRARI • 165

empresa de Ferrari era capaz de realizar usinagens bastante sofisticadas, e o nome de Ferrari era apregoado em todo o Vale do Pó por Cortese, que havia se tornado um "caixeiro-viajante" muito competente. Estava longe de ser uma tarefa fácil, considerando a crescente relutância de seu empregador em sair de Módena. Por exemplo, Cortese providenciou um negócio com Breda para Ferrari fabricar um complexo redutor de velocidade para uma embarcação de desembarque especial que estava sendo construída para o exército italiano. Breda estava convertendo seus grandes motores Tipo D17 de 6 cilindros de suas locomotivas autopropulsionadas Littorina para uso na embarcação de desembarque especial destinada à invasão de Malta. Ferrari deveria fabricar os redutores de velocidade que permitiram que os motores de Breda fossem modificados para uso marítimo. Parecia ser um contrato lucrativo para a pequena empresa, e os executivos de Breda estavam ansiosos para dar prosseguimento ao negócio quando pediram a presença de Ferrari em Milão para assinar o contrato.

Altivamente, Ferrari avisou Cortese que não iria para Milão e que, se o exército e Breda quisessem fechar o negócio, teriam de ir para Módena. Telefonemas foram dados entre um enfurecido Cortese e um intransigente Ferrari. O "homem dos milagres" foi inflexível, ele não iria percorrer os 120 quilômetros pela antiga via Emília até Piacenza, atravessar o rio Pó e prosseguir os últimos 40 quilômetros até Milão. Resmungando em descrença, Cortese e a comitiva de executivos e militares de alta patente se reuniram em oito automóveis e partiram para Módena para fechar o negócio. A montanha ia a Maomé. Não seria a última vez.

No início de 1943, era evidente que as chances de vitória do Eixo estavam prestes a desaparecer completamente. Essas chances chegaram ao auge no início de 1942 e, naquele momento, apoiados pelo imenso poder industrial dos Estados Unidos, os exércitos aliados, cada vez mais eficazes, estavam se deslocando como trens de carga descontrolados. A invasão da Sicília teve início em julho de 1943, e parecia que Montgomery e Patton pretendiam avançar para o norte pela bota italiana. A Itália estava à beira da anarquia. Greves tomavam conta de Milão e Turim. Dali algumas semanas, Mussolini foi destituído do cargo em um golpe sem derramamento de sangue e substituído pelo general Pietro Badoglio, que engenhosamente assegurou aos alemães que continuaria a lutar enquanto secretamente tentava conseguir a paz com os Aliados. Hitler respondeu com ferocidade típica, tirando Badoglio do poder, resgatando Mussolini do exílio nos Apeninos, em uma incursão ousada, executando aqueles que depuseram o Duce, incluindo Ciano, e transformando a Itália em um feudo militar — não mais um aliado, apenas um imóvel acidentado a ser mantido pelas tropas calejadas do marechal de campo Albert Kesselring a qualquer preço.

Ao norte, Ferrari recebeu ordens para mudar sua fábrica para um local mais seguro. Desde o final de 1942, os Aliados estenderam seus bombardeios aos principais centros industriais do Vale do Pó e uma ordem para a descentralização das indústrias foi emitida. Ferrari ainda empregava cerca de 40 trabalhadores — naquele momento, algumas mulheres — na antiga Scuderia, na Viale Trento e Trieste, e os negócios estavam indo muito bem. Ele estava pronto para uma expansão, convencido que em poucos meses a defesa alemã no sul entraria em colapso e a paz traria novas oportunidades para a retomada da construção de carros de corrida.

Ferrari selecionou um imóvel no vilarejo de Formigine, a poucos quilômetros ao sul da cidade. Mas, depois de considerável negociação, o proprietário se recusou a vendê-lo. Então, ele pediu a Mino Amarotti, um amigo na pequena comunidade de Maranello, para ajudá-lo a encontrar um terreno. A cidade ficava a uma distância razoável de Módena, cerca de 16 quilômetros, e Ferrari já possuía uma pequena propriedade no local, uma antiga casa de pedra no meio de um jardim de cerejeiras. Amarotti ajudou a convencer o moleiro local a vender sua casa e seu terreno em frente à estrada Abetone-Brennero, que ficavam adjacentes à propriedade de Ferrari. Essas três propriedades constituíam espaço suficiente para a construção de uma fábrica. Um complexo triangular de galpões de madeira e concreto foi rapidamente erguido e outros cem trabalhadores foram contratados para a Auto Avio Costruzione, que estava prosperando. Mas a propriedade não seria de Ferrari. Aparentemente, Ferrari a pôs em nome de Laura, para impedir qualquer futura complicação legal ou governamental que pudesse surgir. A época era de incertezas, e embora parecesse que os alemães seriam lentamente expulsos da Itália, era impossível prever que tipo de regime os substituiria. Independentemente do que pudesse acontecer, Ferrari ficaria em uma posição melhor se os prédios e os terrenos fossem divididos entre ele e sua mulher. O relacionamento deles era pouco mais do que um arranjo legal garantido pela presença do filho deles e das rígidas tradições italianas contra o divórcio. Mas ambos entendiam o valor da propriedade naquela época perigosa e a divisão de Maranello foi certamente endossada por ambas as partes.

Em 3 de setembro de 1943, quando Montgomery e suas tropas atravessaram o estreito de Messina, a pequena empresa de Ferrari estava em grande expansão. O contrato com a Alfa Romeo proibindo o uso de seu nome tinha expirado, e naquele momento o antigo nome Auto Avio Costruzione incluía "Scuderia Ferrari".

Os alemães demonstraram ser tanto combatentes duros como administradores brutais. Eles conseguiram retardar o avanço aliado em direção ao norte da bota em Anzio e ao longo da Linha Gustav, na base dos Apeninos, onde o antigo monastério em Monte Cassino reforçava suas defesas. Ao norte, apertaram a indústria italiana para aumentar a produção, que era morosa, na melhor das hipóteses. Seu principal fornecedor era a Fiat, que despendia a maior parte de suas energias em retardamentos do trabalho e na tentativa de impedir que seus operários fossem deportados para as fábricas alemãs. O gigantesco complexo industrial de Turim tinha capacidade para produzir 180 aviões por mês. No entanto, devido aos incessantes atos de sabotagem, greves, absenteísmo e simulações de doença, a produção máxima no mês de setembro de 1943 até o final da guerra foi de 18 aviões. Os alemães exigiam 1,5 mil motores de avião por mês. Conseguiam entre 90 e 300. A produção de caminhões também era insignificante, e metade dos veículos desaparecia no mercado clandestino. No início de 1944, furiosos com os italianos, os alemães avisaram que todo o ferramental e maquinário da Fiat seriam embarcados para a Alemanha. Isso desencadeou uma greve geral que se espalhou pelo norte da Itália e imobilizou qualquer fraco esforço de guerra ainda existente. A Fiat não foi transferida.

Mesmo a pequena empresa de Ferrari não escapou da mão pesada dos invasores. Em setembro de 1944, um contingente de oficiais alemães chegou à fábrica em Maranello para verificar os estoques e os níveis de produção. Eles devem ter ficado satisfeitos com a condição das instalações, pois as oficinas de Ferrari satisfizeram até os padrões alemães mais compulsivos de limpeza. No entanto, as cópias das retificadoras Jung imediatamente chamaram a atenção dos alemães e foi anunciado friamente a um Ferrari completamente constrangido que todo o estoque de retificadoras seria requisitado pelo governo alemão. Os militares foram embora, deixando Ferrari — em teoria, ao menos — dono apenas de uma fábrica vazia construída em um terreno de propriedade de sua mulher.

Na realidade, nada mudou. Naquele momento, os alemães estavam totalmente ocupados em resistir aos Aliados, que avançavam para o norte através da Linha César, em Pescara. Os campos estavam repletos de guerrilheiros italianos. Eles eram tão fortes e determinados que oito divisões alemãs precisaram ser desviadas para mantê-los acuados. Em 4 de novembro de 1944, os norte-americanos empreenderam uma de suas incursões diárias de bombardeio, usando os burros de carga do teatro de operações, os bombardeiros B-24 Liberator de quatro motores. O alvo era a concentração de tropas alemãs ao longo do que se supunha ser a linha final de defesa ao sul do rio Pó. Chamada de Linha Gótica, essa concatenação frouxa de casamatas, barricadas e depósitos de suprimentos se situava bem ao sul de Maranello, mas a fábrica de Ferrari ainda se qualificava como alvo legítimo, se não de alta prioridade. Algumas bombas atingiram o concreto poroso do prédio, fazendo desabar parte do telhado e danificando parte do maquinário "alemão", mas em poucas semanas a fábrica estava funcionando a todo vapor novamente.

Naquele momento, Enzo Ferrari estava profundamente absorto na faceta de sua vida que teria um impacto de longo prazo muito maior do que algumas centenas de quilos de explosivos. De longe, o mais volátil era uma atraente mulher loura chamada Lina Lardi. Ela era uma das dezenas de mulheres que tinham procurado trabalho na fábrica durante os anos intermediários da guerra. Sem dúvida, sua boa e instigante aparência rapidamente chamou a atenção do chefe, cujo apetite sexual estava com força total aos 46 anos. Lina Lardi era de Castelvetro, vilarejo rural a cerca de 13 quilômetros de Maranello, dominado por uma colina escarpada encimada por uma fortaleza medieval e uma igreja antiga. Pouco se sabe sobre seu passado. O que se sabe é que ela era serena e tinha uma natureza gentil, que proporcionaria um refúgio emocional para Enzo Ferrari pelo restante de sua vida. Ela também daria a ele o único herdeiro de seu império.

Quando Lina surgiu em sua vida, novas visões para o futuro de sua empresa também surgiram. Os alemães estavam cambaleando por toda parte por causa dos ataques violentos dos Aliados. A "Festung Europa" (Fortaleza Europa) estava sendo violada no leste, no oeste e no sul, dando a impressão de que, em breve, a paz voltaria à Itália. Os homens já estavam retomando seus sonhos e, com certeza, os pensamentos de Ferrari estavam se voltando para os dias em que carros de corrida ruidosos portando o cavalo rampante saíram pelo portão da fábrica para a estrada Abetone-Brennero. Sua reputação era sólida na comunidade automobilística italiana e era apenas questão de tempo até que um grande fabricante aparecesse em sua porta com uma proposta.

Seria a respeitável empresa Isotta Fraschini que apareceria, aquela cujos envelhecidos carros Tipo IM Ferrari guiou três vezes em 1920. A empresa era uma marca antiga e honrada, fundada em 1900. Na década de 1920, a Isotta Fraschini criou alguns dos carros de luxo mais avançados do mundo, mas, como tantos fabricantes de produção limitada, a Grande Depressão devastou a empresa, e em 1936 ela foi absorvida pela Caproni (depois que uma tentativa de compra por Henry Ford fracassou). A produção foi desviada para motores de avião e caminhões a diesel. No entanto, quando a guerra pareceu estar acabando, a direção da Isotta nutriu planos de reingressar no mercado automobilístico. Os diretores da empresa foram levados até Ferrari pelo mesmo conde Lurani, que havia ajudado no contato com Breda.

Mais uma vez, uma reunião foi marcada em Módena, com um pequeno contingente de diretores da Isotta se deslocando pela estrada lenta e perigosa desde Milão. Falaram em construir um carro esportivo quando a paz chegasse, e suas ideias se concentraram em um motor V12. Alberto Massimino estava presente nas reuniões, recordou-se o conde Lurani, e foi Massimino que faria os desenhos iniciais.

A reunião é importante porque a lenda difundida por Ferrari afirma que os planos para o motor V12 só surgiram depois de sua aliança com Gioachino Colombo no ano seguinte. A maioria dos biógrafos sustenta a ideia de que foi o próprio Ferrari quem criou o V12 do nada, mas isso é absurdo;

a Mercedes-Benz, a Auto Union e a Alfa Romeo, para mencionar apenas três fabricantes, tinham há muito tempo comprovado o valor do projeto. No entanto, Lurani insiste que as discussões de 1944 com a direção da Isotta Fraschini influenciaram a decisão de Ferrari de empregar a configuração V12. De qualquer forma, a história é um beco sem saída. Pouco depois da reunião, a fábrica da Isotta Fraschini foi destruída pelas bombas norte-americanas e grande parte da direção da empresa se dispersou, escondendo-se ou sendo capturada pelos *partigiani* (guerrilheiros) italianos. Mas se Lurani está correto, e há poucos motivos para se duvidar dele, o famoso motor V12 da Ferrari pode ter tido suas origens não na mente de Enzo Ferrari, mas na sala da diretoria da Isotta Fraschini.

À medida que os dias se encurtavam e um cinzento perpétuo caía sobre a Emília, o ano de 1944 chegava ao fim em uma atmosfera de medo e incerteza. O país estava caótico. Quem sabe que forma de governo — ou uma série de governos — acabaria governando uma Itália destruída e fragmentada? As perspectivas de negócios pareciam sombrias para Ferrari, levando em consideração que as conversas com a Isotta Fraschini não deram em nada e o cordão umbilical com a Alfa Romeo estava cortado para sempre.

Para piorar a situação, as tentações dos enormes cofres de Orsi se mostraram muito sedutoras para Alberto Massimino. O refinado engenheiro, que fora um acréscimo tão valioso para a equipe de desenvolvimento do 158 e para a criação dos carros esportivos 815, foi finalmente persuadido a deixar a Ferrari e se transferir para o outro lado da cidade, para a fábrica rival, a Maserati. A saída do engenheiro foi um duro golpe, já que Ferrari estava contando com Massimino para projetar novos motores — e talvez automóveis completos — assim que a guerra acabasse.

Em fevereiro de 1945, os bombardeiros norte-americanos voltaram a atingir a fábrica de Maranello ainda mais duramente. Os danos foram pesados e meses se passaram até a conclusão dos reparos. O mundo de Ferrari estava, literalmente, desmoronando ao seu redor. Ainda pior: dramas avultaram em Castelvetro e em Módena.

Lina Lardi estava grávida de cinco meses. Ferrari se deu conta que seria o pai de um filho ilegítimo no meio do ano. Uma segunda vida inteiramente nova e misteriosa estava prestes a se abrir para ele. Além disso, a situação em

Módena era igualmente deplorável. Não só a relação com Laura estava em seu estado normal de ódio fervente, mas Dino estava doente. O menino, naquele momento com 12 anos, estava apresentando sintomas de uma doença que, de acordo com os médicos que o examinaram, iria tirar sua vida. A ironia de como Ferrari poderia simultaneamente ganhar e perder um filho não deve ter passado despercebida dele.

Com a guerra o cercando, Enzo Ferrari, pela primeira vez desde aqueles dias lúgubres de 1918, começou a se sentir derrotado. A anarquia, a brutalidade e a morte estavam em todos os lugares: nas cidades cheias de marcas resultantes dos bombardeios, em sua outrora serena Planície Padana, nos Apeninos manchados de sangue acima dele, mesmo em sua própria casa. A paz estava voltando lentamente ao país, mas seria melhor do que a devastação da guerra?

CAPÍTULO 9

A guerra avançava pela Itália como uma série de tornados, atingindo com fúria insana uma região, enquanto passava saltando despreocupadamente por outras, deixando-as intocadas. A maior parte dos danos causados por bombardeios ocorreu em Turim e Milão, a oeste, enquanto o sul sofreu a maior parte dos danos provocados por disparos de artilharia quando os alemães e os Aliados combatiam ao longo da espinha dorsal dos Apeninos. À parte algumas incursões de bombardeio esporádicas como as duas que atingiram a fábrica de Maranello, Módena não sofreu seriamente. Faltava energia elétrica e havia pouco suprimento da maioria dos itens básicos, mas a área fértil ao redor da cidade mantivera os estômagos dos moradores razoavelmente cheios durante a maior parte da guerra.

Para Enzo Ferrari, os primeiros meses de 1945 o mergulharam em um drama pessoal que transcendeu a brutalidade da guerra. Em 22 de maio, Lina Lardi lhe deu seu segundo filho. Ao contrário de Dino, um menino com então 13 anos bastante frágil e de futuro incerto, o recém-nascido parecia saudável, com os genes fortes de sua mãe. Recebeu o nome de Piero e foi isolado imediatamente na casa dos Lardi, em Castelvetro. Ferrari faria visitas regulares à mãe e ao filho, mas a existência de Piero Lardi, filho ilegítimo de conhecida autoridade automobilística local, seria ocultada por anos e conhecida apenas por alguns de seus confidentes mais próximos.

Piero Lardi veio ao mundo um mês depois da morte do arrogante compatriota cujo excesso de confiança levara a Itália a um estranho passeio de montanha-russa nas últimas duas décadas. Em abril, Benito Mussolini foi capturado pelos *partigiani* nas margens do lago de Garda enquanto tentava fugir do país disfarçado de soldado alemão. A brutalização de seu corpo — assim como o de sua amante —, que foi pendurado como uma meia carcaça em um poste de Milão, sinalizou o ato final e simbólico do povo italiano da autolimpeza da farsa fascista.

Em junho de 1945 mais de 150 mil *partigiani*, em sua maioria controlados pelo poderoso Partido Comunista, entregaram suas armas e voltaram para casa. À frente, colocava-se um gigantesco projeto político, espiritual e físico de reconstrução da Itália. A região industrial do norte tinha sofrido perdas enormes, e as pontes, rodovias, centrais elétricas, linhas telefônicas, sistemas de purificação de água e estações de tratamento de esgoto do país precisavam ser reconstruídas. Foi um período sombrio de cinismo e corrupção na Itália. O povo se voltou contra os fascistas com uma fúria reservada àqueles que elevam as esperanças a alturas absurdas. Milhares de membros do Partido Fascista e 800 mil funcionários públicos foram perseguidos e capturados. Muitos foram linchados ou presos por tribunais de exceção. Outros foram intimidados por "conselhos de pureza", apoiados pelos sindicatos trabalhistas, uma coalizão de partidos de esquerda e comunistas. Ainda assim, os italianos foram relativamente rápidos em perdoar. Em 1946, uma anistia foi decretada e apenas 3 a 4 mil ex-fascistas e criminosos de guerra reconhecidos permaneceram presos. De fato, a "punição" infligida pelos *partigiani* tinha muito do jeito de ópera-bufa que caracterizara o regime do Duce. Os conquistadores costumavam ocupar um vilarejo no norte do país e imediatamente declaravam a prefeitura como a *casa di popolo* (casa do povo). Então, uma caça ruidosa e espetaculosa seria empreendida em busca dos fascistas e camisas-negras locais. Muitos gritos e poses ocorreriam enquanto os culpados eram retirados da cidade e os que permaneciam simplesmente protestavam inocência. Em poucos dias a vida voltava ao normal.

Ugo Gobatto não teve tanta sorte. Ele foi assassinado por um atirador solitário ao sair da fábrica de Portello. O assassino nunca foi encontrado, nem o motivo esclarecido. Por causa das iniciativas de Gobbato em favor do governo fascista, é provável que o assassinato tenha tido motivação política. No entanto, é possível que um operário insatisfeito, nutrindo um ressentimento desconhecido, simplesmente tenha tirado proveito da confusão reinante na época como disfarce conveniente para cometer um crime que não tinha nenhuma conotação social ou política. De qualquer modo, Gobbato foi vítima — merecida ou não — da loucura que tomou conta da Itália.

Outro velho amigo já havia desaparecido: Eduardo Weber, o gênio dos carburadores, cujos dispositivos se tornaram exclusivos de todos os Alfa Romeo em 1937 e que se associou a Ferrari por vinte anos, desapareceu pouco antes do fim dos combates. Especulou-se que ele tenha sido sequestrado pelos guerrilheiros comunistas em troca de pagamento de resgate. Mas isso nunca foi confirmado, e o corpo de Weber nunca foi localizado.

As avaliações iniciais dos danos de guerra acabaram se revelando um tanto exageradas. A infraestrutura de pontes, rodovias e túneis ficou bastante danificada e, inicialmente, a produção industrial desabou para cerca de um quinto da de 1938 (embora grande parte da queda pudesse ser atribuída à inflação, aos conflitos trabalhistas, ao câmbio internacional fraco e às greves e não à destruição física). No sul da Itália, a economia, basicamente agrária, estava funcionando a meia-força. No entanto, depois que as equipes de reparo limparam os escombros de cidades como Milão, Turim e Módena, descobriu-se que, na realidade, a capacidade de produção industrial ficou reduzida em não mais do que 10%.

A maior ameaça à Itália era política e econômica. Os velhos direitistas e os novos esquerdistas — liderados pelo poderoso Partido Comunista — disputavam o poder e, no caos, a estabilidade financeira do país estava à beira do colapso. A pessoa mais confiável para tirar a Itália dessa situação desoladora era um homem sério, sem graça e profundamente religioso, do norte: Alcide De Gaspari. Adversário de longa data de Mussolini, ele tinha passado a maior parte da última década como refugiado político no Vaticano. Foi De Gaspari que mobilizaria as forças centristas na filosofia dos democratas-cristãos, neutralizaria os comunistas e levaria a Itália ao que é lembrado como o "milagre econômico".

Sob vários aspectos, o "milagre" foi atribuído ao Plano Marshall e sua enxurrada de dólares americanos durante o final da década de 1940. Se De

Gaspari — ou qualquer outra pessoa — teria tirado a Itália do buraco sem a benesse norte-americana é questão de conjectura. De qualquer modo, isso ajudou Enzo Ferrari ao criar rapidamente uma classe de esportistas ricos, ansiosos para gastar suas liras nos mais recentes e mais espalhafatosos carros esportivos de Maranello.

Mediante uma combinação de boa sorte e esquivamento político habilidoso, Enzo Ferrari pareceu escapar dos escombros relativamente ileso. Naquele momento, os alemães derrotados e suas patentes eram irrelevantes, o que significava que sua empresa de máquinas operatrizes ficaria bem-posicionada para aproveitar a reconstrução industrial que estava por vir. A fábrica foi rapidamente reparada, e Cortese estava pronto para fechar negócios, embora a energia elétrica ainda fosse escassa e a crônica agitação trabalhista assolasse todo o Vale do Pó. Ainda assim, em comparação com as complicações com Dino e a presença inesperada do bebê Piero, os aspectos comerciais de sua vida pareciam bastante positivos. Seus investimentos em bens imobiliários, juntamente com a empresa que se encaixava primorosamente com as necessidades da Itália em tempos de paz, pressagiavam um futuro estável e próspero para um homem que se aproximava rapidamente do seu cinquentenário.

Para Enzo Ferrari o ano de 1945 foi o marco de um início e não de um fim. A ideia de desistir, de se vestir com a obscuridade cinzenta da pequena nobreza modenense, provavelmente nunca passou pela cabeça dele. A chegada da paz trouxe um alívio bem-vindo aos seus compatriotas, mas para ele foi um chamado às armas. As corridas de automóvel logo recomeçariam, e ele pretendia tomar parte delas; daquela vez, não como testa de ferro da Alfa Romeo ou como construtor terceirizado de esportistas ricos, mas sim como fabricante de seus próprios carros. Houve alguma discussão sobre quando e como Ferrari decidiu desativar a empresa de máquinas operatrizes e começar a produção de automóveis, mas, de acordo com as lembranças de Cortese e Colombo, parece claro que a mudança foi evolutiva, uma transição lenta que durou cerca de cinco anos.

Seu motivo para retornar ao negócio de automóveis era simples: era tudo que ele realmente sabia. As máquinas operatrizes foram uma transição, meramente um tapa-buraco até o fim da guerra. Mas sua reputação, seus contatos, sua paixão se concentravam nos carros, e não havia motivo lógico para que essa não fosse sua prioridade com o fim dos combates. A breve tentativa com a Isotta Fraschini só reforçou sua determinação de construir automóveis em uma fábrica que naquele momento se expandira para mais de 3,7 mil metros quadrados ou cerca de quatro vezes o tamanho da antiga Scuderia. Ele ainda carecia de uma fundição, mas, de qualquer forma, seus equipamentos eram suficientemente abrangentes para começar a árdua e complexa tarefa de criar um automóvel do zero.

Mas por onde começar? Ele, primeiro, entrou em contato com seus velhos amigos. Bazzi participaria. A Alfa Romeo, debilitada e em desordem política, necessitaria de muitos meses para retomar quaisquer projetos relacionados a automóveis e, assim, o veterano mago dos motores concordou em se juntar novamente a Ferrari e regressou para Módena. Aquilo ajudaria a compensar a perda de Massimino e do capacitado Vittorio Bellentani, ambos atraídos pela Maserati. Obviamente, a pessoa que Ferrari mais queria e precisava era Vittorio Jano, o único projetista na Itália em quem ele confiava totalmente, em termos profissionais e pessoais. Mas Jano não aceitaria o convite. Durante a guerra, ele se empregou na Lancia e estava trabalhando duro em um novo e moderno cupê com motor V6 que se chamaria Aurelia. Embora a Lancia não tivesse planos imediatos para se envolver em corridas, a empresa era estável e desprovida da intriga política que importunou seus últimos anos na Alfa Romeo. Além disso, estava sediada em sua amada Turim, e aos 54 anos, uma mudança para o triste e cinzento interior que era Módena parecia um grande risco, considerando a debilidade dos planos de Ferrari. Se Enzo Ferrari quisesse encontrar um projetista, teria de procurar em outro lugar. O lugar seria Milão. Gioachino Colombo estava procurando trabalho. Aparentemente, ele ainda integrava o quadro de pessoal da Alfa Romeo, mas sua situação piorava a cada dia. O sindicato da empresa criou um "conselho de pureza" e estava investigando o papel de diversos funcionários no extinto Partido Fascista. Colombo foi membro do partido, embora seu grau de entusiasmo não fosse claro. Assim, ele foi colocado de licença do trabalho pelo Tribunal de Exceção. Eram tempos incertos e apaixonados, e embora a maioria das acusações acabasse varrida por uma onda de retórica, com certeza Colombo se lembrava de modo vívido do assassinato de Gobbato. Isso fez com que uma mudança para os arredores mais pacatos de Módena parecesse atraente.

FERRARI • 177

Em julho de 1945, Colombo respondeu ao chamado de Ferrari, menos de três meses após o estabelecimento da paz. Ele e Enrico Nardi fizeram o difícil percurso por estradas esburacadas pelos bombardeios, passando por vilarejos semidestruídos, em um carro de antes da guerra abastecido com gasolina adquirida no mercado clandestino. O dia estava quente e úmido. Os dois atravessaram o rio Pó em Piacenza em uma barcaça que substituía a destruída ponte da via Emília. O trabalho avançava em uma ponte flutuante provisória rio abaixo, enquanto os reparos no vão principal eram feitos, mas Colombo e Nardi foram forçados a navegar de maneira deselegante através do grande rio. Ele fizera sua primeira viagem a Módena há oito anos, para ajudar a criar o Tipo 158. Mas aquele projeto seria uma brincadeira em comparação com o que estava por vir. Em 1938, os amplos recursos da Alfa Romeo e do governo estavam à disposição. Naquele momento, eles estariam sozinhos, carentes de recursos e com poucas perspectivas de sucesso imediato.

Colombo se encontrou com Ferrari no pequeno escritório da Scuderia, onde muita discussão a respeito do 158 tinha acontecido. Naquele momento, houve um bate-papo inicial a respeito dos velhos amigos, agora dispersos por causa da guerra, e a respeito da situação da Alfa Romeo, onde os remanescentes da empresa estavam produzindo itens tão modestos quanto utensílios de cozinha baratos, enquanto planos se formavam lentamente para a fabricação de carros de preço baixo para as massas. Antes de sua licença, Colombo havia sido transferido para a equipe de projeto de motores a diesel, que não o interessava. Ele revelou para Ferrari que não havia planos correntes para a Alfa Romeo retomar qualquer tipo de atividade no automobilismo, o que parecia compreensível, considerando o estado da economia europeia e o fato de que metade do mundo ainda estava mergulhado na guerra do Pacífico. De fato, deve ter parecido algo estranho para Colombo que seu anfitrião estivesse mesmo considerando corridas de automóveis naquele momento.

Mas era isso exatamente o que Ferrari tinha em mente. "Colombo, quero voltar a fazer carros de corrida", anunciou ele. "O que você diz de fazermos um 1500?" Ele estava se referindo a um motor de 1.500 centímetros cúbicos: uma usina de força do mesmo tamanho que o motor do 158 e uma cilindrada que Ferrari supôs que seria a nova fórmula de Grand Prix assim que as corridas recomeçassem. Colombo entendeu imediatamente. Afinal de contas vários carros de antes da guerra da fórmula do *vetturetta* já existiam: os ERA britânicos com motor de 6 cilindros, os poderosos 4-CL da Maserati e o remanescente Alfa Romeo 158. A categoria de 1,5 litro seria o novo campo de batalha, e Enzo Ferrari pretendia ser um combatente. Mas qual seria a configuração do novo motor? "Em minha opinião, deve ter 12 cilindros", respondeu Colombo.

"Meu querido Colombo, você leu a minha mente!", disse Ferrari. Posteriormente, Colombo se lembrou de que a reunião fora breve e objetiva. Durante uma refeição em uma *trattoria* próxima, discutiram planejamento de longo prazo, cronogramas, finanças etc. Depois disso, Colombo e Nardi voltaram para Milão. Essa versão, relatada por Colombo em suas memórias publicadas em 1985, mais uma vez coloca em dúvida a história frequentemente contada de que o motor V12 emergiu completo da imaginação de Enzo Ferrari. Como já mencionado, a partir de 1938, os alemães demonstraram que esse *layout* oferecia grande potencial de desempenho. E, claro, o odiado Ricart e seu colaborador Bruno Trevisan também apresentaram diversas variações de motor V12 antes e durante a guerra. Portanto, o projeto estava longe de ser revolucionário, e para seu crédito, Ferrari nunca fez tal afirmação. Mas sua insinuação posterior de que sua inspiração para o V12 surgiu dos jipes militares Packard que ele viu na Primeira Guerra Mundial beira as raias do absurdo. Os motores daqueles carros eram imensos, de baixa rotação e grosseiros, em comparação com as versões incomuns da Mercedes-Benz, da Auto Union e da Alfa Romeo, mas é provável que o orgulho de Ferrari o impediu de dar crédito àqueles rivais contemporâneos como inspiração.

Desenvolver um motor de 12 cilindros de pequena cilindrada seria difícil, em termos tanto de projeto como de fabricação, mas, se funcionasse, os dividendos seriam enormes. Naquele momento, ninguém no mundo estava produzindo tal motor, e se conseguisse gerar potência suficiente, sua singularidade, por si só, traria notoriedade ao novo carro de Ferrari. Que um novo produto tão audacioso pudesse algum dia fazê-lo se vingar da Fiat, o gigante milanês que o desonrou, provavelmente era motivo suficiente para Ferrari colocar Colombo no projeto.

Colombo estava atuando em terreno instável. Teoricamente, ele ainda era empregado da Alfa Romeo, mas licenciado. Mas, com contas para pagar, não hesitou em fazer um bico referente à tarefa dada por Ferrari. No dia

15 de agosto, no *ferragosto* (um feriado nacional considerado sagrado pelos italianos, que celebra a Assunção de Maria e ocorre bem no meio das férias de verão, mesmo quando o país estava em frangalhos — em retrospecto, não menos racional que sonhar com carros de corrida no meio do caos), Colombo viajou para a casa de sua irmã em Castellanza, perto de Varese, para uma reunião familiar. Lá, sob a sombra dos Alpes, ele foi para o quintal depois do almoço e começou a rabiscar um pedaço de papel de embrulho. Sendo o motor o componente mais crítico, ele traçou o cabeçote, aquela área extremamente sensível onde as válvulas, tuchos hidráulicos e velas de ignição criam o tema de um motor, seja um motor de corrida de alta rotação, um motor eficiente de carro de passeio ou um motor de baixa rotação, mas confiável para caminhões e tratores.

O V12 de Colombo tinha uma única árvore do comando de válvulas acionando as válvulas em cada fileira. O projeto era semelhante a diversas unidades maiores que ele havia projetado na Alfa Romeo. Colombo decidiu adotar um novo plano e reproduzir a prática utilizada em motocicletas de competição, ou seja, fazer o curso dos pistões um pouco mais curto do que o diâmetro dos cilindros. Esse projeto de motor "superquadrado" se tornaria padrão nos anos seguintes, mas, no instável verão de 1945, oferecia uma chave para o futuro da Ferrari. De volta a Milão, Colombo converteu o pequeno quarto de seu apartamento em um estúdio. Depois de pedir emprestada uma prancheta de desenho da Carrozzeria Touring Superleggera, fabricante de carrocerias, ele começou a trabalhar a sério. Não foi fácil, trabalhando em meio à barulhenta algazarra da família, entre as roupas de cama e as roupas para lavar.

Por acordo mútuo com Ferrari, o novo carro seria chamado de 125. O raciocínio parecia bastante simples. Cada cilindro deslocava 125 centímetros cúbicos, número que multiplicado por 12 era igual a 1.500 centímetros cúbicos (ou 1,5 litro). Essa prática de nomear os carros com base no deslocamento de um único cilindro se tornaria um hábito relativamente padrão para Ferrari, embora em anos posteriores ele variasse caprichosamente a nomenclatura, com base, ocasionalmente, no deslocamento total do motor mais o número de cilindros (mesmo assim, algumas designações desafiaram a lógica e são do interesse apenas de estudiosos sérios dos segredos da Ferrari).

Mas havia outro motivo para a designação? Os números eram um rearranjo de 512, o malfadado projeto de motor central de Ricart. Com certeza, o motor de Colombo derivava daquela iniciativa ousada, e se existe alguma veracidade na teoria de que o 815 de antes da guerra era uma brincadeira numerológica em relação ao Alfa Romeo 158, certamente existe a possibilidade de que o 125 tenha surgido da mesma ânsia sutil de Ferrari de virar o jogo sobre a oposição.

Ferrari começou a exercer pressão. Ele precisava de um projeto o quanto antes para retornar às guerras reais nas pistas. Tinha cortado relações com a Alfa Romeo e estava empenhado em construir a própria marca. Com suas habilidades consumadas de vendedor, havia conseguido patrocínio da Pirelli, da Marelli (fabricante de sistemas de ignição) e da Weber, embora a Fiat, naquele momento, já detivesse metade do controle acionário das duas últimas (uma aquisição de controle completa ocorreria posteriormente). O tempo estava passando e Ferrari, por meio de suas aprimoradas habilidades para alternadamente lisonjear e incentivar, jogou Colombo em um frenesi de atividade. Em setembro, Colombo chamou Angelo Nasi, ex-colega da equipe de projeto do 158, que estava desempregado. Colombo colocou "Lino" para projetar uma caixa de câmbio de cinco marchas para o carro, que foi um alívio bem-vindo em relação ao tedioso trabalho de desenvolver motores a diesel industrial enquanto ele ainda estava na fábrica de Portello.

Para não esquecer, o automobilismo era um esporte extremamente popular na Europa durante a primeira metade do século XX. Até hoje, ele se iguala ao futebol e ao ciclismo como uma obsessão das massas. No fim da guerra, um público louco por carros mal podia esperar para afluir às ruas para a primeira corrida. Menos de quatro meses após o último tiro ser disparado, os motores aceleraram e silvaram no Bois de Boulogne, em Paris, em 9 de setembro de 1945. Lá, o ás francês Jean-Pierre Wimille conduziu seu monoposto Bugatti de antes da guerra à vitória (uma das últimas que a célebre marca desfrutaria), em uma corrida apelidada de "Taça dos Prisioneiros" (título formal: Grand Prix de la Liberation). As competições começariam em grande escala na primavera de 1946, embora os carros inicialmente permanecessem uma colcha de retalhos de máquinas de antes da guerra, que tinham sido escondidas e preservadas durante os combates.

Os clubes de automóveis de diversos países (excluindo o da Alemanha, que tinha sido proscrito) se reuniram em Paris, se organizaram sob a orientação da Federation Internationale de l'Automobile (FIA) e concordaram que as corridas de Grand Prix seriam disputadas sob a fórmula de motores de 4,5 litros sem turbocompressores. Ferrari tinha conhecimento desse desenvolvimento, graças às suas amplas ligações políticas no esporte. Ele se considerava no caminho certo com seu novo motor V12 de 1,5 litro, embora para ser competitivo tivesse de ser equipado com um turbocompressor e drasticamente incrementado em termos de potência. Ele e Colombo estavam planejando isso em uma segunda fase do desenvolvimento.

Lentamente, o carro tomou forma no início do outono. Com as estradas entre Milão e Maranello em melhores condições, a comunicação entre o misto de estúdio e quarto de Colombo e a fábrica ficou mais fácil. Ferrari continuou a proteger suas apostas fabricando máquinas operatrizes, mas a atividade estava sendo constantemente convertida para a manufatura de carros. Um jovem chamado Luciano Fochi tinha sido contratado, quase como algo secundário, mas o rapaz, de 21 anos, se tornaria um elemento-chave na criação dos primeiros automóveis. Ele fora contratado pela Alfa Romeo como aprendiz de desenhista aos 16 anos, onde trabalhara até ingressar no exército. Naquele momento, dispensado do serviço militar e à deriva, o rapaz frágil e de olhos tristes voltara para Módena para morar com os pais. Ele fora a Maranello para procurar trabalho, mas o afastaram por causa de sua juventude. No entanto, por coincidência, fora ali no dia em que Colombo estava fazendo sua visita. O ex-funcionário da Alfa Romeo se recordava da habilidade de Fochi na prancheta de desenho. Ele foi contratado e ficou encarregado de transformar os esboços frequentemente toscos e ocasionalmente impraticáveis de Colombo em desenhos técnicos e esquemas formais a partir dos quais Bazzi e seus artesãos construiriam os automóveis reais.

Em outubro de 1945, a versão de Colombo do 125 estava no papel. Ferrari gostou do que viu, embora as nuanças dos *layouts* lhe escapassem. O motor, com seus múltiplos cilindros e pequena cilindrada, era interessante, mas estava longe de ser original. Vários fabricantes, que remontavam à década de 1920, exibiam há muito tempo sofisticação de redução em tamanho semelhante. Prometia boa potência, sobretudo quando a versão turbocomprimida fosse concluída na segunda fase do programa. A suspensão, independente na frente e com um eixo rígido na traseira, beirava o antigo. Foram utilizados feixes de mola em cantiléver individuais, em vez de barras de torção e molas helicoidais mais leves e mais compactas, empregadas de modo tão eficaz pelos engenheiros da Mercedes-Benz e da Auto Union.

O chassis era leve e bastante rígido, baseado em projetos desenvolvidos por Jano, Colombo e Ricart na Alfa Romeo. Colombo esboçou uma estrutura semelhante à do 158 e contratou a empresa Gilco Autotelai de Milão, fabricante de aços especiais, para produzir os tubos do quadro oval que formavam a estrutura. A Maserati também estava usando tubos da Gilco para seu arsenal sempre em expansão de monopostos e carros esportivos. Naquele momento, a rival do outro lado da cidade estava muito à frente da Ferrari em todas as fases do negócio. Um dos carros da Maserati disputou uma corrida para carros esportivos pequenos em Nice, em abril de 1946, aumentando ainda mais sua vantagem sobre a Ferrari. Já se sabia que o novo carro de 2 litros e 6 cilindros em linha projetado por Massimino estava quase concluído.

Na forma final, o 125 pesava cerca de 650 quilos, em contraste com os 715 quilos do Maserati A6 de tamanho similar que estava sendo construído quase simultaneamente. Era uma boa notícia para Ferrari, que pressionou Colombo a manter o peso do chassis o mais leve possível. No entanto, Ferrari estava obcecado com a potência, argumentando que, em qualquer pista, a maior porcentagem da superfície era dedicada a retas do que a curvas. Portanto, a aceleração e a velocidade máxima eram muito mais importantes para ele do que as nuanças de aderência e frenagem. Era algo remanescente de seus primeiros tempos, quando as suspensões eram pouco mais do que as encontradas em carroças de tração animal e a potência bruta era o fator decisivo. Ao longo dos anos, Ferrari repetia orgulhosamente: "Construo motores e prendo rodas neles" — o que coloca suas prioridades em perspectiva e ajuda a explicar por que, até sua morte, as Ferrari gozavam da reputação de potência superior, mas nunca estavam na vanguarda de projeto de chassis sofisticado.

De fato, nenhuma Ferrari já construída representou um exemplo brilhante de ousadia tecnológica. O 125, com seu motor V12 de curso curto e pequena cilindrada, foi um dos poucos exemplos na história da empresa que poderia ser descrito como remotamente revolucionário. Um mito cresceu em torno dos carros concernente a seus projetos avançados, mas, na realidade, Enzo Ferrari era bastante conservador e muitas vezes foi deixado para trás na linha de partida por construtores mais criativos (sua relutância no futuro em adotar componentes obviamente superiores como *layouts* de motores centrais, suspensões com molas helicoidais, freios a disco, chassis monocoque, rodas de magnésio e injeção de combustível exemplificam sua abordagem rudimentar em relação ao projeto). Mike Lawrence, historiador de corridas britânico, explica dessa forma: "Os apologistas sugeriram que Ferrari resistia a qualquer ideia que não fosse criada em sua empresa, e se menciona como exemplo o uso tardio dos freios a disco. Se Ferrari fosse tão teimoso em relação a ideias originais, a marca não teria decolado, pois *nunca* apresentou uma nova ideia ao automobilismo." Com certeza, o *Commendatore* teria ficado irritado com essa acusação (independentemente de sua verdade evidente), mas reconheceu que o 125 era um modelo simplesmente imitativo. "O primeiro Ferrari surgiu como um carro ortodoxo. Não resultou de nenhuma experimentação. Tudo o que queríamos era construir um motor convencional, que fosse fora de série."

No outono de 1945, à medida que os dias começavam a ficar mais curtos, Colombo e Nasi davam a impressão de ter resolvido a maior parte dos detalhes de engenharia, esperando-se que Bazzi e seu pessoal pudessem começar a construção antes do inverno. No *front* doméstico, a vida estava ficando mais complicada, e Ferrari dividia suas preocupações a respeito da saúde declinante de Dino com seus colaboradores mais próximos. Também é provável que alguns deles, e talvez Colombo estivesse entre eles, tivessem conhecimento de Lina e do pequeno Piero, embora quando e como Laura fez a descoberta não seja conhecido. Em todo caso, a vida de Ferrari era consumida não com problemas domésticos, mas com seu projeto básico e ligado ao ego de criar o primeiro carro a usar seu nome.

Em novembro, Ferrari recebeu um telefonema frenético de Colombo. Ele estava sendo convidado a voltar para a Alfa Romeo. Os diretores e a comissão de trabalhadores, que estava atuando como uma espécie de guarda revolucionária, ficaram sabendo de seu trabalho clandestino para Ferrari. A animosidade que levara à sua licença estava longe de ser esquecida. Ao mesmo tempo, a diretoria estava considerando um retorno ao automobilismo, achando que era uma maneira eficaz de divulgar sua linha de carros de passeio e exibir a capacidade técnica italiana para um mundo desconfiado. Os 158, embora desmontados e empoeirados, ainda eram potentes carros de corrida, e seu renascimento parecia um primeiro passo evidente. E quem melhor para ressuscitá-lo do que seu criador? Os cinco 158 remanescentes ficaram escondidos durante a guerra, em peças, no interior de uma fábrica de laticínios, perto do lago Orta. E com os Auto Union isolados atrás das linhas soviéticas e os Mercedes-Benz de última geração apodrecendo na empresa destruída pela guerra, em Stuttgart-Untertürkheim, os 158 eram, na falta de outra opção, os carros de corrida mais rápidos do mundo. O necessário era a ajuda de Colombo para colocá-los de volta nos trilhos.

Uma série de negociações tipicamente ruidosas e litigiosas foi realizada. Nelas, os sindicatos de trabalhadores da Alfa Romeo ameaçaram Colombo caso ele não voltasse ao rebanho milanês. Ele não tinha muita escolha, considerando que seu contrato de trabalho ainda estava em vigor e lembrando que não muitos meses antes os mesmos trabalhadores haviam considerado encostá-lo na parede mais próxima com outros acusados de colaboração com os fascistas e os nazistas. Gioachino Colombo deu de ombros em um gesto final e inútil, deu adeus aos seus velhos amigos em Módena e rumou novamente para o norte, pela via Emília.

A perda de Colombo foi um duplo golpe. Ele não só precisava tornar realidade o projeto do 125, mas sua partida também significava que ele estaria no odiado lado inimigo, desenvolvendo os 158 na oposição mais poderosa contra Ferrari. E, ainda mais ironicamente para Ferrari, os Alfa foram construídos em sua oficina em Módena. Ele seria derrotado pelos próprios carros. Colombo era um engenheiro da mesma e velha escola que havia gerado Ferrari e Bazzi. Ele estava acostumado a longas horas de trabalho, improvisando e mudando componentes se necessário. Ele se importava pouco com teorias e fórmulas matemáticas, defendidas por seus colegas mais jovens e formados em universidades, e estava sintonizado com os hábitos tradicionais dos artesãos de Ferrari. Sua partida deixou Bazzi, Attilio Galetto, o chefe da oficina mecânica, e Federico Giberti, naquele momento o responsável pelas compras da empresa, com a obrigação de converterem sua herança incompleta de desenhos técnicos em um protótipo real de motor e automóvel. Sem o engenheiro ao lado deles para orientar as modificações à medida que avançassem, o projeto permaneceria em um impasse.

Então, um rosto familiar apareceu um dia antes do Natal. Era Luigi Chinetti. Ele chegava de Paris, com sua nova mulher e o filho recém-nascido em um velho Citroën de tração dianteira, com pneus tão carecas que um colega teve de montar sobre o capô para ajudar a dar tração enquanto atravessavam os desfiladeiros alpinos cobertos de neve. Chinetti encontrou Módena maltratada e monocromática, pouco iluminada, com os sentidos ainda embotados pelos bombardeios e pelos combates entre fascistas e *partigiani*. Módena estava repleta de velhos amigos, companheiros de corridas da década de 1930: pilotos, mecânicos, funileiros, operadores de máquinas, estampadores, donos de equipe, pequenos fabricantes, comerciantes de carros, prostitutas, negociantes, parasitas, impostores, sonhadores. Todos tentando revirar os escombros e começar de novo. O lugar exalava o cheiro de carros de alto desempenho. Pequenas oficinas especializadas na fabricação de transmissões, blocos de motor, carrocerias personalizadas, volantes e acessórios de todos os tipos estavam espalhadas pela cidade taciturna e plana, dominada pelo campanário romântico de La Ghirlandina e pela parruda Catedral de São Geminiano. Mas a reputação de Módena como lugar onde carros velozes subiam e desciam zunindo suas avenidas largas era atribuída a um homem e à Scuderia que ele ali criara quinze anos antes. E foi esse homem que Luigi Chinetti procurou primeiro ao chegar naquele dia de neve em dezembro.

Ele encontrou Enzo Ferrari sem dificuldade, falando sem parar, como esperado, no mesmo prédio de dois andares marrom-avermelhado, enegrecido pelo tempo, na Viale Trento e Trieste. Ferrari estava em má forma. Parecia abatido, além de seus 48 anos. A cabeleira, penteada para trás em estilo *pompadour*, estava ficando grisalha. Os olhos, sempre inchados e lânguidos, estavam com olheiras. O corpo pesado estava curvado junto à escrivaninha no escritório grande e sem calefação. Na penumbra, Chinetti conseguiu ver a fileira de troféus e as fotografias dos pilotos que tinham triunfado ao volante dos carros da Scuderia, todos não tocados e não limpos desde antes da guerra. O lugar parecia uma tumba mofada reaberta a um pouco de luz após séculos de isolamento.

Do lado de fora, nos fundos, a oficina, que Chinetti lembrava cheia de mecânicos alegres e tagarelas e cintilantes carros de corrida Alfa Romeo, estava fria e vazia: um museu desmazelado de frivolidade fora de moda. Naquela época do pós-guerra, em um lugar mal-humorado e arruinado como Módena, um carro de corrida da Scuderia Ferrari parecia tão absurdo e obsoleto quanto a pomposidade cômica do regime defunto de Mussolini.

O cumprimento entre eles foi sem alegria. Um cumprimento superficial. Chinetti o chamou simplesmente de Ferrari, ao estilo da classe baixa. Outros se referiam a Ferrari como *Cavaliere*, nos primeiros tempos, depois, como *Commendatore*, após a ele concedida pelo rei fantoche de Mussolini, mas Chinetti se recusou a usar aquele título patrocinado pelos fascistas. Para ele, aquela figura outrora poderosa do automobilismo italiano era Ferrari, nada mais, e permaneceria assim até a separação final deles.

Naquele dia, na lúgubre geladeira que era Módena, eles falaram do futuro. Os dois tentaram demonstrar algum otimismo, mas isso vinha em surtos breves e logo desaparecia em um pântano de sonhos desfeitos. Ferrari falou a respeito da guerra, de como havia comprado um terreno para construir uma pequena fábrica no vilarejo vizinho de Maranello. Máquinas operatrizes foram fabricadas para os exércitos italiano e alemão até que os norte-americanos bombardearam o local duas vezes. Ferrari dava a impressão de se divertir com a tragédia da devastação, dos negócios perdidos, mas Chinetti suspeitou do contrário. Ele conhecia Ferrari como um ator consumado, como um homem que vivia no momento, extraindo de cada palavra, de cada frase grandiosamente construída, a última gota de drama. Chinetti o conhecia como um homem que nunca revelava suas intenções, que nunca apregoava a medida completa do próprio sucesso. Ele tinha ouvido de outros que Enzo Ferrari havia se saído bem na guerra, que a fábrica em Maranello não estava seriamente danificada e que alguns carros já estavam sendo produzidos no local. Por isso, sua visita.

Sim, disse Ferrari, ele contratara Colombo, seu velho amigo e um dos melhores engenheiros da Alfa Romeo, para formular os planos de um pequeno carro de corrida com motor V12. Mas Colombo estava encrencado com os comunistas em Milão, que o molestavam a respeito de suas simpatias fascistas. Sim, Bazzi, o velho e fiel Bazzi, e alguns outros, na maior parte

FERRARI • 187

jovens, estavam começando a testar no dinamômetro dois protótipos de um motor e logo começariam a fabricar um carro. Em seguida, a Scuderia tentaria retornar às guerras automobilísticas, como as que estavam acontecendo nas ruas cheias de escombros da Europa. Sim, a Scuderia voltaria a competir, mas parte do futuro residia nas máquinas operatrizes. Ferrari dava a impressão de jurar que nunca mais iria comprometer tudo no frágil mundo do automobilismo, onde o conflito entre egos sensíveis poderia arruinar um negócio tão rapidamente quanto um piloto perdendo o controle do carro em uma curva fechada nos Apeninos. Afinal de contas, a Alfa Romeo não era uma sombra do que tinha sido? Os bombardeiros aliados não tinham transformado a outrora grande fabricante de carros de corrida em uma fabricante de utensílios de cozinha, janelas e molduras de porta? Não, disse Ferrari, ele não voltaria a assumir o risco. Sempre haveria uma demanda por retificadoras Jung projetadas por alemães que ele e seus ferramenteiros tinham copiado tão magistralmente durante a guerra. Naquele momento, em que os nazistas foram derrotados e seu país estava em ruínas, não haveria mais o perigo de violações de patente. Com certeza, a reconstrução da Itália precisaria daquele maquinário.

Chinetti falou de seus anos nos Estados Unidos, onde o esforço de guerra que fora engendrado fazia os industriais italianos parecerem ceramistas etruscos. Na pressa para produzir milhões de aviões, tanques, caminhões, rifles, peças de artilharia, embarcações de desembarque, edifícios pré-fabricados, pontes portáteis, capacetes, cantis, engradados, botões para fardas, pistolas, binóculos, rádios, radares e sabe Deus o que mais, o colosso norte-americano tinha criado milagrosas ferramentas de produção em massa, processos de linha de montagem tão engenhosos que navios cargueiros podiam ser construídos por um homem chamado Kaiser em menos de uma semana. Como Ferrari poderia esperar competir contra tal poder industrial?, perguntou Chinetti.

Chinetti descreveu o milagre que eram os Estados Unidos. A agressividade de seu povo, seu consumismo infantil e suas grosserias burguesas. No entanto, havia uma classe alta muito rica, cujo gosto era europeu. Ele conheceu seus membros e ganhou a confiança deles enquanto mantinha seus automóveis envelhecidos em Crewe, Stuttgart e Milão funcionando durante os anos da guerra. Eles pagariam uma fortuna por aquelas máquinas de elite e ele, Luigi Chinetti, pretendia explorar aquele desejo colonial ingênuo.

Os Estados Unidos, o rapazinho entre as nações, podiam ser uma bênção ou uma maldição, afirmou Chinetti. Se Ferrari decidisse ficar no negócio de máquinas operatrizes, ele seria varrido por um maremoto pelo poder industrial norte-americano. No entanto, ao explorar a nova riqueza que a mesma indústria certamente produziria, ambos poderiam prosperar. Chinetti foi resoluto: construir cinco carros por ano para o mercado norte-americano, e ele os venderia por uma exorbitância. Dando-lhe a oportunidade, ele venderia vinte por ano, por uma soma de dinheiro que, naquele dia úmido em Módena, pareceu tão astronômica como se eles estivessem discutindo o faturamento anual da General Motors.

Ferrari concordou. Sim, se o pequeno motor V12 de Colombo funcionasse e se o 125 fosse um automóvel decente... Sim, ele poderia construir alguns carros para os provincianos.

Esse encontro geraria muita confusão em anos posteriores. Chinetti alegaria que tinha sido ele quem convencera Ferrari a construir carros depois da guerra, durante aquele encontro no Natal de 1946. No entanto, o projeto do modelo 125 estava em andamento e não há razão para acreditar que Ferrari não pensasse na produção e na venda para clientes particulares. Afinal de contas seus modelos eram a Alfa Romeo e a Bugatti, que haviam construído carros de corrida e carros de passeio de produção limitada com bastante sucesso. Pela lógica, Ferrari seguiria o exemplo dos dois fabricantes mencionados. Se Chinetti merece crédito, consiste em identificar o lucrativo mercado norte-americano, que para Ferrari, isolado e cada vez mais provinciano, ainda era algo muito distante.

Independentemente das previsões otimistas de Chinetti acerca do potencial de vendas, os problemas imediatos eram críticos. Com a saída de Colombo, o desenvolvimento do novo carro estava paralisado. Pior ainda, os intrusos da Maserati estavam seguindo em frente com um novo carro esportivo, o A6, projetado por Massimino, que rivalizaria em tamanho e desempenho com o 125. Além disso, os Orsi ainda festejavam o desempenho de seus carros na edição anterior das 500 Milhas de Indianápolis, em maio. Ted Horn, estrela das pistas de corrida não pavimentadas, terminou em terceiro com o venerável Maserati 8CTF, anteriormente pilotado por Wilbur Shaw, enquanto Gigi Villoresi ficou em sétimo depois de ter perdido muito tempo nos boxes para a troca de nada menos que três magnetos defeituosos. Aquelas honras só intensificaram as frustrações de Ferrari, que ocasionalmente se transformavam em fúria quando os irmãos Maserati decidiam usar a estrada para Abetone para testes e o ronco insolente de seus motores fazia vibrar as janelas do escritório da fábrica de Ferrari.

A produção de carros de alto desempenho estava começando em todo o mundo, inclusive na Espanha, para onde Ricart fugiu no fim da guerra. Havia rumores de que ele estava planejando a construção de um carro esportivo a ser financiado pelo governo espanhol (isso aconteceria em 1951, com a apresentação do Pegaso, carro avançado, mas pouco vendido). Ferrari estava enfurecido — ele precisava de um substituto para Colombo. Finalmente, seu antigo colaborador encontrou uma solução. Colombo recomendou um engenheiro desempregado da Alfa Romeo chamado Giuseppe Busso, embora ele só pudesse começar a trabalhar em junho. Naquela altura, o projeto do 125 estava irremediavelmente atrasado e Ferrari praticamente acorrentou o inexperiente Busso à sua prancheta de desenho. Natural de Turim, seu comportamento lacônico encobria uma surpreendente tendência à teimosia.

Busso aceitou a oferta sem pestanejar, se transferiu de Turim com sua família e se instalou em um pequeno apartamento em Módena. Inicialmente, as coisas estavam progredindo mais fácil do que ele esperava, com Ferrari e Laura o recebendo para longos jantares regados a Lambrusco no apartamento do casal, situado sobre a Scuderia. Em uma entrevista de 1986, ele se lembrou daqueles dias com certo carinho. Mencionou que Ferrari estava bastante preocupado com a saúde de Dino — e de Laura — e "a aflição de vê-lo chorar muitas vezes ao falar de Dino contribuiu para que me afeiçoasse a ele". Busso também mencionou que os outros acharam sua simpatia por Ferrari "incomum entre aqueles que tiveram relações com o *Commendatore*". A menção de Busso a respeito da doença de Dino, que evidentemente preocupou Ferrari já na primavera de 1946, está entre os primeiros reconhecimentos conhecidos por algum dos colaboradores de Ferrari de que o menino já estava gravemente doente.

A formação de Busso tinha sido em motores de avião e seu conhecimento sobre carros era puramente teórico. Seu único trunfo se situava na área de motores equipados com supercompressores, onde ele ganhou experiência com a Alfa Romeo durante a guerra. No entanto, Busso era brilhante e engenhoso. Imediatamente, ele arregaçou as mangas para levar adiante a criação de Colombo e, ao mesmo tempo, começou a desenvolver uma versão com supercompressor do motor de 1,5 litro para as competições de Grand Prix. Com a cabeça apontada para baixo e régua de cálculo na mão, Busso passou a trabalhar sem descanso. A pressão sobre o jovem engenheiro era enorme. Os desenhos técnicos de Colombo eram imprecisos e incompletos e seus planos para um monoposto de Grand Prix equipado com supercompressor não faziam sentido quase nenhum. Mas Busso deu duro, era atazanado diariamente pelo seu chefe e assombrado pelo progresso da Maserati. A fábrica da rival ficava a alguns quarteirões da antiga Scuderia e havia muita interação entre os mecânicos e os operários, o que tornava difícil guardar algum segredo (uma carta de Adolfo Orsi, de 1940, para Nuvolari assinala que Módena é "uma cidade pequena, onde os rumores podem se espalhar com muita facilidade"). Sem dúvida, o ritmo agonizantemente lento do projeto do 125 era fonte de considerável diversão na Maserati e em Milão, onde a direção da Alfa Romeo decidiu retornar ao automobilismo em 1946 com uma equipe de quatro carros pilotados por Jean-Pierre Wimille, Didi Trossi, Consalvo Sanesi e Achille Varzi, que havia se livrado das drogas. O 158 atualizado, equipado com motor de 263 cv, com supercompressor de dois estágios, aprimorado por Colombo, estava vencendo todas as corridas com muita facilidade. Nas terras distantes de Maranello, parecia não haver possibilidade de vencê-lo e até muito menos de colocar um carro na pista em um futuro próximo.

Apesar da sua falta de experiência com automóveis, Busso parecia surpreendentemente eficaz em transformar em realidade os conceitos nebulosos de Colombo. Sua prioridade era conseguir colocar em forma o motor. O primeiro exemplar foi testado no dinamômetro de Bazzi em 26 de setembro de 1946 e apresentou resultados modestos. Sem supercompressor e incipiente, o pequeno V12 gerou cerca de 60,83 cavalos, a modestas 5.600 rpm, sobretudo por causa de um sistema de ignição e um *layout* de mancais rudimentares, que remontavam ao final da década de 1930. Busso e Bazzi trabalharam duro para melhorar a situação, mas Ferrari estava bufando de impaciência. Mais de um ano tinha se passado desde que o projeto se iniciara e, naquele momento, com o negócio das máquinas operatrizes sendo reduzido progressivamente, Ferrari não tinha outra escolha senão converter o automobilismo em seu único meio de sustento.

Aurelio Lampredi, de 30 anos, chegou no início de outubro e assumiu o cargo de subgerente do pequeno escritório técnico de Busso. Ele também era especialista em motores de avião, tendo trabalhado no departamento de projetos avançados da Reggiane-Caproni, em Reggio Emília, durante a guerra. Ele ficou surpreso de encontrar Basso trabalhando praticamente sozinho, na companhia do que ele chamou de "garotinhos" — quatro desenhistas liderados por Fochi, no final da adolescência ou com vinte e poucos anos. Lampredi era um engenheiro alto e confiante, que imediatamente decidiu que Busso carecia de autoridade e conhecimento prático necessários para peitar o voluntarioso Ferrari e para ganhar a confiança de mecânicos experientes como Bazzi e Galetto. Lampredi estava mais afinado com o modo de Ferrari fazer negócios. Embora quatro anos mais novo que Busso, ele parecia mais seguro de si mesmo e rapidamente estabeleceu uma melhor ligação com Bazzi e os homens da oficina. Tinha uma sólida formação acadêmica, com um diploma de engenharia mecânica do Instituto de Alta Tecnologia de Freiburg. Portanto, ele tinha, de fato, melhores credenciais do que Busso, assim como maior experiência nas indústrias aeronáutica e siderúrgica.

Imediatamente, a dupla entrou em conflito em relação a dois problemas difíceis deixados por Colombo. Ele havia criado um tipo singular de mancal oscilante de biela que era inviável. Busso e Lampredi trabalharam em conjunto em busca de uma solução, mas a relação entre os dois era extremamente hostil, e o ambiente repleto de pressão também não ajudava. Para piorar, Ferrari estava exigindo ação em relação ao motor com supercompressor de Grand Prix. Busso tinha feito uma revisão completa dos planos confusos e incompletos de Colombo relativos ao *layout* do duplo comando de válvulas na parte superior do cabeçote. Lampredi concordou que a criação de Colombo não tinha salvação, mas disse o mesmo a respeito da solução de Busso. Construídos da maneira proposta por Busso, os cabeçotes seriam extremamente complexos e difíceis de fabricar e fazer manutenção. Havia um lado prático em Lampredi, talvez desenvolvido quando trabalhou em motores de aviões militares. Ele dava ênfase especial à simplicidade e à confiabilidade de seus projetos, qualidades que se tornariam atributos distintivos da Ferrari.

No final de 1946, a comunicação entre Busso e Lampredi se reduzira a uma série de grunhidos. Mas de algum modo, eles conseguiram obter mais potência e confiabilidade do protótipo do motor, enquanto Bazzi e seu pessoal estavam começando a soldar os leves tubos de paredes finas da Gilco para os chassis dos três primeiros 125. A Scuderia Ferrari estava há meses, talvez anos, longe de alcançar as pistas de corrida e as autoestradas da Itália, mas isso não impediu Enzo Ferrari de fazer uma aposta impetuosa. Em dezembro, convocou uma entrevista coletiva em Maranello e anunciou grandiosamente sua nova linha de carros Ferrari: o 125 Sport, o 125 Competizione e o 125 Gran Premio. Essas entrevistas coletivas à imprensa anuais se tornariam uma tradição da Ferrari, que duraria outros quarenta anos, mas, naquela ocasião, no final de 1946, tratou-se de um blefe desesperado. Nos fundos, na oficina, atrás da fachada e da enxurrada de folhetos, Ferrari sabia que tinha um grupo de engenharia que ainda enfrentava obstáculos enormes para transformar os projetos de Colombo em carros factíveis. Um mês antes, Ferrari havia dito a Cortese para que parasse de receber pedidos de máquinas operatrizes. Aquele cobertor de segurança financeira tinha sido jogado fora. O grupo de Bazzi estava construindo apenas o modelo 125 Sport, sem planos à mão para começar a fabricação de um modelo Gran Premio monoposto. Em relação ao anunciado cupê 125 Competizione, simplesmente não havia nenhuma previsão.

Com certeza a conversa com Luigi Chinetti durante sua visita a Módena ficou gravada no pensamento de Ferrari. Se Chinetti tivesse razão, o mercado norte-americano era uma aposta certa. Desde que tudo corresse conforme o planejado, uma produção limitada da versão de rua dos carros de corrida seria produzida. Contudo, Ferrari conhecia o jogo que fora jogado tão bem pela Bugatti e pela Alfa Romeo e naquele momento estava sendo jogado em Módena pela associação entre Maserati e Orsi. A regra era simples: construir carros de corrida bem-sucedidos, que melhoram a imagem da empresa, e os ricos afluiriam à porta para comprar carros semelhantes com os quais representariam suas fantasias (alguns anos depois, Ferrari dividiria seus clientes em três grupos: o "esportista *gentleman*", que está "convencido que sabe conduzir um carro quase como um piloto de corrida"; o "cinquentão", que está "fazendo um sonho se tornar realidade" e procura "recuperar um pouco de sua juventude"; e "o exibicionista", que "compra uma Ferrari simplesmente porque pode").

Ao anunciar a nova linha de carros, Ferrari previu uma enxurrada de pedidos de esportistas ricos e talvez uma infusão de recursos financeiros para levar adiante o trabalho. A publicidade talvez também trouxesse mais dinheiro de patrocínio dos fabricantes de acessórios. Em geral, foi um uso inteligente da publicidade, uma prática que Ferrari desenvolveria muito bem ao longo de sua carreira.

A imprensa italiana dedicada ao automobilismo recebeu a notícia da entrada de Ferrari no mercado de fabricação de carros como uma história importante. Naquele momento, a situação melhorou e a pequena equipe desfrutou de uma breve regeneração de espírito. Mas a realidade rapidamente interveio. Um inverno longo e cinzento estava à frente com uma enorme carga de trabalho a ser concluído antes que um protótipo de carro pudesse sair da oficina. Rapidamente, Ferrari retornou ao seu estilo gerencial atormentador e, depois de três meses, Lampredi, cansado da politicagem, dos ressentimentos e do progresso lento, pediu demissão. Fazendo uso de seu melhor talento teatral, Ferrari implorou para que ele ficasse. O 125 deveria estar pronto na primavera e disputar corridas no verão. Ferrari tentou convencê-lo de que o trabalho árduo pagaria grandes dividendos mais à frente. A discussão foi longa e explosiva, mas, no final, Lampredi cedeu. O trabalho continuou ao longo do inverno de 1947, que é lembrado como um dos invernos mais rigorosos em Módena. O próprio Ferrari disse que aquele inverno o lembrou das histórias que sua família contava acerca das impressionantes tempestades de neve que varreram o Vale do Pó na época em que ele nasceu, quase cinquenta anos atrás.

Finalmente, quase dois anos depois que ele e Colombo discutiram pela primeira vez a criação do 125, Ferrari conseguiu entrar em um esqueleto do protótipo e fazer um teste inicial. Era 12 de março de 1947, um dia do fim do inverno que Ferrari, com certeza, muitas vezes desconfiou que nunca chegaria. A máquina, pouco mais do que uma coleção de tubos do chassi e quatro rodas de aço apoiando um motor de liga de alumínio, foi retirada da fábrica por uma pequena comitiva de trabalhadores, incluindo Bazzi, Pieretti, chefe da oficina de trabalhos em metal (que estava descontente com a situação e prestes a ir embora), Galetto e, claro, Lampredi e Busso, que mal se falavam. Com o momento carregado de expectativas, uma tensão opressiva tomou conta do pequeno grupo de homens quando sentiram a impiedosa luz do sol que banhava os paralelepípedos do pátio.

Agasalhado contra o vento, Ferrari acomodou seu tamanho considerável sobre o assento do carro comprido e estreito. Penteou para trás algumas mechas do cabelo grisalho e se distraiu brevemente com os controles, tocando o conjunto de interruptores no painel de instrumentos e pisando nos pedais do freio e do acelerador. Em seguida, moveu a alavanca de câmbio através das cinco marchas para a frente. Então, estendeu a mão e pegou a chave da ignição.

Luigi Bazzi deu um passo à frente. O leal Bazzi, naquele momento com 55 anos, seis anos mais velho do que seu colega de longa data, fixou seu olhar no motor que fora fonte de tanto trabalho duro e ressentimentos por quase dois anos. Fez que sim com a cabeça para Ferrari e o motor crepitou, com seus doze pequenos pistões entrando em um ritmo de combustão como perfeitos soldados mecânicos. Bazzi sorriu, talvez se lembrando de um momento há mais de vinte anos quando se acomodou no assento do Alfa Romeo P2 de Antonio Ascari e pediu baixinho: "Deixe-me ouvir a pulsação da criatura." Os operários deram um passo atrás, respirando fundo ante o gemido e o ronco atrevido da criação conjunta deles. Aqueles situados à frente do bico desnudo do radiador abriram caminho através dos paralelepípedos.

Ferrari engatou a primeira marcha e soltou o pedal da embreagem. O disco transferiu o torque do motor para a transmissão e os pneus Pirelli estreitos giraram sobre a superfície gelada em busca de tração. Acostumado ao comportamento nervoso dos potentes carros de alto desempenho, ele rapidamente corrigiu e dirigiu a máquina, passando pelos portões da fábrica e pegando a estrada para Abetone.

Ferrari se encaminhou para o norte, afastando-se de Maranello e seguindo por um trecho plano ladeado por álamos rumo a Formigine. A escolha do caminho é reveladora. Se ele tivesse se dirigido para o sul, a estrada além de Maranello teria levado aos contrafortes dos Apeninos, onde o percurso era cheio de curvas e montanhoso. No entanto, Ferrari escolheu a longa reta, onde só a potência era levada em conta. A condução do carro era secundária, daí o chassi e os sistemas de suspensão um tanto primitivos que ficariam associados aos seus produtos nas décadas seguintes.

Longe dos portões da fábrica, Ferrari acelerou aos poucos, com o vento batendo em seu rosto e arrancando lágrimas de seus olhos sem óculos de proteção. Atrás dele, o zumbido do duplo escapamento ecoou pelas pastagens ainda amarronzadas e pelos pomares que ladeavam a estrada estreita. O motor V12, recém-saído da bancada de teste, subiu de giro com facilidade e suavidade notáveis, mais como um motor elétrico do que um motor de pequena cilindrada diabolicamente complexo, destinado a corridas e a uma nova linha de velozes carros *gran turismo*. Com 1,5 litro, o motor era só um pouco maior do que os que equipavam os triviais Fiat que infestaram as ruas de Módena antes da guerra. A potência ainda não passava dos 65 cavalos, um total baixo para um suposto carro de alto desempenho, mas compreensível para um motor em estágio inicial de evolução. A expectativa de uma enorme potência, superior a 202 cavalos, estava nos planos de Busso ao adicionar um supercompressor para as competições de Grand Prix.

Ferrari pisou firme no freio e o 125 deslizou antes de parar nos arredores de Formigine. Ele virou, pegou o caminho de uma fazenda e parou. Percorreu com os olhos a vasta planície, ainda salpicada com áreas nevadas. No limiar de seu quinquagésimo ano de vida, ele estava prestes a criar um carro com seu próprio nome, construído naquele inóspito fim de mundo emiliano que o acorrentava cada vez mais à sua paisagem hostil e sombria.

Ferrari religou o motor e voltou para Maranello. Passou pelas cinco marchas, observando o ponteiro do conta-giros alcançar o limite de segurança de 6.800 rpm. Sentiu respingos de óleo no rosto e reduziu a velocidade, percorrendo o resto do caminho até a fábrica sem forçar o motor. Parou no pátio, com seu narigão resplandecente por causa da fustigação do vento. Bazzi se aproximou, sério como sempre. Ele já tinha visto a pequena mancha de óleo sobre o capô e começou a examinar o motor em busca da origem do problema. Prontamente, ele encontrou um parafuso frouxo no lado direito da tampa do cabeçote e fez um movimento afirmativo com a cabeça. Não era nada sério. Bazzi era assim. Sempre presente. Sempre capaz de consertar as coisas. Ele era um alquimista dos motores e dotado de firmeza e determinação serena que transcendiam as constantes explosões de mau humor e ego que fustigavam a fábrica. Bazzi era a solda inquebrável que mantinha a equipe coesa, e talvez não houvesse nenhum homem que Ferrari conhecesse — ou conheceria — no qual confiasse mais. Ele era um dos únicos membros do minúsculo grupo de colaboradores próximos que tinha conhecimento de Lina e Piero e que frequentemente acompanhava Ferrari em suas visitas noturnas a Castelvetro. Se houve uma exceção à observação incisiva de Luigi Chinetti de que Enzo Ferrari "não gostava de ninguém", era Luigi Bazzi.

Ferrari desembarcou do 125 e deu uma volta completa em torno do carro em silêncio, como um cliente cético em um *showroom*. Lampredi apareceu enquanto Bassi se sentava ao volante. O pequeno grupo retrocedeu quando o motor foi religado, enchendo o pátio com seu ronco atrevido. Bazzi jogou fora a boina que nunca tirava da cabeça e saiu a toda velocidade pelo portão. Ele não era um bom motorista, mas como todos os italianos, antes de admitir isso, ele negaria sua fé na Virgem Maria. Ferrari ouviu quando seu velho amigo acelerou o pequeno motor V12 e um sorriso largo tomou conta de seu rosto. Sim, ele também tinha sentido a pulsação da criatura e isso o fez ansiar pelo grande confronto com a Alfa Romeo que em breve começaria.

Começou em Piacenza. Dois meses se passaram desde que o esqueleto do 125 foi testado pela primeira vez na estrada para Abetone. Naquele momento, era hora de testá-lo em uma competição. Muita coisa havia mudado. Bazzi e seu pessoal, trabalhando com Pieretti e seu pequeno grupo de funileiros, construíram dois 125 completos. Isso foi feito na companhia de um desesperado Busso, que estava sozinho no departamento de projeto. Lampredi tinha ido embora. Ele suportou as intimidações de Ferrari e as discussões diárias com Busso até o fim de março. Decidiu se demitir depois de um confronto ruidoso com o chefe e partiu para trabalhar na Isotta Fraschini.

A perda de Lampredi foi um revés para Ferrari, mas ele não iria permitir que isso frustrasse seu plano de estrear os 125 em Piacenza, em maio de 1947. Toda a fábrica trabalhou durante muitas horas para concluir os dois carros. Um era uma versão encorpada, "asa grossa", com para-lamas bulbosos e traseira arredondada e arrojada. A outra versão foi chamada de "charuto" pelos mecânicos, devido à sua forma tubular. Pequenos para-lamas como de motocicleta cobriam as rodas. Os dois carros estavam desprovidos das marcas de identificação vívidas que identificariam a maioria dos futuros carros esportivos da Ferrari: o emblema do cavalo rampante, a grade do tipo caixa de ovos e o inconfundível logotipo "Ferrari" sobre as tampas das válvulas do motor. Os bicos do 125 possuíam grades quadradas particularmente feias com barras horizontais simples. Na pressa de levar os carros para a pista, Enzo Ferrari abriu mão dos requintes estéticos. Afinal de contas, ele estava um ano atrasado e o retorno às competições, por mais modesto que fosse, era fundamental.

E, de fato, Piacenza seria uma estreia modesta. Não era uma corrida de Grand Prix. Não seria um confronto mortal com os odiados Alfa Romeo 158. Piacenza seria uma competição simples pelas ruas do centro da cidade organizada pelo automóvel clube local. Haveria um bom dinheiro por largada, porque Ferrari continuava sendo um mestre da negociação. Com certeza, a presença da famosa Scuderia atrairia mais espectadores para observar por trás das frágeis barreiras de feno que ladeavam o percurso. Assim, as novas Ferrari mereceram uma grande cobertura da imprensa esportiva local. A equipe de projeto da Alfa Romeo, em Portello, com Colombo de volta ao seu rebanho, observava, embora a distância, com considerável interesse. Eles sabiam muito bem que essa incursão em Piacenza era apenas um ensaio da Ferrari, com os planos de Colombo para uma versão de motor com supercompressor para provas de Grand Prix ainda presente na grande estratégia de Maranello. O que eles não sabiam era que Busso e Lampredi descobriram que o motor era basicamente inviável e que, enquanto os preparativos de última hora para Piacenza estavam sendo concluídos, Busso já tinha começado a modificar os conceitos rudimentares de Colombo e convertê-los em um motor viável.

O que Colombo e seus colaboradores na Alfa Romeo sabiam era que, mesmo Bazzi sendo um gênio da preparação de motores, eles não tinham conseguido tirar mais do que 116 cavalos do pequeno motor V12. Naquele momento, Busso enfrentava enormes desafios para transformar o 125 em algo além de um interessante carro esportivo para corridas de rua em pequenas cidades italianas de ligas de menor importância.

O *ne plus ultra* (o que há de melhor) no automobilismo, a programação internacional dos Grand Prix de Fórmula 1, estava começando a tomar forma. A primeira corrida da programação de cinco eventos seria o Grand

Prix de la Marne, em Reims, em junho, seguido do Grand Prix da Bélgica, em Spa, o Grand Prix da Itália, em Turim, o Grand Prix da Suíça, em Berna, e o Grand Prix da França, em Lyon. A Alfa Romeo era a grande favorita, possuindo não só os melhores carros, mas também os melhores pilotos. Nino Farina, naquele momento com apenas 38 anos e em seu auge, era o piloto número um, apoiado pelo magnífico Achille Varzi, que, aos 42 anos, tinha se livrado de seu vício em morfina e parecia pronto para correr a sério novamente. Didi Trossi, anteriormente da Scuderia Ferrari, também estava na equipe, e quando os planetas estavam alinhados, podia se esperar que ele guiasse de maneira brilhante. Completando a equipe Alfa Corse, dotada de pilotos de grande habilidade e maturidade, incluía-se o único não italiano: o refinado Jean-Pierre Wimille, ex-piloto da Bugatti.

O primeiro Grand Prix em Reims aconteceria quase um mês depois e isso permitiu que Ferrari conseguisse algum sucesso. Ele convidou o velho amigo Farina para correr pela equipe e a estrela aceitou. Ele conduziria um 125S, como o carro passou a ser designado, em Piacenza. Ferrari queria o piloto que mais admirava ao volante do segundo 125S (S de "sport"), mas Tazio Nuvolari não podia atendê-lo. Ele foi contratado pela pretensiosa equipe Cisitalia, criada por Piero Dusio, industrial de Turim, para a Mille Miglia, em junho, e sua saúde frágil, devastada por um enfisema, impedia uma pilotagem para seu antigo chefe. Seus pulmões estavam entregando os pontos após décadas de ingestão de fumaça do escapamento do motor, e depois de algumas voltas a tosse com sangue começava. Ele estava usando um novo tipo de máscara facial para filtrar o ar sujo, mas os benefícios eram limitados. Aos 55 anos, a carreira do lendário Nuvolari parecia perto do fim. Mas o fogo estava longe de ser abafado, e ele ansiava pelo dia em que seu corpo lhe permitiria pilotar arrojadamente qualquer carro: Maserati, Cisitalia ou a nova Ferrari. Se sua saúde melhorasse, Nuvolari assegurou a Ferrari, ele estaria pronto para dirigir no verão.

Para preencher a segunda vaga do 125S, Ferrari recorreu a Franco Corte-se, naquele momento afastado de sua carreira como representante de vendas do negócio de máquinas operatrizes de Ferrari. Cortese já havia retomado sua carreira de piloto e, em março, tornou-se membro do chamado Dusio Circus: um grupo de cinco pilotos experientes, incluindo Taruffi, Chiron

FERRARI • 199

e o brilhante Alberto Ascari, de 28 anos. Os carros eram monopostos de 1.100 cc com base em veículos Fiat. Ele tinha vencido no Cairo e essa vitória, junto com algumas boas corridas antes da guerra pela Maserati e pela extinta Scuderia Ambrosiana, lhe renderam o respeito de Ferrari. Cortese era um piloto cuidadoso e gentil, mas estava longe de ser o piloto prototípico para a Scuderia. Ferrari admirava o estilo descuidado de Nuvolari e seus ataques ao estilo banzai nas pistas de corrida. Ele gostava das táticas selvagens de Guy Moll, pelo tempo que duraram, e ainda considerava Farina como alguém que poderia assumir o manto de Nuvolari, embora, ao se aproximar dos 40 anos, o potencial de Nino, sem dúvida, já fora alcançado. Cortese era um *gentleman driver* acima da média e bom para corrigir os defeitos de um novo carro como o 125S, mas não era provável que ele se destacasse em uma corrida como o Nivola dos velhos tempos ou como estrelas em ascensão como Ascari. No entanto, Cortese estava disponível e foi escolhido para correr em Piacenza como apoio para Farina.

O fim de semana em Piacenza, como seria típico da Scuderia, foi de grandes emoções. O correspondente da revista *Auto Italiana* circulou pelos boxes espalhando o boato de que um grupo de executivos da Alfa Romeo — incluindo Colombo — tinha vindo de Portello para ver a nova Ferrari. Não foi o caso, Colombo decidiu que seria imprudente, considerando sua posição delicada com os trabalhadores, chegar perto de uma Ferrari. Porém, de modo surpreendente, o ator mais importante do elenco também estava ausente. Enzo Ferrari, cujo primeiro carro de corrida estava prestes a estrear, não estava presente em Piacenza. Depois que ele e seu pequeno grupo de trabalho trabalharam por quase dois anos para concluir o primeiro carro que levava seu nome, Ferrari não apareceu na corrida inicial. Muito seria dito em relação a sua vontade de não comparecer às corridas no decorrer da sua carreira, mas por que ele decidiu não viajar os 120 quilômetros até Piacenza para supervisionar a apresentação de talvez o mais importante carro a ostentar seu nome permanece um mistério.

No dia 10 de maio, o treino foi uma confusão. Cortese sentiu uma afinidade imediata com o encorpado 125S de funcionamento perfeito e conseguiu a volta mais rápida. Isso lhe deu a *pole position* para a corrida. Farina não se saiu bem. Pouco à vontade no circuito de rua estreito e quase retangular, ele rodou e o carro bateu com força contra o meio-fio. O 125S podia ser consertado sem dificuldade, mas depois do treino, Farina, de forma arrogante, comunicou a Ferrari por telefone que não iria participar da corrida. O temperamento de Nino era bem conhecido, assim como o de Ferrari, e embora não exista nenhum registro do confronto, podemos supor que foi monumental em termos de retórica e nível de decibéis. Sem dúvida, Ferrari teria considerado a desistência como um ato de traição imperdoável se Farina não fosse o melhor piloto italiano. Por que Farina fez isso no último momento? É possível que ele tenha sentido uma pressão considerável de Portello e tenha decidido que correr para a equipe rival — independentemente de quão pequena fosse — colocaria em risco sua participação em provas de Grand Prix com os carros da Alfa Romeo. Talvez tenha sido um momento de irritação com o novo carro ou com seu proprietário, mas o resultado foi simples: Franco Cortese, um piloto que nunca seria confundido com nenhuma das grandes estrelas do automobilismo, travaria uma batalha solitária pela Scuderia na primeira corrida com um carro com o nome da Ferrari.

Algumas notícias encorajadoras estavam vindo de Módena e Turim. A equipe Maserati, que desenvolveu o novo e potente carro esportivo A6G-CS-2000 desistiu de sua inscrição. Os carros ainda não estavam prontos para competir. A Cisitalia também devia inscrever seus novos carros P46, de 1.100 cc, mas decidiu não participar da corrida.

Essas ausências reduziram a concorrência de Cortese a um conjunto de obsoletos carros esportivos de antes da guerra conduzidos na maior parte por amadores ricos e semiprofissionais de segunda categoria. Em uma tarde nublada, os carros se alinharam ao longo da via Farnese, uma reta ladeada por árvores. O público lotava as calçadas, despreocupado do perigo, como se uma procissão de carrinhos de bebê estivesse prestes a passar. Ao lado de Cortese na primeira fila, havia um velho Maserati conduzido por Mario Angiolini e um BMW 328 modificado com Giovanni "Nino" Rovelli ao volante.

Os carros, dezenove no total, foram alinhados três a três para a largada. Com ansiedade, Bazzi e um grupo de mecânicos da Ferrari observaram quando Cortese embarcou no *cockpit* aberto do 125S e vestiu seu capacete de linho. Ele estava prestes a praticar o esporte mais perigoso do mundo usando uma proteção contra lesões tão moderna quanto a usada na primeira corrida automobilística da história, a corrida Paris-Bordéus, em junho de 1895. Mais de 50 anos tinham se passado sem avanços apreciáveis em segurança. Cortese, como seus colegas competidores, trajava roupas de rua leves, embora alguns usassem macacões finos como proteção contra poeira e graxa. Sua cabeça estava coberta com um capacete de aviador de linho para impedir um emaranhamento exagerado dos cabelos. Os capacetes de couro, utilizados inicialmente em competições de motociclismo, tornaram-se obrigatórios nas corridas norte-americanas no final da década de 1930, mas era considerado não viril envergar tal equipamento na Europa. Além disso, Cortese seguiu a velha prática de evitar o cinto de segurança, acreditando, como seus colegas, que era melhor ser jogado para fora do carro acidentado do que ficar preso dentro dele. Considerando o fato de que os carros carregavam combustível em tanques não mais resistentes ao fogo do que caixas de leite e não ofereciam nenhuma proteção contra capotamento, havia certa lógica macabra em considerar a ejeção de um carro em alta velocidade como uma opção de segurança viável.

A corrida seria disputada em um percurso total de 99 quilômetros, equivalente a quase trinta voltas ao redor do circuito de 3,2 quilômetros pelas ruas estreitas de Piacenza. O circuito de Monza, danificado pela guerra, ainda era o único autódromo permanente da Itália, sem planos para a construção de outros; todas as outras corridas seriam disputadas em vias públicas fechadas para a ocasião.

A bandeirada foi dada e Rovelli largou em primeiro, com Angiolini em sua cola. O motor de Cortese afogou e ele caiu para terceiro. Entrando de lado nas curvas, o jovem e obstinado Rovelli tinha uma grande vantagem ao completar a primeira volta. Porém, Rovelli chegou muito rápido com seu BMW ao fim da via Farnese e, apesar da freada apavorada, chocou-se contra uma pilha de fardos de feno, evitando por pouco um grupo de espectadores dispersos. Foi o fim de prova para Rovelli, dando a liderança para o Maserati de Angiolini. Enquanto isso, Cortese tinha conseguido fazer sua Ferrari funcionar com todos os 12 cilindros. Os carros da frente já tinham se distanciado dos retardatários, compostos na maior parte por velhos Lancia Aprilia e diversos carros de construção caseira. Na vigésima volta, Cortese, encorajado pelo pessoal da equipe, arrancou a liderança de um impotente

Angiolini. A Ferrari estava cantando seu agudo canto de sereia ao redor da pista de Piacenza e, faltando três voltas, abriu uma vantagem insuperável de 25 segundos. No entanto, o pequeno motor começou a engasgar, arfando em busca de combustível. Cortese lutou por alguns quilômetros e, então, encostou com a bomba de combustível quebrada.

Angiolini seguiu em frente e venceu com o Maserati, mas a Ferrari provou ser o carro mais rápido da corrida com grande vantagem. A concorrência era fraca e nenhum fabricante importante ou piloto de alto nível foi derrotado. Nem havia uma coroa de flores da vitória posta sobre o capô do 125S sujo e manchado de óleo quando foi embarcado no caminhão Fiat para a viagem de volta a Maranello. No entanto, provou ser um carro de grande potencial. Como Enzo Ferrari disse depois para Bazzi, foi "um fracasso promissor".

Em retrospecto, foi mais um fracasso do que uma estreia promissora. A corrida foi celebrada por muitos entusiastas da Ferrari simplesmente porque o modelo 125 estava liderando quando abandonou. Contudo, o fato desolador é que os concorrentes eram insignificantes na melhor das hipóteses. Com um piloto semiprofissional confiável ao volante de um carro recém-projetado, a corrida deveria ter sido um passeio. Considerando a concorrência fraca e de segunda categoria presente nos eventos regionais de carros esportivos que a Ferrari se inscreveu em 1947, o 125 era uma piada sem graça. Além dos problemas iniciais compreensíveis, era uma banheira de difícil condução e com motor fraco em comparação com os Maserati, os pequenos Cisitalia e os carros envenenados equipados com motor Fiat. Considerando o tempo, o dinheiro e o talento empregados para criá-lo, o 125 deveria ter sido imbatível. No entanto, não era apenas uma questão envolvendo seu chassi rígido e com curta distância entre eixos que fazia o carro sair de traseira, mas também seu motor — devido, em parte, ao projeto desatualizado e complicado de Colombo —, que giraria a pouco mais de 6 mil rpm ou cerca de 800 rpm abaixo do limite de segurança pretendido.

Ainda assim, havia poucos rivais importantes para se opor ao 125, e duas semanas depois de Piacenza, Cortese levou o carro para as corridas da "Temporada da Primavera Romana", em Roma, um circuito de rua ao redor das Termas de Caracala. Dessa vez ele venceu, a primeira vitória de uma Ferrari na história — pouco comemorada até mesmo pelos seus com-

FERRARI • 203

panheiros, considerando a impotência dos rivais de Cortese. Em junho, a pequena equipe disputou mais cinco corridas, colecionando duas vitórias em sua categoria, abandonando duas vezes e vencendo uma vez na classificação geral. Um dos abandonos de Cortese ocorreu durante a Mille Miglia, um desastre comercial, já que o sucesso naquele famoso evento significaria vendas importantes. Porém, uma semana antes, ele venceu em Pavia em um carro com uma carroceria construída por Ansaloni, um construtor de carrocerias local, que era tão feia e inchada que o pessoal da Ferrari a apelidou de *Tautobotte* (caminhão-tanque).

No final de maio, Nuvolari disse a Ferrari que estava pronto para pilotar de novo, mas seus serviços custariam uma fortuna. Apesar de sua idade e sua enfermidade, ele ainda era a figura esportiva mais conhecida e mais amada da Itália, e pagar por isso sairia caro. De fato, Ferrari concordou em lhe pagar 145 mil liras por duas corridas de julho ou o equivalente a cerca de 7 mil dólares atualmente. Contudo, o desembolso era uma pechincha em termos de publicidade e sucesso na pista. Nuvolari estreou em Forli e conquistou tanto a vitória na categoria de 1.500 cc como os corações dos inúmeros fãs que ladeavam a pista. Duas semanas depois, participou da corrida em Parma, onde ele e Cortese terminaram em primeiro e segundo lugares, respectivamente, com Nuvolari mostrando algo de seu antigo estilo ao "raptar" a rainha da corrida na linha de chegada e dar a volta da vitória com ela no assento de passageiro do 125. Ele não foi mais visto até o banquete de premiação mais tarde naquela noite.

A presença de Nuvolari foi um grande estímulo para a equipe, mas durou pouco. Ele tinha contratos com a equipe Cisitalia que só permitiriam sua participação em apenas mais uma corrida pela Ferrari, em Montenero, em agosto. Ele só estaria disponível novamente no ano seguinte, supondo que a deterioração de sua saúde lhe permitisse. Sem outros grandes pilotos disponíveis, Ferrari teve de se contentar com o constante, mas nada espetacular Franco Cortese e seu apoio, Ferdinando Righetti, que impressionou Ferrari no início da temporada competindo com um pouco potente Fiat-Stanguellini de 1.100 cc contra o modelo 125.

Apesar da impressão de sucesso e publicidade gerados pelo excêntrico Nuvolari, era óbvio que ele e a Ferrari tinham derrotado rivais de nível técnico inferior. Uma coisa estava clara: depois das corridas, o modelo 125 ainda estava longe de ser competitivo mesmo contra carros de construção caseira anteriores à guerra e tendia a ser trucidado nas pistas quando o novo Maserati A6GCS projetado por Alberto Massimino se posicionasse no grid de largada. Embora os irmãos Maserati estivessem perto de concluir seu contrato de dez anos com os Orsi, escolhendo permanecer em Bolonha (eles nunca se mudaram para Módena) e começar sua própria equipe sob o novo nome de Osca, eles, Massimino e Gino Bertocchi concluíram um maravilhoso carro de dois lugares e motor de 6 cilindros que Ferrari, através de fofocas, soube que estava gerando uma potência assombrosa.

Busso estava trabalhando duro em duas frentes: melhorar o desempenho do 125 e impulsionar o projeto principal — a versão Fórmula 1 do motor V12 equipado com supercompressor. A ajuda veio de uma pessoa inesperada. Giulio Ramponi, o antigo colega da Scuderia, que havia partido há muito tempo para o reino mais estável da Inglaterra, retornou a Maranello trazendo um presente muito cobiçado. Tendo tomado conhecimento que o calcanhar de Aquiles do motor de Colombo eram os rolamentos de agulhas do virabrequim excessivamente complexos e não confiáveis, Ramponi trouxe um conjunto de rolamentos de "parede fina" fabricados por um rico colega, Guy Anthony "Tony" Vandervell. Vandervell era um tenaz ex-piloto de carros e motocicletas que fez uma fortuna na guerra depois de ganhar o direito de licenciamento britânico do rolamento Clevite norte-americano, um projeto revolucionário que foi empregado pela primeira vez em aviões da Segunda Guerra Mundial e depois se tornaria um componente universal dos modernos motores de combustão interna. Imediatamente, Busso e Ferrari perceberam que o rolamento de "parede fina" era a solução para o giro anêmico do motor.

O uso dos rolamentos de Vandervall no motor de Colombo foi feito sem o seu conhecimento, pois ele estava mais uma vez envolvido em contratempos em Milão. Embora empregado na Alfa Romeo, Colombo aceitara trabalhar em outra empresa, fazendo um projeto semelhante ao que fizera na Ferrari. O projeto não envolvia um carro de corrida, mas um carro de dois lugares pequeno e barato chamado Volpe (raposa). Colombo concebeu o Volpe de modo impecável, mas a fabricante Alca exagerou na aceitação dos pedidos e, no verão de 1947, mais de 1,5 mil italianos exigiam a devolução do dinheiro por causa da não entrega dos carros. Colombo conseguiu

FERRARI • 205

evitar o fogo cruzado entre a direção da Alca e seus clientes furiosos, mas o escândalo prejudicou bastante sua situação na Alfa Romeo e por conta disso ele anunciou que estava disponível para novos trabalhos em Maranello. Isso desencadeou algumas manobras persistentes entre Ferrari e Colombo, embora o *ingegnere* concordasse com uma consultoria em tempo parcial e anunciasse que acompanharia algumas das últimas corridas da temporada.

Em Maranello, Busso concluiu uma modesta revisão do projeto do motor V12, aumentando sua cilindrada para 1,9 litro e mudando a designação do carro para modelo 159. A potência aumentou um pouco, mas a condução do carro continuava tão traiçoeira quanto antes. Bazzi, que, como todos os italianos, dirigia um carro além de suas habilidades, perdeu o controle de um dos 159 na estrada para Abetone e bateu forte, quebrando uma perna. Esse acidente tiraria sua mão firme e talentosa do projeto de ajuste fino do motor do 159 para a corrida mais importante da temporada, o confronto entre Ferrari e Maserati, no final de setembro, na casa deles, em Módena.

A Maserati estava se preparando para estrear uma dupla de seus ágeis carros esportivos A6GCS, apresentando as carrocerias radicais de Fantuzzi com um único farol na grade. Os pilotos eram uma dupla impiedosa. Gigi Villoresi fora contratado junto com seu pupilo, Alberto "Ciccio" Ascari, um jovem que já era reconhecido como um grande talento. Villoresi ainda estava furioso com Ferrari por causa da morte de seu irmão, o que só aumentou a intensidade do confronto entre os rivais da cidade. Embora houvesse considerável camaradagem entre os mecânicos das duas equipes (e o intercâmbio de boatos), os diretores das empresas estavam fixados em uma luta pelo direito de se gabar em Módena. Ferrari considerava os Orsi intrusos em seu território. Além disso, seus produtos estavam voltados para a mesma clientela de *gentlemen drivers*, o que os qualificava como inimigos comerciais de primeira ordem. Quanto aos irmãos Maserati, Ferrari os via como concorrentes legítimos nas pistas, mas nunca foi próximo deles pessoalmente. Seus escritos, como sempre, são mais reveladores se enxergarmos o que está escrito nas entrelinhas. O nome Maserati mal é mencionado e, além de algumas referências ao falecido Alfieri, nenhum dos irmãos merece reconhecimento em nenhuma das memórias.

A corrida de Módena era suficientemente séria para trazer Colombo de Milão para dar uma olhada nos carros inscritos para Cortese e Righetti. Ele examinou a suspensão dianteira sob os olhares atentos de Ferrari e Busso. O homem que, ao lado de Jano, era considerado por Ferrari um dos melhores engenheiros que ele conhecia, estudou a estrutura por alguns momentos silenciosos e carregados de tensão. Então, ele pronunciou de modo imperioso: "Está tudo errado. Vou cuidar disso sozinho".

A afronta era insuportável para Busso, que vinha trabalhando como um condenado há meses em um carro muito malconcebido pelo próprio homem que o insultava. Ele sofreu em silêncio, mas imediatamente jurou deixar a Ferrari e retornar para Milão — uma possibilidade que parecia ser encorajada por Ferrari, que, naquele momento, só tinha ouvidos para as opiniões de Colombo. Busso sairia da Ferrari no fim do ano para retornar à Alfa Romeo, onde ficou até 1977, ganhando destaque com o projeto de diversos carros de passeio.

Embora os dois 159 fossem claramente inferiores aos carros da Maserati, os dois pilotos da Ferrari os enfrentaram corajosamente nas primeiras voltas. Rapidamente, Ascari e Villoresi assumiram o controle da prova e começaram a correr próximos um do outro, em uma formação presunçosa e triunfante, enquanto as Ferrari soltavam fumaça nos boxes. O carro de Cortese parou no percurso e, após ter sido abandonado, foi atingido por um antigo Delage conduzido por Giovanni Bracco (talvez em torpor alcoólico, como era seu hábito). Os dois carros atingiram o público ao lado da pista, matando duas pessoas e ferindo gravemente muitas outras. A corrida foi interrompida depois de 24 voltas. Ciccio venceu com facilidade, com seu amigo Villoresi em segundo, enquanto Righetti batalhou para terminar em um distante, ignorado e humilhante quinto lugar. A corrida foi um triunfo para os Orsi e um desastre de primeira grandeza para Enzo Ferrari. Evidentemente, algo tinha de ser feito para se vingar na próxima grande corrida, marcada para dali duas semanas no Circuito del Valentino, no encantador e sombreado parque à beira-rio de Turim.

Antes da corrida, Colombo teve dias frenéticos tentando solucionar os problemas de condução do 159: as perigosas saídas de traseira e os freios duros como pedra, que causaram alguns momentos difíceis para Cortese e Nivola. Um carro seria inscrito em Turim e seria conduzido por um novo piloto. O francês Raymond Sommer, filho de 41 anos de um rico fabricante parisiense de feltros e tecidos, era um conhecido de longa data de Ferrari e Luigi Chinetti. Ele tinha se juntado a Chinetti para vencer as 24 Horas de Le Mans de 1932 e repetido o feito no ano seguinte conjuntamente com Tazio Nuvolari. As duas vitórias foram conquistadas ao volante de carros Alfa Romeo (embora não da Scuderia) e Ferrari estava familiarizado com o estilo obstinado e não rebuscado do francês. Colombo menciona em suas memórias do evento que Cortese "estava ausente" e a participação de Farina na corrida "ficou na fase de planejamento". Independentemente do real significado dessas explicações enigmáticas, Sommer foi escolhido como piloto. O que se sabe é que Farina havia sido demitido da equipe Alfa Romeo, em parte devido a uma discussão com Achille Varzi. É possível que Chinetti tenha participado da ligação com Sommer, pois, naquela época, trabalhava em Paris para gerar algumas vendas para a Ferrari e conhecia Sommer há anos como um possível cliente entusiasmado e endinheirado. Se Sommer pagou ou não para correr em Turim é uma incógnita, mas Colombo recordou que, após a corrida, Sommer tentou comprar o 159.

E Sommer merecia tentar, porque conseguiu uma vitória convincente — a primeira relativamente significativa de uma Ferrari, embora a concorrência ainda continuasse sendo apenas os dois potentes Maserati A6GCS e alguns Alfa Romeo antigos desencavados das principais corridas italianas de carros esportivos. A alardeada equipe Alfa Romeo de Grand Prix, o verdadeiro alvo da vendeta de Ferrari, obviamente não se inscreveu nesse evento de menor importância.

Sommer venceu com facilidade depois que Ascari e Villoresi abandonaram cedo com problemas de transmissão semelhantes. De acordo com Enzo Ferrari, isso originou um momento de drama quase operístico. O triunfo de Sommer significou muito para ele, escreveu Ferrari, tanto que procurou o mesmo banco do parque em que chorou no gélido inverno de 1919 para chorar novamente, só que dessa vez de alegria pela vitória de sua equipe. Isso pode ou não ser falso. Ferrari era conhecido por chorar (alguns dizem que ele era um excelente ator e que conseguia brotar lágrimas dos olhos no momento que quisesse) e, com certeza, a vitória foi importante para a jovem Scuderia. Mas foi mais importante do que a vitória de Cortese em Roma ou a vitória emocionante de Nuvolari em Forli? Provavelmente foi, só porque, na mente de Ferrari, que guardava mágoas como ninguém, a vitória foi, de um modo pequeno e bastante pessoal, um ato de vingança contra a imensa Fiat, que o tinha rejeitado de maneira desonrosa 28 anos antes. De fato, algumas pessoas próximas a Ferrari acreditam que ele só considerou a dívida de honra totalmente paga quando Agnelli completou a compra de sua empresa em 1969, ou seja, cinquenta anos depois.

Aparentemente, a vitória em Turim era o que faltava para concretizar definitivamente a parceria entre Ferrari e Colombo. Ambos estavam de acordo que um contrato de trabalho formal tinha de ser firmado. Sim, Gioachino Colombo, ex-integrante da Alfa Romeo SpA e da Alfa Corse, e uma das figuras mais importantes dos círculos de engenharia europeus, se tornaria membro da equipe de engenharia da Ferrari em uma base formal. Seria necessário apenas um breve encontro amigável durante um almoço farto para finalizar os detalhes. Naturalmente, Ferrari convocou seu novo engenheiro a Maranello. Sentindo-se em superioridade, Colombo insistiu que o encontro ocorresse em Milão. Ficando mais sedentário a cada dia e se recusando a fazer negociações em qualquer lugar que não fosse Módena, Ferrari não aceitou. O encontro seria em Maranello, ele insistiu. Mas Colombo não cedeu. Quando um impasse pareceu certo, Franco Cortese interveio e providenciou um acordo: o encontro aconteceria no Hotel Croce Bianca, em Piacenza, a meio caminho entre Milão e Módena. Esse mesmo terreno neutro foi o local do encontro entre Nuvolari e Ferrari, em 1935. Foi um acordo significativo, que só salienta o quanto Ferrari queria a volta de Colombo. Com certeza, furioso com a afronta, ele comprimiu o volumoso corpo dentro de seu pequeno Lancia Ardea com motor de 903 cc e 29 cavalos e pegou a via Emília para a reunião. O número de vezes que ele voltaria a ceder no que certamente considerava um ato de subordinação vergonhosa poderia ser contado nos dedos de uma mão. A única compensação para tal gesto foi o acordo com Colombo para este ingressar na empresa no final do ano. Porém, antes da mudança, o grande *ingegnere* tinha diversas questões jurídicas complexas para resolver em Milão com a direção da Alfa Romeo e com os chefes estressados da equipe Alca, que em pouco tempo seria extinta. No entanto, Colombo concordou em começar a trabalhar imediatamente no chamado 125GPC (Grand Prix Compressor) e, no fim de novembro, apresentou planos detalhados para um elegante monoposto de curta distância entre eixos.

A vitória de Sommer em Turim gerou alguns bônus. O desempenho do carro diante da próspera elite do norte da Itália representou um pequeno progresso para a empresa. Aqueles esportistas de trajes impecáveis eram a clientela básica que Ferrari almejava e, de fato, nobres como o conde Soave Besana e o conde Bruno Sterzi de Milão, assim como o príncipe exilado russo Igor Troubetzkoy (então casado com Barbara Hutton, herdeira da rede de lojas Woolworth), apareceram posteriormente em Módena para examinar as possibilidades de comprar carros novos. Em dezembro, vários desses estavam sendo construídos, para se juntar aos três que foram fabricados em 1946 e 1947. Um deles seria o primeiro cupê — carro pequeno e robusto, com carroceria da Allemano que tendia a um quadrado — que traria para a Scuderia sua primeira vitória na Mille Miglia na primavera seguinte.

Melhor ainda, Aurelio Lampredi estava de volta. O projeto Monterosa da Isotta Fraschini havia fracassado, e o homem que tinha mostrado tanto potencial antes de entrar em conflito com Busso e Ferrari, começou a prestar alguma consultoria em tempo parcial. Ferrari deve ter apreciado a possibilidade de ter Colombo e Lampredi em sua equipe de projetos, embora durante discussões preliminares indicou a Lampredi que Colombo atuaria meramente como consultor da empresa. Aquela pareceu uma opção satisfatória para Lampredi, que concordou em se juntar novamente à Ferrari no fim do ano. Ele nunca havia se encontrado com Colombo, que, naquele momento, Lampredi ainda considerava um "mago". Em pouco tempo, essa estima se deterioraria e se converteria em aberta hostilidade, mas, no fim de 1947, a associação de Ferrari, Colombo e Lampredi pareceu atraente para todos os envolvidos. Com certeza, Ferrari devia estar satisfeito com a perspectiva de ser capaz de usar suas habilidades claramente reconhecidas de "agitador de homens" para fomentar uma rivalidade entre os dois projetistas que desencadearia uma torrente de criatividade. Nos anos seguintes, ele acionaria essa técnica de gerar competições entre seu pessoal em favor de uma grande arte. Já a competição de Busso contra Lampredi e Colombo tinha produzido um carro melhor. Com certeza, a competição vindoura entre Lampredi e Colombo seria ainda mais proveitosa.

CAPÍTULO 10

A vida de Enzo Ferrari estava ficando presa a um ritual trivial. Todas as manhãs, ele acordava no apartamento situado no andar superior do prédio da Scuderia. Depois de ver o jovem Dino partir para as aulas no Instituto Técnico Corni, nas proximidades, ele saía para fazer a barba com seu barbeiro favorito. Em geral, as manhãs eram passadas no escritório bagunçado da Scuderia, onde reuniões eram realizadas, clientes importantes eram recebidos e a correspondência urgente — habitualmente escrita com sua letra cursiva inconfundível em cor roxa — era organizada. Depois do almoço, ele pegava a direção sul e percorria o trecho de 16 quilômetros da estrada para Abetone até a fábrica, onde Lampredi, Bazzi, Giberti e os demais seriam pressionados a se apressar no forjamento e na fundição de peças de metal bruto — ainda escasso na Itália do pós-guerra — que comporiam as primeiras Ferrari.

Ali, Ferrari imperava sobre um grande escritório no andar térreo, com as paredes pintadas de azul-escuro. No centro, havia uma imensa escrivaninha que obrigava os visitantes a praticamente se prostrarem quando apertavam as mãos sobre ela (aquela era a afronta final para muitos depois de aguentarem uma espera silenciosa, fria e frustrante em uma sala sem aquecimento perto do portão antes de ser permitida a entrada). Ao contrário do escritório que ele ainda mantinha na Scuderia em Módena, que estava repleto de troféus e fotos, o espaço de Maranello era austero e sem adornos. Não precisava ser diferente, porque Ferrari quase nunca ficava ali por longos períodos. A maior parte do dia, ele passava nas oficinas da fábrica, onde Bazzi e os mecânicos trabalhavam em um novo chassi e um grupo de operadores de máquinas especializados realizava o trabalho de acabamento em peças fundidas do motor e da transmissão.

Ao lado, nas salas de desenho, Lampredi e Colombo — que se deslocava de Milão de tempos em tempos — concluíam os desenhos para os novos projetos, que eram decisivos para a próxima fase da equipe: ganhar corridas e criar uma linha de carros esportivos vendáveis, que, por sua vez, gerariam capital suficiente para ganhar mais corridas. Os esforços de Colombo se concentravam em levar adiante o 125GPC, o carro de Fórmula 1 com motor equipado com supercompressor, que continuava sendo o objetivo supremo de Ferrari. Enquanto isso, Lampredi estava prestes a finalizar o modelo 166, com a versão 2 litros do motor aspirado do 125/159, que formaria a base da linha de carros esportivos para os consumidores.

A rotina noturna de Ferrari assumia duas formas. Na maioria das noites, ele voltava para a Scuderia para um jantar em família e uma noite de leitura sobre uma variedade de assuntos, desde livros de política e filosofia até jornais de esportes, nos quais notícias sobre a Scuderia Ferrari ainda eram relegadas a um pequeno espaço, em comparação com a Alfa Romeo e até mesmo a Maserati. Mas em outras noites, ele dizia para Bazzi, Pepino Verdelli e às vezes Colombo: "Vamos pegar o caminho mais longo para casa". Isso significava um desvio para Castelvetro e para os braços da serena Lina e do pequeno Piero. Ali, testemunhas oculares afirmam, era onde toda sua rigidez ia embora. Sua pose, sua aspereza e seu temperamento explosivo desapareciam assim que ele entrava na pequena casa fechada com persianas. Ferrari tolerava da criança indócil todo tipo de provocações e brincadeiras estúpidas. Essa despretensão não é incomum para um homem importante perto de sua amante, mas para um homem como Ferrari, que estava desenvolvendo um desinteresse exagerado em público, essa reversão aos hábitos de um velho *padrone* (senhor) era uma transformação chocante.

Ferrari também representava o papel de filho zeloso. Assim como acontece com todos os italianos, sua mãe permaneceu sendo um fator poderoso em sua vida, embora ele constantemente servisse como intermediário — e juiz ocasional — entre ela e Laura. As duas eram mulheres voluntariosas e eloquentes, e os encontros delas, embora felizmente poucos, eram sempre litigiosos.

Em fevereiro de 1948, prestes a celebrar seu quinquagésimo aniversário, o futuro da empresa de Ferrari parecia relativamente brilhante. Um tanto surpreendentemente, dadas suas distintas filosofias em termos de engenharia, Lampredi e Colombo estavam se dando bem, muitas vezes jantando juntos após o trabalho para levar adiante suas discussões. Colombo era da escola de Jano, um inovador e experimentador prático acostumado a mexer e modificar um projeto até que funcionasse. Na maioria das vezes, seus planos eram pouco mais do que esboços inspirados de motores de corrida de alta rotação e equipados com supercompressores. Por outro lado, Lampredi era um engenheiro aeronáutico formado, que acreditava que planos cuidadosamente concebidos e matematicamente corretos deviam preceder qualquer fabricação real e que um mínimo de mudanças devia ser necessário. Os motores de carros, de acordo com ele, deviam ser como os dos aviões: confiáveis, relativamente simples e de fácil manutenção.

Em Nova York, Luigi Chinetti abriu uma loja em uma garagem lúgubre na rua 49 Oeste, em Manhattan. A nova loja chamou pouca atenção, mesmo entre os ricos aficionados por carros esportivos que moravam nas proximidades. Para a maioria deles, o nome Ferrari não significava nada, embora o envolvimento de Chinetti na pequena concessionária tivesse certo impacto. O plano era promover uma série de corridas amadoras, e se a nova marca italiana se apresentasse minimamente perto das descrições hiperbólicas de Chinetti, as vendas estariam garantidas. A curto prazo, Chinetti planejou administrar seu negócio em Paris e Nova York, mas, no final das contas, emigrou para os Estados Unidos para explorar o que considerava o filão principal dos novos aficionados da Ferrari. Ele só precisava de automóveis, que Ferrari prometera, desde que ele conseguisse gerar dinheiro suficiente para iniciar uma produção em pequena escala. Chinetti sabia que milhares de norte-americanos tinham voltado para casa da Europa com interesse em carros de alto desempenho. Criou-se uma nova organização nacional, o Sports Car Club of America, e uma corrida pelas ruas de Watkins Glen, em Nova York, estava sendo planejada para o outono de 1948. O formato seria uma cópia dos eventos totalmente não profissionais do British Racing Drivers Club, grupo conservador de esportistas ingleses que competiam apenas como amadores puros e cujo lema não dito era "o público certo sem aglomerações". Nos Estados Unidos, os esportistas pertenciam a um grupo recém-formado de ricos amadores, que moravam em sua maioria nos subúrbios chiques de Nova York, Filadélfia e Palm Beach, e que Chinetti visava com astúcia como sua clientela. Ele já havia se familiarizado com o grupo principal durante seu exílio no Queens durante a guerra e, naquele momento, começou a usar seus consideráveis poderes de persuasão para vender o carro mais ousado e agressivo de todo o conjunto de glórias da Ferrari, embora isso acontecesse quase um ano antes que um carro realmente chegasse à costa norte-americana.

O próprio Ferrari se deu conta do potencial do grupo equivalente na Itália e tinha, há muito tempo, se tornado benquisto dos irmãos Gabriele e Soave Besana, nobres milaneses que encomendaram um 166SC (Spider Corsa) no fim de 1947. Com isso, eles são reconhecidos como os primeiros clientes de Ferrari (embora haja alguma discussão referente a se Sommer comprou ou não o carro que ele conduziu em Turim, em setembro de 1947). Dois outros aristocratas, Bruno Sterzi, também de Milão, e o príncipe exilado da dinastia Romanov, Igor Troubetzkoy, também encomendaram 166 Spiders similares para sua equipe, a Gruppa Inter. Assim como os Maserati A6GCS, que também eram construídos em Módena, esses primeiros carros eram máquinas com tripla finalidade. Podiam ser dirigidos em vias públicas, podiam ser pilotados em corridas de carros esportivos como o Giro di Sicilia ou a Mille Miglia e podiam, sem para-lamas ou outros equipamentos, ser inscritos nos eventos internacionais de Fórmula 2 (para carros com rodas descobertas e motores de 2 litros ou menos). Mas, em geral, esses primeiros clientes, sendo competidores amadores capacitados, pretendiam usar suas novas Ferrari nos bulevares elegantes de Roma e Milão e em corridas de carros esportivos selecionadas. Caberia aos contratados de Ferrari, incluindo Sommer, Cortese, Righetti e Nuvolari (quando e se ele estivesse saudável e disponível — ele passara acamado a maior parte do inverno), pilotar seriamente e ganhar corridas.

O primeiro grande evento da temporada foi o Giro di Sicília, em abril, e a fábrica conseguiu concluir três carros a tempo para inscrevê-los. O conde Soave Besana se juntou com Bruno Sterzi; Franco Cortese tinha outro 166SC inscrito pela fábrica; e Troubetzkoy foi inscrito com Clemente Biondetti, especialista em Mille Miglia, em um novo carro de dois lugares 166, encorpado e grande demais, com uma carroceria de origem desconhecida (mas provavelmente fabricada pela Allemano). Biondetti era um toscano rico, que venceu as Mille Miglia de 1938 e 1947 em um Alfa Romeo 8C-2900S, reconhecido como um dos pilotos de longa distância mais tenazes do mundo. Troubetzkoy correria com ele, como navegador e piloto de apoio em tempo parcial, sob o nome de Igor.

Biondetti e Igor venceram na Sicília, o que, em termos comerciais, era uma vitória tão importante quanto a de Sommer em Turim no ano anterior. Gerou uma enxurrada de pedidos — incluindo um do próprio Troubetzkoy — e preparou o terreno para uma exibição de peso na vindoura Mille Miglia. Também seria a última corrida a ser disputada por Tazio Nuvolari.

Os relatos divergem muito a respeito de como o piloto imortal, naquele momento com 56 anos, em péssimo estado de saúde e ainda deprimido com a perda de seu segundo filho, pilotou na Milla Miglia. Alguns afirmam que Ferrari tomou conhecimento que a Alfa Romeo pretendia contratá-lo para uma última pilotagem, para defender o recorde deles de vitórias na Mille Miglia (uma derrota — em 1931 — desde 1928). Então, Ferrari se encaminhou para a casa de Nuvolari, em Gardone, e o convenceu a participar da corrida. Outros afirmam que Nuvolari foi a Maranello e, depois de ser apresentado aos carros na oficina, decidiu correr no mesmo instante. Provavelmente, essas duas histórias são falsas.

Está documentado na excelente biografia de Nuvolari, de autoria de Cesare De Agostini, que ele havia pretendido disputar a Mille Miglia vários meses antes da corrida de maio e que tinha fechado um contrato com a equipe Cisitalia de propriedade de Dusio. Mas, em 27 de abril, uma semana antes da largada, seu carro foi destruído por outro piloto em um acidente rodoviário e Nuvolari foi avisado por um telegrama de Dusio que nenhum carro da Cisitalia estaria disponível. Foi só então que o contato foi feito com Ferrari.

Independentemente do fantástico aspecto romântico dado à união dos dois homens, provavelmente houve pouco sentimentalismo associado a ela. Lembremos que Nuvolari deixou a Alfa Romeo e a Ferrari em meio a um notável ressentimento e que o relacionamento deles na década de 1930 foi tempestuoso, na melhor das hipóteses. Mas Ferrari certamente queria Nuvolari em um de seus carros, como em 1947, pelo mero valor publicitário. Embora eles não fossem amigos íntimos, com certeza, se respeitavam.

Um célebre jornalista italiano de automobilismo da época, Corrado Filippini, relatou em sua revista *Auto Italiana* que Ferrari levou Nuvolari até as oficinas e lhe deu a opção de dois carros, um 166SC, que seria vendido ao príncipe Troubetzkoy, que o ofereceu a Nuvolari, ou um cupê Berlinetta com carroceria da Allemano que estava em preparação desde o final de 1947. Nuvolari escolheu o Spider sem capota. Argumentou que o carro fechado seria muito restritivo para seus pulmões lesionados. Foi uma decisão sábia. Clemente Biondetti, que então ficou com o cupê na falta de outra opção, iria sofrer. Ele e seu copiloto, Giuseppe Navone, ficariam sufocados por causa da fumaça do motor, ensurdecidos pelo barulho e cegos pelas janelas cronicamente embaçadas ao longo de todo o percurso no carro malprojetado.

A ideia do envelhecido, heroico e azarão Nuvolari e seu mecânico, Scapinelli, enfrentando a chuva, a neve e o gelo dos desfiladeiros dos Apeninos em um carro sem capota, enquanto seu principal adversário, o refinado Biondetti, pilotava em um presumido luxo, induziu uma orgia nacional de simpatia. Nuvolari respondeu em grande estilo. No início, Alberto Ascari liderou com seu Maserati A6GCS, mas abandonou em Pádua. Em seguida, Cortese assumiu a ponta, mas sua caixa de câmbio — o calcanhar de Aquiles perpétuo das primeiras Ferrari — quebrou, e ele teve de abandonar. Um Alfa Romeo 6C-2500 especial, que era um carro de antes da guerra atualizado, com carroceria nova, foi conduzido de forma severa por Consalvo Sanesi e quebrou quando estava em segundo lugar. Equipados com motores pequenos e desgastados, nada menos que dez Cisitalias largaram, mas nenhum era competitivo. Depois que o pelotão da frente desceu pela costa adriática e começou a subir os desfiladeiros de Furlo e Scheggia, nos Apeninos, o ardiloso Nuvolari começou a usar as inúmeras curvas em seu favor (ele chamava os trechos sinuosos de "meus recursos"). Ele guiou com disciplina cirúrgica, desmentindo sua reputação de comportamento adoidado ao volante. Em Ravena, Nuvolari tinha a liderança e estava abrindo uma boa diferença sobre seus rivais. Mas o carro estava se despedaçando. Ao chegar ao posto de controle de Roma, seu para-lama dianteiro esquerdo e todo o capô tinham sumido (o público atribuiu isso ao estilo de pilotagem chucro de Nuvolari, mas era, de fato, um defeito da carroceria).

Com o queixo projetado para a frente e o cotovelo esquerdo golpeando as costelas de Scapinelli enquanto atacava as curvas, Nuvolari guiava como um homem renascido. Então, entrou muito rápido em uma curva, rodou e caiu em uma vala, danificando a suspensão traseira e fazendo o assento de Scapinelli se soltar dos suportes. Sem desistir, Nuvolari enfrentou os temíveis desfiladeiros de Futa e Raticosa em uma série de declives perfeitamente executados, e em Bolonha tinha uma vantagem de 29 minutos sobre Biondetti, que estava fazendo um grande esforço no fétido cupê.

Nuvolari avançou pelas planícies do Vale do Pó aparentemente em direção a uma brilhante vitória. Então, uma manilha da mola danificada cedeu e a pequena Ferrari parou em Villa Ospizio, perto de Reggio Emília. Furioso, Tazio Nuvolari saiu do carro, encerrando a última pilotagem titânica de sua incomparável carreira. Ele correria mais algumas vezes antes de sua morte, em 1953 (ironicamente, na cama), mas nunca mais com o brio que exibiu pela última vez na Mille Miglia de 1948.

Clemente Biondetti conseguiu vencer com facilidade sua terceira Mille Miglia, terminando mais de uma hora e meia à frente do segundo colocado a bordo de um minúsculo Fiat 1100S. De fato, entre todas as Ferrari, os Maserati e os Alfa Romeo inscritos, o carro de Biondetti foi o único a terminar entre os dez primeiros. Uma Ferrari venceu a mais prestigiosa corrida de carros esportivos da Itália e, como esperado, outros pedidos chegaram.

No verão de 1948, enquanto a equipe Ferrari estava envolvida em uma agenda bastante ativa de competições relativamente de menor importância de Fórmula 2 e de carros esportivos, Enzo Ferrari dirigia sua atenção para dois grandes objetivos: a conclusão do monoposto 125GPC, projetado por Colombo, que ficou na prancheta de desenho por quase três anos, e uma pequena operação de produção dos elegantes carros da série 166 que poderiam ser utilizados tanto como carro de corrida quanto como carro de luxo *gran turismo*.

A prioridade era o carro de corrida. A Alfa Romeo e a Maserati já tinham excelentes carros de antes da guerra nas pistas e havia muitos rumores de que um grupo de ricos esportistas britânicos estava apoiando um projeto da British Racing Motors (BRM) para produzir um monstro com motor de 16 cilindros equipado com supercompressor. Piero Dusio tinha contratado o estúdio de design Porsche — naquele momento, funcionando em uma antiga serraria reformada na Áustria — para criar um supercarro revolucionário com tração nas quatro rodas e motor central boxer de 12 cilindros no espírito do antigo Auto Union. Como seu chefe, Ferdinand Porsche, estava na época sendo mantido como refém pelos franceses (depois de o terem enganado para projetar o Renault 4CV para eles), o estúdio assumiu o projeto na esperança de que o dinheiro de Dusio ajudasse a pagar o resgate para sua libertação. O carro, o Cisitalia 360, estava condenado ao fracasso, por causa dos problemas financeiros de Dusio, mas certamente foi o carro mais avançado do período de pós-guerra.

A Alfa Romeo ainda era a dona do pedaço. O antigo motor do 158 foi melhorado (por Colombo) para produzir 310 cavalos, e com a suspensão corrigida, o carro foi atualizado e virou o modelo 158D, máquina consideravelmente avançada em relação à que a Scuderia usou dez anos antes. A Maserati também não permaneceu parada. Massimino melhorou radicalmente o antigo modelo 4CL, com o chassi recebendo uma avançada suspensão dianteira, com molas helicoidais, e o motor acolhendo um supercompressor de dois estágios que elevou a potência para 260 cavalos. Os novos carros, a serem conduzidos por Villoresi e por Ascari, em rápida ascensão, foram chamados de 4CLT/48 San Remo, em alusão à vitória na estreia na corrida de menor importância realizada em San Remo.

O governo francês também estava financiando um projeto por meio do Centre d'Études Techniques de l'Automobile et du Cycle para produzir um exótico carro de Fórmula 1 com motor V8 equipado com supercompressor de dois estágios. O motor era bastante potente, mas o chassi era insatisfatório. A ambiciosa iniciativa foi abandonada em 1947, depois da construção de dois carros.

Contra tudo isso, Colombo trabalhava com a realidade de que seu motor V12 com supercompressor estava gerando modestos 225 cavalos no dinamômetro e não apresentava uma rotação maior do que 7.500 rpm, embora fosse projetado para funcionar melhor a 10.000 rpm. Além disso, o chassi no qual esse fraco motor seria instalado estava longe de ser de última geração, montado como era sobre a comprovada, mas sem inspiração, suspensão dianteira de feixe de molas dos carros esportivos e sobre uma traiçoeira suspensão traseira com eixo semirrígido e barras de torção (logo seria substituída por um único feixe de molas).

Com o progresso do trabalho no 125GPC, a Alfa Romeo se inscreveu confiantemente na temporada de Grand Prix de 1948 com quatro dos melhores pilotos do mundo: Achille Varzi, o líder da equipe titular, que estava voltando rapidamente à forma de antes da guerra; o brilhante Jean-Pierre Wimille e seu nariz achatado; Didi Trossi, que tinha amadurecido e virado um disciplinado piloto de apoio; e o regular Consalvo Sanesi, um confiável quarto da equipe, que havia ocupado o lugar do flamejante Farina, que fora demitido no ano anterior por discutir sobre a designação da vaga de primeiro piloto para Varzi. A primeira corrida deles seria o Grand Prix da Suíça, no complicado circuito de Bremgarten, nas proximidades de Berna. No fim de semana frio e chuvoso de 4 de julho, Varzi levou o novo 158D para um treino no final da tarde no circuito de estrada de 7,3 quilômetros. Em uma falta de concentração momentânea, esse piloto controlado, que raramente errava, pegou um meio-fio e o grande Alfa capotou. Varzi foi jogado fora do *cockpit* e morreu instantaneamente. Aturdida, a equipe Alfa anunciou sua desistência da corrida em luto por seu líder de 44 anos, mas Norma, a mulher de Varzi, insistiu para que permanecessem na corrida em homenagem ao marido. Seu pedido foi atendido, com Trossi vencendo e Wimille terminando em segundo, provavelmente contido por ordens da equipe. Varzi foi enterrado em Galliate, sua cidade natal, depois de um velório que atraiu milhares de fãs desnorteados.

Foi apenas o começo de uma série de desastres que atingiriam a equipe Alfa Romeo durante a temporada. Pouco depois da morte de Varzi, Didi Trossi recebeu o diagnóstico de câncer de pulmão. Embora continuasse correndo corajosamente com a saúde em declínio, ele morreria em um hospital de Milão no início do ano seguinte. Além disso, a fábrica da Alfa, ainda carente de dinheiro em seu período de recuperação pós-guerra, estava trabalhando duro para criar os novos carros de passeio da série 1900, seu primeiro automóvel de produção original desde meados da década de 1930. O projeto estava sendo conduzido pelo brilhante Orazio Satta Puglia, conhecido simplesmente como Satta, o maior responsável pelo desenvolvimento contínuo do 158 após a partida de Colombo para a Ferrari. No entanto, havia dúvidas a respeito de por quanto tempo a empresa carente de recursos financeiros poderia bancar, ao mesmo tempo, a criação de uma nova e ampla linha de carros de passeio e uma grande iniciativa em competições de Grand Prix.

Independentemente disso, a Alfa Romeo voltou a vencer no Grand Prix da França, em Reims, com Wimille, que naquele momento estava sendo considerado o melhor piloto do mundo. Enquanto a Maserati participava de diversas corridas pela Europa, a Alfa limitou sua atividade aos grandes eventos internacionais de Grand Prix, dos quais havia apenas quatro programados em 1948. O próximo estava marcado para 5 de setembro: o Grand Prix da Itália, em Turim, no circuito Parco Valentino, com extensão de 4,8 quilômetros. Satta e seu pessoal sabiam que aquela prova marcaria o primeiro de uma série de confrontos com Enzo Ferrari, seu ex-aliado e atual rival.

Durante o verão, Colombo, Bazzi e o pessoal da Ferrari trabalharam para concluir os três carros 125GPC a tempo da corrida de Turim. Com Nuvolari novamente muito doente para dirigir, Ferrari contratou Farina, que estava disponível, como seu principal piloto. Raymond Sommer, que venceu com tanto elã no ano anterior na mesma pista, faria parte do grupo de pilotos, assim como um recém-chegado, um homem que o público conheceria simplesmente como B. Bira. Na realidade, ele era Birabongse Bhanudej Bhaanubandh, príncipe real do Sião. Apesar de nunca ter sido membro de uma equipe de primeira linha de Grand Prix, Bira, educado em Cambridge e Eton, era um respeitado concorrente e frequentemente corajoso, que fez algumas corridas excelentes até sua aposentadoria em 1954. O motivo exato para a contratação de Bira por Ferrari é desconhecido, mas é possível que o príncipe "tenha alugado" o carro para correr, contribuindo para os cofres da Ferrari pelo privilégio de participar de uma corrida da qual ele ficaria de fora.

Como Farina era natural de Turim, ele foi escolhido para realizar os testes iniciais no circuito Parco Valentino. Isso foi feito logo cedo, antes que o tráfego normal tomasse conta das vias públicas. Podemos imaginar os cidadãos de Turim acordando com o ronco de um motor V12 equipado com supercompressor ecoando às margens do rio Pó enquanto Farina dava voltas pelo circuito na penumbra antes da aurora?

O Grand Prix foi realizado sob chuva torrencial, com Sommer se classificando em um surpreendente terceiro lugar. Ele correu junto aos líderes e Farina bateu contra um meio-fio em um momento de costumeiro excesso de exuberância, furando seu radiador. Bira abandonou, mais uma vez devido ao problema crônico da Ferrari com a transmissão. Sommer pilotou com entusiasmo e perdeu o segundo lugar para o Maserati de Villoresi por menos de um comprimento de carro. Wimille venceu com facilidade com um Alfa Romeo.

A estreia do carro da Ferrari de Grand Prix esteve longe de ser esplêndida. Não só o motor desenvolveu quase 100 cavalos menos do que os triunfantes carros da Alfa Romeo, mas também a curta distância entre eixos e a suspensão ineficiente fizeram o carro sair de traseira de modo quase incontrolável. Pior ainda: o formato do cabeçote era a fonte de vazamentos graves de fluido resfriador e seria necessário o espírito paciente de Bazzi para encontrar uma solução.

Novamente, a celebração habitual do mito da Ferrari obscurece o fato de que o 125GPC era um concorrente fraco e decepcionante. Afinal de contas, era o único carro do pós-guerra na pista em 1948 e estava competindo contra carros Alfa e Maserati que tinham pelo menos dez anos de idade (embora atualizados). Apesar de quase três anos de desenvolvimento, o carro deve ser julgado como um trabalho medíocre. Enzo Ferrari precisava de um golpe de sorte para tornar o carro vencedor. E como aconteceria diversas vezes em sua longa carreira, ele o receberia no ano seguinte.

Felizmente, o projeto simultâneo de desenvolver o carro esportivo e um carro de passeio da série 166 estava rendendo mais frutos.

Em março de 1948 Ferrari entrou em contato com seu ex-colega Felice Bianchi Anderloni, proprietário da Carrozzeria Touring Superleggera, alguém que ele conhecia desde sua época como piloto, no início da década de

1920. Como era seu costume, Ferrari preferia lidar com pessoas e empresas conhecidas sempre que possível e tinha trabalhado com a Touring durante seus anos na Alfa Romeo, e quando Anderloni fabricou as carrocerias dos dois modelos 815 antes da guerra. A Touring (que tinha rapidamente se livrado de seu nome do período fascista quando a paz chegou) era apenas uma entre uma dezena ou mais de empresas construtoras de carrocerias sob encomenda situadas em Milão e Turim. Foi mediante a ligação de Busso com Allemano que a carroceria do 166 vencedor da Mille Miglia foi criada, mas seu estilo era alongado e quadrado e a empresa não foi escolhida para produzir o primeiro *gran turismo* legítimo da Ferrari.

Essa honra coube a Anderloni e seu pessoal. Em maio de 1948 eles estavam fabricando dois tipos de carroceria em sua pequena oficina milanesa localizada na via Ludovico di Breme. Um seria o Berlinetta de quatro lugares, especificado por Ferrari, e o outro um pequeno carro de dois lugares, aberto e encorpado. As especificações eram, de acordo com Ferrari, baseadas no pequeno cupê Lancia Ardea que ele usava como carro pessoal, o que significava que os dois carros seriam quase miniaturas em comparação com o imenso Alfa com longa distância entre eixos que a Touring tinha produzido sobre o chassi do antigo 8C-2900 de antes da guerra.

As contribuições estéticas de Enzo Ferrari para esse projeto foram limitadas ou inexistentes. Apesar de seus carros se tornarem célebres por suas linhas esplêndidas, não há nenhuma evidência de que ele influenciou suas formas externas. Se Ferrari foi capaz de fazer desenhos, nenhum exemplo de seu trabalho jamais foi revelado. Se ele, alguma vez, usou seus consideráveis poderes de persuasão para forçar homens como Anderloni a criar formas ou estilos que fossem expressões vívidas de sua sensibilidade artística, tal crédito nunca foi concedido pelos próprios estilistas. A contribuição de Ferrari para a beleza externa de seus carros foi sua capacidade de selecionar os melhores fabricantes de carroceria da Itália, cujos proprietários criaram formas belíssimas para seu cliente. No entanto, Ferrari frequentemente colocava seu imprimátur nos projetos, aprovando a posição do assento. Como ele era corpulento, com cintura avantajada, o volante era colocado bem à frente do assento e ficava bastante inclinado para favorecer sua posição preferida de condução. Isso dificultou a condução de uma Ferrari por homens e mulheres pequenos, que descobriram que as preferências do *Commendatore* impossibilitavam que alcançassem os pedais ou o volante.

O plano era concluir os dois carros com carrocerias de Anderloni a tempo de serem expostos no Salão do Automóvel de Turim, de 15 a 25 de setembro, alguns dias depois da corrida do Grand Prix. Luigi Chinetti já havia indicado que compraria um dos carros, fazendo com que o cumprimento do prazo de conclusão fosse fundamental. Se a pressão para concluir as duas Ferrari afetou sua saúde ou não é uma incógnita, mas, em junho, Anderloni morreu subitamente e o projeto parou por curto tempo. Então, seu filho, Carlo Felice, assumiu o comando da empresa e o trabalho recomeçou.

Em meados do verão, um número considerável de carros de corrida 166SC com para-lamas de motocicleta tinha sido concluído, mas eles representavam uma linha distinta de produção. Os carros de passeio seriam máquinas civilizadas, completas, com capotas, janelas, aquecedores e estofamento de couro. Havia uma grande rivalidade entre os diversos fabricantes de carrocerias italianas e cada um tentava superar os outros em termos de estilo original e habilidade artesanal refinada. Cada carroceria era feita a mão por artesãos que martelavam as chapas de alumínio sobre moldes de madeira e as modelavam. Em seguida, eles as colocavam, com todo o cuidado, sobre a estrutura tubular leve especial da Touring; uma técnica que gerava uma carroceria *superleggera* (superleve), mas muito forte.

Ferrari tinha motivos legítimos para acreditar que seria bem-sucedido em vender uma quantidade limitada de carros *gran turismo*. Ele havia elaborado um plano com Anderloni pelo qual encomendaria lotes de três a dez carrocerias de cada vez. Seu pessoal entregaria o chassi para a Touring, momento em que o cliente seria capaz de escolher certos detalhes, incluindo cor, estofamento e, em alguns casos, acabamento externo especial. Até a aquisição do controle pela Fiat, quase um quarto de século depois, todos os carros de passeio da Ferrari seriam produzidos dessa maneira e, portanto, quase nenhum seria idêntico.

Enquanto Sommer cruzava a linha de chegada em Turim, o pessoal de Anderloni estava dando os retoques finais de tinta vermelha brilhante nos dois 166. Ambos estavam pintados com esse vermelhão singular, com leve

FERRARI • 223

tom metálico, em contraste vívido com a anterior cor de vinho tinto, um tanto melancólica, que revestia os flancos dos primeiros 125S.

A exposição de Turim era uma das maiores de seu tipo no mundo, e toda a elite de fabricantes de carros e carrocerias estava representada. Em 14 de setembro de 1948, o Salão do Automóvel foi aberto para a imprensa para uma apresentação prévia especial, e os jornalistas encontraram as duas Ferrari separadas. O pequeno carro de dois lugares era o único representante da nova empresa Ferrari, enquanto o elegante carro de quatro lugares ocupava uma posição central no estande da Touring.

O carro de dois lugares impressionou o público. Era uma fascinante sinfonia de curvas harmoniosas e sensuais que camuflava a curta distância entre eixos. A grade parecia uma boca larga e impetuosa e não a configuração do tipo caixa de ovos (que se tornaria uma marca registrada um ano depois), incluindo uma série de barras horizontais de alumínio polido. O para-brisa era apenas uma placa curvada de acrílico e o estofamento de couro macio, em contraste com a cor vermelha brilhante, era de cor castanho-amarelado.

Imediatamente, alguém apelidou o carro de "barchetta" ou "barquinho". O jornalista Giovanni Canestrini escreveu que achou o estilo "desconcertante", mas a opinião geral a respeito dos dois carros foi positiva, e eles foram vendidos rapidamente. O conde Bruno Sterzi, antigo cliente da Ferrari, comprou o compacto cupê Berlinetta de quatro lugares. Imediatamente, Luigi Chinetti revendeu o Barchetta para Tommy Lee, rico e entusiasta revendedor de carros Cadillac em Los Angeles. Não só Chinetti estava providenciando a venda da primeira Ferrari para um cliente norte-americano, mas também iria correr em Montlhéry, junto com o esportista britânico lorde Peter Selsdon, nas 12 Horas de Paris. Eles pilotaram um dos primeiros carros de corrida 166SC, e venceram com facilidade — a primeira vitória em corridas de longa distância de uma Ferrari fora da Itália e um progresso significativo em termos de notoriedade. Além disso, o carro seria novamente vendido para um norte-americano.

Briggs Cunningham era um herdeiro muitíssimo rico da família proprietária da Procter & Gamble, empresa de Cincinnati, que se tornou viciado em carros exóticos e em corridas de carros esportivos antes da guerra. Ele passou a lua de mel na Europa, a bordo de seu iate, que ele enviou dos Estados Unidos por meio de um navio, e comprou um Alfa Romeo 6C e um Mercedes-Benz SS para transporte em terra firme. Naquela época, Ferrari era uma figura proeminente no meio da Alfa Romeo e, com certeza, Cunningham, como aficionado do automobilismo de estilo europeu, estava familiarizado com os feitos de Ferrari. Ele era um candidato óbvio para a venda de uma das primeiras Ferrari e Chinetti providenciou para que o abastado norte-americano comprasse seu 166SC ganhador da prova em Montlhéry. Para a entrega em Nova York, o 166SC foi vendido por 9 mil dólares, uma quantia principesca para um carro que tinha sido castigado em uma corrida de 12 horas e era, no sentido mais verdadeiro, um automóvel usado. Não obstante, quando finalmente chegou aos Estados Unidos, em 1949, ainda algumas semanas antes do carro de Lee, foi recebido como uma bênção papal.

No entanto, em setembro de 1948, Ferrari tinha mais com o que se preocupar do que o potencial do mercado norte-americano. Ele iniciara o ambicioso projeto de converter o antigo estábulo de mulas, na estrada para Abetone, em uma pequena escola profissionalizante. Jovens das comunidades circundantes estavam sendo recebidos para serem capacitados em operação de máquinas, elaboração de moldes e caldeiraria, criando assim uma reserva constante de trabalhadores quando as atividades da fábrica aumentassem. Além dos custos iniciais da escola, o programa de corridas estava se tornando um sorvedouro financeiro. O carro de Fórmula 1 era claramente inferior e precisava de atualização radical, em termos de motor e chassi. Mas, ao empregar o que ele chamou de "técnicas imorais", Ferrari encontrou um jeitinho para manter seus carros sob os olhos do público. Ele sugeriu que o motor normalmente aspirado (chamado de atmosférico na época) do carro esportivo 166 fosse montado sobre o chassi do Grand Prix, criando assim um monoposto de Fórmula 2 (cilindrada do motor: 2 litros sem supercompressor). Isso foi feito no carro de Turim de Sommer e foi inscrito no 5º Grand Prix de Florença, em Cascina, em 26 de setembro. Sommer venceu facilmente com um carro mais leve e muito mais ágil nas curvas e nas freadas. Apesar do fato de a prova terminar antes do fim quando Ermini atropelou o público com seu carro e matou cinco espectadores (não em uma Ferrari), a equipe retornou a Módena cheia de esperança.

FERRARI • 225

Em 17 de outubro a equipe completa reapareceu em Monza, para a célebre reabertura do circuito pós-guerra. Enormes danos foram infligidos na superfície da pista por legiões de tanques, caminhões com lagartas e veículos militares diversos, que atravessaram a reta principal durante a parada da vitória em abril de 1945. Para a reabertura, o poderio completo da Alfa Romeo foi convocado e mais uma vez as Ferrari sucumbiram ao enfrentá-lo.

Wimille foi o vencedor, seguido por seus três companheiros da Alfa Romeo, correndo em formação militar. Por algum tempo, Sommer se manteve bravamente em terceiro lugar. Então, entrou nos boxes, tossiu e abandonou, devido a um ataque de asma. Impotentemente, Farina se manteve em quinto, a uma distância de quilômetros dos Alfa, antes de sua transmissão quebrar e ele também ter de abandonar.

O próximo compromisso da equipe era uma corrida de menor importância, em Garda, onde Farina venceu contra a fraca oposição de amadores. O conde Bruno Sterzi recebeu o carro de Fórmula 2 que Sommer guiou em Florença e terminou em segundo. A última corrida da temporada foi o Grand Prix de Penya Rhin, disputado em Barcelona, onde Bira liderou por curto tempo antes de se juntar aos seus colegas, Farina e o piloto local Julio Pola (um cliente em potencial), que já tinham abandonado.

Em novembro, Chinetti salvou um pouco da honra da marca retornando a Montlhéry e quebrando alguns recordes internacionais na categoria de 2 litros, mas isso dificilmente apagou a decepção relativa às provas de Grand Prix.

Então, em dezembro, Ferrari, de repente, fechou um acordo com os organizadores da série Temporada Sul-Americana, na Argentina e no Brasil. Farina seria o piloto da única Ferrari nas seis corridas. O motivo da participação era meramente comercial, já que o governo de Perón estava oferecendo muito dinheiro por largada e Ferrari se deu conta que, se o carro fosse bem-sucedido, as vendas viriam em seguida, em um mercado rico e inexplorado. Rapidamente, Lampredi e Colombo improvisaram um motor de 2 litros equipado com supercompressor e o instalaram em um dos monopostos das provas de Formula Libre (valia tudo). Farina ficaria fora por três meses, e se esperava que tivesse sucesso contra seus principais adversários: Villoresi e Ascari, da equipe oficial da Maserati.

A Temporada Sul-Americana teria dois efeitos importantes, embora indiretos, sobre o destino de Enzo Ferrari. O primeiro ocorreu na primeira corrida, disputada no Circuito Parco Palermo, em Buenos Aires. Jean-Pierre Wimille, que tinha ido para a América do Sul para pilotar um pequeno Simca-Gordini depois que a Alfa se recusou a participar, perdeu o controle do carro no treino e morreu. O acidente foi atribuído ao bloqueio da pista por um espectador, ou um policial a cavalo, ou ambos. O trágico acidente provocou o desaparecimento do terceiro piloto — e, com certeza, o melhor — da equipe Alfa Romeo. Varzi tinha morrido, Trossi estava morrendo e, naquele momento, Wimille também havia partido. Em Portello, tomou-se a decisão de não participação nas corridas na temporada de 1949. Embora a perda de seus pilotos fosse certamente um fator, não resta dúvida de que as condições econômicas incertas, a agitação trabalhista e os custos envolvidos na criação da nova série 1900 de carros de passeio foram fatores equivalentes para o afastamento das pistas. O segundo acontecimento na América do Sul que teria influência de longo prazo na Ferrari foi a estreia em competições internacionais de um piloto de 37 anos, calvo, corpulento e de pernas arqueadas chamado Juan Manuel Fangio. Por algum tempo ele foi uma estrela do automobilismo argentino e estava prestes a iniciar uma campanha na Europa que o elevaria à quase imortalidade no esporte. Por assim dizer, esse piloto quase misticamente capacitado, carinhosamente chamado de "El Chueco" (O Manco), venceu duas das seis corridas e deslumbrou os europeus com sua atitude e ousadia. Farina ganhou uma corrida da Temporada, terminou em segundo outra prova e abandonou quatro por problemas mecânicos. Ele voltou para a Itália e encontrou a cena do automobilismo mergulhada no caos.

A Alfa Romeo estava fora. O terreno estava livre, com exceção da Maserati, e, de repente, ela também se retirou. Em fevereiro, os Orsi fecharam as portas da fábrica, anunciando que ficariam fechadas até junho. Enquanto isso, seria empreendida uma grande reorganização. A equipe da fábrica não participaria das corridas, embora uma pequena quantidade de 4CLT/48 San Remo seria construída e mantida por algumas equipes particulares. Contudo, uma grande ênfase seria dada ao projeto de desenvolvimento de um carro esportivo baseado no chassi do A6 com carroceria da empresa em ascensão de Pinin Farina (que em breve seria chamado de Pininfarina). A Maserati também continuaria a fabricar máquinas operatrizes e pequenos caminhões elétricos, afastando-se, assim, da competição direta com a Ferrari. Essa mudança de direção pelos Orsi foi a primeira de uma série de erros táticos que acabariam por tirar a empresa deles das fileiras dos fabricantes de carros de elite. Enquanto a Ferrari se concentrou no diminuto mundo dos carros exóticos, os Orsi estavam fazendo exatamente o contrário, expandindo-se em diversas direções e, assim, tirando o foco da antiga e muito honrada empresa. Os Orsi fariam diversas reaparições grandes e impressionantes, mas a decisão de fevereiro de 1949 proporcionaria benefícios de curto e longo prazo para seu antigo rival modenense. De interesse imediato para Ferrari, era a notícia de que o jovem Ascari e seu mentor, Gigi Villoresi, ficariam desempregados.

O súbito desaparecimento de seus dois principais adversários, a Alfa e a Maserati, foi uma vitória impressionante para Ferrari. Além disso, não havia concorrentes reais para ocupar o lugar das duas equipes que se retiravam. O projeto Cisitalia-Porsche morreu ao nascer, por falta de fundos, e a iniciativa alardeada pela BRM inglesa estava irremediavelmente atrasada. Um de seus patrocinadores, Tony Vandervell, tinha ficado bastante impaciente e começou a indagar sobre a possibilidade de a Ferrari construir um novo 125GPC para ele.

As coisas mudaram consideravelmente. Ettore Bugatti havia morrido e o remanescente de sua empresa estava envolvido na execução de contratos militares. A Mercedes-Benz ainda estava proibida de competir. As atividades da Auto Union tinham sido desmembradas e levadas em cativeiro para a Alemanha Oriental. Os irmãos Maserati haviam criado a Osca em Bolonha e, diziam, estavam projetando um motor V12 de 4,5 litros, mas o trabalho não tinha recursos e não estava indo a lugar algum. Isso deixava apenas a Talbot-Lago, equipe francesa que punha na pista uma série de antigos carros anteriores à guerra que podiam correr como carros de Grand Prix e — equipados com para-lamas — como carros esportivos. Seus motores de 6 cilindros, de baixa rotação, pouca potência e sem supercompressor, tinham apenas uma vantagem: de vez em quando, seu baixo consumo de combustível (de 3,83 a 4,25 quilômetros por litro) permitia que os carros ficassem mais tempo sem reabastecimento do que os sedentos carros italianos com supercompressor. Ironicamente, esses carros serviriam de inspiração para os primeiros carros de Fórmula 1 da Ferrari verdadeiramente bem-sucedidos.

Na chegada de 1949, Enzo Ferrari tinha dois grandes desafios pela frente. O primeiro era melhorar a potência e a confiabilidade do carro de Grand Prix. O segundo era reunir uma equipe de pilotos de primeira classe. Sommer era um homem gentil, um esportista e um competidor inflexível, mas carecia do entusiasmo e talento de um Nuvolari ou de um Farina. Com a Maserati fora das competições, Ferrari imediatamente começou a tentar atrair Ascari e Villoresi para o seu rebanho. Mas isso teria de esperar até que a dupla retornasse da Argentina.

Colombo permaneceu indo e vindo de Milão, chegando a cada semana ou duas com novos planos e ideias para atualizar o carro de Fórmula 1. Isso envolveu a criação de um *layout* de um supercompressor de dois estágios semelhante à configuração da Alfa e a adoção do duplo comando de válvulas na parte superior do cabeçote que fora originalmente projetado por Giuseppe Busso. Parecia a solução óbvia, baseada no longo envolvimento filosófico de Colombo com a escola da Alfa Romeo. Mas seu colega, Lampredi, que ficava em período integral em Maranello, tinha ideias diferentes. Ele continuava sendo um entusiasta da simplicidade e da confiabilidade e, portanto, ficava fascinado com a maneira crua, mas eficaz, por meio da qual a Talbot-Lago trabalhava. Estava se chegando a um ponto em que um Alfa Romeo não conseguia ter um consumo menor do que 0,85 quilômetro por litro de álcool combustível. Em uma corrida de 480 quilômetros, isso significava duas paradas no boxe para reabastecimento, mesmo com um imenso tanque de combustível montado em sua traseira. Mas, com um motor de 4,5 litros, Lampredi calculou que pudesse desenvolver mais de 300 cavalos de modo confiável, o carro poderia percorrer o dobro de distância sem reabastecimento, oferecendo assim uma solução simples para a vitória.

Colombo expressou imediato ceticismo. O plano de Lampredi era a antítese de tudo o que ele defendia em termos de projeto de motor, e a discussão, embora amigável, começou a ganhar contornos precisos na chegada da primavera. Certamente, essa disputa não foi uma surpresa para Ferrari, e ele não a desencorajou. De fato, ele pareceu tomar o partido de Lampredi durante as discussões, o que só forçou seu velho amigo e colaborador Colombo a trabalhar ainda mais duro. Era uma situação perfeita: dois homens talentosos e muito motivados competindo em dois caminhos diferentes, rumo ao mesmo objetivo. Era algo primordial para o estilo gerencial de Ferrari, e uma situação que ele criaria de maneira ativa inúmeras vezes em sua carreira.

A temporada começou bem para os carros esportivos da Ferrari, com o Giro di Sicilia mais uma vez sendo vencido por Biondetti, assim como a Mille Miglia — uma inédita quarta vitória na mais difícil das tradicionais corridas de estrada. No entanto, era a próxima temporada de Grand Prix que obcecava Ferrari, e ele começou a lançar o anzol para pescar os dois pilotos mais talentosos da Itália: Villoresi e Ascari. Villoresi era o peixe grande. Ele continuava sendo o patrono de seu companheiro mais jovem — e provavelmente mais talentoso —, e Ferrari se deu conta de que, se Villoresi fosse contratado, ele também pescaria Ascari.

Villoresi se lembrou do primeiro encontro do pós-guerra com prazer. Tinham lhe emprestado uma Ferrari para duas corridas, uma na Bélgica e a outra em Luxemburgo. Ao voltar para a Itália, ele foi para Módena para um encontro com o alardeado *Commendatore* (Ferrari ainda preferia esse título na época). "Eu o encontrei na cama, em seu apartamento acima da Scuderia", recorda Villoresi. "Ferrari estava em um quarto escuro, com as mãos cruzadas sobre o peito. Os olhos estavam fechados. Parecia que estava sendo velado. Esperei dois, três minutos. Ele simplesmente permaneceu deitado. Imóvel. Em silêncio. Finalmente, eu disse: 'Chega desse absurdo. Estou indo embora.' Nesse momento, Ferrari 'acordou' e fizemos um acordo."

Evidentemente, Villoresi não cairia no blefe de Ferrari. Outros homens poderiam se sentir intimidados com tal farsa, mas Villoresi era uma estrela bem-nascida, cujos talentos como piloto tinham muita procura. Ferrari precisava mais de Villoresi do que o contrário, sobretudo pelo fato de Villoresi ter o jovem Ascari como carta na manga. Como já mencionado, Enzo Ferrari possuía um senso infalível de quem intimidar e de quem atender, o que pode ter sido sua habilidade empresarial mais valiosa. Mas alguns pilotos, como Nuvolari, Villoresi, Fangio e Lauda, davam as mãos com tanta força que Ferrari simplesmente não conseguia forçá-los a se curvarem ao seu chicote.

Com Villoresi e Ascari na equipe, assim como o talentoso e agressivo Felice Bonetto, e com as principais equipes rivais fora do jogo, esperava-se que o ano de 1949 fosse um passeio para os carros de Grand Prix da Ferrari. Mas não foi, apesar da ajuda considerável que Ferrari teve de dois ingleses ricos e bastante competitivos. Tony Vandervell tentou adquirir um Alfa Romeo 158 e, depois de não conseguir, comprou de Ferrari um dos primeiros 125GPCS. Peter Whitehead, *gentleman driver* de considerável talento, também obteve um dos carros, tornando-se, assim, um dos poucos que já foram capazes de comprar um carro contemporâneo de Grand Prix da Scuderia. De vez em quando, Ferrari vendia carros obsoletos para colecionadores, mas raramente liberava carros que pudessem competir contra ele.

Quanto à equipe oficial, os resultados foram ambíguos, na melhor das hipóteses. Na primeira corrida, no Gran Prix da Bélgica, os 125 foram rápidos, mas o veterano grisalho Louis Rosier, mais conhecido por suas habilidades em carros esportivos, derrotou-os ao volante de um dos antigos Talbot de 4,5 litros. Essa vitória, em que Rosier levou o carro até o fim sem paradas no boxe, enquanto as Ferrari, sedentas de combustível, visitavam os boxes repetidas vezes, pode ou não ter sido uma epifania para o *Commendatore*. Não resta dúvida que Lampredi já estava defendendo um motor V12 de 4,5 litros sem supercompressor, mas a derrota para um Talbot, em Spa, pode muito bem ter sido o golpe final contra o argumento de Colombo de que supercompressores que proporcionassem cada vez mais sobrealimentação eram a resposta.

Um mês depois a equipe se recuperou, fazendo uma dobradinha em Berna, no Grand Prix da Suíça, com Ascari, e a Ferrari vencendo o primeiro Grand Prix internacional. Ascari voltou a triunfar em uma corrida de menor importância, em Reims, derrotando o recém-chegado Fangio (pilotando um Maserati amarelo e azul independente, patrocinado, em parte, pelo governo de Perón). Em seguida, houve o Grand Prix da Holanda, realizado no circuito varrido pela areia de Zandvoort. Ali, Ascari bateu quando a suspensão dianteira quebrou e uma roda se soltou. Ele conseguiu evitar uma barreira de tijolos e terminou em uma duna de areia, sem ferimentos. Villoresi acabou vencendo, derrotando o príncipe Bira, que, todavia, fez a volta mais rápida com seu Maserati San Remo.

Enquanto isso, Luigi Chinetti venceu o que talvez tenha sido a corrida mais importante em termos de sucesso de longo prazo para a Ferrari. Ele e lorde Selsdon levaram um carro esportivo 166MM Barchetta inscrito particularmente para Le Mans, onde a lendária corrida das 24 Horas seria disputada pela primeira vez desde a guerra. Enfrentando uma frota de bem-preparados Delahayes e Talbots franceses, incluíam-se duas Ferrari: o 166, de Chinetti e Selsdon e outro 166 conduzido pelo banqueiro parisiense Pierre Louis-Dreyfus (vulgo "Ferret") e Jean Lucas. Os pequenos carros, com motores com metade da cilindrada dos carros franceses maiores, correram junto aos líderes até Lucas perder o controle na sessão Maison Blanche do circuito e bater. Isso deixou Chinetti seguindo adiante sozinho, com Selsdon doente, por causa de alguma doença desconhecida (correram boatos que ele estava de ressaca; Chinetti nega isso). Com o milanês calejado de 43 anos conduzindo o carro durante mais de 22 das 24 horas, e utilizando um funil precário no *cockpit* para abastecer manualmente de combustível o beberrão motor V12 enquanto corria, Chinetti seguiu em frente e conseguiu uma vitória amplamente celebrada. Le Mans era uma das poucas corridas europeias que tinham algum prestígio nos Estados Unidos e o fato de o representante norte-americano da Ferrari ter sido o piloto significou uma possível bonança nas vendas (posteriormente naquela temporada, em setembro, Briggs Cunningham estreou seu 166SC em Watkins Glen, o que acrescentou mais brilho à nova marca Ferrari no outro lado do Atlântico).

Como se Chinetti precisasse de mais credenciais para se consolidar como um dos maiores pilotos de provas de resistência de todos os tempos, ele se juntou a Jean Lucas mais tarde naquele verão para vencer outra corrida de 24 horas, esta no difícil circuito de Spa-Francorchamps, na Bélgica. Liderando com ampla vantagem, Chinetti rodou em uma mancha de óleo quando faltavam apenas alguns minutos para o encerramento da prova, mas conseguiu chegar em primeiro com a carroceria do Barchetta de Lucas (aparentemente a que ele tinha batido em Le Mans) em frangalhos.

A próxima corrida de Grand Prix da equipe durante o verão escaldante de 1949 foi na Inglaterra, em um aeroporto militar na região de Midlands convertido em autódromo, batizado de Silverstone. Ascari e Villoresi estavam presentes, com seus monopostos 125, enfrentando nada menos do que seis Maserati San Remo — uma delas conduzida por Farina — e quatro dos pesados e sólidos Talbot-Lagos. Vandervell ingressou na equipe oficial da Scuderia e inscreveu seu novo 125 com Raymond Mays, amador de alto nível, herdeiro de lanifícios em Lincolnshire e diretor dos projetos da ERA e da BRM ao volante. No entanto, o novo carro se comportou tão mal, mesmo nas retas planas de Silverstone, que Mays desistiu educadamente e ofereceu o carro para o novato Ken Richardson, que rapidamente meteu o carro em uma vala ao lado da pista. Nada satisfeito, Vandervell mandou o carro de volta para Maranello — um gesto que marcou o início de uma série de contratempos nas relações entre Vandervell e Ferrari.

Ascari venceu a corrida depois de travar um duelo selvagem com Farina, que se recuperou de uma rodada tardia e manteve Villoresi fora do segundo lugar. Uma semana depois, Farina deu o troco em Ascari, em Lausanne, na Suíça, onde venceu com facilidade, derrotando as outras Ferrari com uma vantagem superior a um minuto. Apenas um carro ficou pronto para o Grand Prix da França, no triangular circuito de estrada de 7,8 quilômetros, nas proximidades da antiga catedral da cidade de Reims. Novamente, um Talbot semelhante a um casco de tartaruga — esse nas mãos do veterano Louis Chiron — venceu facilmente depois da quebra da transmissão do carro de Villoresi. Whitehead, competidor privado, salvou um pouco da honra da marca Ferrari, terminando em segundo e estabelecendo a volta mais rápida com uma velocidade média de 169 quilômetros por hora.

Em agosto, Colombo e Lampredi concluíram o trabalho no motor com duplo comando de válvulas na parte superior do cabeçote e supercompressor de duplo estágio. Diversos testes foram realizados em Monza e na estrada para Abetone. Naquela época, um carro de corrida podia ser licenciado para uso em estrada simplesmente por meio da pintura da palavra "Prova" na traseira, seguida das letras "Mo" (de cidade de Módena) e de um número de dois dígitos. Assim equipado e com um dos pilotos de teste da fábrica ou talvez um piloto como Bonetto ou Ascari ao volante, um monoposto sem pintura saía pelos portões da fábrica e pegava a estrada, acelerando o motor. Inevitavelmente, era seguido por um sibilante carro de passeio Fiat 509 com sua carroceria convertida em picape. A bordo, estariam Ferrari, Bazzi, alguns mecânicos e grande quantidade de ferramentas para suporte técnico do teste. Mesmo depois da construção do autódromo de Módena, em torno do perímetro do parque da cidade e a maior parte do programa de testes da fábrica ter se transferido para lá, não era incomum ver um carro de corrida sendo testado na estrada para Abetone (até hoje todo novo carro da Ferrari é testado em um circuito de teste em uma malha de estradas rurais de Maranello antes de ser liberado para venda. Mas, ao contrário dos velhos tempos, são mantidas velocidades sensatas).

Assim seguiram os testes do novo carro, que mostrava louváveis de 310 a 320 cavalos no dinamômetro (em contraste com os cerca de 260 cavalos para a versão com um único eixo do comando de válvulas usada até então naquela temporada). No entanto, o motor apresentava superaquecimento e o chassi, embora com um aumento da distância entre eixos, estava longe de ser um sonho de condução. Ainda assim, o trabalho avançou, sendo costume dos principais construtores italianos de carros de corrida exibirem seus novos produtos no Grand Prix de Monza, em cada outono. Ali, a Ferrari enfrentaria dois adversários perigosos. Embora consideravelmente menos temíveis do que os Alfa Romeo inscritos, estavam os Maserati inscritos de forma independente e conduzidos por Farina e Piero Taruffi e os Talbot pilotados por Rosier e pelo veterano Philippe Etancelin.

O dia estava insuportavelmente quente, de modo que o trabalho de conduzir uma das Ferrari, com seu motor semelhante a uma fornalha e montado a centímetros na frente dos pés do piloto, beirava a tortura. Ainda assim, Ascari, mostrando a genialidade que se evidenciava corrida após corrida, temporada após temporada, dominou a prova depois que os Maserati e seu companheiro de equipe, Villoresi, abandonaram (falha da transmissão de novo no carro de Gigi). Ascari conseguiu tamanha vantagem sobre o Talbot de Etancelin que foi capaz de fazer uma parada sem pressa para adicionar óleo, trocar uma vela de ignição e tomar um gole de *acqua minerale* antes de voltar à pista e ganhar com uma vantagem superior a uma volta.

A vitória assegurou a Ascari e à equipe Ferrari o campeonato italiano e lhes deu o direito de se gabar sobre seus rivais, apesar de todas as imperfeições. No entanto, na melhor das hipóteses, as conquistas de 1949 eram discutíveis. Embora os celebrantes do mito da Ferrari lembrem que os carros venceram diversas corridas importantes, incluindo Le Mans, a Mille Miglia e muitas corridas de Fórmula 2, a verdade é que a Ferrari entrou na arena do Grand Prix com o que era ostensivamente um novo projeto e mal conseguiu se defender de adversários com modestos recursos financeiros e que correram com carros Maserati e Talbot-Logos independentes. Não foi um ataque devastador e estava fadado a ficar ainda mais difícil em 1950 se os rumores vindos de Milão fossem verdadeiros: a Alfa Romeo, após se reorganizar durante um ano, estava pronta para entrar na briga novamente com o fantástico 158. Seu elenco de pilotos seria impressionante. O mais jovem seria Juan Manuel Fangio, de 38 anos, junto com Farina, de 43 anos, e Luigi Fagioli, o velho e grisalho "salteador de Abruzzi", que voltava aos 52 anos.

A Ferrari contaria com Ascari e Villoresi, além da ajuda ocasional de Bonetto e Sommer. Mas seria suficiente? Os carros da Alfa ainda desenvolviam mais potência, e eram consideravelmente mais confiáveis. Enquanto Colombo trabalhava valentemente para tirar mais potência do chamado V12 de duplo estágio, os argumentos para um motor atmosférico equivalente se tornavam mais persuasivos a cada hora que passava. Com certeza, algo teria de ser feito, porque pôr na pista os carros de Colombo contra os aprimorados 158 aumentava a nítida possibilidade de levar outra surra do adversário milanês.

CAPÍTULO 11

No mês seguinte ao Grand Prix da Itália de 1949, Enzo Ferrari avaliou as más perspectivas do carro de Fórmula 1 de Colombo. A situação estava ficando insuportável. Evidentemente, o motor com supercompressor não estava à altura da missão de dominar a categoria de corrida de mais alto nível do mundo. Com a Alfa Romeo pronta para retornar em 1950 com uma equipe poderosa, era o momento de agir. A Federation Internationale de l'Automobile (FIA) anunciou que um campeão mundial seria coroado no final da temporada, tornando mais elevadas as apostas para o sucesso.

No final de outubro, Ferrari reuniu seu pessoal no escritório em Módena. Colombo e Lampredi, que estavam começando a brigar na frente de todos, sentaram-se em cantos opostos da sala. Sumariamente, o *Commendatore* comunicou uma grande mudança na distribuição das tarefas. Dali em diante, disse, Lampredi seria o responsável pelo desenvolvimento do carro de Grand Prix, de acordo com seus planos para um motor de 4,5 litros atmosférico sem supercompressor. A nova tarefa de Colombo seria desenvolver os carros esportivos e de passeio da empresa, ou seja, um evidente rebaixamento de posto.

No estilo de prosa floreado e cauteloso usado por muitos historiadores italianos, o incidente é descartado como uma redistribuição de tarefas polida e quase rotineira. Era, de fato, uma grande reviravolta. Colombo era volúvel e orgulhoso, e percebeu que estava sendo substituído por um engenheiro mais novo em idade e inferior em capacidade. Podemos imaginar a manifestação cada vez mais feroz de egos enquanto Ferrari tentava forçar Colombo a aceitar sua nova função. Gritos de indignação ecoaram pela Scuderia. Insultos foram proferidos. Ameaças, repetidas sombriamente. Colombo prometeu deixar a Ferrari e voltar para Milão. Ferrari reagiu com declarações altaneiras sobre obrigações contratuais e morais com a empresa. Quando Colombo se levantou e caminhou em direção à porta, Ferrari tirou o telefone do gancho de modo dramático e ligou para o chefe de polícia de Módena. Exigiu que o apartamento de Colombo fosse revistado para garantir que nenhum dos planos da Ferrari pudesse ser levado para Milão, onde poderiam ser usados contra a Scuderia. Indignado com esse comportamento, Colombo permaneceu e continuou a discussão. Era um teatro italiano clássico, com dois cabeças-duras se agredindo verbalmente, curvados sobre uma mesa em um escritório esfumaçado de Módena.

Enzo Ferrari tinha a faca e o queijo na mão. O conceito de Lampredi para o novo motor era uma promessa real, e o *Commendatore* decidiu mudar de direção. Na melhor das hipóteses, os carros esportivos — a eventual Mille Miglia e os carros de passeio para homens ricos — eram acréscimos. Ele sabia muito bem que, se Colombo fosse embora, uma dúzia de jovens projetistas bateria nos portões da fábrica para substituí-lo. Colombo continuava sendo uma espécie de pária entre os membros ruidosos e briguentos do Partido Comunista, que controlavam os sindicatos dos trabalhadores nas grandes empresas automobilísticas — e, portanto, ele estava longe de dispor de carta-branca em Milão ou Turim. O fracassado carro de Grand Prix da Ferrari prejudicou sua reputação na comunidade automobilística italiana, embora não houvesse dúvidas de ele ser um engenheiro talentoso, ainda capaz de desenvolver excelentes projetos. A retórica inflamada e os insultos chulos de Ferrari diminuíram. Colombo não iria embora até segunda ordem. No entanto, não resta dúvida que Enzo Ferrari entendeu que o rebaixamento de posto e a desmoralização de Colombo significavam que sua permanência em Maranello seria efêmera.

FERRARI • 237

Apesar da perspectiva de perder Colombo, Ferrari encarou 1950 com considerável esperança. Lampredi estava confiante que seu motor atmosférico se igualaria em qualidade aos da Alfa Romeo, sobretudo com o jovem e brilhante Ascari e seu velho amigo Villoresi ao volante. Luigi Chinetti estava trabalhando em um sótão na rua 19, em Manhattan, e ainda dividindo seus deveres entre Paris e Nova York, mas o enérgico homenzinho de olhos escuros começava a relatar vendas e entusiasmo crescentes nos Estados Unidos pela nova marca. Todos os dias, um número crescente de homens importantes aparecia na porta do escritório de Módena. Alguns se dirigiam diretamente a Maranello para encomendar carros de passeio de alta potência ou carros esportivos especiais para corridas importantes como a Mille Miglia e Le Mans. Outros, como o príncipe Bernardo da Holanda e o rei Leopoldo da Bélgica, eram atendidos na fábrica, com pompa e circunstância (era proibido fumar nas áreas de trabalho e, sempre que Ferrari e outros dignitários se aproximavam, dezenas de cigarros acesos eram jogados nas caixas de ferramentas. Isso produzia uma cena absurda, em que o *Commendatore* e seus convidados percorriam as oficinas onde a caixa de ferramentas de cada funcionário parecia estar em chamas). Outros mais, incluindo clientes ávidos como o belga Olivier Gendebien e Eugenio Castellotti, que se tornariam pilotos destacados da empresa, depois de cada um comprar meia dúzia de carros, eram obrigados a esperar durante horas no pequeno e tosco barraco de recepção no portão de Maranello antes de poderem entrar. Às vezes, essa afronta dava errado. Tony Vandervell havia comprado um segundo e atualizado carro de Grand Prix com motor de 1,5 litro projetado por Colombo e, como o primeiro, considerou-o insatisfatório e o devolveu. Novamente, modificações foram realizadas e, finalmente, um terceiro e muito melhorado carro foi comprado, mas o relacionamento entre os dois homens voluntariosos se deterioraria e se converteria em guerra aberta. Por motivos inexplicáveis, Ferrari ficou paranoico, achando que Vandervell estava usando o relacionamento para fornecer tecnologia para o fraco projeto de um carro de Grand Prix da BRM, apesar da garantia do inglês de ter cortado qualquer ligação com tal empresa há muito tempo. Ferrari permaneceu cético e o relacionamento tempestuoso terminou quando ele deixou Vandervell suar e fumar por três horas na "sala de espera" da portaria em uma tarde malcheirosa de Maranello. O inglês saiu furioso, para nunca mais voltar. Sua vingança viria cinco anos depois, quando seus próprios carros de Grand Prix, os Vanwall, se igualaram em qualidade aos carros que ele veio a ridicularizar como "aqueles malditos carros vermelhos".

Tais reveses estavam longe de preocupar o cada vez mais arrogante Ferrari. Ele estava no caminho certo com o ansioso Lampredi, que seguia em frente para provar sua ideia referente ao novo motor. Para o taciturno Colombo, restou transformar seu pequeno V12 em um motor confiável para carros de passeio (no jargão da empresa, a versão de Colombo seria o V12 "curto"; a de Lampredi, a versão V12 "longo"). Com a odiada empresa Maserati ainda tentando comercializar máquinas operatrizes, seus pequenos caminhões de entrega não vendendo e seus carros de corrida imobilizados, Enzo Ferrari era, por enquanto, o rei do automobilismo em Módena.

Nesse período, enquanto os Orsi tinham problemas trabalhistas, os trabalhadores da Ferrari permaneceram quietos. Um funcionário daquela época recorda que o chefe era "mesquinho, mas justo". Embora o dinheiro fosse curto — apesar de talvez não tão curto quanto alegado pelo sempre reclamão Ferrari —, os funcionários eram pagos regularmente no 11º e no 22º dia de cada mês. Sendo da própria classe trabalhadora, Ferrari mantinha forte afinidade com seus mecânicos e artesãos, e a longevidade destes era, muitas vezes, maior do que a de seus pilotos, chefes de equipe e membros do alto escalão, muitos dos quais vinham da classe alta.

"Acho que Ferrari sempre se importou mais com os mecânicos do que com os pilotos", observou um veterano da fábrica de Maranello. "Todas as manhãs, entre 8 e 11 horas, ele ficava em Módena. Então, ia para Maranello para passar a tarde. Voltava às 17h pontualmente, para checar as oficinas. Tinha um fetiche por limpeza. Todas as ferramentas tinham de estar no lugar antes de pegarmos nossas bicicletas e partirmos no fim do expediente. Era estranho. Quando os carros ganhavam, ele agia como um louco, gritando com todo mundo. Mas quando os carros perdiam, ficava quieto. Muito quieto. Como um homem humilde. Ele conhecia todos nós como se fôssemos da família. Sabia os nomes de nossos filhos, de nossas mulheres. Sabia quando alguém estava doente. Parecia saber tudo o que acontecia em Módena."

Foi então que um jovem magricela chamado Romolo Tavoni começou a trabalhar como secretário de Ferrari. Ele permaneceria durante a talvez mais tempestuosa década da vida da empresa e mergulharia na política cada vez mais intricada do lugar, uma política que parecia estimular a maneira como a Ferrari se envolvia nos negócios.

No início, Tavoni cuidou da correspondência de rotina e ajudou a escrever comunicados à imprensa cuidadosamente elaborados. Há muito tempo Ferrari era obcecado com a eloquente imprensa esportiva italiana e passava parte de suas manhãs plantado no banheiro, procurando comentários sobre a empresa nos principais jornais. Qualquer item encontrado era sublinhado em vermelho e arquivado para uso futuro — principalmente como retaliação contra o jornalista por quaisquer calúnias presumidas. As respostas vinham como referências veladas nas declarações à imprensa mencionadas anteriormente e durante as entrevistas coletivas anuais realizadas para apresentar novos produtos. Com o passar dos anos, suas brigas com a imprensa italiana ocuparam cada vez mais tempo, conforme Ferrari, progressivamente, se retratava como o Davi, injustamente intimidado, lutando contra os filisteus do jornalismo.

Em casa, a vida continuava monotonamente rotineira. Laura era uma mulher distante e cínica, que mantinha uma ligação com as tarefas diárias por meio de seu interesse financeiro na empresa, mas ficando tão distante das oficinas quanto do taco de golfe no jardim atrás da Scuderia e da vassoura para varrer o lixo na rua em frente. Dino era um estudante dedicado quando a saúde permitia. O envolvimento com seu pai era inconstante, na melhor das hipóteses. Alguns colaboradores lembram que Dino aparecia na fábrica com regularidade. Outros lembram que ele geralmente ficava sozinho e à parte das atividades. Provavelmente, a verdade está no meio-termo. Ferrari era duro quando se tratava de seu filho. "Dino tinha medo do pai", recorda um colega. "Ele era duro com o menino, mas, obviamente, se orgulhava dele. Um dia, Dino levou um carro da Scuderia de Módena até a fábrica de Maranello. Ferrari ficou furioso. Dino não tinha boa saúde e a ideia de o garoto dirigir um carro sem sua permissão o enfureceu." Apesar dos ataques de mau humor — que aconteciam diariamente —, Ferrari pretendia que seu herdeiro legítimo assumisse o negócio, e há razões para acreditar que Dino gostava muito de automóveis. Mas Enzo Ferrari era movido pela ambição e não por obrigações familiares. Então, é lógico supor que o filho só entrava em sua vida quando era conveniente. Além disso, Lina Lardi e o pequeno Piero eram distrações constantes no vilarejo vizinho de Castelvetro, levando Ferrari a comentar com Tavoni logo após sua chegada de que "um homem deve sempre ter duas mulheres".

Ferrari era obcecado por sexo. Em jantares, longas conversas com colaboradores próximos se concentravam em mulheres. Ferrari se orgulhava de suas conquistas. "As mulheres eram apenas objetos", lembra alguém que trabalhou próximo a ele durante anos. "Ele não se importava com elas. Eram símbolos sexuais a serem levados para a cama. Mais uma para sua coleção. Só isso." (Anos depois, quando estava na faixa dos 80 anos, Ferrari organizou um pequeno almoço de aniversário no restaurante Cavallino defronte a fábrica. Seu convidado de honra era um antigo colega e ex-membro da Scuderia. O homem se imaginava uma espécie de Casanova, e na sobremesa Ferrari perguntou para ele em seu costumeiro modo, à queima-roupa: "Quantas mulheres você teve em sua vida? Seja sincero." O convidado pensou por algum tempo e, então, respondeu com orgulho: "No mínimo, três mil." Com falso espanto, Ferrari desdenhou: "*Só três mil?*").

Evidentemente, Enzo Ferrari nunca foi confundido com um homem liberal. A Itália está longe de ser um viveiro do movimento feminista e ele, como homem do início do século XX, levou uma visão simplista e irremediavelmente machista a respeito das mulheres para seu túmulo. Ele escreveu que "a superioridade feminina é evidente, sobretudo na questão do casamento — é a mulher que escolhe seu parceiro, e não o contrário. Realmente, qualquer mulher que seja razoavelmente bonita pode contar com pelo menos três possíveis pretendentes. Nós, homens, somos levados em consideração como maridos em potencial, observados cuidadosamente, avaliados e talvez escolhidos. Achamos que cortejamos e ganhamos, quando na realidade somos apenas escravos de nosso desejo, em relação ao qual as mulheres brincaram com perfeita habilidade". Ferrari também notou que os homens são vulneráveis às mulheres por causa das paixões hormonais elementares. Os homens "são capazes de tudo sob o impulso das razões que procedem do desejo", observou.

"Estou convencido de que, quando um homem diz a uma mulher que a ama, apenas quer dizer que a deseja e que o único amor perfeito neste mundo é o de um pai pelo seu filho", escreveu. Isso foi escrito em 1961, cinco anos após a morte de Dino e enquanto Ferrari manipulava três mulheres em sua vida. Mesmo quando ele chegou aos 80 anos, continuou sendo um "escravo do desejo".

Gino Rancati, seu amigo e biógrafo afetuoso, relata as aventuras de um padre de Bari que era amigo e companheiro de farras de Ferrari. Periodicamente, o padre Guilio vinha a Módena para o que era chamado de "sua prática". Era uma referência educada às visitas do padre à sua amante, que era fonte de diversão vulgar para Ferrari e seu círculo íntimo de celebrantes da noite, para não mencionar o padre.

Mas, apesar de todas as distrações com as mulheres, a tarefa de vencer grandes corridas ocupava todas as suas outras horas. Lampredi começou a trabalhar no V12 atmosférico com grande discrição, planejando, primeiro, uma versão de 3,3 litros, com a intenção de apresentar o modelo completo de 4,5 litros no Grand Prix da Itália de 1950. Enquanto isso, Colombo, cada vez mais taciturno e desacreditado, trabalhava nos carros esportivos. Comercialmente, eram mais importantes para a empresa do que os carros de Grand Prix, mas na cabeça do chefe eram meros meios secundários para um fim.

A primeira corrida importante para a equipe, excluindo algumas provas de Fórmula 2, foi a corrida de primavera da Mille Miglia. Algumas Ferrari foram inscritas, lideradas por Villoresi e Ascari em dois carros com os novos motores V12 de 3,3 litros de Lampredi. Foram os carros mais rápidos na pista, mas ambos tiveram de abandonar nas primeiras voltas depois que seus eixos traseiros quebraram (novamente, a maldição dos problemas de transmissão e eixo). A corrida foi ganha por Giannino Marzotto, herdeiro de indústria têxtil e advogado milanês, a bordo de um cupê modelo 195S com motor de Colombo — uma vitória que seria recordada como a que o vencedor disputou toda a prova elegantemente vestido com um paletó com duas fileiras de botões. Ele era o mais velho dos irmãos Marzotto, que não eram apenas pilotos amadores dos melhores, mas também excelentes clientes da Ferrari.

A Ferrari não se saiu bem em Le Mans. Incomodada com a vitória de Chinetti no ano anterior, a Talbot converteu dois carros de Grand Prix em carros de dois lugares com motores de 4,5 litros, e venceu com folga. Louis Rosier também melhorou o recorde de resistência de Chinetti, permanecendo ao volante durante quase todas as voltas da corrida de 24 horas — por duas ele se ausentou (entregou o carro para Jean-Louis Rosier, seu filho, para um breve descanso antes de voltar para a batalha). Sommer salvou um pouco da honra da Ferrari ao estabelecer o recorde de volta com um cupê modelo 195S, mas abandonou depois de algumas horas.

Todas essas corridas de carros esportivos eram secundárias em relação ao confronto iminente com a Alfa Romeo em um circuito de Grand Prix. O novo modelo 275 da Ferrari, com distância entre eixos menor e suspensão traseira revisada, estreou em Spa depois que os Alfa 158S, bastante atualizados, bateram facilmente os antigos carros com motor 1,5 litro de Colombo em San Remo e Módena. Com sua curva em descida a 240 quilômetros por hora que embrulhava o estômago junto ao vilarejo de Burneville e sua reta Masta a 305 quilômetros por hora, Spa era considerado o equivalente ao circuito de Nürburgring como teste de habilidade em pilotagem. Além disso, com seus longos trechos de subida e descida, a potência bruta seria um parâmetro legítimo para a maneira pela qual o novo motor de Lampredi se sairia contra os alardeados Alfa.

Nada bem, como se constatou. O carro entregue a Ascari teve grande dificuldade para acompanhar o ritmo dos Alfa Romeo e o piloto precisou mobilizar todo o seu talento para levar o carro a um quinto lugar. Mas Lampredi estava apenas começando. No final de julho, a equipe apareceu em Genebra para o Grand Prix das Nações com o modelo 340 equipado com motor de 4,1 litros, que alardeava 310 cavalos e muito torque (isso contra os Alfa, que diziam gerar cerca de 350 cavalos em 1950). Villoresi quase se sentou sobre um gatinho preto em um café antes da corrida, o que alarmou o extremamente supersticioso Ascari (com considerável justificativa, como se viu mais tarde). Ascari pilotou de maneira brilhante para se manter em segundo, atrás de Fangio, até fundir um pistão e abandonar. Ao volante de um carro mais velho equipado com motor de 3,3 litros, Gigi derrapou em uma mancha de óleo a sete voltas do final e seu carro foi de encontro ao público, matando três espectadores e ferindo vinte, incluindo o próprio piloto. O veterano, de 41 anos, quebrou o fêmur e a clavícula e sofreu ferimentos graves na cabeça que o mantiveram fora das competições durante meses.

O confronto final entre a Alfa e a equipe de Maranello aconteceu no Grand Prix da Itália, em setembro, para o qual a Ferrari produziu dois carros com motores de 4,5 litros para Ascari e para Dorino Serafim, piloto de testes da fábrica de longa data e substituto de Villoresi. A Alfa Romeo reagiu com um trio de 158 impecavelmente preparados para Farina e Fangio — que estavam travando uma luta pelo título de primeiro campeão mundial —, além de Luigi Fagioli e Piero Taruffi. Dessa vez Ascari estava pronto. Ele foi apenas um décimo de segundo mais lento no treino do que Fangio, armando assim o cenário para uma rivalidade que consolidaria os dois pilotos em uma categoria própria em corridas de Grand Prix pelas cinco temporadas seguintes.

Quando os carros foram posicionados na reta principal de Monza, larga como um bulevar, com o grande público cantando os nomes de seus favoritos, Lampredi ficou tão sujeito à pressão do momento que, na presença de Ferrari, Colombo, Bazzo e o chefe de equipe Nello Ugolini, desmaiou. Mas ele tinha todos os motivos para sentir a pressão. Ali, diante dos *tifosi* loucamente empolgados, da imprensa automobilística italiana agitadíssima e de eminências do mundo dos automóveis, sua convicção de que um carro sem supercompressor poderia ser mais rápido que um carro com supercompressor do tipo que dominava as corridas de Grand Prix desde o início da década de 1920 finalmente seria testada.

Ascari largou mal, mas se recuperou para assumir o segundo lugar de Farina, que estava determinado a conquistar o título de campeão mundial contra seu rival e companheiro de equipe Fangio. Então, o eixo traseiro quebrou novamente e Ascari teve de abandonar seu carro ao lado da pista. Ele voltou a pé até os boxes e assumiu o carro de Serafim, que estava andando em sexto. Isso desencadeou uma pilotagem selvagem na volta à pista, com Ascari terminando em segundo, atrás de Farina.

A grande Ferrari estava mordendo os calcanhares da antiga Alfa Romeo, mas a orgulhosa empresa de Portello manteve intacta sua série de vitórias. Em 1950, a Alfa se inscreveu em onze corridas e ganhou onze vezes. Também terminou em segundo em seis Grand Prix e registrou quatro terceiros lugares. Melhor ainda: Nino Farina, seu lealista de longa data, conquistou o título de campeão mundial, que buscou com muita garra. Sem dúvida, a supremacia dos carros 158/159 da Alfa Romeo estava declinando, mas quase outro ano se passaria antes que esses automóveis incríveis — concebidos inicialmente nas modestas oficinais da Scuderia — fossem finalmente afastados do cenário das provas de Grand Prix.

No final de 1950, Colombo regressou a Milão e logo voltou para os braços da Alfa Romeo, onde começou a procurar maneiras de tirar mais potência do carro que ajudou a criar treze anos antes. Lampredi, naquele momento como projetista chefe em Maranello, concentrou-se em melhorar os carros de Fórmula 1, que passaram a gerar bastante esperança. Também começou a refinar o motor "curto" para uso em carros esportivos sob a forma sem supercompressor.

Durante os meses de inverno de 1951, o Cavalo Rampante começou a deixar as pegadas de seus cascos em todos os cantos civilizados do mundo. Naquela altura, quase setenta carros de passeio feitos à mão, além de talvez uma dúzia de carros de corrida de Fórmula 1 e Fórmula 2, tinham sido produzidos. Legiões da elite mundial, incluindo Aga Khan, o príncipe Bernando, o rei Leopoldo da Bélgica e sua mulher, Liliana, princesa de Réthy, o imperador da Indochina, Bao Dai, o xá do Irã, Juan Perón, o príncipe herdeiro Faisal da Arábia Saudita, a família Dulles e os Du Pont eram clientes ou estavam prestes a se tornarem clientes. Graças às cintilantes carrocerias montadas sobre o chassis da Ferrari por fabricantes como Touring, Vignale e Ghia, e ao apelo incrível, estridente e de puro-sangue do próprio carro, os primeiros carros de produção — os modelos 195 Inter e 212 Inter, o 340 Mexico e America e o 375 Mille Miglia — tinham uma qualidade eletrizante, que fazia com que os rivais Alfa Romeo, Jaguar, Aston Martin e Maserati parecessem quase grosseiros em comparação. Enzo Ferrari pode ter se concentrado em vencer as corridas de Fórmula 1, e pode ter considerado os carros de passeio simplesmente como fontes de receita, mas esses carros, com sua maldade aguçada e ligeiramente felina, eram o coração e a alma da mística inicial da Ferrari.

Chinetti era proprietário de duas das catorze revendedoras ao redor do mundo: na rua 61 Leste, número 252, em Nova York (uma das diversas locações temporárias em Manhattan), e na 65 Avenue d'Iena, em Paris. Além da localização privilegiada de Franco Cornacchia em Milão, na via Ie Piave, existiam revendedoras em Londres, Roma, Zurique, Argel, Casablanca, Melbourne, Montevidéu, São Paulo, Porto, Florença (como parte de uma concessionária Studebaker) e Bruxelas (onde o espaço era dividido com o distribuidor belga da Nash). Em geral, esses pontos de venda possuíam pouco ou nenhum estoque e eram revendedoras apenas no sentido de que a placa do Cavalo Rampante ficava exposta na fachada. Os automóveis poderiam ser encomendados se as estrelas estivessem no alinhamento adequado e a entrega poderia ser feita pelo escritório de atendimento ao cliente bastante precário em Módena.

Embora, na melhor das hipóteses, o lado de carros de passeio do negócio fosse informal, Ferrari tinha desenvolvido, em 1951, uma lista robusta e lucrativa de patrocinadores que forneciam à sua equipe de corrida não só dinheiro, mas também peças e suporte técnico muito necessários. Entre os principais, incluíam-se antigos parceiros (como Pirelli, Champion, Shell Oil, carburadores Weber, pistões Mondial, rodas Borrani, anéis de pistão Kiklos, escapamentos Abarth, ignição Marelli, válvulas Livia e amortecedores Houdaille), e alguns novos (como rolamentos Vandervell e juntas universais e eixos de transmissão Brevetti Fabbri). No total, 21 fabricantes estavam associados à Scuderia como fornecedores e patrocinadores.

Ferrari direcionou seus olhos para o Oeste, em direção às oficinas de corrida da Alfa Romeo, em Portello. Ele sabia que Colombo estava trabalhando para conseguir mais potência e melhor condução para combater a nova ameaça da Ferrari. Ao mesmo tempo, Lampredi desenvolvia um cabeçote com duas velas de ignição por cilindro, elevando a potência do V12 para cerca de 380 cavalos a 7.000 rpm. Colombo contra-atacou com o modelo 159A, que desenvolvia 405 cavalos a pouco mais de 10.000 rpm. No entanto, o consumo de combustível não conseguia ser menor do que 0,64 quilômetro por litro. Logo, a capacidade do tanque foi aumentada, para quase 285 litros, adicionando peso desnecessário. Para todos os efeitos, os carros eram quase iguais, com o da Alfa possuindo mais velocidade máxima, mas o da Ferrari oferecendo melhor resposta do acelerador e melhor aceleração na saída das curvas lentas. A principal diferença residia na idade. A Alfa tinha chegado ao máximo, com o último erg de energia prestes a ser sugado de seus ossos envelhecidos. Em contraste, a Ferrari era, basicamente, nova e cheia de potencial. Por que foram necessários quatro longos anos para ser capaz de desafiar a Alfa continua um mistério, considerando a evidente vitalidade da equipe Ferrari.

O fato desagradável é que, ao longo dos anos, as Ferrari, muitas vezes, tiveram sucesso com base na quantidade, e não na qualidade, e diversas vitórias aconteceram ante uma limitada concorrência. Quando consideramos que as vitórias em Le Mans foram desfrutadas só quando os principais adversários como Jaguar, Mercedes-Benz, Porsche e Ford não estavam presentes, e que diversas equipes de Grand Prix produziram carros mais rápidos, as competições vencidas pela equipe de Maranello foram mais resultado da persistência e da assiduidade do que da excelência técnica.

Em 1951, a Jaguar, empresa britânica, inscreveu carros de dois lugares C-Type de carroceria esguia e equipados com motor de 6 cilindros com duplo comando de válvulas no cabeçote (ainda usados quarenta anos depois nos sedãs XJ6) e venceu com facilidade as 24 Horas de Le Mans. A melhor Ferrari, conduzida por Chinetti e Lucas, terminou em oitavo. Algum consolo se obteve com a vitória emocionante de Villoresi na Mille Miglia, onde ele pilotou seu cupê Vignale de 4,1 litros contra um grupo irremediavelmente antigo e superado de carros Lancia, Alia, Osca e Ferrari, de menor cilindrada. O desempenho da Scuderia nessa corrida de estrada épica era magnífico, mas devemos notar que durante a década de 1950 a empresa enfrentou concorrência de primeira classe apenas quatro vezes: contra a Mercedes-Benz, em 1952 e 1955; Lancia, em 1954; e Alfa Romeo, em 1953. As Ferrari foram derrotadas em 1954 e 1955 e conseguiram vitórias suadas em 1952 e 1953. Em todos os quatro eventos, a equipe desfrutou de grande vantagem numérica, tanto em termos de carros quanto de pilotos experientes.

Infelizmente, a comemoração da vitória de Villoresi em Bréscia foi mitigada pela notícia do acidente de Ascari pouco depois do amanhecer. Ele atropelou o público que ladeava a rodovia entre os vilarejos nortistas de Lonato e Desenzano, matando um conhecido médico local e ferindo gravemente

FERRARI • 247

diversos outros espectadores. Ascari reclamou de ter sido cegado pelos faróis de um carro que saiu de uma estrada secundária. Independentemente disso, de acordo com os ditames burlescos da jurisprudência italiana, Ascari foi acusado de homicídio culposo, enquanto, ironicamente, os organizadores da corrida, que ignoraram as precauções mais elementares de segurança de público, livraram-se de qualquer responsabilidade. Ascari foi absolvido das acusações três anos depois.

Nas corridas de abertura da temporada de 1951, os dois titãs da competição de Grand Prix, a Alfa Romeo e a Ferrari, lutaram roda a roda. A Alfa, graças à estonteante pilotagem de Fangio, conseguiu manter sua incrível e ininterrupta sequência de vitórias até o segundo fim de semana de julho. Naquele momento, o circo de corridas internacionais convergiu para o aeroporto convertido em um circuito plano e sem graça em Silverstone, para o Grand Prix da Inglaterra. Froilán González, amigo argentino sisudo e corpulento de Fangio, juntou-se à equipe Ferrari. A confraria automobilística o chamava de "Pepe" (embora Fangio e González sejam geralmente classificados como dois dos melhores pilotos de corrida de todos os tempos — e, com certeza, o melhor par produzido pela Argentina —, um de seus contemporâneos pode ter sido ainda melhor. Anos depois, Nello Ugolini, cujo conhecimento do esporte em tal período é insuperável, afirmou que o compatriota deles, Oscar Gálvez, era mais rápido do que Fangio e González, mas carecia da bênção do governo Perón. Portanto, ele ficou condenado a participar de provas de menor importância em seu país natal, em vez de correr no circuito europeu de Grand Prix).

Em 14 de junho de 1951, Pepe González levou sua Ferrari 375 de um ano de idade, com motor de 4,5 litros e uma vela de ignição por cilindro à primeira vitória no Campeonato Mundial ante a equipe completa da Alfa Romeo. A caixa de câmbio de Ascari quebrou e a embreagem de Farina se desintegrou, deixando os dois argentinos, Fangio e González, batalhando por suas respectivas equipes. O torque superior da Ferrari surtiu efeito nas curvas em ângulo reto do circuito plano, garantindo a vitória de González com quase um minuto de vantagem. Villoresi terminou em terceiro.

Foi um momento de grande importância operística para Ferrari. Ele ansiava a perspectiva de vencer seus rivais desde quando fora afastado da

Alfa Romeo, em 1939. E celebrou isso escrevendo algumas de suas palavras mais piegas: "Chorei de alegria. Mas minhas lágrimas de entusiasmo se misturaram com as de tristeza, porque, pensei, hoje matei minha mãe." Na sequência disso, ele enviou um telegrama para Satta, na Alfa Romeo, que dizia, em parte: "Ainda sinto pela nossa Alfa a ternura adolescente do primeiro amor."

Esse lero-lero floreado é difícil de engolir, mesmo quando declamado por um ator como Ferrari. Esse choramingão, que poderia ter saído de um romance fracassado, é duplamente absurdo quando lembramos que durante cinco anos a ambição permanente de Enzo Ferrari foi humilhar os carros de sua antiga empresa na pista de corrida. Ele pode ter "matado sua mãe", como disse de forma tão melodramática, mas só depois que a espancou sem dó nem piedade por meia década.

Como se viu depois, a velha senhora ainda tinha alguma vida em seus ossos cansados. Embora Ascari ganhasse pela Ferrari o Grand Prix da Alemanha e o fundamental Grand Prix da Itália, fazendo dobradinha com González, Fangio venceu a última corrida da temporada, em Barcelona, assegurando o primeiro de seus cinco títulos de campeão mundial. A equipe Ferrari apostou nas rodas menores de 16 polegadas para ganhar aceleração e, assim, fritou seus pneus tentando acompanhar as Alfa Romeo. Colombo, por outro lado, obteve uma dose de vingança ao amolecer a suspensão do 159A para a pista áspera e ajudou a terminar a temporada em triunfo. González se esforçou para chegar em segundo, bem atrás de seu compatriota e bastante frustrado com o problema dos pneus. Ferrari e o pessoal da Pirelli discutiram rispidamente, cada um alegando que o outro deveria arcar com a responsabilidade pelo fracasso. Ferrari sustentou que o pneu menor de 16 polegadas não deveria ter falhado. O pessoal da Pirelli reagiu, dizendo que os pneus maiores, de 17 polegadas — que tanto a Ferrari quanto a Alfa Romeo tinham usado durante toda a temporada com bons resultados —, eram perfeitamente adequados para Barcelona e não deveriam ter sido substituídos na última hora. A discussão continuou sem solução. Franco Rocchi, o projetista que tinha acabado de ingressar na Ferrari (para iniciar uma carreira que duraria três décadas), recorda que a discussão entre Ferrari e o pessoal da Pirelli depois de Barcelona foi muito mais encarniçada do que os observadores externos perceberam e deteriorou uma relação que já existia a mais de vinte anos.

Para a temporada seguinte tinha sido previsto amplamente que a Alfa ressuscitaria o motor central do modelo 512 projetado por Ricart, mas a tendência era óbvia. O motor atmosférico de 4,5 litros de Lampredi, com seu grande torque e baixo consumo de combustível, tinha, pelo menos até segunda ordem, condenado o motor com supercompressor na Fórmula 1. Depois do Grand Prix da Espanha, a Alfa Romeo anunciou que estava aposentando seu modelo 159, já desgastado e carente de recursos, das competições internacionais, deixando assim o caminho livre para a Scuderia Ferrari. Alguns competidores fracos da Grã-Bretanha, incluindo o carro extremamente complexo da BRM com motor V16, assim como a Maserati, pareciam estar à beira de organizar um retorno ao automobilismo, mas a situação era incerta. Por todos os parâmetros lógicos, não havia ninguém à vista para desafiar o modelo 375 e seu contingente de pilotos experientes. De repente, após cinco anos de resultados um tanto medíocres, Enzo Ferrari era o rei do pedaço.

CAPÍTULO 12

Naquele momento, aquilo estava ao alcance de Enzo Ferrari. Desde que o primeiro e rudimentar modelo 125 pegou a estrada para Abetone, Ferrari começou a sonhar em se tornar o que chamava de "grande construtor": o clássico fabricante de carros de corrida completos e carros de passeio de alto desempenho para uma clientela seleta de entusiastas da elite. Apenas poucos homens na história alcançaram status tão elevado — podemos destacar o italiano Ettore Bugatti, o inglês W. O. Bentley e os irmãos norte-americanos Duesenberg. Ferdinand Porsche e seu filho Ferry estavam tentando ingressar no círculo de elite com sua pequena empresa de Stuttgart, mas esperariam anos antes que seus carros esportivos, baseados em Volkswagen, causassem impacto. Os irmãos Maserati remanescentes estavam se esforçando em Bolonha com sua nascente empresa Osca, mas há muito tempo davam demonstrações de que careciam do tino para os negócios necessário para o sucesso. Os Orsi mantinham visões de grandeza para os restos do negócio da Maserati, mas diversificavam suas atividades entre utensílios industriais e ofertas limitadas de carros puro-sangue.

A recente capitulação da Alfa Romeo teve impacto devastador no esporte. Deixou o campo de batalha da Fórmula 1 com apenas um competidor: a

FERRARI • 251

Scuderia Ferrari. Não havia nenhum rival italiano sério. A equipe francesa Talbot-Lago enfrentava problemas financeiros e estava amaldiçoada com carros de antes da guerra que não tinham qualquer chance contra as potentes Ferrari 375. O agressivo francês Amédée Gordini estava pronto para pôr na pista carros leves de 1,5 litro, mas a falta crônica de fundos deixou sua equipe com máquinas rápidas, mas não confiáveis. O projeto britânico da BRM, embora com muito potencial, foi devastado pela má organização, e aparentemente não estava preparado para travar uma batalha séria. Alguns pequenos fabricantes ingleses e alemães nutriam sonhos de glória, nada mais. O afastamento da Alfa Romeo deixou Enzo Ferrari com as pistas livres para toda a temporada de 1952.

A FIA tomou uma decisão rápida. Por causa da falta de disputa, o Campeonato Mundial de 1952 seria disputado com carros de Fórmula 2: os bólidos de 2 litros que serviam como liga de menor importância das corridas com roda descoberta na Europa. Ferrari gostou muito dessa notícia. Seus Fórmula 2 com motor de 2 litros dominaram as pistas nos últimos anos e Lampredi já tinha um novo motor no dinamômetro. Seria uma ampliação da obsessão do projetista pela simplicidade e confiabilidade. O motor seria um 4 cilindros em linha com duplo comando de válvulas no cabeçote, semelhante em ideia — ou mesmo em projeto direto — ao potente motor de 4 cilindros projetado por Miller e construído pela Offenhauser que dominaram a corrida de Indianápolis desde o início da década de 1930 (com a notável exceção dos triunfos da Maserati em 1939 e 1940, algo que Ferrari pretendia apagar).

Franco Rocchi, que trabalhou ao lado de Lampredi durante aqueles anos, afirma categoricamente: "Lampredi se inspirou no motor Offenhauser. Ele adaptou seu *layout* simples de 4 cilindros — com suas próprias modificações — para as provas de Grand Prix." Embora tecnicamente diferente sob vários aspectos, o fato de que o novo motor de Lampredi se baseou teoricamente em um motor norte-americano destinado a corridas em circuitos ovais foi ignorado durante muito tempo por aqueles seduzidos pela mística da Ferrari.

O novo motor 4 cilindros de Lampredi seria instalado em um chassi, basicamente uma versão mais leve e reduzida do chassi da grande Ferrari 375 de Fórmula 1, com pouca e preciosa atenção dada aos exóticos componentes da suspensão, freios especiais ou direção. Ferrari acreditava que o motor representava 80% do potencial de um carro e que um chassi sofisticado era algo supérfluo. Ele precisaria de muitos anos e de muitas lições difíceis para mudar de opinião.

No início de 1952 os projetos da atarefada fábrica se concentraram na criação da nova série Tipo 500 de carros de corrida e de outros carros de passeio que seriam oferecidos com o grande motor V12 de Lampredi e o motor menor de Colombo. Além disso, um novo e ousado empreendimento estenderia o mito da Ferrari ao outro lado do Atlântico de modo espetacular. Naquele momento, Luigi Chinetti estava firmemente entrincheirado em instalações maiores na rua 54 Oeste, em Manhattan, e havia convencido Ferrari que uma investida em Indianápolis era necessária para conquistar o mercado norte-americano de carros esportivos de alto desempenho. Por diversos motivos, o projeto fazia sentido. O motor V12 "longo" de 4,5 litros era inútil para as competições europeias e podia ser facilmente adaptado para o uso em Indianápolis. Em segundo lugar, Ferrari gostou da ideia de vencer aquela importante corrida e, assim, arrebatar dos Maserati a honra única de um triunfo italiano ali. Os organizadores norte-americanos eram conhecidos por serem receptivos a inscrições de equipes europeias e Chinetti assegurou a Ferrari que mexeria os pauzinhos. Um carro projetado especialmente para Alberto Ascari foi encomendado. Chinetti acreditava que ele seria o participante exclusivo, mas descobriu que Ferrari havia aceitado três outras encomendas: de Howard Keck, magnata do petróleo da Califórnia; de Johnny Mauro, piloto amador do Colorado; e da Grant Piston Ring Company. Chinetti ficou furioso, já que sua iniciativa seria ofuscada por esses três intrusos, mas ficou impotente em face do que considerou ser um ato de traição. Como se viu posteriormente, o trio de carros para clientes foi lento e não conseguiu se classificar para a corrida das 500 Milhas.

A aventura de Indianápolis terminaria em fracasso, com Ascari mal--conseguindo se classificar para o grid de largada (depois que Lampredi fez um voo de última hora para Indiana com um conjunto especial de coletor de admissão e carburador). Uma roda raiada quebrou no início da corrida (os norte-americanos já estavam usando as rodas mais resistentes e mais leves de magnésio, que Ferrari resistiria em usar por uma década) e Ascari abandonou quando estava em sétimo lugar e fora da disputa. A equipe voltou para a Itália prometendo um retorno, mas isso nunca aconteceu. Nino

FERRARI • 253

Farina faria diversas tentativas fracassadas ao volante de carros com motores Ferrari, mas a falta de uma vitória em Indianápolis permaneceria uma decepção abertamente admitida por Enzo Ferrari pelo restante de sua vida.

Ao mesmo tempo que a Alfa Romeo desaparecia como grande rival, a antiga inimiga do norte, a Mercedes-Benz, retomava as guerras automobilísticas. A empresa controladora, a Daimler-Benz AG, recuperou-se o suficiente da destruição provocada pelos bombardeios aliados e começou a construir não só carros de passeio e caminhões mundanos, mas também um novo e magnífico carro esportivo: um radical cupê "asa de gaivota" (assim chamado porque as portas se abriam para cima, como as asas de um pássaro). Esses cupês 300SL seriam inscritos nas principais corridas de carros esportivos de 1952, incluindo a Mille Miglia. A potência vinha de um motor de 3 litros, com 6 cilindros em linha e um único eixo de comando de válvulas na parte superior do cabeçote, desenvolvido para os sedãs de luxo da série 300. Um ano depois, a Mercedes-Benz equiparia os carros com injeção direta de combustível desenvolvida pela Bosch, sua vizinha em Stuttgart. Esse sistema simples e muito eficiente foi usado de modo experimental pelo departamento de corridas da Mercedes-Benz já em 1934 e estava prestes a entrar em uso geral em todos os tipos de carros de corrida. No entanto, Ferrari se recusaria a mudar e permaneceu fiel aos carburadores Weber por mais uma década.

A primeira corrida para os novos 300SL Asa de Gaivota foi a Mille Miglia de 1952, onde desafiaram diretamente a Ferrari em seu território. A equipe era encabeçada por Rudi Caracciola e Hermann Lang, ases do automobilismo de antes da guerra, junto com Karl Kling, profissional de carros esportivos. Como Ascari estava em Indianápolis, Ferrari selecionou o impiedoso e grisalho Piero Taruffi para comandar a defesa de Maranello com um novo carro de dois lugares, o 340 America, com carroceria Vignale e motor de 4,1 litros (equipado com três "portinholas" no para-lama de um tipo que foi introduzido no cupê Cisitalia de 1948 desenhado por Pinin Farina e posteriormente adotado com o típico exagero de Detroit pela Buick). Em apoio a Taruffi, estavam os irmãos Marzotto — Gianinno, Paolo e Vittorio —, e um cupê Vignale 250S inscrito particularmente pelo espetacular, mas irregular, Giovanni Bracco.

Em uma época em que os pilotos de corrida se tornaram autômatos taciturnos e que só pensam em ganhar dinheiro, pilotos como Bracco parecem quase homens de Neandertal com sua atitude em relação ao esporte. Mas eles trouxeram ao automobilismo um brio e um tipo de impetuosidade que parecem tão fora de moda quanto duelar pela honra de uma dama. Bracco, cuja família, como a dos Marzotto, enriqueceu no ramo têxtil, encarava as corridas de maneira grandiosa, pilotando com um estilo maníaco e levando uma vida social fora das pistas que atordoaria um búfalo-africano. Como inúmeros esportistas italianos bem-nascidos, ele considerava a Mille Miglia seu ofício, um campo de batalha onde amadores refinados como ele podiam competir com a elite dos Grand Prix. No ano anterior, ele terminara em segundo lugar conduzindo um pequeno cupê Lancia Aurelia B20, com o jovem Umberto Maglioli (que posteriormente se notabilizaria na equipe Ferrari como piloto) como mecânico e navegador. O Aurelia, com seu motor de 2 litros, tinha metade do tamanho da Ferrari vencedora de Villoresi, mas foi impecável nos desfiladeiros, e Bracco pilotou como um louco. Ao longo do percurso, um abalado Maglioli relatou que havia acendido nada menos que 140 cigarros para Bracco durante a provação de 13 horas.

Em 1952, Bracco deu outra demonstração de ousadia. A Mercedes-Benz de Kling apresentava um desempenho impecável, e apesar dos melhores esforços de Bracco, o alemão parecia se encaminhar para uma vitória definitiva. Pior ainda, em uma parada final, pneus de tamanho e composto errados foram instalados na Ferrari de Bracco, o que o retardou ainda mais. Mas o homem selvagem de Biella não negaria sua origem. Com seu navegador, Alfonso Rolfo, novamente acendendo seus cigarros, e tonificado por alguns goles de conhaque, ele percorreu a toda velocidade os desfiladeiros varridos pela chuva de Futa e Raticosa e derrotou Kling com uma vantagem superior a 4 minutos. Foi uma pilotagem brilhante e os italianos celebraram a vitória sobre os odiados alemães durante dias (mas o júbilo duraria pouco. Um mês depois, os carros prateados alemães fizeram dobradinha em Le Mans, com a melhor Ferrari terminando em quinto). Após sua vitória na Mille Miglia, Bracco disse ao jornalista Gino Rancati que se inspirou em visões de soldados alemães executando *partigiani* italianos perto do fim da guerra. Isso o forçou (com certeza, com a ajuda do álcool e da nicotina) a pilotar mais rápido ainda.

A vitória não valeu muito a pena para a Scuderia, pois a meteu numa enrascada. Bracco fez um acordo para disputar a Mille Miglia com pneus

Michelin fabricados na França, enquanto os carros da fábrica foram equipados com os pneus da Pirelli, antiga aliada. Presumindo uma vitória, o departamento de propaganda da Pirelli preparou uma campanha especial alardeando seu triunfo. No entanto, o uso dos pneus Michelin por Bracco provocou um alvoroço interno e azedou ainda mais o relacionamento.

Embora Ferrari faça apenas referências passageiras a Bracco em suas memórias, esse piloto durão não só foi um competidor notável nas corridas italianas, mas também um cliente generoso. Em 1962, dez anos depois de sua vitória na Mille Miglia, ele foi convidado a Módena para celebrar o aniversário. Enzo Ferrari lhe deu um relógio de pulso. Bracco refletiu: "Um relógio vale alguns milhares de liras. E para competir com seus carros, paguei 600 milhões de liras. Mas não importa."

Mas Bracco teve seus momentos de vingança. Tavoni lembra que ele combinou com Ferrari de dirigir um cupê berlinetta especial no Giro di Sicilia e a fábrica trabalhou dia e noite para concluir o carro e entregá-lo em Palermo. No entanto, Ferrari foi informado que Bracco não largara. O novo cupê ficou encostado e ignorado nos boxes quando foi dada a bandeirada. Furioso com o fato de que o trabalho a jato foi em vão, Ferrari exigiu uma explicação. "Você vai entender. Tenho certeza", respondeu Bracco. "Antes de a corrida começar, conheci uma mulher muito bonita e me apaixonei. Conhecendo sua afeição pelo sexo oposto, tenho certeza que você vai entender minha ausência em uma simples corrida para passar um tempinho com uma dama tão atraente."

Felizmente para o *Commendatore* (um título que Ferrari deixou de usar, mas que foi aplicado informalmente a ele durante a maior parte de sua vida), a gozação de Bracco foi apenas uma perturbação secundária naquela que seria sua temporada mais triunfante em Grand Prix. Alberto Ascari, naquele momento com 35 anos e no auge de suas consideráveis forças, levou a Scuderia ao que deveria ser um passeio contra adversários muito fracos. A equipe havia se fortalecido com a chegada de Farina, da Alfa Romeo, e do velho amigo Nello Ugolini, da Maserati, cujas habilidades na gestão de equipes de corrida lhe valeram o apelido de "Maestro". O Grand Prix de Monza, em junho, viu a principal ameaça à Ferrari afastada das pistas quando Fangio bateu forte com seu Maserati A6GCM atualizado e ficou gravemente ferido. No dia anterior, ele pilotou para a BRM em Dundrod, na Irlanda do Norte.

Voou para Paris e, depois, por falta de teto devido à neblina, pegou um carro emprestado e fez o percurso até Le Mans a toda velocidade, atravessando os desfiladeiros alpinos. Ele só chegou ao autódromo algumas horas antes da largada. Cansado e irritado, o grande ás argentino foi colocado na última fila do *grid* sem o benefício de uma volta de treino. A bandeirada de largada foi dada e Fangio começou a tentar recuperar posições, mas perdeu o controle do carro em uma curva à direita na segunda volta e se chocou contra as árvores que ladeavam o circuito. Com o pescoço quebrado, ficou desacordado por dias. Depois, acordou e enfrentou uma recuperação de cinco meses. O desastre tirou de cena o único piloto consistentemente capaz de desafiar Ascari e as Ferrari.

Com Fangio ausente e com os Maserati apenas começando a ser atualizados por Colombo, que acabara de voltar a Módena depois do fechamento do departamento de corridas da Alfa Romeo, Ascari passou a dominar a temporada de maneira sem precedentes. Ele ganhou onze das dezessete corridas de Grand Prix em que a equipe se inscreveu. Villoresi e Taruffi venceram outras cinco. Assim, em 1952, os pequenos Tipo 500, simples e primorosamente concebidos por Lampredi, venceram dezesseis das dezessete corridas em que foram inscritos (sendo derrotados apenas em Reims por um inspirado Jean Behra a bordo de um Gordini de fabricação francesa equipado pelo que se disse ser um motor ilegal).

Aquele foi um período de enorme crescimento para Enzo Ferrari, em termos tanto de atividade fabril como de prestígio. Ele foi distinguido com o título de Cavaliere de l'Avoro Merito della Repubblica por seu sucesso comercial. Ferrari nunca usaria o título publicamente, mas, em particular, sentiu-se orgulhoso pelo reconhecimento e se considerou elevado a um grupo exclusivo. Com certeza, o segundo título de *Cavaliere* foi mais significativo e importante do que o que recebeu em Pescaras quase três décadas antes. Os triunfos de Ascari elevaram Ferrari e sua equipe a um nível de estrelas nacionais. A predominância dos carros que ostentavam o *Cavallino Rampante* tornou-os propriedades em alta nos três continentes. O astuto Ferrari, com três décadas de transações com organizadores de corridas nas costas, conduziu negociações duras em relação ao dinheiro por largada com esses organizadores na Europa e também nas Américas do Norte e do Sul. Graças a Chinetti e a um grupo de esportistas ricos e empolgados, liderados por Jim Kimberly, Temple Buell, John Edgar e um jovem e talentoso piloto do sul da Califórnia chamado Phil Hill, a mística da Ferrari estava se espalhando pelos Estados Unidos. Hill era um competidor excelente, dotado de humor e inteligência singulares. Suas conquistas com os carros de Maranello resultariam em dezenas de vendas e o início de uma febre pela Ferrari nos Estados Unidos que persiste até o momento. "O entusiasmo dos norte-americanos pelos carros fabricados por Ferrari não tem igual em lugar algum do mundo e é 90% responsável pelo sucesso e pela mística em torno dos carros — um fato, ironicamente, que o próprio Ferrari nunca entendeu ou se importou", diz Roger Bailey, renomado chefe de equipe, engenheiro de corridas e ex-mecânico, que trabalhou no departamento de corridas da Ferrari no final da década de 1960.

Ainda assim, o mercado norte-americano continuou tendo uma prioridade relativamente baixa para o provinciano Ferrari. Apesar de suas vitórias em corridas e da campanha em Indianápolis, Chinetti continuava sendo uma espécie de intruso, relegado a vender automóveis em uma terra distante e basicamente privado de direitos em relação à política diária da fábrica. Cada negociação era uma luta enfadonha, uma batalha de números, promessas não cumpridas e confiança perdida. Um exemplo perfeito: em 1952 ele foi a Maranello para receber dois novos cupês 340 Mexico com motor V12. Seriam inscritos na aclamada Carrera Panamericana, no México: um para si e para o copiloto Jean Lucas, e o segundo para Bill Spear, esportista norte-americano obeso, míope e bastante competitivo. Um ano antes, Chinetti havia se juntado a Piero Taruffi, veterano piloto italiano de corridas de estrada, para vencer a prova que percorria mais de 3 mil quilômetros de estradas serpenteantes, desde a fronteira com a Guatemala até a fronteira com o Texas. A vitória deles foi a primeira de grandeza internacional para a Ferrari na América do Norte, e as vendas dispararam. Chinetti foi à Itália para combinar a entrega dos dois novos modelos Mexico na esperança de repetir a vitória e, assim, ampliar ainda mais o mercado norte-americano. Ferrari estava empolgado. Até certo ponto.

Havia a questão de um saldo pendente de 2,2 mil dólares. Era o valor ainda devido pelos dois carros, e Ferrari só os liberaria com a quitação da dívida. Chinetti argumentou que um saldo pendente pequeno como esse para o importador norte-americano exclusivo da empresa podia ser desconsiderado, e até ser transferido em alguns dias. Sem dúvida, um entendimento poderia ser alcançado entre velhos amigos. A discussão ganhou força quando os dois homens se dirigiram até o pátio no interior da fábrica. Chinetti estava voltando para seu hotel em Módena. Ele queria providenciar o transporte para o México no próximo navio. Não havia tempo a perder. Ele precisava dos automóveis. O dinheiro estaria disponível, gritou ele. "Apenas confie em mim e me entregue os malditos carros!"

A discussão acabou. Ferrari se empertigou em sua considerável altura e seu nariz aquilino altivo se projetou. Seu braço se estendeu para a frente como se ele estivesse comandando uma carga de cavalaria. Instintivamente, Chinetti recuou, afastando-se daquele procônsul imponente e ruborizado. Viu-se parado na beira da estrada para Abetone. A voz grave e dramática de Ferrari trovejou pelo pequeno pátio de tijolos como um tiro de canhão. "Feche o portão!", gritou. Um guarda de uniforme amarrotado deu um pulo para a frente e bateu a barreira de ferro na cara espantada de Chinetti. Os dois carros só foram liberados depois que o saldo adicional foi recebido e depositado.

Módena estava se tornando uma espécie de casbá de automóveis de alto desempenho. Além das usinas de força da Ferrari e da Maserati, todos os tipos de fabricantes especializados estavam na cidade, energizados por, como Enzo Ferrari descreveu, "uma psicose por corridas". Naquele momento, o prédio parrudo e marrom-avermelhado na Viale Trento e Trieste funcionava como serviço de atendimento aos clientes e centro de entrega de carros de passeio e de corrida, e também como residência familiar. Dobrando a esquina e do outro lado da praça Garibaldi ficava situado o Albergo Real. Aquele hotel, dirigido por uma ex-cafetina, localizava-se a alguns quarteirões a oeste, ao longo da via Emília, de outro hotel decente da cidade, o Grand. Os dois serviam como quartel-general de uma fauna de aspirantes a pilotos, projetistas, visionários, impostores, esportistas ricos ávidos por trocar seu dinheiro por uma breve corrida em busca da fama, negociantes de carros, revendedores, prostitutas, organizadores de eventos, charlatães, jornalistas e românticos de todos os tipos, atraídos a Módena pelo canto das sereias dos motores V12 da Ferrari e pelo ronco gutural dos motores V6 da Maserati.

Um frequentador assíduo de Módena era Alejandro De Tomaso, entusiasta argentino e, de vez em quando, piloto de corridas, que fugiu para a Itália, de acordo com um boato pitoresco, depois de tentar patrioticamente bombardear o palácio de Perón. Em Módena, De Tomaso conheceu uma herdeira norte-americana chamada Isabelle Haskell, que por curto período pensou ser pilota de corridas e era cliente assídua da Ferrari. Depois de se casarem, De Tomaso usou os abundantes recursos financeiros de Haskell para criar a própria montadora de automóveis em Módena, em 1965, e, uma década depois, para assumir o controle da combalida fabricante dos Maserati. De Tomaso era apenas mais um entre os inúmeros personagens pitorescos que muitas vezes podiam ser encontrados hospedados no Real e no Grand na década de 1950.

Geralmente, os hóspedes masculinos usavam os uniformes a rigor próprios dos desportistas dos anos 1950: pulôveres Lacoste, calças leves e confortáveis e mocassins Gucci, adornados com relógios Rolex. Suas mulheres chamativas trajavam roupas da Ricci e da Gucci, dois exemplos da espetacular revolução da moda italiana do pós-guerra. Esses aspirantes a formadores de opinião do estilo internacional eram como suplicantes para visitar o senhoril Ferrari, que, em contraste, permanecia apegado ao desalinho do Velho Mundo. Seu guarda-roupa nunca variava: camisa branca e gravata de cor apagada, suspensórios e um terno executivo cinza ou marrom, com um pequeno broche do cavalo rampante na lapela. No pulso ele ostentava um caro relógio suíço que também exibia um minúsculo cavalo rampante no mostrador. Nos dias frios, Ferrari usava um gasto sobretudo de lã cor de vinho e um chapéu de feltro cinza amarrotado. O cabelo grisalho, sempre perfeitamente cortado, ficava bem rente nas laterais e penteado para trás no modo tradicional. O único afastamento de Ferrari da moda de um velho *padrone* modenense era o uso ocasional de um suéter amarelo e uma jaqueta azul (as cores da cidade e de seu time de futebol) em aparições públicas para apresentar um novo modelo de carro. Caso contrário, o homem, naquele momento tão enraizado no tempo e no espaço que nunca dormiu fora da própria cama nos últimos 40 anos de vida, era indistinguível dos milhares de outros idosos que transitavam pela praça Garibaldi em suas voltas diárias.

Foi Enzo Ferrari, preso ao passado, mas estimulado pelo futuro, que sozinho, sem ajuda, deu a Módena sua atualizada reputação como centro de carros glamorosos de classe mundial. Sem dúvida, os Orsi estavam ali, mas eram homens de negócios, e não visionários movidos pelo ego. Eles logo vacilaram em relação ao automobilismo e não resistiram às demandas financeiras mundanas, enquanto o comprometimento de Ferrari foi total, inabalável e emocionalmente completo. De vez em quando, em tom de lamentação, ele ameaçava se aposentar em um jantar no restaurante Fontana ou entre colegas membros do Biella Club — um grupo social informal composto por entusiastas do automobilismo —, mas a ameaça era momentânea e sem sentido. As ameaças públicas periódicas de deixar a arena eram apenas uma maneira de conseguir mais apoio de patrocinadores. Aqueles que eram próximos dele — Tavoni, Ugolini, Amarotti, Giberti — sabiam muito bem que seu negócio com automóveis não era um meio para um fim, mas *o* fim, a própria essência de seu ser. Em última análise, os carros velozes, as vitórias em Grand Prix, a fábrica em si eram todos secundários em relação ao que representavam: o ego altaneiro do homem cujo nome ostentavam: Enzo Anselmo Ferrari.

No todo, o estilo pessoal de Ferrari exibia um contraste radical com seus automóveis. Os carros eram chamativos, de estilo refinado, ousados, impetuosos, exagerados; ele era sem graça, trivial, semimonástico. Sob vários aspectos, ele era um costureiro automotivo, mas — ao contrário de seu antecessor, Ettore Bugatti, que desabrochou com elegância e desenvoltura artística, ou em comparação com seus congêneres da moda, como Coco Chanel ou Christian Dior — continuou sendo um homem simples, com gostos simples. Em seus carros, parecia haver uma transferência de seu poderoso ego e a necessidade de se expressar artisticamente, mas, em termos pessoais, ele era apagado e introvertido ao ponto da obsessão.

À medida que seu mundo se concentrava cada vez mais na rota estreita entre o apartamento e a fábrica em Maranello, o ódio de Ferrari pelos Orsi e seus Maserati aumentava. Na verdade, grandes ameaças contra seu império estavam se formando na distante Stuttgart e até na Inglaterra, onde seu ex-amigo Vandervell estava criando uma equipe temível, mas eram os roncos abusados dos Maserati que ecoavam através das janelas fechadas com persianas de seu apartamento todos os dias.

Naquele momento, os roncos até eram filtrados pela grande quantidade de árvores dos bairros da zona oeste. O autódromo de Módena foi aberto na periferia da cidade. Um circuito curto, aproximadamente retangular, perigoso e cercado com sebe foi construído em torno do perímetro da área cultivada, que também servia como pista de pouso para aviões pequenos e diversos campos de futebol. A Ferrari e a Maserati estavam usando o autódromo para testes privados, mas trechos de rodovias públicas como a estrada para Abetone e a Autostrada del Sol ainda eram utilizados para testes de alta velocidade.

Foi durante esse período estonteante, quando carros potentes e escandalosamente barulhentos atravessavam as estradas da Itália, que a mística moderna da condução rápida foi criada. Com personagens românticos, como Bracco, Villoresi, Farina, Taruffi e Ascari, derrapando nas curvas e passando a jato por vilarejos ao volante com aros de madeira de seus bombásticos bólidos vermelhos, toda a população italiana ficou impregnada por essa "psicose" pela velocidade.

Ainda assim, havia um limite sério e sem humor em Módena, opondo-se ao desejo por carros velozes. Os comunistas, ao estilo italiano, estavam entrincheirados na estrutura do poder político (e permanecem assim até hoje). Depois do fim da guerra, o norte da Itália decidiu mudar seu voto em favor da esquerda. Em termos nacionais, de certa forma, essa postura foi anulada pelo governo centrista de De Gaspari em Roma. No entanto, os sindicatos dos trabalhadores, a pequena burguesia e os intelectuais, em reação ao fato de as classes altas terem em sua maioria apoiado os fascistas, entraram nas fileiras dos socialistas e dos comunistas, que conservavam a força conquistada quando eram líderes das unidades de resistência ao fascismo e ao nazismo. Diversos centros industriais do norte, incluindo Milão, Bolonha e Módena, abrigavam inúmeros e comprometidos militantes do Partido Comunista (embora os soviéticos logo descobrissem que eles eram bastante independentes e nacionalistas e que ignoravam as resoluções de Moscou).

A natureza do corpo político italiano levou Ferrari a uma exibição teatral depois de se envolver em uma disputa com a prefeitura modenense a respeito de uma desfeita há muito esquecida. Sabendo que o prefeito — agora convenientemente convertido ao comunismo — tinha sido um fascista empolgado na década de 1930, Ferrari entrou em um encontro usando uma camisa preta — o odiado símbolo das milícias de Mussolini. Arrancando dramaticamente a camisa e jogando-a no prefeito, Ferrari gritou: "Você usou isso muito tempo antes de eu usar!". Dali em diante, Ferrari, então um agente poderoso na economia local, raramente foi atrapalhado pelo governo local.

Por outro lado, à medida que Ferrari se tornava mais próspero, suas disputas com os sindicatos trabalhistas aumentavam. Isso levava a greves, que muitas vezes assumiam a forma de gritarias e paralisações simbólicas, que não duravam mais do que algumas horas. Considerando a volatilidade de sua personalidade e a atitude combativa dos líderes operários do norte da Itália (muitos dos quais se lembravam do enriquecimento ilícito de Ferrari com o esforço de guerra), o fato de as greves não serem mais comuns ou mais violentas é um testemunho das qualidades de liderança de Ferrari.

Mas, apesar de toda a notoriedade, das vitórias nas pistas e das crescentes vendas aos clientes, a empresa (formalmente chamada Auto Costruzione Ferrari) estava sendo administrada em um sentido organizacional como uma lojinha de carros personalizados espalhadas pela cidade. Sempre faltava dinheiro, e Ferrari se reunia constantemente com banqueiros, financistas independentes e benfeitores ricos para manter as atividades. À medida que sua empresa crescia, suas despesas também cresciam e, embora a década de 1950 tenha trazido fama mundial para ele no setor automobilístico, suas contas bancárias permaneciam minguadas. Isso originou algumas práticas empresariais caóticas e muitas vezes engraçadas.

Foi nessa época que o francês Jacques Goddet, próspero editor do gigantesco jornal semanal esportivo *L'Équipe*, encomendou um pequeno cupê 212 Inter para sua mulher. Era para ser um presente de aniversário e todo o carro deveria ser azul, a cor favorita dela. A carroceria de Pinin Farina deveria ser azul, assim como o estofamento de couro e as malas de viagem personalizadas Florentine para o porta-malas. O dinheiro foi entregue e a tarefa de montar o carro exótico começou. Após meses de trabalho, o carro foi devolvido pela fábrica de Pinin Farina, de Turim, e o detalhamento final foi realizado no antigo prédio da Scuderia, em Módena. Foi então que um magnata do petróleo do Texas entrou na oficina e viu o carro. Ele fez o que Mario Puzo descreveria como "uma oferta que não podia ser recusada" e Ferrari vendeu o carro do francês para o texano. Então, com a data de entrega se aproximando, iniciou-se uma corrida maluca para encontrar um substituto. Um carro semelhante foi localizado, mas havia um problema: era vermelho.

Quando Goddet chegou, o prédio da Scuderia estava vazio. Ferrari não estava em lugar algum, nem qualquer pessoa do alto escalão. Apenas um humilde varredor estava no local, e ele, é claro, alegou ignorância total para o

FERRARI • 263

enfurecido dono do novo carro. Não havendo qualquer alternativa racional, depois de ter viajado desde Paris para pegar o automóvel, o francês, irritado, se retirou com seu substituto vermelho. Meses depois, Ferrari recebeu uma carta. Dizia, em essência: "Caro *monsieur* Ferrari, o senhor fabricou um maravilhoso carro e minha mulher está encantada. Há apenas uma coisa que o senhor deve entender: o senhor é irremediavelmente daltônico!"

Apesar desses deslizes, a pequena linha de produção de Ferrari produziu 44 carros para clientes em 1952. Mas o que realmente importava para ele, claro, era manter o foco na Fórmula 1, que ele, Lampredi e Ascari tinham estabelecido. Poucas mudanças seriam feitas nos carros de corrida ou na composição da equipe, mas um convencido inglês loiro, chamado Mike Hawthorn, seria adicionado à escalação de pilotos — o primeiro não italiano a receber tal honra desde o pranteado Raymond Sommer, que morreu em setembro de 1950 durante uma prova de menor importância no circuito de Gardours.

A escolha de Hawthorn para ingressar na Scuderia foi recebida com muito júbilo pela comunidade britânica do automobilismo. Ele foi o primeiro inglês a ser convidado para se juntar a uma equipe do continente europeu de alto nível desde o falecido Dick Seaman. Naquele momento, os britânicos estavam sofrendo de grande complexo de inferioridade nas corridas de Grand Prix. A tentativa com a BRM foi um fracasso e seus outros construtores de carros de corrida eram muito pequenos e com escassos recursos financeiros para pôr na pista carros competitivos. Ferrari os ridicularizava chamando--os de *garagistas* e presumia que eram incapazes de desafiar o poder dos grandes construtores italianos. Embora seus entusiastas colegas britânicos fantasiassem acerca de sua unção, Hawthorn rapidamente ficou sabendo que, apesar de sua mudança para Maranello poder trazer glória, certamente não produziria riqueza. O contrato com Ferrari era padronizado, mesmo para estrelas como Ascari e Villoresi. Ele ficava com todo o dinheiro por largada, todos os recursos financeiros de patrocínio e contingência e metade do dinheiro do prêmio. O piloto ficava com a outra metade do prêmio (geralmente modesto), embora se esperasse que 10% dele fosse dado aos seus mecânicos. Portanto, à parte o prestígio acumulado de pilotar para a louvada equipe do cavalo rampante e da oportunidade de forrar as prateleiras com salvas de prata e troféus, a remuneração da equipe Ferrari era estritamente dinheiro trocado no bolso.

Para enfrentá-los havia uma equipe Maserati reenergizada, encabeçada por Fangio e González totalmente em forma, que se bandearam para os rivais da via Ciro Menotti (uma continuação da rua da Scuderia), durante a rotineira dança das cadeiras pós-temporada, que até hoje faz com que os pilotos migrem continuamente de uma equipe para outra. Com Colombo tendo grande incentivo para ajustar o modelo A6GCM a um nível em que poderia se igualar ao Tipo 500 da empresa que o dispensou, Ferrari tinha motivos para acreditar que a temporada de Grand Prix de 1953 seria uma batalha brutal entre duas equipes modenenses.

Ele estava enganado. A Maserati, que percorreu uma montanha-russa financeira desde sua criação, estava em queda livre. A Guerra da Coreia terminara com uma trégua no verão de 1953, e a empresa, que assumira um grande compromisso com o negócio de máquinas operatrizes, viu os pedidos minguarem. Cortes foram feitos, e os Orsi começaram a passar cada vez mais tempo na Argentina, onde o governo de Perón parecia oferecer novas oportunidades de comércio. Mesmo com o talento de Colombo ao lado dos Orsi, a Maserati estava muito debilitada para oferecer concorrência séria a curto prazo. Ascari abriu a temporada com vitórias nos Grand Prix da Argentina, Holanda e Bélgica, que, juntamente com sua sequência de seis vitórias em 1952, lhe deu nove triunfos consecutivos na disputa do Campeonato Mundial — um feito nunca igualado antes ou desde então. Hawthorn venceria o Grand Prix da França, em Reims, após uma luta incrível com Fangio, e a Ferrari dominaria o restante do calendário, perdendo apenas em Monza, onde Ascari se enroscou com Onofre Marimon na volta final e permitiu que Fangio desse a única vitória para a Maserati na temporada. Colombo teve êxito em dar potência (cerca de 195 cavalos) aos Maserati, aproximadamente a mesma que as Ferrari, mas os carros eram deficientes em aderência e condução na pista. Portanto, com o ano acabando e o final do Campeonato Mundial de 2 litros, Alberto Ascari facilmente se confirmou como o rei do esporte, com a Ferrari vencendo 28 das 31 corridas disputadas sob a fórmula. Até o domínio das McLaren-Honda nas temporadas de 1988 a 1990, nenhuma equipe jamais gozou de tal superioridade nas pistas.

Mas isso ainda não era suficiente para Enzo Ferrari. Sua sequência na Mille Miglia permanecia ininterrupta com o vigoroso modelo 340MM de Giannino Marzotto batendo o novo cupê Alfa Romeo 6C-3000 CM de

FERRARI • 265

Fangio com 12 minutos de vantagem e vencendo na classificação geral. Mas Le Mans foi um desastre. A Jaguar voltou com os C-Type atualizados e equipados com freios a disco (que Ferrari se recusou a considerar o uso) e quebrou todos os recordes da corrida. Os elegantes carros verdes britânicos terminaram em primeiro, segundo e quarto lugares, enquanto a melhor Ferrari chegou em quinto, quase 160 quilômetros atrás na distância total. O carro principal era um cupê 340 MM para Ascari e Villoresi, equipado com um motor de 4,5 litros usado em Indianápolis. Estabeleceu o recorde de volta, mas a embreagem quebrou em face da potência extra e o carro abandonou pouco além da metade da prova. As 24 Horas de Le Mans era um decisivo instrumento de vendas para a produção de carros *gran turismo* e, com a sempre crescente atividade de mercado da Jaguar, Aston Martin, Maserati, Alfa Romeo, Lancia, Mercedes-Benz, Porsche e Cunningham (carro de fabricação norte-americana), o fracasso naquela corrida altamente visível podia significar um desastre no que estava se tornando um apinhado bazar de carros exóticos.

Outros problemas estavam por vir. A Federation Internationale de l'Automobile tinha anunciado, há muito tempo, uma importante mudança na Fórmula 1 para o período entre 1954 e 1960. Os motores seriam de 2,5 litros e sem supercompressores — meros 500 centímetros cúbicos maiores do que a fórmula existente. Mas com a Mercedes-Benz já anunciada como concorrente e uma quase revitalizada Maserati concluindo um monoposto projetado por Colombo, que seria chamado de 250F, Maranello recebeu a notícia de que a Lancia, após trinta anos de ausência na competição, estava voltando à Fórmula 1. Os carros estavam sendo projetados por Vittorio Jano e o serviço de inteligência prestado por esquadrões de informantes da Ferrari indicava que os carros — a serem chamados de D50S — eram radicais ao extremo. A resposta de Ferrari a esse novo poder de fogo foi simples. Antes da última corrida de 1953, realizada nas ruas e avenidas de Módena, ele anunciou ao mundo que suas dificuldades financeiras se tornaram insuportáveis e que ele estava se retirando da competição.

Os cínicos sustentaram que essas retiradas periódicas eram simples atitude teatral e que Ferrari nunca cogitou em desistir. Mas não resta dúvida que ele era um homem emocionalmente instável, sendo possível que ocasionalmente vacilasse. Afinal de contas, seus problemas financeiros eram legítimos e, aos 56 anos, ele estava em sua quinta década de um tipo de guerra ou outra — ou uma guerra real ou uma travada contra carros furiosos e letais.

A fábrica recebeu uma nova fundição e os cofres estavam, sem dúvida, quase vazios. No entanto, o aumento da capacidade de fundir os próprios blocos de motor e caixas de transmissão e de diferencial era um avanço importante. Durante anos os prototipistas foram obrigados a depender de fundições externas, aumentando o custo e o tempo necessários para criar projetos novos. Naquele momento, Ferrari podia recorrer aos artesãos de Módena já versados na arte de fundição em molde de areia, que permaneceu inalterada desde os dias de glória de Bernini. Aquela nova fundição e seu séquito de artesãos de elite lhe proporcionariam uma vantagem enorme nos anos vindouros. Literalmente, centenas de motores de liga de alumínio primorosamente fabricados — com 12, 8, 6, 4 e até 2 cilindros — seriam despejados nos moldes da fundição. Até hoje os operários que trabalham em condições basicamente medievais na fundição de Maranello criam um elo com as origens da filosofia de construção dos carros da Ferrari e com as melhores tradições da escultura de bronze italiana.

Outra má notícia chegou: o maior dos guerreiros de corridas que ele conheceu tinha morrido. Em um dia quente e úmido de agosto, Tazio Nuvolari deu seu último suspiro depois de um ano angustiante de luta para se manter vivo. Ao seu velho amigo e mecânico Decimo Compagnoni, Nuvolari lamentou: "Eu conseguia dominar qualquer carro, mas sou incapaz de controlar meu corpo." Ele morreu nos braços de sua mulher, Carolina, em agosto de 1953, depois de fazer um pedido final para que fosse enterrado com seu macacão de piloto. Ao tomar conhecimento de sua morte, Ferrari seguiu para o norte, rumo a Mântua, para consolar a longânime mulher de Nuvolari. Ele se perdeu no meio das ruas do antigo centro da cidade e, em desespero, parou para perguntar no estabelecimento de um encanador. Um senhor saiu. Normalmente cauteloso com pessoas de fora, ele se aproximou do carro de Ferrari, procurando a placa do veículo. Depois de avistar as letras "MO", que significava Módena, apertou a mão de Ferrari e, antes de encaminhá-lo para a casa de Nuvolari, disse: "Obrigado por ter vindo. Um homem como ele não vai nascer de novo." Até sua morte, Ferrari sonhou em encontrar outro piloto que, pelo menos em sua mente, possuísse o fogo, a paixão e a habilidade do amado Nivola. (Uma cidade entristecida transferiu a casa de Nuvolari para Carolina e lhe ofereceu uma pensão vitalícia generosa com base na crença equivocada de que ela estava sofrendo de um tumor fatal. Como se viu depois, ela viveu por 20 anos por meio da generosidade da cidade.)

Se realmente Enzo Ferrari pensou a sério por um instante em não competir em 1954, isso logo foi esquecido na enxurrada de planos para aprontar novos carros para a fórmula de 2,5 litros. Lampredi estava no auge de seus poderes criativos e parecia decidido a manter a simplicidade de seus triunfantes motores de 4 cilindros para a Ferrari Tipo 500. Ele até tentou reduzir o já modesto motor de 4 cilindros para um mero 2 cilindros. Foi capaz de fazer essa experiência graças à velocidade de os prototipistas e fundidores, que conseguiram criar novos blocos de motor.

O motor de 2,5 litros de 2 cilindros foi experimentado e, depois que diversos protótipos vibraram e explodiram no dinamômetro, a ideia foi descartada. No entanto, Lampredi insistiu em outro motor de 4 cilindros para a Fórmula 1, com uma variação de 6 cilindros em linha para competição de carros esportivos. Enquanto isso, sabia-se que a Mercedes-Benz estava chegando com um motor de 8 cilindros em linha e injeção de combustível, e a Lancia já tinha vencido a Carrera Panamericana com Fangio ao volante e um motor V6 de 3,3 litros semelhante ao V8 que usaria em 1954. A oposição seria infinitamente mais poderosa do que a que Ascari esmagou nas últimas duas temporadas.

Dino, então com 22 anos, estava começando a exercer pequena influência, mas significativa, na fábrica. O motor de 4 cilindros de Lampredi foi adotado em diversos carros esportivos, incluindo o 750 Monza. O bólido era uma fera de difícil condução, mas foi envolto em uma bela carroceria de Scaglietti, cujo desenho é creditado a Dino. O próprio Ferrari ficou orgulhoso, escrevendo para Laura, que estava visitando a família em Turim, que o carro estava sendo aplaudido pela beleza. "Até Pepino Verdelli ficou satisfeito", observou ele. Apesar de sua conhecida fragilidade, Dino estava passando cada vez mais tempo em Maranello e ficara particularmente próximo de um piloto de testes da fábrica de 29 anos chamado Sergio Sighinolfi. Dino costumava acompanhar Sighinolfi em ousados testes em alta velocidade nas colinas próximas. Eram momentos luminosos na vida de um jovem cuja saúde parecia estar se deteriorando a cada dia e cujo lar enfadonho e infeliz em Módena lhe trazia pouca alegria.

No final do ano, o relacionamento de Ferrari com suas estrelas, Ascari e Villoresi, começou a desandar. Os dois estavam sendo cortejados pela Lancia. Fangio foi contratado como piloto número um pela Mercedes-Benz. Stirling Moss, então evidenciando o brilho que o impulsionaria para a grandeza de todos os tempos, estava alinhado como independente com a Maserati, o que deixou as fileiras da Ferrari temporariamente desguarnecidas. O londrino vistoso e prematuramente calvo poderia estar disponível para a Scuderia se não tivesse sido vítima de um grande passo em falso em setembro de 1951. Já um prodígio nas corridas do British Club, Moss, de 22 anos, fora convidado por Ferrari para disputar uma prova de menor importância em Bari, na costa do Adriático, em um carro de fábrica de Fórmula 2. Em companhia de seu pai, Alfred, dentista proeminente e ex-piloto, que terminou em 14º lugar as 500 Milhas de Indianápolis de 1924, o ansioso jovem atravessou a Europa e chegou à Itália só para ser informado com sarcasmo que o *Commendatore* tinha mudado de ideia e o carro destinado a Moss seria conduzido por Piero Taruffi. Nenhuma outra explicação foi dada e Moss voltou para a Inglaterra jurando jamais guiar para a Scuderia. Essa promessa quase seria quebrada, mas a tragédia iria intervir.

Duas questões complicaram as negociações de Ferrari com Ascari e Villoresi. Durante algumas reuniões em Módena, Ferrari hesitou a respeito do tipo de carro que usaria contra os novos adversários, mas pareceu tender a uma simples atualização do Tipo 500. Isso pareceu inadequado para Ascari, que sabia mais a respeito do projeto do D50 de Jano do que Ferrari imaginava. Além disso, Ascari e Villoresi estavam insatisfeitos com os acordos financeiros miseráveis de Ferrari, a respeito dos quais Villoresi comentou posteriormente: "Éramos bestas quadradas de aceitar."

Embora Ascari e Villoresi negociassem com o *Commendatore* de forma independente, era uma conclusão inevitável de que eles atuariam como uma dupla em qualquer equipe que os contratasse. Com dois títulos mundiais para seu crédito, "Ciccio" não era mais o garoto ansioso implorando para correr. Villoresi, que desde a morte do irmão não era um admirador de Ferrari, sentia lealdade limitada em relação à Scuderia, embora tendesse a seguir os passos de seu amigo e pupilo mais jovem e mais rápido. Os dois trataram com Ferrari como se ele fosse um igual, não apresentando nenhuma das reverências dos pilotos ambiciosos que apareciam à porta da Scuderia. Como grupo, Ferrari desdenhava os ricos pretendentes que queriam correr para ele, tendendo a deixá-los congelar ou fritar (dependendo da estação do ano) mais do que o normal no barraco do portão de Maranello. Chamando-o simplesmente de Ferrari, que o *Commendatore* aceitava de homens que considerava como seus iguais sociais, Ascari se recusou a assinar um contrato no final de dezembro (Villoresi afirma que Ascari já havia assinado um compromisso com a Lancia). Imediatamente depois do primeiro dia do ano, Ferrari divulgou um comunicado à imprensa, redigido com cuidado, indicando que suas duas estrelas correriam em outra equipe em 1954. Pouco depois, os dois foram recebidos nos braços da Lancia, onde conduziriam carros esportivos até Jano concluir os alardeados D50 de Grand Prix mais tarde na temporada.

Depois de dois anos em que a Scuderia raramente perdia uma corrida, Ferrari e seu grupo de sumidades mergulharam em uma recessão de 24 meses, durante a qual mal conseguiram conquistar uma vitória. Os novos carros de Lampredi eram desastres absolutos. Isso aconteceu apesar do retorno de Alberto Massimino e Vittorio Bellentani da Maserati, depois de ajudarem Colombo na criação do atraente, mas apenas parcialmente bem-sucedido, modelo 250F, monoposto de beleza clássica que Maserati pretendia vender no mercado aberto.

Com a saída de Ascari e Villoresi, Ferrari contratou González, Hawthorn, o francês Maurice Trintignant e o ainda agressivo Farina, que estava beirando seus 50 anos. Esse quarteto foi contratado segundo a escala salarial padrão de Ferrari: um valor afrontosamente baixo, que ele mantinha em vigor há muitos anos porque a oferta de pilotos dispostos a correr pela Scuderia sempre superava a demanda.

Apesar das revisões febris que abarcaram as duas temporadas seguintes e geraram os carros de Grand Prix da Ferrari, que eram o máximo em dificuldade de condução, o 553 Squalo e o 555 Supersqualo, a equipe foi amaldiçoada por duas temporadas sombrias enquanto a Mercedes-Benz W196S massacrava todos os adversários e levava Juan Manuel Fangio ao seu segundo e terceiro títulos de campeão mundial. Pior ainda: a Ferrari estava sendo derrotada nas principais corridas de carros esportivos pelos *roadsters*

Lancia e Mercedes-Benz 300SLR. Ascari começou a ganhar vantagem na Mille Miglia de 1954, batendo a Ferrari 500 Mondial de Vittorio Marzotto de modo decisivo com seu Lancia D24 de 3,3 litros. Um pouco da honra foi salva em Le Mans, onde González e Trintignant venceram por pouco com o grande 375 MM. Nessa corrida, o norte-americano Briggs Cunningham correu com um 375 MM inscrito particularmente equipado com freios hidráulicos refrigerados a água. O carro abandonou com problemas no eixo traseiro, encerrando um relacionamento contencioso entre o norte-americano e Ferrari. Esportista amador elegante e sereno, Cunningham foi bastante influente na promoção do sucesso da Ferrari nos Estados Unidos. Não só tinha comprado três automóveis da Scuderia, como sua proeminência também levou à venda de carros semelhantes a diversos colegas ricos. Porém, quando Cunningham informou a Ferrari que um balancim do motor de seu carro em Le Mans tinha quebrado e pediu a reposição da peça, Ferrari respondeu de modo imperioso que seus balancins *jamais* falhavam e, assim, nenhuma peça sobressalente estaria disponível. Considerando isso uma traição, Cunningham vendeu o carro e formou uma equipe composta de carros Jaguar D-Type e Maserati, que esmagaram sistematicamente a oposição da Ferrari no pequeno mas extremamente influente mundo da competição norte-americana de carros esportivos amadores.

A esnobada de Ferrari em relação a Briggs Cunningham estava longe de ser incomum. Embora suas relações com Jim Kimberly, herdeiro do setor de fabricação de papel, fossem cordiais, a maioria dos clientes norte-americanos considerava Ferrari arrogante e desdenhoso em relação a eles e ao mercado que representavam. Em muitos casos, isso meramente acentuou sua imagem e aumentou o desejo dos norte-americanos de conseguir um de seus automóveis a qualquer custo. Ferrari entendeu rapidamente esse sentimento de inferioridade dos ianques e o explorou ao máximo. Quanto mais ele os maltratava, mais eles falavam com entusiasmo de sua conduta peculiar e régia (isso de um homem que era a personificação do comportamento da classe baixa italiana). Os norte-americanos eram tapeados pela mística da Ferrari. Estavam preparados — até eram gratos — para serem trapaceados no *showroom* ao comprarem os carros e, depois, serem levados à beira da falência tentando mantê-los. Luigi Chinetti foi igualmente perceptivo em identificar essa fraqueza e centenas de homens e mulheres inteligentes e racionais saíam atordoados de sua revendedora em Nova York depois de terem sido ignorados, abusados e espoliados em milhares de dólares depois que suas Ferrari recebiam uma simples regulagem. Os europeus, tendo mais confiança em sua posição social, eram menos propensos a tolerar tal absurdo, embora no momento atual praticamente todos os reis do comércio europeu — Chanel, Gucci, Hermes, Cross, Vuitton, Turnbull & Asser — tivessem adotado a filosofia de vendas empregada por Enzo Ferrari desde o começo: trate um norte-americano como um jeca e você será dono dele para sempre.

Os carros de passeio de Ferrari eram pouco mais do que carros de corrida desregulados. Eram abomináveis para dirigir em qualquer lugar, exceto em rodovias a toda velocidade. Eram barulhentos, sujavam as velas de ignição, eram impossíveis de dar a partida em manhãs frias e possuíam embreagens notoriamente fracas. As carrocerias, embora lindas, tendiam a enferrujar e vazar. Pior ainda: os motores ferviam no trânsito da cidade. Em certo momento, um norte-americano que vendia os carros na insaciável Califórnia foi a Módena para reclamar que as Ferrari não funcionavam no trânsito de Los Angeles sem superaquecerem. Ferrari reagiu fingindo surpresa e imediatamente solicitou um cupê novo para demonstrar o contrário, ou seja, que as Ferrari podiam ser usadas nas ruas mais quentes, mais estreitas e mais sufocantes de Módena sem problema. Um passeio foi realizado com Ferrari ao volante. O californiano observava o indicador de temperatura enquanto eles serpenteavam pela cidade. Assim como Ferrari. Toda vez que o ponteiro começava a se aproximar do ponto de ebulição, Ferrari encostava no meio-fio e apontava para um marco local famoso ou desembarcava e pedia um aperitivo em um café na calçada. Ele demorava tempo suficiente para o motor esfriar e prosseguir. Quando a temperatura começava a subir novamente, o processo era repetido. Embora o californiano se desse conta da farsa, voltou para casa feliz, satisfeito por ter sido homenageado pelo *Commendatore* com sua encantadora artimanha.

Em meados de 1955, o programa de corridas estava em frangalhos. Stirling Moss, que se transferira da Maserati para a Mercedes-Benz, venceu a Mille Miglia de forma impressionante ao volante de um *roadster* 300SLR. Fangio, dirigindo sozinho em um carro similar, terminou em segundo. Com 27 anos, Umberto Maglioli, filho de um médico de Biella, que se tornaria um dos melhores pilotos de carros esportivos da Scuderia, ficou em terceiro, quase uma hora atrás do vencedor. Um mês depois, em Le Mans, um 300SLR semelhante, conduzido pelo francês Pierre Levegh, atropelou o público que ladeava a reta principal, matando Levegh e algo entre 88 e 96 espectadores (os números variam). Com as relações franco-alemãs ainda estremecidas por causa da guerra, a Mercedes-Benz se retirou da prova e, no final da temporada de 1955, estacionaria seus carros de corrida de grande sucesso para sempre. Mas, mesmo com a retirada da ameaça de Stuttgart, os carros esportivos da Ferrari, na maior parte com ineficientes motores de 4 e 6 cilindros projetados pela mão em crise de Lampredi, eram, mesmo em seus melhores dias, apenas iguais à tarefa de correr com os Jaguar D-Type e os Maserati 300S revitalizados.

O relacionamento de Ferrari com a imprensa italiana tinha se transformado em guerra aberta. Muitos dos principais jornais esportivos criticavam os esforços da empresa nas pistas e denunciavam as derrotas frequentes para os odiados alemães. Exacerbadamente nacionalistas, os jornalistas e editores esperavam que a Ferrari mantivesse seu domínio de 1952 e 1953 em nome de todo o país, insinuando que os fracassos beiravam a traição. Sempre sensível ao tratamento dado pela imprensa, Ferrari contra-atacava com comunicados à imprensa redigidos de modo engenhoso, entrevistas coletivas anuais — que muitas vezes acabavam em gritaria — e também uma coluna que ele escrevia periodicamente para a imprensa automobilística. Mas aquela era uma batalha perdida, e as críticas continuariam até a Scuderia pôr na pista outro carro vencedor no circuito de Grand Prix.

Enquanto a crítica externa aumentava, a pressão interna sobre Lampredi e o restante do pessoal de engenharia alcançava níveis intoleráveis. Reuniões diárias eram realizadas por Ferrari para rastrear qualquer progresso — real ou presumido — que pudesse levar a melhorias no desempenho dos terríveis Squalo e Supersqualo. As reuniões eram frequentemente realizadas em uma sala conhecida como "câmara dos horrores", onde as paredes eram revestidas de prateleiras contendo peças quebradas de antigos carros de corrida. Quando uma peça quebrava, não era jogada fora, mas posta em exibição, para que homens como Lampredi, Massimino, Bellentani e Amarotti se lembrassem eternamente do fracasso.

González, o constante *cabezón*, desistiu de correr pela Ferrari na temporada de 1955, assim como o destemido e agressivo Hawthorn. O ás argentino se abateu com a morte de seu amigo Onofre Marimón no Grand Prix da Alemanha no ano anterior, e depois de um acidente na Irlanda durante uma corrida de carros esportivos, decidiu se aposentar das competições europeias. Hawthorn perdeu o pai em um acidente rodoviário e decidiu aceitar uma oferta de Tony Vandervell para pilotar um dos Vanwalls, que apresentavam rápida melhoria, na temporada de 1955. Enquanto tentava explicar que isso lhe daria mais tempo para cuidar do negócio de automóveis da família em Farnham, Ferrari considerou a saída de Hawthorn uma traição, e a separação foi — como tantas vezes foi o caso — ruidosa e desagradável (a separação seria breve. Depois de vencer Le Mans pela Jaguar e disputar algumas provas pela Vanwall, Hawthorn teve uma desavença com o irascível Vandervell e retornou para a Ferrari no meio da temporada). Mas com a saída de González e Hawthorn, os carros nervosos e pouco potentes ficaram nas mãos do constante, mas nada espetacular vinicultor do sul da França, Maurice Trintignant; do agressivo, mas rapidamente em desaceleração, Farina; e do playboy franco-americano Harry Schell, cuja pilotagem era geralmente mais empolgada do que eficaz. Com o início da temporada de 1955, Ferrari enfrentou o poder da muito melhorada equipe Mercedes-Benz, além do grande potencial dos novos Lancia. Ele pressionou seus engenheiros, mas com as finanças se rarefazendo, havia pouca alternativa a não ser perseverar com os 4 cilindros desgastados de Lampredi e torcer pelo melhor. O que ocorreu foram diversas reviravoltas estranhas que tirariam Ferrari de seu abatimento.

Os meses de maio e junho de 1955 ficaram entre os mais sombrios da história do automobilismo. O pior desastre, claro, foi o acidente de Levegh, em Le Mans, que causou enormes abalos secundários no mundo do automobilismo. A Suíça proibiu as corridas de automóveis, tirando assim as provas de Berna e Genebra do calendário internacional. Os Grand Prix da Alemanha e Espanha foram cancelados. Duas semanas antes de Le Mans, o bicampeão das 500 Milhas de Indianápolis, o brilhante e destemido californiano Bill Vukovich, morreu em um acidente envolvendo vários carros enquanto liderava as 500 Milhas. Essa tragédia, além do desastre de Le Mans, fez com que a American Automobile Association parasse de sancionar corridas nos Estados Unidos, encerrando uma associação com o esporte que tinha começado nos primeiros anos do século XX.

Contudo, a carnificina em Le Mans e a perda do campeão norte-americano não foram nada em comparação com a tragédia que abalou a Itália na tarde ensolarada de 26 de maio. Quatro dias antes, Alberto Ascari estava prestes a assumir a liderança do Grand Prix de Mônaco quando perdeu o controle de seu novo e maravilhoso Lancia D50 na chicana ao lado do porto e mergulhou na baía de Hércules a 160 quilômetros por hora. Ele foi rapidamente resgatado por mergulhadores e sofreu apenas algumas escoriações. Durante a noite foi mantido no hospital local por precaução. Ao voltar para sua casa em Milão, decidiu, impulsivamente, dirigir alguns quilômetros a mais e ir até Monza, onde os primeiros treinos para a corrida de mil quilômetros de Supercortemaggiore estavam acontecendo. Após um almoço descontraído com amigos no restaurante da tribuna principal, foi aos boxes para visitar Eugenio Castellotti, seu jovem amigo e companheiro da equipe Lancia, que se preparava para fazer um teste com sua nova e ainda sem pintura Ferrari 750 Monza. De repente, Ascari perguntou a Castellotti se poderia dar algumas voltas com o carro em baixa velocidade. "Só para ver se minhas costas não estão muito doloridas", disse ele. O jovem piloto consentiu e Ascari embarcou, depois de tirar o paletó e pegar emprestado o capacete de Castellotti. Ascari era extremamente supersticioso e nunca pilotava sem o seu próprio capacete azul, o que deixou Villoresi perplexo ao observar seu velho amigo sair do boxe. Na terceira volta, ele aumentou a velocidade e, inexplicavelmente, perdeu o controle na saída de uma suave curva à esquerda chamada Vialone, na parte de trás do gigantesco circuito. A Ferrari rodou violentamente, lançando o grande piloto no asfalto. Gravemente ferido, Alberto Ascari morreu nos braços de Villoresi, a caminho do hospital.

A Itália mergulhou no luto. Numerologistas e estudiosos de coincidências começaram a fazer cálculos frenéticos após a morte de Ascari. Alguém lembrou que Alberto e seu pai, Antonio, morreram no 26º dia do mês. Os dois, assim como o santo padroeiro de Antonio, Santo Antônio de Pádua, tinham 36 anos no momento de suas mortes. O santo e Antonio Ascari nasceram no dia 13 de junho; Alberto viveu 13.463 dias ou três dias a mais do que o pai. O dia de sua morte, o dia 26, era duas vezes 13 etc.

FERRARI • 275

Não há evidência de que Enzo Ferrari fosse dominado pela superstição (embora ele fosse conhecido por evitar o número 17), mas a perda de Alberto Ascari foi um golpe agourento. Como o restante do país, ele ficou profundamente abalado com a morte do herói, no auge da carreira. Mas, como aconteceu em tantos momentos de desolação em sua vida, Ferrari viu uma nova oportunidade surgir, como uma fênix, dos desastres. A Mercedes-Benz, já chocada com a atrocidade do acidente de Le Mans e tendo provado sua superioridade nas competições de Gran Prix, anunciou que no final da temporada de 1955 seguiria a Alfa Romeo e se retiraria das competições. Isso eliminava um dos principais adversários das pistas, mas outro logo trilharia o mesmo caminho. A diretoria da Lancia e sua equipe de corrida ficaram arrasadas com a morte de Ascari. Villoresi ficou atormentado e, aos 46 anos, falou abertamente em abandonar para sempre as corridas (no entanto, ele voltou a correr antes de sofrer um grave acidente em 1956, em Roma, e se aposentou para sempre em 1958). Pior ainda era a situação financeira da Lancia. O custo do desenvolvimento de carros de corrida foi inesperadamente alto.

Isso, além das vendas modestas de seus carros de passeio, levou o líder da empresa, Gianni Lancia, a tomar a decisão de cancelar o promissor programa do carro D50 de Fórmula 1. Castellotti, instigado pelo desejo de homenagear seu companheiro de equipe morto na pista, convenceu a empresa a inscrever um dos D50 no Grand Prix da Bélgica, em Spa. Ele conseguiu a *pole position* com seu D50 contra o poderio pleno da Mercedes-Benz, mas teve de abandonar a prova depois de quinze voltas. Naquele momento, o sonho promissor, mas não realizado, de um carro de Grand Prix da Lancia terminou (a empresa logo sairia das mãos da família Lancia e se tornaria propriedade de um magnata do ramo do cimento. Nesse momento, integra o império da Fiat).

No meio do infortúnio da Lancia, a situação da Ferrari também piorou. A Pirelli anunciou que estava reduzindo seu programa de corridas, talvez levada pelos rumores de que problemas com pneus causaram a morte de Ascari (nunca provados) e a tragédia de Le Mans. No início da temporada seguinte os descontos habituais de 12% a 25% oferecidos para as equipes de corrida — e, no caso de contas importantes como a da Ferrari, os pneus eram presenteados — seriam cancelados. Os pneus da Pirelli seriam comprados pelo preço integral da lista ou nada feito. Ferrari era muito grato à Pirelli pelo fornecimento dos pneus de corrida e considerou a mudança de posição da empresa um imperdoável ato de traição. Com raiva, prometeu que nunca mais uma Ferrari usaria pneus Pirelli (promessa logo esquecida, é claro) e que buscaria ajuda de um fabricante estrangeiro. Mas de quem? A Mercedes-Benz era a principal cliente da Continental alemã. A Dunlop estava em estado de exaltação do nacionalismo irracional e decidiu fornecer pneus somente a equipes de corrida britânicas. A Michelin não estava interessada em cooperar com uma equipe italiana, e a Firestone, a única empresa norte-americana que fabricava pneus de corrida, não tinha tempo suficiente para desenvolver um pneu para corridas de estrada. Desesperado, Ferrari procurou seus velhos amigos da Englebert. Por meio de Liliana, princesa de Réthy, mulher do rei Leopoldo e amiga próxima, Ferrari conseguiu um contrato de longo prazo com a empresa belga de pneus. Se a princesa não tivesse interferido, possivelmente Ferrari teria feito uma de suas numerosas ameaças de abandonar as pistas.

De repente, a cena internacional da Fórmula 1 estava um verdadeiro caos. O piloto mais popular da Itália havia morrido. Os esplêndidos D50S estavam fora do jogo e aparentemente condenados ao mesmo canto empoeirado de um museu que os Alfa Romeo 158/159. A Mercedes-Benz também estava prestes a se despedir, o que deixava os dois melhores pilotos da época (e talvez de *qualquer* época, na cabeça de muitos) — Juan Manuel Fangio e Stirling Moss — em liberdade. Era a janela de oportunidade para Enzo Ferrari, para a qual ele era singularmente qualificado. Ele colocou seus consideráveis poderes de persuasão em uso máximo. Mais uma vez, ele começou a balir a velha canção da pobreza. As ameaças públicas de abandonar as pistas foram retomadas. Sabendo que isso deixaria apenas a Maserati como representante italiana no automobilismo internacional, Ferrari contava com o apoio da imprensa e da indústria automobilística para continuar seu trabalho. Seus carros de então eram completos fracassos, e ele entendia muito bem que, se ajuda financeira e técnica não estivesse disponível, sua equipe estava condenada. Era um momento tanto de incerteza quanto de oportunidade. Durante o mês de julho de 1955 Ferrari se envolveu em negociações intensas com a família Agnelli, que controlava o megaconglomerado Fiat, e com Gianni Lancia. Depois de horas de discussões acaloradas, Ferrari negociou

FERRARI • 277

um acordo extraordinário. Seis dos magníficos Lancia D50S, diversos deles incompletos, seriam entregues a Ferrari, juntamente com toneladas de peças sobressalentes, desenhos e ferramental. Jano seria incluído no acordo, como consultor de projeto. Era um caso de *déjà-vu* para Enzo Ferrari. Como aconteceu em 1934, quando a Alfa Romeo concedeu à Scuderia, em situação econômica desastrosa, seu arsenal de monopostos P3, Ferrari era o destinatário de meia dúzia dos carros de corrida mais avançados do planeta, assim como do gênio que os criou. Além disso, Ferrari tinha conseguido um compromisso da Fiat segundo o qual receberia um estipêndio estimado em 100 mil dólares por ano, durante cinco anos, para apoiar o novo programa. Realmente, foi um presente providencial. Houve grande comemoração em Módena e Maranello quando a frota de caminhões transportando os aerodinâmicos Lancia chegou às oficinas em 26 de julho de 1955. A cena foi presenciada por inúmeros jornalistas e por representantes da Federação Italiana de Automobilismo, que tinha se envolvido nas negociações.

Os mecânicos da Ferrari suavam, empurrando os seis primorosos bólidos no ar úmido vespertino. Os sorrisos iluminaram os rostos dos que estavam ali reunidos. No entanto, era uma vitória de Pirro para Ferrari, uma confissão de que suas máquinas eram deficientes e que ele precisava de uma infusão de talento externo. Para a Lancia, era uma capitulação que chegou quando estava à beira do sucesso. Se Ascari não tivesse morrido e se recursos financeiros suficientes estivessem disponíveis, resta pouca dúvida de que os D50S dominariam a próxima temporada de 1956.

Além disso, a transferência dos carros provocaria a perda de Aurelio Lampredi. Magoado pelas derrotas dos últimos dois anos e pelas agressões verbais cada vez mais brutais de Ferrari, Lampredi não teve escolha senão ver (corretamente) a chegada das Lancia como um repúdio ao seu empenho mais recente com os carros de Grand Prix com motores de 4 cilindros. Chateado e isolado, o homem que deu a Enzo Ferrari seu primeiro carro de Grand Prix verdadeiramente bem-sucedido e dois campeonatos mundiais deixou Maranello em setembro para assumir um cargo de projetista sênior na Fiat. A saída de Lampredi fez parte de uma grande sangria na fábrica. Nello Ugolini, certamente exausto com as constantes broncas do chefe e as intrigas torturantes da empresa, pediu demissão e ingressou na Maserati.

Ferrari livrou-se de Farina, e também de Trintignant e Schell, que não vinham apresentando grande desempenho, embora Trintignant tivesse vencido em Mônaco com um 625 depois do abandono de Moss e Fangio e do mergulho de Ascari nas águas do porto. A evasão de talentos continuou quando Franco Cornacchia, o esportista milanês que mantinha a representação da Ferrari para o norte da Itália desde 1951 e que, junto com Chinetti, foi fundamental na promoção da marca, anunciou que estava desistindo do negócio e assumindo a representação da Maserati.

Ainda assim, o ganho líquido para Ferrari foi extraordinário, apesar da perda de Lampredi, dos outros e do rompimento com a Pirelli. No pátio de Maranello estava o material rodante para criar um novo renascimento, um retorno ao domínio de 1952 e 1953, não só para si mesmo e sua fábrica, mas também para o brasão bastante manchado do automobilismo italiano.

No entanto, Enzo Ferrari era alguém incapaz de dizer "obrigado". Ou ele tinha alcançado um momento em sua vida em que parecia acreditar que tudo o que recebia lhe era devido ou simplesmente carecia de boas maneiras para apresentar expressões simples de gratidão. Independentemente do motivo, manifestações triviais de gentileza quase nunca, ou nunca, saíam de sua boca.

De fato, parado diante dos D50S, junto com Romolo Tavoni e o chefe de equipe Mino Amarotti, Ferrari exibiu um sorriso irônico. Ele se virou para os seus colaboradores e sussurrou: "Eles deviam me agradecer por aceitar esse lixo!"

CAPÍTULO 13

No final de 1955 a grande quantidade de mudanças que atingiram a vida profissional de Enzo Ferrari apareceu no cômputo geral oferecendo novas oportunidades. No entanto, elas empalideceram diante da tragédia que se desenvolvia no pequeno apartamento acima da antiga oficina da Scuderia na Viale Trento e Trieste. Dino estava morrendo. Uma doença misteriosa estava devastando seu jovem corpo. Ele passava cada vez mais tempo na cama e no hospital local, constantemente cuidado por sua mãe, Laura, e visitado, após a pressão dos negócios, pelo pai.

Segundo a opinião geral, Alfredino Ferrari era um jovem agradável, sincero e afável com os amigos, mas tímido e retraído com estranhos. Carroll Shelby, piloto de corridas norte-americano, passou muitas horas com o rapaz no verão e no outono de 1955 e se lembra da perda de peso de Dino e das pernas rígidas que dificultavam sua caminhada até os arredores da Scuderia. Apesar das afirmações posteriores de Ferrari a respeito da atenção dada ao filho naquele período, Shelby insiste que o jovem ficava abandonado e se virava sozinho, arrastando-se entre os mecânicos e os clientes que apinhavam o agitado prédio da Scuderia. Naquela altura, toda a fabricação fora transferida para Maranello e as antigas oficinas eram usadas exclusivamente como local de entrega de carros novos. Ao contrário do pai, Dino sabia falar inglês, o que o aproximou de Shelby e dos americanos e britânicos ricos que apareciam em Módena.

Dino se esforçou para explorar seu grande interesse por automóveis, na medida que sua saúde permitia. Ele se formou no Instituto Técnico Corni, que tinha se convertido em uma espécie de centro de formação para jovens com pretensões a serem técnicos da Ferrari. Depois, cursou um ano da faculdade de economia na Universidade de Bolonha, mas os rigores de uma vida acadêmica em tempo integral o forçaram a abandonar o curso. Faz parte da mitologia de Ferrari que Dino fez um curso por correspondência da Universidade de Friburgo, na Suíça, e concluiu uma tese sobre o projeto de um motor de 1,5 litro e 4 cilindros com um *layout* interessante das válvulas.

Supostamente, Dino foi ajudado, primeiro, por Lampredi e, depois, pelo jovem Andrea Fraschetti, engenheiro e desenhista talentoso. Mas há um problema: ninguém com o sobrenome Ferrari está no registro da Universidade de Friburgo na década de 1950, nem na lista de nomes da Universidade de Freiburg, na Alemanha, ou da principal escola técnica da Suíça, em Lausanne. Além disso, Friburgo é célebre como escola de ciências humanas, não de engenharia, o que coloca todo o histórico de Dino como engenheiro novato no limbo.

Embora Dino nunca participasse de uma corrida por causa da saúde, seu pai lhe deu diversos carros, que ele dirigia com entusiasmo: primeiro, um pequeno Fiat 1100 e, finalmente, uma Ferrari de 2 litros, com a qual ele e seu amigo Sergio Sighinolfi se divertiam nas colinas das proximidades. No entanto, quando o rigoroso inverno de 1955-56 chegou a Módena, o corpo alto e magro de Dino ficou muito debilitado para dirigir e ele foi forçado a passar cada vez mais horas confinado no quarto. Foi nesse período que Enzo Ferrari disse posteriormente que o filho criou o motor V6 que levaria seu nome e que foi considerado um dos projetos de maior sucesso da empresa. De acordo com Ferrari, Dino passou seus últimos meses acamado rabiscando o desenho de um motor V6 e, todas as noites, após o trabalho, ele, Vittorio Jano e Dino passavam horas discutindo as nuanças técnicas do novo motor. A contribuição real de Dino foi discutida detalhadamente. A maioria dos biógrafos admitiu a versão de Ferrari sem maior análise. Outros, menos crédulos, notaram que Jano — eminência em projeto há trinta anos — projetou o cupê esportivo Lancia Aurelia em 1950 e o carro de corrida Lancia D24, que venceu a Mille Miglia e a Carrera Panamericana, no México. Os dois carros eram equipados com motores V6 magníficos. Lampredi também estava trabalhando em um motor V6 antes de sair da Scuderia, tornando altamente suspeita a alegação de que o V6 emergiu completo da mente do filho doente de Ferrari. Em retrospecto, parece restar pouca dúvida que Lampredi e Vittorio Jano, e não Dino Ferrari, foram os principais autores do projeto, independentemente do revisionismo compreensível de um pai atormentado.

Com a Mercedes-Benz fora do campeonato e com seis novos Lancia D50 guardados nas oficinas, a temporada de Grand Prix de 1956 poderia ser encarada com considerável otimismo *se* uma equipe satisfatória de pilotos pudesse ser reunida. Stirling Moss estava se aproximando cada vez mais da maior grandeza de todos os tempos. Ele parecia incorporar algo do talento e arrojo de Nuvolari e era a primeira opção. Mas Moss ainda estava magoado a respeito do incidente em Bari e decidiu dirigir para a Maserati, pelo menos até que os novos e revolucionários Vanwall britânicos pudessem ser concluídos.

Fangio, tricampeão mundial, estava disponível. No cômputo geral, ele era o melhor e mais rápido piloto do mundo. Apesar dos 46 anos, Fangio mantinha poderes incomuns sobre um carro em alta velocidade. Se havia alguém capaz de levar a Ferrari de volta ao círculo dos vencedores, era aquele argentino taciturno, fleumático e de pernas arqueadas. Ferrari começou uma negociação arrastada e difícil para obter seus serviços. Houve problemas desde o início. Ferrari estava acostumado a tratar diretamente com os pilotos, sem intermediários. Ele levava vantagem nisso. Em sua maioria, os pilotos eram ingênuos em negociações comerciais ("bestas quadradas", nas palavras de Villoresi) e podiam ser facilmente enganados, pilotando por ninharias. Mas Fangio era diferente. Ele vinha da Mercedes-Benz, onde os pilotos eram bem-pagos, e não aceitaria as desprezíveis quantias oferecidas por Ferrari, sob o pretexto "embrulhado para presente" da possível "glória" a ser ganha por ser piloto da Scuderia.

Fangio levou para as reuniões um agente astuto chamado Marcello Giambertone, organizador de corridas italiano e impertinente geral no esporte. Ferrari ficou furioso com a audácia de Fangio de aparecer com um intermediário. Pior ainda, Giambertone lutou para conseguir um acordo bastante lucrativo para seu cliente. Ao que se conta, Fangio recebeu cerca de 12 milhões de liras por ano, além de uma lista de pequenos benefícios que atingiram a carteira de Ferrari. Mas, independentemente do acordo, o relacionamento entre o *Commendatore* e seu principal piloto começou com um gosto amargo, e nunca melhorou.

Para contrabalançar o frio e calculista Fangio, Ferrari conseguiu atrair um grupo incrível de jovens agitadíssimos, cheios de paixão por correr — e talvez morrer — para a glória da equipe. Eugenio Castelloti liderava o grupo. Descendente de uma família de aristocratas fundiários de Lodi, ele era tão bonito que Ferrari começou a chamá-lo de *il bello*. Supercompetitivo e vaidoso a ponto de usar sapatos especiais para aumentar a altura, Castellotti havia comprado pelo menos meia dúzia de Ferrari e corrido com elas como amador empolgado antes de alcançar algum sucesso com a malfadada equipe Lancia no ano anterior. Ele era a grande esperança italiana para suceder o falecido Ascari.

Outro rico italiano se tornou imediatamente o rival mais estridente de Castellotti. O romano Luigi Musso era filho de um importante diplomata. Seis anos mais velho que Castellotti, Musso foi xingado desde o começo por suas origens sulistas. A Itália era fragmentada pelo chauvinismo local insano. Cidade odiava cidade, província odiava província e região odiava região. Na melhor das hipóteses, os romanos eram marginalmente aceitáveis para os nortistas, mas os nascidos em lugares fétidos como Nápoles e Salerno (sem falar em Sicília e Sardenha) poderiam muito bem ser originários da África mais escura. O provincianismo só aumentou a rivalidade entre Musso e Castellotti, que já estava envolvido na batalha de se tornar o principal herói de corridas da Itália. Essa rivalidade seria bastante atiçada por Enzo Ferrari, o velho "agitador de homens".

O nacionalismo era desenfreado em todas as corridas europeias. Os carros ainda utilizavam as cores de seus países de origem: o vermelho italiano, o verde britânico, o azul francês, o prateado alemão, o amarelo belga etc. Diversas empresas, incluindo a Dunlop, empresa inglesa de pneus, a Michelin francesa e a Continental alemã, relutavam em fazer negócios com a equipe que não incluísse compatriotas. Os italianos, capitaneados por uma imprensa chauvinista, clamava por vingança por causa da investida alemã de 1954 e 1955. Seus congêneres britânicos chafurdavam na vergonha do fracasso da BRM e pressionavam homens como Moss a correr só em carros pintados com o verde de corrida britânico. Os franceses, que não venciam sua própria corrida de Le Mans desde 1950, mexeram nas regras com a introdução de um complicado "indicador de desempenho", permitindo que carros lentos, pouco potentes e de construção caseira como Dyna-Panhard e Gordini conquistassem um pouco de honra. A época em que os carros de corrida se tornariam pouco mais do que *outdoors* ambulantes para patrocinadores comerciais estava a uma década de distância. Correr pela glória e honra da pátria era primordial na mente de todos, com exceção de alguns mercenários calejados como Fangio.

Para se juntar aos dois italianos, foi contratado Peter Collins, inglês loiro, frágil e veloz, que teve um desempenho bastante agressivo ao volante de diversos monopostos ingleses antes de ser descoberto por Ferrari. Aos 25 anos, Collins era a personificação do sólido espírito esportivo da escola britânica: jogador valente, mas ético no campo; cavalheiro elegante e bastante encantador fora dele. Como o restante da equipe, Collins esperava participar da programação completa de corridas da Scuderia, competindo não só na Fórmula 1, mas em diversas provas de carros esportivos ao redor do mundo, incluindo as corridas de mil quilômetros em Buenos Aires e Nürburgring, as 12 Horas de Sebring, a corrida de estrada de Targa Florio, a Mille Miglia e, claro, as 24 Horas de Le Mans. No momento atual, em geral, os pilotos se especializaram em um tipo de corrida, mas na década de 1950 os melhores pilotos disputavam com a mesma habilidade provas em estradas e ruas a bordo de carros esportivos pesados e encorpados ou em circuitos fechados ao volante de monopostos. No sentido esportivo clássico inglês, eram verdadeiros "polivalentes".

O belga Olivier Gendebien também passou a integrar o elenco de pilotos para as principais corridas de carros esportivos. Ex-herói da resistência e campeão de hipismo, ele havia deslumbrado Ferrari com sua brilhante condução na Mille Miglia de 1955, terminando em sétimo lugar ao volante de seu 300SL particular. Esse nobre era menos simplório que seus ansiosos companheiros e jamais seria afligido pelas intrigas da Scuderia. Provavelmente, ele levou a sério uma confissão de Ferrari durante um almoço. Ao refletir sobre os caprichos da personalidade italiana, Ferrari disse para Gendebien: "Nós, os italianos, somos todos comediantes manhosos."

Outro membro da equipe de carros esportivos que não conseguiu ver o humor de tudo aquilo foi Phil Hill, californiano de 29 anos. Ele chegou a Maranello imerso no romantismo do automobilismo europeu. Era dotado de grande talento e tinha um apetite por cultura que incluía o entusiasmo pela ópera e pelas antiguidades, mas sua ânsia por agradar se tornou seu ponto fraco. Ferrari identificaria isso e praticou um jogo mental vergonhoso de recompensas e castigos com o piloto vulnerável e temperamental, mesmo depois de ele ter recompensado a Scuderia com o campeonato mundial. Hill correu muito bem a malfadada corrida de Le Mans de 1955 e, com a sanção do sempre leal Chinetti, foi introduzido nos recintos sagrados de Maranello. Mas, independentemente de suas habilidades óbvias, ele mofaria como piloto de apoio por quase três anos.

Totalmente o contrário aconteceu com o excêntrico espanhol conhecido pelo mundo — ainda que brevemente — como conde Alfonso de Portago. Esse nobre de 28 anos era o original aristocrata marginal. Filho de uma ex-enfermeira irlandesa, dizia-se que "Fon" Portago nasceu cinco séculos atrasado. Ele era um aventureiro por excelência, amante e o libertino do tipo que Ferrari gostava. Portago era um piloto brutal e indiferente ao perigo, que percorria a pista a ponto de dar nos nervos. Ele priorizava o estilo informal, preferindo jaquetas de couro, cabelo comprido e barba por fazer. Em geral, cheirava a alho e cebola. Embora fosse casado com uma norte-americana rica, acumulou diversos romances tórridos com mulheres como a modelo Dorian Leigh e a atriz Linda Christian. Exímio em jogo de hóquei a cavalo, corrida de trenó e caça, Portago se sentiu atraído pelo automobilismo por seu perigo puro e descarado. Em 1954, em um acidente em Silverstone, quebrou uma perna enquanto desenvolvia um estilo de pilotagem de bravata que intrigou Ferrari. Fluente em quatro línguas e suficientemente impregnado com sua herança real para acreditar que tinha chance de assumir o trono espanhol caso Francisco Franco se afastasse do cargo ou fosse deposto, ele foi um dos favoritos de Ferrari desde o início. O *Commendatore* ficou fascinado com o estilo *garabaldino* de Portago, e também com sua postura extravagante e audaciosa em relação à vida.

O próprio Enzo Ferrari, é claro, era um homem bastante grosseiro, o que pode explicar sua fraqueza por "cavalheiros" espalhafatosos. Suas conversas na mesa de jantar eram pontuadas por referências sexuais sem fim, pelos comentários sarcásticos sobre rivais, por arrotos estridentes, pela mão coçando o saco, por goles de bebida ruidosos e pela boca limpa em um grande lenço de linho que sempre fazia parte de seu guarda-roupa. Aqueles mais próximos de Ferrari dizem que sua imagem pública mais refinada se formou — ou, de modo mais correto, se reformou — durante esse período, em que um jornalista de Cremona, chamado Dario Zanesi, chegou a Módena para escrever um perfil para o jornal *Il Resto del Carlino*. Ele ficou consternado com o que encontrou. Em vez de um nobre supervisionando majestosamente um ducado de artesãos, ele descobriu um "*paesano* modenense" dirigindo uma pequena fábrica italiana que produzia carros velozes. Com o desejo de confirmar as fantasias de seus leitores, Zanesi pintou um novo retrato do *Commendatore*; "um traje novo", como ele chamou. O velho aldeão (*paesano*) se tornou um doge majestoso, nobre, altivo e refinado, que dirigia seu império com a mão firme, mas justa. A falta de modos, os gritantes ataques de mau humor, os xingamentos, as intimidações sobre seu pessoal e o próprio *homem* foram lavados e removidos em um mar de hipérboles lisonjeiras. Aqueles próximos de Ferrari lembram que o artigo de Zanesi exerceu profunda influência. Ferrari, sempre um ator, pareceu assumir a personalidade do homem descrito no artigo, pelo menos em público. Ao longo do tempo, ele desenvolveria uma aura de esplendor majestoso para o mundo exterior, embora para o círculo íntimo de engenheiros, bajuladores e amigos ocasionais continuasse sendo o mesmo *scemo* (estúpido) tempestuoso, manipulador e grosseiro de antes.

Ferrari aprendeu cedo a dizer às pessoas o que elas queriam ouvir. Suas declarações públicas, muitas vezes formuladas em termos de autopiedade e do espectro da ruína financeira, eram forjadas para suscitar simpatia e respeito por aquele italiano supostamente solitário, martirizado e eternamente leal, que portava o estandarte da honra nacional com orgulho indômito. Costuma-se dizer que sua maior habilidade era a capacidade de reconhecer talentos. Provavelmente isso era verdade, embora ele exigisse de tal conjunto de talentos lealdade resoluta e disposição de se subordinar ao nome Ferrari. Embora ele fosse o mestre do logro verbal, seu pessoal também era. Eles não tinham outra escolha, porque a crítica nunca era tolerada. Certa vez, Romolo Tavoni voltou da Holanda e afirmou casualmente que uma figura importante do automobilismo internacional tinha comentado que já era hora de Ferrari parar de agir como um pequeno artesão e se tornar um homem de negócios sério. Furioso com a ofensa, Ferrari exigiu o nome da pessoa. O comentário tinha sido feito em segredo e Tavoni se recusou a dar o nome. "Saia do escritório por cinco minutos e volte com o nome", ordenou Ferrari. No devido tempo, Tavoni voltou, mas se recusou a falar. "Vá para casa por quatro dias!", berrou Ferrari. Tavoni retornou de seu exílio, mas se recusou a falar. "Um mês!", gritou Ferrari. Tavoni, que era naquela altura um elemento-chave na organização, foi finalmente chamado de volta. Outros interrogatórios não levaram a lugar algum e, finalmente, o incidente foi esquecido.

Um homem que entendeu como lidar com Ferrari foi um imigrante norte-americano chamado Tony Parravano. Natural de Puglia, vilarejo na região montanhosa a leste de Nápoles, Parravano chegou aos Estados Unidos ainda jovem e alcançou sucesso no ramo da construção civil, primeiro em Detroit e, depois de 1943, no distrito de South Bay, em Los Angeles. No início da década de 1950, Parravano tornou-se uma figura poderosa, ainda que um tanto duvidosa, nos círculos de incorporação imobiliária no sul da Califórnia. Regularmente, havia rumores de que ele era apoiado pela Máfia, mas isso não impediu seu sucesso. Parravano era fascinado por carros velozes, sobretudo as duas crias modenenses: Ferrari e Maserati. Ele se tornou uma espécie de patrono do grupo de talentosos pilotos de corridas de estrada que estavam surgindo a partir dos mesmos círculos de carros esportivos amadores do sul da Califórnia que geraram Phil Hill. Em 1955, enviou Carroll Shelby, um texano que estava ganhando regularmente na Califórnia, para a Itália. Sua missão era comprar carros para a coleção de Parravano e desenvolver um relacionamento com as figuras-chave nas oficinais da Ferrari e Maserati. Isso levou a uma série de viagens do próprio Parravano e, em uma delas, ele conheceu Ferrari. O dinheiro estava muito curto e alguns empréstimos foram arranjados entre Ferrari e Parravano, totalizando 300 mil dólares. O pagamento a Parravano seria em automóveis e peças sobressalentes. Tudo seria vendido para ele pela metade do preço, ainda que Luigi Chinetti estivesse atuando ostensivamente em Nova York como importador exclusivo dos carros. Evidentemente, esse acordo com

FERRARI • 287

Parravano contornou a representação de Chinetti e, sem dúvida, teve um custo considerável para ele, em termos tanto de dinheiro como de prestígio. Não seria a última vez que, nas palavras de Shelby, "o Velho enganava Luigi, e geralmente o tratava como um merda".

Sem dúvida, esse canal de ligação envolvendo carros esportivos de corrida com a costa oeste dos Estados Unidos foi benéfico para Ferrari, tanto do ponto de vista de imagem como financeiro, em um período de extrema penúria (Parravano contou a um amigo que a situação era tão crítica que Ferrari falou sobre uma aliança com a Maserati, embora a seriedade de tal comentário esteja aberta ao debate). As Ferrari que Parravano levou para a Califórnia — sobretudo o monstro de 4,9 litros — fizeram muito para difundir a mística da marca entre o cenário de Hollywood, orientado por status. Também gerou uma reação adversa quando Parravano desapareceu um ano depois, vítima de um presumido ataque do submundo do crime. Embora rumores se espalhassem periodicamente de que ele tinha fugido para a América do Sul ou África, a teoria convencional é que ele foi assassinado por causa de uma indiscrição em relação à Máfia. Por sua vez, isso levou a implicações ocasionais de que Ferrari estava sendo financiado pelo crime organizado ou, em alguma associação lógica estranha, talvez estivesse ligado distantemente ao incidente. Não há nenhuma evidência de que Enzo Ferrari tenha tido relações sérias com a Máfia italiana, quer na Itália ou nos Estados Unidos. Embora tal ligação seja possível, nenhum historiador ou ex-colaborador, por mais crítico que seja, sugeriu esse vínculo com o submundo. Se os rumores persistem, é com base no estereótipo malicioso de que todos os italianos bem-sucedidos estão envolvidos com a Máfia e, em parte, por causa do desaparecimento misterioso de Tony Parravano.

Com Jano, Fangio e um grupo de jovens e ávidos pilotos, Ferrari encarava a temporada de 1956 em excelente forma. Os Lancia tinham sido modificados, com o reservatório de combustível removido das estranhas cápsulas laterais e montado em um tanque convencional na traseira. Os motivos exatos para essa mudança não são claros, a não ser, talvez, tornar a condução um pouco mais previsível, mas a maioria dos críticos de engenharia sustenta que a alteração foi regressiva. É possível que tenha sido feita por motivos de puro ego: uma maneira barata e relativamente simples para

Ferrari pôr sua marca em um carro que era evidentemente estranho a ele em todos os sentidos.

O rompimento com a Pirelli forçou a Scuderia a se associar em tempo integral com a empresa belga Englebert, que por sua vez fornecia pneus para a equipe de maneira bastante incomum. A cada primavera, um caminhão chegaria da Bélgica carregado com o suprimento anual de pneus para a equipe. Os pneus seriam descarregados em um depósito da Ferrari, onde o novo estoque deveria durar toda a temporada. Era um sistema ridiculamente primitivo, que em uma década Goodyear, Dunlop, Michelin e Pirelli tornariam obsoleto, fabricando configurações especiais e personalizadas de bandas de rodagem e compostos para pistas e condições meteorológicas específicas.

O sucesso na Fórmula 1 tomou conta do pensamento de Ferrari. Para isso ele gastou uma quantia sem precedentes para contratar Fangio, e foi recompensado — o ás argentino conquistou seu quarto título mundial com relativa facilidade, apesar de ter precisado da ajuda de Peter Collins para alcançar o objetivo. Quando a temporada estava chegando ao fim, Collins e Fangio disputavam o título. No Grand Prix da Itália, o carro de Fangio quebrou e suas chances de ganhar o título pareciam difíceis demais de se repetir. Então, Collins parou nos boxes e, em um gesto supremo de espírito esportivo, cedeu seu carro para o velho mestre, que seguiu em frente e terminou em segundo, atrás da Maserati 250F de Stirling Moss. Esse gesto altruísta propiciou a Fangio um caminho desimpedido para o título e tornou o inglês benquisto para Ferrari, que, pelo menos uma vez, viu um piloto sujeitar seus desejos pessoais aos da equipe. Collins explicou sua gentileza incomum: "Tenho apenas 25 anos e muito tempo para ganhar o campeonato por conta própria."

Castelloti e Fangio começaram a temporada ganhando as 12 Horas de Sebring, na Flórida, pela Scuderia, e com a exceção de outra derrota para a Jaguar em Le Mans e derrotas para Moss e seu Maserati em Mônaco e no Grand Prix de Monza, a maioria das provas importantes da temporada foi vencida pela Ferrari. Castellotti ganhou a Mille Miglia sob chuva com uma condução corajosa, liderando a conquista dos cinco primeiros lugares para a Ferrari. Em quinto, chegou Gendebien, a bordo de um cupê 250 GT, mais lento, que ele lembra com considerável desdém. O para-brisa vazou de forma horrível durante o Giro di Sicilia e o belga pediu que fosse reparado antes da Mille Miglia. Seu pedido foi ignorado e ele mourejou através de mil milhas de chuva, com visibilidade mínima, passando frio e ficando encharcado. Finalmente, ele rodou, no traiçoeiro desfiladeiro de Futa, curvando a carroceria de tal forma que Jacques Washer, seu navegador e primo, precisou chutar a porta para abri-la e sair do carro no final. No entanto, Ferrari, no posto de controle de Bolonha, a cerca de 160 quilômetros de Bréscia, ficou indiferente aos problemas de Gendebien. "Ele disse: 'Você *tem* de ganhar na categoria *gran turismo*. Sua voz e seus modos eram quase hipnóticos. Era quase impossível resistir", lembra Gendebien.

Resta pouca dúvida de que Fangio viveu um momento difícil em sua permanência na Ferrari. Talvez mimado pela atmosfera de competência da Mercedes-Benz e pelo seu período bastante descontraído na Maserati, ele foi repelido pelas intrigas que assolavam a equipe. Era velho demais e sábio demais para ser vítima dos exercícios de guerra psicológica de Ferrari. Além disso, ele se convenceu, provavelmente sem justificativa, que estava recebendo carros de segunda categoria e que os jovens leões, como Collins e Castellotti, eram favorecidos. Quando foi rebaixado ao quarto lugar no Grand Prix da França, após o rompimento de um tubo de alimentação de combustível, Fangio e seus defensores insinuaram uma sabotagem, apesar do fato de problemas mecânicos serem comuns em toda a temporada e parecerem afligir indiscriminadamente todos os pilotos uma vez ou outra. Tempos depois, Ferrari lembraria que a versão de Fangio da temporada de 1956 era "uma espécie de filme de suspense, uma mistura de traições, sabotagens, fraudes e maquinações de todos os tipos, todas perpetradas para deixá-lo comendo poeira". Ferrari muito lucidamente raciocinou que seria uma insanidade ter contratado o melhor piloto do mundo e, depois, trabalhar ativamente para impedi-lo de vencer. Ele era bastante pragmático para tal propósito. Queria que seu investimento em Fangio fosse compensado com um campeonato mundial. O conflito entre os dois era mais uma questão de estilo pessoal. Por um lado, Fangio esperava o mesmo tipo de profissionalismo intenso e não emocional que tinha sido o atributo inconfundível da Mercedes-Benz. Por outro lado, Ferrari buscava um tipo de histeria e lealdade irracional em seus pilotos que Fangio era incapaz de oferecer. Basta dizer que o argentino deixou a Scuderia imediatamente após a última corrida de 1956 e transferiu seus serviços para a Maserati. Os dois permaneceram distantes pelo restante da vida de Ferrari, apesar das posteriores exibições teatrais de afeição e perdão públicos.

A tensão que estragava o relacionamento com Fangio era trivial, em comparação com o drama que se desenrolava no pequeno apartamento acima da Scuderia. Quando a corrida de Le Mans chegou ao fim (com o terceiro lugar da Ferrari 625 LM pilotada por Gendebien e Trintignant sendo o único carro de seis inscritos da equipe a terminar), Dino estava em seu leito de morte. Na última semana de junho, os mecânicos da oficina da Scuderia viram um novo Ferrari, com o rosto contorcido de dor e chorando publicamente enquanto descia a escada do apartamento. O fim chegou a 30 de junho de 1956, quando os rins do agradável jovem deixaram de funcionar e ele morreu. Seu pai e sua mãe ficaram doentes de dor. Tavoni estava com Ferrari na tarde do dia seguinte quando Eraldo Sculati, o chefe de equipe, ligou de Reims para informar que Collins tinha vencido o Grand Prix da França. Tavoni tentou entregar o telefone para Ferrari, que com os olhos marejados recusou, dizendo que seu interesse por carros de corrida estava definitivamente morto.

Um cortejo fúnebre, constituído talvez por mil pessoas, formou-se em frente ao antigo prédio da Scuderia, na Viale Trento e Trieste, e seguiu para o cemitério em San Cataldo. Ferrari, ereto e orgulhoso, estava à frente, com Laura, toda de preto e profundamente abalada. Movendo-se no meio dos caminhantes, havia um pequeno sedã Fiat transportando Adalgisa, mãe de Enzo, então com quase 85 anos e incapaz de fazer a longa caminhada sob o calor úmido.

Na sequência, houve um canto fúnebre e a glorificação póstuma de Dino, que beirou a concessão de uma santidade secular. Um enorme túmulo de mármore românico foi construído no cemitério de San Cataldo, financiado, em parte, com recursos da cidade de Módena, para servir como cripta da família. Os restos mortais de Dino e de seu avô foram postos no lugar, e lugares foram reservados para Enzo, sua mãe e Laura.

A doença que matou Dino teria extrema influência sobre Ferrari, embora a natureza exata dela continue sendo um mistério. Diversos biógrafos sustentaram que se tratava de leucemia, esclerose múltipla, nefrite ou distrofia muscular. A última é mais frequentemente mencionada, e o próprio Ferrari falou da "distrofia" que afligiu tanto seu filho como sua mulher. Também disse que um "vírus da nefrite" matou o menino, apesar de não existir tal doença nos anais médicos.

As pessoas que conheceram Dino nos últimos anos de sua vida se lembram dele como um jovem alegre, perfeitamente normal, exceto por ser muito magro, estar geralmente cansado e ter rigidez grave nos membros. "Dino era um bom rapaz, sempre sorrindo", recorda Shelby. "Seu pai nunca passava algum tempo com ele, e o garoto não tinha muito o que fazer."

Se Dino sofria de distrofia muscular, da qual existem diversos tipos, era provavelmente a mais comum ou a variedade de Duchenne, que afeta exclusivamente homens entre os três e os dez anos e, em geral, provoca a morte no final da adolescência ou aos vinte e poucos anos. No entanto, os últimos anos de vida são de debilitação completa — e parece improvável que Dino tenha sido capaz de andar, embora com dificuldade, até os últimos meses de vida se tivesse essa doença.

Sabe-se que Enzo Ferrari contribuiu generosamente com diversas causas em benefício dos portadores de distrofia muscular depois da morte do filho e um importante produtor de TV norte-americano e ávido colecionador de Ferrari lembra que conquistou a amizade de Enzo *só* depois de revelar que havia produzido um documentário solidário com os portadores da doença.

A morte de Dino — independentemente da causa — marcou uma mudança fundamental na vida de Ferrari. Daquele momento em diante, ele se tornou mais recluso, mais amargurado, mais cáustico, mais impassível acerca dos outros corpos arruinados que de repente pareciam parte de sua existência diária.

Durante décadas ele visitaria o túmulo do filho como parte de sua rotina matinal, que, como um relógio, incluía uma parada na barbearia e uma breve visita a sua mãe. Todos os motores V6 e os carros equipados com ele seriam chamados de "Dino". Em Maranello, o austero local de trabalho de Ferrari se tornou mais um santuário do que um escritório, com um retrato agourento de Dino diante de sua mesa, atuando como destaque nauseante do recinto. Por anos ele usaria uma gravata preta como recordação de seu único filho legítimo, concederia diversos prêmios e bolsas de estudo em nome de Dino e doaria quantias substanciais para diversas causas referentes à distrofia muscular.

Naquele ano, tempos depois, a pequena escola profissionalizante criada no estábulo da estrada para Abetone foi ampliada e se converteu em uma escola técnica formal, associada ao Instituto Técnico Corni, sob o patrocínio do Ministério da Educação italiano. Ferrari quis que a escola recebesse o nome de seu filho e, devido aos seus esforços, seria formalmente chamada de Istituto Professionale Statale Alfredo Ferrari.

Quando Dino morreu, seu pai tinha 58 anos. Graças à ajuda da Fiat e da Lancia, e à generosidade de inúmeros clientes ricos em todo mundo, Enzo estava começando a desfrutar de prosperidade verdadeira. Ele e Laura, com quem uma espécie de *entente cordiale* (entendimento cordial) havia sido estabelecida, estavam acumulando imóveis em Módena e arredores. Além disso, planos estavam em andamento para ampliar a fábrica, que tinha produzido 81 carros naquele ano, e para converter o pequeno estábulo no outro lado da estrada para Abetone em um restaurante e pequena pousada. Seria chamado de Cavallino — uma hospedaria que se tornaria quase tão famosa quanto a própria fábrica. Contudo, a perda de Dino deixou tudo parado por algum tempo. No verão de 1956, Ferrari ameaçou repetidas vezes abandonar as corridas, e mesmo aqueles que tinham testemunhado tal atitude teatral antes passaram a achar que isso seria possível.

Como acontece com muitos italianos, Ferrari se dedicou ao luto com uma intensidade muito maior do que a atenção que deu ao filho em vida. A morte costuma trazer a ilusão de perfeição, e foi assim com Dino. Seus defeitos foram esquecidos e o jovem desfrutou do privilégio de nunca ter desagradado ou decepcionado seu pai. Pura e simplesmente, Ferrari conseguiu criar um Dino novo e perfeito. O seu pesar, assombroso como era, evocou certo ceticismo entre aqueles que o conheciam bem. Era tão prolongado, tão piegas, tão operístico, que os colaboradores começaram a questionar seus motivos.

Com Dino morto, mas longe de ser esquecido, Ferrari ainda tinha outro filho para sustentar. Piero acabara de completar 11 anos e ainda morava com a mãe em Castelvetro. Não se sabe se os dois rapazes se conheceram ou se Dino sabia da existência do meio-irmão, mas não resta dúvida que em algum momento no final da década de 1950 Laura Ferrari descobriu a segunda vida do marido. Sua reação dificilmente poderia ser descrita como tranquila. Evidentemente, ela era a perdedora. Com seu único filho morto, o próprio Ferrari aparentemente havia se resguardado ao gerar um segundo rebento — um herdeiro substituto, por assim dizer —, que permanecia escondido de todos, menos de alguns dos seus companheiros mais próximos.

Então, a morte voltou a atingir a família, ainda que indiretamente, pouco mais de um mês depois do falecimento de Dino. Sergio Sighinolfi, que foi um dos carregadores do caixão no enterro, ficara deprimido com a perda do amigo. Os dois jovens ficaram muito próximos quando a saúde do filho de Ferrari declinou e as horas passadas na companhia um do outro se tornaram diversões cada vez mais agradáveis para Dino. Então, em 9 de agosto, chegou a notícia que Sergio tinha perdido o controle da Ferrari que estava testando nos montes dos Apeninos e morrido. Aconteceu em uma curva que ele havia feito centenas de vezes em outros testes. Daquela vez, ele entrou rápido demais nela e mergulhou para a morte em um barranco íngreme.

Enzo Ferrari ficou muito abalado. A proximidade de Sergio com seu filho transcendera sua simples condição de empregado. Embora raramente sofresse com a morte de seus pilotos, ele despendeu grande esforço para confortar a família do jovem. Doou dinheiro, cuja soma exata é desconhecida, para ajudar a aliviar o sofrimento. Foi um ato de generosidade raro, se não inédito, de sua parte.

Foi um período de grande tensão para Ferrari, e que apenas intensificou sua lamentação pela perda de Dino. Ele escreveu para seu amigo Rancati duas semanas depois do funeral: "Ao pensar muito na temporada de competições, decidi deixar para outros a tarefa de defender o prestígio da criação automobilística italiana em outros países. Na vida, devemos aprender a renunciar a certas coisas que valorizamos muito e acredito que, depois de ter perdido meu filho, não tenho nada de maior valor para abrir mão."

As histórias em torno da carreira de Ferrari indicam que ele deixou de acompanhar as corridas nas pistas após a morte de Dino. Grande parte da mística que ele criou em torno de si ao ficar mais velho se centrou nessa recusa de aparecer em provas de automobilismo, exceto durante o tradicional treino vespertino para o Grand Prix da Itália, em Monza. Não é verdade que ele tenha começado essa prática depois da morte de Dino. Tampouco é verdade tê-la adotado após a estreia do Dino V6 de Fórmula 2 em Nápoles, na primavera de 1957, como alguns afirmam. Com certeza, Enzo Ferrari estava na Mille Miglia, em maio de 1957, dirigindo sua equipe do posto de controle de Bolonha, sendo provável que a última corrida oficial que contou com sua presença tenha sido o Grand Prix de Módena, prova não válida do campeonato, mais tarde naquela temporada. Isso aconteceu quinze meses após a morte do filho. Seu exílio voluntário nunca foi suficientemente explicado. Alguns sugerem que ele tenha passado a se sentir incomodado com o público cada vez mais indisciplinado que se aglomerava ao seu redor, embora tolerasse a multidão de *tifosi* que o engolfavam no dia do treino de Monza. Após o cancelamento da Mille Miglia, apenas a corrida de Targa Florio e o Grand Prix da Itália permaneceram como eventos de nível internacional no país. Jamais alguém capaz de ser descrito como viajante, Ferrari era capaz de ficar em casa e manter contato com seus diretores de corrida por meio de ligações interurbanas. Tornou-se normal para ele passar de duas a três horas por dia em comunicação com a pista durante os períodos de treino livre e treino classificatório, discutindo configurações de suspensão, relações de marchas, compostos de pneus, estratégias de corrida etc. Após a corrida, longas análises retrospectivas com os engenheiros e os chefes de equipe eram realizadas. Quando as comunicações internacionais se tornaram mais sofisticadas, incluindo televisão, telex, terminais de computador e aparelhos de fax, antes de sua morte, tornou-se possível para ele saber mais a respeito do evento no conforto de seu escritório do que encostado no balcão do boxe. Além disso, para um homem de relações públicas consumado, a especulação incessante sobre sua ausência era uma publicidade muito mais forte para a mística do que se ele tivesse se tornado uma presença familiar.

Curiosamente, os pilotos quase nunca eram incluídos nos interrogatórios e nas conferências de longa-distância. Com poucas exceções, eram considerados um produto de baixa prioridade. Desde o momento em que ingressou no esporte, Ferrari entendeu que havia uma oferta de jovens ansiosos para arriscar suas vidas, suas reputações e suas fortunas familiares ao volante de um carro de corrida de primeira classe. Tão logo os carros estivessem prontos para correr, o manancial de pilotos se arranjaria sozinho.

O lugar onde Ferrari nasceu, no número 85 da via Camurri, em Módena (agora via Paolo Ferrari, nenhuma relação com Enzo). O pai de Ferrari administrava o negócio da família no primeiro andar, enquanto a família morava no segundo.

Enzo Ferrari exausto em um Alfa Romeo ES, depois de terminar em segundo lugar no Circuito de Mugello, na Itália, em 24 de julho de 1921. Ao seu lado está seu mecânico, Michele Conti, tão cansado quanto ele.

A Ferrari 166MM - Touring Barchetta Lusso - Tipo MM 49 - 166 Mille Miglia (MM) foi produzida entre 1949 e 1952. O modelo conquistou muitas das primeiras vitórias internacionais da Ferrari e a transformou em uma competidora importante na indústria do automobilismo.

Ferrari e Gerry Grant, presidente da Grant Piston Ring Company, examinam um bloco de motor de uma das Ferraris Indianápolis que estavam sendo montadas para as 500 milhas de 1952.

Ferrari e Aurelio Lampredi, brilhante designer e engenheiro.

Um Ferrari confiante (com óculos de leitura que ele raramente usava em público) confere as notícias sobre as corridas do Grande Prêmio da Itália em setembro de 1953.

Ferrari com Luigi Villoresi e Alberti Ascari em Monza, em junho de 1953.

Um elegante Ferrari cumprimenta Robert Braunschweig, editor da *Automobil Revue*, em sua fábrica em 1953.

Ferrari e Battista Pininfarina, construtor de carrocerias e seu amigo de longa data, discutem detalhes do que parece ser o protótipo de um carro esportivo de corrida em Monza.

Peter Collins na sua Ferrari 335 Sport saindo pelo portão principal da fábrica da Ferrari em 1957 para um teste rápido na avenida Abetone antes das Mil Milhas da Itália.

Peter Collins, logo após testar sua nova Ferrari 335 Sport, discute seu design e sistema de câmbio com Enzo Ferrari e o piloto de testes, Martino Severi.

A Ferrari 400 Superamerica SWB Cabriolet 1960, por Pininfarina, era o que havia de mais moderno em termos de elegância esportiva, luxo e desempenho.

Laura Ferrari no Grande Prêmio de Portugal, no Porto, em 1960.

Laura Ferrari nos boxes do Grande Prêmio da Bélgica, no circuito Spa-Francorchamps, em 1961.

Laura Ferrari no pódio do Grande Prêmio da Inglaterra em Aintree, Merseyside, na Inglaterra. Ela está entre Von Trips (à esquerda com Laurels), que venceu a corrida, e Phil Hill (à direita na foto) que terminou em segundo lugar.

Única - Stephen Rossini

Uma Ferrari 250 GTO. Apenas 39 unidades do modelo 250 GTO foram fabricadas entre 1962 e 1964, projetadas para competir em corridas de GT. O modelo 250 venceu o FIA GT em 1962, 1963 e 1964. Em 2014, um 250 GTO tornou-se o carro mais caro da história ao ser vendido em um leilão por 38 milhões de dólares.

O piloto britânico John Surtees (à esquerda) e Enzo Ferrari no box da Ferrari no Circuito de Monza em 4 de setembro de 1964. Isso foi no auge de seu bom relacionamento, antes do declínio financeiro da equipe e da última corrida de Surtees, menos de dois anos depois.

Uma Ferrari 250LM (Le Mans), de 1965. Jochen Rindt e Masten Gregory venceram o 24 Horas de Le Mans de 1965 pilotando esse modelo, conquistando a única vitória da Ferrari na corrida de resistência até os dias de hoje. Propriedade do Indianápolis Motor Speedway Hall of Fame Museum, foi exibida no Amelia Island, vencendo na categoria Sam Posey de melhores carros clássicos.

O modelo Dino 246 GT de 1969 é um carro esportivo de motor central V6. Foi o primeiro modelo da Ferrari produzido em larga escala. Ele é elogiado por seu modo de condução e design inovador

Em Maranello no ano de 1967, Enzo Ferrari se encontra com Luigi Musso, Eugenio Castellotti e Peter Collins.

Brock Yates e Dan Gurney ao lado da Ferrari Cannonball, o modelo 365 GTB/4 "Daytona" que eles conduziram à vitória no Cannonball Baker Sea-To-Shining-Sea Memorial Trophy Dash de 1971. A dupla fez o percurso de Nova York a Los Angeles em um tempo recorde de 35 horas e 53 minutos.

Ferrari e o engenheiro de confiança da equipe, Vittorio Bellentani, no circuito de testes de Fiorano com um modelo 312T2 do Grande Prêmio de F1 de 1976.

Ferrari sorri ao ser fotografado durante breve aparição em Fiorano para um comercial de TV da Goodyear, em 1987.

Jody Scheckter pilotando a Ferrari 312 T5, um carro com motor flat-12, no Grande Prêmio de Watkins Glen de 1980, onde terminou em décimo-primeiro, com o carro número 1.

Enzo Ferrari, durante um briefing no escritório particular da Ferrari, em 1983. As paredes são austeras e sem decorações, exceto por uma foto de Francesco Barracca. Foto de Larry Griffen.

Enzo Ferrari lê sua declaração pública durante uma coletiva de imprensa em Maranello, Itália, 15 de setembro de 1980.

Ferrari em 1987, em Maranello. À esquerda está seu homem de confiança, Franco Gozzi. O homem de terno escuro ao centro é o magnata da hotelaria de Módena, Giorgio Fini.

A enorme residência de Ferrari, no Largo Garibaldi, em Módena.

O jazigo da família Ferrari no cemitério de San Cataldo, em Módena.

Luca Cordero di Montezemelo, Presidente da Ferrari durante a celebração do aniversário de cinquenta anos da empresa, nos Estados Unidos.

Piero Ferrari, filho de Enzo, na inauguração para imprensa do museu Casa Enzo Ferrari, em 9 de março de 2012, em Módena, Itália.

Sergio Marchionne, diretor-executivo da Fiat SpA, assiste a um evento no Complexo Chrysler Mack I Engine Plant em Detroit, Michigan.

O modelo "LaFerrari" (F150) é um híbrido de produção limitada, com motor V12, 6.3, motor elétrico KERS, com até 789 BHP de potência, ou 950 BHP, quando suplementado com o sistema KERS, permitindo que o carro ultrapasse 350 km/h.

Dino Ferrari.

FERRARI • 295

No final de 1956, com Ferrari tendo conhecimento que Fangio jamais voltaria à Scuderia, grande quantidade de pilotos o procurou, todos em busca de glória. Além das duas grandes esperanças italianas, Castellotti e Musso, ele tinha Collins, o jovem inglês determinado, e Portago, o homem selvagem, além de Gendebien e Hill, ambos desejosos de participar das corridas de Fórmula 1. E aguardando uma oportunidade havia um elegante nobre alemão, o conde Wolfgang "Taffy" von Trips, que tinha certeza que daria conta do recado. Além disso, Mike Hawthorn estava pronto para voltar. Mais uma vez, ele brigara com Tony Vandervell, criador da equipe Vanwall (depois que o chefe insistiu em conduzir seu carro de corrida, através do tráfego, do hotel para a pista antes do Grand Prix da França e fritou a embreagem), e avisou Maranello que estava pronto para negociar outra vez.

A imprensa italiana chamaria esse grupo de *il squadra primavera* (a equipe primavera).

Entre esse grupo jovem, se havia um piloto favorito, certamente era Peter Collins. Esse inglês loquaz e leal tinha se tornado benquisto por Ferrari ao entregar seu carro para Fangio em Monza. Por algum tempo, pareceu que ele estava sendo tratado como substituto — pelo menos em um sentido emocional — do muito pranteado Dino. Collins foi autorizado a usar a casa de campo que Ferrari tinha comprado na estrada para Abetone, nas proximidades da fábrica. Com o passar dos meses, tornou-se extensão da residência de Ferrari. Local onde ele parava periodicamente a caminho do trabalho, e Laura, transportada pelo leal Pepino Verdelli, ia até lá com regularidade para lavar as roupas de Collins e limpar seus aposentos. Na época, o simpático solteiro ficava entre suas namoradas, o que combinava perfeitamente com Ferrari. As mulheres (a não ser as dele) não eram bem-vindas ao grupo. Ferrari as considerava uma distração, não só para os pilotos, mas também para os mecânicos e para toda a equipe.

Claro que isso tinha pouca influência na atividade amorosa das estrelas da equipe. Eles eram celebridades internacionais e mulheres fascinantes eram ornamentos tradicionais no ambiente dos Grand Prix internacionais. Castellotti se envolveu em um romance muito falado com uma atriz estonteante chamada Delia Scala. Ela o pressionava para que abandonasse as corridas e se casasse com ela, o que enfureceu Ferrari. Musso, casado e com filhos, estava tendo um caso com uma bela mulher chamada Fiamma Breschi. Hill, que tentava se concentrar no automobilismo, era perseguido por uma jornalista norte-americana, cuja presença era uma distração perturbadora para ele. Quanto a Portago, Ferrari aceitava seus inúmeros romances como parte da barganha e não fazia nenhum esforço para domar o espanhol selvagem. Contudo, em geral, essas mulheres eram vistas como seguidoras vistosas, que desviavam a atenção do único objetivo: esmagar os rivais na pista e glorificar o nome de Enzo Ferrari.

No outono de 1957, a morte voltou a visitar a equipe. Andrea Fraschetti, louco para demonstrar suas habilidades ao volante, assim como na prancheta, levou um dos novos protótipos da Ferrari Dino F2S V6 ao autódromo de Módena para um dia de testes. Naquela altura, ele achava que conhecia cada ondulação do circuito retangular. Os boxes eram pouco mais do que galpões abertos destinados a proteger o pessoal do sol quente do verão e dos ventos úmidos do inverno. Em qualquer dia, carros Ferrari e Maserati de fábrica podiam estar presentes para testes, assim como equipes particulares e alguns amadores que esperavam exibir seus talentos. Ferrari era presença habitual no autódromo, embora não se saiba se ele estava presente quando Fraschetti entrou no curvilíneo monoposto vermelho. A volta mais rápida em Módena, não oficial por assim dizer, permanecia o Santo Graal para um grande número de pilotos. Jean Behra, o francês deformado e pescoçudo, foi muito rápido em Módena com seu Maserati 250F, assim como Castellotti e Musso ao volante de suas Ferrari. Conseguir a volta mais rápida do circuito, que não tinha mais do que 1,6 mil metros, era motivo de orgulho, recorde cobiçado não só pelas duas fábricas rivais, mas por todos os pilotos importantes que já tinham passado por ali. Havia dois pontos difíceis no circuito: uma pequena chicana estreita no fim da longa reta e uma curva à esquerda que podia ser feita a toda velocidade. Fraschetti não conseguiu fazê-la. O carro rodou em um trecho de grama ressecada e capotou. O brilhante engenheiro ficou gravemente ferido, morrendo no dia seguinte.

Assim como era o caso com pilotos que morriam ou saíam da equipe, a substituição de engenheiros nunca foi um problema para Ferrari. Legiões de projetistas talentosos aguardavam uma oportunidade, não vendo a hora de demonstrar seus poderes criativos ao *Commendatore*. Alguns dias depois da morte de Fraschetti, Ferrari ofereceu o cargo de diretor técnico para Carlo Chiti, toscano de 32 anos, corpulento, qualificado e obstinado. Ele fora levado da Alfa Romeo para a Ferrari por um velho amigo, Giotto Bizzarrini, que trabalhara nas duas fábricas como engenheiro e piloto de testes. Chiti era de uma nova geração de engenheiros, convencida de que o alto desempenho se vinculava às novas tecnologias de geometria da suspensão, distribuição de peso, frenagem e aerodinâmica. A "velha escola", defendida pela Alfa Romeo e seu principal discípulo, Ferrari, acreditava que a força bruta era o elemento mais importante. A potência e o torque, as chaves para velocidade máxima e aceleração, eram os únicos componentes que contavam para o projeto de um carro de corrida. Essa convicção petrificada, mantida como lei canônica por Ferrari, quase o levaria à falência se Chiti e outros voltados para o futuro não o fizessem mudar de ideia.

A ascensão de Carlo Chiti ao cargo de engenheiro chefe cortou mais um elo com o passado. Alguns veteranos permaneceram — Bazzi, Rocchi, Bellentani, Massimino, Jano —, mas as funções-chave passaram a ser ocupadas por jovens que não deviam nada às antigas lendas da Scuderia do pré-guerra e às suas tradições bolorentas e onerosas. O próprio Ferrari ficou preso ao passado, com suas convicções antiquadas sobre o projeto de carros de corrida e sua busca incessante por outro Nuvolari. Mas a nova geração de pilotos e projetistas que imperavam eram homens do pós-guerra, prontos para se envolver na batalha contra os inovadores da Alemanha, da Grã-Bretanha e dos Estados Unidos sem se deixarem escravizar pelos espectros gloriosos da década de 1930. A quebra desse vínculo entre Enzo Ferrari e seu passado seria difícil. Alguns espíritos teimosos assombravam os corredores e as áreas de trabalho da Scuderia. Os jovens leões não tinham carta branca. Somente provariam seu valor conduzindo os carros do cavalo rampante mais rápido e mais longe do que aqueles que tinham vindo antes. Em suas tentativas febris muito seria sacrificado. E mais sangue seria derramado do que alguém se atreveu a imaginar.

CAPÍTULO 14

Robert Daley, que na década de 1950 cobriu esportes europeus para o *New York Times* antes de voltar para os Estados Unidos e se dedicar a uma carreira de sucesso como romancista, foi um dos poucos jornalistas a ser favorecido com diversas entrevistas exclusivas com Enzo Ferrari. Embora nunca tivesse manifestado a vontade de querer visitar o país, Ferrari foi se conscientizando lentamente do florescente mercado do outro lado do Atlântico e, portanto, recebia jornalistas como Daley com frequência, mais do que seus pares de Roma ou Milão.

Daley observou que Ferrari parecia mais feliz quando perdia, o que coincide com as observações dos mecânicos de que a oficina na segunda--feira ficava mais tranquila depois de uma derrota do que de uma vitória. Mas por quê? A vitória não era o objetivo principal? Logicamente que sim, porque só as vitórias resultavam em dinheiro de prêmios, dinheiro por largadas, patrocínios e vendas de carros. Mas Ferrari explicou isso de um jeito diferente para Daley, usando uma lógica cujo propósito pode ter sido meramente gerar uma matéria jornalística interessante. "Sempre existe algo a aprender. Ninguém nunca para de aprender. Especialmente quando perde. Quando se perde, sabe-se o que deve ser feito. Quando se ganha, nunca se tem certeza." Talvez ele tenha sido sincero em um contexto mais amplo, mas todo o objetivo de sua vida se centrou nas derrotas esmagadoras de seus adversários, graças à superioridade de seus lendários carros e, em segundo lugar, à coragem e à entrega de seus pilotos.

Em determinado momento, Ferrari começou sua costumeira fala sobre por que não acompanhava as corridas na pista. Explicou para Daley que não suportava testemunhar o sofrimento de seus amados automóveis. Então, Daley perguntou: "O senhor quer dizer que sofre muito pelo carro e não pelo piloto?" Por um momento, Ferrari ficou calado, olhando para Phil Hill, que também estava presente. Então, respondeu automaticamente: "O piloto também, é claro."

Depois da entrevista, Hill ficou chateado e confuso. Naquele momento, ele ainda tinha a noção idílica de que a Scuderia era um grupo de cavaleiros guerreiros unidos pela honra e liderados pela figura paterna arturiana de Ferrari. "Acho que gostamos de pensar que ele nos ama porque somos todos muito corajosos e dirigimos muito rápido. Mas, no fundo, suponho que todos nós sabemos que ele se importa mais com seus carros do que com a gente."

Não muito depois do começo de 1957, Peter Collins caiu em desgraça. Ele tinha partido de Módena para um giro pelos Estados Unidos após as corridas na Argentina, que tradicionalmente abriam a temporada. Ele fora convidado por Masten Gregory, filho de um banqueiro de Kansas City. Míope e com voz pouco inteligível, ele, quando não estava sofrendo um acidente, conseguia pilotar um carro de corrida em velocidades incríveis. No caminho para o Kansas, Collins e Gregory pararam em Miami, onde restabeleceram contato com Louise King, uma adorável atriz que estava estrelando a peça *O pecado mora ao lado*. Um ano antes, King conhecera Collins em Monte Carlo, mas não se impressionara. Naquele momento foi diferente, e o encontro em Miami resultou em um namoro intenso e vertiginoso e um casamento em meados de fevereiro. Quando o casal voltou para Módena, o relacionamento com Ferrari se tornou ríspido e distante. Com certeza, Ferrari considerou o casamento um ato de traição. Insinuando que a nova mulher tinha alterado a postura de Collins em relação ao esporte, ele escreveu: "Collins ainda conservava seu antigo entusiasmo e habilidade, que ainda era notável, mas uma mudança se tornou evidente em sua natureza alegre. Ele se tornou irascível."

Pelo contrário. Os amigos lembram que Peter Collins estava muito feliz com a esposa. Se havia algum descontentamento, era com os carros de corrida da Scuderia — em geral, velhos Lancia de Jano atualizados de modo inepto — e com o próprio Ferrari, que Collins, ao que tudo indica, sentia que estava perturbado em excesso — e talvez sinceramente — pela perda de Dino. Então, houve uma discussão a respeito da compra de um pequeno Lancia Flaminia por Collins. Ferrari ficou irritado pelo fato de a escolha de Collins não ser um de seus carros, apesar da explicação do inglês de que ele não podia se permitir tal extravagância. Isso se corrigiu quando Ferrari aceitou o Lancia como parte do pagamento de um cintilante cupê 410 Superamerica azul com carroceria de Pininfarina — com certeza, um gesto para recuperar a devoção do piloto distraído. A oferta do carro (que desempenharia um papel irônico um ano depois), além da provisão de uma pequena casa de campo fora de Maranello, remendou as coisas até um ano depois, quando Collins comprou um iate e foi morar no porto de Monte Carlo.

As obrigações de Castellotti também estavam se diluindo pelos assuntos do coração. Ele passava cada vez mais tempo com Delia Scala, para o deleite do adorável público italiano e para aflição do rival Musso, que estava sendo afastado do centro das atenções por seu companheiro de equipe mais visível e bem-sucedido. Em meados de março, o casal de namorados estava de férias em Florença e Castellotti recebeu um telefonema de Ferrari. Jean Behra estava dando voltas no autódromo de Módena em velocidades incríveis com seu novo Maserati 250F. O tempo de volta mais rápida, mantido com orgulho pela Ferrari, estava em perigo. Castellotti devia voltar imediatamente para defender a honra da equipe. Chateado com a interrupção de suas férias, mas com a intenção de continuar sendo o dono da volta mais rápida do autódromo, Castellotti partiu de Florença ao amanhecer de 14 de março e seguiu para o norte pela crista nevada dos Apeninos. No autódromo, Ferrari estava esperando por ele, junto com um grupo de membros da equipe, mecânicos e um novo carro de Fórmula 1, o 801 de 2,5 litros. Depois de colocar o capacete, Castellotti entrou no *cockpit* e deu a partida. Engatou a primeira marcha, soltou a embreagem e entrou na pista. Deu algumas voltas para aquecer o motor e os freios e, em seguida, pisou fundo. Passou pela reta dos boxes a mais de 160 quilômetros por hora, fazendo Ferrari e seu pessoal esticarem os pescoços no momento em que desacelerou e reduziu a marcha para contornar a chicana. Eles ficaram paralisados ao ouvirem o som dos pneus fritando, seguido pelo baque surdo da carroceria de aço e alumínio se chocando contra um muro. Em seguida, silêncio. Os passos dos mecânicos mais jovens correndo pelo asfalto em direção à chicana foram pontuações lamentáveis ao terrível acidente, que deixou Eugenio Castellotti gravemente ferido depois de colidir contra a base de concreto de uma pequena arquibancada.

A imprensa enlouqueceu com especulações sobre a causa do acidente. Um cachorro atravessou seu caminho quando ele freou para contornar a chicana? O acelerador travou? O que não foi dito foi a causa provável: um piloto exausto, orgulhoso e escravizado emocionalmente por Ferrari, entrou muito rápido na curva, travou os freios e perdeu o controle.

Enzo Ferrari pode ser acusado de tudo, mas não de negligência na construção de carros. Ao contrário de outros construtores, ele nunca sacrificou a resistência em nome da velocidade. Seus carros sempre eram robustos e confiáveis — em muitos casos, algumas centenas de quilos mais pesados do que os dos rivais. Os pilotos se queixavam dos jogos psicológicos que ele usava para persuadi-los a se arriscar a ganhar, mas nunca que ele conscientemente economizava nos componentes mecânicos que podiam falhar no calor da competição. Ainda assim, o telefonema para Castellotti para defender o que era um inexpressivo recorde de volta em um autódromo obscuro, em uma remota cidade italiana, era pura gratificação do ego para Ferrari. Ele chamou Castellotti de volta ao dever da frivolidade do que considerava ser um romance irrelevante. Luigi Villoresi comentou posteriormente: "A morte de Castellotti acabou com o que restava de minha amizade com Ferrari. Por causa de seu orgulho, ele pediu ao melhor piloto italiano para arriscar sua vida."

Ferrari não considerou o acidente como "estúpido" e o explicou se baseando no fato de que Castellotti "atravessava um momento conflituoso e confuso emocionalmente, sendo provável que seu fim tenha sido provocado por uma lentidão momentânea de suas reações". Ele notou que na manhã do acidente "Castellotti estava amargo e ausente", mas é claro que não assumiu qualquer responsabilidade pela atitude infeliz do piloto, levando em consideração que foi ele quem determinou o retorno de Castellotti.

Mas o pior ainda estava por vir. O luto nacional pela morte de Castellotti mal arrefecera quando a febre anual em torno da Mille Miglia começou a se intensificar. Ferrari tinha toda a intenção de repetir a vitória de Castellotti no ano anterior e se dedicou a formar uma formidável equipe de quatro carros. Hawthorn, que com muita satisfação voltou à equipe e se juntou mais uma vez ao seu amigo de longa data Collins, decidiu não correr na perigosa competição singularmente italiana, enquanto Hill não foi selecionado, ao que tudo indica com base em seu suposto status de novato. Piero Taruffi, então com pouco mais de 50 anos e ainda obcecado com a ideia de vencer a lendária corrida na qual participara 27 anos antes pela primeira vez, ganhou uma vaga em um dos novos carros esportivos de corrida 315 com motor V12 de 3,8 litros, no lugar de Castellotti. Juntando-se a ele estariam Collins e o simpático e empolgado Wolfgang von Trips, que demonstrara potencial considerável tanto em carros de Fórmula 1 como em carros esportivos. Depois que Luigi Musso adoeceu, Fon Portago foi chamado como substituto de última hora e recebeu o modelo 335, com um motor maior, de 4,1 litros, um bólido muito rápido que levaria o romano Musso, o novo porta-estandarte italiano, à vitória. Olivier Gendebien voltou a receber um cupê 250GT, mais lento, o que o irritou profundamente.

Gendebien se lembra de um incidente antes da corrida que é revelador, em termos, de como Ferrari tentava manipular seus pilotos e jogar um contra o outro. Gendebien queria o carro de Musso, pois achava que merecia um dos carros esportivos, tendo provado seu valor na categoria *gran turismo* por dois anos consecutivos. Ele se reuniu com Ferrari para defender sua causa. Ferrari não arredou pé — Gendebien pilotaria o 250GT e ponto final. Irritado, Gendebien se encaminhou para o pátio da fábrica enquanto Portago entrava no escritório. Alguns minutos depois, Portago saiu, aproximou-se de Gendebien e acendeu um cigarro. "Ferrari me disse que você quer o meu carro, mas o filho da puta falou que não importa. Ele disse que você vai me vencer de qualquer maneira, não importa o carro que eu dirija."

As corridas de estrada eram consideradas perigosas demais pela maioria dos países civilizados e há muito haviam sido proibidas. Mesmo o governo mexicano cancelara a famosa Carrera Panamericana depois que oito pessoas — quatro pilotos, dois mecânicos e dois espectadores — morreram na competição de 1954. No entanto, a Mille Miglia ganhava cada vez mais popularidade entre os italianos. Estimava-se em 10 milhões de pessoas o público que acompanhava a corrida ao longo do percurso. Milhares de policiais e soldados do exército trabalhavam em uma tentativa inútil de manter a multidão fora do caminho, mas os pilotos tinham de estar preparados para conduzir os carros junto a grupos de torcedores — paredes móveis e oscilantes de carne e osso —, que se abriam como o mar Vermelho quando passavam a toda velocidade. Nas zonas rurais, as crianças atravessavam a estrada e levavam suas bicicletas nos ombros. Os rapazes tentavam exibir sua coragem tentando tocar os para-lamas dos carros em alta velocidade — um equivalente italiano a fugir dos touros em Pamplona. Alguns agricultores se recusavam a se ajustar à loucura anual. Às vezes, os pilotos chegavam ao topo de uma colina e descobriam um pequeno sedã Fiat, um trator ou um reboque agrícola vindo na direção oposta.

Contudo, a ideia de carros velozes correndo em estradas reais, fazendo curvas fechadas em montanhas e atravessando ruas estreitas de cidades, era a materialização da fantasia de todos os homens de percorrer uma estrada a toda velocidade, livre de leis ou impedimentos morais e sociais de qualquer tipo. Apesar de toda sua insanidade, a Mille Miglia era a corrida automobilística suprema, abrangendo, como disse o jornalista belga Jacques Ickx, "um vida inteira condensada em algumas horas". Enzo Ferrari afirmou a respeito da epopeia: "Nenhum piloto poderia dizer que alcançou os louros da vitória se não tivesse vencido em Bréscia." Essa conquista significava que um homem confrontara o espectro da morte violenta durante meio dia em algumas das estradas mais difíceis e implacáveis de todo o mundo.

Mesmo um homem audacioso como Portago se sentia intimidado com a prova. "Não gosto da Mille Miglia", ele revelou ao escritor norte-americano Ken Purdy mais cedo naquele ano. "Não importa o quanto treine, você não vai conseguir conhecer os milhares de quilômetros das estradas tão bem quanto os italianos e, como Fangio diz, se você tem consciência, não vai dirigir o carro a toda velocidade. Na Mille Miglia, há centenas de curvas em que uma derrapagem por parte do piloto pode matar cinquenta pessoas. Você não pode impedir que os espectadores se amontoem na estrada, não poderia fazer isso com um exército. É uma corrida que espero nunca correr."

Não só ele correria, mas faria isso com talvez o carro mais potente da corrida e sem treino. Ele e seu copiloto, Edmund Nelson, tentaram um treino de reconhecimento em um carro particular, mas bateram em um parapeito de ponto a poucos quilômetros de Bréscia e nunca completaram nem mesmo a primeira etapa da rota terrivelmente complicada. Ao contrário de Denis Jenkinson, que orientara Stirling Moss para sua vitória com quebra de recorde em 1955, desenrolando ao longo do caminho um rolo de 5,5 metros com instruções detalhadas do percurso, Nelson era tão novato quanto Portago. O espanhol conhecera Nelson, veterano da Força Aérea, de 42 anos, que não voltara para sua casa em Dakota do Sul depois da guerra, permanecendo como ascensorista do Hotel Plaza, em Nova York. Nelson apresentou seu amigo à corrida de trenó e atuou como seu ajudante, guarda-costas e pai espiritual quando o jovem nobre encontrava seu caminho no estilo de vida luxuoso de Roma e Monte Carlo. Nelson não sabia nada de corrida de carros e estava a postos para indicar as centenas de flechas vermelhas plantadas na beira das estradas para marcar a rota da prova.

Alguns dizem que Portago teve uma premonição do desastre. Ele escreveu um bilhete para Dorian Leigh antes da corrida, confessando: "Como você sabe, eu não queria correr a Mille Miglia... Mas Ferrari disse que eu devia participar... Isso significa que minha morte prematura pode vir no próximo domingo."

Alinhados contra as cinco Ferrari, havia nada menos do que 293 outros carros, variando desde ridículos sedãs Fiat-Abarth de 750 cilindradas com uma velocidade máxima de não mais do que 160 quilômetros por hora até a monstruosa Maserati V12 de 4,5 litros de Moss e Jenkinson. Cada carro recebeu um número que coincidia com seu horário de partida. Com o número 531, a Ferrari de Portago dizia ao público que tinha partido às 5 horas e 31 minutos da manhã. Os carros haviam largado da rampa de Bréscia desde as 11 horas da noite anterior, de modo que pelo menos nas primeiras 500 milhas o caminho estaria congestionado de carros mais lentos, muito deles se descontrolando no sem-número de curvas e se movendo aos trancos e barrancos pelas retas estreitas ladeadas por árvores.

Moss, que largou por último, abandonou após percorrer apenas 11 quilômetros, pois seu pedal de freio quebrou quando reduziu a velocidade para fazer uma curva. Ele e Jenkinson acabaram no campo de uma fazenda, misericordiosamente ilesos. Collins liderou a primeira etapa da prova com sua Ferrari 315 de 3,8 litros, com uma média de 190 quilômetros por hora entre Bréscia e Verona. No entanto, à medida que os carros se dirigiam para o sul, ao longo da escarpada costa do Adriático, Taruffi, conhecido pelos *tifosi* como "Raposa Prateada", começou a avançar, assim como Trips. Portago estava pilotando com evidente disciplina, mantendo sob controle seu potente carro e ficando apenas alguns minutos à frente do cupê *gran turismo* de 3 litros de Gendebien.

No posto de controle de Roma ocorreu uma cena digna dos sonhos mais extravagantes de um diretor de Hollywood. Quando o carro de Portago foi examinado e ele estava prestes a se afastar, uma linda mulher de cabelo castanho-amarelado irrompeu da multidão e correu até o espanhol. Era Linda Christian. Portago se pôs de pé sobre o assento da Ferrari, puxou-a para seus braços e a beijou apaixonadamente. Ele a soltou, depois a beijou novamente e voltou a se sentar ao volante. O imenso motor V12 roncou, os pneus cantaram sobre os paralelepípedos e o carro partiu a toda velocidade, com Portago lançando um aceno final para a mulher em prantos.

Ele e Nelson enfrentaram algumas nevascas leves nas mais altas altitudes dos Apeninos ao sul de Bolonha, conseguindo atravessar os perigosos desfiladeiros de Futa e Raticosa sem dificuldade. No entanto, sob uma leve garoa que caía sobre Bolonha, a Ferrari bateu em algumas pedras do meio-fio e olhos de gato que marcavam alguns dos trechos mais traiçoeiros da pista dupla, sem dano aparente. Quando Portago derrapou até parar na última parada de Bolonha para reabastecimento, ele havia caído para o quinto lugar, atrás de Gendebien. Ferrari estava presente e disse a Portago que o transeixo de Collins estava com problemas e que ele, provavelmente, não terminaria a corrida. A traseira de Taruffi estava se desfazendo de maneira preocupante e ele estava guiando com velocidade reduzida. Mas, Ferrari disse, Gendebien estava vencendo, como havia previsto (alguns minutos antes, na parada de Gendebien, ele disse ao belga que Portago o estava alcançando).

A conclusão era óbvia: Portago devia guiar mais rápido ou passar a vergonha de ser vencido por um carro muito mais lento. Quando o espanhol estava prestes a partir, um mecânico localizou um problema na parte dianteira esquerda — um braço de comando inferior estava curvado e o pneu friccionando na carroceria. Um conjunto novo de pneus Englebert foi preparado, mas Portago o rejeitou e partiu. O Vale do Pó ficava à frente, onde a enorme potência do V12 de 4,1 litros permitiria ultrapassar não só o carro de Gendebien, mas os bólidos avariados de Collins e Taruffi.

Além disso, desde 1954, um prêmio especial era oferecido para as etapas finais e extremamente rápidas da corrida. Chamado de Gran Premio Tazio Nuvolari, era concedido ao piloto que registrasse o melhor tempo nos 132 quilômetros finais da corrida, entre Cremona e Bréscia, passando por Mântua, conhecida cidade natal de Nuvolari. O recorde era mantido por Stirling Moss e o Mercedes-Benz 300SLR com uma velocidade média de 198 quilômetros por hora. Mesmo que a vitória definitiva estivesse fora do alcance, certamente o Gran Premio Tazio Nuvolari poderia ser de Portago. Afinal de contas, ele tinha o carro mais potente, capaz de alcançar 290 quilômetros por hora nos trechos retos, planos e recém-pavimentados além de Mântua.

Portago e Nelson passaram pelo carro de Collins, parado ao lado da estrada depois de Parma. Com certeza, o pequeno cupê de Gendebien não podia estar muito à frente. E Taruffi, o velho, estava se arrastando com seu bólido avariado. Portago pôs em ação toda a potência do enorme motor V12. O flamejante carro vermelho disparou depois de Mântua. Exceto quando transpunha algumas curvas suaves antes de vilarejos que pontilhavam o caminho, Portago podia dirigir com o pé embaixo e o ponteiro do conta-giros beirando a linha vermelha. À frente, através das fileiras de faias e álamos que ladeavam a estrada, ele e Nelson avistaram o alto campanário românico em Cerlongo, o único marco visível de qualquer distância apreciável através das planícies contínuas. Espalhados entre as árvores, agricultores locais e seus filhos, que se concentravam para ver o desfile dos carros furiosos.

A estrada serpenteava logo depois de Cerlongo e começava um percurso de 5 quilômetros em linha reta até o vilarejo de Guidizzolo. As poucas pessoas espalhadas ao longo da beira da estrada, pouco mais do que grupos humanos indistintos para os pilotos, viram primeiro Taruffi passar, depois um descontraído Trips, que desistiu do primeiro lugar para dar ao seu companheiro de equipe mais velho a vitória (um gesto de generosidade que Taruffi negaria até o dia de sua morte, mas que os especialistas tenderam a concordar que realmente aconteceu).

FERRARI • 307

Um ronco a distância. Um ponto vermelho cintilante floresceu. Era um carro de corrida vindo a toda velocidade na direção de um grupo de moradores que usaram uma estrada vicinal a 1 quilômetro ao sul de Guidizzolo para chegar à estrada principal e observar os líderes. Os mais corajosos se aproximaram da pista enquanto as crianças enfiavam suas cabeças entre as pernas dos pais, tapando os ouvidos devido ao barulho ensurdecedor do carro, que se aproximava. Portago, curvado ao volante para reduzir a resistência do ar e ganhar velocidade extra, se aproximou dos moradores como uma bala de grosso calibre, até que, a algumas centenas de metros, a Ferrari escapou para a esquerda, atingindo um marcador de quilômetro de pedra.

De repente, fora de controle, o carro foi até o público como um cata-vento da morte, girando sem parar, primeiro sobre uma vala, depois atingindo a primeira fila de espectadores e, por fim, desintegrando-se contra um poste. Pedaços de alumínio e aço voaram sobre a multidão, enquanto o carro, em meio a baques e estrondos, lançou seus dois passageiros nas árvores e se converteu em um destroço desgrenhado, fumegante, inerte e de cabeça para baixo, em uma profunda vala de drenagem na beira da estrada. Estava tudo silencioso, exceto pelos gemidos e gritos dos agonizantes e feridos. Doze pessoas morreram: Portago, cortado ao meio pelo capô da Ferrari, Nelson e dez moradores, incluindo cinco crianças. Vinte outras pessoas ficaram gravemente feridas.

Foi o fim. Um grito indignado de raiva, frustração e angústia surgiu de todos os cantos do país. Os jornais, que estavam dando atualizações de hora em hora sobre a corrida, passaram então a fazer perseguição cerrada.

Uma manchete típica exclamou na primeira página do influente *Corriere d'Informazione*: "La Mille Miglia, Cimitero di Bimbi e di Uomini, BASTA!" ("A Mille Miglia, cemitério de bebês e homens. Basta!")

O Vaticano também revelou grande indignação, exigindo o fim da Mille Miglia. Em poucas horas acumularam-se votos suficientes na Câmara dos Deputados e no Senado para proibir a corrida para sempre. O clima nacional era de partir para o ataque, apontar o dedo para o criminoso e linchá-lo pela carnificina. O bode expiatório seria Enzo Ferrari.

A lógica exigia que os organizadores da corrida — o Automobile Club Brescia, e o patriarca da competição, o conde Aymo Maggi — fossem responsabilizados, se necessário responsabilizar alguém. Afinal de contas, a morte fazia parte da Mille Miglia há anos. Em 1938, em Bolonha, um Lancia Aprilia atravessou uma linha de bonde e atropelou um grupo de espectadores, matando dez pessoas, incluindo sete crianças. A corrida foi suspensa por um ano, mas foi retomada em 1947. Pior ainda: as regras foram alteradas em 1954, dispensado a condição de que os bólidos fossem carros de passeio abertos de produção em série com duas pessoas a bordo. A partir de então, a prova foi dominada por carros esportivos de corrida completos, muitas vezes conduzidos por um ás de Grand Prix como Ascari ou Castellotti, atravessando a paisagem rural em velocidades beirando 320 quilômetros por hora. A predição de Portago a respeito do destino fatídico inevitável era perfeitamente precisa, embora a culpa fosse atribuída ao homem errado com a típica paixão italiana.

Não muito tempo depois das últimas manchas de sangue serem removidas da cena do desastre e alguns dramas fervorosos pós-corrida, representados, o golpe final em nome da justiça pervertida foi dado: Enzo Ferrari foi acusado de homicídio culposo. Em parte, a acusação dizia: "Enzo Ferrari, nascido em Módena, em 20 de fevereiro de 1898, residente nesse lugar, é acusado de homicídio culposo, causando graves lesões corporais por negligência, como diretor da empresa Ferrari, de Módena, especializada na construção de carros de passeio e de corrida, na 24ª Mille Miglia, adotou para carros de sua Scuderia, e especificamente aquele com placa de identificação BO81825 e número de corrida 531, conduzido por Alfonso Cabeza de Vaca, marquês de Portago, pneus fabricados por Englebert, de Liège, na Bélgica, cujas características construtivas e a forma de emprego (banda de rodagem de cerca de 8 mm de espessura e inflados com pressão de 2,5 kg por centímetro quadrado) eram inadequadas para o desempenho dos supracitados carros, que plena potência desenvolviam velocidades máximas não inferiores a 280 quilômetros por hora, enquanto que os pneus acima mencionados permitiam, no máximo, uma velocidade de 200 quilômetros por hora. A consequência do aquecimento em excesso por causa da inflação excessiva fez com que a porção central da banda de rodagem se desfizesse, com o estouro de todo o pneu — o carro saiu da estrada, provocando a morte de nove espectadores e dos dois pilotos."

A acusação era tão tola e irrelevante quanto a que havia sido feita contra Ascari em 1951. Mas não importava, a justiça italiana funcionava de maneira estranha e intricada e não seria a última vez que um piloto de corridas ou um fabricante de carros seria acusado de forma semelhante por um acidente que matara espectadores, enquanto aqueles que falharam em protegê-los escapavam impunes. Quatro anos e meio de disputas legais, dissimulações públicas, insinuações cruéis e acusações infundadas se sucederiam antes que Ferrari fosse absolvido do suposto crime. Sem dúvida, o tribunal teve de reconhecer que os carros de Trips, Taruffi e Gendebien terminaram a corrida com pneus Englebert similares em projeto e padrão aos do carro de Portago (com Gendebien também conquistando o Gran Premio Tazio Nuvolari). Embora a falha do pneu fosse a causa do acidente até certo ponto, a raiz do problema residiu na recusa de Portago em trocar o pneu na parada de reabastecimento em Bolonha ou em reparar o dano da suspensão e da carroceria. Se Ferrari tinha alguma culpa, foi a de ter permitido que Portago prosseguisse com o carro avariado depois de incitá-lo, com sutileza pelo menos, a alcançar Gendebien. Na equipe, esse sentimento foi sussurrado e, dali em diante, a esposa de Gendebien, uma mulher afável e de voz suave, referia-se a Ferrari unicamente como "o assassino".

Durante a temporada de 1957, os problemas legais foram só parte dos infortúnios de Ferrari. Um mês depois, em Le Mans, a Scuderia foi derrotada pelo terceiro ano consecutivo pelos carros da Jaguar. Dessa vez, os bólidos verdes de Coventry conquistaram os quatro primeiros lugares, com a primeira Ferrari terminando em quinto, a 365 quilômetros de distância do vencedor. A Ferrari 335 pilotada por Collins e Phil Hill abandonou depois de três voltas com o pistão fundido e o carro similar de Hawthorn e Musso permaneceu na pista por cinco horas antes de ser forçado a abandonar. A temporada de Grand Prix foi um desastre ainda maior. Enquanto as muito modificadas Lancia-Ferrari de Jano envelheciam, os ainda mais envelhecidos Maserati 250F ganhavam nova vida nas mãos de Fangio e do determinado Behra.

Mas talvez a maior complicação estivesse dentro da própria fábrica de Maranello. De forma maquiavélica, o *modus operandi* preferido de Ferrari era criar situações de dois contra um, rivalidades e alianças desequilibradas, gerando assim uma instabilidade dinâmica que, inevitavelmente, se destruiria por meio de sua própria força emocional. A longa amizade entre Hawthorn e Collins, que remontava aos dias de corrida do British Club, era inerente para se contrapor a Musso, que então esperava assumir o manto de campeão automobilístico da Itália após a morte de Castellotti. Musso nunca foi alguém particularmente estável, e sua vida já era complicada por apostar compulsivamente e pela existência da atraente Fiamma Breschi. Além disso, Collins e Hawthorn eram inteligentes, espirituosos e estridentes, nunca se cansando de ridicularizar Musso acerca das muitas complexidades de sua vida e, por meio de ameaças francas, negar-lhe a posição de número um da equipe. Uma coisa teria sido ser vencido por um italiano como Castellotti, mas outra, bem diferente, era ser superado por dois ingleses que costumavam desdenhar a comida italiana, as mulheres italianas e o estilo de vida geral ao sul dos Alpes.

Musso reagiu àquela enorme pressão dirigindo como um louco. Ainda assim era, em termos de experiência, o novato da equipe, e durante a curta temporada de Grand Prix não conseguiu igualar a velocidade de seus dois colegas ingleses. Os dois continuavam companheiros constantes e se referiam um ao outro como *mon ami mate* (meu amigo parceiro). Musso deve ter sentido alguma satisfação silenciosa no Grand Prix da Alemanha quando Fangio aplicou a ambos uma lição de pilotagem em uma corrida que se igualou ao grande feito de Nuvolari sobre os alemães em 1935 no mesmo e imponente circuito de Nürburgring.

Para disputar o Grand Prix da Alemanha de 22 voltas, em um percurso aproximado de 502 quilômetros, Fangio, ao volante de seu Maserati 250F, largou com o tanque de combustível pela metade. Isso permitiu que seu carro mais leve escapasse das Ferrari mais pesadas de Hawthorn e Collins. Na metade do percurso, ou seja, depois de 12 voltas ao redor do circuito, ele tinha uma vantagem de 30 segundos. O que foi planejado para ser um rápido *pit stop* de reabastecimento se converteu em uma pantomima. Os *pit stops* italianos costumavam ser práticas cômicas, e a equipe de Fangio proporcionou uma demonstração clássica. Quando a gritaria, a gesticulação e a corrida maluca ao redor do carro parado terminou, um total de 52 segundos tinham se passado para encher o tanque. Hawthorn e Collins

FERRARI • 311

passaram zunindo, e supondo que Fangio estava perdido entre os retardatários, começaram a se divertir ao redor do enorme autódromo. Eles disputaram um jogo de pega-pega a 160 quilômetros por hora, trocando de posições na liderança e percorrendo as retas lado a lado. Apostariam corrida na última volta, mas até lá era para ser um passeio tranquilo através das florestas de Adenau. Isto é, até que os cronômetros de Romolo Tavoni indicaram problemas. Fangio reunira todo o seu enorme talento e estava começando uma investida endiabrada rumo à liderança. Na 16ª volta, a vantagem das Ferrari caiu para 33 segundos. Na 17ª, para 25 segundos. Os britânicos receberam um sinal para parar de brincar e acelerar. Mas não adiantou. O "caminhoneiro" estava possuído. Em cada volta, ele quebrava o recorde anterior. Na 20ª volta, ele reduziu em seis segundos a marca que tinha conseguido na 19º volta!

Mais à frente, os *mon ami mates* pilotavam como se o próprio diabo estivesse a bordo do Maserati. Percorreram a serpenteante descida de *Hatzenbach* com os pneus fritando e soltando fumaça nas frenagens. Em seguida, com os olhos arregalados e as palmas das mãos suadas, atravessaram os terríveis e invisíveis desníveis da *Flugplatz*. Mas ainda assim Fangio os alcançava. Eram dois Rip Van Winkle perseguidos pelo Cavaleiro sem Cabeça, derrapando e saltando através do lugar fantasmagórico, com o ronco dos motores V8 de Jano lentamente se misturando ao uivo sinistro do venerável motor com 6 cilindros em linha de Colombo. Na 21ª volta, Fangio colocou seu Maserati ao lado da Ferrari 801 de Collins e assumiu o segundo lugar. A ultrapassagem foi tão brutal, tão decisiva, que as pedras lançadas pelos pneus do carro de Fangio quebraram uma das lentes dos óculos de Collins. Hawthorn foi o próximo. Na descida longa e plana rumo aos desníveis da ponte Adenau, Fangio se colocou ao lado do inglês e assumiu a liderança. Ele escapou das Ferrari e avançou a toda velocidade, dono de uma habilidade e ousadia que nunca mais encontraria, para vencer por quatro segundos. A vitória, que seria sua última em competições internacionais, garantiu seu quinto título de campeão mundial. Na opinião de muita gente, isso o qualificou como o maior piloto de corridas que já existiu.

A temporada de 1957 terminaria sem uma vitória na Fórmula 1 para a Scuderia — uma humilhação intolerável que acontecia logo depois do acidente da Mille Miglia e da morte de Castellotti. Ao longo da temporada, Chiti e os engenheiros trabalharam no motor V6 Dino, que apareceu no Grand Prix de Módena, prova não válida do campeonato, em setembro, com aumento da cilindrada para 1,8 litro e planos na prancheta de desenho para funcionar como um de 2,5 litros e equipar um carro de Fórmula 1 em 1958. As Ferrari, conduzidas por Musso e Collins, foram vencidas, mais uma vez, pelos Maserati, mas isso não importava. Ganhando ou perdendo, Enzo Ferrari estava próximo de dizer adeus de uma vez por todas aos rivais incômodos instalados na mesma cidade. Os Orsi, atingidos pelo colapso de seus negócios na Argentina, pela iniciativa fracassada de vender carros nos Estados Unidos e pelos custos crescentes das competições, iam de novo abandonar o automobilismo. Daí em diante, a Scuderia Ferrari se tornaria a porta-estandarte proeminente, exclusiva e esperançosamente dominante da honra italiana nas corridas internacionais. A questão era se a Ferrari seria capaz de evitar a maré ascendente de carros velozes em desenvolvimento do outro lado do canal da Mancha, na Grã-Bretanha.

Ferrari tinha plena consciência da ameaça potencial representada pelo velho rival Vandervell e seus Vanwall radicalmente aerodinâmicos. Para 1958, o inglês anunciou uma equipe formidável composta por Tony Brooks, frio, analítico e muito talentoso, Stuart Lewis-Evans, jovem prodígio, e Moss, que contribuiria com seus talentos em outras equipes até que os Vanwall estivessem prontos, já com a temporada em andamento. O que Ferrari não compreendeu foi a mudança tectônica no esporte que estava prestes a ser desencadeada por John Cooper, dono de uma pequena oficina em Surbiton, que com seu pai tinha juntado sucata de um ferro-velho para começar a construir pequenos carros de corrida de 500 cilindradas depois da guerra. Em 1956, os Cooper estavam produzindo excelentes carros de Fórmula 2 equipados com motores de 4 cilindros Coventry-Climax montados atrás do piloto. Essa configuração reduziu o peso (eliminando o eixo de transmissão), rebaixou o carro (permitindo que o piloto se reclinasse com os pés estendidos à frente dele) e ajudou a tração e a dirigibilidade nas curvas, posicionando o peso do motor mais no centro do chassis. Tanto Cooper quanto Colin Chapman, seu rival e amigo, eram adeptos empolgados da ideia do "motor traseiro" (na prática, "motor central", embora tal projeto seja geralmente referido como "motor traseiro" porque se situa atrás do piloto). Na realidade, o carro com motor central tem seu motor posicionado dentro da distância entre eixos, enquanto um carro com motor traseiro, à maneira do Volkswagen, o tem montado atrás das rodas traseiras.

Uma nova geração de pilotos, incluindo Roy Salvadori, Jack Brabham, campeão australiano de corridas de minicarros, e o neo-zelandês Bruce McLaren, para citar alguns, foram rápidos em adotar os novos e radicais carros. Os carros da equipe Cooper começaram a dominar as corridas de Fórmula 2 e passaram a fazer incursões nas competições de Grand Prix. Em 1957, no Grand Prix da Inglaterra, Salvadori terminou em um surpreendente quinto lugar, tornando-se o primeiro piloto a marcar pontos na moderna competição de Fórmula 1 com um carro com motor traseiro.

Apesar desse desempenho, Ferrari permaneceu desdenhoso não só dos *garagistas* ingleses e de seus carros de construção caseira, mas também da nova tecnologia do motor traseiro. Quando Chiti notou a condução ágil e a alta velocidade nas curvas dos carros desse tipo, Ferrari desencavou seu antigo dito sobre "bois que puxam o carro" e o assunto foi sumariamente preterido. Enquanto isso, os Cooper e os Chapman do mundo estavam seguindo em frente, com mudanças no projeto que deixariam o "grande construtor" Ferrari parecendo um inventor de fundo de quintal.

Ainda assim, a apresentação da nova Ferrari Dino 246 gerou muito otimismo para a temporada de 1958. Com um chassis novo projetado pela equipe de Massimino: mais leve e com tubos de pequeno diâmetro mais rígidos, e um motor de 2,4 litros e 273 cavalos que era uma versão do V6 de Jano, os carros, nas mãos de Collins, Hawthorn e Musso, deveriam dominar as competições mais uma vez. Os velhos 801 foram descartados e a única preocupação de Ferrari residia em uma mudança feita na fórmula, tornando obrigatório o uso de combustível de aviação em vez de metanol. Os motores Dino estavam funcionando perfeitamente com o novo combustível, enquanto os relatórios vazados através da vasta e eficaz rede de espiões de Ferrari indicavam que o pessoal de Vandervell enfrentava dificuldades para fazer com que seus motores de 4 cilindros funcionassem de maneira eficiente com o novo combustível. Portanto, com o papel da Maserati reduzido a algumas equipes independentes e com os Vanwall aparentemente ainda não prontos para a batalha, a sorte de Ferrari aumentaria.

A alegria durou pouco, para dizer o mínimo. De fato, os alardeados motores Dino de Fórmula 1 se tornaram obsoletos antes de completaram sua primeira corrida. A temporada começou em Buenos Aires, em 15 de janeiro de 1958, e geraria ondas de choque que repercutiram em Maranello. As equipes Vanwall e BRM decidiram não se inscrever, pois ainda não tinham solucionado o problema da conversão dos motores para uso de combustível de aviação. Assim, a única oposição encontrada pela Ferrari incluiu um grupo de Maserati 250F e um único Cooper com motor de 2 litros inscrito para Stirling Moss por Rob Walker, herdeiro da destilaria escocesa. O pequeno bólido, apelidado de "aranha" por Fangio, era uma espécie de piada na presença das robustas Ferrari vermelhas. Seu motor Coventry-Climax de 4 cilindros nem mesmo possuía uma genealogia adequada, tendo sido convertido a partir de um projeto destinado a equipar bombas de carros de bombeiros. Em seu estado mais perfeito de preparação, o pequeno motor não gerava mais do que 192 cavalos, ou seja, 81 cavalos a menos do que os motores Dino. E para piorar, o carro possuía rodas de magnésio aparafusadas, de modo que a troca de um pneu consumiria muitos minutos. Convencidos de que o Cooper não poderia completar a prova com um único conjunto de pneus Dunlop (lembrando, talvez, o desgaste excessivo dos pneus nos carros com motor traseiro da Auto Union de antes da guerra, que era, nesse caso, tecnicamente irrelevante), os estrategistas da Ferrari desconsideraram as chances de sucesso do Cooper apesar dos impressionantes tempos de volta de Moss na prática. O fiasco começou cedo, quando o eixo de transmissão do carro de Collins quebrou no *grid* de largada. Em seguida, Hawthorn fez uma longa parada nos boxes para descobrir a causa da queda da pressão de óleo. Isso deixou Musso como o único representante da Ferrari para desafiar Moss, pilotando com maestria, usando as manchas de óleo e borracha nas curvas para reduzir o desgaste dos pneus. Zunindo, o pequeno carro liderava a prova, com Musso aparentemente empacado em segundo lugar, esperando que o Cooper entrasse nos boxes para a troca de pneus. À medida que a corrida avançava, ficou evidente para Tavoni que Moss estava planejando correr sem parar. Então, Collins começou a acenar freneticamente uma placa na mureta do boxe para o romano Musso, ordenando que ele acelerasse. Após diversas voltas, Musso reagiu e tentou alcançar o inglês. Mas era tarde demais. O Cooper venceu a prova com uma diferença de pouco mais que dois segundos, gerando um bate-boca nos boxes da Ferrari, em que Musso reclamou que não tinha sido devidamente informado da situação e jamais vira a sinalização de Collins. Hawthorn, que se esforçou para terminar em terceiro, ficou do lado de seu amigo, abrindo ainda mais o fosso entre o italiano e os dois ingleses.

Após uma série de participações bem-sucedidas em provas de menor importância na Itália e na Grã-Bretanha, as Ferrari foram transportadas para Mônaco para a rodada seguinte da competição de Fórmula 1. Lá, enfrentaram a força total dos potentes carros da Vanwall, que retornavam depois de vencerem as duas últimas corridas de 1957, em Pescara e Monza. Também presentes estavam mais três dos incômodos Cooper, nas mãos de Brabham, Salvadori e Maurice Trintignant, que assumiu o carro azul-escuro da Walker depois que Moss se transferiu para a Vanwall. Hawthorn e Moss duelaram duramente nos primeiros momentos da corrida, contornando o porto do magnífico principado mediterrâneo. Os carros passaram derrapando pelo cintilante cassino e dispararam através do longo túnel ao lado do mar como faziam desde 1929. Mas os carros tanto da Ferrari quanto da Vanwall quebraram, e Trintignant aproveitou para vencer. Em Maranello, Enzo Ferrari estava enfurecido. Não só os diabólicos Cooper venceram duas provas consecutivas do campeonato mundial como os carros britânicos, as outras inúteis *macchina inglesa*, venceram as quatro últimas, se as vitórias da Vanwall na Itália, no final de 1957, fossem incluídas.

Pelo menos, em Le Mans, Ferrari foi capaz de recuperar um pouco da honra. Na prova, Olivier Gendebien e Phil Hill levaram o *roadster* 250TR a uma vitória muito difícil, sob tremendo mau tempo. Os Jaguar, tão incômodos nos anos anteriores, estavam ausentes, e a única ameaça séria ficou a cargo dos Aston Martin, um dos quais terminou em segundo lugar. Em terceiro lugar, mostrando durabilidade e velocidade incrível, chegou um Porsche de 1.600 cilindradas — prenúncio das coisas que viriam nas provas de resistência. Dez Ferrari foram inscritas, mas só três terminaram, refutando a declaração do *Commendatore* a um jornalista: "Meus carros são bonitos. Mas, mais do que isso, não param no circuito. Pois então as pessoas vão dizer: 'Que pena, era tão bonito.'"

A corrida de Le Mans foi digna de nota pela chegada de diversos novos rostos da América do Norte. Dan Gurney, impetuoso californiano de ombros largos, com apenas algumas corridas no currículo, demonstrou enorme talento e foi levado para Le Mans por Chinetti e sua North American Racing Team, servindo novamente como braço intermitente da equipe de fábrica. Gurney estava nos boxes quando Bruce Kessler, seu copiloto, colidiu com um Jaguar D-Type inscrito de forma independente durante a sétima hora, matando o outro piloto e se ferindo gravemente. A outra Ferrari de Chinetti foi inscrita para uma dupla de jovens mexicanos — Ricardo Rodriguez, de 18 anos, e Pedro Rodriguez, de 16 anos (que não recebeu permissão para pilotar por causa da idade) — graças ao patrocínio do pai deles, o imensamente rico dom Pedro Rodriguez, cuja fortuna se baseava em imóveis em Acapulco e uma rede de bordéis de luxo destinados à aristocracia mexicana. O lugar do jovem Pedro foi ocupado pelo irmão de Jean Behra, Jose, mas o carro abandonou com superaquecimento pouco depois da metade da prova.

Com a equipe oficial da Jaguar fora das corridas e com a equipe Aston Martin participando apenas de um número limitado de corridas importantes, Ferrari tinha pouco a temer nas principais ligas de carros esportivos. Ocasionalmente, alguns Maserati bem-pilotados poderiam causar problemas. Além deles, os Porsche estavam mostrando uma força incrível, apesar de seus pequenos motores refrigerados a ar, mas, em geral, a Ferrari era dona das principais corridas de carros esportivos — aquelas provas de longa distância em lugares como Sebring, Buenos Aires, Targa Florio e Nürburgring, que contavam para o Campeonato Mundial de Construtores — até a *blitzkrieg* organizada pela Ford em meados da década de 1960.

Infelizmente para os orgulhosos torcedores do automobilismo italiano, o mesmo domínio não seria desfrutado na Fórmula 1. Após a traumática vitória de Trintignant em Monte Carlo, o processo de humilhação continuou em meio às dunas de areia de Zandvoort, onde o Grand Prix da Holanda foi disputado. Os odiados Vanwall verde-limão venceram novamente, com Stirling Moss liderando do começo ao fim, enquanto Hawthorn conseguiu levar, com muito esforço, seu Dino, de difícil condução, a um quinto lugar distante e irritante. O carro era tão instável nas curvas mais rápidas de Zandvoort que até a pequena Lotus-Climax de 2 litros do novato Cliff Allison terminou na frente dele. Furioso com a situação, Hawthorn escreveu um bilhete bastante crítico para o próprio Ferrari. Se Ferrari estivesse em uma posição melhor, resta pouca dúvida de que teria demitido Hawthorn por tamanho atrevimento. Mas ele era sensato o suficiente para entender que o inglês estava entre os melhores pilotos do ramo e, se ele não conseguia fazer com que os Dino se comportassem, ninguém conseguiria. Ferrari respondeu com um bilhete atipicamente humilde e reconfortante, dizendo que um trabalho duro estava sendo feito para corrigir os problemas do carro, que esperava frutificar no Grand Prix da Bélgica.

Isso não aconteceu. Tony Brooks, cujo estilo insinuante e corajoso era perfeitamente adequado para pistas rápidas como Spa, venceu sem dificuldade, enquanto Collins teve de abandonar por causa de um superaquecimento e Musso rodou a quase 260 quilômetros por hora e acabou no campo no fim da reta Masta. Hawthorn conseguiu marcar a volta mais rápida, o que salvou um pouco da honra da equipe, mas terminou em segundo, mesmo depois da explosão de seu motor quando ele deixou para trás a última curva.

A equipe voltou para Maranello desalentada. Chitti foi rápido em reconhecer que os britânicos, com seus motores traseiros, carroceria da era espacial, suspensões independentes de molas helicoidais, rodas de magnésio e freios a disco, estavam levando vantagem em relação à Ferrari e seu tirânico líder. Apenas uma alteração significativa na filosofia de engenharia partiu de Ferrari em todos os anos de equipe: a mudança induzida por Lampredi em favor de um motor de grande cilindrada e naturalmente aspirado, quase dez anos antes. No entanto, na mente de Enzo Ferrari, como o catecismo na do papa, estava enclausurada a ideia de que o motor era tudo, que a força bruta superava todas as deficiências do resto do carro. Sem dúvida, seus carros de corrida não deviam nada em termos de motor, nem iriam dever pelos próximos vinte anos. Contudo, os odiados Cooper, com seu ridículo motor de ferro velho e sua estranha forma aracnídea, estava impulsionando o esporte em uma direção totalmente nova, e o homem que se apresentava como o decano dos carros velozes estava sendo humilhado.

Os dois pilotos ingleses ficaram ainda mais próximos enquanto o pessoal da fábrica escolhia um lado, com cada grupo tentando transferir a culpa para outro lugar. Nessa manobra, Musso ficou sozinho, sofrendo o fardo adicional de ser a grande esperança da Itália para recuperar a glória perdida e ser lembrado para sempre de suas deficiências como defensor da fé. Sua pilotagem ficou ainda mais irregular, mais possuída pelo demônio intimidante do *Commendatore*, sempre esperando mais velocidade, mais vitórias, mais glória para seus carros vermelhos. Quando o grupo norte-americano de Indianópolis fez sua segunda visita anual ao circuito oval de Monza para uma prova chamada Corrida dos Dois Mundos (que as equipes europeias boicotaram um ano antes), Musso se apresentou com uma desgastada Ferrari 375GP equipada com um motor V12 de 4,1 litros resgatado dos destroços do carro de Portago. Com ele, Musso estabeleceu o tempo mais rápido do treino classificatório, com uma impressionante velocidade média de 281 quilômetros por hora, escorregando entre os *guardrails* da curva inclinada em 45 graus como uma bolinha de gude dentro de um cano de drenagem. Na corrida, ele ficou asfixiado pelos gases do escapamento, mas demonstrou estar preparado para sacrificar tudo — inclusive sua vida — pela honra da Scuderia e do país que representava.

Duas semanas depois, em Reims, Musso deu o restante de si. O fim de semana na encantadora região de Champanhe, no nordeste da França, envolveu uma reunião normal do clã do automobilismo. Longe dos autódromos, era um grupo único e divertido, composto de aventureiros jovens e um tanto frágeis, e suas esposas, amantes e namoradas. Na comitiva, alguns poucos jornalistas, fotógrafos e parasitas que se moviam de um lado para o outro nos quatro continentes que sediavam as grandes corridas como uma trupe de circo elegante e de alto padrão de vida. Durante o Grand Prix da França, o Lion d'Or, em Reims, foi o hotel reservado para o grupo da corrida. No fim de semana ensolarado, quando os treinos começaram, o elegante hotel estava lotado com diversos membros das equipes e suas mulheres. Musso, com Fiamma Breschi, e Collins, estava com sua mulher, Louise, que era então o para-raios para a crescente disputa entre Ferrari e o piloto inglês que ele antes protegia.

Ferrari decidiu que Collins estava perdendo o rumo. Especulou, sem nenhuma base, que o casamento do jovem estava afetando sua vontade de vencer. A situação se complicou ainda mais com a decisão de Collins de sair da casa de campo em Maranello e fixar residência em um iate ancorado em Monte Carlo. Ferrari interpretou isso como um ato de traição e reagiu ordenando que Tavoni tirasse Collins da equipe de Fórmula 1 e lhe desse uma Ferrari 156 para apoio em corridas de Fórmula 2. O inglês ficou furioso com o rebaixamento e recebeu o apoio de Hawthorn, seu amigo e único membro da equipe capaz de enfrentar os Vanwall de Stirling Moss e Tony Brooks. Novamente trabalhando em conjunto, os dois ingleses confrontaram Ferrari, e Collins voltou para a equipe principal.

A tensão aumentou ainda mais na equipe quando Musso recebeu um telegrama de remetente desconhecido o incitando a dar o máximo na corrida. A conclusão era evidente. Suas crescentes dívidas de jogo estavam causando problemas e o enorme prêmio pela vitória no Grand Prix da França — cerca de 50 mil dólares — poderia quitar sua dívida. Luigi Musso não estava em Reims só para representar a honra da Itália, mas para recuperar alguma solvência, muito necessária em sua vida pessoal.

Na 11ª primeira volta, Hawthorn, que havia quebrado o recorde de volta mais rápida no treino classificatório com sua Ferrari 246, assumiu a liderança no circuito aproximadamente triangular de 9,6 quilômetros de extensão abrangendo três estradas francesas. Mas Musso estava em sua cola. Quando os dois carros passaram pelo estranho conjunto de boxes e arquibancadas instalado de forma despropositada no meio de vinhedos perfeitamente cultivados, Musso pegou o vácuo do carro de Hawthorn. À frente, havia uma curva à direita, suave e plana, que alguns pilotos, como Fangio e Hawthorn, tinham aprendido a fazer com o pé embaixo. Musso também tentou, embora a ultrapassagem de um Maserati retardatário possa tê-lo forçado a se afastar alguns centímetros da trajetória ideal quando ele entrou na curva. De repente, o carro começou um longo giro para a esquerda, antes que seus pneus tocassem a borda de uma vala. O toque levou a Ferrari a uma série de ziguezagues nauseantes a 240 quilômetros por hora, que arremessaram o desafortunado Musso para fora do carro. Hawthorn observou o acidente em seu espelho retrovisor, mas seguiu em frente para a vitória em uma corrida memorável não só pela morte trágica de Musso, mas pela magnífica aposentadoria de Fangio.

Mais uma vez a Itália se viu privada de um herói. Ferrari lamentou: "Perdi o único piloto italiano que importava", embora seu relacionamento com uma sobrevivente-chave estivesse apenas começando. De acordo com Bernard Cahier, jornalista francês, que com sua esposa norte-americana, Joan, esteve com Fiamma Breschi durante os dias tristes que se seguiram à corrida, a família e a viúva de Musso chegaram juntos a Reims para insultar a pobre mulher e até confiscar as joias que Musso tinha dado a ela. Quando e como Enzo Ferrari se envolveu é uma incógnita, mas em algum momento no verão de 1958 ele tomou Breschi sob sua proteção e, no sentido mais amplo, adicionou-a ao seu séquito, que já incluía Laura, sua mulher, e Lina, sua amante. A relação exata é obscura, exceto que se sabe que Ferrari montou uma pequena butique para Breschi, primeiro em Bolonha e depois em Florença.

Nos anos seguintes, Ferrari a visitava regularmente nas tardes de quinta-feira. Alguns de seus colaboradores lembram que ele "sempre voltava com um sorriso no rosto". Considerando que ele já havia celebrado seu 60° aniversário, não havia mais espaço na agenda de Enzo Ferrari para outras mulheres. Não só ele tinha seu confronto diário com Laura, mas Lina e Piero precisavam de cuidados constantes, assim como Fiamma, colocada estrategicamente bem à parte das outras protagonistas do crescente drama. Evidentemente, algo tinha de ser feito para simplificar a situação.

Enquanto isso, havia um campeonato a ser conquistado. A morte de Musso deixou Hawthorn e Collins no comando completo da equipe, e eles responderam fazendo uma dobradinha no Grand Prix da Inglaterra, em Silverstone. Os Vanwall se recusaram a se comportar adequadamente no circuito plano e Collins pilotou como um mestre, superando seu amigo Hawthorn por meio minuto. Essa derrota esteve longe de aborrecer Hawthorn, que reduziu a velocidade em sua volta depois da bandeirada para pegar uma caneca de cerveja de um amigo fotógrafo parado ao lado da pista, na curva Beckett, e voltou para os boxes da Ferrari comemorando com a caneca.

A alegria dos *mon ami mates* duraria pouco. Na corrida seguinte, o Grand Prix da Alemanha, Peter Collins se espatifou em um trecho estreito e ondulado além do declive pouco visível chamado *Pjlanzgarten* enquanto perseguia o líder, Tony Brooks, e seu Vanwall. Collins e Hawthorn tinham acabado de ser ultrapassados pelo impressionantemente tranquilo Brooks. Collins pode ter se lembrado de como ele e Hawthorn tinham sido ultrapas-

FERRARI • 321

sados sem cerimônia por Fangio no ano anterior. Quando os três carros — o Vanwall de Brooks e as Ferrari de Collins e Hawthorn — se aproximaram de uma curva ascendente à direita, a 246 de Collins escapou. A roda traseira esquerda do carro pegou a pista suja do lado externo da curva e, de repente, Hawthorn viu a Ferrari desgovernada de Collins rodar diversas vezes. De alguma forma, ele acelerou através da poeira e dos destroços, mas sua embreagem quebrou em algum ponto distante do circuito de 22,5 quilômetros. Deprimido, Hawthorn ficou de pé ao lado do carro esperando notícias de Collins. Passou-se quase uma hora até que fosse levado aos boxes e tomasse conhecimento que seu amigo fora levado a um hospital em Bonn, onde morreu em consequência das diversas lesões na cabeça. Por ironia, Collins e Luigi Musso perderam suas vidas na 11ª volta de suas últimas corridas, pilotando carros com o número 2.

A notícia deixou Ferrari chocado. Em poucas semanas ele havia perdido dois pilotos de sua venerada "equipe primavera". Novamente, a imprensa ficou furiosa. O Vaticano protestou novamente. Seu jornal oficial, o L'Osservatore Romano, rotulou Ferrari como um "Saturno industrial... que continua a devorar seus próprios filhos". Alguns meses depois, outro jornal católico importante exigiu que corridas de todos os tipos fossem proibidas. O padre jesuíta Leonardo Azzollini, escrevendo na revista Civilta Cattolica, pediu que "todas as competições de velocidade, nas pistas ou em estradas, e seja lá como organizadas, deveriam ser suspensas". Esses ataques contra Ferrari e todo o esporte automobilístico continuariam a ser lançados pelo Vaticano até meados da década de 1960.

Em um momento devastador, em um trecho sombreado do circuito alemão, a vida idílica de Louise Collins havia chegado ao fim. Angustiada, ela voltou para Módena, procurando apoio emocional junto aos amigos de Collins na equipe. Ela foi ver Ferrari, que se uniu a ela em uma dor compartilhada. Ele recomendou que ela voltasse a uma corrida de Grand Prix como maneira de purgar a frustração e a amargura que sentia em relação ao esporte. Se ela comparecesse ao Grand Prix da Itália, em Monza, Ferrari lhe disse, ele também compareceria, acompanhando-a em uma rodada de visitas com velhos amigos da famosa corrida. Louise concordou em encontrá-lo ali no fim de semana de 7 de setembro.

A corrida intermediária no Porto, em Portugal, foi outra vitória para Moss e seu Vanwall, e lhe deu uma ligeira vantagem sobre Hawthorn no campeonato mundial de pilotos. A corrida provou, adicionalmente, que os freios a tambor arcaicos das Ferrari 246 eram uma desvantagem incorrigível contra os freios a disco mais avançados empregados nos Vanwall e nas BRM revitalizadas. Alguns membros da equipe, incluindo Phil Hill, estavam convencidos que a morte de Collins fora causada, em parte, pelos freios a tambor superaquecidos e desgastados. Sugeriu-se uma correção que Ferrari aceitou de má vontade. Ironicamente, Peter Collins havia instalado um conjunto de freios a disco Dunlop de fabricação britânica em seu carro de passeio Ferrari, que foi devolvido à fábrica depois de sua morte. Por insistência de Hawthorn, e com o apoio empolgado de Chiti e dos membros menos conservadores da equipe de engenharia, os freios a disco foram tirados do carro de passeio de Collins e adaptados na Dino de Hawthorn. Dois especialistas em freios da Dunlop chegaram da Inglaterra para supervisionar a conversão, que envolveu muito trabalho de usinagem nos cubos das rodas e modificação nas rodas raiadas Borrani.

Por qualquer padrão mensurável, o Grand Prix da Itália era a corrida mais importante para Ferrari. Ali, ele exibia seu melhor contra os rivais, e a equipe entrava anualmente em um estado de frenesi emocional. O sucesso seria celebrado como a segunda vinda de Jesus Cristo pela imprensa nacional, enquanto o fracasso geraria sugestões de exílio e coisa pior. Para preencher suas fileiras dizimadas, Hill, que estava definhando nos carros esportivos e na Fórmula 2, finalmente recebeu a chance de pilotar na equipe de Fórmula 1. Ele se juntaria a Hawthorn, ao jocoso, querido e refinado Trips e a Gendebien, que, como Hill, fora rotulado como especialista em carros esportivos e ainda encontraria função limitada na equipe de Fórmula 1.

Como se tornaria uma tradição muito badalada nos anos vindouros, Ferrari fez sua aparição no último dia dos treinos e depois retornou a Módena. Obedientemente, Louise Collins apareceu no dia da corrida e foi recebida por diversos amigos, incluindo o então aposentado Piero Taruffi e sua mulher. Mas Enzo Ferrari não deu as caras. Nem Louise receberia qualquer explicação do motivo pelo qual ele decidira não cumprir o combinado.

FERRARI • 323

Tony Brooks venceu a corrida com seu Vanwall, dando, sem dúvida, enorme satisfação para Tony Vandervell, que assistiu com prazer quando seus carros verdes, de formas sensuais, derrotaram as Ferrari em seu próprio território. Hawthorn terminou em segundo, com a embreagem avariada, tendo sinalizado para um inspirado Hill (que pilotou brilhantemente em sua estreia e liderou as cinco primeiras voltas) que ficasse atrás dele, em terceiro lugar, protegendo sua posição. Esse trabalho em equipe deu a Hawthorn uma pontuação crucial rumo à conquista do campeonato. Apesar de ter vencido apenas uma prova de Grand Prix, os bons e constantes resultados de Hawthorn deixaram Moss na posição de ter que vencer a última corrida em Marrocos cinco semanas depois. Além disso, o impressionante Moss teria de estabelecer a volta mais rápida — que também valia um ponto no total — para pressionar Hawthorn na busca pelo título.

De fato, no circuito varrido pela areia de Ain-Diab, em Casablanca, Moss venceu a corrida, mas novamente Hill agiu como perfeito companheiro de equipe e deixou Hawthorn passar e assumir o segundo lugar, conquistando o título de campeão mundial, apesar de Moss ter vencido quatro corridas e Hawthorn apenas uma, e os Vanwall terem sido os carros mais rápidos de toda a temporada. A frustração de Moss e Vandervell pelo título perdido se transformou em tristeza completa quando Stuart Lewis-Evans, amigo e piloto da equipe Vanwall, morreu por causa das graves queimaduras que sofreu em um acidente no final da corrida. A morte de Lewis-Evans foi o clímax do que fora um ano trágico e frustrante para Hawthorn. O campeonato mundial, conquistado com muita dificuldade sobre um Moss muito mais merecedor por meio de um acaso do sistema de pontuação, dificilmente compensou a perda de Collins. Mike Hawthorn era um piloto excelente e bastante qualificado para ser o campeão, mas a vitória foi contestada pelos inúmeros torcedores de Moss. Exausto depois de cinco anos de intensa disputa de nível internacional e desalentado pela carnificina que cercou sua ascensão ao topo, Hawthorn cumpriu suas repetidas ameaças de se aposentar após a corrida de Casablanca.

Enzo Ferrari gostava de Hawthorn mais do que a maioria de seus pilotos e se esforçou muito para dissuadi-lo de se aposentar tão novo, aos 29 anos. Posteriormente, ele descreveu o piloto inglês como "desconcertante, por causa de sua habilidade e de sua imprevisibilidade. Capaz de enfrentar qualquer situação e fazer uma curva fechada com uma coragem fria e calculada e uma rapidez excepcional de reflexos, subitamente ele ficou sujeito a sofrer um colapso". De forma enigmática, Ferrari também notou que Hawthorn tinha uma "postura bastante ausente", embora os amigos se lembrem dele como um companheiro jovial, durão e beberrão, que, até os meses finais de sua carreira, encarava o automobilismo com exuberância excepcional e entusiasmo juvenil. Infelizmente, essa *joie de vivre* (alegria de viver) iria lhe custar a vida. Ele voltou para a Inglaterra e para seus diversos interesses empresariais, alguns dos quais exigiam viagens frequentes entre sua casa, em Farnham, e a Grande Londres. Numa manhã no final de janeiro de 1959, Hawthorn embarcou em seu novo e potente sedã Jaguar com motor de 3,8 litros e partiu para Londres. No caminho, ele encontrou Rob Walker, o rico esportista e proprietário de uma equipe de corrida, que estava viajando na mesma direção a bordo de sua Mercedes-Benz 300SL Asa de Gaivota. Alguns dizem que eles pararam em um pub para beber e, quando voltaram a pegar a estrada, passaram a correr cada vez mais. Depois de um cume montanhoso chamada Hog's Back e uma longa descida de quatro pistas perto da cidade de Guildford, Hawthorn acelerou o Jaguar além de 190 quilômetros por hora, deixando Walker em seu rastro. O que aconteceu em seguida continua sendo um mistério. Alguns acreditam que Hawthorn colidiu com um caminhão que se deslocava em baixa velocidade, outros afirmam que ele perdeu o controle do carro no asfalto escorregadio. Todos concordam que o consagrado campeão, que aprendera a dirigir nas mesmas rodovias de Surrey apenas onze anos antes, morreu instantaneamente quando o Jaguar foi dobrado quase ao meio contra um inflexível carvalho inglês. O último membro da "equipe primavera" da Ferrari partiu, assim como qualquer esperança de competir pelas novas equipes inglesas e seus novos e arrojados carros. Sem dúvida, grandes mudanças estavam à frente do homem do cavalo rampante.

CAPÍTULO 15

A morte tinha cercado Enzo Ferrari como a névoa do inverno de Módena. Havia chegado na primavera de 1956 com a morte de Dino e se recusara a se afastar de um homem cuja vida — considerando o perigo da empresa que escolheu — tinha sido surpreendentemente não ensanguentada. Até a morte de Castellotti, nenhum piloto sofrera um acidente fatal ao volante de um carro que ostentava o cavalo rampante em sua carroceria. Mas, então, tudo mudou. Em três anos, não menos do que 16 pessoas — incluindo os espectadores ao longo da estrada para Guidizzolo — morreram como vítimas de uma Ferrari. Como se isso não bastasse, sua venerada "equipe primavera" tinha desaparecido, significando que toda uma nova equipe de pilotos teria de ser montada para a temporada de 1959.

As críticas do Vaticano e da imprensa italiana eram implacáveis, embora os motivos fossem diferentes. A Igreja assumira a posição de que o automobilismo era basicamente imoral e deveria ser proibido. Os jornais, por outro lado, fustigavam Ferrari pela sua incapacidade de vencer. Com o desaparecimento da Maserati, a Scuderia Ferrari se tornara uma instituição nacional, representante quase oficial da Itália no automobilismo internacional. Há muito tempo a equipe de Maranello tinha se convertido de uma simples empresa comercial em uma máquina de nacionalismo exacerbado para as massas. Para o público, o sucesso ou o fracasso de um carro da Ferrari estava envolto na honra nacional, sobretudo se um piloto italiano estivesse ao volante. Mas, após as manifestações de dor e frustração que cercaram as mortes de Castellotti e Musso, Enzo Ferrari tomou uma decisão calculada — enquanto apoiava da boca para fora o desejo de um grupo de pilotos onde todos fossem italianos, ele foi buscar os melhores pilotos, independentemente de sua nacionalidade. E, além disso, se um piloto inglês, alemão ou norte-americano morresse, ele seria poupado das intermináveis críticas histéricas de seus compatriotas. Isso renderia paz de espírito, no mínimo.

Chiti e a equipe de engenharia tinham feito pouco progresso em convencê-lo de que os carros britânicos com motores traseiros eram a onda do futuro. Em 1959, os carros de Grand Prix seriam os Dino moderadamente atualizados, incluindo freios a disco ingleses (o primeiro componente mecânico importante não italiano além dos pneus a serem empregados pela Ferrari). Também seriam adotadas molas helicoidais e suspensões mais flexíveis, tornando os Dino do final de 1959 e de 1960 os carros mais avançados, embora totalmente obsoletos, a serem inscritos nas provas de Grand Prix.

Dois pilotos, de personalidades totalmente opostas, seriam escolhidos para liderar a equipe. Jean Behra, que recentemente trabalhara na Maserati, era um homenzinho duro, teimoso, rude e sem uma orelha, que perdera em um acidente. Com ele, apenas no sentido mais amplo, estava o inglês Tony Brooks, ex-estudante de odontologia, magro, refinado e de boa família, que encarnava a coragem e a natureza agradável de um clássico piloto de Spitfire da Real Força Aérea britânica. Behra era um peão de rodeio ao volante, enquanto Brooks era um hábil toureiro, que muitos acreditam ter sido um dos pilotos mais rápidos da história do esporte. A química da dupla não deu certo desde o início. Behar só falava francês. Brooks falava inglês e um pouco de italiano. Sem dúvida, este era o piloto mais rápido, mas aquele, talvez por causa da idade e da experiência, considerava-se o número 1 da equipe, embora Ferrari se recusasse a especificar tal posição.

Phil Hill, cujo talento continuava a ser difamado por Ferrari, juntou-se a eles, juntamente com Gendebien, ás dos carros esportivos, e Cliff Allison, jovem dono de uma oficina inglesa e fidalgo rural com um futuro brilhante.

Também de sobreaviso estava outra descoberta de Luigi Chinetti: Dan Gurney, alto e sorridente, que parecia dotado de grande talento, mas que havia disputado menos de duas dúzias de corridas. Gurney chegou a Módena com a mulher e dois filhos, para realizar um teste no autódromo. Como tantos outros possíveis pilotos antes dele, Gurney circulou pelo hotel Real alguns dias esperando um telefonema. Então, em uma manhã fria, conduziu seu pequeno Volkswagen pela Via Emília, por alguns quilômetros na direção oeste, rumo ao grande autódromo encoberto pela névoa. À sua espera estavam Ferrari, Tavoni, um grupo de mecânicos e alguns jornalistas locais onipresentes, que pareciam acampar na pista. Alinhados ao longo da reta dos boxes, dois carros esportivos de dois lugares e um carro de Fórmula 1. Trajando seu pesado sobretudo de inverno e seu chapéu de feltro, Ferrari pouco falou enquanto Gurney acomodava seu corpo alto e magro no apertado *cockpit* de um dos carros esportivos. Gurney foi rápido. Muito rápido. Claramente um prodígio: ávido, valente e muito talentoso. Ferrari tinha faro para reconhecer tais habilidades sem dificuldade e o contratou imediatamente, oferecendo um contrato modesto: 163 dólares por semana e 50% do dinheiro dos prêmios e dos patrocínios (ninguém nunca explicou a origem ou a quantia dos patrocínios e Gurney nunca recebeu uma lira dessas fontes. Na temporada que ele pilotou para Ferrari, ganhou cerca de 7 mil dólares).

Ferrari chegou a chamar Dan Gurney de *il grande marine* (o grande fuzileiro naval), e se o norte-americano não tivesse abandonado a Scuderia e ido para BRM na temporada seguinte, é provável que tivesse se tornado uma grande estrela da equipe de Maranello. Quando ele fez as malas para ir para a Inglaterra, Gurney era um mero novato, mas sua habilidade ficou evidente para todos. Ele foi embora acreditando que a tecnologia obsoleta da Ferrari deixaria a equipe cada vez mais não competitiva em relação à nova onda de carros britânicos. Se ele tivesse ficado, teria se beneficiado do sucesso que a Ferrari desfrutou em 1961 e, com certeza, disputado seriamente o campeonato mundial contra Hill e Trips. Naturalmente, Gurney continuaria a ganhar credenciais como um dos melhores pilotos de todos os tempos.

No entanto, outro norte-americano chegou para ocupar seu lugar no ano seguinte. Richie Ginther era mais um dos muitos excelentes pilotos que surgiram das corridas de estrada do sul da Califórnia na década de 1950.

Ele fora mecânico acompanhante de Phil Hill nas Carreras Panamericanas de 1953 e 1954 antes de ganhar renome próprio. Ginther, frágil, taciturno e com corte de cabelo muito curto, encontraria um lar em Módena, e embora nunca conquistasse a imortalidade nas pistas, sua reputação como piloto de testes é sem igual. De fato, Ginther, juntamente com Chiti, seriam os responsáveis pela descoberta do *spoiler* traseiro: um auxílio aerodinâmico, considerado um acessório inestimável para a estabilidade em alta velocidade. No entanto, provavelmente a primeira versão foi instalada *não* para aumentar a aderência, mas para desviar os gases do escapamento do *cockpit*. A descoberta pode ter sido meramente acidental.

No meio dessa mini-invasão norte-americana, Phil Hill era o forasteiro. Ele estava na equipe por quase quatro anos e, apesar de sua evidente habilidade, parecia não conseguir ganhar a aprovação completa de Ferrari. Hill era nervoso por natureza, talvez sensível demais para ser levado a sério pela turma cínica e calejada de Maranello. Ele gostava de ópera e música clássica e era bem-informado a respeito de uma ampla gama de assuntos alheios ao automobilismo. Isso pode ter lhe dado injustamente a imagem de um diletante. Hill aprendeu a falar italiano fluentemente e foi capaz de observar as manobras políticas dentro da equipe com um olhar crítico. "Era um bando ridículo", recorda ele. "Ferrari estava cercado por lacaios, todos buscando algum tipo de favor ou aprovação." Ao contrário de Brooks, que nunca residiu em Módena e se recusou a mergulhar nos esquemas maquiavélicos da Scuderia, ou Behra, que continuou sendo um forasteiro brigão, Hill tentou em vão trabalhar dentro do sistema, mesmo quando, com cinismo, tinha consciência do teatro absurdo que muito daquilo era na realidade.

Um piloto que aprendeu a lidar com as intrigas foi outro membro subalterno da equipe, o conde Wolfgang von Trips. Encantador nobre alemão, que rapidamente entendeu a vulnerabilidade de Ferrari em relação à aristocracia, Trips era amigo íntimo do renomado estilista de moda e piloto amador John Weitz. Prontamente, o alemão reconheceu que havia muita diferença na qualidade dos carros utilizados nas diversas corridas. Alguns eram destroços miseravelmente restaurados ou mutantes montados com peças de diversos carros mais velhos. Não existiam dois carros iguais, e Trips — ou "Taffy", como ele era chamado por seus amigos — disse a Weitz

FERRARI • 329

que pagava a certos membros da administração da equipe para garantir a obtenção do melhor carro. O suborno interno era um estilo de vida dentro dos limites intricados da equipe e mesmo os fornecedores externos não estavam imunes. Naquela altura, Luigi Chinetti estabelecera um braço formidável da Ferrari nos Estados Unidos com sua North American Racing Team (NART) e estava dando conta de iniciativas excelentes em competições de longa distância, como Sebring e Le Mans. Geralmente, seus carros eram máquinas de primeira linha ou modelos recentes de segunda mão. No entanto, era necessário muito empenho para garantir que não fossem destroços reciclados ou equipados com motores fracos ou caixas de câmbio soldadas. Os subornos eram necessários, para assegurar um fluxo constante de peças decentes. "Não tínhamos opção", revela Luigi Jr., filho de Chinetti, conhecido por todos como "Coco". "Pagávamos para que não nos ferrassem."

Em grande parte, graças aos esforços de Chinetti de cortejar um fluxo constante de norte-americanos crédulos, o negócio de produção em série de carros estava começando a prosperar. Em 1959, 248 carros de passeio foram produzidos, com a maioria das carrocerias fornecida pela Pininfarina (a antiga Pinin Farina) e pela Scaglietti. Cerca de 40% da produção se destinavam ao mercado norte-americano, algo que muitas vezes incitava Giberti a gritar para o seu pessoal: "Por favor, terminem os carros para Chinetti. Precisamos do dinheiro dos americanos!" Naquela altura, Pininfarina era o projetista principal, enquanto Scaglietti dividia a responsabilidade como construtor de carrocerias dos carros de passeio. De vez em quando, outras *carrozzerias* eram utilizadas para modelos especiais, mas a maioria da formas vívidas e belas da Ferrari (e existiram muitas a partir daquela época) vinha daquelas duas oficinas. Os carros de passeio continuavam sendo bólidos de corrida equipados com motor de potência menor e com uma cobertura sexy, despertando pouco interesse em Ferrari. Ele continuava usando seu Fiat 1100 com o fiel Pepino Verdelli ao volante e estava começando a comprar imóveis suntuosos em Módena e Bolonha. Adquiriu um imenso palacete de quatro andares em estilo românico perto da antiga Scuderia. Ficava diante da praça Garibaldi, na Via Emília, e era uma das maiores residências de Módena, certamente rivalizando em tamanho e esplendor com a dos Orsi, mais à frente, para o leste. Ferrari, Laura e sua mãe se mudaram para o palacete de formato irregular, ocupando apenas uma pequena quantidade dos inúmeros aposentos existentes. *Mama* Adalgisa foi instalada estrategicamente em seu próprio aposento no terceiro andar, bem longe de Laura.

Outra aquisição, menos visível, mas igualmente cobiçada, foi feita em Viserba, na costa do Adriático, a alguns quilômetros ao norte de Rimini. Seria um refúgio contra o calor opressivo, a umidade e os mosquitos vorazes que engolfavam Módena todos os verões. Laura iria a passar a maior parte dos meses do meio do ano em Viserba, com seu marido sendo uma visita mais frequente do que se imagina.

A mudança para o palacete na praça Garibaldi exigiu uma alteração nos hábitos sociais de Ferrari. Até então, ele tinha sido cliente do bar do hotel Real (que logo seria comprado pela família Fini, que possuía um dos melhores restaurantes de Módena), mas, naquele momento, ele transferiu suas comemorações e sua caça às mulheres para o hotel Grand, a uma quadra de distância e longe dos olhares curiosos de Laura. O Grand ficava na Via Emília, em frente à mansão dos Orsi, mas apenas a um quarteirão de sua nova casa. Ele estava se tornando cada vez mais territorial, como um leão idoso. As idas diárias para Maranello, as viagens ocasionais para ver Lina e Piero em Castelvetro, algumas sessões de treino no autódromo nas proximidades e as visitas de quinta-feira à tarde a Fiamma em Bolonha eram as únicas atividades importantes. De manhã, a rotina era a mesma: visitar a mãe, fazer a barba na barbearia, rever o túmulo de Dino e trabalhar no escritório na Scuderia. Antes do meio-dia, ele e Pepino iam de carro para Maranello, onde ele almoçava no antigo estábulo de mulas/escola do outro lado da estrada, lentamente sendo convertido em um pequeno restaurante e hospedaria chamado Cavallino.

"Havia um Ferrari de dia e um Ferrari à noite", recorda uma velha amiga. "De dia, era o *capo* de todos os negócios. Mas, à noite, ele era diferente. Era a vez das mulheres. Ferrari gostava de transar!" O apetite de Ferrari pelo sexo feminino era prodigioso, mesmo depois de ter feito sessenta anos. O Grand Hotel era o centro das ações em Módena. Frequentemente, o bar ficava cheio de mulheres bonitas, tanto profissionais como amadoras, e Ferrari se divertia no local. Quando chegava a hora da luta entre Ferrari e um de seus apaniguados — incluindo pilotos — por uma mulher, o *Commendatore* sempre impunha sua autoridade. Além disso, ele tinha senso de humor em tais situações. Certa noite, um argentino que se tornaria construtor de automóveis levou uma prostituta para um quarto no andar superior. Ferrari reuniu um pequeno grupo de conspiradores, encheu de jornais a soleira da porta do quarto e colocou fogo neles. Eles ficaram no corredor e rolaram de rir quando os amantes irromperam através das chamas enrolados apenas em lençóis.

Grande parte dessas brincadeiras idiotas aconteciam sob os auspícios do Biella Club, antigo grupo social que por muito tempo agiu dentro da comunidade de automobilismo em torno de Ferrari. Ainda era formado por pilotos, clientes ricos, parasitas, alguns jornalistas e intrusos variados que se reuniam periodicamente para farrear em lugares como o Grand e o Real-Fini. Nem é preciso dizer que Enzo Ferrari era um participante regular de tais atividades.

Certa ocasião, Ferrari arrumou algumas bicicletas para seus companheiros membros do Biella e organizou uma corrida improvisada pelas ruas de Módena. Peter Coltrin, jornalista norte-americano, era menos competente em duas rodas do que seus rivais italianos e resvalou em um meio-fio. Ele levou um tombo feio, para a diversão de seus amigos. Foi um pequeno grupo de norte-americanos, incluindo Coltrin, que fez muito para criar a mística da Ferrari nesse período. Californiano que se estabeleceu em Módena e casou com uma fascinante mulher local, Peter Coltrin era um dos muitos entusiastas do automobilismo expatriados dominados pelo romantismo do ambiente automobilístico de Módena. Não se conformando com as arcas cromadas que infestavam as vias norte-americanas na época de Eisenhower, chegaram à Itália e encontraram um lugar repleto de carros velozes, cenários encantadores, mulheres elegantes e mesas cheias de iguarias, tudo por uma ninharia, em uma época dos poderosos dólares do pós-guerra.

Coltrin tinha a companhia de duas jornalistas: Logan Bentley, alta e elegante, e a compatriota Diana Bartley, frágil e morena, que andava com a ajuda de uma bengala. Eles, além de Denise McCluggage, jornalista admirável e pilota excelente, que atuou como defensora pessoal de Phil Hill, escreveram centenas de matérias para as revistas de automóveis norte-americanas da época — *Road & Track*, *Sports Cars Illustrated* (em breve *Car and Driver*), *Town & Country*, *New York Herald Tribune* e *Sports Illustrated*, abordando com entusiasmo aquele nirvana ruidoso para automóveis. Esses jornalistas, além de Griffith Borgeson e Henry Manney III, californiano barbudo, irascível e realista, cujo humor irônico ocupava as páginas da *Road & Track*, criou, muitas vezes involuntariamente, a imagem de Enzo Ferrari, que fascinou, seduziu e iludiu os norte-americanos até hoje.

Em meio a todo esse entusiasmo pelo estilo de vida modenense, muitos artigos deles conseguiram ignorar o fato de que a temporada de Grand Prix de 1959 foi um desastre absoluto. A equipe venceu apenas duas corridas. Brooks foi vitorioso nos circuitos de superalta velocidade de Reims e Avus, onde a grande potência era o principal e não a condução ágil. Em Reims, Behra deixou a equipe depois de dar um soco em Romolo Tavoni. O francês agressivo, bastante decepcionado com a política da equipe e com a briga interminável sobre quem era o piloto número 1 (sem dúvida era Brooks, embora nunca oficialmente especificado), descontrolou-se depois que fundiu um pistão de seu carro e parou na 29ª volta. Behra pilotou de forma extraordinária e quebrou o recorde de volta mais rápida duas vezes antes de abandonar. O dia estava insuportavelmente quente, e ele descarregou a raiva e a exaustão batendo em Tavoni, o chefe de equipe. Tal gesto de insubordinação poderia ter sido perdoado se tivesse partido de estrelas como Fangio ou Ascari, mas Behra era mais do que dispensável, e foi expulso da equipe. Algumas semanas depois, ele morreu, em Avus, quando seu Porsche bateu na borda da curva norte de 43 graus de inclinação e seu corpo foi arremessado contra um mastro de bandeira.

Foram tempos violentos para Tavoni. Ele se via cercado por discussões incessantes, envolvendo não só pilotos truculentos como Behra, mas também engenheiros mal-humorados, mecânicos nervosos e propensos a greves e o próprio Ferrari, cujas exigências por sucesso eram tão ruidosas e regulares quanto o toque dos sinos da catedral. Raramente essas discussões eram resolvidas em reuniões ordeiras a portas fechadas. Certo dia, os transeuntes da estrada para Abetone ficaram chocados ao ver dois homens diante dos portões da fábrica gritando um com o outro e atirando pedras entre os carros do trânsito. Eram Ferrari e Tavoni!

Apesar dos bate-bocas intermináveis e das derrotas regulares sendo ministradas pelos desprezados *garagistas* ingleses, Brooks, de alguma forma, conseguiu se concentrar o suficiente para continuar na disputa do campeonato mundial até o final do ano, quando o primeiro Grand Prix norte-americano do pós-guerra foi realizado no circuito de aeroporto de Sebring. No entanto, no começo da prova, ele foi atingido pelo carro de Trips, seu companheiro de equipe, e entrou nos boxes para verificar os danos. Os ferraristas consideraram um pecado imperdoável, pois acharam que Brooks deveria ter prosseguido sem parar. Mas Brooks, que sofrera diversos acidentes graves devido a problemas mecânicos, não o fez. Sempre analítico em sua condução e não prestes a ser engolido pelo turbilhão emocional da Scuderia, ele verificou o carro e, depois, voltou, em 15º, e terminou em terceiro. Isso o condenou ao segundo lugar no campeonato mundial de pilotos, com o australiano Jack Brabham ganhando o título com um Cooper. A imprensa italiana malhou Brooks pelo fato de ele não ter aguentado firme com o carro avariado.

No cenário sombrio, o único ponto brilhante era o bem-sucedido carro de Fórmula 2 com motor V6 de 1,5 litro de Chiti. Predizia coisas boas para o futuro. Em 1958 a FIA anunciou, sem aviso prévio, que em 1961 os motores dos carros de Fórmula 1 seriam reduzidos de 2,5 litros para 1,5 litro. Isso significava que o desenvolvimento de Chiti chegara em uma hora muito boa, desde que Ferrari pudesse ser persuadido a desistir de seu ditado absurdo de os "bois que puxam o carro" e dar prosseguimento ao projeto de um carro de corrida com motor traseiro apropriado.

O ano de abertura da louca década de 1960 foi enfurecedor para Enzo Ferrari. Seus carros eram castigados impiedosamente pelos Cooper e pelas Lotus. Brooks e Gurney tinham deixado a equipe, que passou a contar com Hill, Allison, Trips e Willy Mairesse, belga um tanto tresloucado, sisudo, de olhos sonolentos e com um braço mirrado que parecia deixar transparecer seu desejo de morte. A antítese de seu gentil compatriota Olivier Gendebien, "Wild Willy" Mairesse era notável apenas pela quantidade de acidentes que sofreu e sobreviveu, até se suicidar em Ostend, em 1969, com uma overdose de pílulas para dormir.

Novamente, o motor Dino com quádruplo comando de válvulas gerou um bocado de potência (cerca de 283 cavalos a 8.500 rpm), mas os carros volumosos não eram páreo para os carros britânicos, mais leves e mais sofisticados. A primeira grande competição, o Grand Prix de Mônaco, viu Allison sofrer um grave acidente durante o treino. Como a maioria dos competidores da época, Allison dirigia sem cinto de segurança e foi lançado para fora de seu carro quando bateu contra o meio-fio. Ele sofreu lesões na cabeça e no rosto e ficou de fora durante o resto da temporada. Tempos depois, Allison disse ao jornalista Alan Henry que acordou em um hospital da França falando francês. "Foi estranho, porque eu não sabia nada de francês", revelou Allison, que faleceu no ano de 2005.

Em Mônaco, a grande novidade foi a estreia, muito esperada e bastante atrasada, da Ferrari 246 com motor traseiro pilotada por Ginther. Previamente, o carro foi testado em Módena por Hill e pelo piloto de testes Martino Severi, imbatível no autódromo de Módena, mas lento em todos os outros circuitos. O carro se comportou razoavelmente bem e funcionou de forma louvável até que sua transmissão falhou no final da corrida, impedindo Ginther de obter algo melhor do que o sexto lugar. Hill conduziu de modo brilhante sua antiguidade e conseguiu um terceiro lugar, atrás da Lotus 18 de Moss e do Cooper de Bruce McLaren.

Algumas semanas depois, boas notícias chegaram de Le Mans, onde Gendebien e o jornalista francês Paul Frère venceram as 24 Horas com um modelo 250 TR. Um carro similar da equipe NART ficou em segundo. Essa vitória ajudou no esquecimento de uma derrota para a Aston Martin no ano anterior, pilotada por Roy Salvadori e Carroll Shelby, piloto prestes a embarcar em sua ousada iniciativa de construção do carro Cobra e que se tornaria importante adversário da Scuderia.

O restante da temporada de Fórmula 1 foi um desastre completo. Os carros britânicos eram imbatíveis e a Ferrari não se ajudou ao usar Mairesse para o Grand Prix da Bélgica, em Spa, certamente o mais letal dos principais circuitos europeus. Pelo menos dessa vez, o estilo de pilotagem desleixado de Mairesse não foi o culpado quando ele se enroscou com o inglês Chris Bristow enquanto eles faziam a temível e serpenteante curva à direita em descida em Burnenville. O Cooper de Bristow saiu da pista, atravessou uma cerca e capotou, matando o piloto. Perto do fim da corrida, Alan Stacey, outro promissor piloto britânico, morreu na reta Masta quando ele perdeu o controle do carro talvez porque um pássaro tenha se chocado contra o seu rosto. Para a Ferrari, o melhor resultado foi o quarto lugar de Phil Hill, uma longa volta atrás.

No Grand Prix da França, todos os três carros da Ferrari — conduzidos por Hill, Trips e Mairesse — abandonaram. Em seguida, Hill e Trips chegaram em distantes quinto e sexto lugares no Grand Prix da Inglaterra. Não houve nenhum sucesso em Portugal, mas o alívio chegou no Grand Prix da Alemanha, quando a corrida foi reservada para carros da Fórmula 2. A Porsche estava se saindo bem na categoria e os alemães excluíram arbitrariamente as equipes britânicas de Fórmula 1. Os italianos decidiram seguir o exemplo, mas de uma maneira um pouco mais sutil. O Automobile Club d'Italia (ACI) comunicou que o Grand Prix da Itália, em Monza, seria disputado no circuito completo (misto e oval), uma decisão denunciada ruidosamente pelas equipes Cooper e Lotus. Elas se opuseram ao uso da curva inclinada, cuja superfície era irregular como uma espiga de milho, e poderia danificar as suspensões de seus frágeis carros. O estratagema dos italianos funcionou. Sabendo que as velhas e fortes Ferrari eram capazes de resistir às irregularidades da curva inclinada de concreto, esperavam que os britânicos ficassem em casa, dando aos preferidos da Itália uma vitória indiscutível. Então, as Ferrari quase se retiraram. O *Commendatore* teve uma discussão com a administração de Monza a respeito dos planos da equipe e ameaçou se afastar. Mas seus nervos foram acalmados e os velhos 246, prestes a disputar sua última corrida, fizeram os três melhores tempos no treino classificatório nas mãos de Hill, Ginther e Mairesse. Durante a prova, correram em formação ordenada, incontestada pelos poucos independentes que tiveram a ousadia de entrar na disputa. Hill venceu com facilidade. Foi uma vitória inexpressiva, mas que os empolgados *tifosi* aceitaram sem o menor arrependimento.

Embora o desempenho da Scuderia Ferrari na Fórmula 1 seja lembrado em tons róseos como o de um triunfo sem retoques, o fato é que, desde os anos de 1952 e 1953, com Ascari, a equipe apresentava terrível declínio. Excluindo 1956, quando a Ferrari competiu com Fangio e a Lancia D50S projetada por Jano — concedida como dinheiro que cai do céu —, seus carros venceram apenas *oito* corridas em sete temporadas (duas em 1954, uma em 1955, nenhuma em 1957, duas em 1958 e 1959 e a única e inexpressiva vitória em 1960). Desde 1954, venceu três vezes Le Mans e Sebring, duas vezes a Mille Miglia, cinco vezes os Mil Quilômetros de Buenos Aires e diversas outras provas importantes de carros esportivos, o que melhorou a imagem da marca. No entanto, em muitos casos, essas vitórias foram contra rivais fracos e, na maioria dos casos, quando enfrentava importantes equipes de fábrica, como Mercedes-Benz, Jaguar, Lancia e Aston Martin, os carros vermelhos de Maranello eram pressionados a permanecer na caça.

Ao longo dos anos, a fonte de grande parte do sucesso de Ferrari não foi a genialidade tecnológica ou a perspicácia tática, mas a persistência tenaz, destemida e inesgotável de competir — uma disposição de aparecer no *grid*, independentemente das adversidades e correr o mais forte possível. Parte disso deve ser atribuída ao seu orgulho inflexível, mas sua teimosia nem sempre o ajudou. Com certeza, sua recusa em aderir às realidades da nova onda de carros britânicos, com seus motores traseiros, peso leve, freios a disco, molas helicoidais, rodas de magnésio e carroceria de fibra de vidro, lhe custou caro. Se tivesse escutado homens como Hawthorn, Chiti, Hill, Rocchi e outros, todos insistindo para que ele renunciasse aos seus preconceitos antediluvianos, Ferrari poderia ter tido muito mais sucesso. Do jeito como aconteceu, foi necessária a insistência de seu pessoal mais antigo, além das derrotas vergonhosas nas pistas por três longas temporadas, para forçar a mudança. Essa estava longe de ser a resposta de um engenheiro inteligente, ousado, visionário. Mike Lawrence, historiador de corridas, pronuncia esse juízo implacável sobre a situação: "Os apologistas sugeriram que Ferrari resistia a quaisquer ideias não originadas em sua empresa, e o uso tardio dos freios a disco é mencionado como exemplo. Se Ferrari fosse tão insistente em relação a ideias originais, a marca não teria decolado, pois nunca apresentou uma nova ideia ao automobilismo." Se desconsiderarmos a descoberta acidental do *spoiler* traseiro por Ginther e Chiti, é impossível questionar a afirmação dura de Lawrence.

Quando 1960 se aproximava do fim, Ferrari tinha descartado o título frequentemente usado de *Commendatore* e preferia ser chamado de *Ingegnere* (engenheiro) por aqueles que não ousavam se referir a ele simplesmente como Ferrari ou — o mais raro — Enzo. A nova denominação se baseava em uma distinção concedida em julho pela Universidade de Bolonha, um diploma de *doutor honoris causa* em engenharia, do qual ele ficou justificadamente orgulhoso, embora na verdade fosse não dotado tecnicamente e nunca, no linguajar de homens como Chiti e Rocchi, "pôs no papel uma linha de pensamento".

Gino Rancati, seu amigo e biógrafo informal, relata uma história que apresenta algum *insight* sobre um homem que supostamente tomava decisões como rotina. De acordo com Rancati, ele foi convidado a fazer a curta viagem até Bolonha com Ferrari para testemunhar a entrega da distinção. Eles se encontraram para o café da manhã no Cavallino, onde uma discussão ocorreu sobre como percorrer os quarenta e poucos quilômetros pela Via Emília. Inicialmente, decidiu-se usar um dos carros *gran turismo* da empresa, mas Ferrari hesitou, dizendo que poderia ser muito ostentoso. Depois de dirigir diversos modestos Fiat, Alfa Romeo e Lancia ao longo dos anos, Ferrari finalmente tinha começado a usar seus próprios carros, mas decidiu não fazer isso naquele dia. Pepino Verdelli sugeriu o carro do irmão de Laura, um antigo Peugeot 404, então na casa. Ferrari rejeitou a sugestão, considerando-a inadequada. Afinal de contas que impressão causaria se o principal fabricante de carros exóticos da Itália aparecesse em um sedã francês? Uma viagem de trem foi rejeitada por nenhum bom motivo e Ferrari se recusava a voar. A discussão se arrastou. Finalmente, chegou-se a uma solução. O Peugeot foi usado, mas foi estacionado a 1 quilômetro de distância, e os dois homens caminharam penosamente no calor denso bolonhês até a universidade!

Lenta e cautelosamente, Piero Lardi, de 15 anos, começou a sair das sombras. O rapaz, com a mandíbula firme e a altura do pai, já era conhecido por homens como Tavoni, Gerolamo Gardini (diretor comercial da empresa), Bazzi e Chinetti, que frequentavam como convidados a casa de Lina Lardi, em Castelvetro. "Vamos pegar o caminho mais longo para casa" era o sinal de Ferrari que um desvio seria feito antes do retorno para Módena. Logo, o círculo íntimo de homens ao redor de Ferrari soube que um segundo filho estava presente no drama, embora até que ponto ele influenciaria os negócios da fábrica era um mistério. Outros não foram informados a respeito da nova presença. Em 1961, no Grand Prix da Itália, Gaetano Florini, responsável pela venda de carros de corrida, avistou Piero no grupo de bajuladores ao redor do pai. Confundindo-o com um *tifosi* que distribuía cotoveladas para conseguir um autógrafo, Florino deu um pequeno pontapé no traseiro do garoto. Em pânico, Pepino Verdelli o agarrou e revelou a verdade surpreendente. Dessa maneira estranha a existência de Piero Lardi se espalhou pela equipe e no início da década de 1960 ele era um meteoro conhecido e notório que entrava no firmamento da Ferrari.

Enquanto os protótipos do novo carro de Grand Prix projetado por Chiti, o modelo 156 com motor traseiro, estavam sendo concluídos para a temporada de 1961, Laura Ferrari começou a exercer uma nova e estranhamente perturbadora influência nos trabalhos. Ela continua sendo um enigma, em termos tanto de seu histórico quanto do súbito aumento de sua atividade no início da década de 1960. Ela permaneceu nas sombras durante anos, como uma influência aparentemente poderosa na vida privada e empresarial de Ferrari, mas completamente distinta em termos sociais e sexuais. Acredita-se que o relacionamento se deteriorou após a morte de Dino, embora fosse uma união instável quase desde o início. Ela e Ferrari, junto com Adalgisa, eram ocasionalmente vistos em público, jantando no Fini ou no Oreste, assim como no Cavallino. A mesa era arrumada de modo que Enzo Ferrari ficasse sentado entre Laura e *Mama*, e testemunhas lembram que as refeições eram frequentemente pontuadas com discussões acaloradas.

Embora pareça restar pouca dúvida de que, anos depois, a mente de Laura Ferrari tenha começado a falhar, não há evidência de que a explosão de atividade naquele período se baseou em problemas emocionais graves. O que se sabe é que ela começou a comparecer às corridas, com Tavoni ou Chiti recrutados como motorista. Não foi uma época feliz para nenhum dos dois. Laura era uma turista, insistindo em parar em diversas igrejas, catedrais, mosteiros e outros pontos de interesse enquanto tentavam chegar aos diversos autódromos no horário. Ela carregava uma maleta cheia de dinheiro — milhões de liras não contadas —, embora nunca pagasse por nada e tendesse a se apossar de artigos das prateleiras dos lojistas e deixar aqueles que estavam em seu séquito cuidar do pagamento.

Uma vez no autódromo, sentava-se em silêncio no canto dos boxes, vestida com o clássico preto Virgem Maria italiano.

Laura foi aos Estados Unidos pelo menos uma vez, onde acompanhou as 12 Horas de Sebring usando um absurdo chapéu de abas largas branco, e a uma corrida de carros esportivos badalada, mas menos séria, em Nassau, nas Bahamas. Lá, ela ficou com a família de Chinetti, em parte porque Luigi Sr. era amigo íntimo e defensor dela na mortífera guerra da fábrica. Ela chegou a Nassau carregando apenas uma mala minúscula (ao que tudo indica não era uma maleta) e se vestia com elegância surpreendente para os jantares. Testemunhas se admiraram com o fato de como ela conseguia exibir roupas tão variadas e impressionantes a partir de uma mala tão minúscula.

Alguns afirmam que Ferrari induziu Laura a viajar, de modo que ele pudesse continuar seus casos com Fiamma e outras mulheres, incluindo uma dama ardente de Paris que o visitava com frequência e a esposa de um rico cliente de Chartres, que vivia em um imenso castelo. Pode ser, mas parece improvável. Durante anos ele flertou sob o nariz de Laura, e parece improvável que de repente a mandasse para terras distantes para que pudesse caçar mulheres. No mínimo, Laura Garello Ferrari era uma mulher cautelosa e traumatizada, sendo improvável que tivesse se deixado enganar por uma farsa tão evidente.

Mas, sem dúvida, Laura, que estava prestes a celebrar seu 60º aniversário e que não demonstrara nenhum grande interesse por automóveis desde seu namoro com Ferrari quarenta anos antes, tinha um motivo irresistível para deixar sua vida confortável e sedentária na praça Garibaldi e começar a viajar ao redor do mundo em companhia da equipe de corridas sem interesse nela e, decididamente, hostis. Ninguém, incluindo os homens que se cansariam de sua intromissão, foi capaz alguma vez de dar uma explicação razoável a respeito daquele comportamento bizarro.

Há um conjunto de opiniões que sustentam que Laura estava atuando como os olhos e os ouvidos de seu marido, cujo império estava se desenvolvendo a um ponto que até o serviço de inteligência afinado dele podia estar transmitindo sinais confusos. Não resta dúvida de que, apesar do relacionamento conjugal deteriorado, Enzo e Laura Ferrari estavam ligados em uma firme parceria para preservar a empresa (que, em 1960, tinha se convertido em uma sociedade anônima formal — a Società Esercizio Fabbriche Automobili e Corse Ferrari ou SEFAC — com eles como acionistas principais). O interesse financeiro da parte de Laura pode tê-la levado a observar como a empresa funcionava atrás dos portões da fábrica, algo que seu marido dificilmente estava propenso a fazer. Sabe-se que ela desconfiava dos bajuladores e lacaios que pairavam ao redor de Ferrari e atuava como crítica incisiva da política intricada da fábrica de Maranello. Alguns novos homens, entre os quais incluía-se Chiti, rechonchudo, exuberante e obstinado toscano (chamado de *toscanaccio* ou toscano sincero), estavam começando a entrar nos círculos do poder, sendo possível que essa geração de inovadores tenha alarmado Enzo e Laura, embora isso seja pura especulação. De qualquer forma, Laura Ferrari exercia uma influência de peso e duradoura sobre o marido. Um vizinho de longa data da família, que vivia ao lado da casa de verão de Ferrari, em Viserba, no Adriático, lembra que Enzo costumava telefonar para Laura até cinco vezes por dia durante as longas estadias dela lá para escapar do calor do verão do Vale do Pó. Aqueles telefonemas eram estritamente comerciais, indicando um vínculo profundo e permanente, entre os dois quando o assunto era a empresa.

Laura não era o único membro feminino da família de Ferrari a ter envolvimento em sua vida diária, embora o papel de Adalgisa, sua mãe, não fosse comercial. Ele a visitava todas as manhãs e agia como um filho solícito na presença daquela mulher gordinha e inflexível, que muitas vezes o repreendia como se ele fosse um menino com o nariz escorrendo. Nos momentos de raiva, ouvia-se ela gritando: "O filho errado morreu jovem!" Quer isso seja ou não uma marca de humor cáustico octogenário é insondável, mas o fato é que ela ficou perto do filho até o dia em que morreu. Ela era como sua nora: uma mulher destemida e obstinada, que permaneceu, apesar de suas broncas, dedicada ao filho. Em certas ocasiões, em manhãs ensolaradas, ela fazia pequenas caminhadas ao redor da praça, depois irrompia no escritório de Ferrari na Scuderia e, no meio de uma reunião de negócios, perguntava: "Como está o meu filhinho?" Só podemos imaginar a humilhação do grande *Ingegnere*, posando como de costume em sua pompa pública semelhante a um doge, sendo chamado de "filhinho" de alguém.

Ainda assim, Laura Ferrari era o enigma daqueles anos. As lembranças das testemunhas são conflitantes. Alguns dizem que ela era louca de pedra, propensa a pegar as gorjetas das mesas dos restaurantes e roubar alimentos nas prateleiras dos comerciantes. Parece não restar dúvida de que, ao entrar na casa dos 70 anos, as faculdades mentais de Laura diminuíram bastante, assim como sua capacidade de andar. Por outro lado, muitas pessoas sustentam que ela foi difamada pelos aliados de Ferrari e que era uma esposa inteligente, educada, atenciosa, ainda que martirizada, que foi de grande ajuda no funcionamento da empresa. Luigi Chinetti Sr., por exemplo, tem certeza que Laura foi vítima de uma campanha cruel de fofocas e que permaneceu dedicada ao marido apesar dos maus-tratos por parte dele. "Eu ainda amo Ferrari", ela supostamente lamentou no início da década de 1960, quando a vida privada deles parecia estar no ápice da turbulência.

Qual é a verdade sobre Laura Ferrari? Louca ou normal? Talvez uma combinação de ambas.

Independentemente dos problemas que afligiam sua esposa, o calendário social de Enzo Ferrari estava longe de ficar vazio. Embora nunca — com a possível exceção de algumas noites passadas nos treinos em Monza — dormisse fora da própria cama nos últimos sessenta anos de vida, ele gerenciava flertes constantes com mulheres interessantes, incluindo a dama de Paris, que, ao que tudo indica, saía correndo para o Sul e através dos Alpes no momento em que ele desligava o telefone. No entanto, ele não era um galanteador generoso. O dono de um restaurante de Módena se lembra de uma noite em que, depois de um jantar romântico, a mulher que estava com Ferrari pediu champanhe para coroar o encontro. Rapidamente, Ferrari disse ao garçom: "Traga água mineral com gás para ela."

Ferrari parecia gostar de crianças. Ele manifestava preocupação com a saúde dos filhos dos funcionários mais antigos e, no início da década de 1960, organizou um clube da juventude, que ainda se reúne ocasionalmente. Era composto por um pequeno número de entusiastas que se reuniam às segundas-feiras para discutir assuntos do mundo dos automóveis com o grande homem. Com o passar dos anos, Ferrari também começou a fazer doações generosas para o hospital de Módena e para o Instituto Mario Negri, em Milão, concentrando-se nas que ajudariam no tratamento de distrofia muscular.

Embora a turbulência em sua vida privada não revelasse sinais de decréscimo (nem ele queria isso), pelo menos Ferrari foi capaz de ansiar pelo retorno de um mínimo de estabilidade na frente de batalha da Fórmula 1. Chiti, Rocchi e um novo engenheiro, chamado Mauro Foghieri, estavam dando grandes passos com o novo carro de Grand Prix, o modelo 156. Finalmente seria um bólido com motor traseiro. O chassis era uma derivação bastante rudimentar das estruturas tubulares leves desenvolvidas pelos britânicos, assim como a suspensão independente de molas helicoidais. A vantagem, como era o caso em diversas Ferrari clássicas, residia no motor, bastante potente. Chiti e seu pessoal tinham criado dois motores, ambos V6, mas com ângulos diferentes de cabeçote. O primeiro era uma versão do antigo motor de 2,5 litros com os cilindros em ângulo de 65 graus, enquanto Chiti e Rocchi desenvolveram um novo motor V6 com os cilindros em ângulo de 120 graus, que proporcionava um centro de gravidade mais baixo e era mais apropriado para o novo chassis. Os dois motores geravam potência suficiente para ultrapassar os carros britânicos, que por causa da escassez de recursos financeiros e do início tardio não podiam contar com a Coventry-Climax para ter o novo motor V8 de 1,5 litro funcionando até a temporada seguinte. Melhor ainda: o carro da Porsche de Fórmula 1 era pesado e pouco potente, de modo que a equipe do cavalo rampante parecia ter pista livre à frente em 1961. Que perspectiva afortunada considerando os resultados desanimadores das últimas temporadas!

Os novos carros eram de tirar o fôlego. A carroceria arrojada possuía um ousado bico com duas aberturas (visto pela primeira vez em um Maserati 250F especial, construído para o esportista norte-americano Temple Buell) e uma única recusa de Ferrari de se afastar da tradição: rodas raiadas Borrani.

Inicialmente, Ferrari decidiu participar das provas com uma equipe completamente não italiana. Novamente, nenhum piloto número 1 foi escolhido, embora Phil Hill e Taffy von Trips fossem considerados os superiores. Richie Ginther, que fora bem-informado sobre a política da fábrica por seu amigo Hill, também estava dentro, assim como Wild Willy Mairesse. Alarmado com a ausência de um italiano, um grupo de esportistas ricos formou uma equipa chamada Scuderia Sant'Ambroeus, para desenvolver jovens talentos e, basicamente, "alugar" um 156 para Giancarlo Baghetti, milanês de 25 anos, para competições selecionadas. O nacionalismo ainda era desenfreado nas corridas de Grand Prix, e os britânicos, os franceses e os alemães, além dos italianos, constantemente se queixavam que sua honra nacional não estava sendo defendida na Fórmula 1. Ferrari foi alvo de críticas consideráveis por não constituir sua equipe exclusivamente com italianos, mas considerou o assunto irrelevante em comparação com o alvoroço referente às mortes de Castellotti e Musso.

A Ferrari 156 deu sua volta inaugural no Grand Prix de Siracusa, prova de menor importância na cidade litorânea siciliana. Baghetti e Ginther foram enviados como inscritos simbólicos, embora Ginther, por causa de problemas no carro, não tenha competido. No entanto, o novo Baghetti, contando com a potência vigorosa do motor V6, conseguiu se defender dos repetidos ataques da Porsche de Dan Gurney e venceu. Foi uma estreia surpreendentemente bem-sucedida para o carro e para o piloto, e serviu como um prenúncio para a temporada iminente.

Até seu final trágico, 1961 foi um ano de triunfo quase constante para a Ferrari. Hill e Gendebien venceram em Le Mans em grande estilo, e o *gentleman driver* e engenheiro inglês Mike Parkes (que estava começando a marcar presença em Maranello em carros esportivos), junto com Mairesse, terminaram em segundo lugar. Laura estava presente para testemunhar o grande momento, que chegou sem nenhuma concorrência séria de equipes de fábrica além dos Porsche de pequena cilindrada. A mesma pista livre esperava a equipe na Fórmula 1, à medida que os ingleses enfrentavam dificuldades no rastro das Ferrari 156 com seus fracos motores de 1,5 litro e 4 cilindros. Ainda assim, Moss fez uma de suas pilotagens magistrais em Mônaco e venceu com a pequena Lotus 18 da equipe de Rob Walker, enquanto Ginther mostrou habilidade surpreendente em persegui-lo até o fim em segundo lugar.

Trips venceu o Grand Prix da Holanda, em Zandvoort, enquanto Hill teve de travar uma batalha contra o escocês Jim Clark e sua comprida e estreita Lotus 21 para garantir o segundo lugar. A vantagem monstruosa de 30 cavalos do motor da Ferrari entrou em jogo em Spa, onde Hill superou Trips, com Ginther em terceiro e Gendebien — a bordo de um 156 amarelo belga — em quarto. Baghetti venceu no circuito triangular de Reims, superando Gurney na bandeirada depois que os líderes de sua equipe abandonaram. Os líderes da Ferrari se recuperaram no Grand Prix da Inglaterra, em Aintree, com Trip, Hill e Ginther terminando em primeiro, segundo e terceiro lugares. A briga pelo campeonato mundial se reduziu a um duelo *mano a mano* entre o alemão refinado e sereno e o norte-americano impaciente, emotivo e totalmente dedicado. A vitória de um deles no Grand Prix da Itália, a ser realizado, como de costume, em Monza, definiria o título. Enzo Ferrari estava com um humor efusivo quando fez sua tradicional aparição no sábado na véspera da corrida, mas voltaria para casa sem testemunhar o acontecimento terrível que estava prestes a se desenrolar.

A equipe inscreveu cinco carros: três principais para Trips, Hill e Ginther e dois extras para Baghetti e Ricardo Rodriguez, então com 19 anos e palpitando de entusiasmo competitivo. Para enfrentá-los, destacava-se o contingente inglês qualificado, mas desarmado, e seus pequenos Lotus e Cooper com motores de 4 cilindros. Prometia ser mais uma corrida em favor da Ferrari, realçada pelo duelo interno entre os dois candidatos ao título.

Para conservar seus motores no longo circuito, que utilizava o circuito misto e oval, as Ferrari foram equipadas com transmissão final bastante alta, o que as deixava lentas no *grid* de largada. Isso permitiu que o corajoso

Clark enfiasse o bico verde-limão de sua Lotus entre as Ferrari na largada e assumisse a liderança. Na segunda volta, Trips e Clark percorreram a reta atrás dos boxes rumo à curva à direita de 180 graus chamada Parabolica. Depois de frear bruscamente a cerca de 190 quilômetros por hora, Trips enfiou o bico pontudo de sua Ferrari ao lado da Lotus do escocês e as rodas dos dois carros se tocaram. O impacto fez a Ferrari sair da pista, subir o barranco e atingir um grupo de espectadores posicionados atrás de uma cerca de arame farpado. O carro atropelou o público em velocidade máxima, arremessando o desafortunado Trips para fora antes de capotar na pista.

O desastre foi instantâneo e inenarrável. Enquanto a corrida continuava a alguns metros de distância, quinze pessoas, incluindo Trips, jaziam mortas, com dezenas de outras feridas. Mais uma vez, a Ferrari tinha atuado como a foice da morte.

Phil Hill seguiu em frente, para uma vitória amarga e um campeonato tragicamente arruinado. De acordo com os caprichos da justiça italiana, Clark foi acusado de homicídio culposo. Como Ferrari e Ascari antes dele, ele foi o bode expiatório escolhido pelo comportamento inescrupuloso dos organizadores da corrida, que permitiram que cidadãos inocentes assistissem o evento de posições totalmente vulneráveis à beira do circuito. Se alguém devia ser acusado de atos criminosos, eram os dirigentes que administravam a corrida, mas, no final, foi tudo uma farsa. Como nos casos anteriores, Clark foi absolvido de todas as acusações depois de suficiente dissimulação judicial e de uma passagem adequada do tempo.

De novo, a imprensa se alvoroçou, assim como o Vaticano. Ferrari correu para se proteger, fingindo dor pelo seu piloto morto em combate. Reza a lenda que Ferrari gostava mais de Trips do que de Hill, e talvez esse seja o caso, mas sua afeição era, na melhor das hipóteses, medida em graus minúsculos. De fato, ele se importava pouco ou nada com os homens que pilotavam seus carros. O caso em questão: pouco depois que o pobre Trips foi enterrado no castelo da família (seu caixão foi levado ao túmulo por uma Ferrari GT que apresentou superaquecimento), Ferrari comentou com um padre com quem ele mantinha grande amizade: "Acho que fiz um bom trabalho fingindo tristeza pela morte de Trips."

O que começou como uma temporada de grandes esperanças tinha então mergulhado Ferrari em mais um período sombrio de sua vida. Foi nesse

FERRARI • 345

momento que ocorreu a notória "revolta palaciana": um cisma interno, que eliminou nada menos que oito homens importantes, incluindo o chefe de equipe Romolo Tavoni, o projetista chefe Carlo Chiti, o mago das finanças Ermano Della Casa, além de diversos outros atores como Federico Giberti e Giotto Bizzarrini. Os motivos exatos para o rompimento permanecem obscuros, apesar de uma série de explicações públicas por parte dos protagonistas. Acredita-se que a interferência de Laura tenha sido um componente do litígio, mas isso parece um pouco simplista, *a menos que* seu comportamento fosse mais estranho do que os defensores dela nos fazem acreditar. De fato, Chiti e Tavoni se sentiam incomodados com Laura, ambos responsáveis pelo bem-estar dela em trânsito, mas, a menos que a mulher de Ferrari tenha começado a se intrometer muito nos assuntos financeiros da empresa, que era o domínio de Della Casa, ou nas vendas dos carros, que era responsabilidade de Giberti, parece que o motivo real foi mais complexo.

Pode ter sido uma simples batalha pelo controle da empresa, que estava se expandindo rapidamente em escopo e influência. Em 1961, a empresa possuía quase 500 funcionários, e 441 carros de passeio foram construídos, além de duas dúzias ou mais de carros de Fórmula 1 e de Fórmula 2 e carros esportivos de corrida para provas de resistência e provas de montanha. O próprio Ferrari era um viciado em trabalho, sem tempo para fins de semana ou feriados (ele é lembrado por ter trabalhado no domingo de Páscoa e no Natal), e havia uma pressão exagerada sobre o pessoal do alto escalão para manter o mesmo regime.

Quando se tratava de sua fábrica, a megalomania de Enzo Ferrari não conhecia muitos limites. Ele sentia ciúmes de qualquer coisa ou de qualquer um que inibisse seu poder ou interferisse em sua posição sob os holofotes. Era afeiçoado a homens como Bazzi e Rocchi, pacatos ferraristas, satisfeitos em trabalhar nas sombras do grande homem. Porém, homens visíveis, como Tavoni e Chiti, assim como os pilotos, eram uma questão diferente. Eles tendiam a esmaecer a imagem de Ferrari e focalizar a atenção longe dele e de seus automóveis. No entanto, Ferrari precisava de gestores e projetistas brilhantes e homens corajosos para ampliar o alcance e a reputação dele e de seu empreendimento. Dessa maneira, qualquer um que alcançasse muito sucesso representava uma ameaça e, portanto, era sacrificável. Ferrari não estava preparado para dividir os holofotes com ninguém e decidiu se iluminar ainda mais por meio de uma série de autobiografias informais iniciadas em 1961.

Os entusiastas de Ferrari deram muito valor à sua eloquência como escritor e jornalista. Apontam a publicação de *Le Mie Gioie Terribili* [Minhas alegrias terríveis], em 1962, como exemplo excelente de suas habilidades com a caneta. Com certeza, Ferrari tinha talento para se expressar na prosa clássica e bastante empolada das cartas italianas do século XIX, mas é questionável o fato de que ele tivesse tempo para escrever um livro completo, ou interesse. Astuciosamente em causa própria, *Le Mie Gioie Terribili* (atualizado dois anos depois como *Due Anni Dopo*) revelava muitas vezes, por omissão, muito acerca do escritor. Ele optou por ignorar Chinetti quase totalmente, o homem responsável por quase metade das vendas totais dos carros de passeio, assim como os irmão Maserati, os Orsi e outros rivais. Colombo foi tratado de forma mais favorável, mas sua aversão por antigos antagonistas como Ricart e Fangio era flagrantemente evidente. Ferrari encobriu sua modesta carreira como piloto de corridas e, ao mesmo tempo, tentou criar a impressão de um artesão dócil, determinado, um pouco martirizado e incompreendido, superando as dificuldades em um mundo hostil e insensível.

Tudo isso não foi obra de Ferrari, mas de um *ghostwriter* chamado Gianni Roghi. Jornalista milanês de sucesso, Roghi passou um ano ao lado de Ferrari, tomando notas e registrando ocorrências com as palavras exatas de seu empregador. Ele não foi pago por seu trabalho em liras, mas com um cupê Ferrari 250 GT zero quilômetro. Por acaso, Roghi teve pouca chance de dirigir seu novo prêmio. Dois anos depois, ele foi para a África para fazer uma reportagem sobre a fauna selvagem e foi morto por um elefante desgarrado. É interessante notar que todos os pilotos que ganharam o campeonato mundial para Ferrari — Ascari, Fangio, Hawthorn, Hill e, posteriormente, Surtees, Lauda e Scheckter — saíram logo depois de conquistar o título. Apenas Hawthorn e Scheckter, ambos aposentados, partiram de um jeito que remotamente pode ser descrito como agradável. No final de 1961, o relacionamento de Phil Hill estava se deteriorando na fábrica e não poucas pessoas notaram que o californiano jamais recebeu uma palavra de agradecimento e, muito menos, reconhecimento formal de sua conquista depois de vencer o campeonato mundial.

FERRARI • 347

Portanto, deve-se supor que a grande defecção que afastou Tavoni, Chiti, Della Casa e Giberti (os dois últimos voltaram tempos depois) da equipe foi uma batalha de egos, talvez induzida, em parte, pela presença perturbadora de Laura, mas também pela decisão de Ferrari de centralizar e consolidar o poder dentro de sua empresa em rápido crescimento. De qualquer forma, de um jeito tipicamente italiano, a revolta foi ruidosa, profana e grandiosamente operística. Os dissidentes se encontraram com Ferrari para fazer diversas exigências, com a ameaça de abandonarem os cargos. Apesar de sua personalidade arrogante e imponente, Ferrari podia, algumas vezes, ser enganado e forçado a recuar por determinados adversários, mas não foi o caso dessa vez. Ele não cedeu diante da retórica e do rompimento crescente. Finalmente, os dissidentes não tiveram escolha e foram embora, chocando a comunidade automobilística italiana e deixando Ferrari abalado, mas sem se deixar abater.

Rapidamente, ele recorreu ao grande grupo de talentos que giravam em torno da fábrica. Convocou uma reunião com o pessoal de nível hierárquico inferior da equipe. "Nós nos livramos dos generais", disse ele. "Agora vocês, os soldados, devem assumir o comando." Prontamente, Ferrari promoveu dois jovens, Mauro Foghieri e Angelo Bellei, ambos engenheiros formados, para substituir Chiti. Em última análise, as responsabilidades de Bellei seriam direcionadas para a criação de verdadeiros carros de passeio, em contraste com as ligeiramente modificadas máquinas de corrida equipadas com motores de potência menor que outrora eram apresentadas como carros de passeio, enquanto Foghieri continuaria com os projetos de Chiti para os bólidos de corrida. Inicialmente, eles seriam designados para trabalhar ao lado de veteranos como Franco Rocchi, Walter Salvarani e, claro, Bazzi, antes de consolidarem seus próprios domínios. Embora Foghieri e Bellei permanecessem na empresa durante anos e se tornassem funcionários dedicados e estimados, foi o primeiro que se tornou o mais visível e, assim, ameaçou Ferrari com sua notoriedade.

Na época de sua promoção, Foghieri tinha apenas 26 anos, mas sua ligação com a equipe Ferrari remontava à sua infância em Módena. Seu pai, Reclus (um nome francês, porque o avô de Mauro foi uma espécie de dissidente socialista e criou sua família na Riviera Francesa), era prototipista e trabalhou com Ferrari na antiga Scuderia, quando os Alfa Romeo 158 estavam sendo criados, no final da década de 1930. Naquele momento,

348 • BROCK YATES

Reclus estava de volta à fábrica e recomendou que seu filho Mauro fosse contratado em 1960 depois de sua formatura na Universidade de Bolonha com um diploma de pós-graduação em engenharia. Inicialmente, Mauro Foghieri planejara imigrar para a Califórnia e trabalhar na indústria aeronáutica, mas um telefonema do *Commendatore* o convenceu a ficar em casa. Inteligente, voluntarioso e cheio de energia, o jovem Foghieri se tornou um impacto no destino de Ferrari quase desde o dia em que chegou a Maranello.

Com a promoção de Foghieri e a contratação de um novo chefe de equipe, o rico e obstinado Eugenio Dragoni, cujo negócio real era a fabricação de perfumes em Milão, Ferrari conseguiu reorganizar suas forças com incrível sucesso, depois da suposta revolução. Porém, a equipe de corrida estava novamente dizimada. Trips tinha morrido e Ferrari, sem qualquer justificativa, decidiu que Phil Hill perdera a vontade de vencer. Então, Richie Ginther foi embora. O californiano, que demonstrara real talento em suas poucas corridas de Grand Prix e era um piloto de testes genuinamente perspicaz, fora, como muitos outros, induzido e enganado pelo próprio entusiasmo a pilotar para uma equipe por uma remuneração miserável. Basicamente, ele era um funcionário de tempo parcial, sem cargo formal na equipe de Fórmula 1. De acordo com seu contrato, Ginther era um curinga, disponível para todos os tipos de tarefas sem uma função real na organização.

Ferrari o convidou a voltar para a temporada de 1962. A reunião aconteceu no escritório em Maranello, uma sala escura, austera e com paredes azuis, que assumira ares de santuário. Estava quase vazia, com apenas uma pequena mesa de reunião e uma grande fotografia de Dino sorridente de frente para a imensa mesa totalmente vazia do *Ingegnere*. Sob o retrato do filho morto, havia um vaso cheio de flores naturais. Esse era o ambiente estranho e sinistro em que Ferrari desfrutava de vantagem psicológica poderosa. Ele entregou um contrato para Ginther. Era mais ou menos o mesmo que ele havia oferecido no ano anterior. Ginther o leu e se recusou a assiná-lo. "Assine ou você nunca mais vai voltar a correr na Fórmula 1", ameaçou o *Ingegnere*. Ginther amassou o documento e o jogou no colo de Ferrari.

Ferrari não disse nada e, depois, interfonou para um de seus colaboradores. "Pegue a chave do carro do *signor* Ginther e veja se o macaco ainda está no porta-malas", falou, de modo imperioso. E assim terminou, de modo bastante

FERRARI • 349

deselegante, a curta mas ilustre carreira de Richie Ginther em Maranello, embora ele continuasse a competir na Fórmula 1 por mais quatro anos.

Mais uma vez era hora de reorganizar a equipe de Fórmula 1 — aqueles pilotos egomaníacos temperamentais e exigentes, fundamentais para o sucesso da equipe. Sem dúvida, se Ferrari descobrisse como usar camponeses anônimos para conduzir seus carros, o teria feito, livrando-se assim de negociações intermináveis, massagens de ego e conversas com homens que geralmente só se importavam com seu ganho e sua glória pessoais, e não com os da marca ou do homem por trás dela.

A equipe de 1962 seria liderada por Phil Hill, que conquistou a honra mais por causa do tempo de serviço do que por qualquer entusiasmo da parte de Ferrari. Willy Mairesse, Olivier Gendebien, Giancarlo Baghetti e Ricardo Rodriguez estavam de volta, juntamente como Lorenzo Bandini, dono de oficina florentino de 26 anos e estrela de Fórmula Júnior. Ele ingressou na equipe por insistência de Dragoni, que se encarregou pessoalmente de preparar o jovem fogoso como sucessor italiano de Ascari, Castellotti e Musso. Embora as habilidades de Hill tenham sido subestimadas algumas vezes, geralmente se aceita que não era um grupo de pilotos especialmente eficiente. Hill e Gendebien eram, claro, pilotos excelentes de corridas de resistência, sobretudo habilidosos em Le Mans, enquanto Rodriguez e Mairesse eram conhecidos por serem capazes de fazer voltas muito rápidas, mas limitados na área crítica da prudência. O compromisso de longo prazo de Baghetti com o esporte era duvidoso, embora tivesse surpreendido os especialistas com seu desempenho na temporada anterior.

Pior ainda: Foghieri achou o projeto do chassis de Chiti bastante deficiente. As Ferrari 156 eram carros antigos sob uma cobertura arrojada, pelo menos em termos das estruturas tubulares — que sofreram poucas alterações em relação às que Ascari e Villoresi haviam usado na década anterior. Exceto pelos motores potentes, que desfrutaram de uma vantagem de 20% em potência sobre os desatualizados motores Climax britânicos do ano anterior, os carros eram incontestavelmente rudimentares, e Foghieri considerou que precisavam de modificações importantes para enfrentar o desafio britânico.

Uma onda de talentos ingleses estava prestes a passar por cima do venerável pessoal de Maranello. Não só pilotos talentosos, vindos de todos os cantos da

Comunidade Britânica, mas também a Coventry-Climax e a BRM tinham acabado de concluir os novos motores V8 compactos e muito eficientes, que, segundo boatos, rivalizavam com os motores Ferrari V6 em termos de potência e torque — além disso, eram muito mais leves. Alojado em um sofisticado chassis monocoque (quase uma fuselagem do tipo aeronave, em que a cobertura não ficava pendurada na estrutura, mas era um elemento estrutural protendido) que Colin Chapman e outros como Eric Broadley, da Lola, tinham sobre as pranchetas de desenho, as Ferrari que Foghieri e o pessoal estavam freneticamente tentando atualizar pareciam ser tão ultrapassadas quanto os carros de boi. Imploraram que Ferrari gastasse mais tempo e dinheiro atualizando o chassis, a suspensão e a aerodinâmica dos carros, mas ele permaneceu convencido de que a potência superior era o único componente importante de um carro de corrida e exigiu que o desenvolvimento se concentrasse em conseguir mais potência de seu velho motor V6.

Uma versão atualizada do 156 foi apresentada para a imprensa automobilística no final de dezembro de 1961. Foi uma das aparições públicas cuidadosamente planejadas de Ferrari. Eram teatro puro. Majestosamente, o *Commendatore* atuava como diretor e respondia perguntas acerca da nova linha de produtos antes de permitir fotos.

Não resta dúvida de que o piloto que Enzo Ferrari mais queria em sua equipe era a estrela Stirling Moss. Durante a temporada de 1961, os dois se aproximaram um pouco, quando Moss conduziu o cupê Ferrari 250GT Berlinetta da equipe de Rob Walker em algumas corridas de carros esportivos. A promessa de Moss de nunca correr pela Scuderia após o vexame de Bari, que já durava dez anos, estava perdendo força, e o piloto inglês tinha ganho considerável respeito por parte de Ferrari, com base em sua tenacidade e dedicação sincera ao esporte. Stirling Moss era um piloto nato, e essa qualidade, que Ferrari considerava que faltava em muitos de seus pilotos, era a base de uma atração natural. Ele cobiçava abertamente o inglês, o que pouco contribuiu para aumentar o moral de sua própria equipe. Isso se exacerbou ainda mais quando Moss visitou Maranello e os dois tiveram uma longa conversa durante um almoço na mesa reservada para o *Commendatore* no Cavallino. Os rumores se espalharam pela fábrica de que uma Ferrari 156 equipada com o novo motor de 187 cavalos e 6 cilindros em V, com ângulo

FERRARI • 351

de 120 graus, estava sendo preparada para ser enviada à Inglaterra pintada de azul-escuro, que era a cor da equipe de Walker. Com certeza, o piloto seria Moss. Infelizmente, essa união nunca aconteceu. Stirling Moss ficou gravemente ferido quando sofreu um acidente com sua Lotus-Climax V8 no circuito de Goodwood, na segunda-feira de Páscoa de 1962, e sua brilhante carreira na Fórmula 1 terminou devido às lesões na cabeça, quase fatais. Pelo que se constatou depois, mesmo seu enorme talento provavelmente teria sido incapaz de manter a Ferrari competitiva. Os novos carros britânicos eram deslumbrantes, graças ao novo motor Climax V8. Em 1962, a reverenciada equipe do cavalo rampante recebeu repetidos golpes nos circuitos de Grand Prix e não conseguiu vencer uma única corrida, embora Hill e Gendebien repetissem a vitória do ano anterior em Le Mans contra rivais muito fracos. Mas a paixão de Ferrari era a Fórmula 1. Os carros esportivos continuavam sendo importantes como ferramentas de vendas e a participação em corridas de resistência como Le Mans servia para obter repetidos títulos do Campeonato Mundial de Construtores para a fábrica. No entanto, tais títulos se eclipsavam em comparação com as glórias do campeonato de Grand Prix.

A decepção de 1962 foi enorme, sobretudo vindo na esteira do domínio do ano anterior. Ferrari se negou a aceitar a responsabilidade pelo uso de carros obsoletos e culpou sua desafortunada turma de pilotos. Dragoni, nunca diplomático, foi o encarregado do ataque, dirigindo seus insultos a Hill e Baghetti e, ao mesmo tempo, enaltecendo continuamente Bandini. Ferrari se queixou que Hill havia perdido a vontade depois do acidente de Trips, mas, se ele estava perdendo o entusiasmo, era por causa das fofocas e intrigas intermináveis que circulavam pela fábrica. Exausto e frustrado, Hill saiu no final da temporada de 1962 e ingressou na malfadada equipe ATS, formada pelo conde Giovanni Volpi, de 24 anos, e pelos industriais Jaime Ortiz-Patiño e Georgio Billi.

A empresa ATS (Società per Azioni Automobili Turismo Sport Serenissima, como era inicialmente conhecida) foi constituída em torno de dois importantes exilados da Ferrari — Tavoni e Chiti — e provocou grande furor em seu anúncio. Mas o projeto estava condenado desde o início. Volpi logo discutiu com seus sócios e se retirou. O motor V8 com injeção de combustível de Chiti era bastante potente, mas seu chassis era uma versão requentada de suas criações medíocres na Ferrari. A equipe ficou irremediavelmente carente de recursos depois da saída de Volpi e mostrou ser um terrível estorvo para todos os envolvidos.

Ironicamente, a mulher que pode ter desencadeado o grande cisma de 1961, Laura Garello Ferrari, não tinha mais papel ativo — se, de fato, sua intromissão tivesse sido a causa principal da defecção de Tavoni, Chiti e os outros e a organização subsequente da condenada equipe ATS, que saiu de cena tão subitamente quanto aparecera. Depois de duas temporadas de presença razoavelmente regular nas corridas, Laura se aposentou do esporte, por assim dizer, e começou a passar seus verões na casa da família em Viserba, no Adriático.

No entanto, em sua ausência, outras forças hostis começavam a se pôr em ação contra Enzo Ferrari. A economia italiana subia e descia como uma gangorra, com o governo em confusão. Desde a morte de De Gaspari, 12 governos em dez anos se sucederam. Os democratas-cristãos de centro tinham uma pequena maioria, mas não conseguiam se manter no poder sem alianças incessantes com os socialistas, os direitistas e os partidos menores. Os comunistas, embora tivessem saído da órbita de Moscou após a invasão da Hungria, eram uma força grande e indisciplinada no vale do Pó. Mantinham enorme poder no âmbito dos sindicatos trabalhistas. A fábrica da Ferrari, como todas as indústrias em Módena, estava sujeita a greves e paralisações frequentes. As greves gerais eram raras, mas grupos específicos de trabalhadores abandonavam continuamente o trabalho — às vezes apenas por algumas horas, mas atrapalhando os turnos de trabalho e o ritmo da fábrica.

Não se sabe se foi a situação política inquietante da Itália, as frustrações da temporada de corridas ou a idade avançada, ou uma combinação das três, mas, em 1962, Enzo Ferrari começou a pensar em vender a empresa. Os primeiros interessados sérios chegaram do longínquo Texas. Os magnatas do petróleo John Mecom Sr. e John Mecom Jr. eram clientes regulares da Ferrari desde 1957. Eles tinham grandes negócios com petróleo no Oriente Médio e passavam muito tempo na Europa. Os dois fizeram diversas visitas a Maranello, embora John Jr. se sentisse muito mais fascinado pelas corridas do que o pai. Por causa da riqueza e do poder deles, Ferrari os via regularmente quando estavam na cidade. Em 1962, John Jr. passou a lua de mel na Europa dirigindo um Corvete que havia levado de avião dos Estados Unidos. Em sua parada em Módena, ele apresentou o carro para Ferrari. Pouco tempo depois as discussões começariam entre Ferrari e os dois Mecom, acerca da compra da fábrica. O preço, nunca estabelecido, variou entre 20 e 25 milhões de dólares. Foi um negócio não consumado e muito menos mencionado publicamente, mas John Jr. recorda que as discussões alcançaram um nível bastante sério até que outro pretendente entrou na disputa — um pretendente com tanto dinheiro que os Mecom decidiram que seria inútil continuar e caíram fora. Então, John Jr. formou sua própria equipe de corrida e venceu as 500 Milhas de Indianápolis com Graham Hill, em 1966. Em seguida, comprou a franquia New Orleans Saints da National Football League, a liga de futebol americano mais importante dos Estados Unidos.

O novo pretendente que afastou os Mecom e seus milhões da Ferrari não foi outro esportista milionário, mas sim a segunda maior empresa automobilística do mundo. Em junho de 1963, a Ford Motor Company renegou o acordo de longa data da Automobile Manufacturers Association, com sede em Detroit, de não participar de corridas de automóveis e anunciou que estava entrando em uma grande campanha em favor do automobilismo. Corretamente, a Ford identificou um crescente mercado jovem norte-americano e uma forte demanda potencial por carros de passeio de alto desempenho que geraria sucessos como o lendário Mustang. O novo tema promocional seria chamado de "Desempenho Total". Embora ninguém da Ford estivesse procurando ativamente comprar a Ferrari, a empresa, em fevereiro de 1963, por meio de sua subsidiária alemã Ford-Werke AG, sediada em Colônia, recebeu a notícia de que o cônsul alemão em Milão havia notado que um pequeno construtor de carros especiais italiano estava procurando algum tipo de aliança com uma grande montadora. Uma investigação subsequente revelou que a empresa em questão era a Ferrari. A versão de Ferrari afirma que a Ford entrou em contato com ele primeiro, mas isso é verdade só em parte — o contato foi feito *somente* depois que ele informou que a empresa estava à venda.

Lee Iacocca, então a estrela mais brilhante da Ford Motor Company, reconheceu o potencial da compra. Ele procurava prestígio puro e simples. Anteriormente, ele tinha considerado a ideia de tentar comprar a Rolls-Royce para reagir à então grande liderança da General Motors no mercado doméstico de luxo. A compra da Ferrari, que poderia ser feita com trocados, era um substituto ideal.

Em meados de abril de 1963 uma legião de engenheiros, contadores e administradores chegou a Maranello. Realizaram um grande inventário da fábrica, incluindo até a última caixa de parafusos e os últimos lingotes de liga de alumínio da fundição. O que encontraram foi uma maravilhosa fábrica de construção de carros aos pés dos contrafortes dos Apeninos. Junto à estrada para Abetone, ficavam os escritórios. Estendendo-se para o Leste, havia uma longa galeria aberta de dois andares. Ali, os carros de corrida estavam alinhados diagonalmente em baías de trabalho abertas, com os mecânicos mais talentosos do lugar cuidando deles. O piso era de ladrilhos vermelhos, e como todos os espaços de trabalho da fábrica, estava impecavelmente limpo. Nos fundos da loja de produtos ligados ao automobilismo, semelhante a uma catedral, ficavam as salas de desenho e de projeto de engenharia. O lado de trás da formação triangular de estruturas era, de longe, o maior, e abrigava a fundição e a linha de montagem dos automóveis. Do outro lado da estrada ficava o restaurante Cavallino, enquanto estrada acima, em direção a Formigine, ficava o casarão de três andares usado tanto por Ferrari como por convidados ilustres. Na cidade de Módena, situava-se a antiga Scuderia, agora confrontada com um feio anexo de tijolos, que servia como área de vendas e entrega ao cliente, e também como escritório de Ferrari na cidade.

De acordo com Leo Levine, que relatou essa tentativa de aquisição em *The Dust and the Glory*, sua longa história a respeito da divisão de corridas da Ford, este foi, provavelmente, o único inventário completo e preciso de equipamentos da Ferrari já feito e permanece nos arquivos da Ford Motor Company. Os contadores analisaram os livros e descobriram que a empresa era marginalmente lucrativa e que supostos subsídios da Fiat e do Automobile Club d'Italia não eram mais necessários para manter a empresa no azul.

O preço seria de cerca de 18 milhões de dólares (surpreendentemente menos do que os Mecom estavam aparentemente dispostos a pagar), pelos quais a Ford receberia plenos direitos sobre o nome Ferrari e todas as marcas registradas, todas as patentes e desenvolvimentos técnicos subsequentes, e 90% das ações da SEFAC, que era propriedade de Ferrari e sua família imediata. O nome da empresa seria mudado para Ford-Ferrari, com o emblema do cavalo rampante como parte do novo logotipo da empresa. Ferrari receberia o título de vice-presidente. Por outro lado, a divisão de corridas, que era o primeiro e único amor de Ferrari, seria retida por ele. Ele manteria 90% das ações, enquanto a Ford seria dona dos 10% restantes. A condição era que Ferrari teria de construir carros de corrida nas áreas escolhidas pela Ford, e não exclusivamente para corridas de Fórmula 1 e resistência, como havia sido a prática tradicional.

Quando Donald Frey, subgerente-geral da Ford, chegou a Módena, as negociações prosseguiam sem grandes problemas. Era o início de maio, e a cidade estava desfrutando de um dos poucos períodos do ano em que o tempo ficava quente, claro e relativamente livre de umidade. Frey usava óculos, tinha quarenta e poucos anos e o rosto de querubim ocultava uma mente tenaz e afiada. Era capaz de falar um italiano capenga, o que impressionou Ferrari, e os dois se deram muito bem, ao menos superficialmente. Muitas noites foram passadas juntos, na ópera, ao lado da casa de Ferrari na praça Garibaldi ou em um dos restaurantes da região. Certa noite, Ferrari pegou um carro *gran turismo* veloz e levou Frey para jantar nos Apeninos. Ele dirigiu o mais rápido possível, cantando os pneus em curvas que beiravam precipícios de 150 metros de altura. Era óbvio que estava tentando assustar o homem de Detroit, mas Frey permaneceu sentado estoicamente em silêncio, enquanto a condução de Ferrari ficava mais desvairada e irregular. Depois do jantar nas montanhas, e bem abastecido de champanhe, Ferrari também dirigiu o mais rápido possível na volta para Módena, até que foi parado por uma patrulha policial local. Furioso, anunciou majestosamente quem era e exigiu que fosse liberado. Mas ele estava longe de sua casa, onde a polícia era mais cooperativa, e recebeu uma multa por excesso de velocidade. O pesaroso *Commendatore* percorreu o resto do caminho a uma velocidade bastante reduzida.

As reuniões se arrastaram, com advogados da Itália, dos Estados Unidos e da Suíça (onde Ferrari possuía um complexo de *holdings* e contas bancárias), acumulando pilhas de papéis para as assinaturas dos diretores. Frey, que era professor da faculdade da Universidade Northwestern na época, lembrou que Ferrari passava horas rabiscando logotipos da Ford e da Ferrari, tentando integrá-los efetivamente em uma marca registrada oficial. Ele estava disposto a vender a divisão de carros de passeio sem discussão. O preço fora fixado e só as questões legais de rotina tinham de ser concluídas. No entanto, o departamento de corridas era outra história. Ele foi alvo de discussões informais durante um jantar no restaurante Tucano — no andar térreo da residência de Ferrari, em frente ao hotel Real-Fini —, mas nenhuma conclusão definitiva foi alcançada.

Na terceira semana de maio, a possível venda da Ferrari para a Ford se tornou um caso nacional. A imprensa berrava sobre a perda de um tesouro igual, de algum modo, à Capela Sistina, e os representantes da Fiat, Lancia e Alfa Romeo estavam pairando ao fundo. Vazou a notícia de que Ferrari estava sendo obrigado pelo acordo a obter autorização da Ford para qualquer despesa acima de 10 mil dólares (o que Frey disse ser um absurdo completo). Rapidamente, criou-se a imagem de um Golias norte-americano prestes a pisotear o valente Davi de Maranello. Contudo, a controvérsia estava acontecendo exclusivamente do lado de fora dos portões da fábrica. No interior dela havia relativa calma, porque nenhuma das questões realmente importantes sobre a equipe de corrida tinha sido abordada. E era ali que se concentravam as prioridades de Ferrari.

Em uma manhã ensolarada de sábado, Ferrari chegou a Maranello. Há muito tempo ele se cansara das acomodações locais e da mesmice triste e abrutalhada da dieta modenense e começara a ir e voltar diariamente do elegante Hotel Principe di Savoia, em Milão. Como de costume, as reuniões eram realizadas no estranho escritório de Ferrari, com o lúgubre santuário para Dino avultando atrás das costas de Frey. Naquele dia, o destino da Scuderia e de seu programa de automobilismo seriam tratados cara a cara. Não havia advogados ou conselheiros presentes, apenas os dois homens que decidiriam o destino da venda.

Ferrari abriu a conversa com uma pergunta que abrangia toda a filosofia de como a nova operação seria executada. "*Dottore Ingegnere*", como ele gostava de chamar Frey, "se eu quiser inscrever carros em Indianápolis e você não quiser que eu inscreva carros em Indianápolis, nós vamos ou não vamos?"

"Você não vai", respondeu Frey sem hesitação.

Ferrari se endireitou na cadeira e ficou calado por um momento. Então, ficou de pé e fuzilou Frey com os olhos. "Foi bom conhecê-lo", disse ele, e Frey entendeu instantaneamente que as negociações tinham chegado ao fim. Em nenhuma circunstância Ferrari abdicaria do controle de sua operação de corridas para a Ford Motor Company. A montadora norte-americana podia fazer o que quisesse com os carros de passeio, mas ele queria o controle total do departamento de corrida ou nenhum acordo seria possível. Por outro lado, a Ford não aceitaria um operador independente trabalhando dentro de sua organização. Assim, um fosso intransponível se abriu. Ferrari e Frey se despediram rapidamente e o norte-americano voltou para os Estados Unidos no dia seguinte, sem nada para mostrar em relação às negociações, exceto um exemplar autografado da autobiografia informal de Ferrari, *My Terrible Joys*, e alguns centímetros a mais ao redor da cintura gerados pelo consumo excessivo de tortellinis. Quando ele deu a notícia para Henry Ford II — homem tão obstinado quanto Ferrari e com muito mais poder —, o chefe de um dos maiores impérios automobilísticos do mundo disse: "Tudo bem, então, vamos chutar o traseiro dele." Naquele momento, um dos programas de automobilismo mais caros e esmerados da história começou. O objetivo era vencer Le Mans e outras importantes corridas de resistência e, ainda por cima, esmagar o homem de Maranello que resistira ao assédio da Ford.

Naquela altura, um pequeno grupo de homens de negócios ricos da Califórnia e entusiastas de carros esportivos consideraram brevemente tentar comprar a Ferrari, que ainda estava à venda. Um dos interessados era Chick Vandergriff, muito respeitado dono da Hollywood Sports Cars e um dos mais importantes revendedores da Ferrari nos Estados Unidos. Ele se recordou que o preço tinha caído para cerca de 7 milhões de dólares, mas as negociações preliminares foram interrompidas quando a Fiat começou a se envolver com Ferrari mediante maior apoio financeiro. No entanto, isso confirma que, em meados da década de 1960, a empresa Enzo Ferrari estava definitivamente à venda e com um preço em constante declínio.

Um dos primeiros a ouvir a notícia do afastamento da Ford das negociações foi Carroll Shelby, rival de Ferrari. O alto e lacônico texano, cuja carreira no automobilismo foi interrompida por problemas cardíacos depois de sua vitória em Le Mans, em 1959, não gostava de Ferrari desde a década de 1950, e o sentimento era mútuo. Naquele momento, eles estavam prestes a entrar em choque nas pistas.

No final de 1961 Shelby abordou a General Motors com uma ideia. A AC Cars Ltd., de Surrey, na Inglaterra, estava produzindo um *roadster* de alumínio chamado ACE no qual um motor Chevrolet V8 de bloco pequeno se ajustava perfeitamente. Shelby propôs o híbrido para o crescente mercado de carros esportivos norte-americano, mas os executivos da General Motores recusaram a proposta. Então, ele procurou a Ford, que começou a lhe fornecer motores de tamanho similar aos V8 de 4,7 litros da fábrica. Assim nasceu o Cobra, e com injeções de capital da Ford a Shelby-American começou a ganhar corridas não só em competições domésticas, mas também na Europa, onde seus carros enfrentariam os melhores carros de *gran turismo* da Ferrari.

Em 1962 a FIA criou o Campeonato Mundial de Construtores para carros *gran turismo* — uma categoria para automóveis produzidos em quantidades de 100 unidades, no mínimo. Em 24 de fevereiro de 1962 a Ferrari apresentou o famoso modelo 250 GTO. Essa máquina arrojada, da qual 39 exemplares seriam construídos, era uma atualização do 250 GT anterior e, portanto, Ferrari alegou que atendia o requisito de quantidade. O GTO foi o último carro de corrida com motor dianteiro construído pela fábrica, e seria o melhor carro de passeio da Ferrari. Mas ao ser apresentado naquele dia frio de 1962 seu objetivo era vencer o novo campeonato de carros *gran turismo* e liquidar os novos Cobra no processo. Isso aconteceria a curto prazo, mas, em 1964, os atraentes cupês da Califórnia, nas mãos de especialistas como Dan Gurney, foram muito mais rápidos e capazes de tirar o campeonato de *gran turismo* das máquinas vermelhas. O fato de que a Ford Motor Company, junto com sua aliada, a Goodyear Tire & Rubber, estava despejando milhões no projeto não doeu, embora não tenha escapado dos entusiastas no mundo todo que um tipo de motor com eixo do comando de válvulas no cabeçote e produção em série montado em uma carroceria leve e elegante pudesse vencer os melhores carros exóticos italianos. O GTO era uma máquina sensual, sexy, esteticamente instigante, mas, assim como tantas Ferrari, seu sucesso era baseado na mística e na falta de concorrência séria.

Enquanto isso, os dramas pessoais envolvendo Enzo Ferrari estavam longe de diminuir. O jovem Piero Lardi estava matriculado na escola Europeia de Módena, onde aprendia inglês com uma professora britânica de cabelos loiros chamada Brenda Vernor, que tinha ido à cidade em férias e nunca mais deveria partir. Ela se apaixonou pelo elegante Mike Parkes, que ascendia constantemente nas fileiras de pilotos de corrida de resistência da Ferrari e, ao mesmo tempo, ganhava reputação como engenheiro de desenvolvimento. Vernor conseguiu um emprego na escola Europeia para ganhar a vida. Anos depois, ela se tornaria uma das secretárias pessoais de Ferrari e uma personalidade respeitada dentro da fábrica. Quando Laura Ferrari ficou sabendo da existência de Piero é questão de conjectura, mas a mãe de Ferrari sabia do rapaz na época de sua morte, em 1965, e se deve presumir que Laura também soubesse. Todavia, em 1963, relata-se, de forma confiável, que Piero entrou no escritório do pai e encontrou Laura sentada em frente à sua mesa. Ele escapou rapidamente, mas Laura não o reconheceu.

Naquela altura, Fiamma Breschi tinha se mudado de Bolonha para abrir uma butique em Florença, onde permaneceria durante anos. Apesar de sua ausência, Ferrari nunca careceu de companhia feminina, e seus flertes em Castelvetro e nos hotéis Grand e Real-Fini continuaram por muitos anos. As mulheres e suas conquistas continuariam sendo um tema central em sua vida (ele financiou a abertura de um bar na via Ciro Menotti, perto da fábrica da Maserati, para uma namorada no início da década de 1980). Muita gente próxima dele tentava decifrar o que vinha primeiro: automóveis ou sexo.

A temporada de 1963 começou bastante bem com mais uma vitória fácil em Le Mans contra rivais praticamente inexistentes (nenhuma das principais fábricas enviou equipes, exceto a Porsche, que competiu em categorias de menor cilindrada). A vitória de Lorenzo Bandini e Lodovico Scarfiotti com a Ferrari 250 P, novo carro com motor central V12, fez a Itália se encher de alegria. Foi uma vitória total para o país, com pilotos italianos, em automóveis italianos, conquistando os seis primeiros lugares para a Ferrari. A única grande ameaça veio do membro da equipe Mairesse e de seu novo copiloto, o inglês John Surtees. A 250 P deles conseguiu a volta mais rápida (com Surtees) depois de liderar por quinze horas e ter colocado duas voltas sobre os futuros vencedores. Um *pit stop* desleixado — o que não era incomum para os mecânicos da SEFAC — fez o carro pegar fogo na pista e Mairesse foi forçado a abandonar o carro com ele ainda andando. A lesão em seu braço o deixaria de fora durante grande parte da temporada.

A chegada de Surtees foi bem aceita por todos em Maranello, exceto por Dragoni, que não gostava da maioria dos estrangeiros, e por Parkes, que esnobava seu compatriota da classe trabalhadora. Mas Surtees era um gigante no esporte. Ele já tinha vencido o campeonato mundial de motociclismo para a MV-Agusta e era muito querido na Itália, uma estima que ele pagou na mesma moeda. Ele era extremamente corajoso e um acertador de carros e chassis especializado. Sua transferência fácil para corridas de quatro rodas — uma técnica completamente diferente — foi realizada por poucos homens, incluindo Nuvolari, Rosemeyer e Varzi, e foi um grande feito em si mesmo. O fato de Surtees ter se convertido instantaneamente em um adversário dos melhores pilotos do mundo beirou o milagre.

A equipe de Fórmula 1 deveria ser formada em torno de dois homens, Surtees e o lesionado Mairesse. Os carros seriam, mais uma vez, os velhos 156, atualizados um pouco por Foghieri, enquanto ele e Bellei preparavam desenhos para dois novos motores: um V8 com quádruplo comando de válvulas e um boxer de 12 cilindros (motor de cilindros opostos). O carro de 1963 tinha chassis mais rígido, um bico convencional com uma única abertura e rodas raiadas de magnésio no lugar das rodas Borrani bonitas, porém mais pesadas. Independentemente disso, o motor, mesmo com injeção de combustível da Bosch, era fraco em comparação como os motores V8 mais novos e mais potentes Climax e BRM. O chassis era antiquado, em contraste com o monocoque mais leve e mais rígido inglês. Prometia ser uma longa temporada.

Mas graças ao homem que estavam começando a chamar de "Big John", em deferência não ao seu físico, mas ao seu coração, uma nova vida começou lentamente a ser infundida nos antigos motores V6. Trabalhando em conjunto com Foghieri e com o pessoal da Bosch responsável pela injeção de combustível, Surtees ganhou velocidade constantemente sobre os britânicos, liderados pelo deslumbrante Clark e sua nova Lotus 25, esguia como um lápis. Bandini se ausentou por um ano, encaminhando-se para a equipe italiana Centro Sud, removendo assim o chauvinismo contínuo de Dragoni da atmosfera. O lesionado Mairesse foi temporariamente substituído por Scarfiotti, especialista em carros esportivos, até poder retornar para disputar o Grand Prix da Alemanha, em Nürburgring. Ali, Surtees conseguiu a única vitória da Fórmula 1 para a equipe em 1963, estabelecendo um novo recorde de volta mais rápida e gerando alegria genuína em Maranello, que não celebrava uma vitória desde o Grand Prix da Itália, arruinado pela tragédia, duas temporadas antes. Infelizmente, Mairesse encerrou sua carreira quando Big John estava a caminho de receber a bandeira quadriculada. Wild

FERRARI • 361

Willy entrou rápido demais no desnível letal da Flugplatz, rodou e saiu da pista, matando um motorista de ambulância e quebrando o braço de um jeito que ele nunca mais pôde dirigir um carro de Grand Prix da Ferrari.

Algumas semanas depois, Surtees venceu uma prova não válida do campeonato em Enna, na Itália, onde Bandini o pressionou tanto com sua BRM, inscrita de modo independente, que o italiano foi convidado a retornar para a Ferrari. Essas vitórias consecutivas ajudaram a compensar uma série de azares deploráveis que se abateram sobre a equipe no restante da temporada, incluindo os problemas mecânicos nos carros de Surtees e Bandini no importantíssimo Grand Prix da Itália. Mas, com fé nos novos motores V8 com quádruplo comando de válvulas quase prontos, as perspectivas para o calendário de Fórmula 1 de 1964 pareciam mais do que otimistas.

A mesma perspectiva otimista também dizia respeito ao mercado de carros de passeio em rápida expansão. Graças, não em pequena medida, ao entusiasmo dos norte-americanos — em 1963, a produção de carros de dois lugares chegou a 600 unidades, e para 1964 as projeções iam bem além desse número. Mas, enquanto as criações de Pininfarina e Scaglietti eram peças magníficas de escultura cinética no final da década de 1950 e no início da década de 1960, os estilistas da Pininfarina estavam começando a seguir novas direções à medida que a metade da década se aproximava. As carrocerias se tornaram bulbosas e, em certos casos, com as frentes absurdamente longas. Barbaridades estéticas como dois faróis dianteiros duplos e capotas e painéis laterais esculpidos começaram a aparecer, e alguns dos carros resultantes — a saber, o 330 GTS, o 365 GT 2+2 e o 275 GTBS do final da década de 1960 e do início da década de 1970 — eram tão feios que Chinetti e outros distribuidores os consideraram quase invendáveis. Além disso, os carros começaram a chegar com combinações de cores estranhas. Chinetti se lembra de ter ficado chocado no descarregamento da remessa em Nova York, incluindo um 330 GT com dois faróis dianteiros duplos, cor amarelo-claro e assentos de couro azul-claro! Além disso, os carros eram muito malfeitos. Sob o brilho e glamour dos motores e do emblema do cavalo rampante havia carros constituídos de chassis simples de tubos soldados e componentes muitas vezes fabricados de modo barato ou deplorável. As carrocerias tendiam a enferrujar e vazar e ninguém, nem mesmo os melhores mecânicos, conseguia entender a instalação elétrica que aparentemente fora improvisada em cada automóvel. As embreagens eram o verdadeiro calcanhar de Aquiles e os Chinetti tiveram sorte de escapar de um grande processo judicial quando uma explodiu e lesionou o pé de uma mulher. De alguma forma, evitaram o processo substituindo o automóvel e vendendo o carro danificado para outro cliente desinformado.

Os carros eram bastante desagradáveis de conduzir (a não ser pelos surtos curtos, ruidosos e prazerosos por longos trechos de reta em estradas), de modo que, em 1962, Ferruccio Lamborghini, fabricante de tratores de Bolonha, começou a projetar um carro *gran turismo* próprio. Provavelmente, a história é apócrifa, mas sabe-se que Lamborghini disse às pessoas que decidira fabricar o próprio carro depois de ir até Maranello para reclamar de uma Ferrari que tinha comprado e fora forçado a cozinhar no calor em isolamento do lado de fora do escritório do *Commendatore*. Isso pode ou não ser verdade, mas ele contratou uma equipe de engenharia encabeçada por Giotto Bizzarini, expatriado da Ferrari, para criar um supercarro com motor V12, presumivelmente com melhor qualidade e confiabilidade do que seu rival modenense. O resultado foi um magnífico motor de 3,5 litros, 12 cilindros e 24 válvulas saído da caneta de um homem que tinha sido engenheiro de projeto do reverenciado GTO da Ferrari. Para desprazer de Ferrari, Lamborghini apresentou seu primeiro carro completo no Salão do Automóvel de Genebra, em 1964. Embora a Lamborghini 350GT, com aparência de sapo, não fosse um triunfo estético, era o início de uma linha honrada de carros *gran turismo* de dois lugares, que rivalizaria com a Ferrari em termos de acabamento e desempenho. No entanto, Lamborghini não estava interessado em corridas e seus carros nunca competiram com a Ferrari pelo domínio nas pistas.

Porém, em termos de rivalidade corporativa, Enzo Ferrari tinha muito mais com o que se preocupar do que com Ferruccio Lamborghini. Após ser rejeitada, a Ford Motor Company o atacava com fúria. Em Módena, chegou a notícia de que Iacocca e companhia tinham arregimentado uma equipe de brilhantes engenheiros e homens de corrida experientes dos Estados Unidos e da Grã-Bretanha para lutar contra seus melhores carros esportivos de corrida. A missão deles era vencer as 24 Horas de Le Mans, juntamente

FERRARI • 363

com o maior número possível de grandes corridas internacionais. Desde o grande ataque da Mercedes-Benz em 1954 e 1955, Ferrari não tinha enfrentado tal oposição. Com certeza, o envelhecido GTO, que estava sendo derrotado pelos cupês Cobra, teria de ser atualizado se quisesse manter o título de campeão mundial da categoria *gran turismo* (embora a posse pela fábrica do título do Campeonato Mundial de Construtores, que abrangia todos os tipos de carros esportivos de corrida, não corresse perigo imediato).

Embora os planos para o carro de Fórmula 1 de 1964 estivessem avançando, com a certeza de que o pequeno motor V8 seria a principal arma na futura guerra contra os britânicos, uma nova arma teria de ser criada para se defender dos bárbaros norte-americanos e do seu grosseiro motor V8 de carro de passeio, mas eficaz. A solução era construir um carro *gran turismo* com motor central, equipado com um dos comprovados motores V12 de Colombo, então radicalmente atualizado, mas semelhante ao que o lendário projetista criou vinte anos antes. O carro seria chamado de 250 LM (de Le Mans). As regras internacionais exigiam que 100 unidades fossem fabricadas antes que o modelo pudesse ser homologado para competições de *gran turismo*. Era um desafio impossível, considerando que os carros feitos à mão custariam 22 mil dólares a unidade — um valor principesco em 1964.

Ferrari apresentava um humor efusivo. Os anos de disputas legais sobre o acidente da Mille Miglia em 1957 estavam chegando ao fim, com o previsível e apropriado veredito de inocência assegurado. O contato informal com os Agnelli da Fiat fora feito e diversos projetos conjuntos que gerariam o capital muito necessário estavam em andamento. Em abril, Ferrari fez o pedido oficial em prol do 250 LM ao comitê de homologações da Comissão Esportiva Internacional da FIA. Mas depois que foi forçado a admitir que apenas dez carros tinham sido construídos, o pedido foi negado e lhe solicitaram que fosse reapresentado em julho. Com o tempo se esgotando, ele pediu para que seus amigos do Automobile Club d'Italia exercessem pressão sobre as autoridades. Sabia-se que a homologação era, muitas vezes, uma farsa e, em muitos casos, os requisitos referentes aos números de produção eram distorcidos (como no caso do GTO) ou totalmente ignorados. Ferrari voltou a solicitar o pedido em julho e, dessa vez, uma delegação da FIA foi de Paris para dar uma olhada. Descobriu que sete 250 LMS estavam prontos para entrega, sete estavam sendo montados, quatro eram carros semicompletos esperando motores e transmissões e nove eram apenas chassis. Outros quatro 250 LMS estavam em construção e seis carrocerias estavam com Scaglietti. Um total de 37 carros. Novamente, seu pedido foi negado. Enzo Ferrari ficou furioso. Considerando-se traído, ele anunciou, mais uma vez, que estava se retirando das competições e que nunca carregaria a bandeira de seus compatriotas ingratos. Além disso, em um gesto teatral, ele entregou sua carteira de piloto. A disputa teria idas e vindas durante o verão, mas, no final, Ferrari foi forçado a aceitar a derrota. Furioso, anunciou que sua equipe de Grand Prix competiria no Grand Prix dos Estados Unidos e na corrida final no México sob as cores azul e branca dos Estados Unidos.

Ironicamente, isso significaria que seus carros correriam, ainda que por curto tempo, com as cores do país cuja empresa automobilística mais lendária estava começando uma campanha para desalojá-lo do pináculo do automobilismo. Não só os Cobra de Shelby estavam se fortalecendo a cada dia, mas, naquele momento, a Ford Motor Company o atacava com um novo protótipo para competir contra as potentes Ferrari 275 P de motor central, incontestavelmente os carros esportivos de corrida mais rápidos do mundo. Trabalhando com uma pequena equipe nas instalações recém--criadas da Ford Advanced Vehicles, em Slough, na Inglaterra, Shelby, John Wyer, ex-chefe de equipe da Aston Martin, os projetistas Roy Lunn e Eric Broadley e o brilhante mecânico Phil Remington conseguiram, no início da primavera de 1964, concluir os testes com um carro chamado GT40 (simplesmente porque tinha apenas pouco mais de 40 polegadas de altura, ou seja, cerca de 1 metro). O elegante cupê com bico achatado era equipado com um motor central, uma versão modificada do motor de 4,7 litros com eixo do comando de válvulas no cabeçote e produção em série — tecnicamente muito diferente das obras-primas de Maranello com eixo do comando de válvulas na parte superior do cabeçote.

Após resultados medianos em testes e problemas mecânicos na corrida de mil quilômetros em Nürburgring, a Ford inscreveu três dos pequenos e arrojados carros em Le Mans. Ferrari contra-atacou com nada menos que seis 275P (quatro da fábrica, um da NART de Chinetti e outro da Maranello Concessionaires, importador britânico). Surtees, que se juntou a Bandini,

FERRARI • 365

conseguiu o melhor tempo no treino, com uma incrível velocidade média de 218,23 quilômetros por hora no circuito estreito e bastante perigoso de 13,45 quilômetros de estradas nacionais. Mas os Ford, conduzidos por duplas — Phil Hill e Bruce McLaren, o francês Jo Schlesser e o inglês "Dickie" Atwood, e os norte-americanos Masten Gregory e Richie Ginther —, andaram na cola. Quando o treino classificatório terminou, os 13 carros mais rápidos eram da Ferrari e da Ford.

Naquela época, a corrida das 24 Horas começava com a tradicional "largada Le Mans", em que os pilotos corriam pela pista até seus carros, pulavam a bordo, acionavam os motores e partiam a toda velocidade. A maratona começou às 4 horas da tarde, em um dia quente de junho, e como esperado, a primeira volta foi completada com três Ferrari vermelhas liderando o pelotão. Em quarto lugar surgiu o GT40 azul e branco com Ginther ao volante. Quando os competidores entraram na reta Mulsanne, de quase 6 quilômetros, Ginther conseguiu ultrapassar as três Ferrari pilotadas por Rodriguez, Jo Bonnier e Surtees e assumiu a liderança. Posteriormente, Ginther disse que, quando as árvores ao lado da pista se dissolveram em uma mancha verde no para-brisa, ele sentiu a direção ficar mais leve. Ele ousou dar uma rápida olhada no conta-giros. Marcava 7.200 rpm. Rapidamente, Ginther calculou que estava andando perto de 340 quilômetros por hora!

Ginther manteve o carro na frente pela primeira hora e meia, mas cedeu a liderança para Surtees devido a uma parada nos boxes muito demorada. Por fim, as caixas de câmbio (fabricadas, ironicamente, em Módena por um ex-funcionário da Ferrari) quebraram nos carros das duplas Ginther e Gregory e Hill e McLaren. Só depois que Phil Hill fez a volta mais rápida da corrida, os GT40 revelaram ter um enorme potencial. Com certeza, o desafio tinha sido lançado.

A corrida acabou sendo vencida pela Ferrari, com o 275P do francês Jean Guichet e Nino Vaccarella liderando um desfile de três Ferrari na linha de chegada. Contudo, a Ford salvou um pouco da honra quando Dan Gurney e Bob Bondurant terminaram em quarto com seu Shelby Cobra, vencendo na categoria *gran turismo* e derrotando as Ferrari GTO.

Em uma interessante observação adicional ao primeiro confronto em Le Mans entre os dois gigantes, Shelby e seu pessoal levaram um dos GT40 de volta à fábrica da Ford em Dearborn para testes no túnel de vento. Trabalhando com especialistas em aerodinâmica da indústria aeronáutica, descobriram que mais de 76 cavalos estavam sendo devorados por canalização de ar para o motor deficiente e por outras ineficiências na carroceria. Puderam também se surpreender com o fato de quão mal as Ferrari funcionavam em alta velocidade, considerando que eram mais leves e tinham mais potência. No entanto, os GT40 eram significativamente mais rápidos nas retas! Embora as carrocerias dos carros de corrida da Ferrari sempre fossem esteticamente agradáveis e parecessem funcionais, pouca ênfase era dada ao componente crítico do desempenho chamado aerodinâmica. A fábrica em Maranello tinha apenas um pequeno túnel de vento, onde somente modelos em escala dos carros eram testados. Não obstante a insistência de sua equipe de engenharia, Ferrari se recusou a gastar dinheiro em uma instalação adequada até o final de sua vida. Permaneceu fiel às suas origens, acreditando até sua morte que a potência superior do motor era o segredo para a vitória à custa de tudo mais.

Apesar da avultante ameaça da Ford, as guerras na Fórmula 1 caminharam surpreendentemente bem durante o verão. O determinado Surtees venceu os Grand Prix da Alemanha, Áustria e Itália ao volante do novo carro com motor V8. Mas, como era de se esperar, Ferrari foi fiel à sua ameaça, e quando a equipe apareceu no Grand Prix dos Estados Unidos, em Watkins Glen, em outubro, os carros estavam pintados de azul e branco e foram inscritos pela equipe NART de Chinetti. Seus esforços para convencer a FIA e o Automobile Club d'Italia a homologar o 250LM como carro *gran turismo* fracassaram, embora tivesse conseguido um mínimo de sucesso ao convencer a administração de Monza a cancelar a corrida de resistência no final da temporada, em que os Cobra provavelmente venceriam os GTO diante do público italiano ferrarista.

As duas últimas corridas de Grand Prix da temporada na América do Norte teriam um final feliz. Embora a Lotus de Jim Clark e a BRM de Graham Hill fossem os carros favoritos, a valentia e a malícia de Surtees o mantiveram na disputa do título mundial durante toda a longa temporada, e um segundo lugar em Watkins Glen atrás de Graham Hill deixou os dois na mira do título quando o circo foi armado novamente na Cidade do México, em 25 de outubro. Surtees ficou com seu familiar V8, enquanto Bandini ficou com o V12, bastante aperfeiçoado. Pedro Rodriguez, pilotando em memória de seu irmão Ricardo, que tinha morrido na mesma pista dois anos antes, recebeu um dos antigos V6.

No começo da corrida, Clark, como fizera tantas vezes durante a temporada, escapou do restante dos competidores. Gurney permaneceu em segundo com sua Brabham, enquanto Graham Hill ultrapassou Bandini e ficou em terceiro. Surtees, que tinha largado mal, começou a fazer uma série de ultrapassagens em busca dos líderes. Na volta 31, Bandini entrou rápido demais na única curva fechada do circuito e bateu na BRM de Hill. A pancada danificou o sistema de escapamento do carro do inglês e o forçou a entrar nos boxes para reparos. Clark parecia ser o vencedor certo, mas na última volta a pressão de óleo caiu e o pequeno Climax do escocês parou. Isso colocou Gurney em primeiro lugar, com Bandini atrás dele. Mas, de repente, a equipe de mecânicos da Ferrari se deu conta de que, se Surtees, que estava então em terceiro, conseguisse terminar em segundo, tiraria o campeonato mundial de Graham Hill por um ponto! A sinalização frenética para Bandini o levou a desacelerar o suficiente para que Big John assumisse o segundo lugar e ganhasse o título.

Foi uma vitória por sorte (embora John Surtees estivesse plenamente qualificado para ser campeão mundial). Durante a longa temporada, Graham Hill desfrutou dos melhores resultados, mas regras eram regras e a Ferrari ficou com os louros. Inicialmente, a imprensa britânica disse que Bandini fora designado para bater em Hill, para que seu companheiro de equipe ganhasse o campeonato. Mas o próprio Hill, de posse de toda a sua autoridade, negou. Do alto de sua considerável altura, o inglês régio e bigodudo, cujo capacete azul portava as listras do London Rowing Club, bufou: "Claro que Bandini não pretendeu fazer isso. Foi apenas uma maldita barbeiragem."

Independentemente disso, o título de campeão mundial estava de volta a Maranello, depois de três anos, e John Surtees chegou tão perto de ser um herói nacional quanto qualquer não italiano poderia chegar. Ferrari dava a impressão de gostar genuinamente daquele rapaz de 30 anos, meio grisalho, um tanto mal-humorado, mas muito competitivo. Como ele próprio, Surtees venceu por esforço próprio, alguém que abandonara a escola e que aprendera mecânica antes de ascender ao estrelato em corridas de motocicletas e depois de carros. Os dois eram obstinados em relação às corridas e, ao contrário de muitos dos diletantes que dirigiram para equipe sem nunca sujarem as mãos, Surtees estava preparado para trabalhar horas sem-fim com Foghieri na sala do dinamômetro e nas oficinais de motores da fábrica buscando mais potência e confiabilidade. Ele era um "corredor" de corpo e alma, e Ferrari o levou para tão perto dele, relativamente falando, quanto qualquer um de seus pilotos.

Os dois passavam tempo considerável juntos, longe da oficina. Surtees era uma das poucas pessoas a ser convidada para os recintos privados da casa de verão em Viserba, onde táticas e projetos de futuros carros eram discutidos até tarde da noite. Tinham longos almoços no Cavallino, onde Ferrari se deliciava em servir coquetéis chamados Fórmula 1, 2 e 3, dependendo do teor alcoólico. Surtees, homem saudável e que bebia pouco, sempre escolhia o coquetel Fórmula 3, que era mais leve, para diversão de Ferrari. Essa associação firme era frustrante para Dragoni, que continuava a promover o destino de Bandini, seu protegido, na corte. Mas toda a atenção estava sendo dada ao novo campeão e Bandini (que se sentia constrangido com a incessante e estridente defesa de sua causa por Dragoni) foi forçado a procurar as sombras.

Previsivelmente, os contratempos sobre a homologação do 250LM foram rapidamente esquecidos na esteira da vitória de Surtees, e quando os preparativos para 1965 foram iniciados, ficou claro que as Ferrari voltariam a correr sob as cores nacionais. Tudo parecia pressagiar coisas boas para o futuro, embora as grandes forças sendo arregimentadas contra a SEFAC, em lugares distantes como Dearborn, em Michigan, e em cidades inglesas como Cheshunt, em Hertfordshire, onde ficava a Lotus Cars Ltd., estavam prestes a representar um desafio à reputação da Ferrari diferente de tudo visto antes e, em um sentido amplo, removeria para sempre a legenda de invencibilidade — justificada ou não — que fora tão cuidadosamente cultivada pela Ferrari e sua sempre crescente legião de fiéis.

CAPÍTULO 16

O vínculo entre Enzo Ferrari e Sergio Scaglietti foi forjado por uma herança comum e uma paixão por carros rápidos e sensuais. Scaglietti, com quarenta e poucos anos, conhecia Ferrari desde a década de 1930, quando, durante a adolescência, consertara para-lamas de Alfa Romeos amassados na antiga oficina da Scuderia. Scaglietti também era modenense e, em particular, os dois conversavam apenas no turvo dialeto local — que, ocasionalmente, podia ser incompreensível para os toscanos e romanos da classe alta. Depois da guerra, Scaglietti montou sua pequena *carrozzeria* perto da principal estação ferroviária de Módena. Tempos depois, mudou-se para instalações mais adequadas junto à via Emília, na periferia leste da cidade. Apesar de sua falta de formação formal, ele era um artesão nato, dotado de uma noção instintiva de proporção e escala. De suas oficinais, saíram automóveis clássicos, como o Testarossa, o 250GT Spyder California e suas duas obras-primas: o 250GT Berlinetta com curta distância entre os eixos e o GTO.

Embora grande parte do trabalho de projeto formal da carroceria da Ferrari fosse feito na Pininfarina, na distante Turim, Scaglietti, com suas mãos retorcidas de artesão e seu senso de realidade do povo, era o mais próximo de Ferrari em termos de postura geral em relação à vida. Todos os sábados, ele recebia um telefonema do homem a quem ele sempre se referia como *Ingegnere*. "Então, Scaglietti, aonde você está indo agora?", era a pergunta padrão. A resposta era automática. Imutável. Scaglietti respondia que não tinha planos. Então, um almoço era marcado. Parecia improvisado, mas, de fato, essa mesma programação foi mantida por mais de vinte anos, até a saúde de Ferrari declinar, em meados da década de 1980. Nos primeiros anos, segundo Scaglietti, a conversa girava em torno de automóveis e das guerras que estavam sendo travadas nas corridas em qualquer dado momento em importantes circuitos ao redor do mundo. Em anos posteriores, os carros foram deixados em segundo plano e as mulheres ocuparam seu lugar no diálogo. Ferrari cairia em lembranças de sua juventude, repetindo, centenas de vezes, a história de sua dolorosa recuperação no hospital do exército perto de Bolonha e do som dos pregos sendo batidos nos caixões no andar de baixo. O almoço, a pesada comida modenense com molhos cremosos, amplamente lubrificada com champanhes, era o Ferrari clássico: habitual, regrado, previsível e modenense de corpo e alma. Era um homem simples, buscando um prazer simples, e só o encontrava dentro dos limites de seu próprio território familiar.

Ferrari se defrontou com diversas perturbações importantes quando o inverno chegou e a temporada de 1965 passou a assombrá-lo. Os motores V8 e boxer de 12 cilindros do modelo 158 teriam de ser suficientes para o último ano da fórmula de 1,5 litro. Em 1966, as regras exigiriam motores de 3 litros sem supercompressor, mas permitiriam motores de 1,5 litro com supercompressor. Isso significava que toda uma nova família de motores e chassis teria de ser criada. Para complicar, o desafio da Ford nas corridas de resistência só aumentaria, e novos carros esportivos teriam de ser construídos para manter o domínio em Le Mans e o título do Campeonato Mundial de Construtores.

Além disso, havia uma nova concorrência na cena de carros esportivos de produção em série. A Porsche estava se tornando uma adversária séria no mercado de *gran turismo* de luxo com a introdução da série 911. A Jaguar estava se dando bem com seu arrojado cupê e roadster XKE. Até a Lamborghini e a antiga e enfraquecida Maserati estavam mordiscando a faixa

FERRARI • 371

superior do mercado ocupada pelo cavalo rampante. Com produtos desse segmento do mercado tão decisivos para o financiamento do programa de corridas, qualquer queda nas vendas poderia ter sérias consequências.

A influência da Ford sobre a Ferrari estava longe de se restringir às principais corridas de resistência. Com a nova fórmula de 3 litros na iminência de ser adotada, o dinheiro da Ford estava prestes a ser despejado na Cosworth Engineering Ltd., empresa de fabricação de motores formada por uma talentosa dupla de engenheiros: Frank Costin e Keith Duckworth. Eles se tornaram conhecidos pela criação de um radical e compacto motor V8 com quádruplo comando de válvulas. A BRM estava trabalhando em um motor de 16 cilindros bastante complexo, mas muito potente, o que também seria uma ameaça. Em geral, a intensidade da concorrência, que vinha aumentando ao longo dos últimos quatro anos, estava então prestes a alcançar níveis quase insuportáveis.

Na montanha-russa do destino que modelou a história da Ferrari em corridas, 1965 foi um ano de desastre quase total. Até mesmo Le Mans quase foi um fiasco, com os carros da fábrica quebrando precipitadamente, em um combate brutal à toda velocidade, que também vitimou o melhor do contingente da Ford. As forças de Dearborn chegaram com máquinas aperfeiçoadas, só que mais uma vez a condição de principiante na grande pista as penalizou e, pelo segundo ano consecutivo, o duelo pendeu em favor da Ferrari. Porém, a vitória não foi de um carro oficial inscrito pela SEFAC, mas sim de um desgastado 250LM inscrito pela NART, de Chinetti, que nunca se supôs que tivesse um papel ativo. O elo fraco da NART devia ser sua dupla de pilotos, que eram conhecidos por pilotarem de modo selvagem, sem a disciplina necessária para terem sucesso em provas longas como Le Mans.

Masten Gregory era mais afeito a corridas de resistência do que o temerário e veloz Jochen Rindt, jovem austríaco que estava ganhando renome em carros de Fórmula 2 e Fórmula 3 e corridas curtas e encarniçadas de 80 quilômetros. Por mais de uma década, Gregory tinha disputado grandes corridas de estrada europeias sem conseguir muito em termos de resultados importantes, muito menos vitórias. Mas pelo menos ele tinha experiência considerável em competições longas, como Le Mans, o que era mais do que poderia ser dito em relação ao seu companheiro de equipe. Levando em conta suas reputações e seu carro, um envelhecido cavalo de batalha 250 LM, eles tendiam a não ter nenhuma chance de vitória.

Mas, depois da disputa acirrada com os Ford no começo da corrida, Gregory se viu em quarto lugar quando entrou nos boxes para o primeiro reabastecimento e troca de piloto. Ninguém, incluindo Rindt, esperava que a desgastada Ferrari 250 LM resistisse tanto tempo, muito menos entre os líderes. Gregory deu uma olhada na área dos boxes e encontrou Rindt usando roupas casuais. Um mecânico se aproximou do carro, levantou o capô e sinalizou que algo havia quebrado e que a corrida tinha terminado. Todos estavam pensando em uma boa refeição e em ir cedo para a cama. Exceto Gregory. Furioso, ele saiu do carro e forçou Rindt a vestir seu macacão de piloto e assumir o volante. O austríaco obedeceu, e Gregory esperou que ele quebrasse o motor por despeito. Mas Rindt seguiu em frente, aproximando-se cada vez mais dos líderes. Surtees, que se juntou a Scarfiotti, brigava contra freios defeituosos enquanto a noite tomava conta do imenso circuito. Apenas as luzes do parque de diversões e das fogueiras de piquenique no campo interno serviam como sinalizadores para os pilotos que atravessavam a escuridão a 320 quilômetros por hora. A Ferrari 275 P2 de Bandini apresentou problemas, assim como a 365 P2 da dupla Rodriguez e Vaccarella. Na escuridão, Gregory ultrapassou o cupê Cobra de Dan Gurney e os dois travaram uma disputa por algumas voltas até Cobra, que estava em terceiro, quebrar devido o esforço. Naquela altura, Rindt e Gregory estavam voando, convencidos de que o velho carro não ia longe, mas estava muito bem posicionado para sair coberto de glória.

Quando o dia raiou, eles estavam pairando perto da liderança. Apenas um 250 LM similar, inscrito pelos belgas amadores Pierre Dumay e Taf Gosselin era capaz de competir com eles. Ao meio-dia, restando apenas quatro horas para a bandeirada, Gregory e Rindt podiam ver a vitória se aproximar, mas eram assombrados pelos abusos que submeteram o carro no início da corrida. Seus cérebros cansados estavam cheios de barulhos e estrondos imaginários dentro do motor com vazamentos e esgotado. Com certeza, em retribuição pelos maus-tratos deles, o carro pararia bem próximo da linha de chegada.

A Ferrari inscrita pela NART estava equipada com pneus Goodyear, enquanto a dos belgas usava pneus Dunlop, fabricante que tinha contrato com a equipe Ferrari para a Fórmula 1. À uma da tarde, um pneu traseiro da Ferrari belga estourou na reta Mulsanne, destruindo o spoiler traseiro com a borracha que se desprendeu. Minutos decisivos foram perdidos enquanto o carro se arrastava pela pista em direção aos boxes. A vitória parecia assegurada para Rindt e Gregory. Naquele momento, Eugenio Dragoni propôs um acordo. Segundo Luigi Chinetti Jr., Dragoni observou que, como a Dunlop era parceira da fábrica, seria do interesse de todos que os belgas ganhassem, em vez do carro da Nart equipado com Goodyear. A proposta de Dragoni era simples: deixar os belgas terminarem em primeiro e descontos generosos seriam oferecidos a Chinetti em um lote de novos carros de passeio. O acordo era tentador. Milhares de dólares poderiam ser obtidos com o lucro adicional. Como contrapeso, havia o prestígio de vencer em Le Mans. Chinetti rejeitou a oferta de Dragoni, criando assim mais um racha no relacionamento com a marca que ele servia com tanta lealdade. Portanto, o carro errado, com os pilotos errados, usando os pneus errados, encaminhou-se para a vitória na mais importante corrida de resistência do mundo. Foi uma vitória da Ferrari, mas que causou alegria limitada em Maranello.

Se Enzo Ferrari ficou desapontado com o resultado, Henry Ford II ficou furioso. Quando Don Frey comunicou os resultados ao patrão, Ford deu de ombros e disse: "Bem, seu traseiro levou uma chicotada." Frey observou que uma vitória era possível, mas não com as restrições orçamentárias correntes. "Alguma vez falei sobre dinheiro?", retrucou Ford. Isso instantaneamente liberou os milhões necessários para dominar a Ferrari e marcar o fim do domínio da equipe italiana em Le Mans. O dia em que Gregory e Rindt cruzaram a linha de chegada no início do verão de 1965 marcou a última vez que a Ferrari venceria em Le Mans, indicando o fim do domínio de longa data do cavalo rampante em corridas de resistência internacionais.

Em 1965, Adalgisa Bisbini Ferrari morreu, vítima de asfixia enquanto comia um ovo cozido. Ela foi muito importante na vida de Enzo Ferrari, e seu legado foi forçá-lo a tomar uma grande decisão. Adalgisa tivera plena consciência da existência de Piero Lardi, embora seja desconhecido o momento em que ela descobriu o segredo. O que se sabe é sua insistência de que o rapaz fosse legitimado, sob a ameaça de incluí-lo diretamente em seu testamento, a menos que Enzo cedesse. Um acordo foi feito: Piero seria legitimado como filho, mas só depois da morte de Laura. Àquela altura, não restava dúvida de que Piero era presença notória em Módena e que Laura Ferrari estava magoada e com muita raiva. Quando avistava o jovem alto ao redor da fábrica, ela o chamava de bastardo aos gritos. Piero fazia questão de evitá-la a todo custo, empregando-se em uma variedade de trabalhos mal definidos. Mas, independentemente da ira de Laura, Ferrari cumpriu o acordo depois que pôs sua mãe para descansar no túmulo da família em San Cataldo.

Apesar do colapso das negociações entre ele e a Ford Motor Company, a ligação de Ferrari com os Estados Unidos ficou irresistivelmente mais forte. Graças a uma sólida rede de vendas que incluía homens como Chinetti — William Harrah, o senhor dos jogos de azar de Nevada, colecionador de carros por excelência e então detentor do direito de distribuição da costa oeste, e Johnny Von Neumann, piloto e revendedor californiano —, a reputação da Ferrari estava crescendo muito nos Estados Unidos. Mas os tempos estavam mudando para Chinetti. Na década de 1950, ele desfrutava de exclusividade da marca nos Estados Unidos, mas, naquele momento, seu privilégio estava diminuindo a cada dia. Era evidente que os velhos laços — que, apesar de todo estresse acrimonioso incorporado, pareciam indestrutíveis — estavam prestes a ser rompidos. Lentamente, os Chinetti estavam sendo afastados de cena, e Enzo Ferrari estava tratando seu velho amigo como pouco mais do que um revendedor incômodo de um país distante. Em meados da década de 1960, os carros de passeio da Ferrari estavam longe de ser triunfos estéticos, mas o apetite pelo status europeu na economia norte-americana em rápida expansão era insaciável. Em meados da década de 1970, a imagem de Enzo Ferrari tinha alcançado dimensões míticas. Seus clientes e adoradores o aceitavam como um artesão imperioso, mas cativante, trabalhando com uma devoção semelhante a de um monge em suas amadas máquinas. Os simplórios mal sabiam que ele se preparou para se desfazer sem cerimônia do negócio de carros de passeio não uma, mas três vezes nos últimos anos e, naquele momento, estava empenhado em uma séria tentativa de estabelecer fortes relações financeiras com a Fiat.

Em 1965, um empreendimento conjunto foi estabelecido com o mega-conglomerado de Turim para produzir carros em série com motor V6 de 2

FERRARI • 375

litros. Projetado por Franco Rocchi, o motor equiparia um par de automóveis "Dino": um cupê com motor central e carroceria Pininfarina, que continua sendo um dos carros mais bonitos de todos os tempos, e um carro de dois lugares com motor dianteiro menos bem-sucedido. O modelo Dino 206, com seu motor atrás do motorista, seria vendido como Ferrari, embora a Fiat fabricasse o motor e a Pininfarina a carroceria. O carro com motor dianteiro, chamado de Fiat Dino, seria vendido sem o nome Ferrari, embora o motor fosse anunciado como um projeto de Maranello. Na realidade, o projeto era basicamente da Fiat, com a Ferrari defendendo que o motor fosse um boxer de 12 cilindros e 3 litros, como os desenvolvidos para a Fórmula 1. Mas esse motor seria caro de fabricar e criaria um carro muito mais rápido e mais exótico do que a filosofia de comercialização da Fiat justificava. O fato de que os planos da Fiat para o carro, em vez dos da Ferrari, foram implantados é prova de que os Agnelli e sua megaempresa estavam prestes a exercer uma enorme influência, que acabaria por levar a uma aquisição de controle completa. Isso, afirmam algumas pessoas próximas a Ferrari, era exatamente o que ele desejava desde o começo, e ele simplesmente usou os Mecom e a Ford como iscas para atrair a Fiat para as negociações.

Aos 35 anos, John Frankenheimer estava no auge de seus poderes como diretor em Hollywood, tendo criado sucessos comerciais e de crítica como *The Manchurian Candidate* [*Sob o domínio do mal*], *Seven Days in May* [*Sete dias de maio*] e *Birdman of Alcatraz* [*O homem de Alcatraz*] nos últimos três anos. Entusiasta afeiçoado do automobilismo, Frankenheimer estava iniciando um projeto ambicioso para produzir um filme de grande orçamento sobre Fórmula 1 chamado *Grand Prix*. Seria filmado em diversos locais da Europa durante as temporadas de 1965 e 1966, e Frankenheimer viajou para Maranello para pedir a cooperação de Ferrari. Adolfo Celi, veterano ator italiano, foi escolhido para desempenhar um papel descaradamente baseado em Ferrari, e a bênção do *Ingegnere* não só era desejada, como também fundamental.

A recusa foi imediata. Sob nenhuma circunstância Ferrari ajudaria na produção, apesar dos apelos enfáticos de Frankenheimer. Só quando o diretor norte-americano voltou no outono do mesmo ano para projetar 45 minutos de tomadas filmadas no Grand Prix de Mônaco para Ferrari que a decisão do *Ingegnere* mudou. Ferrari percebeu que Frankenheimer tinha um olhar penetrante e simpático em relação ao esporte, e só então indicou que a ajuda podia estar por vir. Frankenheimer falava francês fluentemente, o que ajudou a convencer Ferrari, durante uma série de longos almoços no Cavallino, de que seus carros e seu esporte seriam bem tratados no cinema. Frankenheimer se recorda de uma longa refeição durante a qual a conversa girou em torno dos carros de passeio e do irritante problema do ar-condicionado. Ferrari lamentou que os compradores norte-americanos quisessem unidades caras e que roubavam potência, enquanto os ferraristas europeus as rejeitavam. "O que fazer?", queixou-se ele. Era muito caro equipar um pequeno lote de carros com ar-condicionado e não instalá-lo no resto. Frankenheimer tinha uma solução: por que não colocar ar-condicionado em todos os carros e dar aos clientes a opção de usá-lo ou não? Ferrari ficou encantado com a solução e a implantou imediatamente. Ele também cedeu em relação ao filme e finalmente permitiu que Frankenheimer filmasse diversas cenas dentro de sua fábrica. Na última corrida épica do filme, um dos astros, Yves Montand, morre em Monza, no que era claramente uma Ferrari. Ferrari não fez nenhuma objeção a um piloto morrer durante uma corrida, mas foi inflexível ao fato de que nenhum de seus carros perdesse para qualquer rival na pista. Ferrari não só aprovou o filme como viajou para Monza por vários dias enquanto as cenas finais estavam sendo filmadas. Evidentemente, ele ficou fascinado com o brilho e o glamour que cercavam a produção multimilionária.

Grand Prix também foi influente em aliar Ferrari com a Firestone Tire & Rubber Company, que estava sendo ameaçada em sua supremacia no automobilismo norte-americano pela Goodyear, sua arqui-inimiga da mesma cidade de Akron. As famosas "guerras dos pneus" da década de 1960 consumiram centenas de milhões de dólares e se espalharam por quatro continentes enquanto as duas gigantes se enfrentavam de igual para igual nas pistas de corrida do mundo. Inicialmente, a rivalidade se limitou a lugares como Indianápolis e Daytona Beach, mas logo se estendeu ao ambiente da Fórmula 1. Graças a Carroll Shelby, a Goodyear conseguiu um ponto de apoio na Europa, oferecendo contratos lucrativos para diversas equipes de corrida e garantindo participação exclusiva no filme de Frankenheimer.

FERRARI • 377

A Firestone reagiu e assinou contrato com diversas outras equipes de Fórmula 1, incluindo a Ferrari. A temporada de 1966 veria os carros inscritos pela SEFAC usando pneus Firestone fabricados na instalação da empresa em Brentford, na Inglaterra. No entanto, como pneus de chuva não eram usados nas corridas norte-americanas e a Firestone não tinha nenhum em seu inventário, a Dunlop continuaria a fornecer esse tipo de pneu de competição até que a empresa de Akron conseguisse desenvolvê-lo.

Seria de se esperar que Ferrari cobrasse uma fortuna da Firestone para usar seus pneus. Mas não foi o caso. H.A. "Humpy" Wheeler, ex-presidente e gerente geral da elegante Charlotte Motor Speedway, em Charlotte, na Carolina do Norte (mas que, naquela época, estava na divisão de corrida da Firestone) lembra que Ferrari só se importou com a qualidade. "O valor do patrocínio para a Ferrari era bastante razoável, considerando os números astronômicos que estavam sendo praticados naquela época. Ele queria os melhores pneus disponíveis. Era tudo o que importava. A Firestone gastou milhões desenvolvendo pneus para seus carros de corrida e seus carros de passeio. Raymond Firestone ficou irritado pela Goodyear ter participação exclusiva no filme de Frankenheimer e queria uma presença na Europa a todo custo. A Ferrari era o nome mais prestigioso do mercado, e o acordo foi fechado. É impossível determinar o custo exato porque veio de uma série de orçamentos internos, mas, em comparação com os milhões gastos em Indianápolis e nas corridas de *stock car* do sul, não era um número exorbitante."

A imagem — criada e polida assiduamente pelo próprio Ferrari — de um visionário solitário, golpeado mas sem se deixar abater, lutando contra forças gigantescas como a Ford Motor Company, gerou ondas de simpatia. Com êxito, ele fomentou a ideia de que sua fábrica era um pequeno amontoado de prédios que abrigavam artesãos dedicados que produziam carros refinados feitos a mão usando metais exóticos. Os visitantes chegavam a Maranello esperando encontrar galpões sujos, repletos de modenenses suados, trabalhando como escultores de bronze renascentistas. Em vez disso, descobriam uma fábrica moderna, muito bem equipada e operada por uma força de trabalho de quase mil homens, que eram capazes de produzir mais de 650 carros de passeio por ano e, ao mesmo tempo, manter uma grande equipe de automobilismo. Em comparação com um adversário como a Ford, a Ferrari podia ser considerada uma pobre-coitada, mas em contraste com os *garagistas* britânicos, que vinham vencendo regularmente nos últimos cinco anos, era um verdadeiro Gulliver sendo humilhado por um bando de liliputianos.

Em 1965, seria necessário mais do que imagens míticas para salvar a equipe. Jimmy Clark, o escocês taciturno, dominou o calendário de Fórmula 1 com sua ágil Lotus 33 e conquistou o Campeonato Mundial no meio da temporada. O melhor que Big John — ou "Mangas de camisa", como os companheiros britânicos o chamavam — podia fazer era trabalhar na esteira do popular Jim. Depois de terminar em segundo na primeira corrida do ano, na África do Sul, a sorte de Surtees entrou em declínio constante. Problemas mecânicos, configurações de chassis insatisfatórias e motor com pouca potência o atormentaram durante o ano inteiro. Pior ainda, ele enfrentou o nacionalismo exacerbado de Dragoni, que estava bajulando Ferrari e a imprensa para promover o futuro de Bandini, seu favorito. Do outro lado, estava Michael Parkes, que desdenhava das habilidades de engenharia de Surtees e de suas origens na classe trabalhadora, cobiçando abertamente seu lugar na equipe de Fórmula 1. Mais uma vez, Ferrari não fez nada para apaziguar o ambiente. Em sua mente, a discórdia era a mãe dos carros velozes, e aquela luta mortífera era vista como fonte de mais vitórias na pista. Mas, evidentemente, aquele não era o caso. Surtees era, de longe, o piloto mais talentoso da equipe e, apesar das iniciativas de Dragoni para conseguir os melhores carros para Bandini e as incessantes manobras de Parkes nos bastidores, Big John era o único capaz de ficar perto das máquinas britânicas mais leves e ágeis da Lotus, da BRM e da Brabham. Além de um terceiro lugar suado no Grand Prix da Inglaterra, a temporada foi uma série de deploráveis fracassos para o principal piloto da Scuderia. O ano terminou para ele no final de setembro, quando Surtees se envolveu em um grave acidente no Mosport Park, autódromo nas proximidades de Toronto. Ele estava ao volante de seu próprio carro esportivo, o Lola-Chevrolet Can-Am, e não de uma Ferrari. Vinha correndo como piloto independente na categoria Can-Am com um carro de fabricação inglesa, já que Ferrari decidiu não se inscrever na nova e popular categoria disputada nos Estados Unidos e Canadá. O acidente o deixou gravemente ferido em um hospital de Toronto. Naquela altura, sua relação com Enzo Ferrari ainda era próxima. Não só a fábrica pagou suas despesas médicas, ainda que Surtees não estivesse correndo com um dos carros da Scuderia, mas, durante sua convalescença, Ferrari telefonava para ele para saber a respeito da recuperação de sua perna esquerda fraturada. De brincadeira, Ferrari se ofereceu para construir um carro com transmissão automática para sua estrela quando ele retornasse na temporada seguinte.

Para 1966, mudanças importantes estavam sendo planejadas. A fórmula para corridas de Grand Prix impôs a substituição do motor de 1,5 litro pelo de 3 litros, sem supercompressor, o que exigia novos carros das equipes. Como a Ferrari construía potentes motores de 3 litros para carros esportivos há quase 15 anos, presumiu-se que a Scuderia produziria bólidos vencedores prontos para uso, sobretudo quando se considerava que o novo motor Ford-Cosworth V8 estava a um ano de distância, e equipes como a Cooper eram forçadas a recorrer ao motor V12 de dez anos da Maserati. A equipe de Jack Brabham precisou modificar um motor V8 obsoleto de carro de passeio Oldsmobile, enquanto os engenheiros da BRM mexiam em um *layout* de um motor V16 bastante complexo com quase tantas peças móveis quanto um cronógrafo suíço. Sim, a pista parecia livre para a Ferrari, embora a saúde de seu principal piloto continuasse sendo um ponto de interrogação.

Angelo Bellei saiu do departamento de corrida e foi designado exclusivamente para o departamento de engenharia de carros de passeio. Isso deixou o brilhante, mas inconstante Foghieri com a missão de criar os novos carros com motores de 3 litros. Como vultosos recursos financeiros estavam sendo despejados para o desenvolvimento dos novos carros esportivos P3 com motor de 4 litros, para enfrentar os carros da Ford em Le Mans e em outros circuitos, Foghieri não teve escolha senão economizar no carro de Fórmula 1. Sem dinheiro e recursos humanos para criar um novo motor, ele heroicamente modificou o velho, pesado e volumoso motor V12 de 3,3 litros para carros esportivos — um motor que remontava diretamente ao projeto de Colombo, iniciado vinte anos antes.

Na primavera de 1966, um primeiro protótipo do modelo 312 foi transportado para o autódromo de Módena. Surtees, ainda mancando, estava ali para testar o novo carro. Também havia ali um monoposto menor e mais leve com motor V6 de 2,5 litros destinado à Tasman Series disputada na Nova

Zelândia e na Austrália. A sessão causou um impacto tremendo. O pequeno e pouco potente carro da Tasman era 2,5 segundos mais rápido ao percorrer a pista do truncado circuito de Módena. O carro maior, com motor V12, era um vira-lata desajeitado, de difícil condução, pesado e lento, que Surtees julgou instantaneamente que seria superado até pelos rivais heterogêneos da Grã-Bretanha. Esse seria o começo do fim da ligação de John Surtees com Ferrari, e desencadearia um declínio desastroso no destino da equipe.

Depois que o carro com motor V6 provou ser o mais rápido dos dois, uma disputa interna se deu para determinar se seria Bandini ou Surtees o piloto amaldiçoado com o veículo com motor V12. Como líder da equipe, Surtees assumiu a missão, simplesmente porque era o carro principal da fórmula e a honra da equipe exigia que o piloto número um estivesse ao volante. Além disso, os carros de passeio da Ferrari estavam equipados com motores V12, e se considerou importante que o vínculo filosófico de longo prazo da Ferrari com esse tipo de motor fosse explorado o máximo possível. Por isso, Surtees foi condenado ao trabalho forçado de conduzir o desengonçado carro, enquanto Bandini ficou com a missão de pilotar o carro teoricamente não competitivo — embora, na verdade, tivesse quase tanta potência como o 312 e uma condução fácil. Isso só reforçou as queixas de Dragoni a respeito da habilidade de seu favorito deixar Surtees para trás em um carro menor, enquanto Parkes continuou atormentando Ferrari e Dragoni por um lugar na equipe de Fórmula 1. Do lado de fora dos portões de Maranello, a imprensa italiana, com quem Dragoni tinha uma excelente relação, elevava a voz para que Bandini fosse promovido para a posição de piloto número um no lugar do lesionado e hesitante Surtees. Enquanto isso acontecia, Foghieri e a equipe de engenharia abastecia Ferrari com números de potência do motor e resultados de testes desenfreadamente otimistas (não era incomum que os chefes de equipe da Ferrari "editassem" os tempos dos treinos em corridas de Grand Prix quando se reportavam ao patrão, a fim de fazer a atividade parecer melhor do que realmente era). Em geral, era um período de política interna na Ferrari semelhante a dos Médici. As pressões estavam alcançando níveis insuportáveis, e alguém perderia a calma. Esse alguém seria John Surtees.

Destemidamente, debaixo de chuva, Surtees venceu a corrida no circuito de Spa, onde nada menos que sete carros bateram na primeira volta, incluindo todas as três BRM, que foram atingidas por uma ventania na metade de trás do imenso circuito. Ainda assim, Surtees teve de lutar contra o corajoso Rindt e seu pesado e envenenado Cooper-Maserati antes de finalmente vencer. Dragoni ridicularizou Surtees por não liderar toda a prova, classificando-o como escassa oposição. Isso só aprofundou o desacordo entre os dois. Toda a situação se deslindou uma semana depois em Le Mans, onde os novos carros esportivos 330 P3 enfrentaram uma *blitzkrieg* de superpotentes Ford GT40 Mk II com motor de 7 litros sob os cuidados de uma equipe anglo-americana de elite de pilotos, engenheiros, chefes de equipe e mecânico. A Ferrari enviou um trio de potentes P3 com sua carroceria magnificamente arredondada da oficina de carrocerias de Módena de Piero Drogo. Surtees fez dupla com Parkes no carro principal, enquanto Bandini e Jean Guichet, ás francês de provas de longa distância, ficaram com o segundo carro. O terceiro foi inscrito pela equipe NART de Chinetti e seria pilotado por Rodriguez e Richie Ginther (que depois de sair da Ferrari tinha voltado a se destacar ao vencer o Grand Prix do México no final da temporada de 1965).

Quando Surtees chegou a Le Mans, recebeu a informação de que Lodovico Scarfiotti fora contratado como terceiro piloto, um "reserva" dele e de Parkes — uma declaração tácita de que Maranello não considerava Surtees apto a disputar toda a corrida com um único copiloto. Essa desfeita foi o mecanismo que acionou o término do relacionamento. Surtees exigiu que Scarfiotti fosse afastado, mas Dragoni — depois o próprio Ferrari por telefone — recusou categoricamente. Bufando de raiva, Big John fez as malas e partiu para a Inglaterra. Era o fim, e mais um campeão do mundo deixava o reino da Ferrari enfurecido. Imediatamente, Surtees foi contratado pela equipe Cooper-Maserati e passou a organizar a própria equipe de Fórmula 1, que apresentou resultados medianos.

A afinada rede de bajuladores e apologistas da Scuderia logo começou a espalhar a informação de que Surtees fora demitido por diversas transgressões, incluindo suas queixas à imprensa, insubordinação e um suposto definhamento de suas habilidades após seu acidente em Mosport. Foi dito que Franco Gozzi, assessor de Ferrari, foi designado para demiti-lo depois do Grand Prix da Bélgica, mas sua vitória adiou a decisão. Então, veio o ataque de raiva no treino de Le Mans, que, segundo a claque da Ferrari, levou à sua demissão. Na verdade, foi Surtees quem se afastou, mas o orgulho corporativo de Maranello não toleraria a humilhação de um ex-campeão mundial abandonar a equipe. Sustentou-se estridentemente que Surtees fora demitido.

Apesar dos contratempos internos e da campanha de desinformação sancionada pela empresa, Ferrari divulgou seu tributo tipicamente enfadonho a Surtees, expressando profundo pesar com sua saída e desejando o melhor ao seu ex-piloto. Aparentemente, dava a impressão de que o *Commendatore* enviou Surtees para Londres com uma passagem de avião de primeira classe. Não foi bem assim. Posteriormente na temporada, John Frankenheimer estava filmando *Grand Prix* durante uma sessão privada em Monza e Ferrari compareceu para acompanhar a filmagem. Então, Surtees apareceu com seu Cooper-Maserati e pediu permissão para dar algumas voltas para testar o carro. Frankenheimer não fez restrições, mas Ferrari não só se recusou a falar com sua ex-estrela, como se opôs categoricamente a que Surtees usasse a pista enquanto ele estivesse presente.

A partida de John Surtees de Módena também gerou um ataque de raiva na casa de Ferrari. Naquela altura, Enzo Ferrari ainda fazia malabarismo em relação aos seus relacionamentos com Laura e sua amante, Lina Lardi. Aquela situação delicada sempre beirava o caótico. Às vezes, irrompia em guerra aberta, como quando Big John deixou a cidade. Ele estava morando em um apartamento na Viale Vittorio Veneto, agradável avenida ladeada por árvores, que estava sendo pago por Ferrari. No dia do retorno de Surtees para a Inglaterra, Ferrari telefonou para uma velha amiga — a mulher de um jornalista que ele conhecia há anos — e, pelo que ela entendeu, a instruiu a pegar a chave do apartamento com Surtees e entregá-la para Laura. Foi o que ela fez. Depois de pegar a chave, a mulher do jornalista se dirigiu a Maranello, onde encontrou Laura almoçando no Cavallino. Ela entregou a chave e percebeu a raiva começar a tomar conta de Laura. Algumas horas depois, a mulher recebeu um telefonema de Ferrari, que, gritando, despejou uma série de ofensas sobre ela.

A mulher, uma agressiva modenense, que sabia das fraquezas de Ferrari e não admitia desaforos da parte dele, gritou de volta. Finalmente, na confusão histérica que se desenrolou através do telefone, tudo se aclarou:

FERRARI • 383

Ferrari queria que a mulher entregasse a chave para Lina, e não para Laura. O plano era que ela e Piero se mudassem para o apartamento desocupado por Surtees. Quando Laura recebeu a chave, entendeu exatamente o que estava acontecendo e pulou sobre Ferrari como se fosse um tigre-de-bengala ferido. Esses eram os riscos de tentar manter duas casas em Módena uma perto da outra.

Embora a perda de Big John Surtees fosse um duro golpe, é duvidoso que seus talentos poderiam ter evitado a derrota que a equipe sofreu em Le Mans. Os monstros da Ford dominaram a corrida, conquistando facilmente os três primeiros lugares ante um extasiado Henry Ford II. A primeira Ferrari a terminar foi uma 275 GTB de uma equipe independente britânica, conduzida por Piers Courage e Roy Pike, que chegou em oitavo lugar, a centenas de quilômetros do primeiro colocado. Os Ford, com seus imensos motores desenvolvidos para corridas de *stock car* ao estilo do sul dos Estados Unidos, eram carros indubitavelmente melhores que os 330 P3 em todos os aspectos. Então, os apologistas da Ferrari começaram a reclamar que a pequena equipe de Maranello estava sendo esmagada pelos gigantes norte-americanos. Isso convenientemente ignorava o fato de que o gigante de Maranello, que tinha sido a equipe todo-poderosa da Fórmula 1 durante anos, estava sendo humilhado por Jack Brabham e seu motor Repco V8 — uma adaptação barata para corrida que usava o bloco de motor do Oldsmobile mencionado acima, projetado seis anos antes pela General Motors.

Simplesmente não havia desculpa para uma grande equipe de corrida como a Ferrari, dotada de legiões de engenheiros capazes e comprometidos, ser derrotada por pequenas equipes britânicas de Fórmula 1, a menos que o conservadorismo latente do chefe, juntamente com a atmosfera política debilitante fomentada por sua liderança, fosse um fator importante. Como já foi dito, grande parte do sucesso inicial de Ferrari veio contra uma concorrência fraca. Ao enfrentar uma oposição séria e empenhada, a Scuderia era, na maioria das vezes, vencida nas pistas.

A equipe de Fórmula 1 ganhou apenas mais uma corrida de Grand Prix na temporada de 1966. No Grand Prix da Itália, Scarfiotti terminou em primeiro lugar, favorecido pelos diversos problemas mecânicos dos rivais. Isso deixou os *tifosi* loucos de alegria, uma sensação rotineira motivada por toda vitória da Ferrari em Monza, mas duplicada pelo fato de que Scarfiotti era o primeiro italiano em um carro italiano a vencer a prova desde o falecido Alberto Ascari em 1952. Tais momentos eram tratados como experiências quase religiosas pelos fanáticos por automobilismo do país. Ainda assim, ficou claro para todos os outros — talvez excluindo aqueles que se agarravam ao orgulho autoilusório no interior dos muros da fábrica de Maranello — que a alegria duraria pouco. Os britânicos estavam chegando, sob a forma da iniciativa expressivamente financiada da Ford-Lotus e do novo e brilhante Ford-Cosworth DVF V8 — motor que ganharia mais corridas de Fórmula 1 (assim como corridas com carros da fórmula Indy nos Estados Unidos) do que qualquer outro na história. Ao usar esse motor bastante compacto, que fazia o Ferrari V12 parecer um motor de caminhão a diesel, homens como Jackie Stewart, Jim Clark, Graham Hill e Denis Hulme dominariam o esporte durante os próximos anos, apesar de todos os esforços da Ferrari.

A politicagem de Dragoni estava começando a afetar a Scuderia. Com certeza, a equipe sofreu com a saída de Surtees. Ele foi substituído por Parkes, que tinha se iludido sobre sua capacidade como piloto de Fórmula 1. Ele era um piloto competente ao volante de um carro esportivo, mas os monopostos nervosos e exigentes iam além de sua capacidade de pilotagem. Scarfiotti também era mais afeito aos carros esportivos e carecia da habilidade aguçada de disputar competições de Grand Prix. Apenas Lorenzo Bandini era um legítimo piloto de alto nível. Ele estava tão afetado pelo fardo de ser o campeão da Itália que, esse homem honrado e descomplicado, se viu forçado a níveis de desempenho bem além de suas capacidades emocionais e físicas. Grande parte da culpa recaía sobre Dragoni, cujo nacionalismo fervoroso contribuiu para a deserção de Surtees e deixou a equipe com um grupo de pilotos bastante motivados, mas modestamente talentosos.

Parte da responsabilidade deve ser atribuída ao próprio Ferrari, cuja manipulação da imprensa ao longo dos anos criara uma lealdade maníaca por parte dos entusiastas italianos do automobilismo. A Scuderia se tornara uma paixão nacional, em grande parte porque Ferrari tinha feito a imprensa tratar ele e sua equipe como um ícone sobre o qual se assentava a honra italiana. Essa atenção estava se revelando uma maldição e uma bênção. A imprensa estava se tornando mais volúvel na razão direta da ascendente

FERRARI • 385

estatura da empresa. Quando a Scuderia era pequena e pobre, Ferrari foi capaz de granjear simpatia por ocasionais ausências de vitórias. Mas naquele momento em que ele havia se preparado cuidadosamente como patriarca de uma equipe vitoriosa, cujos carros eram superiores a todos os outros, seus apelos por indulgência em tempos difíceis geravam cada vez menos tolerância. Ao comprarem a afirmação de Ferrari de invencibilidade com base em tecnologia superior, a mídia italiana começou a demonstrar níveis decrescentes de paciência quando a Ferrari experimentou um fracasso da magnitude da temporada de 1966.

Dragoni tinha de ir embora. Sua personalidade áspera provocou turbulências em toda a organização e, em novembro, um movimento estava em andamento para substituí-lo. Esse movimento era, em parte, motivado pela obsessão de Enzo Ferrari com a imprensa. Suas leituras do jornal matinal estavam ficando mais longas e detalhadas. As ofensas e as críticas dirigidas à empresa eram cuidadosamente anotadas e desforras eram exigidas. Os responsáveis pelas ofensas mais graves recebiam telefonemas ameaçadores ou bilhetes enigmáticos contendo ameaças tenebrosas. As ofensas menores eram devidamente anotadas e desencavadas em entrevistas coletivas posteriores, nas quais Ferrari aparecia com dossiês enormes a respeito de cada jornalista presente. Evidentemente, tinha de ser encontrado um jeito para neutralizar os ganidos de frustração da mídia. Afinal de contas, a mídia foi preparada para supor que os carros da Ferrari, equipados com os elogiados motores V12, venceriam com facilidade o campeonato de 1966, e que os intrusos grosseiros da Ford seriam contidos em Le Mans. Quando as duas coisas se desintegraram em derrotas amargas e humilhantes, a imprensa começou a gritar a plenos pulmões. Todas as manhãs, Gozzi e Ferrari usavam tocos de lápis vermelhos para registrar os ataques furiosos vindos dos ingratos que controlavam os principais jornais e revistas esportivos do país.

Uma ideia: se um dos opositores da mídia pudesse ser aliciado como chefe de equipe, isso poderia silenciar os críticos. Afinal, se esse grupo ruidoso insistia em criticar cada nova mudança de engenharia e cada decisão estratégica, por que não deixar um deles aguentar o tranco por um tempo?

Franco Lini conhecia Enzo Ferrari desde que, enquanto jovem jornalista, havia feito a cobertura da equipe para a revista *Auto Italiano*, em 1949.

Desde então, ele se tornara o principal jornalista de automobilismo do país. Em novembro de 1966, Lini estava em Portugal cobrindo o Rali da Costa do Sol quando uma mensagem telefônica foi recebida em seu hotel. Dizia simplesmente: "Ligue para Gozzi." Franco Lini tinha recebido dezenas de mensagens iguais antes. Geralmente, envolviam uma queixa sobre alguma coisa — muitas vezes inacreditavelmente trivial — que Lini escrevera a respeito da Ferrari. Considerando que era mais uma queixa, Lini ignorou a mensagem até retornar para Roma. Recebeu outro telefonema. Dessa vez era o próprio Ferrari. "Venha para Módena imediatamente. Pegue o trem noturno", exigiu ele. Apesar de se sentir intimidado, Lini ficou curioso e viajou para Módena. Chegou ao escritório de Ferrari na antiga Scuderia no início da manhã. Evidentemente, havia algo errado. Ferrari não estava barbeado. O cabelo estava desgrenhado. Parecia que ele não tinha dormido bem.

Uma vez dentro do escritório, Ferrari trancou a porta. Franco Lini não era um homem forte e passou pela sua cabeça que talvez Ferrari tivesse ficado descontrolado com os persistentes ataques da imprensa e estivesse prestes a matá-lo. Ferrari se dirigiu para trás de sua mesa e desabou sobre a cadeira. "Quanto você ganha por mês?", perguntou. Lino contou para ele. Era um bom salário. Uma vida confortável. "Dragoni se foi. Você deve se tornar o chefe de equipe", disse Ferrari sem meias-palavras. Ele ofereceu a Lini um aumento de 50% no salário e outros benefícios. A princípio, Lini recusou, alegando total falta de experiência no assunto. Ferrari insistiu. Eles passaram a tarde em negociações no Cavallino, mas nenhuma decisão foi tomada. Franco Lini voltou para casa. Finalmente, o acordo foi fechado por telex. A nomeação foi notícia na TV nacional. Seria um contrato de dois anos, com a expectativa de que Lini reorganizasse uma equipe caótica. Foghieri estava trabalhando dia e noite com Rocchi e seu pessoal para melhorar a pesada Ferrari 312. A nova fórmula de 3 litros tinha energizado o esporte. Naquele momento, seis grandes equipes enfrentavam a Ferrari com carros excelentes. As Brabham, carros de fácil condução, que tinham levado Jack Brabham ao seu terceiro título de campeão mundial no ano anterior, voltavam em ainda melhor forma. Dan Gurney, financiado pela Goodyear, tinha um novo Eagle, com um potente motor V12 pronto para a batalha, assim como a Honda, que manteve John Surtees como piloto. A BRM possuía um novo motor V12 na prancheta para substituir seu peculiar H16, enquanto a Cooper-Maserati contava com um carro confiável e de alta velocidade. Nos bastidores, havia a muito falada Lotus 49 com o novo motor Ford-Cosworth V8, embora só devesse aparecer no meio da temporada.

Lini precisava de outro piloto de alto nível. Bandini estava se esforçando e, em seus melhores dias, era capaz de correr na frente do pelotão. Mas Parkes não estava à altura da tarefa, apesar de sua crescente motivação. Pior ainda, ele era alto, com mais de um metro e oitenta, o que significava que seu corpo exigia um chassis especial com longa distância entre eixos. Isso implicava em despesa extra em um período no qual o ataque da concorrência tanto no front das provas de Grand Prix, como da Ford em carros esportivos estava esticando os orçamentos ao máximo. A economia italiana não andava bem. O norte do país estava sendo assolado por greves promovidas por uma força de trabalho cada vez mais intratável. A atividade da Ferrari foi interrompida por repetidas greves em 1966, e mais agitação era esperada durante os próximos meses do verão, quando a umidade irritava até o mais tranquilo dos temperamentos.

Lodovico Scarfiotti estava disponível, assim como Nino Vaccarella e Giancarlo Baghetti. Eram *gentlemen drivers*, especializados em carros esportivos e, ocasionalmente, capazes de pilotagens rápidas em carros de Grand Prix. No entanto, Ferrari sabia muito bem que amadores ricos eram um gênero diferente, desprovidos daquele vazio cruel na boca do estômago que motiva os verdadeiros profissionais. Ele queria um piloto como Nuvolari ou, Deus os livrasse, um Fangio, que competiria com aquela determinação brutal, impiedosa e incansável de vencer a qualquer custo. Eram homens difíceis, abusados, egocêntricos, egoístas e desprendidos, mas que conseguiam vencer. Suas lealdades eram dirigidas apenas para suas próprias necessidades monásticas, mas, quando convocados a enfrentar as adversidades terríveis de uma pista de corrida varrida pela chuva ou encharcada de óleo, ou de um carro ruim e de difícil condução, eles não vacilavam.

Naquele momento, os melhores profissionais — Clark, Gurney, Hill, Surtees, Stewart, Hulme e Brabham — estavam contratados por outras equipes e não estavam disponíveis. Franco Lini estava de olho em um neo--zelandês de 23 anos chamado Chris Amon. Filho de um próspero criador

388 • BROCK YATES

de ovelhas, Amon tinha perambulado pela cena europeia durante quatro temporadas, conquistando a reputação de ser um jovem festeiro e um piloto rápido em carros obsoletos. Naquela época, ele estava correndo na categoria Can-Am norte-americana com Bruce McLaren e, por meio de seus contatos na Firestone e na Shell, soube do interesse da Ferrari. Jovem frágil e com olhos sonolentos, Chris Amon estava longe de ser o protótipo de um piloto viril e empertigado, mas era muito talentoso, sendo uma possibilidade conveniente para o contingente depauperado de Maranello. Depois de viajar para Módena e se encontrar com Ferrari, foi contratado para a temporada de 1967. Ingênuo a respeito de política e dos níveis salariais mesquinhos da Scuderia, Amon concordou em pilotar sem salário e recebendo 50% dos prêmios em dinheiro. Mais uma vez, o *Commendatore* tinha enganado um jovem entusiasmado, que arriscaria sua vida pelo privilégio de dirigir para o último "grande construtor" do setor. Era uma honra duvidosa.

A temporada começou com um sucesso impressionante nas 24 Horas de Daytona. Uma disputa inicial entre os Ford e o Chaparral — financiado pela General Motors — do texano Jim Hall (junto com o ressurgente Phil Hill) e o atrito que se seguiu deixaram a pista livre para a Ferrari conseguir um vitória importante. Amon e Bandini pilotaram o novo modelo 330 P4 e venceram com facilidade, terminando à frente de Mike Parkes e Scarfiotti em um carro idêntico. Para completar o domínio, Pedro Rodriguez e Jean Guichet terminaram em terceiro com a Ferrari 412P mais antiga da equipe NART. Mais uma vez, o grande teste se deu em Le Mans, onde a Ferrari inscreveu as mesmas duas P4 que haviam se mostrado tão eficazes em Daytona seis meses antes. Elas enfrentaram a força total da Ford, encabeçada por uma super dupla — Dan Gurney e A.J. Foyt — que, duas semanas antes, tinha vencido as 500 Milhas de Indianápolis. De longe, Gurney era o piloto mais talentoso dos dois e impôs um ritmo prudente para a corrida, mantendo os carros da Ferrari distantes, mas preservando o sistema de transmissão bastante frágil do novo e grande Ford GT Mk IV. Seria o último grande confronto das duas equipes, e o carro de Parkes e Scarfiotti travou uma batalha corajosa até uma hora e meia do final da prova. Então, a toalha foi jogada e eles cruzaram a linha de chegada um segundo depois de Gurney e Foyt. Não só essa disputa marcaria o fim do clássico duelo entre Ford e

Ferrari em Le Mans, mas soletraria *finito* para os monstros que andavam a 400 quilômetros por hora e que atuavam como principal poder de fogo do confronto. A FIA, alarmada com as velocidades em ascensão, determinou que em 1968 as regras para as corridas de resistência autorizariam limites de cilindrada de 3 litros para protótipos de motores de corrida e de 5 litros para unidades de produção limitada. Embora os Ford competissem por alguns anos sob a bandeira da equipe Mirage, de John Wyer (com motores de 5 litros e depois com Ford-Cosworth de 3 litros), e a Ferrari desenvolvesse carros com motores de 3 litros, a luta épica que começou quando Donald Frey partiu de Maranello cinco anos antes tinha terminado.

Depois de duas provas não válidas pelo campeonato na Inglaterra no início da temporada, a primeira prova válida do calendário de Fórmula 1 aconteceu em Mônaco em 7 de maio. Amon e Bandini se apresentaram com a Ferrari 312, equipada com cabeçotes de 36 válvulas desenvolvidos por Franco Rocchi. As carrocerias dos carros eram mais finas e mais aerodinâmicas, e Foghieri tinha feito um trabalho considerável na suspensão e nos freios (esse jovem engenheiro também assumiu a responsabilidade geral de desenvolver simultaneamente o carro esportivo 330 P4 — um esforço árduo para sua pequena equipe de engenheiros). Bandini foi reconhecido como primeiro piloto da equipe e, com certeza, sentiu a mesma pressão opressiva sentida por Luigi Musso e Eugenio Castellotti. Uma coisa era um piloto italiano correr pela Scuderia em um papel secundário. Outra completamente diferente era usar o manto do número um. De repente, toda a Itália parecia esperar um empenho colossal, como se o melhor carro e o melhor piloto italiano possuíssem poderes sobre-humanos diante dos infiéis. Quanto esse fardo afetou Bandini é uma incógnita, exceto que ele pilotou com determinação excepcional no treino em Mônaco e se classificou em segundo lugar, enquanto Amon não conseguiu nada melhor do que um décimo terceiro lugar. O italiano fez uma excelente largada e liderou a primeira volta à frente da Brabham de Denis Hulme, mas depois caiu para o quinto lugar atrás de Stewart, Surtees e Gurney. A bomba de combustível da Eagle de Gurney quebrou, assim como o anel e o pinhão do carro de Stewart. Bandini ultrapassou Surtees e ficou em segundo, atrás de Hulme. Ele dirigia como se fosse a corrida de sua vida. Quando a prova se encaminhava para a sua etapa final, Bandini mantinha o segundo lugar. Ao contornar a mesma chicana ao lado do porto que fez Ascari mergulhar no mar, em 1955, Bandini derrapou. A Ferrari atravessou uma barreira, saltou sobre alguns fardos de feno ao lado da pista e capotou, ficando de cabeça para baixo no meio da pista. Os tanques de combustível se romperam e derramaram gasolina sobre os escapamentos incandescentes, e o carro irrompeu em chamas. Antes que as equipes de resgate (que não tinham trajes à prova de fogo) pudessem apagar as chamas, Bandini estava com o corpo horrivelmente queimado. Hulme conduziu o carro através dos destroços fumegantes e conseguiu uma vitória sombria, enquanto Amon terminou em terceiro.

Bandini foi levado às pressas para o hospital com queimaduras de terceiro grau. Ele ainda sobreviveu alguns dias antes de morrer. Mais uma vez, a Itália mergulhou no luto. Mais uma vez, começaram os ataques contra Ferrari e o esporte, com acusações de que o carro de Bandini não era seguro: um verdadeiro caixão cheio de combustível. Era um absurdo. Embora a tecnologia moderna de acondicionar combustível volátil em carros de corrida não existisse, não restava dúvida de que a 312 de Bandini possuía o melhor acondicionamento disponível para a época. Apesar de tudo, Enzo Ferrari construía carros que eram mais fortes e mais seguros do que precisavam ser.

O funeral de Bandini foi realizado em Milão, onde milhares de pessoas compareceram para prantear o herói morto. Até mesmo Enzo Ferrari ficou triste ao fazer a viagem para o enterro e para a vigília posterior no apartamento de Bandini. Por acaso, o apartamento ficava no sétimo andar, de modo que o *Commendatore* de 69 anos, que tinha medo de elevadores, teve de subir a escada para chegar ao encontro.

Exatamente um mês depois, outro tipo de desastre atingiu a equipe. Jim Clark e Graham Hill chegaram ao Grand Prix da Holanda com a reverenciada e temida Lotus 49 e seu novo e potente motor Ford-Cosworth V8. Clark, que, na época, morava em Paris para evitar os impostos ingleses, nunca tinha visto o insinuante carro verde e amarelo antes de conduzi-lo ao *paddock* de Zandvoort. Hill, seu arrojado companheiro de equipe, já tinha feito diversos testes com o carro potente, mas estava um tanto nervoso. A Ford da Inglaterra investiu mais de 250 mil dólares com a Cosworth Engineering para criar o motor e talvez uma quantia igual com a Lotus Cars de Colin

FERRARI • 391

Chapman para desenvolver o avançado chassis. Os carros foram chocantemente rápidos desde o momento que arrancaram através da longa fileira dos boxes. Hill conquistou a *pole position* com relativa facilidade, enquanto a falta de familiaridade de Clark com o motor de alta rotação o enviou para a oitava posição no grid de largada. No entanto, na corrida, com a quebra do motor de Hill depois de dez voltas, Clark lentamente se acomodou na sela de sua nova montaria e avançou até assumir a liderança. Ele venceu com facilidade e foi cercado no pódio por dezenas de executivos da Ford que tinham atravessado o Canal da Mancha com apreensão para testemunhar a estreia de seu novo investimento. As Ferrari de Amon, Parkes e Scarfiotti terminaram em quarto, quinto e sexto, respectivamente, e foram relegadas ao papel de coadjuvantes em toda a competição.

Ficou claro para Franco Lini que, além do recém-chegado Amon, sua equipe carecia de um piloto de alto nível. Ele precisava corrigir isso, embora o senso comum em Maranello considerasse que os carros eram tão bons que qualquer piloto poderia ganhar com eles. Essa ideia absurda flutuava de acordo com o sucesso da equipe. Nas vitórias, alardeava-se que os pilotos eram peões no jogo, mas os fracassos eram geralmente atribuídos aos indolentes, covardes e ineptos ao volante. Lini era um homem mais prático. Ele percebeu que Parkes e Scarfiotti não estavam à altura da tarefa de conduzir os potentes, mas nervosos 312, e começou a procurar novos talentos. Três nomes chamaram sua atenção. Jack Ickx, filho de um importante jornalista belga especializado em automobilismo, estava se destacando na condução de carros de fórmula menor e mostrava grande potencial. Jackie Stewart era um jovem escocês que parecia, como piloto, ser quase um clone do grande Clark. O terceiro era uma estrela de Indianápolis e de pistas de terra dos Estados Unidos chamado Mario Andretti. O trio — em particular Andretti — demostrava o tipo de destemor que Ferrari desejava em seus pilotos. Andretti era italiano de nascimento e foi criado perto de Trieste antes de imigrar com sua família para os Estados Unidos. Aos 27 anos, ele era uma estrela em ascensão no automobilismo norte-americano, e parecia um candidato natural para a Ferrari. No entanto, naquele momento, seu compromisso com competições do tipo de Indianápolis era total, e seu interesse pela Fórmula 1 ficou limitado à sua agenda nos Estados Unidos.

Ferrari imaginou esse jovem italiano voltando à sua terra natal e ganhando pela equipe do cavalo rampante, mas tempos depois sentiu raiva ao saber que Andretti costumava dizer que o melhor dia de sua vida foi aquele em que recebeu a cidadania norte-americana. Posteriormente, tanto Ickx quanto Andretti correriam pela Ferrari e conquistariam vitórias importantes, mas nenhum deles se tornaria a reencarnação de Tazio Nuvolari que dominava os sonhos do *Commendatore*. Stewart, homem sagaz e sem ilusões, visitou Maranello e não gostou do que viu. Ele preferiu permanecer com o inglês Ken Tyrrell, cuja pequena equipe produziria diversos carros excelentes e geraria três campeonatos mundiais para o seu principal piloto.

Por mais que tentasse, Chris Amon nunca conseguiu uma vitória em uma prova de Grand Prix com a Ferrari ou, aliás, com qualquer outra equipe. Nenhum piloto de primeira classe na história do esporte foi mais azarado. Reconhecido pelos seus colegas como um piloto de alto nível, o simpático neo-zelandês liderava corrida após corrida, mas sempre enfrentava problemas mecânicos: cabos de acelerador quebrados, tubulações de água com vazamento ou bombas de combustível defeituosas. Ele lutou com unhas e dentes pela Ferrari por três temporadas e nunca conquistou uma vitória.

Além disso, toda a responsabilidade pelas competições de Grand Prix da Ferrari logo recaiu sobre seus ombros. Em sua segunda corrida pela equipe, no Grand Prix da Bélgica, a falta de sorte voltou a se manifestar. Na primeira volta da corrida pelo temível circuito de quase 13 quilômetros, Parkes derrapou em um vazamento de óleo da BRM H16 de Jackie Stewart e, na curva à esquerda de Blanchimont, saiu da pista a 240 quilômetros por hora. Amon, que estava imediatamente atrás, observou, horrorizado, o carro de Parkes bater em um barranco e arremessar seu robusto piloto no gramado como uma boneca de pano. Amon seguiu em frente, convencido de que Parkes tinha morrido. Corajosamente, ele conseguiu terminar a prova em terceiro. Scarfiotti também testemunhou o acidente e imediatamente perdeu a vontade. Atordoado, cruzou a linha de chegada em um distante décimo primeiro lugar. Mike Parkes sobreviveu, mas as graves lesões na perna encerraram sua breve e infeliz carreira na Fórmula 1. Ele continuaria a competir com carros esportivos depois de se recuperar e permaneceria na Ferrari como engenheiro e piloto de desenvolvimento até morrer em um

FERRARI • 393

acidente rodoviário a caminho de Turim. A experiência de Spa também eliminou Scarfiotti como piloto de corridas de Grand Prix, deixando apenas Amon para defender as cores da equipe (infelizmente, Scarfiotti morreu um ano depois durante uma corrida de montanha de menor importância).

No meio da desastrosa temporada, Amon se juntou a um inglês chamado Roger Bailey, que fora afastado do programa de corridas de *gran turismo* da Ford. Bailey era um técnico de corridas inspirado, e foi contratado para atuar como mecânico pessoal e compatriota de Amon entre os italianos. Rabugento, com instinto único para carros de alto desempenho, Bailey logo se assimilou no ambiente de Maranello, ainda que não falasse uma palavra de italiano. Ele descobriu que os macacões da fábrica tinham apenas um tamanho, com homens menores dobrando as mangas e as pernas da calça, e que a regra de não fumar nas oficinas era ignorada. Como no passado, sempre que o *Commendatore* aparecia, os cigarros eram enfiados dentro das caixas de ferramentas, criando a estranha impressão que centenas de alicates e chaves de fenda estavam soltando fumaça pelo uso excessivo. Claro que Ferrari entendia o que estava acontecendo, mas preferia ignorar a realidade em favor da ilusão.

Bailey, então estabelecido nos Estados Unidos e membro proeminente da comunidade automobilística de Indianápolis quando este livro foi escrito, lembrou-se daqueles tempos na Ferrari com alegria e grande carinho. Ele se recorda de pegar a estrada para Abetone todas as manhãs com sua moto de 50 cavalos para ir ao trabalho e sentir o cheiro ácido de inseticida dos vinhedos e pomares, e também dos longos almoços no Cavallino com Piero Lardi, que sempre mantinha um olhar temeroso para o lado de fora, para que não se defrontasse acidentalmente com Laura. Naquela época, os mecânicos de corrida costumavam ser pagos na moeda do dinheiro do prêmio da última corrida. "Gozzi entregava pesos argentinos, florins holandeses e schillings austríacos e, quando você os trocava por liras ou libras esterlinas no banco, não recebia quase nada", afirma. Naquela época, Franco Gozzi aparecia regularmente nas corridas e cuidava de todos os detalhes não diretamente relacionados à pista, até mesmo preparando panelões de macarrão para Bailey e para o restante do pessoal na área do paddock. Em meio à pressão, aos bate-bocas e à pressa insana para constantemente modificar os carros em busca de maior velocidade, Bailey recorda um encanto simples e descontraído do automobilismo que há muito tempo foi substituído por um profissionalismo duro e sem graça.

"Mike Parkes tinha um apartamento no parque atrás da casa do velho Ferrari. Era no Martini della Liberia, acho, e Lina e Piero moravam no mesmo prédio. Nas noites quentes de verão, víamos o velho chegar. Ele tinha acabado de passear pela praça Garibaldi por algumas horas. Todos sabiam sobre o arranjo, mas ninguém dizia uma palavra. Por outro lado, eu me dava muito bem com Laura. Para mim, ela parecia normal, exceto quando avistava o pobre Piero. De vez em quando, eu conversava com ela no Cavallino. Ela adorava o chocolate com menta After Eight inglês, e eu sempre trazia para ela quando voltava de Londres."

Bailey penou com a falta de sorte de Amon na Fórmula 1 e viajou o mundo com ele em busca do sucesso. Eles o encontraram no inverno de 1968-69 na Nova Zelândia e na Austrália. A Tasman Series foi organizada para carros de corrida com motores de produção em série de 2,5 litros. A Ferrari criou carros especiais para Amon e o recém-chegado Derek Bell, uma brilhante esperança inglesa que posteriormente ganhou fama com a Porsche como piloto de provas de resistência. Chris venceu a Tasman — que atraiu a maioria das estrelas mundiais de Grand Prix — com facilidade. "Foi uma vitória prestigiosa para a fábrica em um período bastante pobre", afirma Bailey. "Fizeram uma festa para nós quando voltamos para Módena. Ferrari me deu um relógio com o cavalo rampante no mostrador. Chris não ganhou nada!"

Foi durante tal período que a Ferrari ficou famosa por seu trabalho de boxe desastrado. O caos na troca de um pneu ou de um simples reabastecimento se tornou uma atração mundial. Ninguém, antes ou depois, conseguiu duplicar aquela loucura completa. "Era inacreditável", afirma Bailey. "Eu me lembro da primeira corrida de carros esportivos que trabalhei no boxe. Tivemos uma reunião. Cada mecânico recebeu uma tarefa específica: roda dianteira direita, reabastecimento, roda traseira esquerda etc. Tudo foi muito bem definido. Foghieri planejou tudo com perfeição. Recebi a tarefa de trocar o pneu traseiro direito. Durante a corrida, o carro entrou no boxe e freou bruscamente. Pulei de encontro à parede e, para minha surpresa, encontrei

FERRARI • 395

outros mecânicos tentando retirar a roda traseira direita!" Em 1969, em Sebring, Bailey estava reabastecendo a Ferrari 312 P de Chris Amon e Mario Andretti. Então, Mario abriu a porta do carro durante uma apressada troca de piloto e deslocou a mangueira, que despejou litros de gasolina dentro do *cockpit*. Durante seu turno, Amon foi obrigado a pilotar com uma poça de gasolina de alta octanagem em torno de seus pés, como se ele estivesse a bordo de um barco a remo furado. "Nunca mais voltaremos a ver coisas assim nos pit stops da Ferrari", afirma Bailey.

Com certeza, parte do problema era a insistência de Ferrari em estar em todos os lugares ao mesmo tempo — em espírito, ao menos. Naquele período, a Scuderia estava competindo na Fórmula 1 e Fórmula 2, na Tasman Series, na categoria Can-Am, nas principais corridas de resistências com carros esportivos e nos campeonatos europeus de corridas de montanha. Franco Lini tentou convencer Ferrari que as exigências sobre Foghieri e sua equipe de engenharia eram muito pesadas. Insistiu que os recursos da equipe, tanto financeiros como físicos, eram insuficientes para uma disputa tão ampla. Mas ele era uma voz no deserto. Muito orgulho, muita tradição e muita bravata interfeririam no caminho do pensamento prático. Muitos dos que estavam ao redor do *Commendatore* estavam com ele desde o início, quando um único motor e um simples chassis podiam ser remendados e convertidos para diversas finalidades. Com certeza, a venerada fundição e homens engenhosos como Rocchi e Foghieri podiam inovar e modificar o suficiente para competir contra os modestos *garagistas*.

No final da temporada de 1968, ficou evidente que o velho motor V12 tinha sido irremediavelmente superado pelo "Cossie" DFV. O motor inglês não só era mais potente, como também era mais leve e mais compacto, o que ajudava a condução. Foghieri se empenhou e adicionou um aerofólio móvel para o Grand Prix da Bélgica, tornando-se assim a primeira equipe de Fórmula 1 a instalar tal dispositivo (embora o Chaparral norte-americano usasse um aerofólio há diversas temporadas). Mas era simplesmente um paliativo.

Em 1968, Ickx foi trazido para a equipe e conseguiu vencer o Grand Prix da França, enquanto a falta de sorte de Amon continuou. Além disso, desenvolveu-se um atrito entre os dois, porque o arredio belga não gostava de testes, deixando para Amon a maioria dos testes de desenvolvimento em Módena e Monza. A equipe se ressentia muito da falta de um túnel de vento em escala natural e de uma pista de teste de verdade. O autódromo na periferia da cidade já estava obsoleto como pista para testar os carros de corrida ultrarrápidos da época, e Monza ficava a 160 quilômetros de distância — um pesadelo logístico. Havia planos em andamento para atualizar o antigo circuito em Imola, próximo de Módena, mas a conclusão estava a vários anos de distância. Ferrari possuía uma quantidade de terras na estrada para Abetone suficiente para construir uma pista de teste particular, mas no mundo fluido e em rápida transformação da tecnologia automobilística do final da década de 1960, era simplesmente uma das centenas de prioridades dentro de um orçamento limitado.

De 1968 a 1969, as vendas de carros caíram mais de 100 unidades, de 729 para 619, adicionando mais tinta vermelha ao livro contábil. Grande parte dessa redução se deveu ao mercado norte-americano, que então representava quase metade das vendas de carros de passeio. O Congresso norte-americano estava prestes a estabelecer padrões rigorosos de emissão de gases de escape e de segurança, o que aumentaria os custos de produção. Naquela altura, a Ferrari era uma empresa média, capaz de gerar lucro em uma economia e um mercado estáveis, mas carecia de recursos financeiros para uma expansão muito necessária. Para complicar as coisas, havia a insistência de Ferrari em competir em diversas frentes, enquanto homens como Franco Lini insistiam para que ele limitasse seus esforços à Fórmula 1, onde a força total de sua pequena, mas dedicada equipe de engenharia poderia se concentrar.

Enzo Ferrari tinha se tornado então prisioneiro de sua imagem pública cuidadosamente forjada. Ele havia se retratado como o porta-estandarte do destino do automobilismo italiano, uma espécie de cavaleiro errante motorizado, que estava preparado para defender a honra nacional a todo custo contra os intrusos estrangeiros. O público que o adorava havia comprado a imagem na totalidade e pagava um preço alto em uma espécie de devoção irracional sem precedentes em um grande esporte. Enzo Ferrari tinha se tornado um ícone, um pater família de um país carente de respeito na comunidade internacional. A Itália simplesmente não era levada a sério como potência europeia. Os governos caóticos, a economia instável, o flagelo da Máfia, a esquerda política indisciplinada e a pobreza do sul tinham apagado há muito tempo as lembranças do "milagre econômico" do pós-guerra. Pequenos triunfos como a Scuderia Ferrari se tornaram pontos focais de paixão para uma população desejosa de vitória e notoriedade. No entanto, assim como todos os amantes do frívolo, a devoção era cruelmente volúvel. Para as multidões que compareciam todos os anos no Grand Prix da Itália, agitando gigantescas bandeiras amarelas e vermelhas da Ferrari, como revolucionários franceses atacando a Bastilha, a vitória da Scuderia gerava celebrações insanas. Mas a derrota provocava raiva e frustração. Com a queda na fortuna vinham os ataques brutais da imprensa. Os grandes jornais — *Gazzetta dello Sport, L'Unita, II Giorno* — possuíam equipes de jornalistas especializados em automobilismo cuja principal missão era produzir artigos diários sobre o destino da Scuderia. Nas temporadas de sucesso, como em 1964, os artigos eram otimistas, repletos de fanfarronices e vanglórias hiperbólicas acerca do sucesso da equipe. Contudo, nos períodos de seca, como 1967, 1968 e 1969, quando apenas uma vitória em Grand Prix foi registrada, os jornalistas se transformavam em matilhas de lobos uivando nos portões da fábrica. Rumores sem fim eram veiculados, artigos absurdos eram impressos como verdade e as atividades dentro da Scuderia degeneravam em novelas totalmente falsas e sensacionalistas.

Ferrari, então com 70 anos e obcecado pelo papel que criara para si mesmo, afligia-se com esses ataques. Cada artigo era examinado em detalhes, e mais atenção era dada às refutações e às ameaças de vingança do que aos trabalhos de Foghieri e sua equipe de engenharia. Cada vez mais tempo era gasto com Gozzi na elaboração de comunicados de contra-ataque à imprensa, com os textos editados, refinados, editados de novo, analisados e revisados como se fossem bulas papais ou declarações de guerra. Gozzi escrevia o texto, depois apresentava para Ferrari, que fazia anotações cuidadosas com sua costumeira caneta de tinta roxa. Então, o texto era entregue a Valerio Stradi, secretário pessoal de Ferrari de longa data, para ser datilografado. Outros funcionários eram consultados e o comunicado era editado repetidas vezes. Às vezes, um aviso rotineiro de mudança de horário na apresentação de um novo modelo consumia dias antes de ser entregue à imprensa. A preocupação com as opiniões da mídia nacional começou a ocupar cada vez mais o tempo de Ferrari, pois as preocupações com sua imagem pessoal transcendiam os próprios negócios.

Um componente do drama lúgubre de Ferrari que permaneceu desconhecido do público era Piero. Naquela altura, a imprensa conhecia plenamente a situação, mas permanecia em silêncio, por medo ou em deferência ao antigo costume de manter os assuntos familiares no que era polidamente chamado de "vida privada". Piero tinha então 23 anos e se tornou um rapaz alto de pele escura e grandes olhos melancólicos. Ele era bem abastecido com dinheiro pelo seu pai e conseguia manter uma vida razoavelmente normal longe da fábrica. Em 10 de fevereiro de 1968, ele viajou para Cesena, nas proximidades de Forli, e se casou com Floriana Nalin. O casal retornou a Módena para organizar a vida doméstica e, um ano depois, nasceu Antonella, a única filha do casal. Seria a única neta de Enzo Ferrari.

Embora as revelações sobre Piero enfurecessem e constrangessem Ferrari durante as negociações com a Fiat, ele lentamente ganhou controle em sua perpétua luta com a imprensa. Quer ele fosse o alvo das críticas ou o herói do dia, Ferrari sempre tentou manter o controle do jogo. As vitórias traziam testemunhos eloquentes da coragem de seus pilotos e do talento de seus engenheiros, todos trabalhando em harmonia em favor da casa real da Ferrari. Em público, ele era polido nos momentos de triunfo e derrota, mas suas reações privadas eram geralmente exageradas. Nas temporadas em que as vitórias eram tão raras quanto um dia de verão sem mosquitos em Módena, ele regia a imprensa como um maestro, reclamando dos formuladores de regras internacionais, da injustiça das corridas, da falta de dinheiro, dos persistentes problemas trabalhistas e de seus funcionários sobrecarregados, mas mantendo de reserva a suprema ameaça de aposentadoria do esporte. Naquela altura, aquilo já tinha virado um bordão — ele havia declarado tantas vezes ao longo dos anos que a Scuderia não poderia mais continuar que se tornou uma piada dentro do círculo de jornalistas que cobriam o automobilismo. A maioria enxergava tais ameaças como estratagemas flagrantes para gerar mais apoio financeiro ou como recriminações ressentidas contra um país que não estava oferecendo apreço suficiente. Aqueles que o conheciam melhor sabiam que Ferrari nunca se aposentaria. Havia pouco mais em sua vida além de corridas de automóveis. Era simples assim.

Embora evitasse qualquer papel na política e, de fato, se recusasse a viajar para Roma — cidade que desprezava —, ele se tornara uma grande figura pública e um homem com considerável poder em Módena e arredores. Naquele momento, em que os Orsi tinham deixado de exercer influência com a Maserati, então alinhada com a Citroën, Enzo Ferrari permanecia o rei dos automóveis da cidade. Se ele tinha um rival em relação ao título de empresário mais importante de Módena, provavelmente era Giorgio Fini. A família Fini havia expandido sua pequena fábrica de salsichas e a transformado em uma grande empresa de serviços alimentícios, que incluía uma rede de restaurantes de estrada e indústrias de processamento de alimentos. Também era dona do restaurante de maior prestígio em Módena e do antigo hotel Real (renomeado como Real-Fini), que ficava na frente da casa de Ferrari. Outro nome modenense estava se espalhando para além dos limites da antiga cidade. Era o de um prodígio deslumbrante, cuja presença operística instigante logo lhe renderia fama e adoração mundial. Seu nome era Luciano Pavarotti.

Enquanto os dois homens ganhavam fama e estatura para rivalizar com a sua, Enzo Ferrari manteve um relacionamento cordial com ambos. Tanto Ferrari como Giorgio Fini foram nomeados Cavaleiros da Indústria, uma honraria concedida a italianos comercialmente bem-sucedidos. Ferrari tendia a tratar o mais jovem Fini — que tinha atendido o *Commendatore* como garçom quando jovem no restaurante da família — como um igual. Quando o *dottore* Fini estava se recuperando de uma complexa cirurgia cardíaca em um hospital de Houston, no Texas, recebeu um telegrama de Ferrari com uma única palavra: "*Forza!*" ("Força!")

Naquele momento, apesar de sua proeminência, Ferrari mantinha sua programação regular, mas ele e Pepino se dirigiam para o trabalho por estradas secundárias, evitando os pequenos aglomerados de fãs que o esperavam do lado de fora dos portões principais da fábrica. Ele só comia na área privada nos fundos do Cavallino ou em recintos igualmente isolados em seus lugares favoritos de Modena, como o Fini, Orestes ou Bianca, onde costumava jantar com seus colaboradores não ligados ao automobilismo, como Benzi ou o brilhante Giocomo Coughi, que cuidava de seus assuntos financeiros e legais. As mulheres permaneciam como uma parte regular de sua vida, além das exigências imediatas de Laura e Lina. Naquela altura, Fiamma Breschi já havia saído de sua vida. Ainda assim, as mulheres o obcecavam e, à medida que envelhecia, as conversas particulares giravam mais em torno delas do que dos automóveis. Mas tanto elas quanto os carros serviam mais como ornamentos do sucesso do que como o sucesso em si. Se fosse diferente, por que Ferrari teria tratado mulheres e carros com tanto desdém? De fato, ele era um amante prodigioso, mas, na melhor das hipóteses, sua afeição pelas mulheres era superficial. Sua relação com os automóveis, considerada pelos seus fãs como uma paixão profunda e permanente, também é suspeita. Eles eram meios para um fim, instrumentos de engrandecimento e de reforço pessoal de um ego que provavelmente era bastante frágil sob toda afetação e arrogância. Um de seus colaboradores pessoais mais próximos disse: "Apenas três coisas realmente importavam para Enzo Ferrari: proeminência, posses e prestígio. Todo o resto era fachada."

As audiências eram concedidas a poucos favorecidos, embora até personalidades como o xá do Irã, cliente habitual, tivessem que esperar antes de ingressar no sombrio misto de santuário e escritório da fábrica. Ali, Ferrari contava histórias espirituosas e ofertava observações filosóficas obscuras e floreadas a uma série de clientes ricos, homens de negócios e jornalistas, alguns dos quais convocados a Maranello para levarem uma bronca por veicularem uma afronta à empresa. Sua mesa era enorme e sempre sem papelada. As gavetas eram um verdadeiro depósito de vendedor de suvenires. Seu conteúdo era distribuído de acordo com o status do visitante. Os de nível baixo recebiam chaveiros ou broches portando o símbolo do cavalo rampante (que Ferrari tentou registrar até descobrir que a cidade alemã de Stuttgart detinha o direito de propriedade). Os clientes de nível médio recebiam belos lenços de pescoço de seda, também adornados com o *Cavallino Rampante*, enquanto dignitários importantes eram presenteados com exemplares autografados da última edição da autobiografia frequentemente revisada, reimpressa e atualizada, que tinha nascido como *My Terrible Joys*.

Um dos importadores europeus mais importantes da Ferrari se lembra de sua visita à fábrica com um rico conde seduzido pela mística da Ferrari. O importador conseguiu uma audiência com o *Commendatore* e informou que o conde havia comprado seis Ferrari, era um cliente excelente e seu grande desejo era receber um exemplar autografado do livro.

"Impossível", respondeu Ferrari, resmungando. Então, ele esticou o braço até uma gaveta para apanhar um lenço de pescoço, olhou para o conde e perguntou: "Você tem uma amante?" O conde ficou surpreso demais para responder. Ferrari repetiu a pergunta: "Você tem uma amante ou não?" Finalmente, o conde falou sem pensar: "Sim." "Tudo bem, então", disse Ferrari. Em seguida, voltou a esticar o braço até a gaveta e apanhou um segundo lenço de pescoço.

A coleção de suvenires também era utilizada para pequenos subornos. Certa manhã, Roger Bailey foi cronometrado em excesso de velocidade na estrada para Abetone, na altura do vilarejo de Formigine, a alguns quilômetros de Módena. Ele estava dirigindo o Fiat 500 cc de Chris Amon para Maranello. Mais tarde, Bailey foi chamado ao escritório de Ferrari, onde foi confrontado por dois policiais irritados de Formigine que o perseguiram até a fábrica. Após muita gritaria, Ferrari levou o confronto a um fim dizendo: "Roger Bailey é o valioso mecânico de nosso grande piloto, Chris Amon. Se vocês mexem com ele, mexem com Chris Amon, que, por sua vez, mexe comigo e com a Scuderia Ferrari. Não pode ser." Então, Ferrari entregou aos policiais uma coleção de chaveiros, broches e outros pequenos itens que poderiam ser vendidos por valores substanciais na rua. A ocorrência acabou ali.

No final de 1968, frustrado com sua incapacidade de alterar a inércia do ego e da tradição, Franco Lini pediu demissão e voltou para o jornalismo. À medida que os anos sombrios da década de 1960 chegavam ao fim, Enzo Ferrari, em uma idade em que a maioria dos homens desfrutava há muito tempo da aposentadoria, estava prestes a começar um grande renascimento para si e para sua sitiada empresa.

Desde o acordo de 1965 entre a Ferrari e a Fiat para construir o motor Dino e suas diversas versões automotivas, ficou claro que as duas empresas estavam se aproximando de uma aliança. Era razoável supor que a SEFAC estava em um impasse. Seriam necessárias grandes injeções de capital para permanecer no setor de fabricação de carros de luxo, o que, junto com a Porsche, a Mercedes-Benz, a Jaguar, a Lamborghini e a BMW, evidenciava uma recente força no mercado. Todos esses fabricantes tinham o apoio de muito mais força financeira do que a relativamente pequena empresa de

402 • BROCK YATES

Maranello. Quer Ferrari gostasse ou não, os carros de passeio eram o cerne de sua amada equipe de corrida. Sem os lucros advindos da venda deles (o lucro líquido de estimados 200% pelos carros de passeio chamativos, mas de fabricação relativamente barata), a equipe de Fórmula 1 — muito menos o departamento menor de carros esportivos — simplesmente não poderia ser capitalizada.

Naquela altura, a Fiat era o conglomerado industrial mais poderoso da Itália e uma força importante no cenário econômico europeu. Graças a um relacionamento amistoso com o governo, a família Agnelli criou um conjunto de taxas alfandegárias que tornava os carros importados absurdamente caros na Itália. Isso dava à Fiat o equivalente a um monopólio nacional no setor automobilístico. Mas, sem concorrência em casa, faltavam estímulos de qualidade e engenharia e os produtos da Fiat eram notavelmente fracos no mercado de exportação. Por exemplo, diversas tentativas foram feitas para vender carros Fiat nos Estados Unidos, mas todas fracassaram devido a uma linha de produtos de qualidade inferior. Evidentemente, a Fiat tinha um problema de imagem internacional que precisava ser corrigido para aumentar as vendas na arena competitiva do Mercado Comum Europeu. Que melhor maneira havia do que abraçar o prestígio e a mística do famoso cavalo rampante de Maranello?

Reciprocamente, que melhor maneira havia para Enzo Ferrari recuperar sua vantagem sobre a concorrência do que mergulhar nos bolsos inesgotáveis do régio Giovanni Agnelli e sua riquíssima Fiat S.p.A.?

Quando e como as negociações começaram é uma incógnita, mas se presume que Ferrari e Agnelli começaram a conversar informalmente sobre uma aliança em 1967-68, com os detalhes legais sendo finalmente resolvidos no início do verão de 1969. Com base na experiência com a Ford e nos comentários subsequentes de Agnelli, pode-se supor que Enzo Ferrari não desistiu do controle sem luta. Ali estava um homem que venceu pelo próprio esforço, cheio de orgulho, que não estava disposto a ser engolido como um Jonas impotente. Embora fosse uma entidade minúscula no mundo industrial, sua empresa era gigante em termos de prestígio, uma butique automotiva mais comparável a Coco Chanel, Cartier, Gucci, Christian Dior do que a um monólito industrial fumegante, enevoado e opressivo que era a Fiat.

FERRARI • 403

Seria uma aliança baseada em necessidades antagônicas. Para Ferrari, era uma solução simples para capitalizar seu negócio desconjuntado, mas, para Agnelli, o patrício turinês, era uma aventura em um grotão cinzento, procurando em um plebeu presunçoso os mais preciosos dos ingredientes: status e respeito. Ele os encontraria em Módena, por aproximadamente 7 bilhões de liras. Eram aproximadamente 11 milhões de dólares, uma quantia consideravelmente menor do que a oferecida pelos Mecom ou pela Ford, embora a Fiat ganhasse menos da metade da empresa a curto prazo. O acordo foi tão atraente para Ferrari que ele até viajou para Turim para assinar os documentos finais — uma cidade que ele não visitava há décadas e um exemplo clássico da montanha que visitava Maomé.

Em 21 de junho de 1969, a aliança foi anunciada com uma declaração enigmática da Fiat: "Após uma reunião do presidente da Fiat, dr. Giovanni Agnelli, com o engenheiro Enzo Ferrari, com a intenção proeminente de assegurar a continuidade e o desenvolvimento dos automóveis Ferrari, decidiu-se que o apoio e a colaboração técnica do passado serão transformados ao longo do ano em um empreendimento conjunto." Isso veio no rastro de mais uma das promessas enfadonhas de Ferrari de que ele se aposentaria das competições depois do Grand Prix da Itália a ser disputado em setembro. Evidentemente, a aliança com a Fiat tornava obsoleta a promessa e abria grandes e novas perspectivas. Também era uma espécie de vingança para Ferrari. Em seu livro, Gino Rancati dá uma pista da mentalidade de Ferrari ao comentar: "O processo posto em ação foi para eliminar a vergonha de 1918, quando Ferrari não foi aceito pela Fiat." Com certeza, há muito tempo, Enzo Ferrari se esquecera de que não conseguiu um emprego na Fiat cerca de *cinquenta* anos antes. Com certeza, não tinha alimentado aquele pequeno abcesso de amargura por meio século e, naquele momento, mediante seu próprio jeito intricado, considerou a conta liquidada. Ou não?

Seja qual for o caso, foi um acordo incrível. Por alguns bilhões de liras, a Fiat recebeu 40% das ações da Ferrari. Enzo Ferrari reteve 49%, a serem cedidos à Fiat depois de sua morte. Pininfarina recebeu 1%, enquanto Piero Lardi, o jovem ainda nas sombras da família, ganhou 10%. De certa forma, o arranjo foi semelhante ao quase concluído com a Ford. Ferrari teria o controle total da equipe de corrida, enquanto a Fiat cuidaria da área de carros de passeio.

Independentemente dos mitos construídos em torno de Enzo Ferrari e seus carros de passeio posteriores — como o 308 GTB/GTS, o 328 GTB/GTS Boxer, o 512 BB Boxer, o F40 Automatic —, ele não tinha quase nada a ver com a criação deles. O último carro de passeio que pode legitimamente ser considerado como uma Ferrari de verdade foi o 365 GTB4 Daytona. Os automóveis subsequentes eram mais semelhantes a modelos Fiat de produção limitada (ou modelos Ferrari de produção em série) do que semelhantes a carros clássicos quase de corrida de outrora. De fato, durante as primeiras fases de planejamento após a aliança entre Fiat e Ferrari, a equipe de gestão de Agnelli considerou seriamente ampliar a produção da Ferrari para níveis semelhantes ao da Jaguar, ou seja, 20 mil carros por ano. Porém, por motivos de investimento, comercialização etc., decidiu-se aumentar a produção de Maranello aos poucos. Em 1971, a produção ultrapassou a marca de mil carros e, no final da década, superou a marca de dois mil carros. Em 1988, ano da morte de Enzo Ferrari, a produção totalizou 4.001 carros — número bastante superior à produção insignificante de 619 carros no ano em que o acordo com a Fiat foi consumado.

Com certeza, uma nova era estava prestes a despontar na pequena Maranello sitiada. A Fiat poderia fazer o que quisesse em relação aos carros de passeio. Enzo Ferrari não daria a mínima. Em particular, ele permanecia francamente desdenhoso dos escravos de status que os compravam. Sua paixão pelas corridas não tinha diminuído e, com a conta bancária da Fiat por trás dele, estava pronto para contra-atacar a Lotus, a Ford, a Porsche, a BRM e todos as outras equipes surgidas do nada, e também os canalhas da imprensa italiana. Essa sim seria a verdadeira vingança.

CAPÍTULO 17

Com os cofres abarrotados de liras da Fiat, Enzo Ferrari estava pronto para cobrar algum tributo dos zombadores que o ridicularizaram nos últimos três anos. Novos motores e chassis estavam sendo aprontados para os carros de Fórmula 1 e para os carros esportivos. Melhor ainda, a Fiat estava financiando uma nova linha de carros de passeio ultra-potentes, que ajudariam a recuperar tal mercado. No geral, Ferrari poderia esperar por 1970 — e pelo seu aniversário de 72 anos — com considerável esperança de renovação.

Chris Amon, azarado como sempre, decidiu ir embora na véspera do renascimento. Foghieri tinha desenvolvido um novo e potente motor boxer de 3 litros e 12 cilindros, que Chris havia começado a testar em Módena no verão de 1969. Os primeiros exemplares foram fracassos, com quebras de peças importantes e óleo vazando como uma esponja ensopada. Sem coragem de enfrentar mais um ano de má sorte, Amon se transferiu para a equipe britânica March, cujos carros eram equipados com os triunfantes motores Cosworth. Se ele tivesse ficado em Maranello, possivelmente teria vencido um campeonato mundial e teria apagado sua reputação de piloto talentoso, mas sem sorte.

406 • BROCK YATES

Para substituir Amon, depois de um ano de ausência, veio o arredio Ickx, jovem de cabelo escuro e lábios carnudos, dono de aparência quase feminina e coração de leão. Junto com ele, foi contratado Gianclaudio "Clay" Regazzoni, suíço de língua italiana, do cantão fronteiriço de Ticino. Regazzoni tinha se destacado na Fórmula 2, onde ganhou a reputação de ser valentão na pista. Ele foi culpado pela morte do inglês Chris Lambert, além de diversos outros "desvios". Era visto como um mau ator, sobretudo pela imprensa de automobilismo britânica. Suas feições abrutalhadas e o bigode escuro só serviram para acentuar essa imagem de brutalidade. Também ingressou na equipe um romano de 28 anos chamado Ignazio Guinti, piloto talentoso, que muitos acreditavam ser um possível campeão mundial. Infelizmente, Guinti morreria um ano depois, ao volante de uma Ferrari 312 PB, durante a corrida de mil quilômetros de Buenos Aires. O jovem simpático nunca teve a chance de exibir as habilidades que todos concordavam que ele possuía.

Após a saída de Amon, Foghieri e seus engenheiros eliminaram com sucesso os defeitos do motor boxer de 12 cilindros e, no final do ano, conseguiram exibir o novo carro de Fórmula 1: o 312 B. Ele tinha um arrojado bico longo e um spoiler com três barbatanas montado sobre as rodas traseiras. O carro era uma impressionante amálgama de forma e função — notável exemplo do talento italiano de construir um traço especial de glamour no que era basicamente um tubo de metal suspenso sobre quatro robustos pneus de corrida. Esse automóvel, em diversas versões atualizadas, proporcionaria uma série de grandes vitórias para Ickx e Regazzoni na década de 1970.

Com o pessoal da Fiat assumindo as funções diárias de projetar, construir e vender os carros de passeio, Ferrari ficou liberado da tarefa que nunca lhe interessara. Os carros de passeio eram apenas o meio para um fim. Ao envelhecer, ele passou a desdenhar abertamente dos novos-ricos perdulários e dos aristocratas vazios que apareciam com as carteiras escancaradas para receber suas bênçãos automotivas.

Alguns milhões de liras foram despejados na fábrica de Maranello para atualizar as linhas de montagem, ampliar as áreas de produção, modernizar a fundição e construir uma enorme pista de testes chamada Fiorano no terreno do antigo pomar ao lado da estrada para Abetone. O circuito, com câmeras de TV e equipamentos de telemetria instalados em seu perímetro, era o mais avançado do tipo no mundo, e liberava a equipe de corrida de suas tradicionais e árduas viagens para Monza ou para o autódromo de Módena para testes especiais. Além disso, a Carrozzeria Scaglietti estava lentamente sendo absorvida pela empresa e, em meados da década de 1970, estava estabelecida em seu novo e imenso complexo na via Emília, perto da periferia da cidade. Os tempos bizarros de outrora desapareceram para sempre na SEFAC. Estava bem a caminho de se tornar mais um apêndice moderno da Fiat, apenas pincelado com a tradição e as imagens da antiga Scuderia.

No entanto, a vida mudou pouco dentro da equipe de corrida. A velha guarda, liderada por Enzo Ferrari, atuava com a mesma combinação de pânico, intimidação e devoção enorme à causa. Foghieri estava se tornando uma estrela por mérito próprio com a criação do bem-sucedido 312 com motor boxer de 12 cilindros (que também se transformou no bem-sucedido 312 PB, carro esportivo de corrida com motor de 3 litros, embora a Ferrari abandonasse todas as corridas de resistência após a temporada de 1973 e se concentrasse totalmente, dali em diante, na Fórmula 1). Sob a cobertura pressurizada que era a Scuderia Ferrari, Foghieri podia ser inconstante ao extremo. Ele era querido dentro da equipe, embora Laura Ferrari suspeitasse que ele fosse um manipulador que buscava estima. Emotivo, intenso e completamente dedicado ao trabalho, Foghieri podia afundar em uma quase loucura no calor da competição. Brian Redman, magnífico piloto inglês, cuja carreira estava em ascensão no final da década de 1960, lembra-se de seu primeiro encontro com Foghieri em 1968, na corrida de Eifelrennen, em Nürburgring. A competição era para carros de Fórmula 2, e Redman, na época tomado pelo entusiasmo, disparou à toda velocidade pelo sinuoso circuito arborizado entre os líderes. Na primeira volta, uma pedra arremessada por outro carro quebrou seus óculos de proteção. Sangrando, ele entrou nos boxes. Ali encontrou Foghieri apoplético. Ele estava furioso com o fato de Redman parar por causa de um problema tão pequeno. Um mecânico foi enviado para revirar as peças sobressalentes em busca de outro par de óculos. Finalmente, um par foi encontrado, embora as lentes fossem escuras, apropriadas para condução sob a luz do sol. Mas o dia estava nublado e sombrio, com um teto de nuvens densas e cinzentas cercando as montanhas Eifel. Redman colocou os óculos e saiu dos boxes, mas logo descobriu que não enxergava quase nada nos trechos densamente arborizados, onde a pista serpenteava em uma série de curvas perigosas. Ainda assim, seguiu em frente, dirigindo, como lembra, "como um louco, como um homem possuído por demônios". No final da corrida, todo o seu esforço valeu um quarto lugar. Foi um trabalho titânico, em que Redman arriscou sua vida ao longo de todo o percurso. Mas seu resultado foi recebido com desprezo por parte do emburrado Foghieri. Era óbvio que a parada de Redman nos boxes em busca de um novo par de óculos o revelou como um homem despreparado para oferecer sua vida e integridade física à causa. Essa atitude reduziu o entusiasmo de Redman pela equipe e, um ano depois, ele recusou o convite para ser piloto da equipe da Fórmula 1. No entanto, em 1972, Redman voltou à equipe de carros esportivos, e venceu as corridas de mil quilômetros de Spa, Zeltweg, Dijon, Monza e Nürburgring. Naquela altura, duas mudanças importantes tinham acontecido. O suíço Peter Schetty, ex-piloto de corrida de montanha, havia assumido a chefia da equipe e a dirigido com muito menos teatralidade do que Foghieri. Os pilotos também estavam sendo pagos. A Alfa Romeo tinha voltado a participar das corridas de carros esportivos e a Ferrari não teve alternativa senão pagar como seus velhos rivais de Turim. Redman recorda que, em 1972, recebeu 20 mil libras esterlinas, além do reembolso de despesas e de uma pequena porcentagem do dinheiro dos prêmios. Finalmente, os pilotos estavam sendo recompensados pelo "privilégio" de dirigir para a reverenciada Scuderia.

Em 1973, a Ferrari se retirou das corridas de carros esportivos — corridas de montanha, Tasman Series, categoria Can-Am etc. — que, por muito tempo, tinham reduzido à força da operação de corridas de Grand Prix. Os pequenos e graciosos 312 PB e os maiores e mais potentes cupês 512 foram estacionados para sempre, para ser canibalizados por peças e desmanchados ou para ser vendidos para competidores privados. Em 1971, um cupê 512 S foi comprado pelo empresário norte-americano Roger Penske por 28 mil dólares.

Penske foi o empresário de corridas supremo, que usou o automobilismo como plataforma de lançamento de um império florescente de concessionárias de veículos, distribuidores de pneus, empresas de aluguel de caminhões e empresas de motores a diesel. Ele comprou a Ferrari porque avaliou que ele e Mark Donohue, engenheiro e piloto, poderiam transformá-la em um carro vencedor. Penske era a antítese do aficionado deslumbrado. De fato, depois do final das negociações com Gaetano Florini, ele foi convidado para um encontro com Ferrari. Dando-se conta que tinha um avião para pegar em Milão, Penske partiu rapidamente, atordoando todo o pessoal da fábrica e enfurecendo o *Commendatore*. As audiências com Ferrari não eram concedidas com facilidade, e uma recusa era tão rara quanto faltar a um encontro com o papa. Não foi um mistério o fato de Penske não ter recebido mais nenhuma ajuda da fábrica. Como tantos clientes, ele ficou chocado ao descobrir que o carro supostamente novo era muito mal construído e estava remotamente pronto para disputar uma corrida (consta que um competidor privado da época comprou um modelo 512 M por 25 mil dólares e descobriu que era um ex-carro da equipe bastante maltratado em vez de um carro novo que ele havia encomendado. Ele devolveu o carro para Maranello, exigindo reparos e o pegou de volta, levemente reparado, com uma conta de mais 20 mil dólares). Penske e Donohue desmontaram sua Ferrari, substituindo e projetando novamente grande parte da suspensão e do chassis. O motor V12 foi enviado para especialistas da Traco Engineering, na Califórnia, onde uma nova usinagem das peças com tolerâncias de fábrica bastante desleixadas produziu mais 40 cavalos de potência. Esse carro, provavelmente o carro esportivo mais bem preparado da Ferrari a já ser posto na pista, também era o mais rápido do lote. Quando Foghieri inspecionou o carro na corrida de 24 Horas de Daytona — onde foi mais rápido que os 312 P mais leves e mais ágeis inscritos pela fábrica —, ele afirmou que era o melhor carro esportivo de corrida da Ferrari que ele já tinha visto. O carro disputou apenas quatro corridas, conquistando a *pole position* em três ocasiões. Mas, naquele altura, a Porsche tinha assumido o domínio quase completo das principais competições de resistência (o que exerceria influência na decisão da Ferrari de se retirar), e o 512 M de Penske, apesar de toda a sua potência, não conseguiu acompanhar os cupês 917 ultravelozes de Stuttgart, que quebravam recordes em Le Mans, Daytona e quase todos os circuitos onde corriam.

Apesar das injeções de capital da Fiat e da redução da atividade do automobilismo para se concentrar na Fórmula 1, a vida de Enzo Ferrari permaneceu basicamente inalterada. Cada dia começava como o anterior, com uma ida ao barbeiro, uma visita ao túmulo de Dino e uma sessão matinal no escritório de Módena antes de se dirigir para a fábrica em Maranello. Naquele momento, ele e Laura moravam sozinhos na imensa casa. Utilizavam apenas alguns aposentos escuros e bastante gastos, dominados por um papel de parede verde encardido e cheios de móveis empoeirados e desbotados, que não eram reparados e polidos há décadas. A imensa estrutura tinha diversos aposentos vazios repletos de aromas do passado — inúmeros troféus (incluindo provavelmente a desaparecida Copa Vanderbilt de 1936, uma taça de prata criada por Cartier tão grande que Nuvolari conseguia sentar nela.), livros, fotografias e até mesmo, como relatado por um visitante, caixas de relógios Rolex. "Era como um túmulo", afirmou um colaborador próximo da família, e visitante constante da casa da praça Garibaldi.

Aos setenta e poucos anos, o comportamento de Laura Ferrari se tornou ainda mais estranho. Ela começou a surrupiar pãezinhos e pedaços de pão das mesas no Cavallino quando passava por elas e roubar as gorjetas deixadas para os garçons. Certo dia, ela encontrou uma conhecida de longa data na via Emília. Pediu que a mulher entregasse seu vestido, lamuriando-se que Enzo não lhe dava dinheiro para comprar roupas. Esse confronto bizarro aconteceu com uma mulher que era uma cabeça mais baixa e talvez dois números de vestido maiores do que a mulher de Ferrari. No entanto, um homem que a conheceu enquanto passava férias em Viserba revela que ela se comportava normalmente na costa do Adriático. A discussão sobre o real estado mental de Laura Ferrari — louca ou normal — difunde-se entre aqueles que a conheceram, com as evidências (baseadas nos depoimentos de testemunhas) tendendo para a personalidade de uma mulher com grandes mudanças de humor e um declínio constante para longe da normalidade conforme ela envelhecia.

Em meados da década de 1970, ela estava ficando fisicamente fraca e passava bastante tempo na cama. Os biógrafos amigos, como mencionado, descreveram sua doença como "distrofia das pernas", uma doença sem fundamento médico.

Há uma história um tanto suspeita que circula por Módena, mas que revela muito sobre o relacionamento entre Ferrari e sua mulher, ou pelo

FERRARI • 411

menos como as pessoas o enxergavam. Disseram que Laura ficou deprimida e tentou cometer suicídio pulando no rio Panaro. Um grupo de mecânicos da Ferrari a avistou na água e mergulhou para salvar sua vida. Quando voltaram à fábrica, foram chamados ao escritório de Ferrari, que lhes disse, em tom exasperado: "Se ela pular de novo, deixem ela lá dentro!" Embora não haja evidência de que ela tentou se afogar, o fato de que a história foi inventada indica que a relação hostil entre Ferrari e sua mulher era de conhecimento geral.

Durante décadas, a ladainha padrão de Enzo Ferrari e de sua crescente legião de cortesãos e bajuladores sustentava que os carros da Scuderia não endossariam nenhum produto além daqueles associados ao automobilismo. Desde 1966, quando os carros de Fórmula 1 não exibiam nenhum decalque em suas carrocerias rebitadas além do venerado cavalo rampante de Maranello, o envolvimento de patrocinadores externos vinha crescendo constantemente. Em 1973, a Ferrari 312 B3 de Ickx exibia decalques dos pneus Goodyear (a troca fora feita no ano anterior, em substituição à Firestone, que passava por dificuldades financeiras), dos magnetos Marelli, das lonas de freio Ferodo, das velas de ignição Champion, da Shell Oil, dos relógios Heuer e de diversos outros fornecedores. O jogo do patrocínio tinha florescido e se tornado um negócio milionário, e uma grande guerra de lances estava sendo travada por empresas de combustível, pneus e ignição para serem expostas em grandes equipes como a Ferrari. As empresas de tabaco, como a Rothmans, R.J. Reynolds e Philip Morris, também tinham descoberto que as corridas de automóveis eram um meio de publicidade e promoção bastante eficaz e, em meados da década de 1970, estavam despejando milhões de dólares por ano no esporte. Diante dessa enorme injeção de dinheiro, Enzo Ferrari declarou repetidas vezes e com crescente irritação que os carros da Scuderia permaneceriam "puros" e limpos dos logotipos repugnantes e estranhos de cigarros, cosméticos, utensílios sexuais ou instituições financeiras, que estavam começando a ser estampados nas vistosas carrocerias. Mas, como sempre, Enzo Ferrari tinha uma posição pública e outra privada sobre o assunto. E, como em muitos casos, o ponto em discussão não era a ética, mas o dinheiro. Naquela época, a Philip Morris Europe estava investindo pesadamente no esporte com sua marca de cigarros

Marlboro, e entabulou sérias discussões com Ferrari sobre o desenvolvimento de um pacote de patrocínio completo com a equipe. Se isso tivesse acontecido, teria sido uma contradição total em relação à ladainha de Ferrari sobre a pureza relativa ao patrocínio. E a negociação chegou perigosamente perto de se tornar realidade. De acordo com Aleardo Buzzi, atual presidente da Marlboro Europe, ele, no início da década de 1970, participou de uma série de reuniões em que o patrocínio da Marlboro para a equipe Ferrari foi discutido. Um acordo quase foi fechado, mas o chefe de Buzzi observou que, por causa de certas exigências financeiras da Philip Morris, o dinheiro do patrocínio seria pago em liras. Ferrari exigiu o pagamento em dólares ou francos suíços. Com certeza, os recursos financeiros, se estivessem disponíveis, teriam sido depositados em bancos de Mônaco, Genebra ou ambos. Quando o pessoal da Marlboro não cedeu em relação à sua oferta de pagamento em liras, Ferrari se levantou da mesa, consultou seu relógio e disse: "Senhores, minha mulher está muito doente. Preciso visitá-la. Logo, a reunião está encerrada." Do mesmo jeito que tinha acontecido com Donald Frey, da Ford, uma década antes, Ferrari deixou a sala e nunca mais voltou. O logotipo da Marlboro não apareceria na carroceria dos carros de Grand Prix da Ferrari por mais uma década e, na ocasião, sob o subterfúgio de que o patrocínio era em favor dos pilotos, e não dos carros.

Depois da temporada de 1970, quando Ickx perdeu por pouco o campeonato mundial para Jochen Rindt (que morreu em um acidente no treino em Monza antes do Grand Prix da Itália, mas tinha acumulado pontos suficientes para conquistar postumamente o título), os destinos dos pilotos, dos carros 312 B e do homem que os criou entraram em declínio constante. Para 1971, Mauro Foghieri fez um novo projeto da suspensão traseira, mas depois de alguns sucessos iniciais com Ickx, Regazzoni e Mario Andretti — que era um terceiro homem ocasional quando sua agenda de corridas nos Estados Unidos permitia —, os carros avançaram regularmente para as últimas posições do pelotão. A condução difícil do carro era a queixa principal e, quanto mais Foghieri mexia na suspensão, na distribuição de peso e na aerodinâmica, mais lentos ficavam os carros, mais frustrados ficavam os pilotos e mais ruidosas eram as reclamações dos torcedores e da imprensa italiana.

FERRARI • 413

Quando a pista de Fiorano foi inaugurada a tempo para testes antes da temporada de 1972, a segunda geração do carro, o 312 B2, era, segundo a opinião geral, um passo tecnológico à frente. Quando tinham possibilidade de escolha, tanto Ickx como Andretti optavam pelo modelo mais antigo, enquanto o bem-humorado Regazzoni, *cabezón* da velha escola, dirigia os dois modelos com igual vigor (às vezes esse entusiasmo passava dos limites, como no Grand Prix da Alemanha, em que tirou Jackie Stewart da pista na última volta para terminar em segundo atrás de Ickx). Com exceção dessa dobradinha da equipe em Nürburgring, a temporada foi uma sucessão deplorável de problemas mecânicos, acidentes e derrotas rematadas. Frustrado, Ferrari culpou Foghieri, que estava quase se matando para corrigir os defeitos dos carros. Havia potência suficiente — até 30 cavalos a mais do que os vitoriosos Cosworth —, mas o comportamento imprevisível na pista anulava a vantagem. No meio da temporada, Foghieri foi rebaixado de posto e passou a trabalhar em projetos de engenharia especiais dentro da fábrica. A tarefa de corrigir os carros foi entregue a Sandro Colombo, jovem engenheiro que havia sido recentemente contratado da Innocenti. Foi esse recém-chegado (sem parentesco com o grande Gioachino) que tentou medidas radicais, incluindo a contratação da inglesa TC Prototypes, de John Thompson, para fabricar três chassis especiais. Era uma heresia para os ferraristas, que se confortavam com o mito que, apesar de todos os defeitos da Ferrari, pelo menos a equipe era *italiana*. No entanto, naquele momento, os carros vermelhos estavam correndo com pneus norte-americanos, sendo alimentados com combustível por meio de sistemas de injeção alemães, com seus pilotos belga, suíço e norte-americano sentados sobre tubos de metal e materiais compostos fabricados na Inglaterra. Onde tudo aquilo acabaria?

Inicialmente, pelo menos, acabaria com uma série de derrotas esmagadoras em 1973. Regazzoni aceitou o que pareceu ser uma oferta melhor da BRM, então comandada pelo ultraconservador e absurdo lorde Louis "Big Lou" Stanley e sua riquíssima mulher. Seu companheiro de equipe seria um austríaco magérrimo e dentuço chamado Niki Lauda. Membro de uma família vienense endinheirada, Lauda pegou emprestado muito dinheiro para alugar carros de diversas equipes de corrida para aprender seu ofício. Seu progresso foi lento e ele foi contratado como terceiro piloto pela equipe

BRM, que carecia de recursos financeiros. Antes do fim do ano, esse jovem de 24 anos, ríspido e totalmente comprometido, estaria dirigindo muito mais rápido do que seus companheiros de equipe e chamou a atenção de Enzo Ferrari.

Nesse momento, Ferrari tinha um serviço de inteligência fenomenal. Não só homens como Colombo e Foghieri lhe forneciam informações das pistas (muitas vezes "editadas" para consumo favorável interno), mas literalmente dezenas de fornecedores, bajuladores, jornalistas e ferraristas antigos transmitiam boatos interessantes, dicas oportunas, insinuações argutas, vazamentos empresariais e segredos internos de equipes rivais para o *Commendatore*. Grande parte desse fluxo de informações tinha a intenção de bajular, obter favores ou iludir o líder egocêntrico a fim de promover alguma agenda pessoal. Nunca os carros eram culpados pelas derrotas. Invariavelmente eram os pilotos ineptos, os comissários de pista grosseiros, os fabricantes de acessórios descuidados, os incompetentes que forneciam os pneus, os idiotas que controlavam a cronometragem e as pontuações, mas *nunca* os carros, que, se tivessem igual chance contra as conspirações armadas contra eles, teriam vencido todas as corridas. Era esse denso nevoeiro de ilusões e grandes expectativas que os homens racionais tinham de atravessar ao trabalhar com o cada vez mais isolado e mal informado Ferrari durante os últimos vinte anos de sua vida.

Mas, com derrota após derrota, ficou claro para os homens em Turim e até para o próprio *Commendatore* que medidas radicais teriam de ser tomadas se a equipe quisesse recuperar não só sua honra, mas também seu valor comercial para a Fiat na vindoura temporada de 1974. Ickx e seu diminuto companheiro de equipe, Arturo Merzario, só se depararam com má sorte e resultados medíocres em 1973. Os dois iriam embora no final da temporada. Ickx era um piloto excelente e, com certeza, corria com determinação marcial, mas nos modernos carros de Grand Prix, equipados com suspensões e asas complicadas, infinitamente ajustáveis, nenhum piloto, independentemente de quão corajoso ou talentoso, conseguia dominar um chassis ruim. Nos velhos tempos, uma estrela como Moss, Fangio ou Nuvolari podia dominar um carro de segunda categoria com simples talento. No entanto, na era da alta tecnologia, o piloto ficou reduzido a talvez 20%

da equação (o carro sendo os outros 80% nenhum homem, independente-mente de sua habilidade ou coragem, poderia conduzir de forma eficaz um automóvel medíocre.

Colombo foi afastado do departamento de corridas e Foghieri foi trazido de volta do purgatório e reintegrado ao seu antigo cargo. Ele trabalharia sem parar, com a energia maníaca que só ele conseguia manter, para modificar e melhorar o modelo 312 — naquele momento em sua versão B3. Outras mudanças também estavam em andamento na equipe. A Shell Oil, gigante holandesa do petróleo, que apoiava a equipe desde os primeiros dias da Scuderia, retirou seu apoio. Não era nenhuma insatisfação com a Ferrari, mas sim com os negócios na Itália em geral. A Shell italiana transferiu seus interesses para a Agip, empresa sediada na Itália. Como parte da maciça transferência de mercados, a Agip ficou com o patrocínio da equipe de corrida mais reverenciada da Itália. Mas as mudanças mais importantes foram no pessoal, não só na retenção do talentoso jovem Niki Lauda, mas na chegada de Luca di Montezemolo. Advogado de ascendência nobre e membro da família Agnelli, Luca, como ele rapidamente ficou conhecido nos círculos do automobilismo, foi ostensivamente empossado como chefe de equipe nos moldes de Tavoni, Ugolini e Dragoni. Porém, ele era muito mais poderoso e, no final das contas, uma influência mais positiva no fun-cionamento da equipe. Em última análise, Montezemolo respondia apenas aos poderes superiores. Embora fosse totalmente deferente ao líder titular de 74 anos, pelo menos em público, não resta dúvida de que Luca di Monte-zemolo tinha muitas cartas na manga e era silenciosamente mais influente dentro da organização do que qualquer outro homem além de Ferrari. Ele era uma força estabilizadora quando a equipe mais precisava.

No entanto, a peça central do renascimento da Ferrari foi Niki Lauda, personalidade que inflamaria Maranello mais do que ninguém desde John Surtees. Lauda era o primeiro de uma nova geração de pilotos a confrontar Enzo Ferrari. Até então, Ferrari podia contar com homens para dirigir para ele por puro amor ao esporte, arriscando suas vidas em nome da glória, da fama e da gratificação interior do ego. Eram muito extravagantes, impru-dentes, impregnados com o glamour e a petulância do ambiente da Fórmula 1 e energizados pela emoção produzida pelo andar no limite extremo.

Contudo, naquele momento, um tipo diferente de piloto estava ingressando no esporte. O protótipo tinha sido Jackie Stewart, escocês analítico, que pesava cuidadosamente os riscos em relação às recompensas e pilotava de acordo com o mesmo critério. Lembremos que Stewart foi cortejado por Ferrari em 1968, mas rejeitou o seu assédio, descartando os ornamentos da tradição e do romantismo e optando por aquilo que ele acreditava ser um carro melhor para levá-lo ao título do campeonato mundial. Lauda tinha a mesma tendência. Embora estivesse longe de ser pobre (pouquíssimos homens pobres chegaram à Fórmula 1, pois não tinham recursos suficientes para ingressar no caríssimo esporte), Lauda era o profissional consumado. Era um piloto interessado em dinheiro, com determinação glacial de pilotar no limite, mas só quando todas as peças estavam encaixadas, todos os contratos assinados e todos os cheques devidamente depositados. Como Stewart, ele era tão dedicado ao esporte e tão corajoso quanto qualquer homem que já se instalou no assento apertado de um monoposto, mas havia algo mais na equação. Niki Lauda não estava disposto a arriscar sua vida por uma missão fantasiosa e, sobretudo, nem para satisfazer o ego de um antigo ícone abrigado em uma cidade cinzenta no norte da Itália.

Assim como muitos pretendentes ao cargo de piloto da Ferrari, a chegada de Lauda a Maranello foi mantida em segredo. Os *paparazzi* da imprensa automobilística italiana ficaram à espreita no Cavallino e junto aos portões da fábrica, e a presença de Niki Lauda teria sido alardeada ao país no momento em que ele fosse avistado. Para evitar tal encontro, Lauda foi recebido na saída Módena Oeste da rodovia por Montezemolo e escoltado diretamente para Fiorano. Ali, o austríaco impetuoso e autoconfiante deu algumas voltas de teste no modelo 312 de Fórmula 1. Naquele dia, mais tarde, ele foi recebido em reunião pelo Velho, como Ferrari era então chamado por todos (pelas costas, é claro). Também estavam presentes Foghieri e Piero Lardi, que atuava como intérprete para Lauda, que falava em inglês. Ferrari perguntou o que Lauda achou do carro. Sem meias-palavras, Lauda respondeu que era uma porcaria. Um carro indirigível, que saía muito de frente nas curvas. Uma expressão de pânico tomou conta de Piero. "Você não pode dizer isso", disse ele para Lauda e ofegou. Afinal de contas, ninguém se atrevia a criticar os automóveis na cara de Ferrari. Ao longo dos anos, Ferrari criou para si

FERRARI • 417

mesmo a grande ilusão de que seus carros estavam acima de qualquer crítica e que seus fracassos eram atribuíveis somente à má pilotagem, à má tática e ao comportamento deplorável dos rivais.

Lauda pediu para Piero Lardi reformular a resposta e dizer que a suspensão dianteira precisava ser modificada. Então, Ferrari se virou para Foghieri e perguntou quanto tempo ele precisava para fazer as modificações recomendadas por Lauda. O trabalho poderia ser feito em uma semana, o engenheiro respondeu. Ferrari voltou a se virar para Lauda e disse: "Se você não for um segundo mais rápido na próxima semana, está fora." Esse incidente, relatado por Lauda em sua sincera autobiografia, *Meine Story*, teve um final feliz. Na semana seguinte, os ajustes de Foghieri permitiram que Lauda completasse a volta em Fiorano mais de um segundo mais rápido, e o emprego ficou em suas mãos. A diferença entre Lauda e Regazzoni, seu companheiro de equipe, era nítida. Regazzoni, que tinha voltado para a Ferrari após uma temporada na BRM, era um piloto da velha escola, um homem vigoroso, que personificava a imagem de uma estrela de corrida internacional extravagante, extrovertida e agressiva ao volante. Enquanto Lauda era frio e reservado, Regazzoni era abertamente emotivo e, portanto, muito amado pelos *tifosi*. Lauda permanecia em forma e vivia de modo simples, enquanto Regazzoni se deleitava com a fama. Eles até contrastavam fisicamente. Niki era magro e fechado, com um sorriso irônico torto e olhos azuis glaciais. Clay Regazzoni era abrutalhado e atarracado, com um bigodão preto arqueado sobre um perpétuo sorriso cheio de dentes. Os dois nunca foram próximos, mas se davam bem como companheiros de equipe, talvez porque seus estilos pessoais fossem tão opostos e seus papéis — com Lauda abertamente como primeiro piloto — nunca postos em dúvida.

Com um revitalizado Foghieri de volta à prancheta de desenho, o brilhante Lauda ao volante de suas criações aprimoradas e Luca di Montezemolo atuando como influência estabilizadora entre os políticos bizantinos que infestavam a fábrica, a situação tendia a melhorar. Melhor ainda, todas as dispersões relativas a tentar executar programas de carros esportivos tinham desaparecido, e esse três homens talentosos estavam livres para se dedicar ao único objetivo de dominar a Fórmula 1. Talvez alguns concluam que Enzo Ferrari tenha sido deixado de lado, mas estava longe de ser o caso. Ele permaneceu bastante envolvido e, com certeza, ainda era o árbitro em todas as disputas, tendo a palavra final na seleção de pilotos, nas negociações com patrocinadores, nos acertos com a FIA e nas declarações de diretrizes. Suas entrevistas coletivas anuais, tradicionalmente realizadas para apresentar os novos carros de Fórmula 1, aconteciam para multidões. Centenas de jornalistas de todo o mundo se reuniam em Maranello para testemunhar os pronunciamentos ao estilo de Fidel Castro, longos e teatrais, que tratavam de questões correntes, celebrações ou glórias passadas e, muitas vezes, denúncias elegantes e eloquentes a respeito de inimigos, passados e presentes. Enquanto um número crescente de profissionais capazes estavam lentamente substituindo os antigos bobos da corte, Ferrari continuava sendo o imperador, coroado ou não, que recebia com muita alegria a deferência do povo. Mas, como se viu posteriormente, os bajuladores que por tanto tempo influenciaram o destino da Scuderia e suas tradições estavam longe de ser derrotados e logo reapareceriam.

Mas pelo menos nas próximas temporadas, a Ferrari funcionaria como uma equipe de automobilismo contemporânea. Ao chegar a Maranello (embora ele continuasse a ir e vir por meio de avião particular de sua casa nas proximidades de Salzburgo), Lauda ficou estupefato com o escopo e o esmero da equipe de corrida da Ferrari. A multidão de mecânicos, a fundição — que tinha produzido centenas de motores durante seus vintes anos de atividade —, as equipes de engenheiros, o circuito de teste e as salas de dinamômetro o impressionaram muito e o levaram a se perguntar como, com aquelas enormes vantagens, a Ferrari *sempre* perdia as corridas.

Em 1974, a temporada foi boa para Lauda. Ele venceu o Grand Prix da Espanha, em Jarama, perto de Madri, e o Grand Prix da Holanda, em Zandvoort. Ele estava liderando o Grand Prix da Inglaterra quando um pneu furou. Nas provas seguintes, bateu duas vezes: uma vez na primeira volta do Grande Prix da Alemanha, em Nürburgring (onde Regazzoni, seu companheiro de equipe, venceu) e de novo sem danos sérios em Mosport, no Canadá. Em geral, foi um ano de transição cheio de grandes esperanças para o futuro. Luca di Montezemolo atuou como uma influência moderadora incrível, amortecendo as rivalidades dentro da organização e lidando objetivamente com o próprio Ferrari. Isso permitiu que o Velho, cujos instintos

FERRARI • 419

ainda estavam bastante afiados, fizesse julgamentos sensatos, baseados em fatos, e não em fantasias de companheiros que temiam perder seus empregos. Montezemolo estava longe de se assombrar com essa ameaça e, portanto, era capaz de induzir de modo calmo e razoável o coro a pelo menos cantar na mesma página do cancioneiro, ou até mesmo sempre no mesmo tom.

Durante esse período, Enzo Ferrari perdeu Pepino Verdelli, seu amigo, confidente e motorista de longa data. O homenzinho adoeceu e morreu em 1975, deixando um vazio na vida de Ferrari que nunca seria preenchido. Desde meados da década de 1920, Pepino tinha estado ao seu lado, literalmente do amanhecer ao anoitecer. Durante anos, ele pegava Ferrari de manhã cedo e ficava de prontidão até as aventuras sociais do chefe terminarem tarde da noite. Ninguém conhecia mais os hábitos sociais de Enzo Ferrari do que Pepino Verdelli, e a confiança nunca foi quebrada. Ele permaneceu em silêncio até o fim, sempre satisfeito em permanecer nas sombras. Mas, apesar de toda a sua lealdade, ele nem sempre era valorizado. Um conhecido de Ferrari de longa data lembra um jantar tardio no Orestes, restaurante no centro da cidade velha de Módena, que era um dos redutos favoritos dos Ferrari. Como sempre, Verdelli tinha feito sua refeição sozinho, em uma mesa separada, e depois saiu para esperar seu patrão perto do sedã Fiat. Bem embriagado de vinho, Ferrari saiu cambaleante do restaurante e percebeu que Pepino tinha deixado brevemente a cena para fazer xixi. "Maldito Pepe", rosnou Ferrari. "Ele nunca está por perto quando você precisa dele."

No inverno entre 1974 e 1975, Foghieri e seu pessoal trabalharam duro no que seria sua obra-prima e o que poderia ser o auge dos projetos de Fórmula 1 da Ferrari. Seu robusto motor boxer de 12 cilindros tinha sido melhorado a ponto de produzir confiáveis 440 cavalos, quase 100 a mais do que o primeiro motor de Fórmula 1 de 3 litros e 12 cilindros apresentado dez anos antes. Melhor ainda: a condução do carro foi radicalmente melhorada graças às atualizações da suspensão e o desenvolvimento de uma nova caixa de câmbio de cinco marchas montada transversalmente atrás do motor. Esse *layout* não só era mais compacto, mas também abaixava o centro de gravidade, eliminando a desagradável saída de frente nas curvas dos 312 anteriores e se harmonizando perfeitamente com o estilo de pilotagem preciso de Lauda. O novo carro foi chamado de 312 T (por causa de sua caixa de câmbio transversal) e, com sua carroceria arredondada e musculosa, apresentava uma forma vívida e única entre seus rivais ingleses mais finos e compridos. Pela primeira vez, o carro não era todo vermelho. Em 1975, a entrada de ar elevada, era atrás da cabeça do piloto (última moda até seu banimento da FIA em 1977), o que dava ao carro um leve ar de mini-submarino, era pintada de branco com listras vermelhas e verdes. As cores nacionais italianas foram uma espécie de choque para a imprensa e para os aficionados, que pensavam que a cor toda vermelha da Ferrari era eterna. Não resta dúvida de que a mudança foi instituída por ordem da Fiat, que estava interessada em explorar a imagem da tecnologia italiana além de suas próprias fronteiras.

Após alguns problemas iniciais no começo da temporada, Lauda conseguiu que o modelo 312 T funcionasse perfeitamente em Mônaco, onde ele venceu a corrida de ponta a ponta. Em parte, graças aos recursos financeiros da Fiat e à disciplina de Montezemolo, os procedimentos de testes foram intensificados, o que, por sua vez, fez com que carros muito melhor preparados fossem enviados para combate. No geral, no final da primavera de 1975, foi uma equipe de corrida mais enxuta que partiu de Maranello e os resultados se evidenciaram quase instantaneamente. Uma semana depois de Mônaco, Lauda voltou a vencer em Zolder, na Bélgica, já que o circuito de Spa, bastante letal, finalmente foi retirado do calendário em 1970. Em seguida, ganhou em Andersdorp, na Suécia, e em Paul Ricard, no Grand Prix da França. Finalmente, foi derrotado em Nürburgring, onde furou um pneu. Lauda conquistou o campeonato mundial — o primeiro da Ferrari desde 1964 — quando terminou em terceiro em Monza, enquanto o amado Clay empolgou seus fãs com uma vitória convincente. Lauda coroou a temporada com uma vitória final em Watkins Glen, mas só depois de Regazzoni receber a bandeira preta por ter bloqueado flagrantemente a ultrapassagem de Emerson Fittipaldi, campeão mundial de 1974, nos momentos finais da corrida.

Foi uma temporada impressionante de domínio da Ferrari. Desde a temporada de 1961, quando Phil Hill e Taffy von Trips esmagaram o enfraquecido contingente britânico, as vitórias não vieram com tanta regularidade. A Itália celebrou. Maranello estava de volta ao mapa. Enzo Ferrari recuperou sua santidade. Tudo estava bem com o automobilismo e a honra nacional.

Em geral, para 1976, as perspectivas pareciam ainda melhores. Graças ao esforço constante de Foghieri, o modelo 312 T tinha um motor que desenvolvia cerca de 506 cavalos, o que dava quase 20 cavalos a mais do que os Cosworth melhor acertados. Embora um pouco mais pesado do que os carros rivais, a boa condução nas mãos de Lauda parecia suficiente para superar os oponentes mais bem preparados. Melhor ainda, Emerson Fittipaldi, o piloto mais consistente do plantel de pilotos da época e bicampeão mundial, deixara a equipe McLaren para criar sua própria equipe apoiada por um imenso cartel de açúcar brasileiro. Seu lugar foi ocupado por James Hunt, piloto inglês impetuoso, que havia se livrado de seu apelido, "Hunt, the Shunt" ("Hunt, o que joga para escanteio", em tradução livre), e estava prestes a se tornar um competidor de classe mundial ao volante da nova McLaren M23. O único aspecto negativo da próxima temporada envolvia a saída de Montezemolo. Essa influência constante na operação retornou à alta direção da Fiat (embora ele permanecesse ligado estreitamente à operação da Ferrari) e seu lugar foi ocupado por Daniel Audetto, alto e cavalheiresco, ex-chefe de equipe de rali da Lancia e outro homem ligado intimamente com a dinastia Agnelli. Como Montezemolo, Audetto atuava como representante oficial da Fiat, embora seu estilo gerencial fosse mais informal e mais sintonizado com as intrigas políticas internas da Ferrari do que o seu antecessor.

Houve um choque de estilos entre Audetto e Lauda. O primeiro era um *socialite* que apreciava o glamour da Fórmula 1, enquanto o estilo de vida de Lauda beirava o monástico durante a temporada de corridas. Em comparação com Montezemolo, Lauda considerou o recém-chegado frívolo e desorganizado. Estava longe de ser o caso, mas as diferenças entre os dois homens destruiriam o bom equilíbrio que Montezemolo procurou criar em Maranello e provocou outro declínio da equipe.

A franqueza de Montezemolo foi substituída pelos modos corteses e pelos comentários cautelosos de Audetto. Mais uma vez, Ferrari começou a se iludir que qualquer piloto poderia ganhar com um de seus carros e que Lauda e Regazzoni eram apenas dois entre dezenas de pilotos capacitados que poderiam fazer o trabalho. Esse papo-furado foi repercutido pela imprensa italiana, que, embalada pelo excelente trabalho de Lauda no ano anterior, esperava a vitória em todas as corridas. Nessa corrente estranha de autoilusão, a imprensa papagaiava os sentimentos do Velho, que, por sua vez, reforçava os preconceitos dele por causa do que era escrito. Era um jogo de malabarismo psicológico satisfatório até a equipe se deparar com problemas. Então, a imprensa se tornava uma megera barulhenta, uma mulher boca suja atacando um marido que perdeu o emprego. Sem Montezemolo para injetar alguma realidade em tal ambiente, com certeza o raciocínio de Ferrari mais uma vez sairia dos trilhos.

Tudo começou bem. Lauda venceu o Grand Prix do Brasil, em Interlagos, e o Grand Prix da África do Sul, em Kyalami. Regazzoni estava em forma em Long Beach e superou Lauda, que terminou em segundo. Naquela altura, porém, ficou claro que apenas Hunt com a nova McLaren tinha chance de impedir Lauda de conquistar um segundo título consecutivo.

No final de abril, Lauda voltou para sua nova e imensa casa à beira do lago, em Hof, nas proximidades de Salzburgo, para relaxar por alguns dias antes do Grand Prix da Espanha, em Jarama. Ao dirigir um pesado trator para cortar grama, o equipamento tombou sobre ele, quebrando-lhe duas costelas. Alguns dias depois, Lauda pilotou de maneira corajosa e só se rendeu para Hunt quando a dor se tornou insuportável. Ficou óbvio que Niki Lauda tinha imensa determinação e resistência, mas a hierarquia em Maranello chamou a atenção dele, afirmando que distrações como cortar a grama com um trator não eram aceitáveis durante a temporada de corridas.

Lauda se recuperou ao vencer em Zolder e Monte Carlo, mas ainda assim o ousado britânico ficou próximo em pontos. Financiada com o dinheiro da Marlboro que poderia ter ido para Maranello, a McLaren já era uma equipe profissional de alto nível, com a descrição de *garagista* do Velho sendo uma ficção obsoleta. Em seguida, Hunt venceu duas vezes — o Grand Prix da França e o Grand Prix da Inglaterra em Brands Hatch — antes que o circo da Fórmula 1 viajasse para o famoso circuito de Nürburgring para a corrida de agosto do Grand Prix da Alemanha. Lauda nunca desfrutou de boa sorte em Nürburgring e, de fato, quebrou um pulso ali, em 1973, em um acidente ao volante de uma BRM. Lauda estava na vanguarda dos críticos do circuito alemão. Como o então aposentado Jackie Stewart, ele era eloquente em seus protestos, afirmando que as equipes de resgate não eram capazes de atender

FERRARI • 423

efetivamente todo a extensão de 22,5 quilômetros da antiga pista e, portanto, os pilotos enfrentavam um perigo adicional. Apesar de todo o percurso ter sido ladeado por barreiras de aço e ter diversas equipes de bombeiro e resgate, ficou claro que uma nova geração de pilotos, em seus carros de corrida ultravelozes, estava chegando ao ponto de se recusar a correr no mais difícil de todos os circuitos. Outros problemas ajudariam a tirar a velha pista do calendário internacional, nada menos do que as despesas e a complexidade de rastrear toda a pista com câmeras de televisão — um aspecto do esporte que dominaria sua estrutura financeira.

O dia da corrida amanheceu com ameaça de chuva. Os chefes de equipe e os pilotos quebraram a cabeça em relação à escolha dos pneus: normais para tempo seco ou versões com sulcos e compostos especiais para superfícies molhadas. Lauda, como muitos de seus rivais, começou a corrida com pneus de chuva, mas descobriu na primeira volta que a parte de trás do imenso circuito estava seca e que o céu estava abrindo. Ele parou nos boxes para uma troca de pneus e depois voltou para a pista, muito atrás. Ele estava se arriscando, pois o asfalto ainda estava com muitas poças e áreas úmidas, mas isso não impediu o austríaco de andar o mais rápido possível em uma frenética corrida de recuperação. Depois de fazer à toda velocidade uma curva longa à esquerda, pouco antes da *Bergwerk,* curva fechada à direita, a Ferrari deu uma guinada para a esquerda e se chocou contra um muro de pedra. O impacto rompeu os tanques de combustível e arrancou o capacete de Lauda de sua cabeça. Após rodopiar loucamente na pista, a Ferrari 312 T parou, tomada pelas chamas. Então, o carro foi atingido pela Surtees do norte-americano Brett Lunger. Três pilotos que Lauda tinha acabado de ultrapassar — Lunger, o inglês Guy Edwards e Arturo Merzario — pararam no local e correram para o resgate, junto com um comissário de pista motorizado. Graças aos esforços heroicos desses quatro homens, Lauda foi salvo das chamas. Finalmente, o campeão mundial foi tirado dos destroços fumegantes, com graves queimaduras e inconsciente.

Lauda inalou uma grande quantidade de fumaça e gases tóxicos da fibra de vidro em chamas. Seu rosto ficou bastante queimado e se temeu que seus pulmões tivessem ficado comprometidos. Ele acordou em um hospital e ouviu um padre ministrando a extrema-unção. Durante três dias, o mundo do automobilismo se preparou para a notícia da morte do campeão. Naquele momento, o longo período de tranquilidade em Maranello desmoronou. A imprensa estava repleta de artigos relatando que Lauda tinha se acidentado devido a um problema mecânico — uma alegação que tendia a ser confirmada por um filme caseiro tremido feito por um espectador. Parecia indicar que a Ferrari desviou para a *esquerda* antes de bater. Logicamente, se Lauda tivesse simplesmente perdido o controle, o carro teria se dirigido para a direita em uma curva à esquerda. No entanto, Lauda, ao ver o filme depois que se recuperou, pôde apurar pouco a partir das imagens, apenas que a traseira do carro escapou antes do mesmo se projetar contra um muro a cerca de 190 quilômetros por hora.

Ferrari ficou furioso com as insinuações de que seu carro tinha de alguma forma causado o acidente ou que Lauda ficou queimado devido à sua construção frágil (e mais uma vez, as Ferrari eram — e continuam sendo — tão sólidas e resistentes quanto a tecnologia permitia). Em um acesso de ressentimento, ele anunciou um de seus afastamentos periódicos do esporte. Como os demais anúncios, esse não foi levado a sério, embora nenhuma Ferrari aparecesse no Grand Prix da Áustria. No entanto, duas semanas depois, Regazzoni marcou presença na largada da corrida da Holanda.

Naquela altura, o mundo esportivo europeu foi tomado por rumores insanos e terríveis sobre Lauda. As publicações mais sensacionalistas traziam histórias chocantes sobre como todo o rosto do austríaco tinha ficado queimado e que seriam necessários anos de cirurgias plásticas antes que o desafortunado piloto pudesse aparecer em público e pensar em dirigir. Mesmo os relatos mais racionais lançavam dúvidas se Lauda voltaria a competir algum dia — muito menos no final da temporada. Pode-se apenas imaginar o choque que varreu a imprensa quando ele, por meio de sua vontade de ferro, recuperou-se o suficiente para dizer a Ferrari que queria disputar o Grand Prix da Itália, em 12 de setembro, apenas seis semanas depois de seu acidente quase fatal. Foi um gesto que prova que a mente pode dominar toda a fraqueza da carne. Se Enzo Ferrari expressou qualquer reserva acerca da reaparição apressada do austríaco, Lauda não ficou sabendo (embora Ferrari insinuasse posteriormente que havia declarado que achava aquele retorno prematuro).

Qualquer que seja o caso, Niki Lauda dirigiu até Monza com a cabeça enfaixada e os ferimentos ainda gotejando sangue. Ele utilizava uma entretela especial para proteger sua pele ultrassensível em cicatrização. A maioria dos observadores achou aquilo um ato descarado de exibicionismo que não levaria a lugar nenhum. Estava longe de ser isso. Lauda era um profissional competitivo, que estava fazendo de tudo para proteger seu campeonato de um desafiante: James Hunt. Para isso, ele estava preparado para enfrentar níveis extremos de dor e o risco de outras lesões. Não havia exibicionismo no ato, a não ser o pequeno drama que se desenrolava entre o cérebro de Lauda e a pele queimada que o envolvia.

Um terceiro piloto também foi inscrito para o Grand Prix da Itália: um argentino circunspecto e desconfiado chamado Carlos Reutemann. "Lele", como era chamado pelos colegas, tinha deixado recentemente a equipe Brabham e, por meio de negociações secretas, estava sendo preparado para substituir Regazzoni no final da temporada. Na fábrica, também se acreditava que a carreira de Lauda tinha chegado ao fim — ou seja, Reutemann tinha praticamente um lugar assegurado na equipe para a temporada de 1977, embora nenhum dos dois pilotos contratados soubesse daquilo. A habilidade de Luca di Montezemolo estava presente na contratação de Reutemann e, a partir daquele dia, Regazzoni, que tinha corrido lealmente pela Scuderia por seis temporadas, estava condenado. Ele tinha sido um bom segundo piloto, capaz de vitórias inspiradas de vez em quando e sempre pronto a pilotar no limite para ajudar Lauda em um jogo de equipe. Mas alguém — seja Ferrari, Audetto ou Montezemolo — acreditava que o suíço sociável já tinha passado do auge. Ele estava sendo conduzido para fora de Maranello muito antes de perceber que estava diante da porta de saída. As reuniões entre Regazzoni e Ferrari indicavam que não existia problema algum, o que não era o caso. Como em muitos exemplos, conversar com Ferrari não significava nada — somente a ação contava.

Em Monza, com uma vitória convincente, Hunt aumentou o total de sua pontuação, enquanto Lauda, com muita dor, esforçou-se para conseguir um oitavo lugar com um carro avariado. Pilotando com seu habitual entusiasmo, Regazzoni terminou em sexto. Em Watkins Glen, no Estado de Nova York, um mês depois, Hunt voltou a ganhar, embora Lauda, muito mais forte, tenha conseguido um terceiro lugar. O campeonato mundial seria decidido entre os dois na última corrida da temporada: o Grand Prix do Japão, a ser disputado no circuito do Monte Fuji. A imprensa italiana voltou a se alvoroçar, vociferando que Lauda tinha voltado cedo demais e que sua presença era uma força perturbadora para a equipe. Por sua vez, isso levou a uma série de maus resultados, a imprensa dizia, ignorando convenientemente a ascensão da poderosa equipe McLaren e o programa de testes menos eficaz em Maranello depois da saída de Montezemolo.

Lauda estava longe das melhores condições de saúde quando viajou ao Japão. Após a temporada, ele teria de fazer uma grande cirurgia plástica para restaurar o rosto. No entanto, o desafio imediato era o exuberante Hunt, que estava apenas três pontos atrás na disputa pelo campeonato. A competição foi realizada com um tempo terrível. Nuvens baixas pairavam sobre a pista, deixando cair torrentes de chuva de seus ventres escuros. Poucos veteranos das competições de Grand Prix recordavam um dia pior em que foi dada a largada em uma corrida. Três pilotos disputariam a prova: Hunt, na *pole position*, Mario Andretti, segundo no grid, e Lauda, em terceiro. A bandeirada foi dada e os carros largaram, deixando atrás deles apenas um spray de água enquanto se aproximavam da primeira curva. Lauda quase rodou. Duas voltas depois, ele abandonou. Era demais para ele. Havia limites até para sua grandiosa coragem. Cansado das fofocas e da tagarelice interminável da imprensa, da política interna da Ferrari e dos cuidados dolorosos de seus médicos, ele simplesmente encostou o carro. Incapaz de medir as palavras, Lauda recusou a oferta de Foghieri de pôr a culpa pelo abandono em um problema do carro. Direto e honesto em excesso, declarou à imprensa que abandonou porque as condições eram difíceis demais para ele. Se a imprensa não pudesse aceitar aquela explicação como resultado de seus ferimentos e de seu subsequente retorno, estava longe de ser seu problema.

Hunt permaneceu na disputa sob chuva e conseguiu terminar em terceiro. Isso lhe garantiu o título de campeão mundial de pilotos por um ponto. A Itália voltou a entrar em crise. Lauda telefonou para Ferrari do aeroporto de Tóquio e lhe contou o que havia acontecido. O Velho não falou quase nada, e Lauda percebeu que ele ficou descontente. Nenhum piloto, independentemente de sua situação, deveria encostar uma Ferrari em perfeitas condições.

O austríaco entendeu que, a partir daquele momento, sua inquisição em Maranello tinha começado.

Em público, Ferrari tendia a censurar Lauda com um leve elogio, defendendo-o por sua decisão em Fuji, mas questionando seu julgamento sobre o retorno à disputa em Monza logo após o acidente. Isso bateu na mesma tecla da imprensa italiana, que começou a reclamar com veemência que Lauda tinha arruinado o ritmo, destruído a cadência da equipe, por assim dizer, ao insistir em disputar o Grand Prix da Itália. Foi um ato de extremo egoísmo, a imprensa vociferou, e resultou na perda do campeonato mundial pela Ferrari e pelo país (a fábrica conquistou o chamado Campeonato Mundial de Construtores por acumular mais pontos do que qualquer outra equipe, mas esse título significava pouco em comparação com o título do Campeonato Mundial de Pilotos, que era amplamente divulgado).

Uma semana depois da corrida no Japão, Ferrari organizou uma de suas famosas entrevistas coletivas para lidar com a situação. Estava cheia de jornalistas de toda a Europa, todos ansiosos para participar do teatro cômico que tais conferências se tornaram. Como sempre, o Velho dominou o evento, alternadamente se mostrando engraçado, furioso, combativo e humilde. Em certo momento, um jornalista se dirigiu a ele como *Commendatore*. Então, Ferrari resmungou: "Veja bem, não sou *Commendatore*. Prefiro ser chamado de Ferrari. Quando vou ao barbeiro e sou chamado de *Commendatore*, não contesto, porque há muitos *Commendatore*, mas se eles me chamam de Ferrari, então é outro assunto, entende? Portanto, se você quiser me chamar de Enzo, fecharei os olhos, imaginarei que sou uma bela garota e ficarei ainda mais feliz." Esse era o tipo de confusão opaca pela qual tais entrevistas ficaram famosas. No início da conferência, perguntaram para Ferrari a respeito do abandono de Lauda na corrida em Fuji e se ele sabia de algo parecido. "Sim, conheço um piloto", refletiu ele. "Seu nome era Enzo Ferrari. Vocês não acreditam em mim porque são jovens. Eu iria disputar o Grand Prix de Lyon, onde pilotaria o quarto carro. Na época, sofri um colapso nervoso e tive a coragem de dizer a mim mesmo: 'Testei o circuito, voltei para casa e voltei para lá, mas não consegui.' Assim que superei o colapso que sofri em 1924, voltei a correr. Não se esqueçam que nasci em 1898 e que, em 1918, passei por duas cirurgias torácicas. Sofri muito, mas Deus não me abandonou. Como Lauda, tive de me perguntar: 'Quando meu Dino nascer, devo correr de novo?' Decidi parar. Lauda decidiu continuar. Tive de manter minha palavra para ele, mesmo que isso prejudique a Ferrari."

Daquela mistura de sentimentalismo, distorções e inferências vagas, a imprensa deveria deduzir que Ferrari apoiou a decisão de Lauda de encostar o carro, mas, em particular — no círculo íntimo de tomadores de decisão composto por Audetto, Piero Lardi, Foghieri, Franco Rocchi, Franco Gozzi e outros — entendeu-se que, na opinião de seu líder, Niki Lauda cometera um pecado imperdoável. Lauda também sabia disso e, sendo o pragmático de pensamento claro que era, entendeu muito bem que, em Maranello, o perdão total de seus pecados seria impossível.

Enquanto as frustrações de 1976 ficavam para trás, o novo menino de ouro da Ferrari era Carlos Reutemann, embora ficasse evidente para todos os interessados que Lauda era capaz de ultrapassá-lo sempre que quisesse. Regazzoni, o leal figurante, foi mandado embora, expelido sem nunca ter recebido uma explicação adequada de suas transgressões — a não ser que ele tendia a pilotar só para si mesmo e não para a equipe (que, claro, ignorava convenientemente suas táticas de bloqueio frequentemente polêmicas e sua condução agressiva a fim de ajudar um companheiro de equipe).

Os bajuladores da imprensa italiana estavam perfeitamente sintonizados com as nuances da posição de Ferrari e rapidamente acolheram Reutemann enquanto aguardavam uma decisão sobre o destino de Lauda. É provável que Ferrari quisesse contratar Hunt ou Fittipaldi no lugar do austríaco se eles estivessem disponíveis, mas, como não era o caso, Ferrari ficou com um piloto que ele acreditava estar traumatizado a ponto de ficar paralisado ao volante de um carro de corrida. E mais uma vez, ele agia com base em informações de terceiros e não tinha a mais remota ideia do que se passava na cabeça da estrela austríaca.

Desde o início, a temporada de 1977 estava condenada em termos de ressentimento e divergências na equipe. Inicialmente, Ferrari ofereceu a Lauda o cargo de chefe de equipe, achando que poderia utilizá-lo como piloto reserva ocasional e ainda mantê-lo longe das equipes rivais no caso de ele decidir levar a sério a ideia de voltar a correr. O que o Velho não se deu conta era que Lauda não tinha perdido um pingo de sua determinação

FERRARI • 429

e, de fato, estava disposto a provar que poderia ganhar novamente com a Ferrari, mesmo se os carros (312 T2) continuassem basicamente inalterados (com a exceção de grandes logotipos da Fiat na carroceria). Reutemann foi escolhido como primeiro piloto da equipe, mas Lauda desdenhou abertamente do argentino desde o início. Quando indagado por um jornalista se considerava Reutemann um companheiro de equipe ou um rival, Lauda respondeu, torcendo o nariz: "Nenhum dos dois."

Também ocorreram mudanças na administração. Audetto deixou de ser chefe de equipe. Alguns, incluindo Lauda, afirmaram que ele foi demitido; outros explicaram que ele simplesmente foi transferido dentro da Fiat para cuidar da equipe de rali. Seja qual for o motivo, seu substituto foi outro companheiro de Ferrari de longa data. Roberto Nosetto era funcionário da Scuderia há vinte anos e extremamente leal, embora sua lealdade não transcendesse sua superstição ridícula a respeito da cor verde. Nosetto tendia a se cobrir da cabeça aos pés com essa cor. Um fetiche que não só confrontava com a cor da Ferrari, mas o tornava alvo de piadas sem fim na equipe. Ele também era obcecado pelo número sete, tendo tanto medo que se recusava a alugar um carro com um sete na placa. Com o desenrolar da temporada, Lauda passou a desprezá-lo até um ponto em que Nosetto se tornou, nas palavras do austríaco, "nada além de um pontinho verde".

Como sempre, a política dentro da equipe continuou pegando fogo. Foghieri estava sob enorme pressão para melhorar o envelhecido motor boxer de 12 cilindros, que estava ficando fraco em relação ao Cosworth sempre em evolução. Além disso, Colin Chapman estava na vanguarda da criação de uma tecnologia totalmente nova chamada efeito solo. Muitos anos antes, os engenheiros da General Motors desenvolveram um carro esportivo Chaparral da categoria Can-Am com um conjunto de ventiladores acionados pelo motor que literalmente sugavam o carro para junto da superfície da pista. Rapidamente, Chapman reconheceu esse benefício relativo à aderência e começou a instalar aerofólios invertidos nos painéis laterais da Lotus 78, criando passivamente uma força aerodinâmica descendente. Seu novo carro apresentou problemas, mas levaria um ano depois ao surgimento da revolucionária Lotus 79, que proporcionou o campeonato mundial para Mario Andretti e alterou para sempre a tecnologia básica dos

430 • BROCK YATES

carros de corrida. Inicialmente, essa tendência foi ignorada por Ferrari, que permanecia aferrado à antiga ideia de que potência superior sempre derrotava a aderência superior, e para Foghieri e sua equipe — ainda sem um túnel de vento — restou tentar ajustar o antigo motor boxer de 12 cilindros e esperar pelo melhor.

O que eles não esperavam era um Lauda totalmente renovado, que venceu a segunda corrida da temporada na África do Sul (depois que Reutemann venceu no Brasil) e, na sequência, registrou seis segundos lugares e mais duas vitórias, conquistando seu segundo campeonato mundial. No Grande Prêmio da Holanda, cumpridos cerca de dois terços da longa temporada, Lauda havia convencido os céticos italianos de que tinha recuperado seus plenos poderes. No entanto, naquele momento, foi sua vez de se vingar. Em segredo, Lauda assinou um contrato com o esperto e ambicioso Bernie Ecclestone, ex-vendedor de carros de East End, em Londres, e chefe de equipe da Brabham. Em 1978, Lauda seria o piloto dessa equipe, embora Ferrari estivesse alheio aos seus planos.

Mas não demorou muito para que o serviço de inteligência afinado de Ferrari transmitisse a notícia para Maranello de que algo estava acontecendo entre Lauda e Ecclestone. Ferrari ficou ruidosamente na defensiva, gritando insultos contra Lauda sempre que os dois se encontravam nas sessões de teste e ameaçando qualquer um que se afastasse do rebanho sem a sua bênção. Ermanno Cuoghi, amigo e mecânico pessoal de Lauda, que comandava a equipe de seis homens que tinha cuidado dos carros do austríaco desde sua chegada à equipe, também estava pensando em se transferir para a Brabham quando o circo da Fórmula 1 chegou a Watkins Glen. Ali, Cuoghi recebeu um telefonema tarde da noite de Ferrari. Ferrari lhe perguntou se ele ficaria na equipe. O mecânico respondeu que precisava conversar com sua mulher quando voltasse para a Itália. Ferrari não aceitou o fato de Cuoghi querer ganhar tempo e o demitiu sumariamente. Na manhã seguinte, quando Lauda chegou ao autódromo, encontrou seu velho amigo em prantos.

Em Watkins Glen, Lauda dirigiu de forma cautelosa e terminou em quarto lugar, conquistando assim seu segundo campeonato mundial. Mas não houve nenhum júbilo. Nosetto, de verde como sempre, mal cumprimentou o novo campeão, e as comemorações depois da corrida foram silenciosas e tensas. Lauda estava furioso com o tratamento dispensado a Cuoghi e viajou para Toronto, onde ficou de mau humor em um quarto de hotel por dois dias. Então, enviou um telegrama para Ferrari comunicando sumariamente que, por razões de saúde, não participaria das duas últimas corridas do ano, no Canadá e no Japão.

O austríaco fez o impensável. Ele desafiou o homem mais poderoso do automobilismo, afastando-se de seus carros vermelhos em um momento de triunfo. A humilhação em Maranello alcançou um nível insuportável. Ferrari estava furioso com a frieza daquele profissional. Fez declarações raivosas para a imprensa a respeito da falta de educação do austríaco e de sua flagrante traição, mas não adiantou nada. Após décadas tratando seus pilotos como peões, o jogo tinha virado, e levaria anos até que Ferrari começasse a perdoar ou esquecer o tapa na cara.

Todavia, como sempre, legiões de jovens entusiasmados se puseram em fila para ocupar o lugar de Lauda. Mesmo antes de sua partida traumática, um terceiro piloto fora contratado como substituto temporário para o Grand Prix do Canadá. Muitos anos antes, James Hunt conheceu um franco-canadense pequeno e vivaz, em uma corrida de Fórmula Atlantic, em Quebec. Hunt voltou para a Europa impressionado com a rapidez do jovem de 25 anos e providenciou um teste na equipe McLaren. O rapaz de aspecto saudável, que parecia um adolescente, chamava-se Gilles Villeneuve. A McLaren não o contratou, mas Ferrari lhe ofereceu o lugar de Lauda para disputar o Grand Prix do Canadá, em Mosport. Villeneuve pilotou como um louco, mas saiu da pista, como voltaria a fazer muitas vezes. Mas ali estava um tigre, um *garabaldino* clássico, e Enzo Ferrari rapidamente se deu conta que aquele rapaz da distante Quebec tinha o potencial não só de apagar a memória de Niki Lauda, mas também de evocar comparações com gigantes do passado como Nuvolari e Ascari. Para Ferrari, não podia haver desejo maior do que tal reencarnação.

CAPÍTULO 18

Para Enzo Ferrari, 1978 foi um ano de morte e renascimento. Para contrabalançar a chegada do desenfreadamente empolgado Gilles Villeneuve na equipe, Laura morreu em 27 de janeiro, após um casamento de 55 anos. No fim das contas, Ferrari ficou triste e esgotado com sua perda, após aceitar há muito tempo um casamento que era mais um cessar-fogo do que uma união de amor. Na verdade, Laura tinha se envolvido muito mais profundamente no negócio do que qualquer pessoa fora da família poderia ter imaginado. Eles foram amantes, parceiros, antagonistas, co-conspiradores, amigos, inimigos, rivais e companheiros de equipe conflituosos ao longo de cinco décadas de luta, que os levaram a ascender da vida de classe baixa italiana para a grande proeminência nacional. Ferrari tinha dado o melhor de si para manter Laura na "esfera privada" e, com exceção de sua estranha incursão no cenário de corridas no início da década de 1960, ela permaneceu em segundo plano, satisfeita em atuar dentro do pequeno círculo da fábrica e em seus arredores modenenses.

Laura Domenica Garello Ferrari morreu como viveu, um enigma em termos de saúde e do verdadeiro relacionamento com o marido. Seu comportamento certamente foi errático nos últimos anos de vida, e ela se tornou uma pessoa mais reservada, deslizando constantemente para as sombras conforme os anos passavam. Quando fisicamente apta, passava mais tempo na casa de verão no Adriático, onde Ferrari costumava buscar refúgio nos fins de semana. A causa de sua morte, aos 78 anos — algumas semanas antes de Enzo celebrar melancolicamente seu octogésimo aniversário — continua sendo um mistério. Sabe-se que ela tinha muita dificuldade para andar em seus últimos anos, assim como o próprio Ferrari (embora sua falta de mobilidade seja provavelmente atribuível à velhice e ao fato de que, nos últimos quarenta anos de sua vida, ele quase não se exercitou, exceto ao embarcar e desembarcar seu pesado corpo dos assentos de automóveis). Laura foi enterrada no grande mausoléu da família em San Cataldo, em uma cripta do lado oposto da sala circular com paredes de mármore da mãe, do pai e do irmão de Enzo, e separada por uma única área vazia de seu filho, Dino.

Por um tempo, Ferrari ficou sozinho na enorme casa na praça Garibaldi. Planos foram feitos para acolher Piero, sua mulher, Floriana, e sua filha, Antonella, e também Lina Lardi, após o processo de legitimação, mas vários anos se passariam antes que isso se tornasse apropriado. Até aquele momento, ele passaria o tempo em reclusão, interrompido apenas por jantares com amigos, reuniões de negócios e distrações da equipe de corrida. Enzo Ferrari se recusava a perder contato. Ele e seu novo motorista, Dino Tagliazucchi (que chegou a ser guardião da pista de teste de Fiorano e morreu em abril de 2016), passavam muitos fins de semana em Viserba, onde uma comunicação constante seria mantida com a equipe de corrida por telefone.

Marco Piccinini, novo chefe de equipe (*direttore sportivo*), ferrarista bastante escorregadio, que se tornaria o Talleyrand da equipe (e por causa de sua religiosidade foi apelidado de "o monsenhor"), passava a maior parte dos fins de semana ao telefone, nas principais pistas de Grand Prix. Observadores lembram que, nas primeiras corridas de rua em Long Beach, na Califórnia, os boxes da Ferrari sempre ficavam perto do antigo e decadente Breakers Hotel, onde Piccinini era capaz de ocupar uma cabine telefônica no saguão e transmitir atualizações constantes para seu chefe. Essas conversas aconteciam apenas nos treinos livres e nos treinos classificatórios, com a corrida em si sendo um anticlímax. Ferrari conseguia assistir as corridas graças a uma transmissão de TV por satélite, que transmitia a maior parte das provas de Grand Prix. Na maioria das vezes, ele as assistia sozinho, embora ocasionalmente um colaborador fosse convidado. Esse colaborador lembra que Ferrari nunca manifestava qualquer emoção, independentemente da sorte de seus carros. "Ferrari simplesmente ficava sentado ali, em silêncio e inerte, sem reagir à vitória ou à derrota", afirma.

Sua visão em relação às corridas permaneceu constante — o evento em si era basicamente sem sentido. Para ele, o estímulo vinha no planejamento e na preparação, na criação dos carros, na organização das pessoas que atuariam na equipe e na interminável disputa com a imprensa, os promotores de corridas e os patrocinadores. Para Enzo Ferrari, a corrida terminava quando os motores eram ligados e os carros partiam a toda velocidade do grid de largada. A partir dali, a corrida ficava nas mãos dos pilotos e não havia nada para ele fazer a não ser relaxar em sua cadeira — na casa de fazenda reformada de modo pródigo adjacente à pista de teste de Fiorano (utilizada especificamente para entreter convidados importantes ou para conferências da empresa) ou na casa de praia de Viserba —, além de deixar acontecer. Ele ficava impotente a partir daquele momento, que era seu motivo básico para nunca estar presente nas corridas.

Mas aquilo só fazia sentido até certo ponto. Como líder da Scuderia, não resta dúvida de que ele teria se beneficiado com a presença nas competições. Ele poderia ver como seus pilotos e seu pessoal se comportavam, em vez de depender dos olhos e ouvidos de homens como Foghieri e Piccinini. Apenas Montezemolo se atreveu a ser sincero, e a equipe melhorou por causa disso. Naquele momento, Piccinini era o elo entre o Velho e a pista, e mais uma vez as mensagens se tornaram distorcidas e em causa própria. Os resultados — ou a falta deles — costumavam ser modificados para manter a paz na família. Católico devoto, Piccinini mantinha boas relações com o Vaticano e com a comunidade financeira. Supostamente, grande parte da fortuna pessoal de Ferrari estava depositada no banco do pai de Piccinini, em Mônaco, deixando o jovem desprovido do poder desfrutado por Montezemolo, que era apoiado pela Fiat. Dizia-se que Piccinini, piloto e construtor de carros de corrida frustrado, conseguiu seu emprego na Scuderia graças somente aos laços financeiros da família com Ferrari. Nunca abertamente religioso, Ferrari e alguns de seus antigos companheiros gostavam de zombar de Piccinini acerca de sua religião, contando piadas depreciativas sobre a Igreja e geralmente ofendendo sua fé. Diplomata consumado, Piccinini fazia o melhor que podia para tolerar aquele comportamento ofensivo e seguia, com dignidade. Na grande cisma que iria varrer a comunidade da Fórmula 1 no início da década de 1980, Marco Piccinini se tornaria inestimável como mensageiro de Ferrari.

Com o dinheiro da Fiat, expansões estavam acontecendo em todos os lugares. Em 1978, uma grande ampliação das instalações fabris em Maranello foi concluída no lado norte da Ferrari, fazendo fronteira com uma nova estrada chamada via Musso. Também estavam em andamento planos para outros desenvolvimentos no futuro, com todo o departamento esportivo (*gestione sportiva*) a ser transferido para novas instalações a oeste do restaurante Cavallino, que também passaria por uma reforma e atualização radicais. Desde a aquisição pela Fiat em 1970, a área construída da Ferrari tinha mais do que dobrado de tamanho e, em meados da década de 1980, teria cerca de seis vezes a área da pequena fábrica criada no meio da Segunda Guerra Mundial.

Agressivamente, a Fiat estava tentando ampliar sua presença nos Estados Unidos — um empreendimento que terminaria em fracasso deplorável e faria as vendas das Ferrari estagnarem naquele mercado fundamental. Os novos cupês 308 e os Spyder, relativamente baratos, amontoaram-se nas docas de Nova Jersey, e a reação mundial aos carros foi morna, na melhor das hipóteses.

Naquela altura, a família Chinetti tinha perdido completamente seu status de importadora e estava relegada a explorar uma das muitas concessionárias Ferrari nos Estados Unidos. Houve ameaças de ações judiciais e palavras ásperas foram trocadas, mas a intervenção da Fiat tornou inevitável e irreversível as mudanças no emaranhamento entre Chinetti e Ferrari. O relacionamento entre os dois homens tinha ficado confuso e, em meados da década de 1970, virou uma bagunça de acordos verbais, contratos nebulosos, autoilusões e meias promessas sentimentais. A tentativa da Fiat de formalizar melhor o negócio fez com que os *showrooms* de Manhattan e o que restava das atividades norte-americanas de Chinetti fossem transferidas para instalações mais modestas em um subúrbio de Greenwich, em Connecticut.

A Fiat seguiu em frente para tornar a Ferrari sua "imagem" internacional, e a influência de Turim aumentava constantemente na empresa de Maranello. No entanto, Ferrari ainda imperava no departamento de corridas. Sempre cuidadoso com suas liras, resistia à insistência de Foghieri e outros para construir um túnel de vento. Até que tal instalação fosse concluída, toda a pesquisa aerodinâmica — que estava se tornando cada vez mais essencial — tinha de ser realizada no túnel de vento da Pininfarina, na distante Turim. A equipe de engenharia também concluiu que a pista de teste de Fiorano era muito curta e carecia de uma curva de alta velocidade onde a nova ciência do efeito solo poderia ser melhor estudada. Ampliar a pista significava comprar terras adjacentes, e Ferrari relutava em gastar dinheiro. Portanto, a equipe foi forçada a trabalhar em uma pista obsoleta ou se dirigir para uma pista maior em Imola para sessões de teste, como fizeram nos velhos tempos. Pior ainda, não comprar terras adicionais abriu caminho para a invasão de diversas fábricas de cerâmica ao longo da estrada para Abetone. Constantemente, a poeira dos fornos dessas fábricas era levada para a superfície de Fiorano, exigindo que a pista fosse varrida antes de qualquer teste em alta velocidade.

Embora o intelecto de Ferrari continuasse tão afiado como sempre, seu corpo estava dando sinais claros de envelhecimento. Além das pernas rangentes, ele estava perdendo peso e as bochechas, outrora salientes, estavam começando a ficar flácidas, deixando seu rosto dominado pelo enorme nariz aquilino. Os olhos, afundados no crânio, ainda brilhavam, em contraste vivo com o monte de pelos cor de marfim que dominavam a cabeça, mas evidenciavam um cansaço que era desconhecido no início da década de 1970. Naquele momento, ele era um ícone nacional, um procônsul lendário no antigo rebuliço da cultura italiana, um tesouro da nação, cujos automóveis eram um importante *show business* nos cinco continentes. Seu poder no esporte era enorme e nenhuma decisão era tomada nos conselhos internacionais com respeito a regras ou políticas de longo prazo sem sua bênção. Uma decisão da Scuderia Ferrari de boicotar uma corrida de Grand Prix podia fazer com que as vendas de ingressos desabassem 50%.

A coleção de automóveis da Ferrari estava se tornando uma quase religião. O francês Pierre Bardinot era um bom exemplo. Sua propriedade rural de 150 hectares, em Aubusson, a 320 quilômetros ao sul de Paris, estava sendo convertida em um santuário da Ferrari, incluindo uma pista de três quilômetros de extensão, um museu para abrigar uma coleção inestimável de carros e uma oficina de restauração e reparo com mecânicos especializados. Outros convertiam a veneração pelos carros da Ferrari em quase um fetiche, embora Bardinot fosse especificamente favorecido pelo fato de ter o privilégio de comprar alguns modelos raros da fábrica. Porém, apesar de toda a homenagem prestada, Enzo Ferrari nunca demonstrou o menor interesse em visitar a coleção de Bardinot ou iniciar uma coleção oficial. Isso só mudou alguns anos antes de sua morte. Mesmo aos oitenta anos, as glórias do passado eram apenas uma base sobre a qual os sonhos do futuro poderiam ser erguidos. Em 1978, aqueles sonhos certamente se baseavam nas habilidades incríveis do vivaz Gilles Villeneuve. Se algum homem se assemelhava a reencarnação de Tazio Nuvolari, era aquele antigo piloto de *snowmobile* (moto de neve) de Quebec. Ferrari gostou do rapaz instantaneamente. Villeneuve era um plebeu, um dos poucos pilotos da Fórmula 1 que alcançou o sucesso com base no talento absoluto e sem o impulso de uma fortuna familiar. Ele era acessível e dócil, ávido e disposto a pilotar qualquer carro no limite, sem hesitar. Villeneuve parecia incapaz de dirigir qualquer coisa se não fosse à toda velocidade, mas ele era um membro de equipe altruísta, disposto a controlar sua velocidade bruta para garantir um bom resultado a um companheiro de equipe, como faria em diversas ocasiões. Ele bateu muitas vezes, sobretudo na primeira temporada. Seu ímpeto excessivo destruiu várias máquinas caras e às vezes enfureceu Ferrari ao ponto deste considerar, por um momento, a livrar-se dele. Só que sua exuberância, lealdade e, acima de tudo, pilotagem extremamente veloz o mantiveram no lugar. Com certeza, Gilles Villeneuve seria o último dos grandes favoritos de Enzo Ferrari, juntando-se a Nuvolari, Guy Moll, Peter Collins, Stirling Moss e outros em seu panteão pessoal de pilotos imortais.

A temporada de 1978 foi um desastre. Reutemann, que um homem nunca está feliz por completo em um carro de corrida, deu a impressão de se sentir desconfortável com Villeneuve mordendo seus calcanhares. Em sua primeira temporada, Piccinini era demasiadamente novato para lidar com aquela situação. Villeneuve salvou grande parte da honra da debilitada equipe em sua cidade natal, Montreal, ao vencer o Grand Prix do Canadá no complicado circuito de Notre Dame, assegurando assim um lugar para ele na equipe na temporada seguinte e conquistando status de herói instantâneo entre os quebequenses. Por outro lado, Reutemann estava se encaminhando para a porta da rua. Ele reclamara muito a respeito do novo chassis do 312 T3 de Foghieri e de sua falta de aderência em relação aos carros ingleses mais novos dotados de efeito solo. O largo motor boxer de 12 cilindros, então em sua nona temporada de competições, não era adequado para a nova tecnologia de efeito solo e projetos de um novo motor estavam sendo considerados. Mas um piloto que reclamava de seu equipamento era algo proibido em Maranello, e era evidente que o argentino estava de saída.

Um dos principais candidatos para a equipe era um sisudo sul-africano chamado Jody Scheckter. Ele fez algumas temporadas excelentes na equipe de Walter Wolf depois de superar a reputação de novato rápido, mas propenso a batidas. Scheckter era conhecido por ser um lobo solitário, um piloto totalmente comprometido, que tinha pouco tempo para a imprensa, para sutilezas de relações públicas ou para afagos aos patrocinadores. Após sua aposentadoria, ele explicou que considerava tais coisas como distrações de sua missão principal — ganhar corridas — e que não tinha a intenção de ser indelicado. Porém, em seus primeiros anos, a reputação de Scheckter como um profissional extremamente franco, solitário, frio e calculista era universalmente aceita.

Como de costume, Scheckter foi abordado em segredo por um dos agentes de Ferrari. Como Lauda, ele entrou às escondidas em Maranello, sendo pego na mesma saída da rodovia e sendo levado à presença de Ferrari através de um portão dos fundos. Nem ele nem seu novo chefe fizeram cerimônia e a entrevista foi breve e direta ao ponto. "Quanto você quer?", perguntou Ferrari. "Sou muito jovem para falar sobre dinheiro", retrucou Scheckter, olhando para Piccinini, que estava atuando como intérprete. A resposta impetuosa pegou Ferrari desprevenido e imediatamente o alertou que aquele era um piloto que não seria intimidado pela mística da Ferrari. Na realidade, Scheckter estava muito bem preparado para conversar sobre dinheiro, e os dois homens se engajaram em uma discussão animada, barganhando sobre o salário e os benefícios. A época em que Ferrari conseguia

FERRARI • 439

seduzir um piloto com a "honra" de ingressar na Scuderia já tinha passado. Se fosse para recrutar pilotos de alto nível, seria na base do vil metal.

As demandas de Scheckter eram altas. As ofertas de Ferrari eram baixas, como era de se esperar. O sul-africano demandou e recebeu um adiantamento de seis dígitos, que ele descreve como "muito competitivo" com o que estava sendo pago pelas outras grandes equipes, mas as negociações empacaram na questão do prêmio em dinheiro. Scheckter queria 20% prêmio, e Ferrari ofereceu 10%. Por algum tempo, eles discutiram, até que Scheckter se deu conta que o Velho tinha plena consciência dos padrões salariais na Fórmula 1 e sabia que nenhum piloto ganhava 20%. Ele capitulou e aceitou a proposta de Ferrari, que tentou uma manobra final. Scheckter exigiu o pagamento em dólares. Ferrari concordou, mas ofereceu dólares canadenses, que valiam cerca de 20% menos que os norte-americanos. Scheckter recusou, Ferrari cedeu e o acordo foi fechado.

Inicialmente, Jody Scheckter, veterano das guerras da Fórmula 1, mostrou-se cético de ter o jovem Villeneuve como companheiro de equipe. Reutemann, mais velho e mais maduro, parecia uma opção melhor, e os dois marcaram um encontro no sul da França para discutir o assunto. Scheckter achou que Reutemann estava uma pilha de nervos depois das pressões enfrentadas em Maranello. O argentino insistiu em se encontrar secretamente em um estacionamento e se recusou a sair do carro, com receio de que os dois fossem vistos. Então, Scheckter decidiu que aquele combatente ferido nas guerras políticas da Ferrari estava emocionalmente despreparado para seguir em frente. Portanto, Villeneuve se tornou seu companheiro de equipe na falta de outra opção. O relacionamento entre os dois seria surpreendentemente feliz.

Na imprensa especializada em automobilismo, o senso comum sustentava que a combinação do frio e calculista Scheckter, do jovem abusado Villeneuve e do temperamental e maquiavélico Ferrari era uma mistura mortalmente venenosa. Nada podia estar mais longe da verdade. Os dois pilotos, talvez por terem uma abordagem em relação ao esporte tão divergente, se deram bem. Além disso, Enzo Ferrari pareceu reagir à tranquilidade geral da situação e relaxou para ver a dupla dominar a temporada de 1979. Graças ao modelo 312 T4 muito melhorado por Foghieri, que oferecia melhor efeito solo e ainda mais potência e torque do elogiado motor, os dois pilotos venceram repetidas vezes. Scheckter venceu o campeonato mundial com uma série de bons resultados e três vitórias. Villeneuve também ficou em primeiro em três Grand Prix (e também em uma prova não válida do campeonato na Grã-Bretanha), mas não teve tantos bons resultados como seu companheiro de equipe. Embora Scheckter merecesse o título de campeão, muito de seu sucesso se deveu à grande confiabilidade de sua Ferrari. Ele não conseguiu cruzar a linha de chegada apenas duas vezes na temporada de dezessete competições e, em ambas ocasiões, o carro não apresentou defeito (um abandono foi causado por uma colisão com outro carro e o segundo por um pneu furado).

Scheckter dominou o Grand Prix da Itália, onde ele e Villeneuve fizeram dobradinha. Scheckter levou os *tifosi* à loucura ao conquistar seu primeiro título mundial e o último na vida de Enzo Ferrari. Em um gesto de supremo espírito esportivo, Villeneuve se manteve em segundo lugar, seguindo passivamente seu companheiro de equipe e nunca desafiando a sua liderança, embora muitos nos boxes tivessem a certeza de que o jovem poderia ter oferecido um duelo se quisesse. Foi uma demonstração de trabalho em equipe e de espírito esportivo, que contrastou totalmente com o duelo entre Castellotti e Musso em 1956 no mesmo circuito, onde os dois pilotos deixaram a disciplina de lado e destroçaram seus carros na batalha subsequente. Por esse gesto, o franco-canadense conquistou a afeição e a gratidão eternas de Ferrari.

Reza a lenda que Villeneuve era um membro devoto da equipe Ferrari e, portanto, um italiano de coração. Não era o caso, segundo Scheckter: "Na realidade, Gilles não gostava muito da Itália, por isso morava em Mônaco e vinha de helicóptero para fazer testes e reuniões. Por outro lado, eu amava os italianos e seu estilo de vida. Minha mulher e eu tínhamos um apartamento em Módena e, embora eu não falasse italiano, sentia-me em casa. Como piloto campeão, você é considerado parte da família deles e, acredite, quando todos os clientes se levantam para aplaudir quando você entra em um restaurante, você reconhece o quanto eles se importam com o esporte.

"Gilles e eu tentamos ficar fora da política interna, embora fosse quase impossível. Foghieri podia ser um louco, mas era brilhante, e tivemos muitas discussões. Quanto ao Velho, você não conseguia deixar de ficar pouco à vontade perto dele. Tentei ser bastante profissional. Estava ali para ganhar corridas. Nada mais. Essa era a diferença entre eu e Gilles, acho. Ele estava tentando fazer a volta mais rápida. Eu estava tentando ganhar corridas. Quanto a Ferrari, ele não queria ouvir falar sobre os defeitos de seus carros, principalmente os motores. Lembro que um dia eu o informei sobre uma corrida e observei que os Cosworth tinham mais potência do que nós em certas partes da pista. Piccinini, que estava traduzindo, disse: 'Você não pode falar isso. Não pode dizer para ele que os Cosworth têm mais potência.'

"Mas Enzo Ferrari era um homem muito especial. Você tem de respeitá-lo pelo que ele fez. Simples assim. Ele era só negócios com seus pilotos. Lembro que depois que ganhei o campeonato mundial, ele não disse nada. Nenhuma carta, nenhum telefonema. Nada. Então, certo dia, algumas semanas depois, eu o vi em Fiorano. Ele passou por mim, fez uma breve saudação e disse: 'Ei, campeão.' Foi a única palavra que ouvi dele sobre o título. No final da temporada, havia o banquete anual e muitos de nós — mecânicos, pilotos de teste, engenheiros, todos — recebíamos troféus. O meu era um cavalo rampante sobre uma pequena base de madeira. Uma das pernas tinha quebrado e foi soldada de novo."

Scheckter e Villeneuve permaneceram na equipe para a temporada de 1980. No entanto, o mundo das corridas de Grand Prix estava se enredando em um turbilhão de intrigas políticas que faziam a loucura em Maranello parecer trivial. O problema vinha se formando há quase uma década ou desde que o esporte tinha começado a atrair grandes patrocínios e lucrativos contratos de televisão. Previsivelmente, na raiz do problema, estava o dinheiro. Os jovens leões do esporte — na maioria dos casos, equipes independentes britânicas como McLaren, Brabham, Lotus e Williams, que ganharam destaque sem o apoio das grandes fábricas de automóveis — estavam sedentos por influência nos salões sagrados e bastante bolorentos da Fédération Internationale de l'Automobile dominada pelos franceses. A FIA, através de seu subcomitê que regia o automobilismo internacional (FISA ou Fédération Internationale du Sport Automobile), ficara cada vez mais inflexível e se isolou das novas realidades do patrocínio comercial e televisivo. A FISA estava alinhada com os antigos grandes nomes do esporte, os clássicos fabricantes de carros europeus como Porsche, Mercedes-Benz, Peugeot, Renault, Alfa Romeo e, claro, Ferrari, que tradicionalmente construíram automóveis para as corridas e os ralis homologados pela FIA. Tinha sido o hábito consagrado para o antigo *establishment* até que as equipes britânicas surgidas do nada criaram a FOCA (acrônimo para Formula One Constructors Association). O líder era o impetuoso Bernie Ecclestone, que ascendeu através das fileiras do automobilismo e se tornou proprietário da equipe Brabham, e estava liderando a campanha por regras mais práticas, custos menores, prêmios maiores e representação mais forte das equipes nos conselhos da FISA.

Os franceses e seus criados na FIA reagiram nomeando um francês pomposo chamado Jean-Marie Balestre para defender a honra do organismo internacional. Seria uma guerra entre os grandes e os *garagistas,* e duraria cinco anos até que a paz fosse finalmente alcançada. Balestre era um homem disparatado, dado a pronunciamentos bombásticos e a cobrança de multas por supostos insultos. Ele era um poltrão de dimensões cômicas e alvo de sátiras sem fim na imprensa automobilística. Os italianos o chamavam de "o papa louco". As coisas ficaram sérias quando uma revista italiana publicou fotos dele no que parecia ser um uniforme alemão. O artigo o acusava de colaboração com os alemães na Segunda Guerra Mundial como oficial do governo de Vichy. Revelou-se então que Balestre tinha passado um tempo na cadeia, o que, segundo ele, ocorreu porque os nazistas o acusaram de ser espião da Resistência. Seus críticos reagiram, dizendo que ele foi preso pelos alemães depois que foi descoberto roubando deles. A discussão prosseguiu durante anos, sem nenhuma evidência conclusiva para desalojá-lo de seu venerável cargo.

Os dois lados brigaram a respeito de todos os tipos de problemas, muitos deles questões técnicas herméticas que tratavam de turbocompressores, freios resfriados a água, suspensões ajustáveis, túneis de efeito solo etc. Mas isso obscurecia a questão maior de quem controlaria o futuro da Fórmula 1: as equipes ou o velho *establishment* em Paris. Era o tipo de luta em que Ferrari era mestre. Ele e seu emissário, Piccinini, tinham cartas nas mangas. Nigel Roebuck, respeitado jornalista automobilístico inglês, revelou em sua coluna na *Autosport,* influente revista britânica, que uma pesquisa no início da década de 1980 indicou que 30% do público em uma corrida de Grand Prix vinha exclusivamente para ver as Ferrari. Com esse tipo de respaldo da bilheteria, Enzo Ferrari era cortejado pelos dois lados nas discussões monótonas e intermináveis sobre regras e políticas. Na maioria das vezes, ficava do lado da FISA, por razões de tradição, semelhança das culturas francesa e italiana e antipatia pelas equipes inglesas que compunham a maioria da oposição. Contudo, ele e Piccinini permaneceram astuciosamente acima da rixa, usando o poder e a influência do nome da Ferrari para incitar os dois lados na direção do que melhor conviesse à Scuderia. Ele havia passado por centenas daquelas disputas mesquinhas, sempre envolvendo os egos imensos que eram atraídos para o mais desafiador dos esportes, e não estava disposto a deixar seu amado campeonato de Grand Prix ser levado em uma enxurrada de ressentimentos. Por um lado, ele podia agir como árbitro imparcial na disputa entre FISA e FOCA, como o patriarca altivo observando uma briga entre membros menores de seu rebanho, ao mesmo tempo usando cada erro ou passo em falso de um lado ou de outro em seu favor.

Era evidente para todos que os carros modernos de Fórmula 1 estavam ficando muito rápidos. A nova ciência do efeito solo estava aumentando as velocidades nas curvas para números absurdos. As curvas tradicionais onde outrora uma freada brusca era necessária estavam, naquele momento, sendo feitas à toda velocidade. Além disso, algumas equipes estavam desenvolvendo motores de 1,5 litro turbocomprimidos, que geravam uma potência enorme, embora não confiável. As chamadas saias foram instaladas na parte inferior da carroceria dos carros, criando uma vedação mais justa entre as asas invertidas que então formavam o chassis. Elas foram banidas, o que provocou um imenso alvoroço. Uma distância mínima do solo foi exigida, o que levou a suspensões ajustáveis que podiam ser baixadas para a atividade na pista e depois erguidas para inspeção nos boxes. Mais ressentimento. Os freios resfriados a água, a injeção de água, os aerofólios móveis, as limitações na capacidade do tanque de combustível e a turbocompressão eram objeto de discussões intermináveis entre as duas estruturas de poder. Corridas foram boicotadas e os ânimos se acirraram nos motorhomes luxuosos que serviam como escritórios móveis para diversas equipes. Piccinini estava o tempo todo no meio dessas disputas, geralmente ficando do lado da FISA, mas sempre disposto a entrar em um acordo com Ecclestone e seu grupo de dissidentes. Embora as minúcias das regras constituíssem a base do conflito sem fim, a luta verdadeira envolvia o controle da Fórmula 1 e seus milhões em patrocínios e pagamentos da televisão. Enzo Ferrari tinha plena consciência disso e se posicionou para estar do lado vencedor, não importando quem triunfasse. Embora ele continuasse a insistir que seus carros permaneceriam "puros" em termos de patrocínio não automotivo, os logotipos dos cigarros Marlboro, das máquinas de escrever Olivetti e dos relógios Longines começaram a aparecer na carroceria. Isso foi explicado como patrocínio que pertencia aos pilotos, e não à equipe, embora, é claro, a Scuderia estivesse levando uma comissão generosa sobre os valores de seis dígitos sendo pagos pelas marcas. Pilhas de dólares, francos, libras esterlinas e liras estavam sendo injetadas no esporte. Para quem lutou durante décadas com somas modestas de empresas como Shell e Pirelli, a nova injeção de riqueza impressionaria até um homem tão comercialmente orientado como Ferrari. Em meados da década de 1980, as verbas de patrocínio superariam 5 milhões de dólares por carro nas grandes equipes, e os salários dos pilotos ultrapassariam o limite de 1 milhão de dólares por ano. Até mesmo Ferrari, que ainda estava um pouco atrás dos líderes em termos de remuneração, foi forçado a desembolsar mais de meio milhão de dólares em adiantamentos para assegurar os serviços de pilotos como Scheckter e Villeneuve.

Embora essa dupla gerasse um período de relativa tranquilidade na Scuderia, Ferrari ficou abalado com um acontecimento que ocorreu fora dos limites violentos do mundo das corridas. Em outubro de 1979, um grupo de indivíduos singularmente depravados arrombou a cripta de San Cataldo e tentou roubar o corpo de Dino Ferrari. Os criminosos quase conseguiram violar o caixão de metal, mas se assustaram antes de conseguir cumprir sua horripilante missão. Deixaram para trás diversos sacos plásticos, indicando que planejavam roubar os restos mortais para pedir resgate para um pai atormentado. Os criminosos nunca foram presos e Ferrari não disse nada à imprensa. Sua única ação foi instalar pesados portões de ferro decorativos na entrada da tumba. Na atualização final de suas memórias publicadas três anos depois, ele escreveu: "Nunca imaginei que o preço da notoriedade, que

FERRARI • 445

sempre paguei em todos os momentos de minha vida, incluísse a destruição da tumba em que enterrei o meu filho Dino há 26 anos. Após tantos acontecimentos, sinto-me sozinho e quase culpado por ter sobrevivido. Às vezes, acho que a dor é apenas um apego exasperante à vida quando confrontada com a fragilidade alucinante da existência."

Naquele momento, Ferrari ainda estava sentindo o impacto não só da profanação do túmulo, mas também do desaparecimento misterioso de Carlo Bussi no verão de 1978. Ele tinha sido um colaborador próximo de Foghieri e Rocchi no departamento de projeto de motores e era um funcionário leal e respeitado. Membro de uma proeminente família italiana, Bussi tinha desaparecido durante as férias na Sardenha. Inicialmente, acreditou-se em sequestro por terroristas, mas nenhuma mensagem foi recebida e nenhuma pista sobre o paradeiro do jovem jamais apareceu. Até hoje, o desaparecimento permanece sem solução.

De novo, a grande casa na praça Garibaldi estava ocupada, embora dezenas de aposentos acima do então extinto restaurante Tucano estivessem vazios. De fato, o antigo bairro que Enzo Ferrari conhecia tão bem estava mudando rapidamente. Naquele momento, Módena era uma cidade com 150 mil habitantes e crescia todos os dias. Em 1975, a família Fini transferira seu hotel para um novo e elegante prédio a um quilômetro a leste da via Emília, e o antigo imóvel do Real-Fini se convertera em um banco. O edifício do hotel Grand, cenário de tantos excessos, também se transformara em um banco, depois que Alejandro de Tomaso abriu o novo hotel Canalgrande na cidade medieval murada que formava o núcleo de Módena. A mansão dos Orsi desaparecera e negociações começaram para transformar a oficina original da Scuderia, na Viale Trento e Trieste, em um prédio de estacionamento de concreto — com certeza, uma profanação histórica de primeira magnitude. Piero, sua mulher e sua filha se mudaram para um grande apartamento na casa de Ferrari, assim como Lina, que passou a ocupar seu próprio e separado aposento. Piero fora reconhecido legalmente como filho de Ferrari. Em 1975, ele começou a reconhecer o rapaz, quando um comunicado à imprensa se referiu a Piero como "um jovem intimamente relacionado comigo". Fiel à promessa feita à mãe, Enzo Ferrari iniciou o processo de adoção formal depois da morte de Laura e, dois anos depois, Piero adotou o nome Piero

446 • BROCK YATES

Lardi Ferrari. Ele assumiu outras funções na equipe de corrida como uma espécie de assistente graduado de Piccinini, responsável pelas relações com os pilotos, organização de viagens, negociações na pista de corrida etc. Piero também era membro do conselho superior que incluía Foghieri, Piccinini, Ermano Della Casa, Franco Gozzi e Valerio Stradi, secretário pessoal de Ferrari, além de alguns especialistas técnicos.

Apesar da presença do então campeão mundial e de um piloto reconhecido mundialmente como o mais talentoso das últimas décadas, a temporada de Fórmula 1 de 1980 foi um desastre completo para a Ferrari. A tecnologia de efeito solo desenvolvida pelos britânicos deixou bem para trás qualquer vantagem de potência de motor talvez desfrutada pela Ferrari. Durante a temporada de catorze corridas, o melhor que Scheckter e Villeneuve conseguiram foram três distantes quintos lugares, misturados com uma infinidade de problemas mecânicos.

Pior ainda, em Long Beach, o velho ferrarista Clay Regazzoni bateu seu Ensign contra uma barreira de concreto a mais de 240 quilômetros por hora e ficou permanentemente paralisado da cintura para baixo. O valente suíço se recusou a perder o bom humor e, depois de anos de fisioterapia, acabou aprendendo a dirigir seu carro de passeio Mercedes-Benz controlado pelas mãos quase tão bem quanto antes do acidente. Segundo boatos, quando ele visitou Maranello pela primeira vez em sua cadeira de rodas, a pergunta inicial de Ferrari foi: "Você ainda consegue fazer amor?"

Depois de passar uma década nas trincheiras dos Grand Prix, Scheckter, sentindo-se bastante esgotado, anunciou no meio da temporada que se aposentaria após a última corrida em Watkins Glen. Sua saída da Ferrari seria amigável, uma raridade entre os campeões mundiais da Scuderia (Ascari, Fangio, Hill, Surtees e Lauda partiram em meio a ressentimentos — apenas Hawthorn e Scheckter, ambos os quais se aposentaram, saíram em paz).

Em 1981, com a saída de Scheckter, Villeneuve se juntou a Didier Pironi, jovem francês de família rica, com rosto redondo e reputação de ser arrogante (o que ele negava, explicando que era apenas tímido — isso não ajudou para melhorar sua reputação entre a imprensa automobilística ou seus colegas de corrida). Foghieri e sua equipe de projeto criaram um excelente motor turbo de 1,5 litro e o recém-chegado Harvey Postlethwaite — que chegou a Maranello durante o verão de 1981 — propôs um chassis que tiraria a Ferrari da era das trevas do chassis monocoque de metal e a levaria para a nova era de compósitos plásticos. Engenheiro formado, o magro e jovial Postlethwaite tinha trabalhado nas equipes March, Wolf, Fittipaldi e Hesketh como projetista de suspensões, aerodinâmica e chassis de fibra de carbono. Sua presença se destinava a liberar Foghieri para aperfeiçoar o novo motor turbo 126 C e, ao mesmo tempo, tornar a equipe competitiva na nova ciência de sistemas avançados de aderência e freios. Postlethwaite seria o primeiro de uma série de "anglos" a ingressar no departamento de projetos — normalmente composto somente por italianos. Rapidamente, ele descobriria que o trabalho na Ferrari era conduzido de maneira única. Encontrou uma equipe grande e competente, provida de excelentes computadores. Mais de 200 especialistas em tempo integral atuavam na seção de corridas, todos veteranos das guerras da Fórmula 1 e — pelo menos aparentemente — dedicados ao líder que chamavam de Velho. No entanto, ele ficou decepcionado ao saber que não havia planos para construir um túnel de vento ou prolongar a pista de teste de Fiorano.

"Logo descobri que os negócios eram feitos por debaixo dos panos, através de vazamentos de informantes e a partir dos diversos amigos que rodeavam o Velho. Quase não havia discussões ou críticas durante as reuniões formais", recorda Postlethwaite. "Ferrari não tinha interesse no negócio de carros de passeio e muito menos controle sobre o mesmo. Na realidade, ele sentia total desdém pelas pessoas que compravam os carros de passeio, os chamava de *tolos*, embora estivessem, de certa forma, sustentando toda a equipe de corrida. Eu era pago com cheque da Fiat e não da Ferrari."

O inglês se viu pisando em terreno desimpedido no departamento de engenharia. "Não havia nenhum interesse da parte de Ferrari em chassis, aerodinâmica ou freios. Ele vivia no passado, totalmente concentrado em grandes potências, excluindo todo o resto." Depois que a BMW teve sucesso inicial com uma versão turbocomprimida de seu motor de Fórmula 1 de 4 cilindros, Ferrari insistiu que Foghieri iniciasse o desenvolvimento de tal modelo. "Ele tomou conhecimento que os engenheiros da BWM estavam conseguindo 1.115 cavalos no dinamômetro, em comparação com os cerca de 811 cavalos dos nossos V6, e insistiu que começássemos a trabalhar. Sugeriram que aquele não era o caminho a seguir, que o sucesso da BMW se baseava em um sistema avançado de medição de injeção combustível, mas ele se recusou a aceitar a sugestão."

Imediatamente, isso colocou Postlethwaite e Foghieri em desacordo. Circulava a notícia de que a FISA estava considerando reduzir a capacidade dos motores turbo de 1.500 para 1.200 cilindradas e, nessa configuração menor, o motor de 4 cilindros parecia fazer sentido. Assim, iniciou-se o trabalho referente a Ferrari 154 C, projeto que estragaria o excelente currículo de Mauro Foghieri e acabaria por fazê-lo sair da empresa que servira com tanta lealdade e entusiasmo. Foghieri acreditou que o 4 cilindros funcionaria, sobretudo se a fórmula turbo fosse posta em prática. Postlethwaite e um pequeno grupo de amigos e colaboradores, que incluía Piero Lardi, estavam convencidos de que o motor seria um fiasco técnico. Para aumentar ainda mais o desacordo, Foghieri tinha pouca consideração por Lardi, a quem descrevia em particular como um "sujeito legal, mas idiota". Ferrari era francamente crítico de Foghieri, reclamando que a proeminência deste estava começando a rivalizar com a sua. Foghieri acusou Ferrari de ter ficado "morto por dez anos" em um sentido técnico e que vivia do passado, com perfeita lembrança dos incidentes de 1925, mas pouca dos de 1975. Ainda assim, a memória de Ferrari era prodigiosa. Em diversas ocasiões, uma reunião de alto nível da equipe técnica era interrompida pelo chefe, lembrando que um determinado projeto sugerido já tinha sido experimentado anos — até décadas — antes. Então, um assistente era enviado aos enormes arquivos da fábrica e aparecia mais tarde com desenhos mecânicos detalhados das mãos de Lampredi, Colombo ou Rocchi para confirmar a memória de Ferrari.

Embora a nova Ferrari 126 C com motor V6 turbo parecesse promissora, Foghieri estava perdendo força rapidamente. Desde 1960, ele trabalhou com um entusiasmo às vezes maníaco pela equipe e, naquele momento, aos 45 anos, as intrigas sem fim e as lutas pelo poder dentro da equipe começavam a desalentá-lo. Ele continuaria lutando, mas seu desejo de trabalhar incansavelmente pela glória do cavalo rampante de Maranello desaparecia rapidamente. Em particular, ouviram-no descrevendo de forma raivosa Ferrari, seu chefe de vinte anos, "como um excelente homem de negócios, mas como homem, nem tanto".

Villeneuve e Pironi deram a impressão de se darem bem com razoável facilidade, mas se situavam em extremos opostos do espectro social. Villeneuve era humilde, aberto, simples e não afetado por sua nova fama. Por outro lado, Pironi era arredio, distante e ligeiramente místico em sua postura imperiosa de pilotagem. Não restava dúvida de que Villeneuve era o mais rápido dos dois, embora Pironi nunca tivesse ficado muito atrás nos treinos classificatórios. Apesar do fracasso do novo motor em resistir ao estilo de pilotagem implacável de Villeneuve, o canadense conseguiu vitórias em Mônaco e no Grand Prix da Espanha, em Jarama, mas sofreu acidentes na Inglaterra, Áustria e Holanda. Sua impetuosidade continuava sendo alvo de críticas. Muitos reclamavam que sua falta de disciplina o impediria de ser um vencedor consistente. No entanto, Ferrari o defendia com crescente paixão, comparando-o repetidas vezes com um de seus pilotos favoritos de todos os tempos: Guy Moll. Ele chamava tanto Moll como Villeneuve de *spudorato* (despudorado).

A temporada de 1982 começou com o impetuoso Villeneuve e o calculista Pironi ao volante da nova Ferrari 126 C2S projetada por Postlethwaite e com chassis de fibra de carbono, com estrutura em forma de favo de mel, fabricado na Bélgica porque a Ferrari carecia da moderna capacidade de colagem de resina necessária para a fabricação de equipamento tão sofisticado. O inglês quis usar um compósito de fibra de carbono ainda mais avançado, mas decidiu que as instalações da Ferrari (e a mentalidade) eram tão ultrapassadas que tal salto seria tecnologicamente inviável. Portanto, ele optou por uma abordagem mais conservadora, com a ideia de avançar para um domínio puramente contemporâneo depois que o restante da equipe de projeto se atualizasse. Enquanto isso, Foghieri tinha feito um trabalho exaustivo para melhorar a resposta de aceleração do motor turbo V6 e a expectativa era que os motores se igualariam ou até mesmo superariam em desempenho o potente, mas instável, motor Renault, que estava liderando a revolução dos motores com turbocompressores.

Ferrari tinha decidido voltar a usar os pneus Goodyear e seus novos e radicais pneus de corrida radiais após três anos de resultados medianos com os pneus Michelin. Leo Mehl, diretor executivo da Indy Racing League, LLC., conhecia Ferrari desde o envolvimento inicial da Goodyear com a equipe entre 1974 e 1979. Ele se lembra do relacionamento com grande entusiasmo. "Ferrari sempre foi muito leal. Ele era o nosso membro mais confiável da comunidade de Grand Prix e, pelo menos em minha experiência, nunca correspondeu à sua imagem. Ao contrário de diversas outras equipes que usavam os nossos pneus, nunca foi difícil agradá-lo. Lembro-me de uma corrida em que os nossos novos pneus radiais foram um desastre completo. As Ferrari largaram na primeira fila e depois, por causa de nossos pneus, foram ultrapassadas e terminaram sem pontuar. Alguns dias depois, quando fui encontrá-lo em Maranello, estava esperando problemas. Mas Ferrari sorriu e disse: 'Sei que você teve um dia difícil.' Concordei, bastante envergonhado. Então, ele prosseguiu: 'Veja dessa maneira: até aqui nessa temporada, seus pneus se igualaram à concorrência em duas corridas, foram superiores em seis e inferiores em duas. Ao mesmo tempo, meus carros se igualaram em quatro, foram superiores em duas e inferiores em seis. Então, vocês ainda estão melhor do que nós.' De fato, Ferrari custou para a Goodyear mais do que as outras equipes, mas havia muito mais valor."

A equipe enfrentou problemas mecânicos no Grand Prix da África do Sul. Então, Pironi sofreu um acidente grave em uma sessão de treino no circuito de Paul Ricard, com seu carro decolando sobre uma área de espectadores, que, felizmente, estava vazia. Ele escapou com um joelho esfolado. No Grand Prix do Brasil, Villeneuve segurou a liderança até entrar muito rápido em uma curva durante um duelo com o brasileiro Nelson Piquet e bateu. Pironi, ainda com dores, não pontuou. Em Long Beach, o francês voltou a sofrer um acidente, enquanto Villeneuve terminou em terceiro. Foi certamente irritante para Enzo Ferrari, assistindo a corrida pela TV na Itália, que o vencedor não fosse outro senão Niki Lauda, que havia retornado à Fórmula 1 pela equipe britânica McLaren e parecia estar de volta à sua velha forma.

A batalha entre a FISA e a FOCA continuou a se agravar. Os dissidentes britânicos, sem os novos turbocompressores, tentavam todos os tipos de truques para se manterem competitivos com seus então motores Cosworth menos potentes. Os freios estavam sendo resfriados com água, mas era um estratagema para correr abaixo do peso mínimo. Os carros — Williams, Brabham e outros — eram pesados antes da largada e, com os reservatórios de água cheios, apresentavam o peso regulamentar. Mas assim que era dada a largada, a água era jogada fora e os carros ficavam mais leves e mais rápidos. Nelson Piquet, o vencedor do Grand Prix do Brasil, e Keke Rosberg, o segundo colocado, foram desclassificados pela FISA após uma série de protestos por causa dos freios adulterados. Isso levou ao boicote do vindouro Grand Prix de San Marino, em Imola, pelas dez equipes vinculadas à FOCA. As linhas de combate entre o que Ferrari chamava de *grand construttori* (grandes construtores) e os *assemblatori* (os fabricantes britânicos de "kit car" ou o antigo bando de *garagistas*) foram traçadas quando o fim de semana da corrida começou.

Há muito tempo, Enzo Ferrari tinha o hábito de pegar a estrada para sessões de teste e testes classificatórios de corrida, tanto em Monza quanto em Imola, então batizado em memória de seu filho Dino. Acredita-se que 1982 foi o último ano em que ele fez a viagem para o circuito de Imola e, dali em diante, raramente ou nunca viajou para além das cercanias de Módena.

Com apenas as equipes vinculadas à FISA presentes e com os incômodos britânicos amuados em sua pequena ilha, os *tifosi*, bem embriagados de vinho *frizzante* local, poderiam saborear a primeira chance de uma vitória da Ferrari naquela temporada. Gilles Villeneuve já era um herói local, tendo sobrevivido a um acidente impressionante dois anos antes na curva fechada Tosa — um impacto tão grave que destroçou sua Ferrari e deixou as ferragens, incluindo seu piloto não ferido, fumando no meio da pista.

Os dois Renault turbo — como sempre, rápidos, mas frágeis — largaram na primeira fila, mas os vistosos carros amarelo e preto de René Arnoux e Alain Prost abandonaram, deixando as Ferrari nas duas primeiras posições. Enquanto os fãs vibravam de alegria, Villeneuve liderava, com Pironi logo atrás. Em tais situações, havia uma lei tácita de que os companheiros de equipe deviam manter as posições, segundo a lógica de que um duelo colocaria em risco ambos os carros. Porém, nas últimas voltas da corrida, Pironi fez diversas tentativas de assumir a liderança, mas Villeneuve manteve a posição, achando que o francês estava jogando para a plateia, pois, caso contrário, teria sido um desfile maçante. Contudo, na última volta, Pironi mais uma vez pôs seu carro ao lado do de Villeneuve. Ao entrarem na Tosa, o francês retardou a freada e saiu da curva em primeiro. Dessa vez, ele se recusou a ceder sua posição, avançou através do trecho sinuoso do circuito, onde ultrapassar era quase impossível, e recebeu a bandeira quadriculada em primeiro.

Villeneuve ficou furioso. No pódio, ele ficou em silêncio e se recusou a falar com seu companheiro de equipe. Reclamou com Foghieri e outros que ele tinha deixado Pironi passar, achando que ele retornaria ao segundo lugar, como era a prática aceita. Piccinini, sempre o diplomata bajulador, disse à imprensa que a equipe não tinha ordens específicas em tais situações e que Pironi tinha toda o direito de ultrapassar Villeneuve. Isso enfureceu Foghieri, que tinha conhecimento do contrário, e o levou a considerar o *direttore sportivo* romano como responsável indireto pela tragédia que iria ocorrer treze dias depois.

Pironi ficou na defensiva, explicando a qualquer um disposto a ouvir que ele acreditava que a corrida era de qualquer um e que apenas se aproveitou da situação para ultrapassar seu companheiro de equipe. Era um absurdo completo e diversos integrantes da Scuderia, incluindo Piero Lardi e Foghieri, insistiram que existiam instruções permanentes para que os companheiros de equipe mantivessem suas posições nas últimas voltas. Eles mencionaram o comportamento de Villeneuve e Peter Collins em situações semelhantes, que garantiram vitórias para Scheckter e Juan Manuel Fangio. Seja como for, a relação entre os dois pilotos ficou estremecida e o rompimento levou a uma série de acontecimentos que, pelo menos simbolicamente, desencadearam o desenrolar de toda a operação de Fórmula 1 pelo resto dos dias de Enzo Ferrari.

Nas duas semanas entre Imola e o Grand Prix da Bélgica, em Zolder, a rixa entre Villeneuve e Pironi se infiltrou na equipe. O canadense estava louco de raiva, enquanto o francês não se mostrava arrependido. No treino do circuito complicado e ondulante, nas colinas arenosas cobertas de pinheiros ao norte de Liège, um piloto estava terrivelmente empenhado em ser mais rápido do que o outro. Quando a última sessão do treino classificatório para determinar as posições no grid de largada estava terminando, Pironi registrou uma volta um décimo de segundo mais rápida do que a melhor volta de Villeneuve. Prometendo não permitir que seu rival se classificasse melhor do que ele, Villeneuve arrancou dos boxes para uma última volta camicase. Na parte de trás do circuito, ele alcançou o alemão Jochen Mass nas proximidades de uma curva. Impetuoso como sempre, aquele jovem "despudorado" tentou ultrapassar o piloto mais lento. A roda dianteira esquerda da Ferrari atingiu a roda traseira direita do March 821 de Mass, fazendo o carro vermelho decolar para fora da pista. O bico da Ferrari aterrou primeiro no acostamento arenoso, matando Villeneuve instantaneamente. Uma série de impactos secundários violentos desfigurou o corpo e lançou o piloto morto na pista. Ondas de choque se irradiaram através do mundo do automobilismo. Com certeza, a morte de Gilles Villeneuve, o piloto mais talentoso, carismático e popular de sua época, abalou até o Velho blindado de Maranello. Embora os românticos descrevessem Ferrari como apaixonado por Villeneuve, não resta dúvida de que isso é um exagero. Ele tinha visto muitos jovens pilotos morrerem ao volante de carros de corrida para se deixar seduzir pelo charme deles. Ferrari entendia muito bem a "fragilidade alucinante da existência", como ele tinha dito, de se envolver emocionalmente com qualquer pessoa que arriscasse sua vida ao volante de um de seus carros. Em diversas ocasiões, ele declarou publicamente que "amava" Villeneuve, mas era uma hipérbole clássica, e diversos colaboradores, incluindo Foghieri, insistem que ele manifestou pouco sofrimento particular pela perda de sua estrela, exceto se preocupar se Pironi poderia substituir Villeneuve e vencer o campeonato mundial.

Após os lamentos públicos arrefecerem e as críticas ao chassis de Postlethwaite — que tinha se despedaçado no acidente — terem sido desacreditadas, Pironi parecia realmente se encaminhar para a conquista do título. Ele não disputou a corrida de Zolder em respeito ao seu companheiro de equipe morto, mas, duas semanas depois, voltou em Mônaco e terminou em segundo lugar. Em seguida, em Detroit, Pironi se classificou em terceiro. Na sequência, não pontuou em Montreal, onde o circuito de Notre Dame mudara de nome em homenagem ao herói local. Naquele momento, Ferrari estava procurando um segundo piloto para ocupar o lugar de Villeneuve. Mas, até um candidato adequado ser encontrado, Pironi ficou sozinho para defender a honra da equipe. Isso levou a uma série de desastres que também acabariam com a carreira do francês. Em Montreal, seu motor apagou no grid no momento da largada e sua Ferrari foi atingida por trás pelo recém--chegado e ansioso Riccardo Paletti. Ainda que a colisão matasse o azarado italiano, Pironi não se feriu, voltando à corrida com um carro reserva. Ele levou o carro não acertado e não testado a um nono lugar. Uma semana depois, Pironi se envolveu em mais um acidente durante uma sessão de testes no circuito de Paul Ricard, no sul da França. Novamente escapou ileso depois da quebra de um braço da suspensão dianteira e da destruição do carro em virtude do impacto decorrente.

Naquela altura, Patrick Tambay, experiente piloto francês, foi contratado para assumir o lugar de Villeneuve. Um cavalheiro com conduta impecável dentro e fora das pistas, Tambay foi considerado como o companheiro de equipe perfeito, que dificilmente ameaçaria o egocêntrico Pironi, que tinha uma chance clara de vencer o campeonato mundial. Além disso, Tambay era um piloto de testes capaz, que estava disposto a passar horas intermináveis percorrendo pistas vazias como Fiorano ou Paul Ricard, experimentando novas configurações de motor e chassis. Sua escolha provocou um alvoroço entre os nacionalistas radicais da imprensa italiana. Por que, as manchetes vociferavam, um italiano como Michele Alboreto, Riccardo Patrese ou Elio De Angelis não foi escolhido, em vez de outro francês? Sempre se sentindo facilmente incomodado pela imprensa, Ferrari reagiu respondendo que Tambay era o melhor piloto disponível e que não toleraria mais nenhuma crítica sobre o assunto. Sua mensagem subjacente era clara e os jornalistas italianos entenderam muito bem: os carros — os bólidos vermelhos da Scuderia — eram os transportadores da honra nacional, e não os homens temporários que sentavam em seus *cockpits*.

A nova combinação pareceu funcionar bem. Não ameaçado por seu colega, Pironi venceu o Grand Prix da Holanda, enquanto Tambay terminou em oitavo com o motor falhando. A dupla ficou em segundo e terceiro no Grand Prix da Inglaterra, depois caiu para terceiro e quarto em Paul Ricard, atrás das Renault turbo pilotadas pelo brilhante Alain Prost e René Arnoux. Naquele momento, Pironi estava em uma boa posição para conquistar o título, mas as críticas da imprensa italiana aumentaram. Sua popularidade despencou depois da morte de Villeneuve, e ele era criticado por não pilotar com empenho suficiente, simplesmente buscando bons resultados para acumular pontos sem brigar pela bandeira quadriculada. Homem orgulhoso, que tendia a internalizar tais ataques à sua honra, Pironi chegou a Hockenheim para o Grand Prix da Alemanha determinado a provar que era tão rápido e corajoso quanto qualquer um na pista.

No dia anterior à corrida, todo o sul da Alemanha ficou debaixo de chuva. A grande e ameaçadora pista, coberta de florestas, tinha muitas poças de água e a visibilidade era limitada. Ainda assim, Pironi insistiu em correr à toda velocidade, ainda que tivesse garantido a *pole position* no dia anterior. Em uma das longas retas de Hockenheim, a Renault de Prost se agigantou na penumbra e, antes que Pironi conseguisse desviar, bateu em sua traseira. O acidente foi estranhamente parecido com o de Villeneuve, mas dessa vez o carro de Pironi aterrou no solo primeiro com a traseira, o que talvez tenha salvado sua vida. A Ferrari se arrastou e finalmente parou, com o bico arrancado e seu piloto sofrendo por conta de duas pernas quebradas.

Pironi foi transportado para o hospital, onde começaria uma longa e difícil recuperação. Ele nunca mais voltaria a correr em um carro de Fórmula 1, ainda que testasse sua força disputando provas com lanchas offshore. Ele morreu em 1987, ao largo da Ilha da Wight, pilotando uma dessas monstruosas embarcações. Quando Ferrari foi informado do acidente em Hockenheim, consta que ele disse apenas o seguinte: *"Adieu, mondiale"* ("Adeus, campeonato").

Ferrari mal percebeu a dimensão de seu comentário, pois a perda de Pironi marcou o último momento de sua vida em que um piloto da Ferrari disputaria seriamente o título do campeonato mundial. Ele viveria para ver seus carros competindo em outros 78 Grand Prix, mas somente cinco vitórias seriam registradas, complementadas por treze segundo lugares. Outras equipes, especificamente um dos odiados *garagistas* da Inglaterra — a McLaren —, dominaria as competições como nenhuma outra desde os dias de *blitzkrieg* da Mercedes-Benz. Pelo restante de 1982, Patrick Tambay defendeu as cores da Ferrari, acompanhado pelo herói norte-americano Mario Andretti nas duas últimas corridas da temporada. A equipe de 1983 era composta por Tambay e mais um francês, o agressivo René Arnoux. Essa dupla ganhou quatro corridas durante o que foi uma temporada esperançosa para a equipe. A vitória de Tambay no Grand Prix de San Marino, em Imola — onde um ano antes o drama envolvendo Villeneuve e Pironi tinha começado —, foi um momento particularmente emocionante para os *tifosi*. Arnoux, cuja carreira seria marcada pela inconsistência, desfrutou de uma boa sequência, vencendo no Canadá, na Alemanha e na Holanda. Esse surto de sucesso condenou o cortês Tambay, que foi substituído em 1984 pelo popular astro italiano Michele Alboreto — uma escolha que foi aplaudida pela imprensa nacional e pelos milhões de fãs da equipe. Infelizmente, a demissão de Tambay deixou a Ferrari com dois pilotos de testes sem talento, em um momento em que literalmente milhares de quilômetros rodados de desenvolvimento eram necessários para cada volta de uma competição oficial. O ponto forte de Tambay era o trabalho de desenvolvimento, diferente de Arnoux e Alboreto.

Muitos apontam para a demissão de Tambay como uma indicação do julgamento falho de Ferrari. Ele estava se distanciando progressivamente do dia a dia da equipe e dependia cada vez mais dos olhos e ouvidos de Piccinini. Ainda assim, continuava sendo a peça central da equipe, o árbitro final de cada detalhe da política e uma figura mística para o mundo exterior. Todos os dias, sua entrada na fábrica era testemunhada pelos fiéis que haviam viajado para Maranello para ver de relance o grande homem. Médicos, políticos e magnatas cheios de seguranças ficavam no acostamento da estrada para Abetone, como peregrinos de Canterbury, com as palmas das mãos suando e os olhos arregalados de expectativa, na esperança de avistar um homem que — para os ingênuos e crédulos — alcançara um nível de quase divindade. Ele passava, sentado ao lado de seu motorista, e os recompensava com um aceno próprio dos reis, sem sorrir e inerte por trás de seus óculos escuros. Para os suplicantes, era um presente dos céus.

No interior da fábrica, as disputas políticas mantinham seu ritmo maníaco. Piccinini era o enviado para as guerras entre a FOCA e a FISA, que tinham alcançado um nível tão destrutivo que ambos os lados buscavam uma trégua. O "monsenhor" atuava à perfeição, participando de reuniões pelo continente europeu usando seu sobretudo de lã azul com duas fileiras de botões mesmo no calor do verão. Habilmente, ele conseguia estar em ambos os lados, mantendo Ferrari simultaneamente alinhado com as posições de Ecclestone e Balestre. "Ele era extraordinário", afirma uma pessoa profundamente envolvida nessas lutas. "Piccinini era amigo de todos ao mesmo tempo. Todos tomavam partido, mas apenas Piccinini e Ferrari estavam apoiando *ambos* os lados simultaneamente."

Como de costume, a *gestione sportiva* estava tomada por ressentimentos. Foghieri desprezava abertamente Piccinini e se sentia incomodado com Postlethwaite, que ameaçava sua posição como líder do departamento técnico. Piero Lardi Ferrari pairava em segundo plano — certamente era o homem que teria enorme influência se o pai morresse subitamente ou não resistisse à saúde claramente em declínio. Ainda assim, o *Ingegnere*, o antigo *Commendatore*, permanecia totalmente no comando. Ele passou seu octogésimo quinto aniversário recebendo mais títulos, honrarias, presentes, prêmios e homenagens. Sua posição como patriarca internacional do automobilismo havia sido assegurada há muito tempo, mas tais glorificações não significavam nada em comparação com o destino declinante dos carros de corrida. Ali ele focalizava a intensidade de toda a sua consciência e ali ele era capaz de exercer enorme pressão sobre seus subordinados em face dos crescentes desafios representados pelos ingleses.

Em 1984, a equipe venceu apenas uma corrida, com Alboreto, na Bélgica, enquanto Arnoux pilotou de modo irregular, na melhor das hipóteses. A nova estrela da Fórmula 1 era a McLaren TAG, chassi inglês equipado com um motor projetado pela Porsche e financiado por um magnata saudita. O motor era exemplo de uma nova e sofisticada tecnologia que proporcionava tanto potência como economia de combustível. Um novo pacto entre as facções FISA e FOCA em guerra exigia que um limite de 220 litros de combustível fosse consumido durante uma corrida, criando a necessidade de sistemas exóticos de monitoramento de combustível que ofereciam desempenho máximo com consumo mínimo. O fato de que um motor projetado pela Porsche fosse mais capaz de alcançar essa façanha foi particularmente incômodo para Ferrari. A impetuosa empresa de Stuttgart tinha conquistado o lugar do cavalo rampante nas corridas de resistência internacionais, e muitos especialistas diziam que o 911 Turbo de alto desempenho e o 928 eram superiores aos carros esportivos da Ferrari em termos de engenharia e qualidade, ou mesmo em desempenho. Pior ainda: a tensão entre Foghieri e Piero Lardi Ferrari alcançara há muito tempo níveis intoleráveis. O mais jovem fora promovido a gerente geral da equipe e entrava em choque muitas vezes com o emotivo e totalmente comprometido Foghieri. O engenheiro se melindrava com um homem que considerava um diletante. Isso se exacerbava pelas repetidas ausências de Piero, que viajava frequentemente para sua elegante casa em Cortina. No final de 1984, o engenheiro foi "promovido" a diretor de um novo escritório de pesquisa avançada (*ufficio ricerche studi avanzati*), onde foi designado para elaborar futuros projetos exóticos, enquanto Postlethwaite — amigo próximo de Piero — foi deixado para supervisionar a engenharia da equipe de Fórmula 1. O orgulhoso Foghieri entendeu isso como um imperdoável tapa na cara.

A situação piorou em 1985. Não só os motores Porsche TAG equiparam carros mais rápidos, mas a Honda entrou em cena equipando os carros da equipe britânica Williams. A empresa japonesa, que experimentou pouco sucesso durante sua primeira incursão na Fórmula 1 em meados da década de 1960, retornou para se vingar. Em um investimento que dizem ser superior a 300 milhões de dólares, a Honda apresentou um motor V12 que era extremamente potente e significativamente mais confiável do que qualquer motor de Maranello. Arnoux durou apenas uma corrida e foi substituído por um sueco chamado Stefan Johansson. Alboreto conseguiu vencer no Canadá e na Alemanha (corrida disputada em uma versão reduzida e menos perigosa de Nürburgring). Depois, a Ferrari entrou em uma crise que abrangeu 34 corridas de Grand Prix sem uma vitória.

Durante todo o ano de 1986, Alboreto e Johansson trabalharam inutilmente. Frustrado, Ferrari procurou ajuda, surpreendendo o mundo esportivo ao contratar John Barnard, renomado projetista britânico. Esse engenheiro mecânico bastante taciturno ganhou destaque no mundo do automobilismo quando projetou o Chaparral que venceu as 500 Milhas de Indianápolis em 1980 (pelo qual não recebeu reconhecimento público) e depois criou as magníficas McLaren TAG Porsche. Não restava dúvida de que Barnard era um dos mais criativos de todos os engenheiros de corrida e que poderia ajudar a batalhadora equipe Ferrari. No entanto, Barnard rejeitou os convites iniciais de Piccinini e outros, recusando-se categoricamente a trocar a Inglaterra por Maranello. Em um movimento extraordinário que deve ser creditado a Enzo Ferrari, Barnard recebeu carta branca para montar um estúdio de projeto da Ferrari perto de sua casa, em Guildford, a sudoeste de Londres. Em um jogo de palavras engenhoso, o novo estúdio se chamaria GTO (Guildford Technical Office). Foi amplamente divulgado que Barnard receberia 500 mil dólares por ano por seu trabalho, além do reembolso de generosas despesas operacionais.

O movimento foi apenas um de uma série de afrontas que finalmente puseram um ponto final no longo relacionamento entre Mauro Foghieri e Enzo Ferrari. O chefe do departamento de engenharia que criou os projetos mais brilhantes e mais vitoriosos finalmente deixou o lugar que chamou de sua casa por mais de um quarto de século. Com menos de 50 anos e ainda cheio de energia, Foghieri foi rapidamente contratado pela Lamborghini Engineering para desenvolver um novo motor para a empresa, que tinha sido adquirida pela Chrysler Corporation e estava ansiosa para ingressar na Fórmula 1. Foghieri se juntaria a outro antigo membro da Ferrari, Daniel Audetto, em um esmerado empreendimento montado em uma antiga fábrica de camas de latão, em um parque industrial situado no extremo leste de Módena.

A escolha de Barnard também aborreceu Postlethwaite. De fato, ele tinha sido rebaixado pela contratação do inglês e, mais uma vez, estruturas de poder rivais foram criadas dentro da equipe. Piero Lardi Ferrari havia estabelecido uma relação sólida com Postlethwaite e se opôs a contratação de Barnard, assim como o piloto Michele Alboreto, que disse que ter o projetista chefe trabalhando na distante Inglaterra era como ter "um médico fazendo uma cirurgia no cérebro por telefone".

Um dos primeiros atos de Barnard foi defender o cancelamento de um projeto nascente para desenvolver um carro para correr em Indianápolis. Mais uma vez, Ferrari tinha dirigido a atenção para a grande corrida das 500 milhas e os planos estavam sobre a prancheta para um novo chassis e um novo motor projetados especificamente para aquela competição. Contudo, Barnard percebeu que o programa de Fórmula 1 estava em tal desordem que desviar os esforços seria um desastre. A opinião de Barnard prevaleceu, acabando, assim, com a última chance da Ferrari triunfar em uma das grandes corridas que nunca vencera. Mas havia pouco que John Barnard ou qualquer outro poderia fazer contra seus ex-companheiros de equipe. A equipe McLaren não só havia sido abençoada com os magníficos motores Honda, mas também com os dois melhores pilotos da categoria, o sagaz Alain Prost e seu jovem, volátil, melancólico e estranhamente complexo companheiro Ayrton Senna. Eles eram imbatíveis e, por mais que tentassem, os carros de Barnard não conseguiram corresponder durante o início da temporada de 1987. Alboreto conseguiu dois distantes terceiros lugares em San Marino e Monte Carlo, e, em seguida, a equipe mergulhou em uma depressão de frequentes problemas de motor, transmissão e suspensão. Isso levou a uma tentativa de golpe palaciano por parte de Piero Lardi Ferrari e Postlethwaite. Em junho daquele ano, eles contrataram Jean-Claude Migeot, especialista em aerodinâmica francês, para ajudar na construção de um novo carro de Fórmula 1 da Ferrari, que incorporaria as ideias avançadas de Postlethwaite sobre chassis de material compósito e uma nova suspensão. Barnard parecia estar enredado irremediavelmente nos planos para aperfeiçoar um câmbio controlado eletronicamente, e a equipe estava em apuros. Liderada por Piero, a insurreição se mostrou promissora, mas o próprio Ferrari descobriu a trama. Uma enorme briga entre pai e filho se seguiu. Rumores de bofetadas circularam pela oficina de corrida. Piero perdeu seu cargo como chefe de equipe e foi rebaixado a uma função nebulosa com pouca autoridade. Postlethwaite foi demitido e o breve envolvimento de Migeot terminou. O racha provocaria uma tensão entre pai e filho que nunca foi completamente remediada.

Ferrari foi deixado sozinho. Seu caso amoroso com Lina Lardi tinha terminado há muito tempo, e ele nunca havia sido particularmente próximo da mulher e da filha de Piero. Quando o *ferragosto* chegou em agosto, Ferrari se viu isolado na grande casa da praça Garibaldi. A cidade de Módena estava deserta. Seus lugares favoritos estavam vazios. Seus poucos amigos ainda vivos tinham partido para as montanhas ou para as praias. Escutou-se Ferrari implorar ao seu motorista, Dino Tagliazucchi, enquanto soluçava abertamente: "Por favor, não me deixe sozinho!" O grande homem, que sempre tinha optado pelo respeito em vez do amor, estava então pagando o preço por aquela escolha duvidosa.

Em 1987, a disputa entre a FISA e a FOCA tinha sido resolvida por meio do "Grande Concorde" (Pacto de Concórdia). Jean-Marie Balestre era o chefe nominal, mas o diminuto inglês Bernie Ecclestone era o poder por trás do trono, manipulando o pomposo francês como um fantoche bastante desajeitado. Ferrari e Piccinini jogaram suas cartas com maestria

FERRARI • 461

e permaneceram acima da rixa, aparentemente como amigos de todos os envolvidos, mas ligados espiritualmente ao antigo *establishment* de Paris e à sua nova liderança. Os motores turbo dos magos técnicos da Honda e da Porsche estavam desenvolvendo mais de 1.013 cavalos em sequências curtas. Um movimento estava em andamento para substituí-los por motores sem turbocompressores, menos potentes, menos caros e mais confiáveis. A FISA havia proposto uma mudança para motores de 3,5 litros, com um ano para eliminação gradual dos turbocompressores. Tal transição seria custosa e várias pequenas equipes da FOCA, depois de investirem muito na tecnologia do turbo, estavam com medo de fazer uma mudança tão radical. Mais uma vez, uma cisma parecia estar em formação. Os dirigentes da Ferrari ficaram em cima do muro, sorrindo para ambos os lados. Uma reunião foi realizada em Paris para discutir a questão, principalmente do ponto de vista dos construtores menores. Os representantes de Ferrari compareceram para apoiar o caso. No mesmo dia, Balestre e Ecclestone se encontraram com Enzo Ferrari na antiga casa de fazenda de Fiorano. Eles chegaram a um acordo de que a fórmula de 3,5 litros seria adotada. O patriarca dera sua bênção, e as discussões em Paris não passaram de retórica inútil.

Pelo menos a temporada de 1987 terminou com um tom esperançoso. Johansson foi substituído por um austríaco exuberante e de bom caráter chamado Gerhard Berger, e ele respondeu com duas vitórias de outono, em Suzuka, no Japão, e em Adelaide, na Austrália (onde Alboreto terminou em segundo). O furor a respeito dos contratempos entre Barnard e Postlethwaite pareceram ter sido resolvidos favoravelmente, e a imprensa italiana mais uma vez manifestou entusiasmo sobre a possibilidade de que a odiada McLaren-Honda pudesse ser derrotada em 1988.

Embora Enzo Ferrari permanecesse alheio à operação de carros de passeio em uma base diária, ele não deixou de reagir aos elogios que se acumulavam a respeito do incrível Porsche 959. Era um carro com tração nas quatro rodas e motor biturbo, que atingia 320 quilômetros por hora, superando facilmente em desempenho o reverenciado modelo Testarossa, topo de linha da Ferrari. Isso o levou a contra-atacar com o desenvolvimento do modelo F40 (celebrando o quadragésimo aniversário da Scuderia), um cupê equipado com motor biturbo, que permitia alcançar uma velocidade

462 • BROCK YATES

igual de 320 quilômetros por hora e com um interior semelhante ao de um carro de corrida. O automóvel empolgou Ferrari e, quando os protótipos começaram a percorrer a pista de Fiorano, ele exclamou para um amigo: "Esse carro é tão rápido que vai fazer você se borrar de medo."

Não resta dúvida de que sua contribuição para o projeto do F40 foi significativa. O carro superesportivo era a base para a reputação da Ferrari como a fabricante dos carros de passeio mais rápidos do mundo (uma questão que pode ser discutida pelos fanáticos por Porsche e Lamborghini, mas o F40 permaneceria como um concorrente importante nessa liga exclusiva por qualquer critério). Ferrari fez outra contribuição significativa, embora negativa, em relação aos carros de passeio da empresa. Em 1987, no mesmo ano em que a Ferrari F40 foi apresentada oficialmente, a direção da Fiat estava prestes a projetar uma Ferrari de quatro portas baseada no cupê de luxo 400i com motor V12 e transmissão automática. Ferrari ficou furioso com esse plano de enfraquecer sua máquina em um carro mais manso de quatro portas. Ele protestou com tanto vigor que todo o projeto foi cancelado.

Em 18 de fevereiro de 1988, Enzo Ferrari comemorou seu nonagésimo aniversário. Uma megafesta, provida pelo Cavallino, foi organizada em uma parte decorada da mais nova área de montagem da fábrica de Maranello. Foram convidadas 1.770 pessoas. Ferrari ficou sentado em uma mesa de canto, junto com Piero, Marco Piccinini, Franco Gozzi, Ermano Della Casa e Gianni Razelli, gerente geral da fábrica da Ferrari e homem da Fiat. A suntuosa comemoração contou com pratos e vinhos locais, como era de se esperar. O recinto estava atapetado de vermelho, com flâmulas brancas e vermelhas cobrindo as vigas da fábrica. As toalhas de mesa eram amarelas, a cor da cidade natal de Ferrari. Doze enormes bolos foram servidos de sobremesa, todos decorados com o emblema da Ferrari. O Velho foi presenteado com um bolo especial adornado com a primeira versão triangular do *Cavallino Rampante* que remontava ao início da década de 1930. Uma única velinha estava no centro.

Foi uma ocasião especial, pois Enzo Ferrari estava ficando mais recluso e menos visível em público. Suas pernas estavam fraquejando e as viagens tinham se tornado quase impossíveis. A grande casa na praça Garibaldi parecia um túmulo, com Piero, sua mulher, Floriana, sua filha adolescente,

FERRARI • 463

Antonella, e sua mulher, Lina, frequentemente ausentes. Embora parecessem próximos em público, o racha entre pai e filho permanecia, e os dois raramente eram vistos juntos fora de situações empresariais.

Ainda assim, o destino da equipe de corrida o obcecava. Berger e Alboreto foram mantidos em 1988, mas os McLaren-Honda MP4/4 continuavam a atuar em uma categoria própria. Não só o motor e o chassis ainda eram superiores aos da concorrência, mas a equipe, financiada prodigamente pelos cigarros Marlboro, ainda contava com os serviços de Prost e Senna, embora os dois estivessem se hostilizando abertamente. Isso não os impediu de dominar a temporada de 1988, como tinham dominado no ano anterior. Dez corridas seguidas foram vencidas por eles, entre a abertura no Brasil, em abril, e o Grand Prix da Hungria, em 7 de agosto. Berger conseguiu o segundo lugar no Brasil e em Mônaco, mas só graças aos problemas mecânicos dos Honda. Caso contrário, as Ferrari seriam relegadas a dóceis terceiros e quarto lugares atrás das máquinas vermelhas e brancas.

Um clima de inutilidade tomou conta de Maranello. Naquele momento, o Velho estava quase totalmente enfermo. Não conseguia andar sem ajuda e se sabia que seus rins estavam falhando. As derrotas na pista pareciam esgotá-lo ainda mais. Módena, então célebre por ser uma das cidades mais ricas da Itália, estava cada vez menos focada na mística da Ferrari. Outras indústrias, como cerâmicas, máquinas operatrizes, alimentos e roupas, estavam crescendo e já rivalizavam com a prosperidade da famosa fábrica de Maranello. A antiga estrada para Abetone, onde os carros vermelhos outrora corriam na direção de Formigine a 290 quilômetros por hora nas manhãs enevoadas, estava cheia de novas fábricas e entupida com o tráfego de caminhões. A cidade tinha se transformado de um canto cinzento da Itália em um centro agitado de comércio. Novos e altos prédios de apartamento surgiram ao redor do antigo autódromo, que estava sendo convertido em um parque. Apenas a torre de cronometragem permaneceu entre os escombros. O reverenciado lugar de origem de tudo, a oficina original da Scuderia Ferrari, na Viale Trento e Trieste, estava sendo demolido para ser substituído por um horrível prédio de estacionamento de concreto, que também abrigaria os novos escritórios da equipe de corrida. Historiadores e ferraristas também denunciaram a destruição do antigo prédio, sustentando que era um marco da indústria automobilística italiana, mas a demolição prosseguiu. Muitos culparam o insensível Piero, mas foi o próprio Enzo que aprovou aquilo.

Em Maranello, a construção de um museu da Ferrari, projeto adiado há muito tempo pela indecisão, estava começando a mostrar algum progresso. Um terreno foi preparado na nova Via Dino Ferrari, mas nenhuma construção real havia começado, e apenas alguns carros foram reunidos. Uma réplica do primeiro modelo 125 foi fabricada e Valerio Stradi estava entrando em contato com os clubes da Ferrari ao redor do mundo (478 deles!), na esperança de conseguir exemplares mais antigos. Porém, o mercado de Ferrari usadas estava disparando como uma corrida do ouro desenfreada. Os modelos GTO eram comprados por até 5 milhões de dólares a unidade, com especulações de que o preço triplicaria após a morte do patriarca. Outros exemplares excelentes das décadas de 1950 e 1960 eram geralmente negociados por 1 milhão de dólares ou mais, o que tornava a aquisição do material para o museu incrivelmente dispendiosa. Pior ainda, quase não havia carros de corrida antigos, pois dezenas deles foram deixados em galpões atrás da fábrica e enferrujaram ou foram cortados em pedaços. Ferrari tinha contratado uma construtora modenense para erguer o museu, mas pediu a devolução do sinal de 250 mil dólares quando os meses se passaram e nenhum prédio foi erguido. O construtor disse que estava pré-fabricando o prédio em outro local, por isso a evidente falta de progresso no local. O litígio adiou ainda mais a construção de um museu, que a maioria dos entusiastas concordava que deveria ter sido criado trinta anos antes.

Ferrari deixou de receber visitas, exceto dos colaboradores mais próximos, que tinham então assumido a maior parte da operação diária da equipe e da fábrica: Franco Gozzi, seu sempre leal *consigliare*; Cesari Romiti, Piero Fusaro e Gianni Razelli, os homens da Fiat; Piero, que estava então sendo preparado para assumir a operação da fábrica de carros de passeio; Cesare Fiorio, o novo chefe de equipe, que tinha cuidado das atividades de rali da Fiat; Luca di Montezemolo, que permanecia próximo da equipe Ferrari; e o onipresente Marco Piccinini. Naquele momento, o Velho passava cada vez mais tempo na cama, conforme a primavera dava lugar aos dias quentes e opressivos do verão.

FERRARI • 465

Ele foi obrigado a perder a visita do único homem na Itália que era mais conhecido do que ele. Em junho de 1988, o papa João Paulo II percorreu o Vale do Pó e parou na fábrica. A visita tinha sido organizada por dom Galasso Andreoli, padre católico do vilarejo vizinho de Baggiovara, que não só era amigo próximo de Ferrari, mas também pastor do sindicato de metalúrgicos de Módena. Ferrari, que nos últimos anos era sarcasticamente chamado de "o papa do Norte", tinha muitos amigos entre o clero, incluindo "o padre voador", dom Sergio Mantovani, que correu pela Ferrari no final da década de 1950 e no início da década de 1960 (com um rosário preso nos dentes!). Dom Erio Belloi, padre da paróquia de Maranello, que, desde 1983, tocava os sinos de sua igreja para celebrar cada vitória da Ferrari, também ficou muito em evidência durante a visita do papa.

No dia claro e luminoso que João Paulo chegou à fábrica, Ferrari estava acamado e incapaz de receber seu famoso convidado. Piero atuou em seu lugar, levando o papa para uma visita às instalações e para uma volta na pista de Fiorano em um dos novos e deslumbrantes cupês esportivos da empresa. O papa respondeu abençoando os carros de corrida antes de partirem para o Grand Prix do Canadá (ambos quebraram durante a prova).

Evidentemente, foi uma decepção que o próprio Ferrari não pudesse estar presente. Sua ausência só enfatizou a gravidade de sua doença. No entanto, João Paulo falou com ele por telefone. O conteúdo da conversa permanece em segredo, mas se supõe que envolveu Ferrari ser bem-vindo de volta aos braços da Igreja Católica. Também se presume que o papa ouviu a confissão de Ferrari. O velho modenense, que há muito tempo lamentava carecer do "dom da fé", estava naquele momento se arrependendo na presença eletrônica do pai de sua Igreja.

Então, Luigi Chinetti apareceu. Ele visitava Módena com regularidade, vindo de carro de Paris para ver seu filho, que estava construindo diversas Ferrari com carrocerias personalizadas em uma pequena oficina na periferia da cidade. Certa tarde, no início de agosto, ele pediu para ver seu velho amigo durante uma visita à fábrica de Maranello para tratar de outro negócio. Chinetti foi informado de que Ferrari estava muito doente para receber visitas.

Ele estava prestes a partir e voltar para o Hotel Fini quando chegou a notícia: ele devia ficar. Ferrari queria vê-lo.

Chinetti esperou em silêncio até que um pequeno grupo de homens saiu pela porta do escritório. No meio, estava Ferrari, apoiado pelos braços por dois jovens musculosos. Ele não conseguia andar sozinho. Exibia a mesma expressão sombria que Chinetti se lembrou de ter visto em sua visita de 1946. Seu rosto parecia tenso. Sem nenhum sorriso. Os olhos permaneceram protegidos pelos óculos escuros que faziam parte de sua imagem há vinte anos. Luigi Chinetti, ele mesmo um homem bastante duro, observou seu velho amigo e rival se aproximar, derrotado pela inutilidade de suas pernas. De repente, a vontade de esquecer tudo o que tinha acontecido tomou conta de Chinetti e ele caminhou na direção de Ferrari. "Posso abraçá-lo?", perguntou impulsivamente. Em silêncio, Enzo Ferrari abriu os braços e os dois homens se abraçaram, tateando talvez pela vida que lhes escapava. Houve uma breve exibição de lágrimas, rapidamente secadas, e então os negócios começaram. Eles falaram a respeito de um antigo carro Ferrari de Fórmula 2.

Chinetti concordou em emprestar o carro para o museu a ser construído. Ele estava bem a par do frenesi dos colecionadores de Ferrari em todo o mundo, o que fazia o carro em questão valer talvez 1 milhão de dólares ou mais. Mas, para seu velho amigo, ele propôs um negócio: 40 mil dólares teriam de ser doados para quatro instituições de caridade, incluindo uma dedicada às crianças pobres de Maranello; uma cidade, como Módena, dominada pelos comunistas e não conhecida pela caridade privada. Ferrari hesitou. Ele não pagaria mais do que 30 mil dólares. Nem um centavo a mais. Chinetti não podia deixar de se divertir. Ali estava aquele homem de noventa anos, gravemente ferido, por assim dizer, pela passagem do tempo, mas ainda capaz — sim, ávido — de pechinchar alguns dólares. O velho tratante, dono de uma fortuna de pelo menos 40 milhões de dólares, Chinetti calculou, pretendendo morrer com sua última lira. O negócio. Sempre o negócio. Era o típico Ferrari, e Chinetti, pela última vez, juntou-se ao regateio de lojista que animava a vida italiana. Finalmente, um acordo foi fechado e os dois homens se separaram, talvez mais próximos do que tinham estado em anos.

No início da manhã de domingo, 14 de agosto de 1988, o fim chegou serenamente na praça Garibaldi. Ao lado da cama, disseram relatos não confirmados, estavam Piero e Floriana. Não foi notado o fato de Ferrari ter recebido os últimos sacramentos da Igreja Católica.

FERRARI • 467

Dom Galasso Andreoli lhe deu a extrema-unção e presidiu o pequeno funeral privado acompanhado apenas por membros próximos da família. Embora o mundo tivesse antecipado uma enorme manifestação de pesar e um gigantesco funeral para marcar seu desaparecimento, não houve nada disso. Se foi de acordo com sua própria vontade, ou considerado apropriado por seu filho, a morte de Enzo Ferrari só foi anunciada depois que ele já tinha sido enterrado ao lado de seu pai na cripta de San Cataldo.

Trinta dias após sua morte, uma missa fúnebre foi celebrada na imensa catedral do século XIII de Módena. Entre os inúmeros espectadores presentes, destacaram-se muitos dignitários, incluindo o herdeiro da Fiat Gianni Agnelli.

O fim, um anticlímax estranhamente decepcionante para uma vida que atravessou grande parte da história do automobilismo. Durante meses, sua saúde declinou gravemente e o fim era esperado. Embora sua mente permanecesse rápida e fluente, o poderoso corpo tinha sucumbido há muito tempo sob o peso da idade.

Jornalistas de todo o mundo buscaram palavras para expressar o que Enzo Ferrari tinha significado. Muitos tentaram descrevê-lo como um pioneiro do automobilismo, o que ele não era; outros o designaram como grande piloto de corridas e engenheiro, o que ele não era. Ferrari era, no entanto, exatamente o que ele dissera ser repetidas vezes: um agitador de homens. E ele permaneceu fiel ao seu credo até o dia de sua morte.

Se havia uma qualidade básica em Ferrari era sua tenacidade de ferro, sua devoção encarniçada à causa única de ganhar corridas de automóveis com carros que levavam seu nome. A partir de 1930, por quase sessenta anos, quase não passava um dia em que esse pensamento não estivesse em primeiro lugar em sua mente. Ganhar ou perder, ele infalivelmente cumpria o desafio com sucesso. Nesse sentido, sua devoção à sua autoproclamada missão era sem precedentes, pelo menos no mundo do automobilismo. Só por isso ele se elevou sobre seus pares.

Apenas dois dias depois de sua morte, a Fiat S.p.A. comunicou oficialmente que exerceria sua opção de comprar os 40% das ações que pertenciam a Ferrari. Piero Lardi Ferrari manteria os outros 10%. A produção seria incrementada, os negócios seriam equilibrados e os últimos vestígios dos antigos hábitos artesanais desapareceriam. Mesmo os reverenciados motores, o coração e a alma da velha Scuderia, seriam abandonados. Futuramente, alguns dos motores dos carros de passeio seriam montados em Bolonha pela Ducati, fabricante de motocicletas, e transportados de caminhão para Maranello. Naquele momento, a Ferrari era apenas mais uma fábrica de automóveis.

Três semanas depois da morte de Enzo Ferrari, as equipes de Fórmula 1 voltaram para Monza para disputar o Grand Prix da Itália. As McLaren-Honda ainda eram invencíveis, e as Ferrari de Berger e Alboreto estavam vindo de um Grand Prix da Bélgica, no reformado circuito de Spa, onde os dois carros tinham mais uma vez quebrado durante a corrida. Em Monza, mesmo as legiões fanáticas de torcedores da Ferrari estavam resignadas à derrota quando a corrida começou. Mas Prost abandonou com problemas mecânicos, deixando Senna assumir uma ampla vantagem. Berger e Alboreto, sempre as damas de honra, arrastavam-se, condenados ao segundo e terceiro lugares. Então, o impulsivo brasileiro tentou uma ultrapassagem imprudente sobre o último colocado Jean-Louis Schlesser e tocou nas rodas do carro do francês. Senna saiu da pista. Um ato da providência! Berger assumiu a liderança e avançou para a vitória, com Alboreto em segundo! Uma vitória da Ferrari emocionante, inspirada e milagrosa na sagrada terra natal. Berger foi cercado na linha de chegada por um mar revolto de bandeiras vermelhas, amarelas e pretas e por *tifosi* berrando. Uma faixa foi desenrolada onde se lia: "Ferrari, seguimos você em vida e agora na morte". Emocionado, Marco Piccinini saudou uma nova era para a Ferrari. Por aquele breve e inebriante momento em Monza, pareceu perfeitamente razoável para a multidão em delírio que ele tinha realmente testemunhado uma ressurreição. E para a equipe McLaren-Honda, que não tinha sido ameaçada nem derrotada até então naquela temporada, a vitória da Ferrari era preocupante, embora o domínio total do esporte pela equipe inglesa continuasse por mais dois anos. A profecia de Piccinini a respeito de uma nova era talvez tivesse sido correta, mas seria uma representação inexpressiva da antiga.

Enzo Ferrari, o último dos grandes titãs do automobilismo, tinha partido, para nunca mais ser substituído.

ANEXO

UM NOVO COMEÇO

Quando Enzo Ferrari morreu em 14 de agosto de 1988, o mundo automotivo curvou a cabeça em reverência e prendeu a respiração. O que seria da empresa? Haveria crescimento ou estagnação? A força e a personalidade de Enzo eram lendárias e um vácuo se criou com sua perda. Quem assumiria o comando e lideraria? Na época de sua morte, a divisão de carros de passeio estava à beira da falência e a equipe de corrida não vencia um Campeonato Mundial de Construtores desde 1983.

Imediatamente após a sua morte, Piero Ferrari foi investido como vice-presidente, enquanto a empresa enfrentava perdas hemorrágicas, que quase impossibilitavam todas as suas atividades. Inicialmente, a continuidade era fundamental e, como herdeiro evidente, Piero ocupou o lugar vago, trazendo familiaridade e habilidade para um cargo que poucos homens poderiam ou desejariam aceitar. A Fiat também ocupou o vazio, usando seu poder de opção de compra para ampliar o controle da empresa, assumindo uma participação de 90% e deixando Piero com os 10% restantes, o que aplacou eficazmente quaisquer temores mediante a adição do apoio financeiro necessário para a continuidade das operações da Ferrari.

ANEXO • 471

Embora essa colaboração entre Piero e a Fiat tenha funcionado a curto prazo, a empresa estava em apuros e, a menos que ocorressem grandes mudanças, a divisão de carros de passeio provavelmente iria falir, também levando ao fim a divisão de corridas.

Em 1991, Gianni Agnelli, dando-se conta que o futuro da Ferrari estava em risco, trouxe Luca di Montezemolo, protegido de Enzo e Agnelli, de volta para comandar a Ferrari. Montezemolo começou sua carreira como assistente de Enzo em 1973 e se tornou chefe da sua divisão de Fórmula 1 em 1974. Sua habilidade sagaz em detectar talentos e promover mudanças dentro da divisão criou um período de renascimento e deu nova vida e entusiasmo a uma equipe de corrida que enfrentava a autoridade estrita de Enzo e a má vontade míope para inovar.

A jogada de Agnelli foi genial. Montezemolo era basicamente uma segunda versão de Ferrari. Embora dotado de um estilo diferente e certamente mais carismático, Luca aprendeu como discípulo de Ferrari e possuía a mesma vontade de ferro e filosofia empresarial dura e severa para a empresa, ou seja: a Ferrari floresceria e venceria a qualquer preço. Sua promoção desencadeou uma recuperação incrível, baseada nos valores básicos de Enzo, que deixaria a Ferrari livre das dívidas, novamente dominante na Fórmula 1 e pronta para um crescimento futuro, em um nível que Enzo sempre esperou, mas não conseguiu alcançar nas últimas décadas de sua vida.

Levar a Ferrari ao seu próximo capítulo não era um projeto rápido ou fácil. Foram necessárias décadas para a empresa alcançar o ponto de colapso, e seriam necessários anos para que as mudanças institucionalizadas a afastassem da beira do abismo. A missão de Montezemolo era reconstruir e reimaginar o modelo de negócios a partir do zero.

Em 1991, o mundo automotivo ainda estava digerindo o impacto da morte de Enzo na Ferrari como um todo. Como seu sucessor, o vigoroso estilo gerencial e a conhecida força de caráter de Montezemolo agregaram continuidade, mas também trouxeram um poderoso plano financeiro e um modelo de negócios, que, no final das contas, levou a empresa a um período explosivo de crescimento e ganhos nunca antes vistos em sua história. Assim, o legado de Enzo renasceu sob a mente tenaz e brilhante de Montezemolo. Em 1999, isso ficou mais evidente do que nunca.

Após quase uma década, Montezemolo aprimorou a marca. Entendeu que a empresa tinha de caminhar no fio da navalha para manter sua exclusividade e, ao mesmo tempo, permitir o crescimento da divisão de carros de passeio. Sem aumento da produção, os lucros estagnariam, mas o aumento da produção criava o risco de desvalorização da marca. No passado, a relativa apatia e o desdém de Enzo pelos seus carros de passeio, e o fato de que os compradores norte-americanos eram execrados por ele, criaram um ambiente tóxico dentro da empresa, que repudiava qualquer coisa além da equipe de corrida. Essa filosofia míope não conseguiu reconhecer que, sem o capital dos carros de passeio, a equipe de corrida não podia se sustentar financeiramente. Montezemolo percebeu isso logo de cara. Entendeu o valor da marca, tirou proveito do interesse nos carros de passeio e percebeu a necessidade de ampliar a produção e, ao mesmo tempo, manter a exclusividade. Assim sendo, a Ferrari tinha um novo princípio como modelo de negócios: a divisão de carros de passeio e a divisão de corrida eram simbióticas e, como tal, teriam igual importância dentro da empresa. Embora isso fizesse demasiado sentido teoricamente, a realidade era muito diferente.

A FILOSOFIA DE CORRIDAS DO HERDEIRO EVIDENTE

Quando Montezemolo assumiu o comando da empresa, ele tinha dois encargos: ampliar a produção dos carros de passeio, assegurando a lucratividade, e criar uma equipe de corrida vencedora, incluindo a fabricação, o *paddock* e o pódio. No quadro mais amplo, o primeiro encargo era relativamente simples, ou seja, aumentar a produção e manter a exclusividade dos carros dentro dos limites da elite econômica, mas desenvolvendo a marca de luxo da Ferrari para uma porção maior do mercado global. Basicamente, se a pessoa não pudesse bancar o carro, ainda poderia abraçar a marca em si, mergulhando no espírito, no luxo e na mística da Ferrari. Os consumidores poderiam comprar um chaveiro, um relógio ou uma jaqueta da marca, assegurando que o emblema do cavalo rampante se tornasse mais reconhecível e mais cobiçado, garantindo assim uma fatia maior do bolo econômico, sobretudo no mercado global em crescimento. Sob a direção competente de Montezemolo, os lucros dispararam. Enquanto o primeiro

ANEXO • 473

encargo era implantado e alcançado, o segundo envolvia um projeto muito mais complicado.

As equipes de corrida abrangem um mix diversificado de habilidades e personalidades combinadas para alcançar um objetivo: vencer. Um setor dominado predominantemente por homens, onde a testosterona, o talento, o gênio e o ego se mesclam e a química é fundamental.

Muitos entusiastas não sabem ou esquecem que há um motivo para o uso da palavra "fórmula" nas corridas de Fórmula 1. Ao contrário da Nascar, com suas origens no conceito "corra com o que você trouxer" envolvendo carros de contrabandistas de bebidas alcoólicas, rachas e *stock cars*, as origens da Fórmula 1 sempre foram próximas da engenharia radical e se situam nas corridas de "rodas descobertas" por excelência, baseadas em parâmetros rígidos aceitos por todas as equipes. Essa fórmula para disputar corridas de Grand Prix é regida pela FIA e inclui regulamentos esportivos e técnicos. Os regulamentos técnicos tratam do motor, da transmissão e da suspensão do carro, descrevendo as regras de tamanho, peso, centímetros cúbicos, potência, aerodinâmica, efeito solo, mistura de combustível e diversos outros aspectos relativos à forma e à função de cada veículo. Os regulamentos esportivos, por outro lado, que também incluem as regras emitidas pelo Pacto de Concórdia, definem como cada corrida é disputada; desde o início até o fim, a corrida em si, a mídia e o dinheiro. Assim sendo, uma equipe capaz de vencer de forma consistente fez algo excepcional. Ela checou todos os detalhes regulatórios e não só projetou o melhor carro, mas tem o melhor piloto, os melhores mecânicos e a melhor gestão, criando uma unidade coesa que domina o pódio.

Ao entender o jogo de malabarismo necessário para obter vitórias, o segundo encargo de Montezemolo na administração da Ferrari se baseou tanto no projeto de um carro de alta qualidade, como na busca de indivíduos com habilidade, determinação e capacidade de controlar seus egos e criar uma química forte o bastante para torná-los vencedores. Foram necessários oito anos, mas Montezemolo cumpriu seu objetivo, lançando a Ferrari nos anais como a equipe mais vencedora da história.

O ano 1999 foi decisivo. A Ferrari estava no azul graças ao aumento da produção de carros de passeio e das comissões substanciais que ganhava por licenciar sua marca para outros fabricantes de artigos de luxo, mas a equipe de corrida ainda fracassava em todos os níveis e não conseguia chegar ao pódio. Apesar dos fracassos, as mudanças gerenciais e institucionalizadas de Montezemolo estavam começando a render frutos.

Em 1993, quando Jean Todt foi contratado como chefe de equipe, isso preparou o terreno para mudanças positivas dentro da equipe de corrida. Por meio de perseverança e capacidade perspicaz de se cercar de pessoas extremamente talentosas, Todt acabou montando uma equipe dos sonhos de engenheiros, incluindo Ross Brawn, e a Ferrari finalmente conseguiu contratar Michael Schumacher, tirando-o da Benetton. Sob a liderança de Montezemolo, Todt, Brawn e Schumacher convenceram Rory Byrne a se juntar a eles como projetista chefe, preenchendo o último cargo necessário para garantir a vitória. Esse grupo diversificado, mas coeso, controlou todos os aspectos da equipe de corrida da Ferrari, o que levou a seis títulos do Campeonato de Construtores e cinco títulos do Campeonato de Pilotos consecutivos. Algo sem precedentes. Aparentemente, a Ferrari era imbatível de 1999 a 2004.

Entre a lucratividade crescente da Ferrari e seu domínio nas corridas, a visão e a direção de Montezemolo pareciam incontestáveis, mas, como a maioria dos especialistas sabe, você só é bom enquanto ganha, e, infelizmente, 2005 marcaria o início do fim da supremacia da Ferrari na Fórmula 1.

A ESTAGNAÇÃO

Em 2005, a Fórmula 1 instituiu uma nova regra que, em parte, ainda que obviamente nunca declarada, foi destinada a restringir o domínio da Ferrari. Após quase seis anos de vitórias consecutivas, as corridas tinham perdido a emoção e os espectadores ficavam cada vez mais inquietos, pois era quase uma conclusão inevitável que a Ferrari subiria ao pódio. Sob o pretexto de uma simples mudança técnica, a Fórmula 1 expediu uma determinação segundo a qual os pneus deviam durar toda a corrida. Como a Ferrari dependia muito dos pneus da Bridgestone, que tinham um histórico de estouro, essa nova regra deu uma substancial vantagem para as equipes que usavam pneus Michelin, que eram mais capazes de manter a viabilidade durante toda a corrida. Devido a essa mudança de regra, a Ferrari, com Schumacher ao volante, só venceu o Grand Prix dos Estados Unidos naquele

ANEXO • 475

ano e, a bem da verdade, aquela vitória só aconteceu porque a maioria das principais equipes desistiu da corrida por causa de um problema de segurança com os pneus Michelin. Em consideração a essa situação, em 2007, a FIA ratificou sua posição sobre os pneus, obrigando todas as equipes a usar pneus do mesmo fabricante, garantindo assim a continuidade na pista.

Enquanto 2005 marcou o fim das vitórias persistentes da Ferrari, 2006 marcou o fim de uma era com o desmanche da equipe dos sonhos. Jean Todt foi promovido a CEO da Scuderia Ferrari, Brawn saiu para desfrutar de um suposto período sabático, Schumacher se aposentou como piloto e Byrne passou a ser um consultor em vez de um membro ativo da equipe. Essa dissolução mudou a dinâmica da equipe e, independentemente de quão orgânica foi a tentativa de facilitar a transição, a Ferrari não foi a mesma desde então. Inacreditavelmente, a empresa foi incapaz ou relutante de reconhecer a trajetória descendente de sua outrora equipe imbatível e ninguém interveio para iniciar as mudanças necessárias para deter a nova contínua e melancólica queda.

Embora Montezemolo sempre fosse um líder engajado, durante o auge de suas vitórias, ele permaneceu focado no crescimento da marca e no aumento dos lucros da divisão de carros de passeio. Confiou na força contínua da equipe de corrida e não conseguiu reconhecer como a perda dos principais líderes acabaria afetando seu sucesso futuro.

O erro de Montezemolo foi duplo. Ele se acostumou com a postura sem maiores intervenções na equipe de corrida e se concentrou muito nos carros de passeio, de modo que se tornou míope em suas visões. Um erro de cálculo que custaria caro à Scuderia. Anos antes, a incapacidade de Enzo de reconhecer o valor da divisão de carros de passeio quase causou a falência da empresa e, então, a incapacidade de Montezemolo de perceber que a divisão de corrida estava começando a desmoronar sob o peso de gastos excessivos, funcionários demais e pouco talento e inovação criou uma tempestade perfeita, que, em última análise, levou a um dos períodos mais desastrosos da história da Ferrari em corridas, do qual a equipe ainda não se recuperou depois de mais de uma década.

Aqueles que não estão dispostos a aprender com seus erros estão destinados a repeti-los, e isso não é menos verdadeiro para a Scuderia Ferrari ou para o próprio Montezemolo. O problema com uma autocracia é que ninguém está disposto a falar a verdade por medo das repercussões. Esse medo cria um ambiente onde as vozes são silenciadas, a inovação é tolhida e é mais seguro e mais fácil apregoar méritos e conquistas do que dissecar e analisar escolhas equivocadas, liderança ineficaz ou erros de fabricação.

Nesse mesmo sentido, a incapacidade de Montezemolo de aprimorar a pesquisa e o desenvolvimento, como o próprio Enzo, criou um legado de estagnação em que a capacidade da empresa de melhorar os carros e vencer corridas foi decidida pela sua incapacidade ou relutância de mudar. Por mais estranho que pareça, a única mudança que Montezemolo abraçou durante esse período foi bastante infeliz. Ele entrou na onda ecológica e fez escolhas pouco recomendadas — ainda que alguns adotem escolhas eticamente corretas —, abarcando tecnologia verde e apregoando os benefícios da inovação híbrida em uma indústria onde a ética raramente ocupa lugar de destaque se afeta a velocidade ou a menos que seja fundamental para a segurança do piloto. Sua insistência em pesquisar e implantar a tecnologia híbrida exibiu as carências da Ferrari em efeito solo e aerodinâmica inovadora, complicando sua já frágil posição na Fórmula 1. A Ferrari já não era mais rápida ou boa o suficiente para chegar ao pódio.

TROCA DE GUARDA

Em 2014, a equipe de corrida se tornou apenas coadjuvante nos dias da corrida. A equipe outrora imbatível não era mais considerada uma ameaça em corridas altamente disputadas e sua história de vitórias se tornara uma vaga lembrança. Observadores externos reconheceram que a Ferrari alcançara outro ponto de inflexão em sua história e a empresa estava mais uma vez desestabilizada. Quando Montezemolo assumiu o controle da Ferrari, a divisão de corrida e a divisão de carros de passeio estavam falindo e ele brilhantemente recuperou a empresa, mas os tempos tinham mudado. Montezemolo, infelizmente, não acompanhou e perdeu os sinais que indicavam o começo do fim de sua carreira notável.

Ainda 2014, quando a equipe de corrida novamente não conseguiu alcançar o pódio no Grand Prix da Itália, Sergio Marchionne, chefe da Fiat, ficou

ANEXO • 477

farto. Enquanto a divisão de carros de passeio da Ferrari tinha apresentado um crescimento explosivo desde que Montezemolo assumiu o comando, a equipe de corrida não havia conquistado um título de piloto ou construtor desde 2008. Marchionne se sentia indignado com a ideia da Ferrari ser definida como uma perdedora de futuras corridas. Montezemolo foi afastado.

Embora tivesse recentemente renovado o contrato para comandar a Ferrari por mais três anos, Marchionne deixou claro que nenhuma pessoa era mais importante do que a própria empresa, e como Montezemolo não conseguia mais obter os resultados necessários para uma equipe de corrida de sucesso, a Ferrari precisava seguir uma nova direção. Essa direção levou diretamente a Sergio Marchionne.

Quando ele foi contratado como CEO da Fiat, em 2004, muita gente no mundo incestuoso e coeso da indústria automobilística questionou a escolha. Embora seu tino para negócios fosse inquestionável, como ex-CEO da SGS, empresa suíça que testava, entre outras coisas, torradeiras e brinquedos para bebês, Marchionne não tinha experiência anterior com carros, e especialistas do setor quiseram saber se alguém sem nenhum conhecimento prático das complexidades da indústria automobilística poderia ser verdadeiramente eficaz. Enquanto Marchionne era, e ainda é, considerado um "contador de centavos", as pessoas do contra rapidamente aprenderam que ele era um novo tipo de CEO, em um novo milênio, com um estilo de gestão prático, que abalou a Fiat em seu cerne e devolveu a lucratividade para a empresa em dois anos, silenciando facilmente quaisquer dúvidas que possam ter perdurado.

Marchionne manteve sua estratégia bem-sucedida na Fiat e, em 2009, juntou-se com a Chrysler, montadora norte-americana que havia pedido recuperação judicial. A direção de Marchionne foi fundamental e, em dois anos de aliança, a Chrysler era novamente lucrativa. Com seu pé na porta proverbial, a intenção de Marchionne de adquirir a Chrysler se tornou evidente e, em 2014, a Chrysler e a Fiat viraram a Fiat-Chrysler, criando a sétima maior empresa automobilística do mundo.

A aquisição da Chrysler representou uma mudança de filosofia dentro das empresas e 2014 assinalou um ano extraordinário na história singular da Fiat e da Ferrari. Marchionne então tinha um histórico comprovado de sucesso e, finalmente, a Fiat-Chrysler e a Ferrari não só eram lucrativas, mas também estavam prontas para um crescimento explosivo no mercado global. Como explicado anteriormente, 2014 também assinalou o fim da longa e célebre carreira de Montezemolo na Ferrari. Marchionne assumiu o lugar dele como chefe da Ferrari e da Fiat. Surpreendentemente, também foi o ano em que Marchionne anunciou a independência da Ferrari.

Aparentemente, a oferta pública inicial de ações (IPO) da Ferrari era um negócio simples, mas financeiramente complexo. A Fiat, sob a liderança de Marchionne, desmembraria a Ferrari em uma empresa autônoma, de capital aberto, que teria sucesso ou fracassaria por seus próprios méritos. Para aqueles de fora, que não entendiam a complicada relação entre Marchionne, a Fiat, os Agnelli e a Ferrari, a jogada era questionável. Por que a Fiat, que finalmente dava lucro, permitiria que a Ferrari, a joia de sua coroa, abrisse seu capital como uma empresa independente? A fim de entender plenamente a dinâmica complexa da autonomia da Ferrari, é necessário remontar a uma década atrás, alguns dias depois da morte de Gianni Agnelli.

Em 2003, na época da morte de Agnelli, a Fiat estava perdendo 2 milhões de dólares por dia, sem previsão para o fim daquilo. Giuseppe Morchio, então CEO da Fiat, estava pressionando o conselho de administração para também torná-lo presidente, mas certos grupos dentro da empresa estavam questionando sua liderança e queriam que Luca di Montezemolo se tornasse o presidente da Fiat, juntamente com sua presidência da Ferrari. Decisões tinham que ser tomadas e uma avaliação de risco devia ser feita na saída de Morchio e contratação de Montezemolo. Devido a essa situação, um representante da Fiat foi enviado discretamente para a Suíça para conversar com Sergio Marchionne a respeito de ele se tornar o CEO da Fiat no caso provável da empresa ficar à deriva sem o seu CEO.

John Elkann, neto mais velho de Gianni Agnelli e chefe incontestável da vasta família Agnelli, era a escolha óbvia para abordar Marchionne a fim de garantir que houvesse uma transição sem rupturas nos cargos de liderança se Morchio se afastasse da Fiat.

Como membro do conselho da Fiat e CEO da Exor, empresa de investimentos situada em Turim, na Itália, a história e o poder de Elkann eram sacrossantos. Basicamente, John Elkann era a família Agnelli e, por extensão, a família Agnelli era Fiat e Exor, e nenhuma decisão jamais seria tomada sem a sua aprovação expressa.

ANEXO • 479

A escolha de Marchionne por Elkann foi brilhante, já que a Exor era o principal investidor da SGS e, desse modo, Marchionne já era empregado de Elkann e sua lealdade e habilidades de liderança eram conhecidas. Os dois se reuniram em segredo e discutiram todas as permutações possíveis com Morchio renunciando, Montezemolo sendo contratado e Marchionne assumindo o comando. Essa reunião foi fortuita, já que o cenário temido se desenrolou sozinho e Morchio renunciou, deixando uma oportunidade para Marchionne. Elkann, verdadeiro estrategista, jogou bem as cartas e pôs em ação uma dinâmica de mudança para a Fiat e, no final das contas, também para a Ferrari. Os incômodos e as sutilezas de sua estratégia foram semelhantes a uma partida de xadrez, movendo as peças pelo tabuleiro, sacrificando peões, mas sempre protegendo seu rei — nesse caso, a empresa. Esse conceito de jogo de xadrez é bastante comum nas maquinações internas da maioria das empresas, mas a capacidade de Elkann enxergar a longo prazo e ser capaz de criar estratégias é impressionante em sua complexidade e continua a render frutos até hoje.

Avancemos para 2014. Montezemolo "sai" depois de anos de relacionamento conturbado com Marchionne, relutante de assumir as falhas da equipe de corrida e desgostoso com a americanização de sua amada Ferrari. Marchionne se torna o último sobrevivente em Maranello, anunciando o início de uma nova era de modernidade e avanços tecnológicos livre dos punhos de ferro da velha guarda, enquanto comunicava confiantemente a autonomia da Ferrari, descrevendo o fundamento lógico da IPO para o setor e para o mercado global, atordoados pelas rápidas mudanças.

UM NOVO MODELO DE NEGÓCIOS

Quando, depois da gestão de Montezemolo, Marchionne assumiu o controle da Ferrari, ele tinha um plano de ação tripartite: ampliar a produção de carros de 7.255, em 2014, para mais de 9.000 por ano; levar a equipe de corrida de volta ao pódio; e reforçar as vendas a varejo dos produtos de marca no mercado de luxo em expansão. Os boatos e as especulações correram soltos. Seguiram-se loucuras, com rumores de um SUV e uma perua Ferrari e a especulação de que Marchionne criaria uma linha de montagem de carros de preço acessível, deslegitimando e desvalorizando a exclusividade de seus carros de passeio para aumentar as vendas. A internet ficou alvoroçada com supostas fofocas e informações confidenciais de gente da empresa, mas os especialistas do setor entenderam que a mudança era necessária e a visão de Marchionne continuaria a levar adiante a marca sem arriscar o lugar dela nos escalões mais altos.

Durante a reorganização na direção executiva da Ferrari, Marchionne insistiu de modo enfático que a empresa não poderia continuar a crescer como fabricante sem a Scuderia no pódio. O processo de pensamento era que as perdas equivaliam à redução nas vendas porque os compradores queriam o toque de classe de um veículo vencedor, mas essa era uma filosofia antiquada e Marchionne sabia disso. Durante a vida de Enzo, ele acreditou de modo convicto na ideia de que as vitórias impulsionavam as vendas. A crença de Enzo era de que o vigor, a história de vitórias e a resistência nas pistas eram essenciais para promover as vendas e conquistar clientes, mas no mercado do momento atual, centrado na marca e volúvel, as empresas automobilísticas não podem mais levar em conta suas equipes de corrida para gerar interesse em seus homônimos legítimos de rua. Com certeza, a Fórmula 1 pode ser o reduto natural para inovação e um *showroom* para a excelência da habilidade artesanal da Ferrari, mas a confiança na Fórmula 1 como ponto de venda promocional para carros está superada e é um modelo de negócios que fracassou repetidas vezes. A Fórmula 1 pode ser dependente dos lucros dos carros de passeio, mas os carros de passeio não são mais dependentes da competitividade das Ferrari nas pistas — e até que essa realidade seja realmente confrontada, as duas divisões continuarão em conflito.

A AUTONOMIA DA MARCA

Como estrategista de visão, Marchionne tinha plena consciência que o mercado havia mudado. Ele tinha dois discursos distintos dependendo da plateia. Para a comunidade do automobilismo, ele apregoava os méritos e a importância da equipe Ferrari como sendo centrais para a contínua lucratividade da empresa, mas quando abordava possíveis investidores sobre uma IPO e as implicações financeiras de uma Ferrari independente, seu

ANEXO • 481

discurso de venda mudava, não mais baseado nas vitórias e derrotas correntes da Ferrari, mas sim na própria marca da empresa. Marchionne tinha medido a temperatura do mercado no momento atual, levando em conta os *millennials* centrados em marcas, que não tinham interesse na história e baseiam seu poder de compra na opinião dos outros, sobretudo da mídia social, e ele tinha plena consciência dos mercados em expansão na Ásia, na América do Sul e no Oriente Médio, onde qualquer coisa associada com a Ferrari era desejável. Em sua abordagem para a IPO, Marchionne comparou a Ferrari com a Gucci, a Hermès e a Tiffany, vendendo aos investidores a ideia de que o crescimento por meio de *branding* (gestão da marca) e *merchandising* (promoção da marca), e não mais classificando a Ferrari como simplesmente uma fabricante de carros ou equipe de corrida, era o caminho a seguir. Portanto, o potencial como marca de lixo era ilimitado. Acrescente-se à equação a criação de lojas de varejo e parques temáticos da Ferrari em Abu Dhabi, Barcelona e, possivelmente, China, e a "marca" tinha mais peso e relevância na economia atual do que a "equipe" Ferrari.

Tendo vendido aos investidores o *branding*, a IPO foi anunciada em 2014 e chegou ao mercado em outubro de 2015 com um preço de ação de 52 dólares na Bolsa de Valores de Nova York (NYSE) sob o símbolo RACE (corrida). Nesse nível de preço, a capitalização de mercado da Ferrari era de 9,8 bilhões de dólares, aproximadamente, com a empresa vendendo cerca de 17 milhões de ações para o público, o que representava quase 9% da empresa. Isso reduzia a participação da Fiat-Chrysler na empresa de 90 para 80%, aproximadamente, e, no processo, arrecadava quase 900 milhões de dólares de capital do público. A estratégia de Marchionne funcionou e, embora os acionistas certamente tenham obtido benefícios, os Agnelli, a Exor e John Elkann ganharam milhões e, ao mesmo tempo, mantiveram o controle da empresa.

Desde que a Ferrari abriu o capital, existiram sobressaltos no caminho. A ação apresentou uma queda bastante significativa nos primeiros 18 meses da IPO por causa principalmente de uma queda de 30% nas vendas no mercado asiático, fazendo o preço cair para um mínimo histórico de 37 dólares por ação. Desde então, o preço se recuperou e, embora o domínio do mercado e a viabilidade global de nenhuma empresa esteja sempre assegurado, a atratividade e a exclusividade da Ferrari continuam a seduzir o público comprador, gerando um interesse em um nível que Enzo jamais poderia ter previsto.

Marchionne continua a construir com base nesse interesse na Ferrari e, embora ele tenha assegurado ao público que só no dia de São Nunca um SUV Ferrari entraria em produção, parece que jaquetas e luvas sem dedos estão previstas, porque o dia de São Nunca chegou. No verão de 2017, para horror dos puristas, e em um caso claríssimo de semântica, veiculou-se a notícia de que a Ferrari lançará um FUV (Ferrari Utility Vehicle — Veículo Utilitário Ferrari) em 2021. Os historiadores podem pontificar que o cenário estava armado para um SUV quando a Ferrari apresentou o conceito de 4 portas de Pinin, e que o modelo GTC4 Lusso selou seu destino, mas realmente o sinal dos tempos se revelou quando a Porsche apresentou o Cayenne em 2003. Nessa nova realidade distópica, em que montadoras superlativas começaram a seduzir mamães-motoristas, o Cayenne foi a bola de neve necessária para os SUVs entrarem nesse mundo de elite de outrora. Junto com a Maserati, a Lamborghini, a Bentley e a Jaguar, a Ferrari está ingressando nas fileiras de todos os outros fabricantes de carros esportivos do topo do ranking. Na realidade do mercador atual, a pureza não tem lugar nas decisões empresariais. Em última análise, a lucratividade impulsiona a produção — e os SUVs são lucrativos.

Um dos aspectos interessantes do crescimento contínuo da Ferrari é que, em um mundo de obsolescência planejada, onde o mais novo significa melhor e qualquer coisa *vintage* (antiga) costuma ser considerada ultrapassada e irrelevante, o mercado de carros clássicos está em crescimento. Em 2013, durante o Pebble Beach Concours d'Elegance, em Monterrey, na Califórnia, a RM Sotheby's, empresa de leilões de carros clássicos, pôs a venda uma Ferrari 275 GTB/4*S NART Spyder de 1967. Uma energia tomou conta do recinto diferente de tudo que eu já havia visto antes. Do lado de fora, o público se espremia, desesperado para ver a Ferrari que estava prestes a fazer história, com muita gente tentando comprar ingressos que permitiam a entrada no local do leilão. Do lado de dentro, havia apenas lugares para ficar de pé, uma solenidade silenciosa, quase reverente, marcando os segundos até o início do leilão, que durou apenas alguns minutos. Porém, as implicações monetárias são

ANEXO • 483

de longo alcance e muito importantes para o mercado *vintage*. Qualquer que fosse o teto financeiro que existia, até então, para carros clássicos, não existe mais. Os compradores estavam dispostos a gastar — e gastar muito — com base na história, na exclusividade de arte da Ferrari. Essa venda não é uma anomalia, e os preços em leilões continuam a subir, incluindo uma Ferrari 250 GTO que foi vendida por mais de 38 milhões de dólares em 2014. A maioria dos especialistas acredita que essas vendas em ascensão vieram para ficar e o valor dessas compras vai se manter e crescer ao longo do tempo.

Embora a Ferrari S.p.A e a Scuderia Ferrari tivessem uma ascensão meteórica nas últimas três décadas, é fundamental analisar a totalidade da história da empresa para obter uma visão e avaliação acurados da criação de Enzo Ferrari. Sob a liderança estrita de Enzo Ferrari, Luca di Montezemolo e Sergio Marchionne, com a apoio financeiro de Gianni Agnelli, John Elkann, Fiat e Exor, a empresa atravessou duas guerras mundiais, intrigas políticas incontáveis, dificuldades financeiras desesperadoras, perdas catastróficas nas pistas e em casa, tendências de mercado em constante transformação, visão míope e inovação extraordinária, e ainda está de pé. Previsivelmente, Hollywood notou a ascensão épica de Ferrari e percebeu a importância do homem que criou seu império em Maranello. Então, sob a direção e roteirização brilhante de Michael Mann, um filme biográfico está sendo produzido atualmente, enfocando um período da vida de Enzo Ferrari. É um tributo digno tanto para a vida de Enzo como para a biografia de Brock.

Como exposto no prefácio, esse anexo esclarece o quão longe a empresa chegou desde a morte de Enzo em 1988. Uma trajetória que ele talvez não previsse, mas que certamente teria abraçado. Sem dúvida, o livro de Brock é uma biografia, mas a natureza simbiótica de Enzo e sua empresa homônima não pode ser dividida com base no homem e em sua criação, e, portanto, embora não estritamente biográfica, a informação adicional agrega contexto e peso a um legado já fascinante. A Ferrari será sempre um reflexo de Enzo, definindo e redefinindo sua força de vontade e determinação, cimentando em perpetuidade o status lendário de um baluarte da indústria complexo, rude, frequentemente temido, mas muito respeitado, cuja visão criou uma empresa que resistiu ao teste do tempo e originou uma legião de seguidores, tornando-se o orgulho de um país.

NOTAS

CAPÍTULO DOIS

Os papéis de Ferrari

As fontes primárias da infância e juventude de Enzo Ferrari são, por sorte, só dele. Entre essas fontes, muitas vezes confusas e truncadas, incluem-se *Le Mie Gioie Terribili* (*My Terrible Joys*), de 1962, publicado pela Casa Editrice Licinio Capelli, de Bolonha; *Due Anni Dopo*, de 1964, versão atualizada do primeiro livro; *Le Briglie del Successo*, de 1970 e 1974, livro de grande formato e fartamente ilustrado; e *Ferrari 80*, de 1980.

Essas obras eram memórias de um egocêntrico com dom legítimo para escrever na prosa floreada que estava na moda durante sua infância. O trabalho foi realizado engenhosamente, mas em causa própria e muito vezes de modo enganoso, projetado para criar a impressão de uma modéstia que não existia e de uma compaixão que era rara, além de ocultar um senso de humor grosseiro e frequentemente irônico. Esses livros de Ferrari devem ser lidos mais pelo que não contém do que pelo que contém.

Presumiu-se amplamente que essas obras foram escritas exclusivamente pelo próprio Ferrari, mas, de fato, grande parte do material foi escrito por um *ghostwriter* (escritor fantasma). *My Terrible Joys* foi escrito por Gianni Roghi, jornalista milanês, que passou quase um ano com Ferrari antes de escrever o livro, pelo qual foi pago com um cupê 250 GT zero quilômetro. Infelizmente, dois anos depois, Roghi foi morto por um elefante desgarrado enquanto fazia uma reportagem sobre a fauna selvagem africana. Quanto às obras restantes, não resta dúvida que a mão jeitosa de Ferrari é evidente, mas pessoas bem informadas afirmam que grande parte da escrita foi feita por seu fiel colaborador Franco Gozzi.

Em 1959, um jornalista suíço especializado em automóveis, o falecido Hans Tanner, publicou um livro valioso, intitulado simplesmente *Ferrari*, baseado em anotações feitas durante entrevistas com Enzo. Atualmente, está na sexta edição, com atualizações do excelente historiador inglês Doug Nye. *Ferrari* continua sendo talvez a história mais abrangente da marca, embora a história pessoal da infância e juventude contenha geralmente apenas a informação esparsa que o próprio Ferrari decidiu oferecer. Ao que se conta, Tanner também usou como fonte um pequeno livro, *Appunti di Storia (Footnotes to History)*, de Carlo Mariani, que tratava do desenvolvimento da gasolina para corrida da Shell, mas também abordou a juventude de Ferrari com algum detalhe.

Os automóveis da família

Na primeira edição de *My Terrible Joys*, Ferrari opta por omitir o fato de que a família tinha três automóveis. Esses bens estão longe de estar em consonância com seu empenho bastante estridente de retratar sua família como gente trabalhadora paupérrima. Apenas nas edições posteriores de suas autobiografias ele revelou que seu pai era dono de carros, contradizendo assim a noção de que seu primeiro contato com máquinas exóticas ocorreu em uma viagem de 1908 para assistir uma corrida em Bolonha.

O negócio do pai de Ferrari

Em 1985, por algum motivo misterioso, Ferrari alterou drasticamente o tamanho da força de trabalho de seu pai em uma entrevista para a revista suíça *Hors Ligne*. Ele contestou totalmente sua afirmação anterior de que o negócio empregava de "15 a 30" trabalhadores, dizendo: "Eu era filho de um mecânico dono de uma pequena oficina com cinco ou seis empregados." Levando em consideração a afluência decorrente da posse dos automóveis mencionados anteriormente, assim como suas próprias referências a uma infância confortável, a primeira estimativa de mão de obra faz mais sentido. Por outro lado, quem vai questionar a fonte, independentemente do número que ele decidiu mencionar? É possível que o nível de contratação de trabalhadores variasse conforme o trabalho à mão. Consideremos também que, quando Ferrari concedeu a entrevista em 1985, ele tinha 87 anos e talvez, de forma compreensível, sofresse de problemas de memória.

O jovem jornalista

As contribuições de Ferrari para a *Gazzetta dello Sport* são discutidas em uma biografia não oficial publicada em 1977 por Gino Rancati, conhecido jornalista de televisão italiano. Intitulado *Ferrari Lui* (*Ferrari the Man*), o livro é uma coletânea pouco rígida de casos curiosos e incidentes selecionados, destinada a dar corpo a um homem que, naquela altura, tinha alcançado um status lendário entre o público italiano. Rancati é hábil em sua abordagem, claramente procurando comprovar sua amizade pessoal com um homem que os outros diziam que não tinha amigos. Sem dúvida, ele se colocou em situação desvantajosa ao entender que uma avaliação verdadeiramente sincera de seu personagem lhe custaria caro não só em Maranello, mas talvez em toda a Itália. Ainda assim, o livro é uma fonte valiosa em que Rancati relata diversos encontros privados com Ferrari durante duas décadas, em que ele alternadamente tinha a simpatia e a antipatia do entrevistado.

A mãe de Ferrari

Em 1985, na mesma entrevista para a *Hors Ligne*, Ferrari faz essa afirmação aparentemente absurda: "Sendo órfão desde cedo..." O que o levou a fazer tal afirmação só pode ser explicado pelo costume italiano. Ferrari estava se referindo especificamente à perda do pai, o que fez dele um "órfão". Sua mãe,

Adalgisa, a quem ele foi afeiçoado, viveu até sua morte, aos 93 anos, na casa do filho em Módena. Ela é lembrada pelos funcionários da alta direção da empresa quando ocasionalmente invadia as reuniões matinais na Scuderia para perguntar: "Como está o meu filhinho?" Ferrari não a menciona em seus escritos. Isso pode parecer curioso, considerando a preocupação do homem tradicional italiano com sua mãe — uma fixação tão poderosa, observa Luigi Barzini, que a Igreja Católica Romana achou bastante importante criar o culto da Virgem Maria e abrir um buraco doutrinário tão grande entre ela e o protestantismo que nunca pode ser tapado. Enzo Ferrari nunca achou necessário mencionar publicamente sua mãe porque ela fazia parte de sua vida "privada" e, portanto, estava separada de sua existência empresarial e pública. Não tem nada a ver com sua conhecida afeição por ela.

Contato inicial com o esporte

Em *Enzo Ferrari, Pilota* (Edizioni di Autocritica, 1987), de Valerio Moretti, excelente análise da carreira de piloto de Ferrari entre 1919 e 1931, há uma foto de Giuseppe de Vecchi, fabricante de carros milanês, sentado em um de seus carros de passeio aberto antes do início de uma corrida de regularidade em Módena, em 1911. Ao seu lado, está Ugo Sivocci, mas não há indicação que Enzo Ferrari, então com 13 anos, estivesse presente ou, aliás, que até tivesse conhecimento do evento. Se aceitarmos a história de Ferrari, seu envolvimento com o automobilismo só veio nas duas corridas anteriores que ele acompanhou e na cobertura que conseguiu colher na imprensa.

CAPÍTULO TRÊS

O autódromo de Monza

O Autodromo Nazionale di Monza era uma obra-prima da engenharia, desenhado pelo arquiteto Alfredo Rosselli. Incluía um imenso circuito oval de 4,5 quilômetros com duas curvas inclinadas e um circuito misto de 5,5 quilômetros com uma série de curvas muito rápidas e não inclinadas. Os dois circuitos podiam ser combinados para criar uma imensa pista de 10 quilômetros para as competições de Grand Prix. Ao longo dos anos, algumas permutações seriam criadas mediante o corte de diversas seções do circuito, para reduzir ou aumentar a velocidade por volta, dependendo do tipo de carros que disputavam. Até hoje, Monza continua sendo um dos dois ou três circuitos mais desafiadores e prestigiosos do mundo. A pista foi inaugurada oficialmente em 3 de setembro de 1922, com a primeira vitória sendo do ás Pietro Bordino, com um Fiat. Enzo Ferrari testava as Alfa Romeo ali, mas nunca correu na pista.

A fórmula de 2 litros

A primeira exposição de perto de Enzo Ferrari a uma corrida de Grand Prix foi durante a chamada Era Dourada do automobilismo (uma das muitas, dependendo da posição e do entusiasmo da pessoa) de 1922 a 1925. A fórmula foi instituída pelo Automobile Club de France, que naquela época controlava a política do automobilismo internacional, e era simples no conceito: nenhum motor excederia 2 litros de cilindrada e nenhum carro pesaria menos que 650 quilos. A partir dessa fórmula, grandes fabricantes da Inglaterra, França, Itália, Alemanha, Espanha e Estados Unidos criaram os primeiros carros leves de alto desempenho verdadeiramente eficientes. Usando recursos desenvolvidos pelo engenheiro suíço Ernest Henry para o Peugeot participante da Coupe de l'Auto de 1912 — duplo comando de válvulas na parte superior do cabeçote e quatro válvulas por cilindro (ainda considerado o ideal até hoje) —, os carros da Mercedes, Fiat, Miller, Duesenberg, Sunbeam, Ballot, Bugatti, para mencionar apenas alguns, vieram para a batalha com um novo dispositivo, o supercompressor, que foi aperfeiçoado durante a Primeira Guerra Mundial para os motores de aviões. Os supercompressores apareceram nos Estados Unidos e na Europa quase ao mesmo tempo e aumentavam a potência dos motores de 2 litros para até 141 cavalos e possibilitavam velocidades próximas de 225 quilômetros por hora. Além disso, os irmãos Duesenberg, Fred e August, introduziram freios hidráulicos nas quatro rodas em 1921 e isso melhorou ainda mais o desempenho. Iniciativas foram tomadas para dar forma aerodinâmica às carrocerias, incluindo bicos arredondados, contornos suaves e traseiras longas. Apenas as suspensões permaneceram antediluvianas, com feixes de molas ao estilo de carroça e eixos rígidos inalterados desde a virada do século XIX para o XX. Sob vários aspectos, essa concentração na potência, com pouca atenção sendo dada à condução ou à aderência, influenciaria a filosofia de Enzo Ferrari acerca de carros de corrida pelo resto de sua vida.

Concorrentes improváveis

Como Ferrari disputou uma série de competições de menor importância, competiu contra muitos *gentlemen drivers* e amadores, que enxergavam o automobilismo como uma diversão e não uma profissão. Dois homens com quem ele correu se tornariam influências importantes no destino da atividade de fabricação de Ferrari. Em diversas oportunidades, Edoardo Weber competiu contra Ferrari antes de voltar para Bolonha, sua cidade natal, e começar a fabricar o conhecido carburador de duas gargantas que se tornariam a marca registrada da Scuderia até serem substituídos pela injeção de combustível na década de 1960. Weber foi executado pelos guerrilheiros em 1945 como simpatizante fascista. Anos depois, o grande designer Pininfarina (nascido Giovanni Battista Farina, que posteriormente mudou legalmente seu nome, literalmente, para "pequeno Farina", para se diferenciar de seu pai, também construtor de carrocerias, e de seu sobrinho, o piloto de corrida campeão dr. Giuseppe "Nino" Farina) matutaria com Ferrari como ele o derrotou, em 1922, na corrida de montanha entre Aosta e Grande São Bernardo — uma corrida que Pininfarina venceu incontestavelmente. Em 1952, os dois se juntariam para criar talvez o carro mais bonito da Ferrari.

Segurança nas corridas

Ao considerarmos as precauções de segurança tomadas pelo piloto de corrida de hoje em dia, parece um milagre que alguém tenha sobrevivido durante a confusa época em que Enzo Ferrari competiu. Os capacetes, embora utilizados em corridas de motocicletas, eram considerados não apenas quentes, mas também não viris, e não gozaram de aceitação até meados da década de 1930, quando começaram a ser utilizados nos Estados Unidos

NOTAS • 491

e na Inglaterra. No entanto, os principais pilotos das provas europeias de Grand Prix só começaram a usá-los no início da década de 1950. Os cintos de segurança eram ilustres desconhecidos, sendo senso comum que ser arremessado de um carro em uma colisão era a melhor aposta para sobreviver. Considerando que os grandes tanques de combustível eram desprotegidos e rompiam com facilidade, e que os *cockpits* não tinham reforços ou santantônios de nenhum tipo, a teoria da ejeção até fazia algum sentido. Roupas eram inúteis em caso de acidente, embora alguns pilotos usassem jaquetas de couro para proteger a pele se rolassem sobre o asfalto. Outros usavam macacões de linho, sobretudo para seguir a moda e para manter a lama e a graxa longe de suas roupas de baixo. Além da ausência de qualquer proteção para o corpo ou contra colisões, as pistas não possuíam barreiras e eram ladeadas por árvores, valas, muros de pedra, marcadores de quilômetros, ravinas, casas e animais soltos. O fato de que as taxas de mortalidade fossem relativamente baixas beira o milagroso.

O registro de corridas de Ferrari

O historiador Griffith Borgeson assinala com precisão que Enzo Ferrari tendeu a inflar os resultados de sua carreira de piloto e afirma que o registro oficial do Automobile Club d'Italia (ACI) lista 21 competições em que ele deve ter disputado, vencendo nove vezes.

Esse admirável historiador escreveu: "A maioria das competições em que ele participou eram corridas de pista ou de montanha de menor importância." Mas há mais para a história. O excelente estudo de Valerio Moretti a respeito da carreira de piloto de Ferrari (*Enzo Ferrari, Pilota*) atribui a Ferrari 38 inscrições em corridas entre 1919 e 1931, incluindo o Grand Prix da França, em Lyon, que ele nunca largou. Moretti lhe dá dez vitórias e três segundo lugares, resultados obtidos em corridas de pista e de montanha de menor importância dentro das fronteiras da Itália. No entanto, o jornalista italiano Giulio Schmidt, em seu livro de 1988 sobre o assunto (*Le Corse Ruggenti: La Storia di Enzo Ferrari Pilota*), atribui a Ferrari a participação, ou pelo menos a inscrição, em 41 competições. O estudo de Schmidt é mais abrangente e seus dados devem ser respeitados.

Porém, entre as 41 competições registradas, Schmidt assinala que, em três corridas — Monza, em 1922; Mugello, em 1923; Lyon, em 1924 — Ferrari se inscreveu, mas não competiu. O registro também inclui seis corridas de montanha e cinco testes, corridas em retas, ralis etc., nenhuma das quais pode ser definida como corridas clássicas roda contra roda. Nem Schmidt nem Moretti registram a inscrição de Ferrari no Grand Prix de Monte Carlo em 1930, embora durante minha própria entrevista com René Dreyfus, ele recordou com convicção que Ferrari estava inscrito como concorrente, mas não apareceu. Alguns historiadores afirmaram que Ferrari terminou em nono lugar com Giulio Foresti na Mille Miglia de 1930. Nem Schmidt nem Moretti lhe atribuem tal feito. O elemento perturbador é a presença de pelo menos quatro outros Ferrari, todos sem parentesco, que correram como amadores nas décadas de 1920 e 1930. Incluíam Giuseppe, Girolamo, Bartolo e Valerio Ferrari, nenhum dos quais conseguiu uma marca notável no esporte. Foi sem dúvida um desses quatro que terminou em nono na Mille Miglia de 1930. Independentemente do número real de corridas a serem atribuídas a Ferrari, o ponto central permanece: na maioria das vezes, Enzo Ferrari participou de corridas italianas de menor importância. Suas maiores conquistas foram o seu segundo lugar na prova de Targa Florio de 1920 e sua vitória na Coppa Acerbo de 1924. Além disso, suas participações como piloto se restringiram a corridas de montanha regionais e corridas de pista locais. A única tentativa de Ferrari disputar uma prova de Grand Prix, em Lyon, terminou com uma retirada que seria motivo de controvérsia nos anos seguintes. Na melhor das hipóteses, seu registro o caracteriza como um especialista semiprofissional em carros esportivos com não mais do que credenciais de segundo escalão.

Produção da Alfa Romeo

Temendo que alguém pense que a Alfa Romeo era uma empresa automobilística muito grande durante o tempo em que Enzo Ferrari esteve associado a ela como piloto de corrida, representante de vendas ou chefe de equipe, Borgeson nota que, durante duas décadas, entre 1920 e 1939, levando à Segunda Guerra Mundial, a produção média foi de somente 473

NOTAS • 493

carros por ano, muitos dos quais apenas chassis enviados a construtores de carrocerias personalizadas. Apenas uma vez, em 1925, Borgeson afirma, a empresa produziu mais de mil unidades em um ano, quando 1.115 carros esportivos foram fabricados. Apenas seis dos famosos carros de corrida P2 foram construídos, e a maioria deles acabou nas mãos de esportistas particulares na década de 1930. Em 1936, quando a produção mudou para motores de avião e veículos militares, apenas dez automóveis foram concluídos. Atualmente, a Alfa Romeo faz parte de um imenso consórcio quase governamental encabeçado pela Fiat e produz centenas de milhares de sedãs pequenos e médios por ano.

CAPÍTULO QUATRO

A fórmula de corrida

Enquanto as corridas de carros esportivos das décadas de 1920 e 1930 eram basicamente uma Formula Libre (ou aquilo que os pilotos de *stock car* do sul dos Estados Unidos iriam se referir como "corra com o que você trouxer"), as corridas de Grand Prix eram então organizadas sob regras estritas estabelecidas pela AIACR (Association Internationale des Automobile Clubs Reconnus), um conjunto de clubes de automóveis nacionais dominado pelos franceses, que tinha surgido a partir do primeiro Grand Prix oficial, o Grand Prix da França de 1906, organizado pelo Automobile Club de France. Até hoje, o órgão dirigente do automobilismo internacional permanece sediado em Paris. Conforme as velocidades dos carros com motor de 2 litros do início da década de 1920 aumentaram (carros como a Alfa Romeo P2, por exemplo), a AIACR reduziu o tamanho do motor para 1,4 litro para as temporadas de 1926 e 1927. Isso não foi bem aceito por fabricantes como Delage, Fiat, Bugatti e Alfa Romeo, e as inscrições nas provas caíram. Para 1928, os decanos do esporte reagiram e criaram uma fórmula livre (Formula Libre), permitindo qualquer tamanho de motor, mas exigindo um carro com peso entre 544 e 748 quilos. Os carros de dois lugares ainda eram obrigatórios. Ironicamente, os monopostos foram permitidos nos Estados Unidos entre 1923 e 1930, quando a chamada "Junk Formula" baseada em carros de produção em série foi introduzida para reduzir custos e um mecânico no assento de passageiro voltou a ser obrigatório. Isso não acrescentou nada, exceto a chance de matar ou ferir um passageiro indefeso. Ao mesmo tempo que o mecânico no assento de passageiro estava sendo restabelecido em Indianápolis, a AIACR o removeu. Porém, até 1932, o carro de dois lugares continuou obrigatório, embora nenhum passageiro fosse necessário. Os regulamentos de corrida, sobretudo aqueles criados pelos franceses, têm sido tradicionalmente complexos, muitas vezes ridiculamente contraditórios, e às vezes derivaram mais das demandas dos competidores do que das decisões arcanas emanadas de Paris. Em 1931, a AIACR decretou insanamente que todas as corridas de Grand Prix durariam pelo menos dez horas! Isso em uma época de depressão econômica! (Em justiça aos franceses, a sugestão original para uma duração de corrida tão absurda veio de Vincenzo Florio.) A confusão reinou em toda a Europa até 1934, quando finalmente uma fórmula foi acordada sobre algo que parecia fazer sentido. Exigia que todos os carros pesassem no máximo 750 quilos menos os pesos do piloto, pneus, combustível e outros líquidos. A ideia era reduzir a velocidade dos carros, com o senso comum sendo que nenhum motor de tamanho significativo poderia ser instalado em carros tão leves. No entanto, os alemães — e, em alguns casos, a Alfa Romeo e a Scuderia Ferrari — conseguiram usar a regras para projetar e construir alguns dos carros de corrida mais rápidos de todos os tempos.

As cores nos carros de corrida

Até que, na década de 1970, os grandes esquemas de patrocínio trouxessem uma infinidade de cores para os carros de corrida de Grand Prix, assumia-se que os carros correriam com as cores de seus países. Acredita-se que a origem da ideia seja do conde Zbrowski, piloto e esportista polonês, que a sugeriu por volta de 1903. Inicialmente, os Estados Unidos ficaram com o vermelho, mas essa cor logo foi destinada à Itália, com os Estados Unidos recebendo branco com uma listra azul. Os carros britânicos eram verdes; os franceses, azuis; os alemães, brancos (que se tornaram prateados na década de 1930); os belgas, amarelo etc. Essas cores nacionais permaneceram como parte

NOTAS • 495

das corridas de Grand Prix até o final da década de 1960, quando as cores dos diversos patrocinadores as apagaram. Atualmente, apenas a Ferrari se mantém fiel à antiga tradição.

A Mille Miglia de 1930

A disputa entre Tazio Nuvolari e Achille Varzi foi imortalizada em diversos romances, referências históricas e em *The Racers* (*Caminhos sem volta*), filme de 1955, com Kirk Douglas. Reza a lenda que Nuvolari perseguiu Varzi desde a madrugada até a bandeirada em Bréscia com os faróis apagados, fazendo seu rival achar que estava mantendo uma liderança folgada. Então, com a linha de chegada à vista, diz-se, Nuvolari acelerou, ultrapassou um surpreso Varzi e venceu a prova. Evidentemente, esse não foi o caso.

A ótima história de conde Giovanni Lurani sobre a Mille Miglia afirma que Nuvolari estava em uma posição vantajosa desde o início da corrida. Ele largou dez minutos atrás de Varzi e, portanto, conseguia avaliar o progresso de seu rival em cada parada de controle ou reabastecimento. Pior ainda, Varzi perdeu tempo por causa de dois pneus furados ao sul de Bolonha e, enquanto se dirigia para o término da prova, sabia que estava atrás (o resultado era decidido com base em quem completasse o percurso no menor tempo, independentemente de quando largou. Portanto, como Nuvolari largou dez minutos depois, qualquer diferença menor de tempo o colocaria à frente de Varzi). Depois da corrida, Varzi disse que ele e seu mecânico acompanhante, Canavesi, avistaram a Alfa Romeo 1750 de Nuvolari, com seu distintivo farol triplo, a pelo menos 190 quilômetros da bandeirada e sabiam que tinham perdido. O jornalista Gino Rancati relata uma entrevista com Giovanbattista Guidotti, mecânico acompanhante de Nuvolari, que, em seu testemunho, afirmou que Nuvolari realmente apagou os faróis, mas apenas por um minuto, mais ou menos, quando partiram para cima de Varzi. Guidotti mencionou que os dois pilotos tinham consciência da presença um do outro, e que Nuvolari apagou os faróis na expectativa de enganar Varzi, fazendo-o achar que ele tinha parado. Mas por quê? De acordo com o formato da corrida, Nuvolari só tinha de seguir de perto Varzi para ganhar. Com certeza, foi o desejo ardente e soberbo de Nuvolari de humilhar seu rival ultrapassando-o antes da bandeirada e alcançar primeiro a algazarra da multidão em Bréscia que motivou sua decisão. Ao fazer Varzi reduzir a velocidade, mesmo que por alguns instantes, isso facilitou a tarefa de ultrapassá-lo, ainda que a vitória já estivesse assegurada. Posteriormente, Guidotti conseguiu um emprego mais sedentário como piloto de testes da Alfa Romeo. Varzi, a propósito, vingou sua derrota ao derrotar decisivamente Nuvolari algumas semanas depois na prova de Targa Florio. Ele também deixou a equipe Alfa pouco depois e passou a correr primeiro pela Maserati e depois pela Bugatti, só voltando a disputar corridas com carros Alfa Romeo em 1934.

As equipes

Embora a Scuderia Ferrari estivesse longe de ser a primeira equipe privada a ser criada na Europa, sua relação quase oficial com a Alfa Romeo era bastante singular. Mais tradicional era o esquema de 1927 e 1928 de Nuvolari e Varzi, que compraram carros de Ettore Bugatti e correram com eles em uma base puramente independente. No outro extremo da escala, incluíam-se as equipes de fábrica que empregavam pilotos profissionais. Todos os tipos de arranjos financeiros eram usados. Alguns pilotos eram membros da equipe de engenharia ou de vendas; outros eram prestadores de serviço independentes, competindo por um salário fixo ou por uma porcentagem dos prêmios por vitórias, ou ambos. Os esportistas ricos costumavam comprar carros de um fabricante a preços satisfatórios e pagavam para receber a manutenção, como Ferrari fazia com seus clientes nos primeiros anos da Scuderia. Os mecânicos acompanhantes da época, como Pepino Verdelli e Giulio Ramponi, eram geralmente funcionários da fábrica ou membros de equipes independentes, que se ofereciam para o trabalho extremamente perigoso de acompanhar os pilotos nas corridas no assento de passageiro. Eles não tinham nenhuma função — no final da década de 1920, os carros de corrida já eram bastante confiáveis, de modo de que trocas de emergência de pneus e velas de ignição ou reparos que precisassem de um mecânico não eram necessários. Esses mecânicos eram simplesmente corpos extras a serem esmagados em caso de uma colisão e estavam ali apenas

NOTAS • 497

pela honra de participar e por uma pequena porcentagem dos prêmios por vitórias. Os últimos mecânicos acompanhantes nas principais corridas de carros com rodas descobertas foram vistos nos Estados Unidos, nas 500 Milhas de Indianápolis, em 1937. Até então, literalmente centenas deles morreram ou se aleijaram sem nenhum motivo racional, a não ser como escravos irracionais da tradição.

Maserati

Nas décadas de 1920 e 1930, a Officine Alfieri Maserati S.p.A. era uma presença automobilística muito mais séria do que qualquer coisa mantida por Enzo Ferrari. Os irmãos Carlo, Bindo, Alfieri, Ettore e Ernesto eram naturais de Bolonha e tinham ligações com o setor remontando à virada do século. O primogênito, Carlo, que morreu em 1911, correu pela Fiat e pela Bianchi, enquanto Bindo e Alfieri trabalharam para a Isotta Fraschini. Durante a Primeira Guerra Mundial, os dois irmãos fabricaram velas de ignição com o sobrenome da família. Em meados da década de 1920, Alfieri projetou e construiu diversos carros de corrida para a Diatto, incluindo um bólido de Grand Prix com um motor com 8 cilindros em linha. Em 1926, quando a Diatto abandonou as competições, os irmãos assumiram os carros de corrida e começaram a fabricar modelos atualizados e aperfeiçoados em sua pequena oficina familiar perto da Via Pontevecchio, em Bolonha. O logotipo da empresa, que ainda está em uso, era o tridente de Netuno, o símbolo de sua cidade natal.

Entre os irmãos, o líder reconhecido era Alfieri, homem agradável e apreciado por todos, com um amplo conhecimento de engenharia. No início de 1932, Alfieri sofreu um acidente em Messina e morreu na mesa de cirurgia aos 44 anos. Sua perda foi um golpe devastador para a empresa, que nunca tinha produzido mais do que um punhado de monopostos e carros esportivos por ano. Os irmãos sobreviventes eram esforçados e talentosos, mas careciam do tino comercial para ampliar a atividade muito além de uma pequena oficina capaz de produzir alguns poucos automóveis soberbos e continuar com o modesto negócio de velas de ignição.

Estima-se que não mais do que 130 Maserati de "rua" foram produzidas antes de 1957, quando a primeira produção do modelo 3500 GT foi oferecida para venda. Nessa altura, os irmãos já tinham partido há muito tempo. Em 1936, a produção baixou para apenas nove carros e, um ano depois, os três irmãos restantes, Bindo, Ernesto e Ettore, venderam a participação majoritária da empresa para a família modenense Orsi. O Orsi mais velho, Adolfo, e seu filho, Omer, assinaram com os irmãos Maserati um contrato de gestão de dez anos. Após esse período, os Maserati constituíram a Osca (Officina Specializzata Costruzione Automobili) em sua cidade natal de Bolonha. Esses carros de alto desempenho desfrutaram de grande sucesso nas categorias de menor cilindrada. Então, em 1967, os irmãos já idosos venderam a empresa para a MV Augusta. Enquanto isso, os Orsi continuaram a atuar como rivais da Ferrari, mas finalmente foram forçados a abandonar as competições de Grand Prix por causa de negócios fracassados na Argentina no final de 1957.

Sob o comando dos Orsi, a equipe Maserati manteve a reputação de ser um lugar mais agradável e tranquilo para se trabalhar do que a fábrica infestada de intrigas da Ferrari na cidade vizinha de Maranello. No início da década de 1960, a Maserati começou a produzir carros *gran turismo* de grande volume e alguns carros esportivos de corrida. O espírito original da empresa se diluiu irremediavelmente. Em 1966, os Orsi firmaram parceria com a empresa francesa Citroën, e o fim veio em 1975, quando o argentino Alejandro de Tomaso assumiu o controle. Ele se tornou especialista em adquirir empresas falidas, como as fabricantes de motocicletas Benelli e Moto Guzzi, assim como a fabricante de mini-carros Innocenti. Isso gerou desastres como a Maserati Biturbo e o malfadado acordo com a Chrysler antes que os últimos vestígios da magnífica empresa fossem absorvidos pelo império Fiat em 1989. Como tantas marcas honradas dos primeiros tempos, o nome Maserati está destinado a se tornar mera placa de identificação em uma série de carros de passeio homogeneizados ou, ironicamente, algum dia pode compartilhar certos componentes com sua arquirrival de outrora, a Ferrari.

Para aqueles curiosos com os primeiros e gloriosos tempos da Maserati, leitura obrigatória é o excelente livro de Luigi Orsini, *Maserati: A Complete History from 1926 to the Present* (Libreria dell'Automobile, 1980), com fotos da vasta coleção histórica de Franco Zagari.

NOTAS • 499

CAPÍTULO CINCO

O escândalo de Trípoli

Muitos relatos do automobilismo italiano da década de 1930 ignoram de modo conveniente os escândalos de 1933 e 1934, mas não resta dúvida de que ocorreram em toda a sua glória sinistramente burlesca. Mesmo os historiadores que atentaram para os incidentes costumam se negar a apontar o dedo para luminares como Nuvolari, Varzi ou Giovanni Canestrini, mas resta pouca dúvida sobre o envolvimento deles. Hans Tanner, que passou anos imerso nos refúgios sagrados do automobilismo italiano, fez uma ampla investigação sobre o assunto e apresentou material informativo detalhado em um artigo publicado na edição de maio de 1965 da revista *Car and Driver*. Os acontecimentos também são tratados com alguns detalhes em *The Silver Arrows* (Osprey Publishing, 1986), de Chris Nixon. O envolvimento de Enzo Ferrari, como observado, é inteiramente circunstancial, mas beira o impossível acreditar que um homem que estava tão profundamente envolvido nas atividades do automobilismo italiano e tão totalmente informado sobre elas, e cujos melhores pilotos eram co-conspiradores, não tivesse compartilhado aquele segredo. Em 1985, Chris Nixon calculou os ganhos de alguns dos principais pilotos italianos com base na estimativa do Banco da Inglaterra de que a lira italiana, que era bastante instável na década de 1930, tinha uma taxa de câmbio de 93,75 liras por libra esterlina (que, por sua vez, valia cinco dólares americanos). Portanto, os ganhos de Varzi de 975 mil liras em 1934 (o melhor entre as estrelas italianas) equivaleram a cerca de 52 mil dólares (equivalentes a 890 mil dólares, em 1985). Nada mau, mesmo pelos padrões inchados de hoje. Esse total, publicado na *Gazzetta dello Sport* em 1935, não incluiu os ganhos por debaixo dos panos do Grand Prix de Trípoli, de modo que o italiano, sem dúvida, ganhou mais de 1 milhão de dólares pela temporada em valor corrente.

O monoposto Tipo B

Na realidade, esse excelente projeto de Vittorio Jano era um derivado do antigo Alfa Romeo 8C 2300. Foi o primeiro monoposto europeu de Grand

Prix de verdade. Tinha um motor similar de 2,6 litros com duplo comando de válvulas na parte superior do cabeçote e 8 cilindros em linha. O bloco era um par de unidades de liga metálica de 4 cilindros unido no meio por um trem de engrenagens central que acionava os eixos de comando de válvulas, a bomba de óleo e os dois supercompressores do tipo Roots. A potência declarada era de 217 cavalos a 5.600 rpm, questionada por alguns historiadores, que consideram como otimista demais. Cerca de 182 cavalos parece ser um número mais realista.

A singularidade do carro vinha de seus dois eixos de transmissão que formavam um "Y" de 30 graus na parte traseira do motor e estavam conectados a um acionamento por engrenagem cônica em cada roda traseira. Jano escolheu esse *layout* para reduzir o peso não suspenso e não para abaixar o centro de gravidade, como alguns especularam. Esse arranjo de eixo de transmissão duplo reduzia a potência por causa da perda por atrito e nunca foi copiado, mas, ao que tudo indica, era benéfico em termos da melhora da condução. O P3 era conhecido por ser um carro muito leve e indulgente. "É como uma bicicleta", exclamou Louis Chiron depois de seu primeiro teste após uma longa carreira em Bugatti mais brutos. Após a ascensão das equipes alemãs em 1934, o Tipo B P3 foi equipado com um motor maior de 2,9 litros, mas, naquela altura, o carro estava irremediavelmente superado. Essa maior potência e torque aumentou o esforço sobre a transmissão e, no final de 1935, o carro não foi mais visto em nenhuma corrida importante. No entanto, é considerado um dos carros mais bem projetados de sua época e um tributo à criatividade de Jano.

A Força Aérea Italiana

Italo Balbo era uma espécie de pioneiro da aviação e, em 1933, pouco antes da corrida de Trípoli, liderou uma formação de hidroaviões que atravessou o Atlântico. Ele era um grande defensor do bombardeio estratégico, mas Benito Mussolini acreditava que sua Força Aérea devia ser principalmente uma força tática em apoio ao seu Exército altamente móvel, mecanizado (e levemente blindado). Em 1933, a Força Aérea estava equipada com biplanos Fiat CR.32, que atuaram bem na Guerra Civil Espanhola, mas eram

NOTAS • 501

irremediavelmente superados pelos aviões alemães e britânicos, que foram desenvolvidos quase ao mesmo tempo. Em 1935, quando Mussolini invadiu a Etiópia, suas tropas foram apoiadas por 400 aviões bombardeiros e caças. O fato de terem tido sucesso contra doze aviões antigos do inimigo oferecia pouca indicação de seu verdadeiro poder. Ainda assim, Mussolini podia se vangloriar da força real relativa à quantidade total de aviões de combate, e diversos de seus aviões de caça — incluindo alguns dos primeiros jatos — eram aparelhos excelentes. Porém, naquela altura, um esforço de guerra totalmente falido enfraqueceu sua eficácia.

O Duesenberg de Trossi

Por causa de seu nome, a dedução é que Didi Trossi obteve um dos melhores carros Duesenberg, que fora tão bem-sucedido nas décadas de 1920 e no início da de 1930 em Indianápolis e em outras corridas norte-americanas disputadas em pistas de tábua de madeira e de terra. Mas esse não é o caso. Na realidade, o carro era um dos dois modelos especiais construídos por um ex-mecânico da Harry Miller chamado Skinny Clemons, em associação com August Duesenberg, que tinha deixado a firma da família (pertencente a E.L. Cord desde 1926) alguns anos antes. Seu irmão Fred, o verdadeiro gênio por trás dos carros imortais, tinha morrido em agosto de 1932 durante a descida da montanha Ligonier, perto de Johnstown, na Pensilvânia, em um de seus potentes *roadsters* SJ. O carro de Trossi foi fabricado originalmente para a "Junk Formula" de Indianápolis disputada entre 1932 e 1936, em que motores de grande cilindrada e produção em série eram permitidos. O motor do automóvel era baseado no antigo motor do Duesenberg Model A, produzido de 1920 a 1927, de 4,3 litros (em comparação, os 8C Monza e o Tipo B P3 da Alfa Romeo tinham motores de 2,5 litros). O modelo especial Clemons-Duesenberg foi entregue na Itália com a ajuda da Champion Spark Plug Company e caiu nas mãos de Trossi em um momento em que vários carros da Miller e da Duesenberg produzidos para Indianápolis estavam sendo importados para competições em pistas ovais europeias. Os grandes circuitos ovais com curvas inclinadas se situavam em Brooklands (em Weybridge, nas proximidades de Londres, perto do atual aeroporto de Heathrow), em Montlhéry, perto de Paris, e em Monza. O carro nasceu como um automóvel de dois lugares, mas antes de ser entregue um tanto com atraso para Trossi, foi convertido em um monoposto. Assim como seus irmãos norte-americanos, a falta de uma transmissão de quatro marchas e de freios maiores, supérfluos em circuitos ovais, prejudicava a pilotagem em circuitos mistos. Em 1934, Trossi vendeu o carro para o expatriado norte-americano Whitney Straight, que bateu diversos recordes na categoria no oval de Brooklands com o bólido, marcando uma velocidade média de 222 quilômetros por hora. Ainda com a cor vermelha italiana, o carro, posteriormente, foi usado por vários *gentlemen drivers* britânicos, incluindo Jack Duller, que disputava corridas de cavalo com obstáculos, Buddy Featherstonhaugh e Dick Seaman, que se tornaria o piloto inglês de provas de Grand Prix de antes da guerra mais bem-sucedido. Depois da guerra, o carro foi restaurado e pertenceu a Denis Jenkinson, conhecido decano dos jornalistas de automobilismo britânico.

CAPÍTULO SEIS

Tazio Nuvolari

Embora muito tenha sido escrito sobre Tazio Nuvolari, aquilo que insinua que sua carreira envolveu pouco mais do que vitórias inspiradas pontuadas por uma série de acidentes horríveis é um absurdo simplista demais. Ele era complicado, inconstante e egocêntrico (nenhum grande piloto era conhecido por sua modéstia), mas surpreendentemente disciplinado. Sua técnica de pilotagem, que envolvia derrapagens controladas pisando fundo no acelerador, ou seja, a atual técnica de andar de lado com o carro, era original e bastante incomum. Para os não iniciados, parecia que ele estava abusando do carro, mas seu registro de chegadas é muito bom, considerando o equipamento inferior que costumava pilotar, sem falar em seu estilo impetuoso. Caso contrário, ele não teria vencido as 24 Horas de Le Mans (com Raymond Sommer) em 1933 e a Mille Miglia em 1930 e 1933. Essas eram clássicas provas de resistência de longa distância, que exigiam grande controle e paciência para preservar os componentes mecânicos delicados

NOTAS • 503

do carro disponíveis na década de 1930. Nuvolari era alguém ligado em moda, usando ocasionalmente um gorro de aviador de couro vermelho ou azul, um colete de couro, um suéter de gola alta e, às vezes, como no caso de bater recordes com seu *bimotore*, um par convencional de macacões de linho branco. Foi só depois da entrada de Nuvolari na equipe Auto Union em 1938 que ele adotou o hábito de ostentar o broche em forma de casco de tartaruga de D'Annunzio mencionado anteriormente e suas iniciais bordadas na camisa.

O bimotore *Ferrari-Alfa Romeo*

Devido ao peso e ao grande apetite por pneus, ficou evidente para Ferrari e Bazzi que os *bimotores* estavam condenados a ser tranqueiras no arsenal automobilístico da Scuderia. Os pneus eram um calcanhar de Aquiles irrecuperável e os dois carros foram rapidamente vendidos depois da corrida a 320 quilômetros por hora de Nuvolari. O carro que Chiron dirigiu foi desmontado, e o historiador Doug Nye revela que o carro de Nuvolari foi vendido para Arthur Dobson, *gentleman driver* britânico, depois que a Ferrari instalou um par de motores Alfa Romeo de 2,9 litros menores e menos potentes. Compartilhando o carro com Chris Staniland, principal piloto de testes da Fairey Aviation, Dobson pilotou o carro na corrida de 500 quilômetros do British Racing Drivers Club e depois correu a 212 quilômetros por hora no circuito oval de Brooklands com curvas bastante inclinadas. Em seguida, o carro passou por alguns proprietários, sendo finalmente cortado ao meio, com o motor traseiro sendo retirado e instalado em outro carro especial inglês. O restante do carro castrado acabou na Nova Zelândia, equipado com um motor de caminhão GMC. Ao que consta, uma restauração do antigo carro foi concluída por um entusiasta da Nova Zelândia. Deve-se notar que, embora a velocidade de 320 quilômetros por hora do *bimotore* fosse notável, eram necessários dois motores Alfa Romeo totalizando 6,3 litros para alcançar tal velocidade. Em comparação, sete anos antes, o brilhante californiano Frank Lockhart construiu um pequeno veículo aerodinâmico com tração traseira e motor V16 de 3 litros (dois motores Miller V8 com um cárter comum) e correu a mais de 360 quilômetros por hora pelas areias da

Ormond Beach. Equivaleu a 40 quilômetros por hora a mais de velocidade com um motor que tinha menos da metade do tamanho do *bimotore*. Infelizmente, Lockhart rasgou um pneu em uma concha, e o Stutz Black Hawk o conduziu à morte antes que qualquer recorde oficial pudesse ser registrado. Estimou-se que o carro poderia ter atingido cerca de 480 quilômetros por hora em condições adequadas ou quase 160 quilômetros por hora mais rápido do que o recorde de velocidade terrestre existente.

Automobilismo alemão

Ninguém sabe realmente ao certo quanto os nazistas gastaram para apoiar as equipes da Mercedes-Benz e da Auto Union durante a década de 1930. Em 1947, uma unidade do serviço de inteligência britânico publicou um relatório sobre o assunto ("Investigation into the Development of German Grand Prix Racing Cars between 1934 and 1939, Including a Description of the Mercedes World's Land Speed Record Contender", de Cameron C. Earl, Technical Information and Document Unit, British Intelligence Objectives Sub-Committee, 22 de abril de 1947), que afirmava: "O Partido Nazista tinha plena consciência do papel que o automobilismo poderia desempenhar na construção da reputação internacional da superioridade dos engenheiros alemães. Ao reconhecer o valor potencial do automobilismo para a Alemanha, Hitler concordou em conceder uma soma de 500 mil reichsmarks (41.600 libras esterlinas) por ano para empresas que produzissem carros de Grand Prix bem-sucedidos. Essa subvenção não cobria a despesa da produção e da manutenção de uma equipe de Grand Prix, mas as empresas envolvidas também foram favorecidas com grandes contratos de armamento com incentivo adicional." Chris Nixon observa que Cameron Earl entrevistou William Werner, ex-diretor técnico da Auto Union, enquanto coletava dados, e foi informado por ele que a empresa gastava 2,5 milhões de reichsmarks por ano, o que era muito mais do que a subvenção do governo. Pela avaliação de Nixon, a subvenção nazista equivaleu a cerca de 322.500 reichsmarks, ou cerca de 200 mil dólares por ano em valores de 1985, para a Auto Union e Mercedes-Benz. Karl Ludvigsen, excelente historiador e escritor, que teve acesso irrestrito aos arquivos de antes da guerra da Mercedes-Benz referentes ao automobilismo quando preparava seu livro *The Mercedes-Benz Racing Cars* (Bond Parkhurst Books, 1971), afirma que o Ministério dos Transportes pagava 450 mil reichsmarks por ano para o fabricante de um carro de corrida de Grand Prix, com pagamentos de bônus de 20 mil, 10 mil e 5 mil reichsmarks, respectivamente, para primeiro, segundo e terceiro lugares. Qualquer que seja o número verdadeiro — que, sem dúvida, continuará sendo objeto de alguma discussão —, o fato é que a Auto Union e a Mercedes-Benz gastaram prodigamente em seus programas e foram recompensadas com enormes contratos de armamentos e com status privilegiado junto ao Partido Nazista.

Embora os integrantes das equipes de corrida se comportassem em público com as saudações apropriadas e concessões ao partido, eles mantinham uma variedade de opiniões privadas sobre os nazistas. Rudi Caracciola, por exemplo, recusou-se a ingressar no partido e, a partir de 1937, foi morar em Lugano, na Suíça. Durante a guerra, os nazistas cortaram seu salário e sua pensão e fizeram circular rumores de que ele era grego ou italiano, e não um alemão legítimo (embora sua família vivesse em Remagen, no Reno, há quatrocentos anos). Por outro lado, o loiro Bernd Rosemeyer foi transformado em ídolo germânico e, ao morrer, no início de 1938, foi nomeado Obersturmführer honorário da temida Schutzstaffel (SS). Outros pilotos, incluindo Hans Stuck e Hermann Lang, mantinham títulos que eram basicamente honorários na NSKK, mas suas funções eram inexpressivas. Sabe-se que Rosemeyer e outros, incluindo Neubauer, zombavam da postura oratória de Hitler em festas privadas e, depois da guerra, os sobreviventes alegaram ser apolíticos (como alegaram a maioria dos seus compatriotas). As equipes não tinham problemas em contratar estrangeiros, apesar de seu fervor nacionalista, e italianos como Fagioli, Varzi e Nuvolari foram contratados, assim como o brilhante inglês Dick Seaman, mas os núcleos duros das equipes eram compostos por alemães. Ferdinand Porsche, criador dos carros de corrida da Auto Union (além da Volkswagen, dos carros esportivos Porsche e de vários veículos militares do exército alemão), foi preso pelos franceses por dois anos depois da guerra como criminoso de guerra, embora alguns acreditem que o encarceramento foi em retaliação pela prisão do magnata dos carros Louis Renault como colaborador alemão.

Ironicamente, o alemão por excelência do grupo, Manfred von Brauchitsch, acabou na Alemanha Oriental, onde viveu em esplendor baronial, decididamente não comunista, por muitos anos. René Dreyfus, por outro lado, era mais do que qualificado para ser piloto das equipes alemãs, mas foi preterido porque seu pai era judeu e sua família estava ligada ao célebre mártir militar coronel Alfred Dreyfus. Stuck também teve problemas porque sua mulher, Paula, tinha um avô judeu. O próprio Hitler precisou intervir para salvá-la.

Italo Balbo

A comunidade de corridas de automóveis se lembra bastante bem de Italo Balbo como anfitrião amável em Trípoli e como quem construiu um dos melhores autódromos do mundo. No entanto, ele também era um especialista militar calejado que, por muito tempo, fora associado com a causa fascista. Balbo apareceu primeiro como um jovem adversário de Mussolini em Ferrara, sua cidade natal, mas, em 1921, ele tinha se tornado um camisa negra fervoroso, liderando um grupo forte e implacável das milícias fascistas na Itália central, substituindo governos locais socialistas e líderes sindicais e matando seus oponentes mais eloquentes. Se algum outro homem além de Mussolini convenceu o campesinato italiano de que o fascismo era a onda do futuro, foi Italo Balbo. Após a chegada de Mussolini ao poder, ele foi recompensado com o cargo de marechal do ar da Força Aérea e se tornou o governador-geral do protetorado da Líbia (a Itália tinha enormes possessões territoriais na África antes da guerra, que acabaram sendo perdidas). Em 1940, a morte de Balbo em Tobruk continua sendo um mistério. Via de regra, aceita-se que seu avião foi abatido por engano por artilheiros antiaéreos italianos, mas também subsiste uma suspeita que ele foi vítima de uma bomba a bordo. Provavelmente, a verdade nunca será conhecida. Ainda assim, Balbo continua sendo, junto com Ciano, um dos personagens mais vívidos da experiência bizarra de Mussolini.

CAPÍTULO SETE

Wifredo Ricart

Após a saída de Enzo Ferrari da Alfa Romeo, Ricart deu continuidade a uma série de projetos ambiciosos, incluindo um ousado carro de Grand Prix chamado Tipo 162 com motor de 3 litros e 16 cilindros, que poderia muito bem ter se igualado ao melhor carro alemão em desempenho absoluto se a guerra não tivesse interferido. O motor com supercompressor duplo desenvolveu quase 506 cavalos nos testes, competitivo com os números gerados pelos motores da Mercedes-Benz e da Auto Union. Ricart também é responsável pela criação do malfadado modelo 512, um *voiturette* com motor central de 1,5 litro, que nunca foi suficientemente categorizado para participar de uma corrida. É provável que Colombo tenha se envolvido intensamente no projeto do 512 e provavelmente foi esse carro — ou um bastante semelhante — que Ferrari rejeitou em sua primeira reunião para falar a respeito do Alfetta. Como foi mencionado, a equipe de engenharia da Alfa Romeo continuou a se ocupar, como o imperador Nero, com carros de corrida enquanto a guerra se alastrava ao redor dela. O 512 foi testado pela primeira vez três meses depois que a Itália entrou em combate e Attilio Marinoni morreu na estrada entre Milão e Varese testando uma versão modificada do 158 apenas alguns dias depois da declaração de guerra. Ao contrário da afirmação de Ferrari, certamente feita para desacreditar Ricart, o mecânico e piloto de longa data não morreu ao volante de um 512. Seu 158 pode ter sido equipado com a suspensão do 512, especulou Griffith Borgeson, mas não importa, o acidente ocorreu quando Marinoni colidiu com um caminhão em alta velocidade.

Na época da guerra, grande parte da atividade automobilística da Alfa deve ser atribuída à crença de Mussolini de que os combates durariam pouco e que a Europa voltaria rapidamente à paz. Sem dúvida, ele estava enganado. Em 1941, Ricart e seu pessoal estavam bastante absortos no projeto e na construção do que Borgeson chamou de sua obra grandiosa: o motor de avião Tipo 1101 turboalimentado com 28 cilindros destinado a desenvolver 2.500 cavalos. Se esse projeto tivesse sobrevivido aos repetidos bombardeios aliados da fábrica da Alfa, que começaram em outubro de 1942 e continuaram ao longo de grande parte de 1943 e 1944, esse motor seria lembrado como um dos motores de avião mais potentes da história. Ricart também trabalhou em alguns projetos automotivos durante a guerra, incluindo um carro *gran turismo* com motor central e um carro esportivo chamado Gazzella. Ele permaneceu na empresa até o final da guerra. Então, voltou à Espanha para projetar o tecnicamente avançado Pegaso — um projeto apoiado pelo governo, que fracassou não por culpa do carro, mas sim por má gestão e desinteresse corporativo (isso permitiu que Ferrari desse uma alfinetada final em Ricart: "Mas o novo Pegaso, de fato, nunca conseguiu derrotar a Ferrari em uma corrida e hoje está esquecido. O nome ainda é encontrado apenas em alguns caminhões que curiosamente lembram marcas mais conhecidas"). Em 1958, Ricart deixou a empresa e cerca de apenas 125 automóveis foram construídos antes que a Pegaso se concentrasse no negócio de caminhões. Não resta dúvida de que Wifredo Ricart era um engenheiro obstinado com ideias discutíveis. Mas era um projetista talentoso e bastante criativo, cuja reputação foi maculada pelas críticas de Ferrari e seus apologistas ao longo dos anos. Ele morreu em Barcelona, sua cidade natal, em 19 de agosto de 1974, aos 77 anos.

Galeazzo Ciano, conde de Cortelazzo

Segundo a opinião geral, Ciano era um personagem bastante simpático que, depois de se casar com Edda, filha de Mussolini, tornou-se ministro das Relações Exteriores, em 1936. A princípio, ele apoiou o eixo Berlim--Roma, mas depois se opôs à entrada da Itália na guerra. Em julho de 1943, ele acompanhou o Grande Conselho do Fascismo e votou pela deposição de seu sogro, pagando com a vida por sua decisão. Ciano foi executado em Verona pelo governo fantoche alemão dirigido por Mussolini, chamado República de Saló, em janeiro de 1944. Ele era um verdadeiro entusiasta do automobilismo. Luigi Orsini revela que, em 1936, durante a corrida de sua própria Coppa Ciano, ele se encaminhou aos boxes da Ferrari e sugeriu para Ugolini e Bazzi que Brivio ou Pintacuda fosse chamado ao boxe e entregasse seu carro a Nuvolari, cujo 12C tinha quebrado logo no começo.

NOTAS • 509

Eles obedeceram e Nuvolari assumiu o volante do 8C mais antigo e mais lento de Pintacuda. Ele fez uma de suas maiores corridas, pressionando as Auto Union de Rosemeyer e Varzi tão implacavelmente que ambos quebraram. Nuvolari venceu, levando Brivio e Dreyfus a obterem um assombroso primeiro, segundo e terceiro lugares para a Alfa Romeo.

A demissão de Jano

O fato de que Vittorio Jano fosse demitido da Alfa Romeo não tem relação real com sua merecida reputação como um dos maiores projetistas de automóveis de todos os tempos. Como Colombo escreveu, a atmosfera política na Alfa era tão caótica e as restrições orçamentárias tão rígidas que beira o inacreditável que Jano fosse capaz de criar qualquer carro novo. Além disso, todos os melhores projetistas, incluindo Colin Chapman, John Barnard, Harry Miller, Ettore Bugatti, Mauro Foghieri etc., produziram fracassos notáveis em suas ilustres carreiras. A queda de Jano na Alfa estava longe de ser incomum. Ele mais do que se redimiu na Lancia.

A conexão norte-americana

Com certeza, uma das derrotas mais humilhantes da Alfa Romeo durante os dias sombrios de 1936-37 ocorreu na Copa Vanderbilt, em julho de 1937, quando o popular e muito talentoso Rex Mays superou Nuvolari e Farina e os novos 12CS da Scuderia com um desgastado 8C de um ano de idade. Sem dúvida, Mays era um piloto brilhante e sua condução na corrida — sua primeira em um circuito de estrada — foi extraordinária. Mas houve um motivo para que seu carro antigo fosse tão rápido. Depois da Copa Vanderbilt de 1936, que Nuvolari venceu, "Hollywood" Bill White, rico piloto norte-americano de Indianápolis, providenciou a compra de um dos 8C da Scuderia que fora trazido para a corrida. De acordo com o falecido comissário de corridas e ex-mecânico Frankie Del Roy, White também convenceu Attilio Marinoni, que acompanha a equipe Ferrari, a permanecer nos Estados Unidos por algumas semanas. Del Rory me disse que Marinoni foi tratado regiamente com vinhos e mulheres e retribuiu a hospitalidade contando todos os segredos relativos aos acertos dos carros pelos mecânicos da Alfa e da Scuderia. Isso permitiu que May não só conseguisse um surpreendente terceiro lugar na Copa Vanderbilt (atrás do Auto Union de Rosemeyer e da Mercedes de Dick Seaman), mas que, anteriormente, conduzisse o carro nas 500 Milhas de Indianápolis de 1937. Era equipado com carroceria de dois lugares, conforme o regulamento, mas abandonou com problemas de superaquecimento depois de 24 voltas. No final de 1937, com base em seu incrível desempenho na Copa Vanderbilt, Mays foi convidado a visitar a Itália e dirigir para a Alfa Romeo (não se sabe se o convite veio diretamente da Alfa Romeo ou da Scuderia). A caminho da Europa, o sorridente californiano parou em Nova York, onde foi informado que um *smoking* seria parte necessária de seu guarda-roupa. Mays não tinha traje para noite e declarou que não pretendia fazer tal compra. Ele deu meia-volta e regressou para casa. Se Rex Mays tivesse ido para a Itália, teria sido o primeiro norte-americano a ingressar na Scuderia, antecedendo assim a chegada de outro californiano, Phil Hill, em quase vinte anos. O Alfa 8C de Mays foi visto pela última vez no final da década de 1950 servindo como anúncio do lado de fora do restaurante White, no Glendale Boulevard, em Los Angeles.

O Mercedes-Benz 165

Tanto foi escrito sobre as lutas titânicas dos Mercedes Benz e Auto Union durante a década de 1930 que quaisquer tentativas de acrescentar mais informações aqui seria inútil e redundante. O desenvolvimento dos carros Mercedes-Benz com motor de 1,5 litro é explicado em detalhes no excelente livro de Karl Ludvigsen, *The Mercedes-Benz Racing Cars* (Bond Parkhurst Books, 1971). Durante os combates, a maioria dos carros de corrida da Alfa, da Mercedes e da Auto Union foi escondida (assim como diversos outros carros exóticos europeus) e a maioria sobreviveu à guerra. Os Auto Union, situados no que se tornaria o setor russo, foram transportados para escolas técnicas soviéticas e desmontados. Nesse momento, pelo menos dois estão no Ocidente. Diversas Mercedes-Benz W154 foram salvas por entusiastas quando também foram enviadas para trás da Cortina de Ferro. As 165 foram contrabandeadas para fora da Alemanha no final da guerra e Rudi Caracciola

NOTAS • 511

tentou inscrever uma nas 500 Milhas de Indianápolis de 1946. A burocracia militar impediu o envio e os carros passaram por mãos privadas até serem devolvidas para a Daimler-Benz. Atualmente, fazem parte da magnífica coleção da empresa em seu museu de Stuttgart. As Alfa 158 foram escondidas atrás de uma parede falsa de uma indústria de laticínios e devolvidas às corridas em 1946 como vingança de seu progenitor, Enzo Ferrari.

CAPÍTULO OITO

Giovanni Lurani Cernuschi, Conde di Calvenzano, patrício milanês

Um dos grandes nomes do automobilismo internacional, a carreira de Johnny Lurani durou quase tanto tempo quanto a de Enzo Ferrari. Nascido na nobreza italiana, tornou-se um entusiasta do automobilismo cedo na vida e, na década de 1930, era conhecido nos círculos do automobilismo como jornalista respeitado, piloto amador excelente, dono de equipe e comissário de corridas. Ao longo dos anos, escreveu diversos livros, incluindo uma biografia de Nuvolari e uma história do esporte. Lurani foi um gestor eficaz nos altos escalões da administração do automobilismo italiano e criou a categoria Fórmula Júnior que serviu como base de treinamento internacional para os melhores pilotos de corrida de estrada no início da década de 1960. Lurani conviveu bem com Ferrari por quase cinquenta anos — e, embora seus comentários públicos sejam expressos com circunspecção cavalheiresca, ele, na intimidade, era crítico de Ferrari e do revisionismo histórico que fora empreendido pelos seus bajuladores.

O nome da empresa

A Auto Avio Costruzioni, de Enzo Ferrari, não foi substituída por uma empresa com seu próprio nome assim que as restrições da Alfa Romeo expiraram. Em 1943, o nome "Scuderia Ferrari" foi adicionado aos folhetos de vendas, embora o nome da empresa só tenha sido alterado formalmente em 1946, quando passou a se chamar Auto Costruzione Ferrari. Em 1960,

512 • BROCK YATES

a empresa foi reestruturada como sociedade anônima e se tornou a Società Esercizio Fabbriche Automobili e Corse Ferrari. O logotipo da empresa continuou sendo o cavalo rampante, embora, em 1946, o emblema retangular atualmente utilizado substituísse o escudo utilizado desde 1932.

Equipamentos militares italianos

Tanto por falha de logística, quanto de projeto, os equipamentos mecanizados de Mussolini não tinham um desempenho mais eficaz. Embora os italianos praticamente parassem de atuar depois que os alemães assumiram o controle, a produção sob o comando de Mussolini foi modesta, na melhor das hipóteses. No entanto, muitos de seus aviões e tanques eram bem projetados e construídos. Já em 1933, o italiano Macchi MC72 estava entre os mais rápidos de todos os aviões militares e, um ano depois, conquistou a prestigiosa corrida Copa Schneider, a uma velocidade de quase 710 quilômetros por hora. A Caproni-Campini tinha um avião a jato experimental — o CC2 — voando já em novembro de 1944, mas era pesado e lento em comparação com os modelos da Heinkel e Messerschmitt. O Macchi C202 era um avião de caça com motor a pistão eficaz, mas, em sua versão final, utilizava um motor com cilindros em linha Daimler-Benz DB601. Em 1942, qualquer iniciativa séria de criar um novo avião tinha desmoronado e todos os aviões italianos foram considerados obsoletos. A maioria dos carros militares italianos foi desenvolvida na década de 1930 como máquinas "coloniais", adequadas para uso *off-road* (fora de estrada) nas possessões africanas. A Fiat construiu a maioria desses carros, embora a Alfa Romeo produzisse o 6C-2500 com tração nas quatro rodas, incluindo molas helicoidais na frente e barras de torção na traseira e uma variação do motor com duplo comando de válvulas na parte superior do cabeçote projetado por Jano e usado nos carros de corrida 6C. Do ponto de vista de design, essas máquinas exóticas superavam os jipes utilizados pelos Aliados, mas eram muito complexos para operar e manter sob condições de combate.

A Fiat construiu a maioria dos tanques e blindados que estavam em sua maior parte desatualizados quando a guerra começou. A maioria deles foi capturada ou destruída na campanha africana.

CAPÍTULO NOVE

Os primeiros carros da Ferrari: Quantos?

Como os arquivos da Ferrari (supondo que existam) são inacessíveis até para os historiadores automobilísticos mais dedicados e responsáveis, o número exato de carros produzidos pela empresa nos primeiros anos é difícil de determinar.

A excelente obra *Tipo 166: The Original Sports Ferrari*, editada por Angelo Tito Anselmi, junto com Lorenzo Boscarelli e Gianni Rogliatti (Libreria dell'Automobile, 1984), fornece o que é provavelmente a lista mais completa dos carros de passeio da Ferrari (não os carros de corrida) construídos entre 1947 e 1950. Os autores observam que, como todos os outros historiadores, tiveram o acesso negado aos registros da fábrica e trabalharam por meio dos registros provinciais italianos e do Automobile Club. Como muitos dos primeiros carros foram restaurados — e às vezes restaurados uma terceira e quarta vezes —, uma contagem exata de quantos foram construídos não pode ser determinada. Alguns historiadores afirmaram despreocupadamente que três carros foram construídos em 1947, mas Anselmi et al. afirmam que o número exato é desconhecido, embora provavelmente não exceda cinco chassis. Enzo Ferrari era um inveterado "envenenador", que constantemente mexia em seus produtos, transferindo o motor de um carro para outro, trocando transmissões, transformando carros de corrida em carros de passeio e vice-versa. Pelas melhores estimativas, é provável que, durante os primeiros quatro anos em que a fábrica produziu automóveis, ou seja, entre 1947 e 1950, a produção total de carros de corrida e carros de passeio não superou 90 unidades, incluindo protótipos únicos.

As finanças da Ferrari

No final da guerra, Enzo Ferrari não só possuía o prédio da antiga Scuderia no centro de Módena, mas também era proprietário de muitas terras em ambos os lados da estrada entre Abetone e Brennero, em Maranello, onde estava localizada uma fábrica bem equipada com cerca de 3,7 mil metros quadrados. Com certeza, ele era um homem de recursos e muito mais rico do que a maioria de seus compatriotas. Mas qual era a fonte dessa prosperidade? Quem forneceu os recursos financeiros para construir a fábrica no meio da guerra? Alguns dizem que sua mulher, Laura, foi a doadora, mas parece improvável. Romolo Tavoni, antigo chefe de equipe e colaborador de Ferrari, e dirigente do autódromo de Monza, afirma que Ferrari transferiu o imóvel de Maranello (ou parte dele) para Laura por razões legais, e isso pode ser a fonte da confusão sobre o papel financeiro dela. Não resta dúvida de que Ferrari recebeu uma indenização financeira relevante quando foi demitido pela Alfa Romeo, mas é duvidoso que fosse suficiente para construir a nova fábrica. Será que Ferrari tinha sócios ocultos ricos? É possível, porque ele mantinha boas relações com alguns dos homens mais ricos do norte da Itália, muitos dos quais ligados à Alfa Romeo e sua administração fascista. Além disso, Ferrari provavelmente economizou uma quantia considerável durante a época da Scuderia Ferrari. Ele vivia de maneira simples e isso, além de empréstimos, institucionais ou não, podem ter lhe proporcionado financiamento suficiente. Embora o negócio de máquinas operatrizes lhe desse alguma renda durante 1947, o custo de criar os modelos 125 e 159 do zero e sem uma base de clientes nem qualquer renda de corridas deve ter consumido bastante de seus recursos. No entanto, ao contrário de meados da década de 1950, quando o dinheiro ficou curto, não há indicação de que, durante esse período inicial, ele ficasse muito apertado financeiramente.

Ferrari versus *Maserati*

Como as duas empresas eram rivais e como as duas construíram novos carros esportivos de competição em 1947 e 1948, pode ser interessante comparar os dois carros. Deve-se notar que a Maserati A6GCS foi apresentada em setembro de 1947, e a Ferrari 166SC só foi lançada na primavera de 1948. No entanto, era apenas uma versão melhorada dos 125 e 159 originais do ano anterior e sugeria um equivalente válido da Maserati:

NOTAS • 515

	Ferrari 166SC	Maserati A6GCS
Motor	V12, em ângulo de 60 graus, um único eixo do comando de válvulas sobre o cabeçote	6 cilindros em linha, um único eixo do comando de válvulas sobre o cabeçote
Cilindrada	1.995,02 cc	1.978,7 cc
Taxa de compressão	8:1	11:1
Carburadores	Três Weber 32DCF	Três Weber 36D04
Potência máxima	126 cavalos a 7.000 rpm	131 cavalos a 6.000 rpm
Distância entre eixos	250 cm	235 cm
Peso	680 quilos	670 quilos
Transmissão	Manual com 5 marchas	Manual com 4 marchas
Velocidade máxima	180 quilômetros por hora	185 quilômetros por hora

Com dois lugares, os dois carros possuíam carrocerias de alumínio com para-lamas de motocicleta montadas sobre chassis tubulares semelhantes fabricados com tubos ovais da Gilco. Ambos os carros tinham freios a tambor nas quatro rodas e acionados hidraulicamente. A Maserati apresentava suspensão dianteira independente com molas helicoidais, enquanto a Ferrari, também com suspensão independente, dispunha de um único feixe de molas transversal. Os dois carros utilizavam eixos traseiros rígidos suspensos por feixes de mola. Provavelmente, a Ferrari era o carro mais forte dos dois, enquanto a Maserati pode ter sido um pouco mais comportada no quesito de condução. Ambos os carros pareciam assolados por problemas de transmissão, que pode ter sido devido em parte à escassez de ligas de aço de alta qualidade na Itália nos primeiros anos após a guerra. Os carros de corridas 166 e A6 constituíram a base para linhas de automóveis de passeio abertos com carrocerias especiais, com a da Ferrari fabricada pela Carrozzeria Touring e a da Maserati pela Pinin Farina. Em sentido puramente técnico, as duas máquinas eram quase iguais, embora o modelo 166 superasse em muito o A6 em termos de sucesso. A confiabilidade do 166, que conquistou grandes vitórias em Le Mans e na Mille Miglia, era a diferença crítica entre os carros. Enquanto Ferrari se comprometeu exclusivamente com a fabricação de automóveis, os Orsi, mais ou menos na mesma época, optaram por ampliar os negócios de máquinas-ferramentas e de caminhões elétricos, sem dúvida em detrimento do desenvolvimento contínuo da série A6.

CAPÍTULO DEZ

As primeiras Ferrari norte-americanas

A primeira Ferrari a chegar aos Estados Unidos foi o modelo 166SC (Spyder Corsa), chassis número 016-1, que Luiɐi Chinetti vendeu para Briggs Cunningham no outono de 1948 por 9 mil dólares. Em 1949 e 1950, o carro disputou algumas corridas amadoras com Cunningham e seus amigos ao volante em locais como Watkins Glen e Bridgehampton, em Long Island. O carro estava longe de ser impressionante. Em 1949, nas corridas de Watkins Glen, Cunningham o pilotou na Copa Seneca, competição de quatro voltas pelo acidentado e sinuoso circuito de estrada de 10,6 quilômetros, terminando em segundo atrás do monoposto Maserati de antes da guerra de George Weaver. Naquele dia, mais tarde, ele voltou a terminar em segundo no "Grand Prix" de 160 quilômetros, atrás do carro esportivo inglês Riley envenenado de Miles Collier equipado com um trivial motor Ford V8 com cabeçote plano.

Infelizmente, em 1950, o Spyder levou à morte o irmão de Miles, Samuel Collier, um dos adeptos das primeiras corridas de carros esportivos norte-americanas, durante a corrida de Watkins Glen. O pequeno carro saiu da pista em uma curva fechada, capotando em um campo e matando seu piloto popular e talentoso. Foi a primeira morte entre o grupo de carros esportivos de corrida norte-americanos e Cunningham, angustiado, tentou vender o carro. No entanto, não encontrou compradores e finalmente o exibiu em seu magnífico museu do automóvel na Califórnia até a coleção ser vendida em 1987. Atualmente, o 166SC ocupa um lugar de honra em um novo e excelente museu em Naples, na Flórida, comandado por Miles Collier Jr., sobrinho de Samuel Collier.

NOTAS • 517

O Barchetta Lusso (luxo) de Tommy Lee, chassis número 022-1, exibido no Salão do Automóvel de Turim de 1948, desembarcou nos Estados Unidos alguns meses depois do carro de Cunningham e passou a maior parte de sua vida na Califórnia (por algum tempo, usou pneus de faixa branca). Lee era um revendedor de carros Cadillac em Los Angeles e um entusiasta de automóveis. Na década de 1920, contratou um jovem designer, Harley J. Earl, para personalizar os Cadillac vendidos para sua clientela de Hollywood. Os resultados de Earl foram tão bons que ele foi contratado pela Cadillac para projetar o LaSalle original, em 1927, e arrumar toda a linha Cadillac. Isso levou à sua nomeação como primeiro chefe da seção de "arte e cor" da General Motors, que se tornou a primeira equipe de estilo da indústria. Earl ascendeu e, em 1940, tornou-se vice-presidente de estilo da General Motors, sendo responsável por referências automotivas produzidas em série como estribos e pneus sobressalentes ocultos, janelas traseiras curvas e os primeiros conversíveis de capota rígida. Tommy Lee também foi o patrocinador de diversos carros de Indianápolis nos anos imediatamente após a Segunda Guerra Mundial. Atualmente, a Ferrari de Lee está em uma coleção particular.

A conexão Farina

Três membros distintos da família Farina desempenharam papéis na saga da Ferrari. Nos primeiros anos, o mais proeminente foi o turinês dr. Giuseppe "Nino" Farina, durão e temperamental, que dirigiu de forma muito diligente para a Scuderia e para a Alfa Romeo antes e depois da guerra, e se tornou o primeiro campeão mundial em 1950. Ele era filho do mais velho dos dois irmãos que administravam a Stabilimenti Farina, venerável e respeitada fabricante de carrocerias estabelecida em Turim desde 1896. Em 1930, seu tio, Giovan Battista Farina, afastou-se da empresa familiar e criou a renomada Carrozzeria Pininfarina, que produziu diversos estilos de carroceria magníficos para a Ferrari ao longo dos anos. Inicialmente, "Pinin" ou "Pequeno" Farina chamou de Pinin Farina sua nova empresa de fabricação de carrocerias, depois seu nome e a empresa se combinaram em uma única palavra, Pininfarina, em 1958. Naquele momento, seu filho,

518 • BROCK YATES

Sergio Pininfarina, assumiu a imensa empresa de design e fabricação de carrocerias, em Turim. Nos primeiros anos, a Stabilimenti Farina fabricou diversas Ferrari personalizadas sobre chassis dos modelos 166 e 212, mas desempenhou um papel insignificante em comparação com os outros Farina: Nino, Pinin e Sergio.

Produção dos primeiros carros de passeio

Enquanto a Carrozzeria Touring produziu cerca das 100 primeiras carrocerias da Ferrari, incluindo 36 modelos Barchetta, diversos outros esplêndidos fabricantes de carrocerias italianos — os dois Farina, Vignale, Ghia, Bertone, Scaglietti, Zagato, para mencionar apenas os mais importantes — criaram algumas carrocerias deslumbrantes para os chassis da Ferrari. O período de 1950 a 1960 do design italiano gerou talvez o estilo automotivo mais sensual, belo e instigante da história. Embora Enzo Ferrari não pudesse reivindicar diretamente essa criatividade (carrocerias fascinantes também foram criadas por fabricantes de carrocerias para dezenas de outras marcas), seus carros de passeio com motor V12, por causa de seu som e desempenho geradores de emoção, certamente inspiraram os designers a alcançar alturas sublimes de expressão. Na maioria das vezes, esses carros de passeio eram equipados como motores de corrida de potência menor e sistemas de transmissão adaptados para uso em ruas ou estradas, com chassis mais largos, suspensões mais macias, freios menos radicais etc., além de receber belas carrocerias em Turim e Milão. Eram carros temperamentais e difíceis de dirigir e permanecem hoje mais como esculturas automotivas do que como exemplos de transporte prático, confiável e útil. Quanto às quantidades realmente construídas e vendidas pela empresa, os historiadores tiveram muita dificuldade em determinar os números exatos. Em diversos casos, os chassis recebiam novas carrocerias diversas vezes, seja por capricho dos novos donos ou por causa de acidentes. Além disso, Ferrari costumava converter carros esportivos de corrida em carros de passeio, o que atrapalhou ainda mais a questão. Para os primeiros anos, as melhores estimativas são as seguintes (apenas carros para clientes): 5 carros, em 1948; 21 carros, em 1949; 26 carros, em 1950; 33 carros, em 1951. Embora a produção de carros

NOTAS • 519

de passeio tenha crescido lentamente durante a década de 1950, só em 1957 mais de 100 carros foram fabricados em um único ano — naquele período, 113 carros saíram da fábrica de Maranello. É importante entender que a Ferrari fabricou três tipos distintos de automóveis durante os anos clássicos pré-Fiat: monopostos de corrida de Fórmula 1 e Fórmula 2; carros esportivos de corrida de dois lugares abertos e fechados leves; e carros de passeio *gran turismo*, que se baseavam nos motores e nos sistemas de transmissão desenvolvidos para os carros de corrida.

O historiador que tentou determinar a produção exata daqueles primeiros carros encontrou enorme confusão, porque os carros costumavam ter uma ou duas funções antes de serem vendidos, destruídos ou perdidos para sempre.

CAPÍTULO ONZE

Os carros de passeio da Ferrari

Até 1990, cerca de 55 mil carros de passeio da Ferrari foram fabricados, com a maioria produzida nas duas décadas desde que a Fiat S.p.A. assumiu o controle da empresa. Antes disso, os carros de passeio eram pouco mais do que versões de carros de corrida de carroceria personalizada, produção limitada e motores de potência menor. Até o final da década de 1960, os motores principais eram variações do motor original V12 "curto" e "longo" de Colombo e Lampredi. A documentação desses automóveis foi objeto de amplos estudos por parte de historiadores automotivos e preenche uma série de livros. Sendo a intenção aqui lidar com a pessoa de Enzo Ferrari, seria inapropriado tentar cobrir em detalhes todos os modelos produzidos pela empresa, sobretudo porque Ferrari pouco se importava com os carros de passeio, exceto pela capacidade deles de melhorar sua reputação e, no fim das contas, encher seus cofres.

Os especialistas insistem que, depois de 1980, os carros de passeio da empresa eram simplesmente carimbados por um Ferrari desinteressado e que desdenhava abertamente de quem os comprava. Independentemente disso, os automóveis mantêm enorme valor e mística, sobretudo aqueles fabricados com os clássicos motores V12 antes da aquisição pela Fat. Para aqueles que desejam estudar os carros de passeio da Ferrari com mais detalhes, os livros a seguir são recomendados (outros livros abordam modelos específicos da linha da Ferrari e, embora frequentemente excelentes, são numerosos demais para ser registrados aqui).

Hans Tanner e Doug Nye, *Ferrari* (Haynes Publishing Group, 1985).

Pete Lyons, *Ferrari: The Man and His Machines* (Publications International, 1989).

Angelo Tito Anselmi, *Tipo 166 The Original Sports Ferrari* (Haynes Publishing Group, 1984).

Gianni Rogliatti, *Ferrari and Pininfarina* (Ferrari Story, 1989).

Ferrari: Catalogue Raisonne 1946-1986, editado por Augusto Costantino em colaboração com Luigi Orsini (Automobilia, 1987).

Warren W. Fitzgerald e Richard F. Merritt, Ferrari: The Sports and Gran Turismo Cars (Bond Publishing Company, 1979).

Ferrari: The Man, the Machines, editado por Stan Grayson (Automobile Quarterly Publications, 1975).

Os motores V12 de Colombo e Lampredi

Como esses dois motores definiram o enredo relativo aos automóveis da Ferrari por décadas e permanecem, pelo menos simbolicamente, como o coração e a alma da marca, uma comparação entre os dois pode ser interessante. Lembre-se de que ambos os motores eram produzidos em diversas versões e em diversas cilindradas. O motor de Colombo era produzido no modo tanto sobrealimentado como normalmente aspirado. O motor de Lampredi nunca foi oferecido com supercompressor. Os dois eram V12 com os cilindros em ângulo de 60 graus e muitos engenheiros afirmam que a versão de Lampredi derivava do projeto anterior de Colombo, embora tenha sido necessário um grande trabalho para dobrar a cilindrada, como a que foi alcançada com o primeiro motor "longo" de 3,3 litros de Lampredi em 1950. Ambos os motores eram construídos com comando único ou duplo de válvulas na parte superior do cabeçote e dupla ignição em cada cilindro.

NOTAS • 521

No início da década de 1950, o motor de Colombo caiu em desgraça, mas depois ressurgiu em 1955 com a Ferrari 250GT. Com 3 litros, esse motor era ótimo, desenvolvendo bem mais de 304 cavalos em uma variedade de versões de competição e constituindo a base para uma série de carros de passeio magníficos. Algumas versões foram construídas com 4 litros. Em 1969, o motor de Lampredi recebeu um acréscimo em cilindrada, resultando em um imenso motor de 6,2 litros para carros esportivos de corrida da categoria Can-Am, mas era mais eficaz na faixa de 4,1 a 4,9 litros, onde desenvolvia até 395 cavalos. Geralmente, ambos eram acoplados a transmissões de cinco marchas não sincronizadas e abastecidos com combustíveis de corrida a base de gasolina e metanol através de carburadores Weber de quatro gargantas. Para uso em carros de corrida, os motores eram bastante confiáveis e não apresentavam pontos fracos intrínsecos. Para uso em carros de passeio, porém, eram temperamentais e tendiam a sujar as velas de ignição e superaquecer em tráfego engarrafado. Eram difíceis de pegar no tempo frio, vazavam óleo ao redor das guias das válvulas (produzindo assim escape de gases fumacentos) e os reparos e a manutenção eram exageradamente caros. Ainda assim, ambos os motores são considerados marcos em termos de engenharia e estética.

As Ferrari Thin Wall Special

Esses carros são únicos, pois estavam entre os pouquíssimos carros de corrida da Ferrari vendidos para clientes particulares e que disputaram corridas com sucesso sem a ajuda da fábrica. Na realidade, eram três chassis Thin Wall Special de propriedade de Guy Anthony Vandervell, industrial e esportista britânico, cuja família possuía os direitos europeus do rolamento de parede fina (thin wall) da empresa norte-americana Clevite, que foram muito importantes para tornar os primeiros motores V12 de Colombo confiáveis em alta rotação. O primeiro carro de Vandervell foi uma antiga Ferrari 125GPC com supercompressor que ele recebeu antes do Grand Prix da Inglaterra de 1949. Comportou-se tão mal que foi prontamente devolvida à fábrica, onde foi trocada por um modelo mais recente, com supercompressor de dois estágios e uma distância entre eixos um pouco alongada. Ascari dirigiu esse segundo carro uma vez na corrida International Trophy de 1950, em Silverstone, mas saiu da pista. Esse carro também foi considerado carente de qualidade de fabricação e projeto. Mais uma vez, Vandervell, homem áspero e de palavras duras, enviou o carro para Maranello. Um ano depois, recebeu o mesmo carro de volta, mas então equipado com um dos primeiros motores V12 de Lampredi, com 4,5 litros e uma única vela de ignição por cilindro, além da última versão de suspensão traseira Ferrari De Dion. Esse carro, nas mãos do competente Reg Parnell, veterano piloto inglês, comportou-se bem em diversas corridas, alcançando o quarto lugar no Grand Prix da França. Vandervell, porém, queria ainda mais. Ele removeu os freios a tambor da Ferrari e instalou freios a disco projetados pela Goodyear (que seriam adotados pela maioria dos carros de corrida vencedores, mas Ferrari resistiria à mudança por anos). O último Thin Wall Special foi entregue em 1952. Tinha um chassis de longa distância entre eixos, versão para Indianápolis, mas sua carroceria italiana foi substituída por uma versão mais limpa e mais aerodinâmica fabricada nas oficinas de corrida de Vandervell. Como os outros carros, era pintado com o verde britânico de corrida, e exibia o nome Thin Wall Special no capô, para desgosto do pudico Royal Automobile Club, que considerava aquele mercantilismo vil apropriado apenas nas selvagens colônias norte-americanas. Esse último carro foi extremamente bem-sucedido nas mãos de eminências como González, Taruffi, Farina e Mike Hawthorn. Como mencionado, Vandervell se irritou com o crescente isolamento e arrogância de Enzo Ferrari e, em 1954, começou a produzir seus próprios carros de corrida sob a bandeira Vanwall. Em 1958 e 1959, seus carros de Grand Prix com motor de 2,5 litros, nas mãos de Stirling Moss e Tony Brooks, eram claramente mais rápidos do que os "malditos carros vermelhos" da Ferrari, como Tony Vandervell começou a chamá-los. Ele morreu em 1967.

CAPÍTULO DOZE

Lampredi e Colombo

Não resta dúvida de que os primeiros trabalhos de concepção de Giaochino Colombo e Aurelio Lampredi criaram a dinâmica de engenharia que consolidou a reputação da Ferrari. Mas os dois se sentiram amargurados não só pelo tratamento dispensado por Ferrari, mas com as disputas em relação às suas contribuições para a empresa. Durante anos, eles criticaram um ao outro na imprensa esportiva e em entrevistas, embora fossem muito cuidadosos para criticar abertamente o próprio Ferrari. Depois de projetar os carros esportivos 250F e 450S para a Maserati, Colombo foi contratado pela Bugatti em outubro de 1953 para formular planos para o carro de corrida Type 251, que contava com um motor de 8 cilindros em linha montado transversalmente. Esse carro, além de um carro esportivo menor e um motor militar de 4 litros, foi malsucedido. Em 1956, ele foi trabalhar em Turim para Carlo Abarth, onde projetou uma potente versão de 750 cilindradas com duplo comando de válvulas no cabeçote do motor do minúsculo Fiat 600. Isso levou a uma longa associação com a MV, fabricante de motocicletas, e o subsequente trabalho como consultor de projeto independente. Em seus últimos anos de vida, desenvolveu projetos de veículos elétricos, caixas de câmbio e sistemas de injeção de combustível. Ele morreu em 1987. Lampredi permaneceu na Fiat de 1955 a 1977, trabalhando como diretor de engenharia de motores. Ao longo dos anos, projetou a maioria dos motores de carros de passeio da Fiat e da Lancia, depois que esta empresa foi trazida sob a égide corporativa da Fiat em 1969. De 1972 a 1982, Lampredi também trabalhou para Abarth, projetando motores de corrida para os carros de rali baseados na Fiat, que venceram o Campeonato Mundial de Rali de 1977, 1978 e 1980. Aposentado da Fiat, Lampredi continuou trabalhando como consultor e professor no Instituto Politécnico de Turim. Ele morreu em 1989, reverenciado como um dos mais respeitados de todos os gigantes da engenharia italiana.

Embora possa ser dito que Lampredi foi mais produtivo para Enzo Ferrari do que Colombo (se descontarmos o Alfa Romeo 158 de antes da guerra), ele recebe pouquíssima atenção nas memórias revisionistas de Ferrari. Em *My Terrible Joys*, que é certamente a mais franca de todos as suas autobiografias, Ferrari se refere a Lampredi apenas duas vezes, com a referência mais elaborada sendo: "Aurelio Lampredi, que agora está na Fiat, trabalhou para mim por sete anos. Sem dúvida, foi o projetista e engenheiro mais prolífico que a Ferrari já teve. A partir do motor de 1,5 litro e 12 cilindros, ele primeiro projetou o de 3 litros, depois o de 3.750 cilindradas, depois o de 4 litros; na sequência, vieram o de 4.200 cilindradas, o de 4,5 litros e o de 4.900 cilindradas. Todos com 12 cilindros. Em seguida, dedicou sua atenção aos motores de 4 cilindros de 2 litros, de 3 litros e de 3,5 litros; depois se concentrou em um 6 cilindros em linha e finalmente em um 2,5 litros de 2 cilindros." Ferrari, é claro, decidiu ignorar o fato de que, entre esses produtos, incluíam-se o primeiro ganhador de Grand Prix da empresa e um carro, a Ferrari Tipo 500, que dominou as corridas de Grand Prix como nenhum outro carro até as McLaren-Honda do final da década de 1980. Ele foi mais gentil com Colombo, talvez por causa de sua ligação como a antiga confraria de Jano e porque, ao contrário de Lampredi, deixou a equipe quando esta não estava em uma grave crise. Ele se referiu a Colombo como "meu velho amigo", em cuja capacidade ele tinha "fé" e que era o "pai" do motor de 12 cilindros. Ainda assim, considerando a enorme contribuição que ambos deram à criação do mito Ferrari, nenhum dos dois desfrutou nos textos de Ferrari o reconhecimento que mereciam. Basta dizer que, apesar de todas as suas diferenças, não existiriam carros da Ferrari de nenhum tipo se não fosse por Lampredi e Colombo.

Os carros de Grand Prix com motores de 4 cilindros

Após criar a Ferrari Tipo 500, simples e resoluta, permanece o mistério quanto a como e por que Lampredi malogrou tanto com os modelos 625, 553 e 555 equipados com motor de 2,5 litros. O 625 era basicamente o Tipo 500 equipado com um motor de 2,5 litros, atualização um pouco maior e superquadrada do antigo motor de 2 litros e 4 cilindros. O motor desenvolvia cerca de 248 cavalos e, montado no antigo chassis, era previsível que fosse um carro fraco. O 553 Squalo (Tubarão), de Lampredi, era mais baixo e mais largo, com os tanques de combustível montados nas laterais do chassis para abaixar o centro de gravidade. O carro era leve (cerca de 590 quilos) e bastante sensível. Mas, nas mãos de veteranos como Farina, o carro pareceu nervoso e implacável. Não foi tão popular quanto o menos sofisticado 625. González, por outro lado, ficava ocasionalmente satisfeito com o carro mais novo e fez diversas pilotagens excelentes. Mas, em geral, o Squalo foi desprezado e, se tinham a chance, a maioria dos pilotos da equipe optava pelos 625. Nesse período, diversas variações do motor de 4 cilindros foram testadas em vários chassis, o que levou ao 555 Supersqualo, carro similar com um chassis modificado, mais rígido e fabricado com tubos menores. Esses carros foram amaldiçoados, pois saíam muito de frente nas curvas e tinham pouca confiabilidade. Embora estivessem entre os carros de Grand Prix de aparência mais impressionante da época, eram fracassos abjetos em relação aos carros da Mercedes-Benz, mais rápidos, de condução melhor e infinitamente mais bem acertados, que dominaram completamente a temporada de 1955. Ao longo dos anos, a fábrica da Ferrari produziu diversos carros, tanto de passeio como de corrida, que eram ruins, mas nenhum tão ruim quanto os monopostos que custaram a Aurelio Lampredi o seu emprego e as boas graças de Enzo Ferrari. Mas ele foi inteiramente responsável? O patrão nunca hesitava em receber crédito pelos carros de sucesso que saíam de Maranello, mas qual foi o seu envolvimento no desastre do Squalo? Certamente Ferrari não foi um espectador afável enquanto Lampredi desenvolvia o motor de 4 cilindros. Ferrari teve que consentir em relação ao rumo traçado por Lampredi e, portanto, deve ter grande responsabilidade. Contudo, na época, o dinheiro andava curto e talvez Ferrari não tivesse escolha. É possível que o custo de desenvolver um motor V8 do tipo usado pela Lancia ou um 8 cilindros em linha da Mercedes-Benz estivesse simplesmente além dos recursos financeiros da empresa. Ferrari pode ter ficado preso ao motor de 4 cilindros de Lampredi quer gostasse ou não. No final das contas, pode não ter sido culpa dos carros, mas sim do ataque violento da Mercedes-Benz que os condenou. Quando pilotados por Gónzalez e Hawthorn, os carros com motores de 4 cilindros eram capazes de se igualar em qualidade com as Maserati 250F nas maiorias das vezes. Se não tivessem sido tão forçados a ficar no rastro das Mercedes-Benz W196, é possível que fossem lembrados como automóveis decentes. Também o fato de que Vittorio Jano — um homem que Ferrari conhecia e respeitava há 35 anos — pudesse surgir do nada e criar o Lancia D50, carro melhor do que o de Lampredi, sem dúvida só aumentou a raiva e a frustração de Ferrari com o jovem.

CAPÍTULO TREZE

Dino Ferrari e o motor V6

Que papel o jovem Dino Ferrari desempenhou exatamente na criação do motor V6, que trouxe o campeonato mundial para seu pai? Em 1961, Enzo Ferrari escreveu respeitosamente: "Lembro com que cuidado e com que competência Dino leu e discutiu todas as anotações e relatórios que eram enviados para ele diariamente de Maranello. Por razões de eficiência mecânica, ele finalmente chegou à conclusão de que o motor deveria ser um V6 e nós aceitamos sua decisão." Ferrari evita mencionar que Jano, Massimino e Vittorio Bellentani eram, sem dúvida, a fonte das "anotações e relatórios" recebidos por Dino. Eles já podiam ter decidido que um V6 era a resposta. Os historiadores, claro, oferecem diversas versões. O livro definitivo de Tanner e Nye não se estende sobre o assunto, mas afirma que "Massimino, Jano e, até certo ponto, Dino, filho de Ferrari, desenvolveram o conceito do V6". Alan Henry, em seu excelente *Ferrari: The Grand Prix Cars*, tenta ser bondoso: "Em suas memórias, Enzo Ferrari afirma que foi de Dino a ideia que um motor V6 devia ser usado em um carro de Fórmula 2, mas somos obrigados a concluir que a orientação bastante experiente de Jano estava por trás do conselho do jovem Ferrari ao seu pai. Evidentemente, Dino Ferrari tinha uma mente técnica disposta, curiosa e ativa. Ele poderia ter escalado alturas consideráveis se tivesse desenvolvido sua capacidade plenamente, mas o que ele alcançaria se tivesse sobrevivido deve necessariamente ser deixado para o reino da conjectura. Enzo Ferrari abriu seu coração tão publicamente sobre o assunto de seu único (sic) filho, que nos sentimos obrigados, em respeito, a aceitar sua avaliação sobre a contribuição de Dino ao conceito do projeto desse motor V6. No entanto, devemos sempre lembrar que a enorme experiência de Jano não era algo que pudesse ser desconsiderado nesse ponto específico." O historiador Mike Lawrence, que não tem piedade de Ferrari em seu *Directory of Grand Prix Cars 1945-65*, critica-o severamente: "Ferrari, aquele velho criador de mitos, conta como seu filho agonizante, Alfredino, interessou-se ativa-

NOTAS • 527

mente no desenvolvimento de novos motores e que foi decisão dele usar o layout de um motor V6. Na realidade, antes de ser demitido, Lampredi já tinha começado a projetar um V6, enquanto Jano fora responsável por alguns motores V6 excelentes para a Lancia. O motor, porém, foi chamado de 'Dino' em memória do filho de Ferrari." O historiador italiano Piero Casucci, que escreveu muito sobre Ferrari, afirmou em diversas ocasiões que o V6 foi criado por Lampredi. Em seu livro *Enzo Ferrari: 50 Years of Greatness* (Arnoldo Mondadori Editore, 1982), ele escreveu: "Dizem que a ideia do motor V6 foi concebida por Dino Ferrari, mas na realidade foi construído por Aurelio Lampredi e depois desenvolvido por Vittorio Jano." Outros historiadores descrevem astuciosamente o papel de Dino como "sugerindo" o V6, mas parece que ele não era mais do que uma alma afim no projeto. A ideia de três gigantes da engenharia — Jano, Lampredi e Massimino — implantando as teorias de um rapaz inexperiente de 24 anos, independentemente de quão potencialmente dotado, é sentimental ao ponto do absurdo.

O motor, quando finalmente ficou pronto para ser utilizado em corridas, era um V6 compacto, com os cilindros em ângulo de 65 graus e com duas fileiras contendo três cilindros cada uma. O bloco era de liga de alumínio, apresentava duplo comando de válvulas na parte superior do cabeçote e tinha duas velas de ignição por cilindro. Sob a forma de 1,5 litro para a Fórmula 2, o motor Dino desenvolvia cerca de 192 cavalos a 9.200 rpm. Elevado para 2,5 litros para a Fórmula 1 e utilizando gasolina de aviação (obrigatória para a temporada de 1958), desenvolvia assombrosos 273 cavalos a cerca de 8.500 rpm. Em termos de potência bruta, os Dino estavam no topo da categoria na Fórmula 1, mas o chassis que continha o motor era irremediavelmente ultrapassado.

O mistério dos carros desaparecidos

Enzo Ferrari não tinha uma política consistente em relação aos seus carros de corrida antigos, além de destruir, reaproveitar peças ou desmontar a maioria deles. Alguns de seus primeiros exemplares, os modelos 500, 375 etc. sobreviveram à destruição, mas depois que os Squalo, Supersqualo e Lancia D50S apareceram em cena, foram deixados dentro da fábrica. Alguns ficaram enferrujando, outros tiveram peças reaproveitadas e ainda outros foram serrados e derretidos. As maravilhosas Lancia D50, que posteriormente se metamorfosearam nas Ferrari 801 de 1957 de difícil condução, foram todas destruídas, exceto por um exemplar, que agora está no Museu do Automóvel de Turim. O mesmo destino coube a Ferrari 156, atraente carro com motor de 1,5 litro e bico em forma de focinho de tubarão, que levou Phil Hill ao título do campeonato mundial de 1961. Todos os carros foram destruídos pela fábrica. Nos anos posteriores, Ferrari foi um pouco mais generoso, ocasionalmente dando um carro antigo para um piloto protegido ou vendendo um para um grande colecionador como o francês Pierre Bardinot, que tinha sua própria equipe de mecânicos e um circuito particular em sua grande propriedade rural especificamente para utilizar suas Ferrari. Ao longo dos anos, Ferrari costumava falar do amor e respeito pelos seus automóveis, mas ele revelava essa afeição colocando equipes de mecânicos para cortar os chassis e derreter as peças de liga de alumínio. Por quê? "Os carros velhos eram inúteis para ele. Ele só pensava nos novos", revelou um ex-engenheiro da empresa. "Talvez ele sentisse vergonha deles", comentou Phil Hill, meio de brincadeira.

Em um de seus floreios de prosa sobre o assunto, Ferrari escreveu no início da década de 1970 sobre sua aposentadoria das competições e o suposto amor pelos seus carros: "Eu não era capaz de fazer o carro sofrer." Mas então porque ele permitia que os mecânicos cortassem os carros obsoletos e derretessem os pedaços na fundição como tantos cadáveres em um campo de concentração nazista — uma espécie de Auschwitz automotivo para carros de corrida do lado de fora da janela de seu escritório?

CAPÍTULO CATORZE

Robert Daley, que deixou o *New York Times* para escrever *best-sellers* como *Prince of the City* e *Year of the Dragon*, foi um dos vários jornalistas norte--americanos que descobriu as corridas de Grand Prix em meados da década de 1950. Em 1956, nos Jogos Olímpicos de Inverno, em Cortina, na Itália, conheceu o conde Alfonso de Portago — o espanhol reunira três amigos, todos novatos em corrida de trenó, e se inscreveu na prova. Pilotado por Portago, o trenó espanhol terminou em quarto lugar, a um segundo da medalha de bronze. Fascinado com o nobre impetuoso, Daley traçou seu perfil diversas vezes em artigos de revistas e em seu livro realista sobre as corridas internacionais, *The Cruel Sport*. Também serviu como protótipo bruto para o personagem principal de seu romance posterior *The Fast One*. Outro escritor norte-americano que contribuiu muito para popularizar as corridas de Grand Prix nos Estados Unidos foi Ken Purdy, cujos relatos um tanto chocantes apareciam regularmente na *Playboy*. Purdy era um jornalista refinado, que se impressionou com o glamour do ambiente de Grand Prix e com os personagens que circulavam nele. Inevitavelmente, Enzo Ferrari e seus carros de corrida vermelhos se tornaram parte da história. Em 1966, John Frankenheimer dirigiu seu excelente filme em cinerama *Grand Prix*, que incluía um personagem claramente baseado em Ferrari. Na década de 1956 a 1966, as iniciativas desses homens, mais a cobertura constante e amável da Ferrari na imprensa automobilística, foram extremamente influentes na criação da mística do homem, grande parte da qual foi abraçada por um público norte-americano crédulo.

Após seu curto e feliz casamento com Peter Collins, Louise Cordier Collins se casou novamente e agora vive em Connecticut, conhecida como Louise King. Muito querida na comunidade do automobilismo, ela agora atua no ramo imobiliário, mantém contato com alguns velhos amigos das corridas de automóveis e está ajudando na preparação de um livro sobre as carreiras de Collins e Hawthorn intitulado, bastante apropriadamente, *Mon Ami Mates*.

Stirling Moss, que costuma ser classificado junto com Fangio e Nuvolari como um dos melhores pilotos que disputaram corridas de Grand Prix, deveria ter conquistado o campeonato mundial em diversas ocasiões. Ele terminou em segundo em 1954, 1955 e 1957, atrás de Fangio. Na temporada de 1958, Hawthorn foi o campeão ganhando apenas uma corrida, enquanto Moss venceu quatro. No entanto, uma série de segundos lugares permitiu que Hawthorn acumulasse pontos suficientes para conquistar o título. Além disso, na temporada de 1958, a Ferrari venceu apenas duas corridas, enquanto a Vanwall ganhou um total de seis e, sem dúvidas, tinha o melhor carro. Começando com o Grand Prix da Inglaterra de 1957, a equipe Vanwall venceu nove das catorze corridas em que participou, enquanto a Ferrari ganhou apenas duas. Ainda assim, Vandervell ficou deprimido com a morte de seu amigo Stuart Lewis-Evans e, diante do declínio de sua saúde, anunciou, em janeiro de 1959, que a equipe seria extinta. Pode ter sido uma despedida oportuna, pois nenhum carro com motor traseiro estava na prancheta de desenho e, como Enzo Ferrari aprenderia da maneira mais difícil, o projeto antiquado com o motor dianteiro estava destinado ao ferro-velho.

O acidente rodoviário de Mike Hawthorn ficou longe de ser inédito. As estrelas do Grand Prix da época eram motoristas notoriamente rápidos nas estradas relativamente vazias da Europa e muitos deles se envolveram em acidentes graves. Alguns anos antes, Fangio escapou por pouco da morte em um acidente com um reboque agrícola e, em 1966, Nino Farina — que teve incontáveis acidentes nas pistas de corrida — morreu nos Alpes quando seu Lotus-Cortina bateu contra um poste telefônico perto de Chambéry. Em 1972, Mike Parkes, excelente piloto de testes e engenheiro da fábrica da Ferrari no final da década de 1960, morreu a caminho de Turim em um acidente envolvendo alta velocidade. Diversos outros pilotos se envolveram em tais acidentes, mas nenhum foi tão traumático ou dramático como que matou Hawthorn no auge de sua vida.

O conde Aymo Maggi, patriarca da Mille Miglia, não mostrou arrependimento depois que o governo proibiu a corrida no verão de 1957. Ele pareceu envelhecer rapidamente depois da notícia e praticamente deixou de visitar seus velhos amigos no Automobile Club Brescia, que tinha patrocinado o evento desde o início, preferindo permanecer em sua propriedade rural. As sugestões de que a corrida fosse modificada e transformada em um rali, com velocidades regulamentadas, o enfureceram. "Jamais vou considerar algo diferente. No automobilismo, aquele que corre mais rápido deve vencer. Aquele que se livra das inibições sempre derrotará aquele que tira o pé. O automobilismo é assim. A Mille Miglia sempre foi assim e nunca vai mudar."

NOTAS • 531

(citado em *Conte Maggi's Mille Miglia*, St. Martin's Press, 1988, de Peter Miller). Ironicamente, mudou. Em meados da década de 1980, ocorreu um renascimento da corrida com carros históricos que remontavam ao ano de 1957 para trás. O antigo percurso foi refeito em velocidades menores e a nova versão, embora muito mais comportada do que a original, voltou a ser imensamente popular na Itália. Piero Taruffi, o último vencedor, morreu em 1988, convencido de que tinha vencido sem qualquer reserva, mas resta pouca dúvida de que Trips seguiu as ordens de Ferrari e deixou a velha estrela e seu desgastado carro conquistarem a vitória.

CAPÍTULO QUINZE

Previsivelmente, houve vida após a Ferrari para a maioria dos homens que deixaram os recintos sagrados de Maranello. Tony Brooks se aposentou das corridas em 1961 após uma carreira curta, mas brilhante, e montou uma concessionária de carros bem-sucedida em Weybridge, Surrey, adjacente à lendária pista de Brooklands. Romolo Tavoni se tornou gerente geral do autódromo de Monza. Carlo Chiti saiu da fracassada equipe ATS para projetar uma série de carros de corrida para a Alfa Romeo antes de se aposentar e iniciar sua própria consultoria automotiva em Milão. Phil Hill correu até 1967, principalmente com carros esportivos perto do final da carreira, depois se aposentou em Santa Monica, sua cidade natal, onde abriu uma prestigiosa empresa de restauração de carros clássicos. Ele, que permaneceu ativo no esporte como comentarista e escritor, morreu em agosto de 2008. Olivier Gendebien viveu em elegante aposentadoria na Bélgica, até sua morte em 1998, enquanto Dan Gurney deixou de correr em 1970 para se concentrar em sua próspera empresa de construção de carros de corrida chamada All American Racers, falecendo em 2018. Seus carros Eagle venceram diversas corridas em Indianápolis, inclusive a reverenciada 500 Milhas, antes que ele se unisse à Toyota para produzir uma série de protótipos esportivos de corrida. Richie Ginther parou de competir em meados da década de 1960 depois de vencer o Grand Prix do México pela Honda. Ele caiu em uma aposentadoria obscura, viajando por vários anos em um *motorhome* antes de se fixar na Baixa Califórnia, estado mais setentrional do México. Graças ao colega jornalista Pete Lyons, consegui localizá-lo para pesquisas sobre esse projeto. Richie morreu vítima de ataque cardíaco aos 59 anos enquanto passava férias na Europa. Stirling Moss nunca se recuperou o bastante de seu acidente em Goodwood para correr seriamente de novo. Talvez até pudesse competir, mas ele era tão perfeccionista que não pilotaria a menos que acreditasse estar em perfeitas condições de saúde. Aparentemente, sabia que sua visão e seus reflexos estavam afetados e não correria de novo — apesar de que, mesmo com a capacidade um pouco reduzida, teria superado a maioria dos pilotos. Atualmente, ele goza de sua aposentadoria em Londres, faz diversas aparições pessoais e dirige ocasionalmente em competições com carros antigos. Franco Rocchi permaneceu ativo em Módena depois de sua aposentadoria da Ferrari, até seu falecimento em 1996. Seu último trabalho foi o projeto de um motor W12 bastante original e perfeitamente produzido: três blocos de quatro cilindros montados radialmente e acionando um único virabrequim.

Os campeonatos

Ao longo dos anos, a Fédération Internationale de l'Automobile (FIA) criou diversos campeonatos para carros esportivos, carros de Fórmulas 1, 2 e 3, carros *grand turismo*, carros de rali etc. Os títulos desses campeonatos foram concedidos a fabricantes que acumularam a maior quantidade de pontos durante uma temporada de competição. Antes de sua morte, os carros de Ferrari ganharam não menos do que catorze títulos em campeonatos de carros esportivos e carros *gran turismo* e seis outros em campeonatos de Fórmula 1. De 1950 a 1989, o período durante o qual pontos oficiais do campeonato mundial foram atribuídos em corridas de Grand Prix, a Ferrari participou de 442 corridas (de um total de 469) e venceu 97, ou cerca de 2,5 corridas por ano em um período de 39 anos. Seus carros deram 1.072 largadas, com 77 pilotos ao volante. É um recorde exemplar, não por causa da frequência de vitórias, pois a fábrica teve oito temporadas terríveis (1957, 1962, 1965, 1967, 1969, 1973, 1980 e 1986), em que não se registrou nem uma única vitória, mas também porque, com poucas exceções, as Ferrari se apresentaram no grid de largada em todos

NOTAS • 533

os Grand Prix do calendário. Os críticos podem desprezar isso, meramente esmagando a concorrência com números absolutos, mas nenhuma equipe de corrida jamais exibiu a mesma determinação inabalável de competir, independentemente das adversidades, como a Ferrari. Só por isso, a equipe merece um grande crédito.

CAPÍTULO DEZESSEIS

Ford versus *Ferrari*

Na época, a disputa entre esses colossos do esporte automobilístico foi descrita como uma batalha entre o pequeno Davi e o gigante Golias, mas isso está longe de ser exato. Embora a Ford Motor Company certamente investisse muito mais dinheiro para o duelo, a Ferrari desfrutava de uma experiência muito maior em corridas e de uma organização mais enxuta e mais flexível. Preparar uma imensa corporação como a Ford para se envolver em um projeto específico como a criação de carros especiais para Le Mans era mais difícil do que se podia imaginar. Por outro lado, Enzo Ferrari tinha três décadas de experiência, além de uma pequena equipe calejada em corridas pronta para executar tarefas sem pestanejar. Isso surtiu efeito para ele com uma fácil vitória em 1964, embora os P3 e P4 de Maranello fossem carros extremamente competitivos. Se Ferrari tivesse prestado mais atenção nos detalhes aerodinâmicos e nas nuances de condução como a Ford, ele talvez continuasse vencendo. Na realidade, as vitórias da Ford vieram graças a experientes indústrias de automobilismo norte-americanas como a Shelby American e a Holman-Moody, assim como um grupo de profissionais britânicos do automobilismo, todos os quais atuando como terceirizados da Ford Motor Company. Uma homenagem especial deve ser concedida a Phil Remington, engenheiro da Shelby, que criou um plano para trocar os freios a disco em brasa dos pesados Ford em menos de um minuto durante as paradas de rotina nos boxes. Isso, além de requintes como a possibilidade de fretar um Boeing 707 para transportar para-brisas sobressalentes dos Estados Unidos na véspera da corrida de 1966, fazia a diferença. No entanto, sem dúvida, com o apoio financeiro da Fiat, Shell,

Dunlop, Firestone etc., a Ferrari estava longe de ser a indigente alegada pelos seus apoiadores. Com um planejamento melhor, um pouco de sorte e melhor gestão dos recursos humanos — como não permitir que Surtees abandonasse o emprego por uma questão de política mesquinha —, a Scuderia poderia ter se dado muito bem. Mas, no final das contas, o maravilhoso Ford Mk IV de Dan Gurney e A. J. Foyt, que levou esses dois excelentes pilotos à vitória em Le Mans em 1967, marcou o ápice tecnológico do último grande duelo corporativo em corridas de resistência.

John Surtees e os mestres britânicos

Após sua saída da Ferrari, Big John Surtees correu brevemente pela Cooper-Maserati e pela Honda antes de criar sua própria equipe de Fórmula 1. O empreendimento nunca funcionou a todo vapor e ele extinguiu a equipe em meados da década de 1970. Aposentou-se e viveu em Surrey, na Inglaterra. Morreu em 2017. Surtees era apenas um de um grupo de pilotos brilhantes que surgiram na Comunidade Britânica no final das décadas de 1950 e 1960. Entre os que se juntaram a ele, incluíam-se Jack Brabham, falecido em 2014, que venceu três campeonatos mundiais; Jackie Stewart, que também foi tricampeão mundial; Jimmy Clark, que venceu dois campeonatos antes de morrer em um acidente de corrida em 1968; Denis Hulme e Graham Hill, que também ganharam títulos. Esse grupo extraordinário de pilotos, que também incluiu os neozelandeses Chris Amon e Bruce McLaren, dominou o esporte desde a aposentadoria de Stirling Moss até a ascensão de Emerson Fittipaldi e Niki Lauda em meados da década de 1970. Embora Surtees tenha ganhado o campeonato mundial de Fórmula 1 apenas uma vez, seus sete títulos mundiais em motociclismo são um feito sem precedentes nos anais modernos do esporte. Entre 1959 e 1971, os pilotos da Comunidade Britânica venceram o campeonato mundial não menos do que onze vezes, com apenas o norte-americano Phil Hill (1961) e o austríaco Jochen Rindt (1970) quebrando a hegemonia. Após 1971, a influência diminuiu, assim como aconteceu com os pilotos italianos e argentinos que, graças a Farina, Ascari, Fangio, Gónzalez, Castellotti, Villoresi e outros, dominaram as corridas na década de 1950. Não há explicação para esses surtos de supremacia de um

NOTAS • 535

país ou outro nos esportes e os brasileiros e os franceses parecem ser uma grande fonte de talentos. Os italianos ainda permanecem em segundo plano. Por mais que desejem que um compatriota ganhe o título ao volante de uma Ferrari, a coroação de Alberto Ascari em 1953 continua sendo a última conquista. Nas últimas décadas, nenhum piloto italiano conseguiu muita coisa competindo pela Scuderia. Na década de 1989, Michele Alboreto lutou valentemente pela equipe, mas não teve muito sucesso. Enquanto esse anexo foi escrito, em 1990, os pilotos da Ferrari eram os franceses Alain Prost e Jean Alesi, sem estrelas italianas em ascensão no horizonte.

Adalgisa Bisbini Ferrari

Embora não exista documentação escrita referente à exigência da mãe de Ferrari de que Piero Lardi fosse legitimado, minhas entrevistas com Mauro Foghieri, Romolo Tavoni, Franco Lini, dom Sergio Mantovani e outras pessoas próximas da família durante a década de 1960 apresentaram concordância sobre o assunto. É possível que Adalgisa Ferrari soubesse da existência de Piero bem antes de Laura. Como a maioria dos filhos italianos, Ferrari era bastante próximo de sua mãe e deferente a ela na maioria das questões familiares. A gênese exata do acordo está evidentemente perdida para a história, a menos que Piero Lardi Ferrari opte por discuti-la em um momento posterior, mas se deve presumir que Enzo Ferrari cumpriu com os desejos de sua mãe quando ele reconheceu legalmente Piero como seu filho legítimo após a morte de Laura em 1978.

Ferrari e Agnelli

Embora Enzo Ferrari e Giovanni Agnelli se conhecessem há trinta anos no âmbito comercial, nunca foram o que poderia ser descrito como amigos íntimos. Na postura italiana clássica, Agnelli foi pródigo em elogios a Ferrari, sobretudo depois de sua morte, em 1988. No entanto, na melhor das hipóteses, a relação tinha ficado estremecida. Em 1988, pouco depois da morte de Ferrari, em conversa particular, Agnelli disse a Lee Iacocca que seu relacionamento e seus negócios com Ferrari tinham sido "extremamente difíceis". A fonte desse comentário é um amigo próximo de Iacocca que pede anonimato. Considero sua lembrança como absolutamente correta.

Porsche e Ferrari

Embora esteja longe de ser a intenção deste livro relatar todas as guerras automobilísticas travadas por Enzo Ferrari, deve-se registrar que, após a saída da Ford de cena, a Porsche a substituiu como uma rival igualmente impiedosa da Scuderia. O cupê Porsche 917, equipado com motor boxer de 4,5 litros e 12 cilindros do tipo que era utilizado pela Ferrari desde meados da década de 1960, era imbatível nas corridas de resistência. A Ferrari contra--atacou com sua série 512, mas os carros não conseguiram competir com as grandes máquinas de Stuttgart. No início da década de 1960, Ferrari também desenvolveu o pequeno 312 PB com motor boxer de 3 litros e 12 cilindros. No entanto, naquela altura, ele estava prestes a deixar as corridas de carros esportivos para sempre. Se ele tivesse decidido ficar, teria enfrentado enormes desafios tanto da Porsche como da Matra, empresa aeroespacial francesa. E mais uma vez, isso deve servir de base para a teoria de que grande parte do sucesso da Ferrari nas corridas de resistência veio em épocas em que outros grandes fabricantes estavam ausentes da cena. Quando empresas como Ford e Porsche trouxeram toda a força de sua tecnologia, ficou muito difícil para a equipe de Maranello acompanhar. Isso só faz com que a decisão de Ferrari de abandonar tal competição em 1973 e se concentrar na Fórmula 1 pareça ainda mais prudente.

CAPÍTULO DEZESSETE

Nos quatro anos que Niki Lauda pilotou para a Ferrari, ele registrou quinze vitórias, doze segundos lugares e nada menos do que 23 *pole positions*. Ele venceu duas vezes o campeonato mundial. Embora seu período na Scuderia tenha sido difícil para todos os envolvidos, ele afirmou que sua afeição pela Itália era considerável e que ele gostava muito das pessoas de Módena e Maranello. Como muitos pilotos, percebeu que a atmosfera política na fábrica se tornou insuportável e isso por si só levou ao seu afastamento.

NOTAS • 537

Sua versão em detalhes dos anos da Ferrari está relatada em dois livros: *For the Record: My Years with Ferrari* (Verlag Orac, 1977) e *Niki Lauda, Meine Story* (Verlag Orac, 1986). Em 1984, Lauda ainda venceria outro campeonato mundial com a McLaren (após uma aposentadoria de dois anos em 1980 e 1981). Ele era dono de uma companhia aérea de sucesso, a Lauda Air, e presidente não executivo da Mercedezs-Benz. Morreu em maio de 2019.

REFERÊNCIAS BIBLIOGRÁFICAS
E RECOMENDAÇÕES DE LEITURA

Ninguém teve o tempo e muito menos a paciência de calcular o número de livros, artigos, folhetos, tratados técnicos etc. escritos sobre Enzo Ferrari e seus automóveis. Basta dizer que grande parte do material é repetitivo e basicamente extraído das pesquisas feitas por excelentes jornalistas e historiadores do automobilismo, como os italianos Luigi Orsini, Piero Casucci e Gianni Rogliatti, os ingleses Doug Nye, Alan Henry, Denis Jenkinson e L.J.K. Setright, e os norte-americanos Jonathan Thompson, Dean Batchelor, Stan Nowak, Karl Ludvigsen e Pete Lyons. No entanto, grande parte do trabalho deles envolve a classificação e a descrição de diversos carros da Ferrari e o registro do longo histórico de corridas da equipe. Pouquíssima pesquisa séria foi feita a respeito da vida pessoal de Ferrari. De certa maneira, como muitos jornalistas profissionais deviam favores a Ferrari pelo acesso a carros de teste, materiais de arquivo, visitas à fábrica, entrevistas etc., poucos se atreveram a ser excessivamente críticos durante a sua vida. Ferrari protegeu muito sua imagem pública e não tolerou nenhum desvio de sua biografia oficial. Portanto, quase nada foi escrito acerca do seu "lado privado", a não ser ocasionalmente registrar que ele era voluntarioso, manipulador e ferozmente — até brutalmente — competitivo. A imprensa esportiva italiana costumava criticar seus carros de corrida e suas escolhas de pilotos, mas raramente, ou nunca, ele. Embora a existência de sua amante e de Piero fosse amplamente conhecida na imprensa a partir de meados dos anos 1960, uma década se passaria antes que qualquer menção fosse feita a respeito de Piero. Ele não era muito conhecido até Niki Lauda mencioná-lo em sua autobiografia de 1977, *For the Record*.

Os livros que tratam da vida pessoal de Enzo Ferrari são raros e incluem *Ferrari: A Memory* (1989), de Gino Rancati, que é uma biografia pessoal educada e bastante prudente. A infância e juventude de Ferrari e sua breve carreira como piloto de corridas são tratadas em detalhes em *Roaring Races* (1988), de Giulio Schmidt, e *Enzo Ferrari, Pilota* (1987, em italiano), de Valerio Moretti. Cada autor possui uma versão um pouco diferente das participações de Ferrari em corridas, mas os dois livros são fontes valiosas. Antes de sua morte, Gioachino Colombo, em *Origins of the Ferrari Legend* (1985), apresentou sua versão de como os primeiros carros Ferrari foram criados. É um livro excelente, embora Colombo subestime o ressentimento entre ele e Lampredi e sua derradeira batalha com Ferrari. *Chid Grand Prix* (1987), de Carlo Chiti, com Piero Casucci, trata de Ferrari em termos pessoais, apesar de Chiti também encobrir o motivo de sua participação no grande motim de 1962, certamente por motivos políticos. A excelente análise da atividade de Ferrari pela publicação *Automobile Quarterly*, intitulada *Ferrari: The Man, the Machines* (1975), editada por Stan Grayson, contém diversos artigos excelentes, realçados por dois perfis magníficos de Ferrari, de Griffith Borgeson. Pesquisas subsequentes tornaram parte do material obsoleto, mas ainda assim os perfis permaneceram valiosos como visão geral. Niki Lauda, que saiu da Ferrari em condições desagradáveis, produziu alguns *insights* bastante desfavoráveis em suas duas autobiografias, *For the Record* (1977) e *Meine Story* (1986). Os dois livros estavam entre os primeiros a revelar o lado mais rude e implacável de Enzo Ferrari. Derek Bell, que correu brevemente para a equipe da fábrica no final da década de 1960 e no início da década de 1970, apresenta algum material anedótico em sua autobiografia (com Alan Henry), *My Racing Life* (1988). Algumas entrevistas pessoais com vários dos primeiros colaboradores de Ferrari são encontradas

REFERÊNCIAS BIBLIOGRÁFICAS E RECOMENDAÇÕES DE LEITURA • 541

na excelente análise da produção das primeiras Ferrari, intitulada *Tipo 166: The Original Sports Ferrari* (1984), de Tito Anselmi. É claro que as próprias obras de Ferrari (ver Notas do Capítulo 2) são importantes, mas são mais úteis pelo que omitem do que pelo que revelam.

A história dos automóveis da Ferrari foi abordada por diversos autores, mas certamente a obra seminal é *Ferrari*, escrita originalmente por Hans Tanner (1959) e atualizada habilmente por Doug Nye. Como visão geral da atividade, em termos de carros de passeio e bólidos de corrida, é a fonte primária. No entanto, a história das corridas de Grand Prix da Ferrari é melhor abordada em *Ferrari: The Grand Prix Cars, 1948-89* (1989), de Alan Henry. O livro é muito bem escrito, contém inúmeros casos curiosos e é uma joia da pesquisa automotiva. Diversas outras histórias da Ferrari pretendem abordar o assunto, mas, na maioria das vezes, tratam de generalidades polidas. No entanto, devem ser lidas pelo estudioso sério. Incluem: *Ferrari: Catalogue Raisonné* (1987), de Luigi Orsini e Augusto Constantino; *Ferrari: 40 Years* (1985), de Luigi Orsini; *Enzo Ferrari: 30 Years of Greatness* (1982), de Piero Casucci. Uma introdução excelente ao assunto é *Ferrari: The Man and His Machines* (1989), de Peter Lyons, enquanto *Ferrari* (1975), de L.J.K. Setright oferece alguns *insights* interessantes.

A história de corridas específicas com respeito à Ferrari pode ser encontrada em *La Ferrari alla Mille Miglia* (1987), de Giannino Marzotto, *Conte Maggi's Mille Miglia* (1988), de Peter Miller, e *Ferraris at Le Mans* (1984), de Dominic Pascal. Com certeza, a obra-prima desse grupo é *The Scuderia Ferrari* (1979), de Luigi Orsini, que relata as atividades da equipe de 1930 a 1938 e inclui fotos incríveis da coleção de Franco Zagari. A biografia de Alberto Ascari, *The Man with Two Shadows* (1981), de Kevin Desmond, oferece vislumbres reveladores da atividade automobilística da Ferrari no início da década de 1950.

Centenas de livros foram escritos sobre os carros de passeio da Ferrari e, em sua maioria, são pouco mais do que coleções de belas fotos. Embora não incluam os modelos recentes, *Ferrari: The Sports and Gran Turismo Cars* (1979), de Warren Fitzgerald e Richard F. Merritt, *Ferrari Gran Turismo and Competition Machines* (1977), de Dean Batchelor, e *The Ferrari* (1973), de Gianni Rogliatti, são exames excelentes do período em que a Ferrari estava construindo seus carros de passeio mais originais e extravagantes. *Fantastic Ferraris* (1988), de Antoine Prunet e Peter Vann, e *Ferrari 363GTB/4 Daytona* (1982), de Braden e Roush, são apenas duas das dezenas de livros que lançam um olhar interessante, ainda que amável, nos carros de passeio produzidos em Maranello.

Como a fortuna da Ferrari em muitos casos se sobrepôs à de outras marcas, diversos livros sobre a Porsche, a Bugatti, a Alfa Romeo, a Osca e a Maserati também são valiosos. *The Alfa Romeo Catalogue Raisonné* é o filão principal. Com certeza, a excelente história da Maserati, *Maserati: A Complete History from 1926 to the Present* (1980), de Luigi Orsini e Franco Zagari, encabeça a lista, embora *Bugatti* (atualizado, 1989), de H.G. Conway, e uma história da Porsche, *Porsche: Excellence Was Expected*, de Richard Von Frankenberg e Karl Ludvigsen, são iniciativas notáveis. A história da Osca, de Orsini, e as memórias pessoais de Griffith Borgeson sobre a família Bugatti oferecem *insights* a respeito do humor e dos temperamentos das pessoas que criavam carros exóticos na década de 1930, assim como a maravilhosa história dos carros de corrida Miller, *The Miller Dynasty* (1981), de Mark Dees.

Qualquer estudioso da Ferrari deve buscar informações básicas na infinidade de livros que tratam do automobilismo internacional. Existe grande número de antologias, incluindo *Directory of Grand Prix Cars, 1945-63* (1989), obra vigorosa e abrangente de Mike Lawrence; o excelente *The Pirelli History of Motorsport* (1981), de L.J.K. Setright; *The Hamlin Encyclopedia of Grand Prix* (1988), de David Hodges; *Formula One* (1983), de Nigel Roebuck, com pinturas de Michael Turner; *The History of Motor Racing* (1977), de William Boddy e Brian Laban; *Fifty Famous Motor Races* (1988), de Alan Henry; *A Motor Racing Camera, 1894-1916* (1979), de G.N. Georgano; e um olhar pessoal sobre o esporte, *Great Motorsport of the Thirties* (1977), de John Dudgale. *Grand Prix Greats* (1986), de Nigel Roebuck, e sua obra de comparação, *Inside Formula One* (1988), dão uma excelente visão pessoal do esporte e de seus participantes, enquanto *World Atlas of Motor Racing* (1989), de Joe Seward, propicia ótimas descrições dos principais circuitos de corrida do mundo. *History of the Racing Car* (1972), de Gianni Lurani, também é recomendado.

REFERÊNCIAS BIBLIOGRÁFICAS E RECOMENDAÇÕES DE LEITURA • 543

Se alguma marca mereceu tantas ou mais obras do que a Ferrari, é a Mercedes-Benz. Por causa de seu grande impacto no automobilismo (e na Ferrari) nas décadas de 1930 e de 1950, uma série de livros magníficos oferece informações importantes. Entre os melhores, destaca-se *Racing the Silver Arrows* (1986), de Chris Nixon, uma análise impecável das campanhas da Mercedes entre 1934 e 1939. *The Mercedes-Benz Racing Cars* (1971), de Karl Ludvigsen, é um tratado técnico magistral sobre o assunto, enquanto *Motor Racing with Mercedes-Benz* (1945), *Motor Racing* (1947) e *Mercedes-Benz Grand Prix Racing, 1934-55*, de George Monkhouse, são obras monumentais de história e fotografia. Em termos de fotógrafos, Jesse Alexander foi um dos melhores que trabalharam nas décadas de 1950 e 1960, e seu *Looking Back* (1986) oferece um prazer visual incrível para os entusiastas.

Para uma análise do lado técnico das corridas de Grand Prix, existem diversas pesquisas valiosas. Na área, o clássico é a obra em dois volumes de Lawrence Pomeroy, *The Grand Prix Car*, atualizada por L.J.K. Setright. *The Racing Car Design and Development* (1956), de Cecil Clutton, Cyril Posthumus e Denis Jenkinson, é uma referência padrão. *A History of the World's Racing Cars* (1965), de Michael Frostick e Richard Hough, também é útil, mas não com tantos detalhes técnicos como o precedente.

As biografias de pilotos são úteis, apresentando informações sobre a atividade da Ferrari e observações gerais do esporte. *Grand Prix Driver* (1953), de Hermann Lang, e *A Racing Car Driver's Life* (1954), de Rudolf Caracciola, proporcionam análises da cena automobilística da década de 1930, assim como o excelente *My Two Lives* (1983), de René Dreyfus e Beverly Rae Kimes. *The Cobra Story* (1965), de Carroll Shelby, trata em detalhes das batalhas contra a Ferrari, assim como a incrível história das corridas da Ford na década de 1960, *The Dust and the Glory* (1968), de Leo Levine. *The Cobra-Ferrari Wars, 1963-65* (1990), de Michael L. Shoen, é um exame detalhado dessa rivalidade. Gianni Lurani produziu uma biografia útil sobre Tazio Nuvolari, *Nuvolari* (1959), mas a de Cesare De Agostini (em italiano) apresenta mais detalhes. *Juan Manuel Fangio* (1969), de Gunther Molter, é uma bela obra sobre o grande campeão argentino, assim como *My Racing Life*, autobiografia de Fangio. *Rosemeyer* (1989), de Chris Nixon, também merece recomendação.

Informações biográficas completas sobre pilotos podem ser encontradas em *The Encyclopedia of Auto Racing Greats* (1973), de Bob Cutter e Bob Fendell, e em *Winners* (1981), de Brian Laban. *The Encyclopedia of Motor Cars, 1885 to the Present* (1982), editada por G.N. Georgano, é um padrão na área de estudo, assim como a valiosa *The Encyclopedia of the Motor Car* (1979), editada por Phil Drackett.

Racing Car Oddities (1975), de Doug Nye, descreve algumas das iniciativas mais estranhas no automobilismo, incluindo a Ferrari-Alfa *bimotore*, enquanto *Road Race*, de Chris Nixon, detalha algumas das corridas internacionais mais famosas, incluindo a Mille Miglia. *Cars at Speed* (1962), de Robert Daly, é um olhar de repórter lúgubre, mas basicamente preciso, da violência no automobilismo no final da década de 1950. Um ingresso tardio, mas valioso, para os interessados no ambiente fabril da Ferrari é *Inside Ferrari*, de Michael Dregni.

Além dessa lista de livros, que é reconhecidamente incompleta, Enzo Ferrari foi tema de um sem número de artigos em revistas como *Cavallino*, *Ferrari World* e *Ferrari Owners Club Newsletter*, todas dedicadas exclusivamente (e apaixonadamente) ao assunto, assim como em *Car and Driver*, *Road & Track*, *Autoweek*, *Automobile Quarterly* e *Automobile Magazine*. Além disso, diversos periódicos estão disponíveis por meio da Motorbooks International, em Osceola, no Wisconsin. Esses periódicos, além de outros publicados na Grã-Bretanha, Alemanha e Itália, foram todos auxiliares importantes na preparação deste livro. O autor agradece a todos os historiadores e jornalistas que trabalharam de modo tão aplicado para registrar e classificar esse assunto completo e muitas vezes desconcertante.

Este livro foi composto na
família tipográfica Minion Pro,
em corpo 11/15, e impresso em
papel off-white no Sistema Cameron da
Divisão Gráfica da Distribuidora Record.